쓸모 있는 독서 실행 챌린지

북킷 Bookit 초대장

북킷은요

책의 지식을 오롯이 내 것으로 만들 수 있도록 돕는 길벗의 독서 실행 챌린지 프로그램입니다.
책과 세상에 대한 호기심만 있다면 누구나 북킷 크루가 될 수 있어요.

크루들과 함께 책을 읽고, 내 손으로 미션을 수행하며, 나의 성장을 기록해 보세요.
세상을 잘 살기 위한 배움과 성취의 경험이 여러분의 삶의 해상도를 높여줄 거예요!

독학이 어렵다고 느껴진다면, 부담 없는 챌린지로 함께 시작해요!

모집 대상
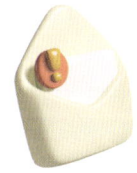
책만 있다면
누구나 참여 가능!

혜택

완주만 해도 길벗포인트
20,000점 지급
(길벗 홈페이지 내
2만 원 이하 도서
모두 구매 가능)

장소
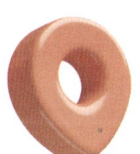
온라인
네이버 카페 '북킷'

모집 기간

수시 모집
챌린지 소식은 북킷레터
혹은 네이버 카페 '북킷'
에서 확인해 보실 수 있
습니다!

모집 소식을 메일로 보내드려요!
북킷레터 구독 신청하기 ▶

챌린지는 어떻게 진행될까?
북킷 카페 구경하기 ▶

디자인 스킬을 더 확실하게 내 것으로 만들고 싶은 분들을 기다립니다.

사용 버전 이 책은 '포토샵+일러스트레이터 CC 2025 영문 버전'을 기준으로 만들었습니다.
컴퓨터에 설치된 포토샵 버전이 CC 2025가 아니더라도 학습할 수 있도록 프로그램 버전 차이를 팁으로 설명하였습니다.

운영 체제 컴퓨터 운영체제는 윈도우를 기준으로 서술하였습니다.
맥 사용자는 윈도우의 Ctrl을 맥의 command로, Alt를 option으로 사용하시기 바랍니다.

예제 및 완성 파일 다운로드

이 책에 사용된 예제 파일과 완성 파일은 길벗출판사 홈페이지(www.gilbut.co.kr)에서 다운로드할 수 있습니다.

- 예제 및 완성 파일 : 예제를 따라하면서 꼭 필요한 예제 파일과 완성 파일을 파트별로 담았습니다.

1단계	Q 포토샵+일러스트레이터 CC 2025 무작정 따라하기 검색 에 찾고자 하는 책 이름을 입력하세요.
2단계	검색한 도서로 이동한 다음 (자료실) 탭을 선택하세요.
3단계	예제 및 완성 파일 등 다양한 실습 자료를 다운로드하세요.

포토샵

포토샵 +
일러스트레이터

CC 2025 무작정 따라하기

민지영, 문수민,
전은재, 앤미디어
지음

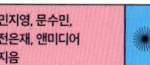

포토샵+일러스트레이터 CC 2025 무작정 따라하기
The Cakewalk Series – Photoshop+Illustrator CC 2025

초판 발행 · 2025년 1월 20일

지은이 · 민지영, 문수민, 전은재, 앤미디어
발행인 · 이종원
발행처 · (주)도서출판 길벗
출판사 등록일 · 1990년 12월 24일
주소 · 서울시 마포구 월드컵로 10길 56(서교동)
대표전화 · 02)332-0931 | **팩스** · 02)323-0586
홈페이지 · www.gilbut.co.kr | **이메일** · gilbut@gilbut.co.kr

기획 및 책임 편집 · 최근혜(kookoo1223@gilbut.co.kr)
디자인 · 장기춘 | **제작** · 이준호, 손일순, 이진혁
영업 마케팅 · 전선하, 박민영 | **유통혁신** · 한준희 | **영업관리** · 김명자 | **독자지원** · 윤정아

편집 진행 · 앤미디어 | **전산 편집** · 앤미디어 | **표지 일러스트** · 앤미디어
CTP 출력 및 인쇄 · 상지사피앤비 | **제본** · 상지사피앤비

- 잘못된 책은 구입한 서점에서 바꿔 드립니다.
- 이 책은 저작권법에 따라 보호받는 저작물이므로 무단전재와 무단복제를 금합니다.
  이 책 내용의 전부 또는 일부를 이용하려면 반드시 저작권자와 (주)도서출판 길벗의 서면 동의를 받아야 합니다.

ⓒ 민지영, 문수민, 전은재, 앤미디어, 2025

ISBN 979-11-407-1213-7 03000
(길벗 도서번호 007213)

정가 26,000원

독자의 1초를 아껴주는 정성 길벗출판사

길벗 IT교육서, IT단행본, 경제경영서, 어학&실용서, 인문교양서, 자녀교육서 ▶ www.gilbut.co.kr
길벗스쿨 국어학습, 수학학습, 어린이교양, 주니어 어학학습, 학습단행본 ▶ www.gilbutschool.co.kr

페이스북 www.facebook.com/gilbutzigy
네이버 포스트 post.naver.com/gilbutzigy

머리말

언제까지 생각만 하고 있을 건가요?
작업자의 상상력을 프롬프트로 생성하는 AI 디자인

학습화된 강력한 AI 기능으로 새롭게 선보이는 CC 2025 버전의 포토샵과 일러스트레이터는 고품질의 작업물을 손쉽게 생성할 수 있습니다. 이제, AI 기능으로 시선을 확 끄는 창작물을 더 쉽고 빠르게 만들어 보세요.

디지털 창작의 시간은 끊임없이 진화하고 있습니다. 기술의 발전은 우리에게 상상 이상의 가능성을 열어주었고, 이제 어도비의 포토샵과 일러스트레이터 CC 2025는 창작 도구의 새로운 시대를 알리는 주역으로 자리 잡았습니다. 이번 버전에서는 특히 AI 기반의 혁신적인 기능들이 대거 추가되어 창작 과정 자체를 새롭게 정의하고 있습니다.

작업 시간과 노력을 한번에 '순삭'하는 AI 신기능

프롬프트 기반 이미지 생성 기능은 디자이너와 창작자에게 놀라운 자유를 제공합니다. 간단한 텍스트 명령어만으로도 구체적이고 생동감 있는 이미지를 생성할 수 있어, 아이디어를 실현하는 속도와 효율이 비약적으로 향상되었습니다. 다양한 형태의 캐릭터부터 사실적인 이미지 생성, 문자 디자인, 디자인을 위한 목업 제작 등 프롬프트를 입력하면, 몇 초 만에 완성도 높은 이미지가 생성됩니다. 이제 기술적 한계는 과거의 문제가 되었고, 창작자는 자신의 상상력에만 집중할 수 있게 되었습니다.

CC 2025에서 새롭게 선보이는 Generate Image 기능은 스타일을 자동으로 적용하거나 특정 참조 이미지를 기반으로 새로운 변형을 만들 수 있습니다. 디자이너는 작업의 단순 반복을 줄이고, 더 창의적인 작업에 에너지를 집중할 수 있는 환경을 제공합니다.

상상하는 결과물을 정확히 생성하는 CC 2025

포토샵과 일러스트레이터는 단순한 도구를 넘어 이제는 진정한 창작 파트너 역할을 하고 있습니다. 이 책은 CC 2025의 새로운 기능과 AI를 활용한 창작 기법들을 구체적으로 다루며, 기술적 설명과 함께 응용 방법을 제시합니다. 디자이너는 물론, 창작의 세계에 발을 들이고자 하는 초보자들에게도 유용한 지침서가 될 것입니다.

새로운 도구와 기술을 학습하고, 이를 통해 창작의 새로운 작업 패턴을 열어가고자 하는 포토샵과 일러스트레이터 사용자들을 위해 이 책을 집필했습니다. AI가 열어준 새로운 창작의 가능성을 경험해 보시길 바랍니다.

THANKS TO

이 책이 포토샵과 일러스트레이터의 기본기와 AI 신기능의 학습 방향을 제시하는 가이드북이 되길 바라며, AI와 협업해 원하는 디자인 결과물을 얻을 수 있기를 기대합니다. 책이 기획되고 나오기까지 신경 써 주신 길벗출판사 최근혜 차장님, 진행과 디자인 편집을 담당한 앤미디어 김민혜, 유선호, 박기은 님에게 감사를 전합니다.

> 책 소개

최신 AI 기능의 포토샵과 일러스트레이터 CC 2025를 한 권으로 공부하세요.

이 책은 포토샵과 일러스트레이터의 핵심 기능과 신기능을 기능과 예제 형식으로 나눠 설명합니다. 예제를 통해 쉽고 빠르게 학습할 수 있도록 구성하였으므로, CC 2025에서 새로워진 생성형 AI 기능을 학습하여 효율적인 그래픽 작업을 익혀 보세요.

1권 > 포토샵

AI 기능으로 프롬프트 입력창을 이용하여 원하는 이미지를 생성할 수 있으며, 원본 소스 이미지 크기에 상관 없이 이미지를 채울 수 있는 최신 포토샵 CC 2025를 학습합니다. 초보자부터 포토샵의 기본 기능만 아는 사용자, 실전 디자인을 위한 디자이너까지 실력을 업그레이드할 수 있을 것입니다.

2권 > 일러스트레이터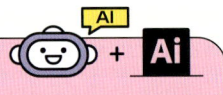

그림 실력이 없어도 쉽고 빠르게 손그림 또는 디지털 일러스트레이션을 완성할 수 있고 최신 일러스트레이터 CC 2025를 이용하여 그래픽 디자인, 편집 디자인, 인포그래픽 등 원하는 형태의 패스와 오브젝트 편집까지 학습할 수 있도록 구성하였습니다. 일러스트레이터의 정교한 기능으로 벡터 그래픽을 마스터해 보세요.

책 활용

길벗출판사 홈페이지를 적극 활용하세요!

길벗출판사에서 운영하는 홈페이지(www.gilbut.co.kr)에서는 출간 도서에 대한 정보뿐만 아니라 예제 및 완성 파일, 최신 기능 업로드 등 학습에 필요한 자료를 제공합니다. 또한 책을 읽다 모르는 내용이 있다면 언제든지 홈페이지의 도서 게시판에 문의해 주세요. 저자와 길벗 독자지원센터에서 신속하고 친절하게 답해 드립니다.

활용 01 〉 무엇이든 물어보세요!

길벗출판사 홈페이지에 접속한 후 ❶ 검색(🔍) 창에 『포토샵+일러스트레이터 CC 2025 무작정 따라하기』를 입력해 해당 도서 페이지로 이동하세요. 홈페이지 화면 오른쪽의 퀵 메뉴를 이용하면 ❷ 도서 문의를 빠르게 할 수 있습니다.

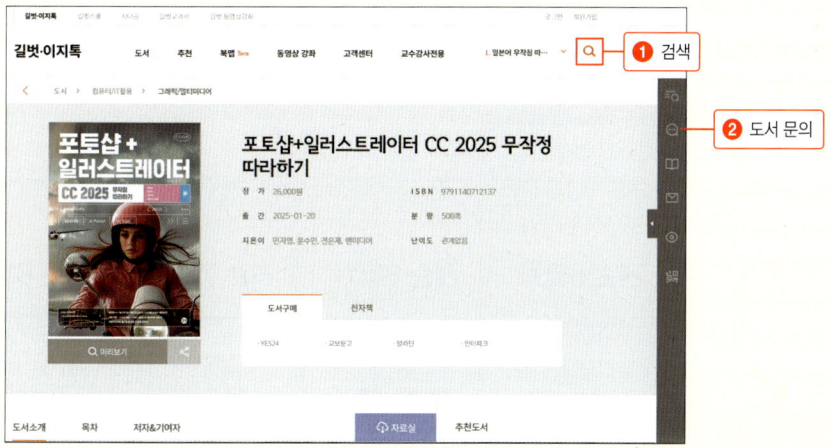

활용 02 〉 실습 자료 다운로드

이 책에 사용된 모든 실습 및 완성 파일은 자료실에서 다운로드할 수 있습니다. 해당 도서 페이지 아래쪽의 ❸ [자료실]을 클릭해 실습 파일을 다운로드하세요. 홈페이지 회원으로 가입하지 않아도 누구나 자료를 다운로드할 수 있습니다.

학습 계획표

체계적으로 포토샵 학습 계획을 세워 보세요!

1단계
포토샵을 처음 배우는 분이세요?

- 레슨 2일차 — 크리에이티브한 상상력, 포토샵의 시작
- 레슨 3일차 — 기본 작업을 위한 준비!
- 레슨 4일차 — 작업 준비! 한 번의 설정으로 디자인 판 짜기
- 레슨 5일차 — 작업의 반은 완성, 콕! 선택하는 선택 영역

2단계
포토샵 이전 버전을 사용한 적이 있으신가요?

- 레슨 5일차 — 작업의 반은 완성! 콕 선택하는 선택 영역
- 레슨 6일차 — 이제 누구나 포토샵 AI로 이미지를 생성한다!
- 레슨 7일차 — 거침없이 자르고, 변형하는 것도 기술!
- 레슨 8일차 — 자신만의 취향에 맞는 컬러 고르기

3단계
포토샵으로 원하는 작업물을 만들고 싶은가요?

- 레슨 1일차 — AI 기능으로 생성하고, 합성하는 포토샵 CC 2025의 신기능
- 레슨 6일차 — 이제 누구나 포토샵 AI로 이미지를 생성한다!
- 레슨 7일차 — 거침없이 자르고, 변형하는 것도 기술!
- 레슨 11일차 — 초간단 입력부터 맞춤형 문자 입력 방법

본격적으로 공부를 시작하기 전에 자신에게 맞는 학습 계획을 세워 보세요. 여기서 안내하는 계획표대로 내 실력에 맞게 포토샵을 마스터할 수 있습니다.

레슨 7일차
거침없이 자르고, 변형하는 것도 기술!

레슨 9일차
쉽지만 놀라운 색상 보정의 정석

레슨 11일차
초간단 입력부터 맞춤형 문자 입력 방법

레슨 14일차
스페셜한 기능이 있는 브러시 사용

레슨 15일차
합치면 놀라운 이미지 합성, 레이어

레슨 9일차
쉽지만 놀라운 색상 보정의 정석

레슨 10일차
디테일하거나 크리에이티브한 색상 보정

레슨 11일차
초간단 입력부터 맞춤형 문자 입력 방법

레슨 15일차
합치면 놀라운 이미지 합성, 레이어

레슨 16일차
색상 정보와 마스크를 위한 채널 사용하기

레슨 12일차
이미지와의 필연적 결합, 문자 스타일

레슨 13일차
브러시와 연필, 펜 선으로 그림 그리기

레슨 15일차
합치면 놀라운 이미지 합성, 레이어

레슨 16일차
색상 정보와 마스크를 위한 채널 사용하기

동영상 강의
동영상을 이용하여 실전 활용 강의

책 구성

체계적인 구성을 따라 빠르고 간편하게 공부하세요.

필수 이론
포토샵을 다루기 위해 꼭 알아야 할 기능과 이론을 알아봅니다. 개념을 알아 두면 포토샵을 실습하는데 기초가 됩니다.

실습 및 완성 파일
예제를 직접 따라하기 위한 실습파일을 제공합니다. 길벗 홈페이지에서 다운로드 받을 수 있습니다.

Before, After
예제를 위해 제공하는 원본 이미지와 실습 결과물의 이미지를 미리 볼 수 있도록 표시합니다.

Easy 실습
포토샵 명령이나 기능을 이용해 이미지에 적용하는 방법을 따라하기 형식으로 설명합니다.

프롬프트
예제에서 이미지 생성에 사용한 프롬프트를 표시합니다.

TIP
예제 관련 기본 팁을 제공합니다. 개념에 대한 부연 설명, 관련 기능 정보, 주의할 점 등을 설명합니다.

> 동영상 강의

동영상을 이용한 실전 예제 학습

이론과 실습 예제를 이용하여 포토샵의 기본기를 배웠다면 이 책에서 제공하는 동영상 활용 예제를 만들어 보세요. 스마트폰이나 태블릿 PC 카메라로 QR 코드를 찍거나 PC의 유튜브 채널(youtube.com/@photoshop_follow)에서 포토샵 전문 저자 강의 동영상으로 활용 예제 제작 방법을 배워 보세요.

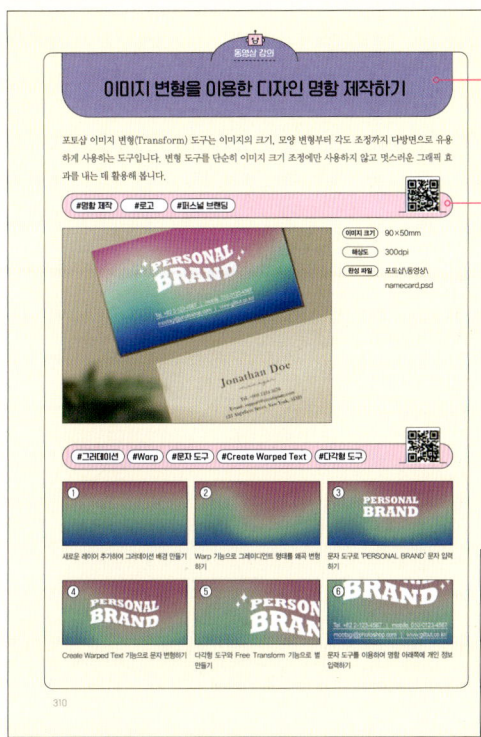

활용 예제
필수 활용 예제를 제공합니다. 작업 과정을 이해한 다음 작업하고, 동영상으로 확인합니다.

예제 소개 영상(QR 코드)
스마트폰이나 태블릿 PC로 QR 코드를 촬영해 예제 작업 과정을 동영상으로 확인할 수 있습니다. PC에서 볼륨을 키우고, 동영상 플레이어의 재생 버튼을 눌러 포토샵 강사의 강의를 듣고, 보면서 학습합니다.

작업 과정 영상(QR 코드)
작업 과정을 포토샵 강사의 해설과 함께 동영상을 제공합니다. QR 코드를 이용하거나 PC에서 유튜브 채널 강의 영상을 확인합니다.

작업 과정 소개
예제 작업 시 사용 기능과 작업 과정을 소개합니다. 가장 효율적인 작업 과정을 확인해 보세요.

목차

part 01 > 포토샵 CC 2025 원포인트로 시작하기

01. AI 기능으로 생성하고, 수정하고, 합성하는 포토샵 CC 2025의 신기능 — 018
- ❶ 도구가 아닌 텍스트로 이미지 생성하기(Text to Image) — 018
- ❷ 이미지 삭제부터 영역을 채우는 기능까지 한번에!(Generative Fill) — 019
- ❸ SNS 미디어에 최적화된 생성형 확장 기능(Generative Expand) — 020
- ❹ AI 기능으로 산만한 요소를 한번에 제거하기 — 021
- ❺ 원하는 배경을 텍스트로 생성하기(Generate background) — 022
- ❻ 이미지를 제어하는 생성형 이미지 옵션, Generate image 대화상자 — 022
- ❼ 예술적인 일러스트부터 실사 사진까지 타입을 정해 생성하기(Content Type) — 023
- ❽ 참조 이미지로 유사 이미지 생성하기(Reference Image) — 023
- ❾ 전통적인 필터 합성이 필요 없는 AI 생성형 이펙트(Generate Effects) — 024
- ❿ 대충 드래그해도 완벽하게! 새롭게 선보이는 브러시 도구 — 025
- [EASY 실습] 한글 프롬프트로 3D 캐릭터 생성하기 — 026

02. 크리에이티브한 상상력, 포토샵의 시작 — 030
- ❶ 포토샵, 어떤 작업에 활용할까? — 030
- ❷ 작업을 위한 얕지만 중요한 포토샵 기본 지식 — 032
- ❸ 매끄럽거나, 투박하거나! 선택 영역이 결정하는 완성도 — 034
- ❹ 화면용? 인쇄용? 이미지 품질이 헷갈린다면! — 035
- ❺ 정확한 색상은 옳다? 이미지 보정과 색상의 개념 — 036
- ❻ 이미지와 캔버스 변형을 이해하면 디자인이 보인다! — 038
- ❼ 조용하게, 때로는 소리치는 문자! 글꼴 사용 3원칙 — 039
- ❽ 아무리 강조해도 지나치지 않는 저작권 — 040

part 02 > 체크! 포토샵 CC 2025 기본 도구와 패널

03. 기본 작업을 위한 준비! — 044
- ❶ 편리한 AI 기능 사용을 위한 사용자 정의 패널 구성하기 — 044
- ❷ 포토샵 작업 화면 어떻게 생겼을까? — 045
- ❸ 만능 이미지 생성형 명령 도구, Contextual Task Bar — 046
- ❹ 이것만은 꼭! 포토샵 핵심 도구 미리 학습하기 — 049
- ❺ 섬세한 옵션 설정은 여기에! 패널 알아보기 — 055
- [EASY 실습] 작업 화면 밝기 조절하기 — 059

part 03 › 더 빠르게, 더 쉽게! 포토샵에서 꼭 알아야 할 필수 기본기

04. 작업 준비! 한 번의 설정으로 디자인 판 짜기 062
- ❶ 새 문서 만들기 062
- (EASY 실습) 캔버스 만들기 063
- (EASY 실습) 파일 열기 064
- (EASY 실습) Place Embedded 기능으로 파일 불러오기 065
- ❷ PC 또는 클라우드 공간에 파일 저장하기 066
- ❸ 작업 화면 확대, 축소, 이동하기 067
- ❹ 눈금자와 가이드 사용하기 068
- ❺ 이미지 크기 조절하기 069
- (EASY 실습) 이미지 크기를 반으로 줄이기 071
- ❻ 캔버스 크기 조절하기 072
- (Quick 활용) 캔버스를 확장하여 이미지 생성하기 073
- ❼ 작업 과정 기록과 반복 작업 해결하기 075
- ❽ 작업 시간 단축하기 076
- (EASY 실습) 여러 장의 이미지에 액션과 배치 기능 적용하기 077
- (Quick 활용) 여러 장의 이미지를 하나의 PDF 파일로 저장하기 079

05. 작업의 반은 완성, 콕! 선택하는 선택 영역 080
- ❶ 고정된 영역을 선택하는 도구 알아보기 080
- ❷ 선택 영역 이동 및 복제하기 081
- ❸ 다양한 형태의 이미지 선택하기 082
- (EASY 실습) 다각형 도구로 게시판 테두리 완성하기 083
- ❹ 오브젝트 선택 도구로 이미지 선택하기 084
- ❺ Contextual Task Bar에서 자동 이미지 선택하기 085
- ❻ 선택 브러시 도구로 이미지 생성 영역 지정하기 086
- ❼ 선택 영역 편집하기 087
- (EASY 실습) 다채로운 색상의 이미지를 빠르고 간편하게 선택하기 089
- (EASY 실습) 복잡한 배경과 분리하여 인물 선택하기 090
- (EASY 실습) 선택 브러시 도구로 피부 재생하기 091
- (Quick 활용) 피사체를 직접 보면서 구분하여 배경 바꾸기 092
- ❽ 선택 영역 변형하기 094

❾ 비슷한 색 범위를 선택 영역으로 지정하기 … 096
❿ 초점에 따라 선택 영역 지정하기 … 097

part 04 › 이미지를 놀랍도록 아름답게! AI 이미지 생성과 변형하기 〔Ps〕

06. 디자인? 이제 누구나 포토샵 AI로 이미지를 생성한다! … 100
❶ 포토샵에서 원하는 이미지 생성을 위한 9가지 원칙 … 100
(EASY 실습) 한글 문장으로 실사 인물 이미지 생성하기 … 105
(EASY 실습) 프롬프트로 글자 풍선 이미지 생성하기 … 107
(EASY 실습) 핵심 키워드로 아트 이미지 생성하기 … 109
(EASY 실습) 프롬프트 입력으로 이미지 수정하기 … 110
(Quick 활용) 유사한 이미지 생성으로 목업 라벨 만들기 … 111
(Quick 활용) 프롬프트로 생성된 배경과 인물 합성하기 … 114
(EASY 실습) 갤러리 이미지로 스타일 변경하기 … 116
(EASY 실습) 외부 참조 이미지로 유사한 캐릭터 만들기 … 118
(EASY 실습) 배경 자동 삭제와 이미지 생성하기 … 121
(EASY 실습) 콘텐츠 타입으로 질감 변경하기 … 123
(EASY 실습) 스타일과 이펙트 효과로 일러스트 생성하기 … 125

07. 거침없이 자르고, 변형하는 것도 기술! … 127
❶ 필요한 부분만 선택하여 자르기 … 127
(EASY 실습) 가로 이미지를 세로 이미지로 자르기 … 129
(EASY 실습) 비뚤어진 사진 바르게 자르기 … 130
(EASY 실습) 자유롭게 드래그 방식으로 이미지 확장하기 … 131
❷ 이미지를 자유자재로 변형하기 … 133
(EASY 실습) 이미지에 그림자 효과 적용하기 … 135
(EASY 실습) 원근감 표현하기 … 138
(Quick 활용) 이미지를 변형하여 감성 사진 만들기 … 139
(EASY 실습) 요가 자세의 인물 변형하기 … 141
❸ 자연스러운 이미지 변형을 위한 Neural Filters … 142
(Quick 활용) 인물 표정과 피부 보정하기 … 143
(Quick 활용) 여름에서 겨울로 풍경 사진 만들기 … 145
(EASY 실습) 광고처럼 부드러운 피부 보정하기 … 146
(EASY 실습) 이미지를 크게 늘려도 노이즈 제거와 선명도 유지하기 … 147
(Quick 활용) 이미지 왜곡을 방지하면서 가로형 배너 만들기 … 148
(Quick 활용) 여러 장의 사진으로 파노라마 사진 만들기 … 150
❹ 필터 종류와 사용 방법 알아보기 … 152

| Quick 활용 | 사각형을 물결 형태로 만들기 | 155 |
| Quick 활용 | 자연스럽고 동적인 느낌의 패스 블러 사용하기 | 156 |

part 05 〉 탁월한 선명함과 밝기, 풍부한 색감을 위한 색상 보정하기

08. 자신만의 취향에 맞는 컬러 고르기 160
- ❶ 전경색과 배경색 지정하기 160
- ❷ 페인트 통 도구 사용하기 161
- ❸ 색, 이미지, 패턴으로 선택 영역 채우기 162
- Quick 활용 외곽선을 손상하지 않으면서 웹툰 채색하기 163
- EASY 실습 선택 영역을 지정하여 Fill 기능으로 요소 삭제하기 165
- EASY 실습 Contents-Aware Fill 기능으로 타투 지우기 167
- ❹ 스마트한 그러데이션 사용하기 169
- EASY 실습 그레이디언트 효과를 마음대로 변경하기 170
- ❺ 패턴 등록하고 적용하기 172
- EASY 실습 나비를 패턴화하여 이미지 채우기 173
- Quick 활용 잘라도 완벽한 패턴 이미지 만들기 175

09. 쉽지만 놀라운 색상 보정의 정석 176
- EASY 실습 색상 자동 보정하기 176
- EASY 실습 조정 브러시 도구로 보면서 이미지 보정하기 177
- ❶ 특정 톤의 명도와 대비 조절하기 179
- Quick 활용 이미지의 하이라이트와 미드, 섀도 톤 보정하기 180
- ❷ 명도와 대비를 조절하여 사진에 강약주기 181
- EASY 실습 채도를 조절하여 생동감 있는 사진 만들기 182
- EASY 실습 색상과 채도를 마음대로 보정하기 183

10. 디테일하거나 크리에이티브한 색상 보정 184
- ❶ 색상 균형 조절하기 184
- ❷ 흑백 이미지로 전환하기 185
- ❸ 채도와 노출 상태 조절하기 186
- EASY 실습 보정 스타일을 확인하면서 색 보정하기 187
- EASY 실습 원본은 그대로! 원하는 대로 보정 편집하기 188

part 06 〉 메시지의 시각적 전달을 위한 맞춤 문자 디자인하기

11. 초간단 입력부터 맞춤형 문자 입력 방법 192
- ❶ 문자 도구 종류 알아보기 192

❷ 입력을 위한 패널과 옵션바 사용하기	193
❸ 단락 다루기	195
❹ 문자 입력과 수정하기	196
❺ 문자 입력하고 속성 변경하기	197
(EASY 실습) 포토샵에서 제공하는 글꼴 사용하기	198

12. 이미지와의 필연적 결합, 문자 스타일 — 200

(EASY 실습) 긴 문장을 가져와 입력하기	200
(EASY 실습) 형태를 따라 흐르는 패스 문자 입력하기	201
❶ 문자 변형하기	203
(Quick 활용) 문자 스타일로 전단지 만들기	204
(Quick 활용) 다양한 형태의 로고 문자 만들기	208
(Quick 활용) 문자 프레임으로 SNS 홍보 이미지 만들기	212

part 07 › 그림 챌린지! 브러시와 펜, 셰이프로 그림 그리기

13. 브러시와 연필, 펜 선으로 그림 그리기 — 216

❶ 브러시 도구와 연필 도구 알아보기	216
(Quick 활용) 마우스로도 손쉽게! 강아지 캐릭터 그리기	220
❷ 패스를 그리는 도구 알아보기	224
(EASY 실습) 곡선과 직선의 선택 영역 지정하기	227
(Quick 활용) 펜 도구로 곰돌이 캐릭터 만들기	230
(EASY 실습) 문자 형태 그대로 패스선 추출하기	234
❸ 선과 도형을 그리는 도구 알아보기	236
(Quick 활용) 실루엣 이미지 만들기	240
(Quick 활용) 밤하늘 이미지 연출하기	241

14. 스페셜한 기능이 있는 브러시 사용 — 244

❶ 원하는 부분만 드래그하는 대로 지우기	244
❷ 아트 히스토리 도구 사용하기	245
❸ 이미지 복제하기	246
(EASY 실습) 장난감 복제 배열하기	247
❹ 피부 보정과 이미지 복원하기	248
(EASY 실습) 가는 선 형태의 복잡한 이미지 제거하기	250
(EASY 실습) 여러 명의 인물을 인식하고 한번에 지우기	251

part 08 › 이미지 합성을 위한 레이어와 마스크, 채널

15. 합치면 놀라운 이미지 합성, 레이어 — 254

❶ 레이어 알아보기 254
❷ 꼭 알아야 할 레이어 사용법 258
(Quick 활용) 콜라주 이미지 만들기 262
(EASY 실습) 그룹 레이어로 유튜브 섬네일 이미지 구성하기 265
❸ 겹친 레이어 합성하기 268
(Quick 활용) 생성 이미지를 합성하여 명함 만들기 269
(Quick 활용) 블렌딩 모드로 간편하게 음료수 목업 디자인하기 270
❹ 그러데이션과 패턴 레이어 스타일 적용하기 271
(Quick 활용) 레이어 스타일로 명함 만들기 273
(Quick 활용) 다양한 레이어 스타일로 투명한 입체 문자 만들기 275
❺ 레이어 마스크로 이미지 합성하기 278
(Quick 활용) 인스타그램 화면 구성하기 279
(Quick 활용) 오브젝트 레이어 마스크로 팝업 광고 만들기 282
❻ 문자에 패턴 이미지 합성하기 284
(EASY 실습) 원하는 형태의 구름 이미지로 합성하기 285
❼ 스마트 오브젝트 사용하기 286
(EASY 실습) 원본 손상 없이 이미지 관리하기 288

16. 색상 정보와 마스크를 위한 채널 사용 291

❶ 색상 모드 알아보기 291
❷ 채널 알아보기 294
(EASY 실습) 채널 만들어 선택 영역 저장하고 사용하기 296
(EASY 실습) 복잡한 영역 누끼 따기 298
❸ 마스크 알아보기 301
❹ 마스크로 특정 이미지 추출하기 303
(EASY 실습) 레이어 마스크로 복잡한 선택 영역 편집하기 305
(EASY 실습) 털이 있는 이미지 선택하고 합성하기 307

● 동영상 강의 ●

AI 기능으로 제품 광고 이미지 제작하기 309
이미지 변형을 이용해 디자인 명함 제작하기 310
채도와 색상을 이용한 음원 레이블 만들기 311
레이어 합성 기능으로 포스터 제작하기 312
채널 기능을 이용한 상품 패키지 디자인하기 313
문자를 이용한 쿠폰 제작하기 314
AI 기능을 활용한 상품 홍보 포스터 디자인하기 315

찾아보기 316

Part 01

포토샵 CC 2025 원포인트로 시작하기

| Adobe Firefly 〈 20/25 〉

AI   Interface   Tools

PHOTOSHOP
+ILLUSTRATOR CC 2025

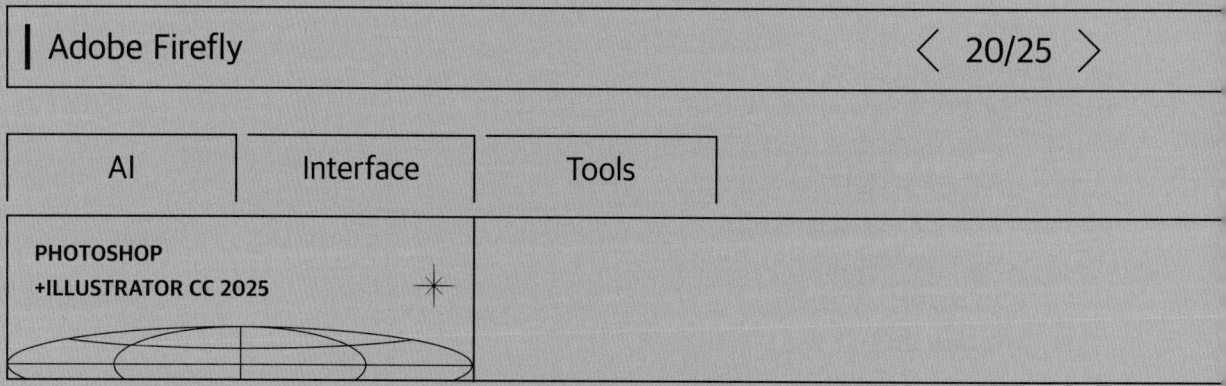

LESSON 01 › AI 기능으로 생성하고, 수정하고, 합성하는 포토샵 CC 2025의 신기능

포토샵 CC 2025에서는 새롭게 선보이는 이미지 생성 기능부터 콘텐츠 타입과 이미지 참조 기능 등 사용자가 원하는 이미지를 얻을 수 있도록 다양한 AI 기능을 제공하고 있습니다. 더 세밀하게 이미지를 생성할 수 있는 포토샵 AI 기능으로 디자인 작업을 쉽고 편리하게 해보세요.

❶ 도구가 아닌 텍스트로 이미지 생성하기(Text to Image)

포토샵 CC 2025에서 선보이는 프롬프트를 이용한 이미지 생성 기능은 단어나 문장을 입력하는 것만으로 매우 섬세하고 정교한 이미지를 자동으로 생성할 수 있는 혁신적인 도구입니다. 사용자는 프롬프트 입력창에 생성하고 싶은 이미지의 이름이나 형태를 간단히 텍스트로 입력함으로써, 그에 맞는 이미지가 자연스럽게 생성되고 연출됩니다. 또한, Contextual Task Bar(콘텍스츄얼 테스크 바)는 AI 기반 기능으로, 사용자가 텍스트 프롬프트를 입력하여 원하는 형태나 스타일의 이미지를 바로 생성할 수 있는 도구입니다.

포토샵 CC 2025 로딩 화면

이제 이미지 소스를 찾거나 구입하는 번거로움 없이, 복잡한 이미지 합성 작업 없이도 포토샵에서 바로 원하는 이미지를 생성하고 합성할 수 있습니다.

Contextual Task Bar는 이미지 편집 작업을 혁신적으로 변화시키며, 디자인 프로세스를 더욱 창의적이고 직관적으로 만들어 주는 도구입니다. 이 기능은 복잡한 이미지 합성 및 검색 작업을 간소화하고, 원하는 이미지를 손쉽게 구현할 수 있도록 도와줍니다.

원본 이미지(포토샵\01\glass.png)

브러시 선택 도구로 선글라스 부분만 영역으로 지정

프롬프트 입력창에 '안경'을 입력하여 선글라스 교체 ▶ 110쪽 참고

인물 선택부터 배경 선택까지, 자유자재로 영역 지정 후 Contextual Task Bar를 이용하여 원하는 이미지를 생성하거나 변경 가능

❷ 이미지 삭제부터 영역을 채우는 기능까지 한번에!(Generative Fill)

Generative Fill 기능은 단순히 클릭 한 번으로도 이미지 편집과 합성을 훨씬 간단하게 만들어 주는 혁신적인 도구입니다. 이 기능은 사용자가 특정 이미지를 삭제하거나 추가하는 작업을 더 효율적으로 수행할 수 있게 합니다.

영역에 새로운 이미지를 삽입하고 싶을 경우, 사용자는 간단한 텍스트 프롬프트를 입력하여 원하는 형태의 이미지를 생성할 수 있습니다. 이는 기존의 복잡한 합성 작업 없이도 사실적인 결과를 빠르게 얻을 수 있도록 하며, 다양한 이미지 옵션을 제안해 주기 때문에 원하는 결과물을 얻을 때까지 여러 차례 시도할 수 있습니다.

이미지를 구성하는 전경과 배경, 오브제를 프롬프트만으로도 생성할 수 있는 포토샵 CC 2025 ▶ 100쪽 참고

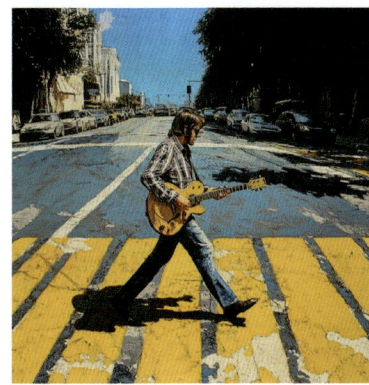

횡단보도를 건너는 인물(포토샵\01\cross.png) | 인물을 제거한 이미지(포토샵\01\crossing2.png) | 유모차를 끌고 개와 길을 건너는 할머니 생성 ▶ 105쪽 참고

❸ SNS 미디어에 최적화된 생성형 확장 기능(Generative Expand)

이미지의 캔버스를 확장하면서 기존 이미지와 자연스럽게 연결된 새로운 콘텐츠를 생성할 수 있습니다. 예를 들어, 이미지의 가장자리를 채우거나 소셜 미디어 최적화를 위해 캔버스를 조정할 수 있습니다.

Generative Expand 기능은 간단히 캔버스를 늘린 후 빈 영역을 클릭하면 자동으로 AI가 새로운 배경을 생성하여 채웁니다. 이때 생성된 이미지는 원본의 질감, 색상, 조명 등을 분석해 자연스럽게 이어지도록 구성됩니다. 예를 들어, 수평선이나 배경의 연속성을 유지하면서 사진을 더 넓게 확장할 수 있습니다.

기존 드래그 방식으로 캔버스를 채우는 방식

메뉴에서 [Edit] → Transform → Scale을 실행해 이미지를 드래그하는 방식으로 확장하면 이미지에 왜곡이 생기거나 배경 등이 잘려서 원본 이미지의 구도를 유지하기 어려운 단점이 있습니다.

양쪽 영역에 드래그 방식으로 채워야 할 영역

비율을 유지하지 않은 상태로 Shift를 누른 채 드래그

생성형 AI 기능으로 캔버스를 채우는 방식

생성형 AI 기능인 Generate Expand를 이용해 캔버스 영역을 확장하면, 인물이나 배경의 확장 영역을 인식하여 자연스럽게 연결되도록 이미지를 확장합니다. 유튜브나 인스타그램용 이미지의 경우, 비율만 선택하면 잘린 부분도 비율에 맞게 자동으로 생성됩니다.

원본 이미지(포토샵\01\self2.png)

인스타그램 비율인 4:5로 지정

4:5 비율로 확장되며, 잘린 열기구 이미지 생성 ▶ 131쪽 참고

❹ AI 기능으로 산만한 요소를 한번에 제거하기

포토샵 CC 2025에서는 작업물을 방해하는 요소들을 손쉽게 제거할 수 있는 혁신적인 기능을 제공합니다. 과거에는 가는 선이나 케이블, 의도하지 않은 배경 인물들을 제거하는 데 복잡한 과정을 거쳐야 했지만, 이제는 이러한 산만한 요소들을 자동으로 검색하여 한번에 제거할 수 있습니다.

특히 이미지에서 가는 전선이나 케이블은 시각적으로 복잡하게 만들어 집중력을 떨어뜨리기 때문에 이를 제거하는 것이 중요합니다. AI 기능이 탑재된 리무브 도구()를 이용하면 방해 요소를 자동으로 찾아내어 배경을 깔끔하게 정리할 수 있습니다.

복잡하게 연결된 전선이 있는 원본 이미지(포토샵\01\line.png)

전선만 탐색하여 제거된 완성 이미지(포토샵\01\line_완성.png) ▶ 250쪽 참고

또한, 사진 촬영 시 주요 인물 외에 여러 명의 배경 인물이 포함되어 있을 때, 일일이 수동으로 지우는 것이 아니라 한 번에 의도하지 않은 배경 인물들을 검색하여 삭제 영역으로 지정할 수 있습니다. 이로 인해 클릭 한번으로 여러 인물을 동시에 제거할 수 있어 작업 효율성이 크게 향상되었습니다.

배경에 주변 인물들이 있는 원본 사진
(포토샵\01\posing.png)

삭제할 주변 인물들을 검색하여 영역으로 지정

한번에 주변 인물들을 자동 삭제 ▶ 251쪽 참고
(포토샵\01\posing_완성.png)

❺ 원하는 배경을 텍스트로 생성하기(Generate background)

포토샵에서는 별도의 선택 작업을 하지 않아도 간단하게 배경을 교체하거나 수정할 수 있는 AI 기능을 제공하고 있습니다. Remove background 기능으로 인물과 배경을 인식해 인물 이외의 배경을 한번에 삭제할 수 있고, 삭제된 배경 영역에 프롬프트로 원하는 배경 이미지를 생성합니다. 생성된 배경 이미지는 남겨진 인물 이미지에 맞게 밝기나 그림자, 빛의 방향을 고려하여 자연스러운 합성까지 할 수 있습니다.

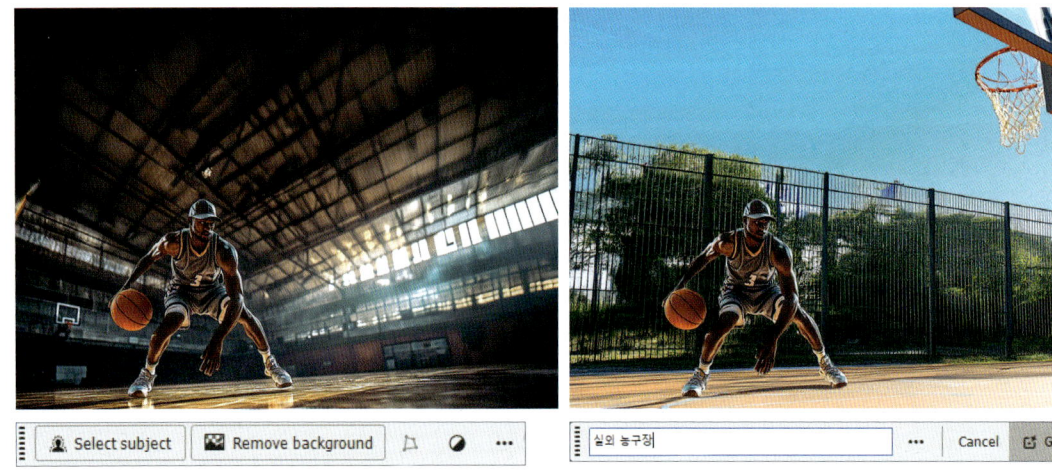

실내 농구장 원본 이미지(포토샵\01\basketball.png) ▶ 121쪽 참고

실외 농구장으로 배경을 교체/생성한 이미지(포토샵\01\basketball_완성.png)

❻ 이미지를 제어하는 생성형 이미지 옵션, Generate image 대화상자

Tools 패널 아래에서 'Generate image' 아이콘(🖼)을 클릭하거나 Contextual Task Bar의 〈Generate image〉 버튼을 클릭해 Generate image 대화상자를 표시할 수 있습니다. Generate image 대화상자에는 텍스트로 이미지를 생성할 수 있는 프롬프트 입력창, 예술적인 느낌과 사진을 구분하는 Content type, 특정 이미지나 디자인 요소를 포함하고 싶을 때 사용하는 Reference image, 특정 질감 등을 편집할 수 있는 Effects 기능을 제공합니다. 이러한 옵션을 이용해 사용자가 원하는 이미지를 디테일하게 생성할 수 있습니다.

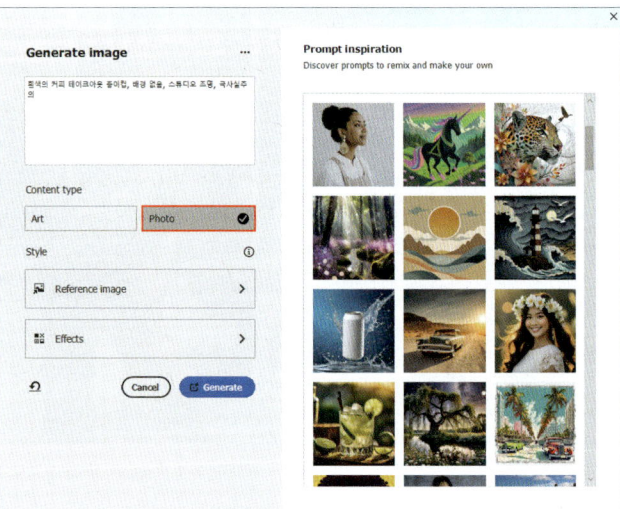

Generate image 대화상자 ▶ 47쪽 참고

❼ 예술적인 일러스트부터 실사 사진까지 타입을 정해 생성하기(Content Type)

Generate image 대화상자에서 제공하는 Content type 항목에서는 AI가 생성할 이미지의 유형을 (Art)와 (Photo)로 구분할 수 있습니다. 같은 프롬프트를 입력하더라도 (Art)를 클릭하면 일러스트 또는 그래픽 효과나 이펙트가 적용된 생성형 이미지를 얻을 수 있으며, (Photo)를 클릭하면 실사 느낌의 사진 이미지를 얻을 수 있습니다. 특정 타입으로 이미지를 제작해야 하는 경우, Content type 항목을 통해 다양한 결과를 통일된 이미지 타입으로 생성해 보세요.

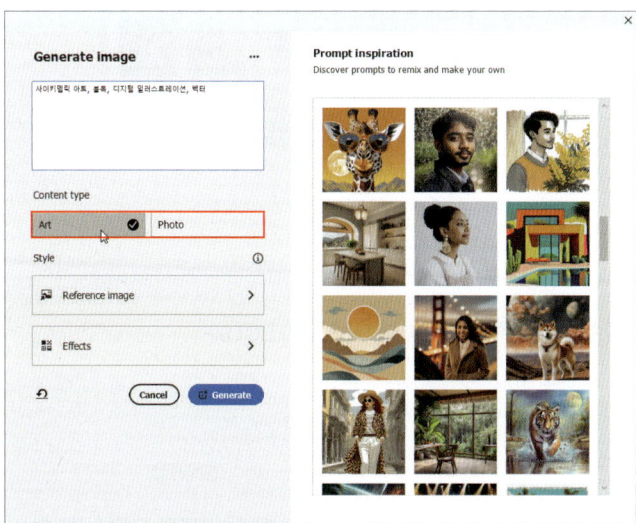
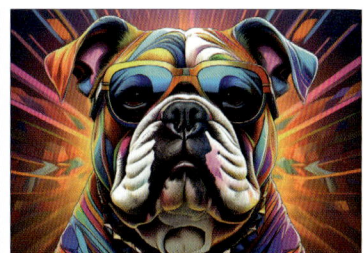

예술적인 일러스트부터 목업 이미지 생성까지 선택 가능

(포토샵\01\bulldog.jpg, coffee_완성.jpg) ▶ 111쪽 참고

❽ 참조 이미지로 유사 이미지 생성하기(Reference Image)

Reference Image 기능은 특정 이미지나 디자인 요소를 포함하고 싶은 경우, 원하는 스타일이나 특징이 담긴 참조 이미지를 AI에 입력하여 이를 기반으로 이미지 생성 작업을 수행합니다. 이를 통해 일반 텍스트 프롬프트만으로 설명하기 어려운 디테일도 간편하게 반영할 수 있습니다. 예를 들어, 색감이나 질감, 조명 효과 등을 레퍼런스 이미지에 맞춰 더욱 자연스럽게 생성된 영역에 반영할 수 있습니다.

특히 같은 스타일의 여러 이미지를 생성하거나 일관된 분위기를 유지해야 할 때 유용합니다.

참조 이미지 파일

참조 이미지를 기준으로 동일한 스타일로 생성된 강아지 이미지 ▶ 118쪽 참고

특정 제품 촬영이나 포트폴리오 디자인 시 같은 스타일의 이미지가 필요할 경우, 이 기능을 통해 통일감 있는 결과를 얻을 수 있으며, 창의적인 과정에서 무작위적인 결과물이 줄어들어 원하는 스타일로 조절하기가 수월합니다. 별도의 이미지 조정 작업 없이도, 레퍼런스 이미지를 활용해 생성된 결과물들이 더 사용자 의도에 맞게 나오므로 작업 시간을 크게 단축할 수 있습니다. 배경 확장, 이미지 변형 등 다양한 활용 분야에서 높은 일관성을 유지할 수 있어 빠르고 효율적으로 작업할 수 있습니다.

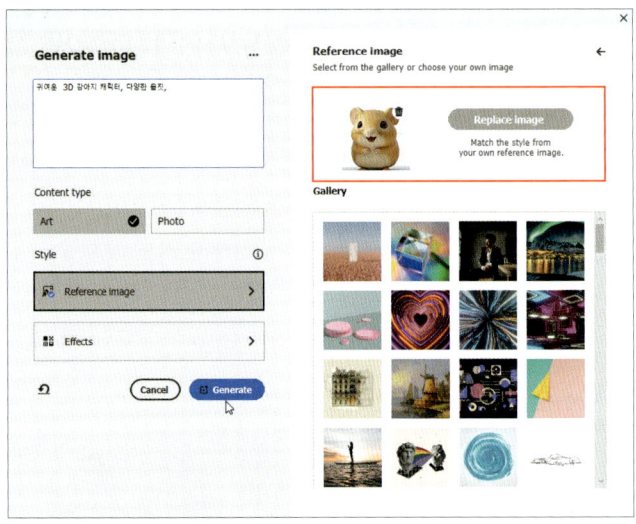

참조 이미지로 원하는 스타일의 이미지를 빠르게 생성 ▶ 48쪽 참고

⊙ 전통적인 필터 합성이 필요 없는 AI 생성형 이펙트(Generate Effects)

Generate image 옵션의 Effects 기능을 이용하면 이미지의 특정 질감이나 분위기를 강화할 수 있는 특수 필터를 선택할 수 있습니다. 예를 들어, 3D 패턴이나 네온, 레트로 필터, 모노크롬, 모던아트, 빈티지 등의 필터를 적용해 독특한 스타일을 구현할 수 있습니다. 이러한 효과는 광고, 웹 디자인, 포스터 등에서 독창적인 이미지를 만드는 데 유용합니다.

원본 이미지(포토샵\01\Giraffe1.jpg)

Effects - Materials : Yarn

Yarn 해제, 일러스트 스타일 ▶ 123쪽 참고

⑩ 대충 드래그해도 완벽하게! 새롭게 선보이는 브러시 도구

포토샵의 AI 기능을 적용하기 위해 포토샵 CC 2025에서는 브러시로 영역을 지정하는 선택 브러시 도구와 드래그하는 방식으로 이미지를 보정할 수 있는 조정 브러시 도구를 제공하고 있습니다. AI 기능은 포토샵에서 불러들인 이미지 정보를 인식하므로 정확하게 영역을 선택하지 않아도 원하는 부분에 이미지를 생성하거나 삭제, 보정할 수 있습니다.

선택도 대충 드래그 방식으로! 선택 브러시 도구

브러시 형태로 특정 이미지를 드래그하면 선택 영역이 색상으로 표시되며, 해당 부분이 선택 영역으로 지정되는 선택 브러시 도구( )가 있습니다. 브러시 크기는 옵션바에서 설정할 수 있으며, 지정한 영역을 추가하거나 지워 선택 영역을 편집할 수도 있습니다.

 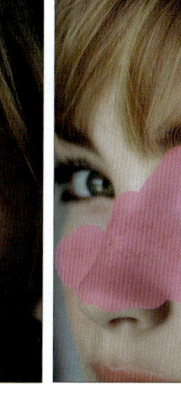 

원본 이미지(포토샵\01\teen.jpg) | 선택 브러시 도구로 주근깨 부분 드래그 | AI 기능으로 깨끗한 피부 생성 ▶ 91쪽 참고

이미지를 보면서 보정하는 조정 브러시 도구

조정 브러시 도구( )를 이용하면 특정 부분을 브러시 형태로 드래그하는 방식으로 이미지를 보정할 수 있습니다. 직접 이미지를 보면서 특정 부분만 보정하여 섬세하게 보정할 수 있는 장점이 있습니다.

 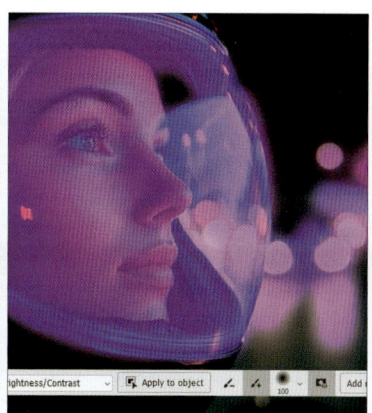 

원본 이미지(포토샵\01\seen2.png) | 브러시 도구로 보정하려는 영역을 드래그하여 지정 | 직접 보면서 드래그하는 방식으로 보정 ▶ 177쪽 참고

EASY 실습 | 한글 프롬프트로 3D 캐릭터 생성하기

• 완성파일 : 포토샵\01\sheep_완성.psd

포토샵 CC 2025에서는 원하는 형태의 이미지를 문자를 포함하여 정교하게 생성할 수 있으며, 원하는 스타일을 참조하여 원하는 형태로 이미지를 생성할 수도 있습니다. 예제에서는 3D 캐릭터를 생성하고 원하는 영역을 선택하여 이미지를 수정해 봅니다.

After 1

After 2

01 포토샵을 실행하고 〈New file〉 버튼을 클릭하거나 메뉴에서 (File) → New(Ctrl+N)를 실행합니다.

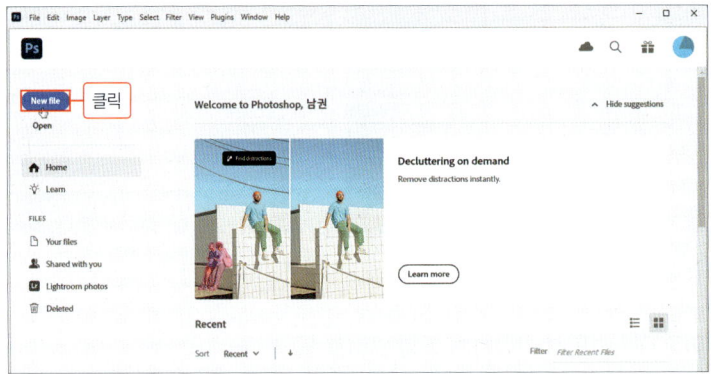

02 New Document 대화상자에서 ❶ (Photo) 탭을 선택하고 ❷ 'Default Photoshop Size (16 × 12cm @ 300ppi)'를 선택한 다음 ❸ 〈Create〉 버튼을 클릭합니다.

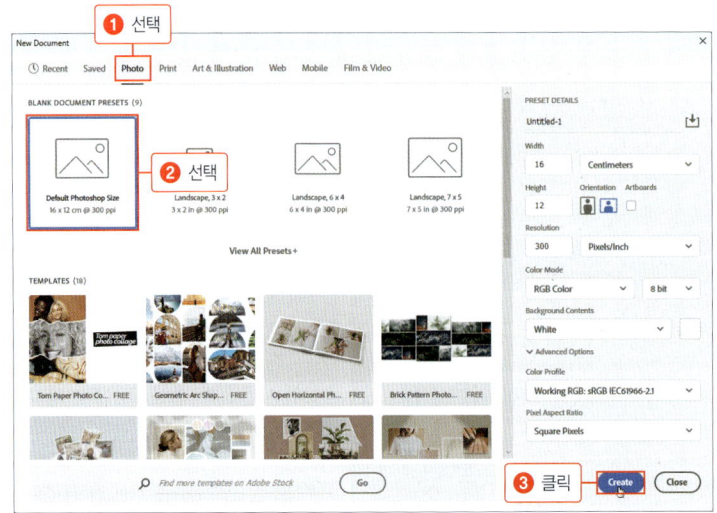

03 Tools 패널 아래의 'Generate image' 아이콘()을 클릭하여 Generate image 대화상자를 표시합니다.

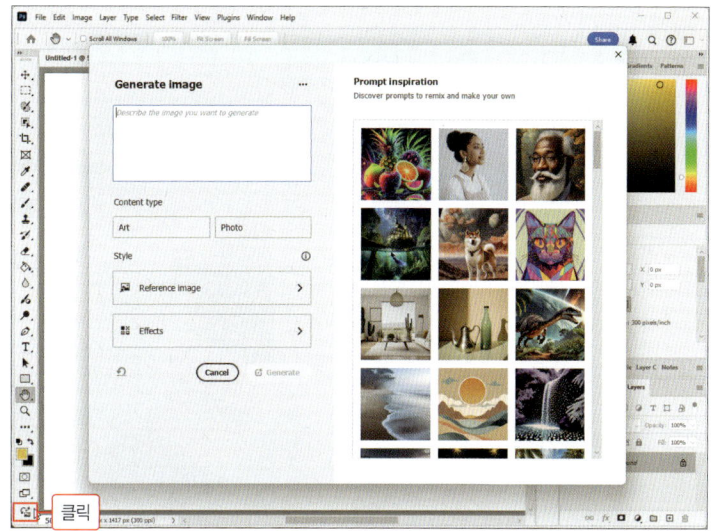

TIP ✦
새 문서를 생성하면 Contextual Task Bar 의 〈Generate image〉 버튼을 클릭해도 Generate image 대화상자를 표시할 수 있습니다.

04 프롬프트 입력창에 ❶ 생성할 이미지 묘사를 문장으로 입력합니다. 예제에서는 '3D 양 캐릭터'를 생성하기 위하여 다음과 같이 입력했습니다. ❷ Content type 항목에서 (Photo)를 클릭한 다음 ❸ 〈Generate〉 버튼을 클릭합니다.

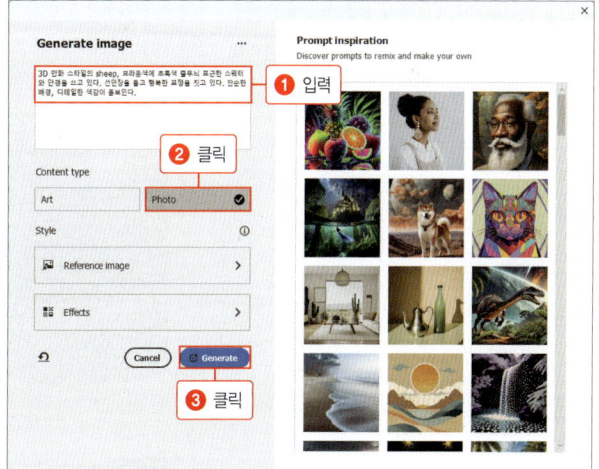

프롬프트
3D 만화 스타일의 sheep, 브라운색에 초록색 줄무늬 포근한 스웨터와 안경을 쓰고 있습니다. 선인장을 들고 행복한 표정을 짓고 있습니다. 단순한 배경, 디테일한 색감이 돋보입니다.

05 3D 캐릭터가 생성되었습니다. Properties 패널에 다른 형태의 캐릭터가 생성되었으며, 원하는 캐릭터를 선택하여 변경할 수 있습니다.

TIP ✦
〈Generate〉 버튼을 클릭하여 추가로 이미지를 생성할 수 있습니다. 〈Generate〉 버튼을 클릭할 때마다 이미지가 3개씩 추가로 생성됩니다.

06 생성된 캐릭터 이미지에서 선인장을 수정하기 위해 ❶ 선택 브러시 도구(🖌)를 선택합니다. ❷ 옵션바에서 (Add)가 선택된 채 브러시 팝업 아이콘을 클릭한 다음 ❸ 브러시 크기를 '200px'로 설정합니다.

07 선택 브러시 도구(🖌)로 ❶ 선인장이 포함되도록 그림과 같이 드래그해 영역을 지정하고 ❷ 〈Generative Fill〉 버튼을 클릭합니다. ❸ 프롬프트 입력창에 다음과 같이 트로피를 묘사하는 문장을 입력한 다음 ❹ 〈Generate〉 버튼을 클릭합니다.

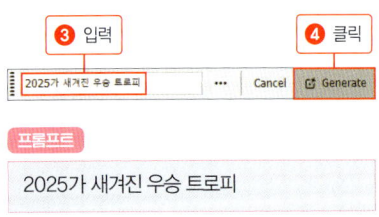

프롬프트
2025가 새겨진 우승 트로피

08 선인장이 2025 문자가 새겨진 트로피로 변경된 것을 확인할 수 있습니다.

> **TIP** ✦
> Properties 패널에서 원하는 이미지를 선택하거나 〈Generate〉 버튼을 클릭해 이미지를 추가로 생성할 수 있습니다.

09 이번에는 배경을 삭제하기 위하여 Contextual Task Bar에서 〈Remove background〉 버튼을 클릭합니다.

> **TIP**
> 배경을 삭제하면 투명 영역으로 표시되므로 다른 이미지 파일과 합성하기 쉬우며, 단일 색상이나 그러데이션을 적용하기 편리합니다.

10 캐릭터와 배경을 인식해서 배경만 삭제하여 투명 영역으로 표시합니다. 다른 형태의 배경을 생성하기 위해 〈Edit background〉 버튼을 클릭합니다.

11 ❶ 〈Generate background〉 버튼을 클릭하고 ❷ 프롬프트 입력창에 '경기장'을 입력한 후 ❸ 〈Generate〉 버튼을 클릭합니다. 배경에 경기장 이미지가 생성되었습니다.

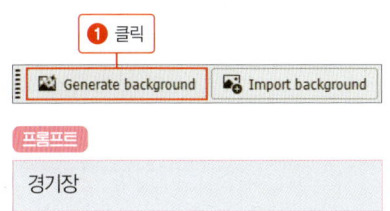

프롬프트
경기장

LESSON 02 크리에이티브한 상상력, 포토샵의 시작

어도비 포토샵은 많은 전문 디자이너, 포토그래퍼, 예술가, 웹 개발자 등에게 인기 있는 이미지 편집 소프트웨어입니다. 여기서는 포토샵 사용 범위와 인공지능 시대에 맞게 발전하는 포토샵에 대해 알아봅니다.

❶ 포토샵, 어떤 작업에 활용할까?

어도비 포토샵(Adobe Photoshop)은 어도비에서 개발한 이미지 편집 프로그램입니다. 이 소프트웨어는 전문 그래픽 디자인, 사진 편집, 그림 그리기, 텍스트 편집 등 다양한 작업을 수행할 수 있도록 설계되었습니다. 포토샵은 많은 디자이너, 포토그래퍼, 아티스트 등을 포함한 다양한 사용자들에게 널리 사용되며, 이미지 편집의 표준으로 자리 잡았습니다.

포토샵에서는 이미지를 수정하고 향상하는 데 사용할 수 있는 다양한 도구와 기능을 제공합니다. 몇 가지 주요 기능에는 레이어, 선택 도구, 필터 및 효과, 색상 보정, 텍스트 편집, 그림 그리기 도구 등이 포함됩니다. 또한, 포토샵은 RAW 이미지 처리, 3D 이미지 편집, 웹 디자인, 애니메이션 제작과 같은 고급 기능도 지원해 사진을 조작하거나 창작 디자인 작업을 수행할 수 있습니다.

어도비 포토샵은 그래픽 디자인, 사진 편집, 일러스트 등 다양한 분야에서 활용할 수 있는 전문적인 이미지 편집 소프트웨어입니다. 이 소프트웨어는 사진을 향상시키고 수정하는 데 사용하며, 밝기 및 명도 조정, 색상 보정, 렌즈 왜곡 보정, 이미지 크롭 등의 작업을 할 수 있습니다.

문자 디자인과 이미지 편집

인쇄부터 웹/앱, 소셜 미디어, 창작 취미까지

포토샵은 그래픽 디자인 작업에 이용되어 로고, 포스터, 팸플릿, 패키지, 소셜 미디어 게시물 등의 다양한 그래픽 디자인 작업을 수행할 수 있습니다. 포토샵은 특히 인쇄물 작업에 있어서 최적의 기능을 제공하여, 효율적이면서 고해상도 인쇄물 디자인 작업에 매우 유용하게 활용됩니다. 이 프로그램은 뛰어난 이미지 편집 기능과 색상 관리 도구를 포함하고 있어, 전문 그래픽 디자이너나 프린팅 업무를 수행하는 사람들에게 필수적인 도구로 인정받고 있습니다. 고해상도 이미지를 처리하고 인쇄물에 적합한 품질을 유지하는 데에 있어서 포토샵은 높은 표준의 기능을 제공하여 디자인 작업의 품질을 향상하는 데 기여하고 있습니다.

포토샵의 전문 분야, 인쇄용 디자인　　　　　　　　패키지 디자인

포토샵은 웹/앱 디자인 분야에서 중요한 역할을 합니다. 이를 통해 디자이너는 페이지 레이아웃을 설계하고, 다양한 그래픽 요소를 제작하며, 웹/앱에서 사용할 이미지를 최적화합니다. 포토샵은 다양한 크기와 해상도의 아트보드 기능을 제공하여 디자이너가 웹사이트나 앱의 전체적인 레이아웃을 시각적으로 구성할 수 있도록 합니다.

이를 통해 페이지의 구조, 배치, 콘텐츠 영역을 직관적으로 시각화하며, 각 섹션의 디자인을 효율적으로 계획할 수 있습니다. 특히 다양한 해상도와 화면 크기에 맞춰 디자인을 작업하는 데 유용합니다. 디자이너는 여러 해상도의 디자인을 각각 다르게 작업하여 모바일, 태블릿, 데스크톱 PC 등 다양한 기기에서 일관된 사용자 경험을 제공할 수 있습니다.

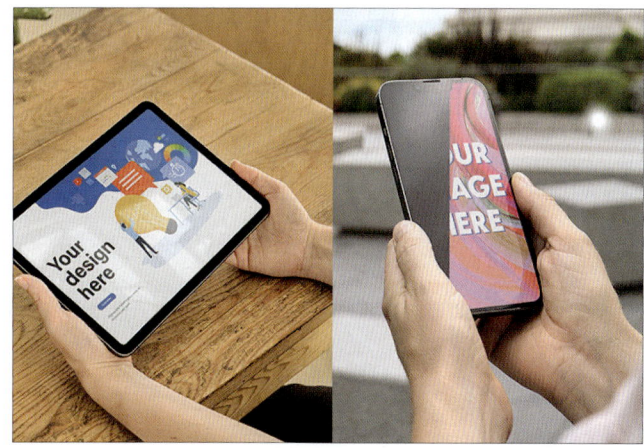

모바일과 태블릿 PC 앱 디자인

포토샵은 애니메이션 작업에도 적합하며, 프레임 기반 애니메이션 작업과 GIF 애니메이션, 일반 애니메이션 제작을 지원합니다. 또한 텍스트 레이어를 통해 타이포그래피 디자인을 수행할 수 있으며, 다양한 필터와 효과를 사용해 창의적인 이미지를 만들 수 있습니다.

다양한 프레임 형태의 배너

포토샵은 RAW 이미지 처리와 색상 관리, 인쇄 작업에도 탁월하게 활용됩니다. 또한, 다양한 확장 기능과 플러그인을 통해 포토샵의 기능을 확장할 수 있어 사용자들은 개인적인 창작과 프로젝트에 맞게 다양한 작업을 수행할 수 있습니다. 이러한 다양한 기능과 영역으로 포토샵은 그래픽 디자이너, 포토그래퍼, 예술가, 웹 개발자 등 다양한 전문가들에게 필수 도구로 자리 잡고 있습니다.

일상 속에선 이젠 나도 디자이너!

❷ 작업을 위한 얕지만 중요한 포토샵 기본 지식

유용하게 사용하는 4가지 파일 포맷

포토샵에서 이미지를 열거나 저장하기 위해서는 파일 포맷을 알아야 합니다. 포토샵의 가장 기본 파일 포맷은 PSD로, 포토샵 작업 시 기능들이 저장된 포맷입니다. 다양한 어도비 프로그램에서 호환할 수 있고, 일러스트레이터, 인디자인 등에서 바로 불러올 수 있습니다.

PSD 파일 포맷

우리가 흔히 사용하는 JPEG는 사진이나 색상 변화가 큰 이미지를 압축 및 저장하는 표준 파일 포맷입니다. 포토샵에서는 이미지 품질을 12단계로 설정하여 저장할 수 있습니다. 웹용이나 인쇄용 이미지 포맷에 사용하지만, 압축 방식이라서 반복적으로 이미지를 저장할 때마다 이미지 품질이 떨어집니다.

이미지 품질 단계별 파일 저장은 JPEG가 최고!

PDF는 PC에서 문서 작업을 할 때 사용하지만, 맥(Mac) 운영체제에서 표준 파일 포맷으로 지원되고, 스마트폰 또는 태블릿 PC 등 다양한 기기나 응용 프로그램과 연동할 수 있는 장점이 있습니다. 특히 페이지별로 저장할 수 있어 디자인 시안 작업물들을 공유할 때 유용하게 사용합니다.

PDF 파일 포맷

EPS는 주로 편집 디자인에서 사용하는 파일 포맷으로, 포스트스크립트(Postscript) 오류를 일으키지 않습니다. 벡터 형태의 데이터, 포토샵 패스를 저장하기 때문에 일러스트 작업 등을 할 때 유용하게 사용하는 파일 포맷입니다.

편집 디자인의 벡터 포맷은 EPS

해상도에 상관없이 고품질로 상품에 적용할 수 있는 일러스트

❸ 매끄럽거나, 투박하거나! 선택 영역이 결정하는 완성도

이미지에 선택 영역을 지정한다는 것은 이미지를 구성하는 특정 영역의 픽셀 범위를 의미합니다. 이미지 전체를 합성하거나 그래픽 효과를 적용할 때는 선택 영역이 필요 없지만, 대부분의 포토샵 작업은 특정 영역에 그래픽 효과를 적용하기 때문에 해당 부분에 미리 선택 영역을 지정해야 합니다.

다음의 예시를 보면 포토샵의 선택 영역 정도에 따라 결과물의 완성도 차이를 비교할 수 있습니다. 그만큼 포토샵 작업에서 선택 영역을 지정하는 과정이 얼마나 중요한지 알 수 있을 것입니다.

❶ 원본 이미지(포토샵\01\bunny.png)

❷ 마스크 기능으로 섬세하게 선택 영역 지정

❸ 합성할 배경 이미지 준비

❹ 배경 이미지에 인물 이미지 합성(포토샵\01\bunny_완성.png) ▶ 307쪽 참고

포토샵에서는 사용자 선택에 따라 빠른 작업을 위한 자동 기능을 사용할 수 있고, 손이 많이 가는 수동 기능을 사용할 수도 있습니다. 예를 들어, 특정한 영역을 선택할 때 마술봉 도구로 한번에 선택하느냐, 마스크 기능이나 패스선을 한 땀 한 땀 그려 선택 영역을 만드느냐를 선택할 수도 있습니다. 이러한 기능 선택은 원본 이미지의 상태나 작업 시간, 작업 분량에서도 차이가 있기도 합니다.

기본 선택 도구로 선택하여 경계면이 거친 합성 이미지

인공지능으로 더욱 똑똑해진 선택 영역

이러한 문제를 해결하기 위해 포토샵은 최신 버전으로 업그레이드될수록 사용자의 작업 의도에 맞게 정교하게

실행할 수 있는 기능들이 추가되고 있습니다. 포토샵의 AI 기능을 이용해 수동으로 작업하기 어려운 기능들도 간단하게 처리할 수 있습니다.

포토샵에서 가장 돋보이는 기능은 단연 선택 영역 지정 기능으로, 이미지를 불러오는 순간부터 사용자가 선택할 영역을 미리 제시합니다. 특히 Contextual Task Bar의 〈Select subject〉 버튼을 클릭하는 것만으로도 피사체를 인식하여 선택 영역으로 지정합니다.

별도의 편집 도구 사용 없이 Contextual Task Bar에서 순차적인 작업 가능

❶ 〈Select subject〉 버튼을 클릭하여 이미지에서 인물을 자동 선택

❷ 'Invert selection' 아이콘을 클릭하여 인물을 제외한 배경 선택

❸ 프롬프트 입력창에 '축구장'을 입력하여 축구 골대 배경 생성

❹ 화면용? 인쇄용? 이미지 품질이 헷갈린다면!

인쇄용 해상도

포토샵에서 인쇄용 작업을 할 때는 해상도에 주의해야 합니다. 보통 300~600ppi 정도의 고해상도를 요구하기 때문입니다. 물론 고해상도일수록 파일 용량이 커지므로 작업에 어려움이 생길 수 있습니다. 고해상도 이미지를 중간 품질의 해상도로 내릴 수 있지만, 저해상도 이미지를 고해상도로 올리면 이미지가 손상되어 출력에 문제가 생기는 경우가 많습니다. 따라서 포토샵 작업에서는 해상도를 신중하게 지정하고 유지하는 것이 좋습니다. 해상도가 높을수록 선명한 결과물을 얻을 수 있기 때문에 인쇄용 파일 포맷은 이미지 손상이 크지 않은 PSD 파일이나 고해상도의 PDF, EPS 파일로 저장합니다.

화면 출력용 해상도

화면 출력용 이미지는 모니터에서 보이는 그대로가 결과물이므로 해상도가 높을 필요는 없습니다. 보통 화면 해상도는 72ppi이며 인쇄용과 비교하면 매우 낮지만, 그만큼 파일 용량이 작아 파일 전송부터 인터넷 업로드, 웹사이트, 애니메이션과 최근 각광 받는 스마트 앱(애플리케이션) 작업에 유용합니다. 화면 출력용 파일 포맷은 대부분 파일 압축 기술을 이용합니다. 큰 이미지를 작은 이미지로 압축하기 때문에 이미지 품질이 손상될 수밖에 없습니다.

포토샵에서는 최대한 화질 대비 파일 크기를 조정하는 Image Size 기능을 제공하므로, 원하는 이미지 크기와 해상도를 변경할 수 있습니다. 물론 해상도를 낮추면 파일 크기도 작아집니다.

이미지 크기와 해상도를 자유자재로 조정

❺ 정확한 색상은 옳다? 이미지 보정과 색상의 개념

색은 작업물의 전체적인 느낌, 완성도를 결정하는 매우 중요한 요소입니다. 빛 없이는 색도 없으며, 같은 색이라도 주변 환경이나 배색에 따라서 전혀 다른 느낌을 줍니다. 배색과의 조화, 대비 또는 명도 변화 등을 세심하게 고려하여 선택해야 하므로 포토샵 작업에서는 시행착오를 거치면서 색상을 선택합니다.

명도

명도는 색의 밝기 정도를 의미합니다. 무채색은 명도만으로 구성되어 명도가 가장 높은 흰색부터 명도가 가장 낮은 검은색 사이의 회색이 포함됩니다. 명도를 조정하는 포토샵 기능은 Brightness/Contrast와 Curves입니다.

명도의 단계

채도

채도는 색의 선명한 정도를 의미합니다. 순색은 채도가 가장 높은 색상으로 선명하고 강한 느낌이며 순색에 무채색을 섞으면 채도가 낮아집니다. 채도를 조정하는 포토샵 기능은 Hue/Saturation과 Vibrance가 대표적입니다.

고채도에서 저채도의 단계

색상과 색 보정의 원칙

색상은 색의 정도를 의미합니다. 다른 색과 섞어서 만들어진 색상이 아닌 원색과 원색 이외의 색상을 섞어 만든 다양한 색상이 있습니다. 포토샵에서 색상을 지정하기 위해서는 Color Picker 대화상자를 이용하며, 색상값을 직접 입력하거나 원하는 색상을 확인하면서 선택할 수 있습니다.

색 보정은 이러한 명도와 채도, 색상, 대비 등을 조정해 이미지의 색상을 편집하는 작업입니다. 물론, 색상을 보정할 때 정확한 색상 톤으로 보정했다고 좋은 이미지를 얻는 것은 아닙니다. 밝고 선명한 이미지만이 좋은 이미지는 아니므로, 보정의 목적을 파악하고 작업하는 것이 좋습니다.

예를 들어, 여행 사진을 보정할 경우 여행지의 배경과 인물의 색감이 제대로 표현되어야 여행지에서의 추억을 오랫동안 간직할 수 있을 것입니다. 카메라로 촬영한 사진의 경우 일반적으로 역광이나 날씨에 따라 어둡게 표현되는 경우가 많으므로, 원본 사진의 밝기와 색 대비를 거칩니다. 명도와 대비 값이 보정되면 원하는 색감을 표현하기 위해 색상과 채도를 조정하고, 마지막으로 필요에 따라 잘린 이미지나 특정 이미지를 강조하기 위하여 AI 기능으로 이미지 후보정 작업을 하기도 합니다.

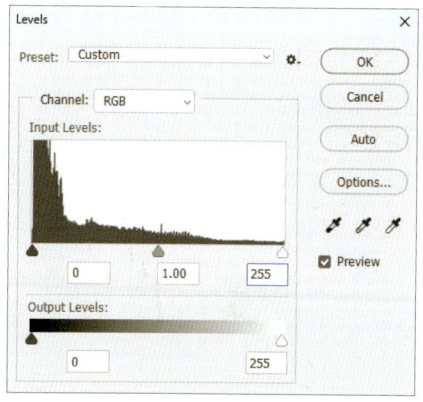

❶ 이미지 보정 계획 결정 → ❷ 밝기와 색 대비 수정 → ❸ 색상과 채도 수정 → ❹ 미세 수정

원본 이미지 파악 후 목적에 맞는 이미지 보정

❶ 역광으로 인한 인물과 배경 보정 계획

❷ 인물과 배경의 하이라이트 톤과 미드 톤 밝기 조정

❸ 인물과 배경 색상, 채도를 높여 보정

❹ AI 기능으로 하늘과 추가 이미지 생성(포토샵\01\balloon_완성.png)

❻ 이미지와 캔버스 변형을 이해하면 디자인이 보인다!

포토샵에서 이미지 크기를 조절하는 방법은 크게 Image Size 기능으로 가로, 세로 수치 값을 입력하여 조절하는 방법과 Canvas Size 기능으로 조절하는 방법이 있습니다.

이미지 크기 조정

Image Size는 가로와 세로 크기 값을 직접 입력해 크기를 변경하는 기능입니다. 입력하는 크기대로 이미지를 줄이거나 늘릴 수 있습니다. 이론상으로는 입력한 수치 값대로 이미지 크기를 조절할 수 있지만, 함정이 있습니다.

원본 이미지보다 작게 크기를 줄일 때는 큰 문제가 없지만, 원본 이미지보다 크게 늘릴 때는 이미지를 구성하는 픽셀이 깨지는 현상이 나타납니다. 이미지를 확대해도 모니터에서는 잘 안 보일 수 있지만, 출력해 보면 이미지의 픽셀이 뭉개지거나 흐릿하게 출력됩니다.

이미지 크기와 해상도를 설정할 수 있는 Image Size 대화상자

캔버스 크기 조정

그림을 그리는 밑판을 캔버스라고 하며, 포토샵에서도 이미지 한 판을 캔버스라고 합니다. 이 캔버스 크기는 쉽게 줄이거나 늘릴 수 있습니다. 이미지 크기보다 캔버스 크기를 줄이면 이미지가 잘리며, 이미지 크기보다 캔버스 크기를 늘리면 늘린 만큼 여백이 추가됩니다. 이것은 픽셀로 구성된 이미지를 늘리거나 줄이는 개념이 아니기 때문에 해상도와 상관이 없습니다.

다음의 예시는 카약 경기 포스터에 사용될 광고 이미지입니다. 원본 이미지는 세로 이미지 컷이라서 디자인 영역으로 할당된 가로로 넓은 부분을 이미지로 채우기 위해서는 맞지 않습니다. 이런 경우 AI 기능을 이용하여 캔버스의 빈 영역에 이미지를 생성해 채우는 작업이 더욱 효율적입니다.

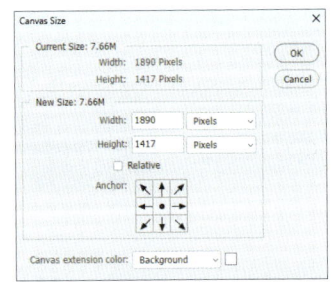

Canvs Sise 대화상자

원본 이미지(포토샵\01\kayak.png)

캔버스 크기에 맞게 이미지 생성(포토샵\01\kayak_완성.png)

❼ 조용하게, 때로는 소리치는 문자! 글꼴 사용 3원칙

글꼴(폰트)의 사용은 디자인에서 매우 중요한 부분으로, 올바르게 사용하면 디자인 효과를 높일 수 있습니다. 여기서는 포토샵을 이용한 디자인 글꼴 사용의 기본 원칙에 대해 알아봅니다.

패밀리 폰트를 이용한 일관성 유지

여러 글꼴을 혼용할 때는 일관성을 유지하세요. 일반적으로는 2~3개 글꼴만 사용하고, 글꼴 간의 일관성을 유지하여 시각적인 균형을 유지해야 합니다. 패밀리 폰트를 사용하면 로고, 제목, 본문 텍스트 등 여러 부분에서 일관성 있는 시각적 스타일을 유지할 수 있습니다. 이는 디자이너가 한 번에 여러 스타일을 활용할 수 있으므로 시간과 노력을 절약할 수 있습니다. 하나의 패밀리 폰트에서 다양한 스타일을 활용하여 효과적으로 디자인 작업을 수행할 수 있습니다.

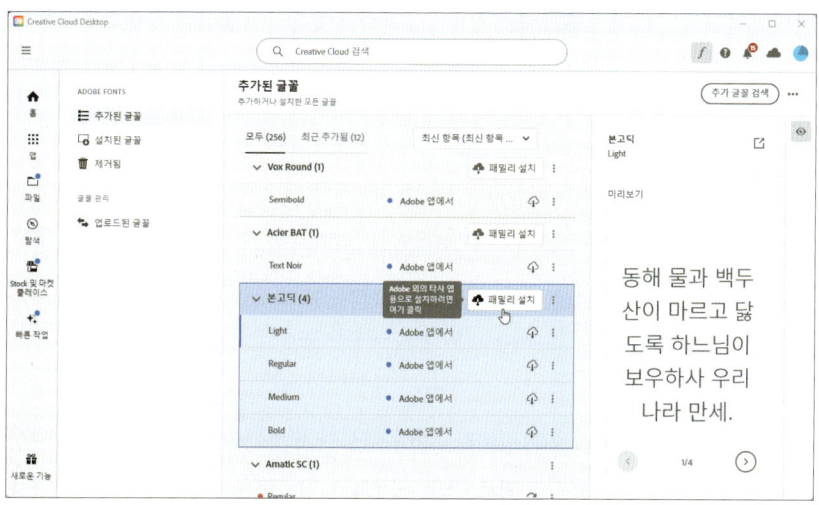

포토샵에서 제공하는 패밀리 폰트

이게 보여요? 가독성 고려

디자인의 주요 목적은 메시지 전달입니다. 글꼴의 가독성을 우선으로 고려하세요. 본문 텍스트에는 읽기 쉬운 글꼴을 사용하고, 제목이나 강조 부분에는 눈에 띄게 돋보이는 글꼴을 선택할 수 있습니다. 텍스트 크기와 폰트 스타일을 조절하여 정보의 중요도를 나타낼 수도 있습니다. 큰 제목에는 두꺼운 글꼴이나 독특한 글꼴을 사용하고, 작은 본문 텍스트에는 일반적으로 가독성이 좋은 글꼴을 활용해 보세요.

텍스트의 중요도에 따라 시각적인 계층 구성

색과 조화를 이룬 대비

문자 색상을 배경이나 디자인의 컬러 팔레트와 조화롭게 조절하세요. 문자 색상은 디자인의 주요 색상과 조화를 이뤄야 하며, 일관성 있는 시각적인 효과를 제공해야 합니다. 문자와 배경의 색상 대비는 가독성에 큰 영향을 미칩니다. 문자와 배경 간에 충분한 대비를 확보해 텍스트가 잘 두드러지도록 해야 합니다. 명도와 채도 차이를 활용하여 텍스트를 강조하고 시각적으로 눈에 띄게 만들 수 있습니다.

일관성 있는 시각적인 문자 색상 구성

❽ 아무리 강조해도 지나치지 않는 저작권

'쓸까, 말까? 할 때는 쓰지 마라!'는 출처가 불분명한 이미지나 글꼴 이야기입니다. 포토샵에서는 이미지 소스나 일러스트 요소를 불러들여 합성하거나 편집하기도 하고, 글꼴이나 손글씨로 문자 디자인을 하기도 합니다.

이미지 소스

디자인 요소의 품질이 좋을수록 결과물 또한 완성도가 높아집니다. 이런 디자인 요소는 어떻게 구할까요? 직접 가공하거나 제작할 수 있고, 판매 사이트에서 비용을 지불하고 얻을 수 있습니다. 특히 상업적인 용도로 사용할 때는 타인의 저작권을 침해하지는 않는지 이미지에 대한 초상권이나 사용권을 확인하는 것은 필수입니다.

포토샵에는 원하는 이미지를 바로 검색하여 구매할 수 있는 어도비 스톡(Adobe Stock)이 있으며, Pixabay(pixabay.com), Flicker(www.flickr.com), MorgueFile(morguefile.com) 등의 무료 이미지 사이트에서 소스를 얻을 수도 있습니다.

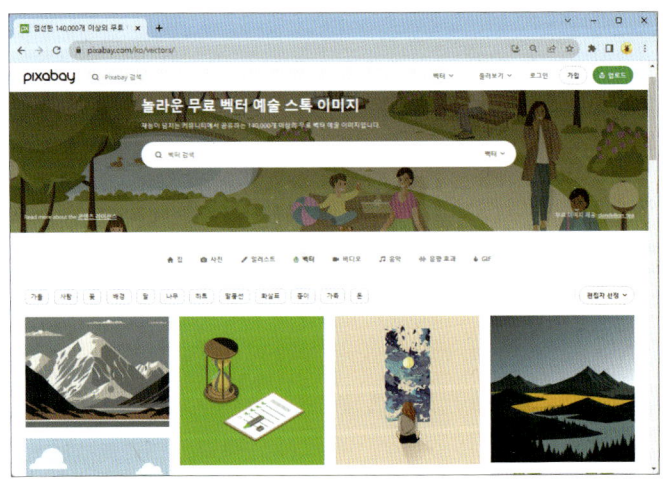

Pixabay(pixabay.com)

글꼴

이미지 작업 못지않게 포토샵 작업에서 문자 입력은 정보 전달뿐만 아니라 이미지에 맞는 문자 디자인이 포함됩니다. 포토샵에서는 효과적인 문자 입력을 위해서 샘플 텍스트를 이용하여 문자의 글꼴이나 크기를 조절한 다음 원하는 문자를 입력하는 방법을 제공합니다. 다양한 글꼴 사용을 위해 어도비 크리에이티브 클라우드에서는 무료 영문 글꼴을 제공하므로, 원하는 글꼴을 사용하여 문자를 디자인할 수 있습니다.

포토샵 CC 2025에서는 다양한 언어의 글꼴을 어도비 크리에이티브 클라우드 앱을 통해 제공하여, 더 폭넓은 디자인 작업을 수행할 수 있도록 지원합니다. 이 글꼴들은 개인 및 상업적으로 모두 사용할 수 있어, 다양한 분야의 디자인 작업에 유연하게 활용할 수 있습니다. 특히 사용자는 원하는 글꼴을 더욱 쉽게 찾을 수 있도록 여러 가지 분류 필터를 제공받으며, 이를 통해 미리 보기 화면에서 글꼴을 확인한 후 자신이 필요로 하는 스타일을 선택하여 다운로드할 수 있습니다.

이러한 기능은 디자인 작업의 효율성을 크게 향상하며, 텍스트의 스타일링을 세심하게 조정할 수 있습니다. 글꼴을 단순히 정보 전달의 수단으로 활용하는 것을 넘어, 디자인 요소로서 창의적으로 변형하고 활용함으로써 더욱 독창적이고 시각적으로 매력적인 결과물을 만들 수 있을 것입니다.

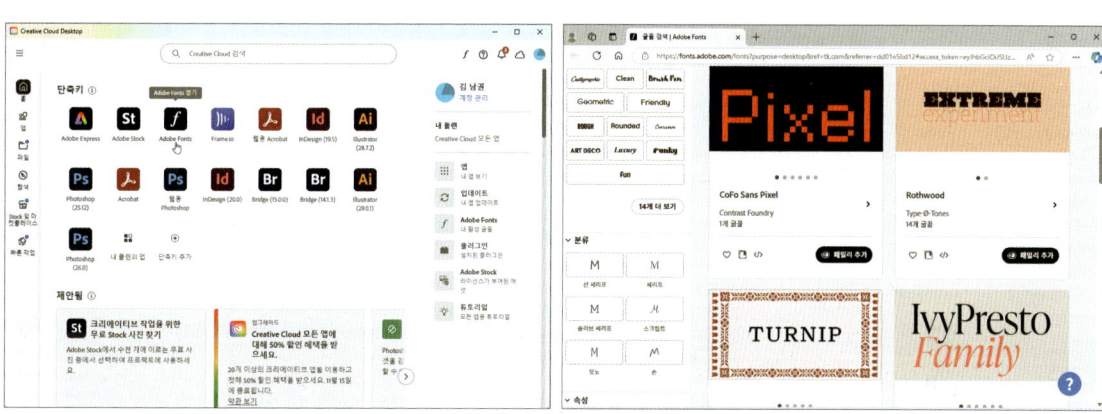

❶ Creative Cloud 앱에서 'Adobe Fonts' 선택　　❷ 어도비 폰트 사이트로 이동

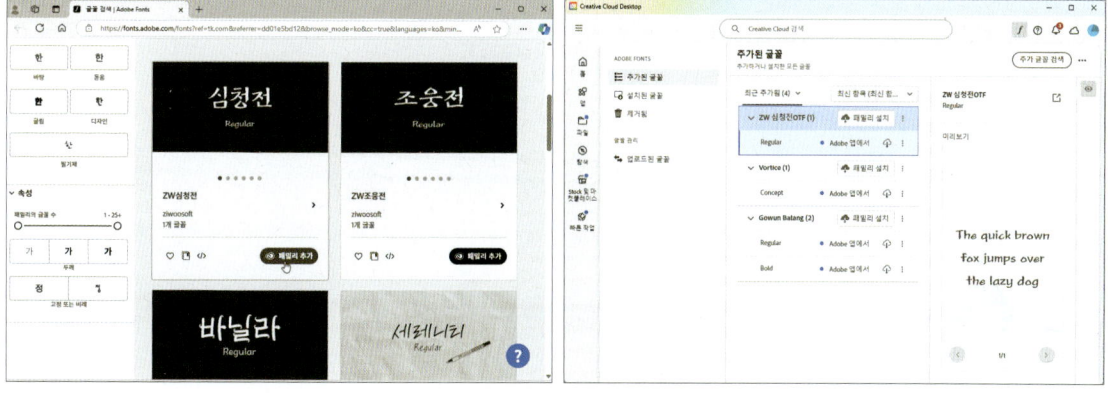

❸ 사용할 글꼴 검색 및 선택　　❹ Creative Cloud 앱에서 글꼴 다운로드 및 설치

Part 02

체크! 포토샵 CC 2025
기본 도구와 패널

Adobe Firefly 〈 20/25 〉

| AI | Interface | Tools |

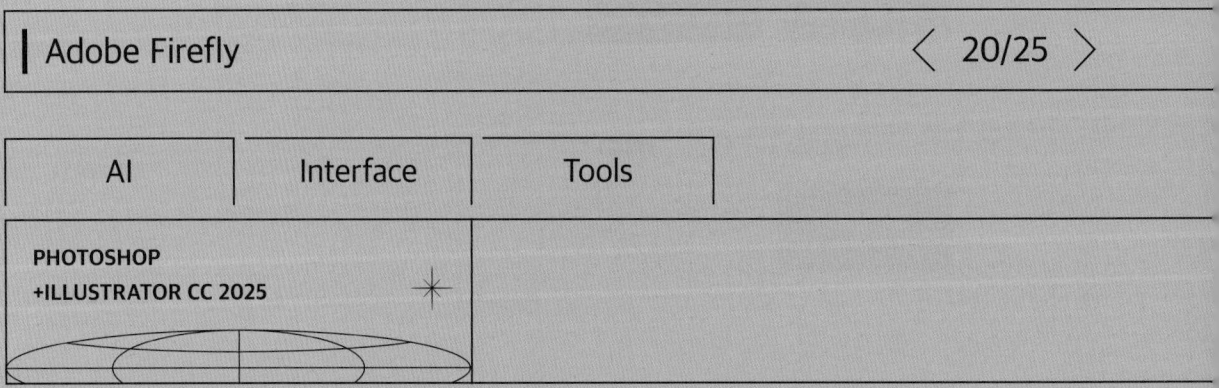

**PHOTOSHOP
+ILLUSTRATOR CC 2025**

CC/25

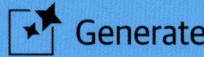

LESSON 03 기본 작업을 위한 준비!

❶ 편리한 AI 기능 사용을 위한 사용자 정의 패널 구성하기

작업 공간이 한정된 상태에서 공간 활용도를 높이기 위해 사용자는 작업 목적이나 취향에 따라 패널을 묶거나 숨겨 효율적으로 작업 화면을 구성할 수 있습니다. Properties 패널은 다양한 옵션이 제공되는 패널이고 AI 기능이 추가되면서 프롬프트 입력창과 생성 이미지 미리 보기 창이 표시되므로, 넓게 사용하기 위해 사이드 패널로 이동시켜 사용하면 편리합니다. 먼저 Properties 패널을 원하는 위치로 이동하거나 사이드 패널에 묶어 그룹으로 만들어 봅니다.

포토샵을 실행하고 ❶ 확장된 패널 이름을 선택한 다음 패널 아이콘 그룹으로 드래그하면 패널이 분리됩니다. 사이드 패널 아이콘 그룹에 그림과 같이 패널을 드래그하여 아이콘을 배치합니다. ❷ 패널 아이콘을 클릭하면 해당 패널이 펼쳐지면서 표시됩니다.

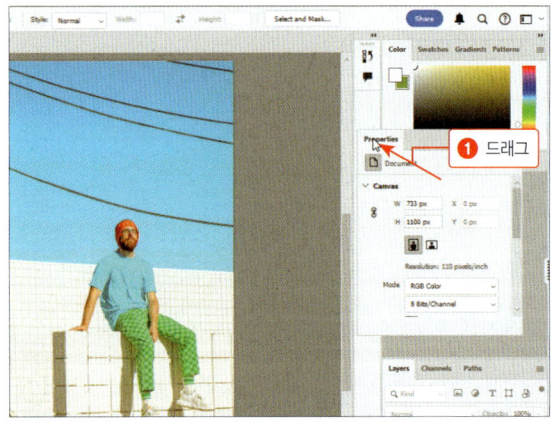

사이드 패널에 Properties 패널을 배치한 다음 ❸ 프롬프트 입력창에 문자를 입력하여 이미지를 생성합니다. ❹ AI 기능으로 생성된 여러 이미지를 쉽게 확인하고 선택하여 작업 이미지에 바로 적용할 수 있습니다. 또한, 프롬프트를 수정해 더욱 편리하게 이미지 생성 작업을 진행할 수 있습니다.

❷ 포토샵 작업 화면 어떻게 생겼을까?

포토샵 CC 2025를 실행하면 그래픽 작업을 할 수 있는 작업 영역과 각종 도구, 이미지를 생성할 수 있는 Contextual Task Bar, 다양한 메뉴 화면을 볼 수 있습니다. 효율적인 그래픽 작업을 위해 포토샵 작업 화면의 기본 구성과 기능에 대해 알아봅니다.

❶ **메뉴 표시줄** : 포토샵 기능들이 메뉴로 묶여 있습니다.

❷ **홈 화면** : 파일을 열거나 새로운 파일을 만들고, 라이트룸을 실행할 수 있는 화면이 표시됩니다.

❸ **옵션바** : 선택한 도구를 좀 더 세밀하게 조절할 수 있는 옵션이 표시됩니다.

❹ **파일 이름 탭** : 작업 이미지 이름과 화면 확대 비율, 색상 모드가 표시되며 다른 이미지로 전환하기 편리합니다.

❺ **캔버스** : 이미지 작업을 하는 공간입니다. 이미지를 불러왔을 때 이미지 전체가 캔버스입니다.

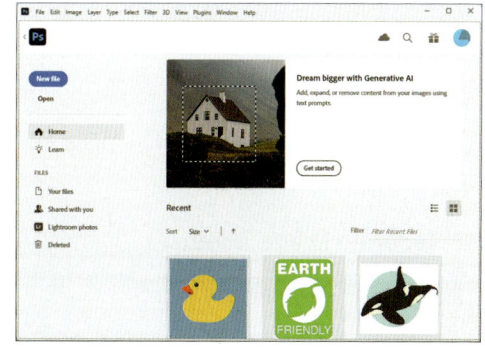

▲ 포토샵 홈 화면

❻ **Tools 패널** : 주요 기능들을 모아 아이콘 형식으로 만든 도구모음입니다.

❼ **Contextual Task Bar** : 이미지 생성을 위한 프롬프트 입력창부터 이미지 제거, 선택 영역 편집까지 다양한 도구를 제공합니다. Properties 패널의 입력창에 생성하려는 이미지의 단어나 문장을 입력하여 생성할 수 있습니다.

❽ **상태 표시줄** : 화면 비율을 설정할 수 있고, 작업 중인 이미지 정보를 확인할 수 있습니다.

❾ **패널** : 작업에 필요한 옵션이 팔레트 형태로 표시됩니다. (Window) 메뉴에서 패널을 선택하여 표시할 수 있습니다.

❸ 만능 이미지 생성형 명령 도구, Contextual Task Bar

포토샵 CC 2025에서 새로운 기능이 추가된 Contextual Task Bar는 이미지 생성부터 영역을 채우거나 도구 선택에 따라 다양한 편집 도구를 제공합니다.

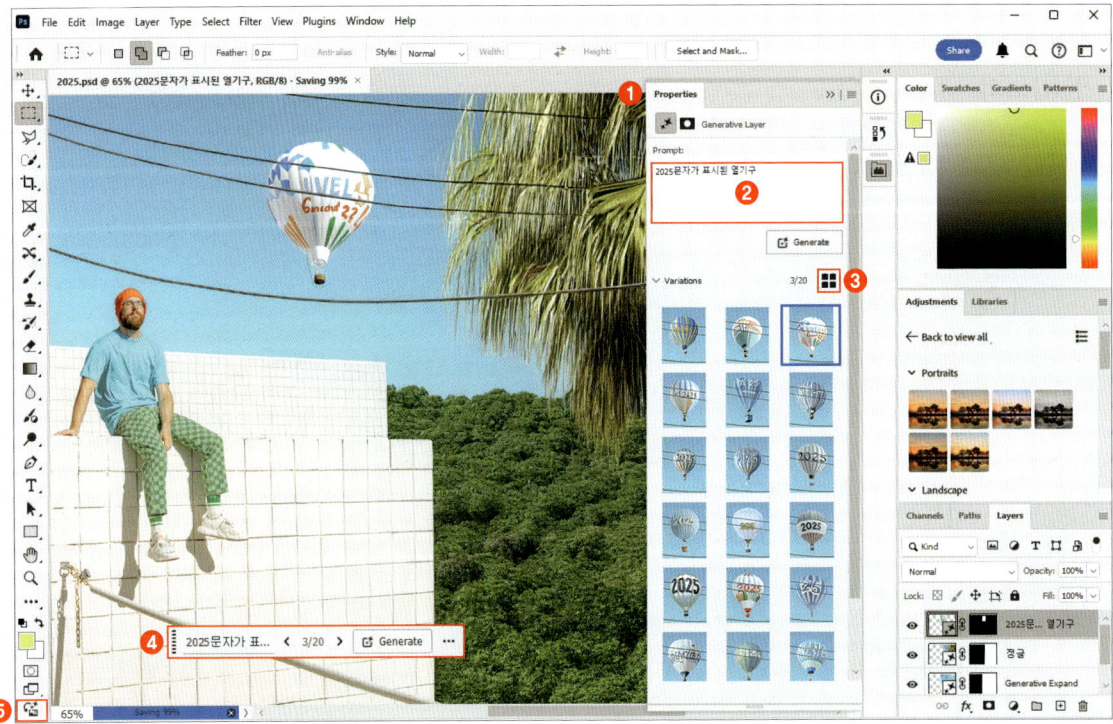

❶ **Properties 패널** : Contextual Task Bar에서 텍스트를 입력하여 이미지를 생성하면, 이미지를 3개씩 생성해 섬네일 형식으로 표시합니다. 원하는 섬네일을 클릭하면 작업 이미지에 생성 이미지가 적용됩니다.

❷ **프롬프트 입력창** : 생성할 이미지를 묘사하는 프롬프트를 텍스트로 입력합니다.

❸ **Large Thumbnails** : 생성한 섬네일 이미지를 크게 표시합니다.

❹ **Contextual Task Bar** : 이미지 생성을 위한 프롬프트 입력창부터 이미지 제거, 선택 영역 편집까지 다양한 도구를 제공합니다.

❺ **'Generate image' 아이콘(🖼)** : Generate image 대화상자를 표시하며, 여기에서 프롬프트 입력이나 생성할 이미지 타입, 스타일 등을 설정합니다.

> **TIP ✦**
> Contextual Task Bar는 작업에 따라 방해되지 않도록 주로 이미지 아래쪽으로 위치가 변경됩니다. 작업에 따라 감추거나 특정 위치에 고정할 수 있습니다.

새 캔버스를 만들었을 경우 Contextual Task Bar

❶ **Import image** : 만들어진 캔버스에 이미지를 불러올 수 있는 대화상자가 표시됩니다.

❷ **Generate image** : 이미지 생성을 제어할 수 있는 Generate image 기능을 사용할 수 있습니다. Generate image 대화상자에는 텍스트로 이미지를 생성할 수 있는 프롬프트 입력창, 예술적인 느낌과 사진을 구분하는 Content type, 특정 이미지나 디자인 요소를 포함하고 싶은 경우에 사용하는 Reference image, 특정 질감 등 스타일을 편집할 수 있는 Effects 기능을 제공합니다.

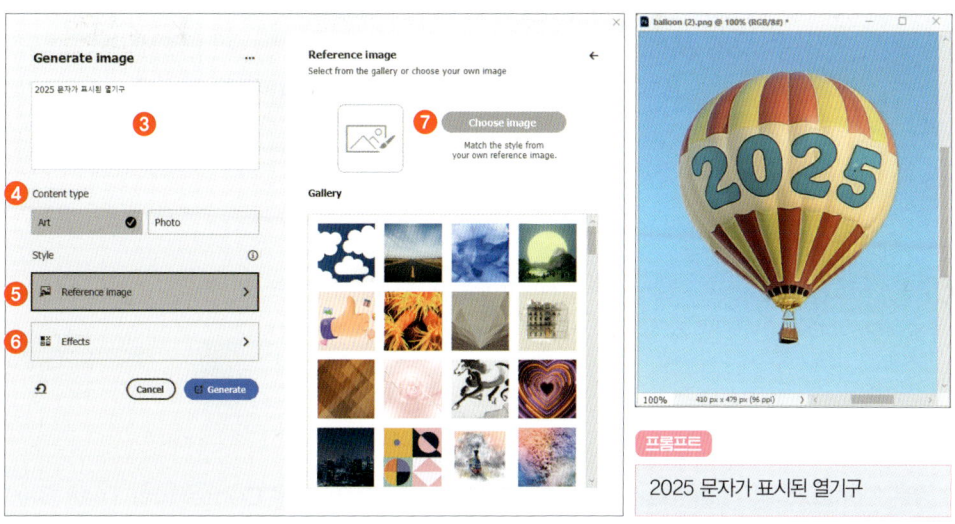

Generate image 대화상자

❸ **프롬프트 입력창** : 생성할 이미지를 묘사하는 프롬프트를 문자로 입력합니다. 한글도 지원하며, 단어나 문장으로도 작성할 수 있습니다.

❹ **Content type** : 생성할 이미지를 (Art(아트)) 타입과 (Photo(사진)) 타입 중에서 선택하여 이미지 생성할 수 있습니다.

❺ **Reference image** : 특정 이미지나 디자인 요소를 포함하고 싶은 경우에 사용하며, PC에 저장된 외부 이미지를 불러와 참조 이미지로 사용하거나 포토샵에서 제공하는 갤러리(Gallery) 스타일을 선택하여 스타일을 설정할 수 있습니다.

Gallery 스타일

❻ **Effects** : 포토샵에서 제공하는 이펙트 효과를 적용하며, 특정 질감이나 카툰, 라인 일러스트 등 스타일을 편집할 수 있습니다.

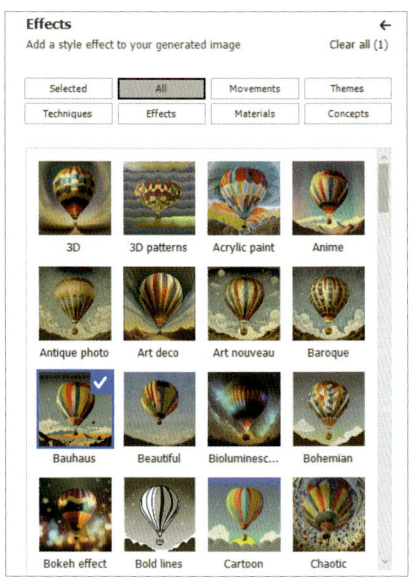

Effects 스타일

❼ **Choose image** : 참조할 이미지를 불러와 스타일을 참조합니다. 〈Replace image〉 버튼을 클릭하면 참조할 이미지를 불러올 수 있습니다.

이미지를 열었을 경우 Contextual Task Bar

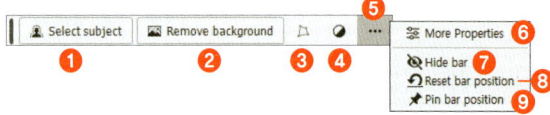

❶ **Select subject** : 중요한 피사체를 선택 영역으로 지정합니다.

❷ **Remove background** : 배경을 삭제합니다.

❸ **Transform image** : 벡터 이미지 크기를 조정합니다.

❹ **Create new adjustment layer** : 보정 레이어를 생성합니다.

❺ **More options** : 추가 옵션을 설정합니다.

❻ **Properties** : Properties(속성) 패널을 표시합니다.

❼ **Hide bar** : Contextual Task Bar를 숨깁니다.

❽ **Reset bar position** : Contextual Task Bar를 기본으로 설정합니다.

❾ **Pin bar position** : Contextual Task Bar를 고정합니다.

선택 영역을 지정했을 경우 Contextual Task Bar

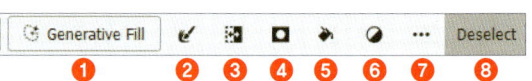

❶ **Generative Fill** : 프롬프트 입력창을 표시합니다.

❷ **Modify selection** : 선택 영역을 확장, 축소합니다.

❸ **Invert selection** : 선택 영역을 반전합니다.

❹ **Create mask from selection** : 마스크 레이어를 생성합니다.

❺ **Create new adjustment layer** : 보정 레이어를 생성합니다.

❻ **Reset bar position** : Contextual Task Bar를 기본으로 설정합니다.

❼ **More options** : Contextual Task Bar의 위치를 설정합니다.

❽ **Deselection** : 선택 영역을 해제합니다.

④ 이것만은 꼭! 포토샵 핵심 도구 미리 학습하기

Tools 패널은 포토샵 기능을 아이콘 형태로 모아 놓은 패널입니다. 각 도구를 선택하면 작업 화면 위쪽의 옵션 바에서 세부적인 값을 설정할 수 있습니다. Tools 패널의 오른쪽 아래에 작은 삼각형 표시가 있는 도구를 길게 누르면 숨은 도구가 표시됩니다.

이미지 이동과 선택을 담당하는 도구

· **실습파일**: 포토샵\02\Giraffe01.jpg

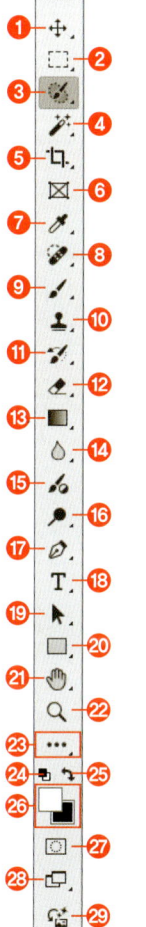

❶ **이동 도구(⊕)**: 선택한 이미지를 드래그하여 이동할 때 사용합니다.

아트보드 도구(🗗): 모바일 이미지를 위한 아트보드를 만들 때 사용합니다.

이동하려는 이미지를 선택한 다음
이동 도구로 드래그하여 위치 이동 ▶

❷ **사각형 선택 도구(▭)**: 사각형 선택 영역을 지정합니다.

원형 선택 도구(○): 원형 선택 영역을 지정합니다.

가로선 선택 도구(⋯): 1픽셀 가로선 형태로 선택합니다.

세로선 선택 도구(⋮): 1픽셀 세로선 형태로 선택합니다.

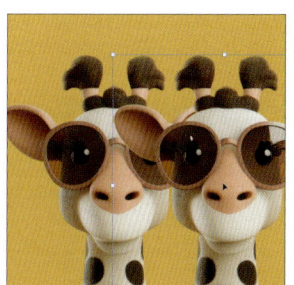

선택 도구로 범위를 드래그하여 점선의 선택 영역 지정 ▶

❸ **선택 브러시 도구(🖌)**: 브러시를 이용하여 드래그하는 방식으로 선택 영역을 지정합니다. 영역이 지정되면 AI 생성 기능으로 이미지를 생성할 수 있습니다.

올가미 도구(⊘): 불규칙한 형태의 선택 영역을 지정할 때 사용합니다.

다각형 올가미 도구(⊿): 다각형 형태로 클릭하면서 선택 영역을 지정합니다.

자석 올가미 도구(⊅): 드래그하여 이미지의 경계선을 따라 선택 영역을 지정합니다.

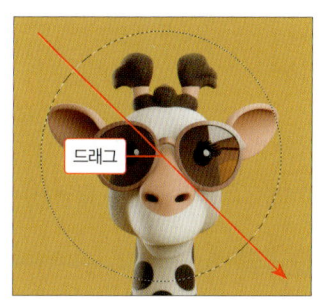

▲ 직접 경계선을 따라 클릭하거나 드래그하는
방식으로 선택 영역 지정

❹ **오브젝트 선택 도구(🔲)**: 복잡한 선택 영역을 간단하게 드래그해 영역을 지정합니다.

빠른 선택 도구(🖍): 클릭하거나 드래그한 부분을 기준으로 빠르게 영역을 지정합니다.

마술봉 도구(🪄): 클릭한 부분을 기준으로 비슷한 색상의 영역을 지정합니다.

선택하려는 영역을 기준으로 클릭하거나 드래그하여 선택 범위 지정 ▶

049

이미지 분할을 담당하는 도구

•**실습파일**: 포토샵\02\Giraffe01.jpg

❺ **자르기 도구**(🔲) : 이미지의 원하는 부분을 자르거나 분할할 때 사용합니다.
　원근 자르기 도구(🔲) : 원근감이 표현되도록 이미지를 자를 때 사용합니다.
　분할 도구(🖊) : 웹 이미지를 작업하면서 이미지를 분할할 때 사용합니다.
　분할 선택 도구(🖊) : 분할된 이미지를 선택할 때 사용합니다.

▶ 드래그하여 경계 영역에 조절점을 표시한 다음 자를 영역 지정 ▶

이미지 배치를 담당하는 도구

•**실습파일**: 포토샵\02\duck.jpg

❻ **프레임 도구**(⊠) : 원형 또는 사각형 프레임을 만들어 이미지를 위치시킬 수 있습니다.

원형 또는 사각형 프레임을 선택한 다음 드래그하는 방식으로 프레임 작성 ▶

이미지 추출과 정보를 담당하는 도구

•**실습파일**: 포토샵\02\Selfie01.png

❼ **스포이트 도구**(🖊) : 색상을 추출할 때 사용합니다.
　색상 샘플러 도구(🖊) : Info 패널에서 선택한 색상 정보를 표시합니다.
　자 도구(📏) : 이미지 길이와 각도를 측정할 때 사용합니다.

  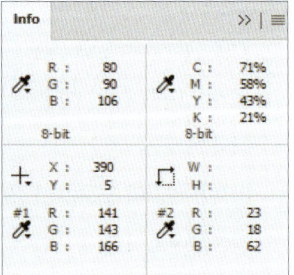

▲ 스포이트 도구로 이미지를 클릭하거나 자 도구로 드래그하여 정보 확인

주석 도구(📝) : 이미지에 메모할 때 사용합니다.
계산 도구(123) : 개체 수를 셀 때 사용합니다.

주석 도구로 주석을 추가하려는 위치를 클릭한 다음 Notes 패널에 입력 ▶

이미지 변형을 담당하는 도구

• **실습파일**: 포토샵\02\Giraffe01.jpg

❽ **스팟 힐링 브러시 도구(⌀)** : 클릭 또는 드래그 하는 방식으로 특정 부분을 수정합니다.

힐링 브러시 도구(⌀) : Alt 를 눌러 기준 이미지를 선택한 상태에서 특정 부분을 수정합니다.

패치 도구(⊛) : 수정하려는 부분을 선택 영역으로 지정한 다음 드래그하여 수정합니다.

콘텐츠 인식 이동 도구(✂) : 특정 이미지를 자연스럽게 이동합니다.

레드 아이 도구(⊙) : 눈동자의 적목 현상을 제거합니다.

▲ 변형하거나 삭제하려는 이미지를 드래그하면 빈 영역을 자동으로 합성

회화적인 그림이나 채색을 담당하는 도구

• **실습파일**: 포토샵\02\parka.png

❾ **브러시 도구(✎)** : 원하는 색상과 모양의 붓 터치나 펜 터치를 이미지에 적용할 때 사용합니다.

연필 도구(✏) : 연필로 그린 듯한 터치를 적용할 때 사용합니다.

컬러 리플레이스먼트 도구(✎) : 브러시로 색상을 변경할 때 사용합니다.

혼합 브러시 도구(✎) : 색상을 혼합하여 칠할 때 사용합니다.

브러시 크기와 부드러운 정도, 불투명도를 설정한 다음 드래그 ▶

❿ **패턴 스탬프 도구(▦)** : 복제한 부분에 특정 패턴을 적용합니다.

스탬프 도구(▣) : 이미지를 복사하여 다른 위치에 복제합니다.

Alt 를 누른 채 복제할 기준점을 선택한 다음 드래그하여 이미지 복제 ▶

⓫ **히스토리 브러시 도구(✎)** : 원본 이미지로 복구할 때 사용합니다.

아트 히스토리 브러시 도구(✎) : 회화적인 형태로 복구할 때 사용합니다.

아트 브러시 스타일을 선택하여 이미지에 드래그해서 붓터치 적용 ▶

⑫ **지우개 도구(✏️)** : 이미지를 지웁니다.

　백그라운드 지우개 도구(✏️) : 지운 영역을 투명하게 만듭니다.

　매직 지우개 도구(✏️) : 클릭한 부분을 기준으로 비슷한 색상 영역을 지웁니다.

브러시 크기와 부드러운 정도를 지정하여 지우려는 영역 드래그 ▶

⑬ **그레이디언트 도구(■)** : 다양한 색상 띠 형태를 만듭니다.

　페인트 통 도구(🪣) : 특정 영역을 색이나 패턴으로 채웁니다.

　3D 재료 드롭 도구(🪣) : 3D 입체 개체를 색이나 패턴으로 채웁니다.

그레이디언트 형태를 선택한 다음 적용 범위와 세부 색상 범위 지정 ▶

⑭ **블러 도구(◌)** : 이미지를 흐릿하게 만듭니다.

　샤픈 도구(△) : 이미지를 선명하게 만듭니다.

　손가락 도구(👆) : 이미지를 뭉갤 때 사용합니다.

흐릿하게 블러 효과를 지정하려는 영역 드래그 ▶

⑮ **조정 브러시 도구(🖌)** : 조정 항목을 선택한 다음 브러시를 설정하여 드래그하는 방식으로 이미지를 조정할 수 있습니다.

다양한 보정 기능을 브러시로 드래그하여 직접 보면서 조정 ▶

⑯ **닷지 도구(🔍)** : 특정 영역을 클릭 또는 드래그하여 밝게 만듭니다.

　번 도구(✊) : 특정 영역을 클릭 또는 드래그하여 어둡게 만듭니다.

　스펀지 도구(⚫) : 특정 영역을 클릭 또는 드래그하여 채도를 조정합니다.

드래그 방식으로 특정 영역을 밝거나 어둡게 채도 조정 가능 ▶

문자 입력과 벡터 그래픽 작업을 담당하는 도구

• **실습파일**: 포토샵\02\duck.jpg

⑰ 펜 도구( ) : 패스선 또는 도형을 그릴 때 사용합니다.

　프리폼 펜 도구( ) : 드래그하는 방향대로 패스선이 그려집니다.

　내용 인식 추적 도구( ) : 커서를 이미지 외곽에 위치해 자동으로 패스선을 만듭니다.

　곡률 펜 도구( ) : 베지어 곡선을 이용하지 않고 곡면의 패스선을 만듭니다.

　기준점 추가 도구( ) : 패스선에 기준점을 추가합니다.

　기준점 삭제 도구( ) : 패스선의 기준점을 삭제합니다.

　기준점 변환 도구( ) : 기준점을 이용하여 변형합니다.

▲ 베지어 곡선으로 직선과 곡선의 패스선 작성

⑱ 가로쓰기 문자 도구(T) : 가로 방향으로 문자를 입력합니다.

　세로쓰기 문자 도구(IT) : 세로 방향으로 문자를 입력합니다.

　세로쓰기 선택 영역 문자 도구( ) : 세로 방향의 문자 선택 영역을 만듭니다.

　가로쓰기 선택 영역 문자 도구( ) : 가로 방향의 문자 선택 영역을 만듭니다.

▶ 글꼴 종류와 크기, 색상을 지정한 다음 원하는 위치에 문자 입력

⑲ 패스 선택 도구( ) : 패스선을 선택할 때 사용합니다.

　직접 선택 도구( ) : 패스선에서 기준점을 선택하여 수정할 때 사용합니다.

▶ 패스선 작성 후 조절선과 조절점을 이용하여 패스선 수정

⑳ 사각형 도구( ) : 사각형을 만들 때 사용합니다.

　원형 도구( ) : 원형을 만들 때 사용합니다.

　삼각형 도구( ) : 정삼각형이나 직삼각형을 만들 때 사용합니다.

　다각형 도구( ) : 다각형을 만들 때 사용합니다.

　선 도구( ) : 다양한 선을 만들 때 사용합니다.

　사용자 셰이프 도구( ) : 셰이프 라이브러리나 사용자 등록 셰이프를 사용합니다.

▶ 벡터 형태의 기본 도형이나 포토샵에서 제공하는 벡터 이미지 작성

포토샵 작업의 편리를 담당하는 도구

• **실습파일**: 포토샵\02\Selfie01.png

㉑ 손 도구( ) : 확대된 이미지나 큰 이미지에서 숨겨진 부분을 이동하여 볼 때 사용합니다.

▶ 손 도구로 이미지를 밀듯이 드래그하여 확대된 이미지 확인

회전 보기 도구(🖐): 캔버스를 회전할 때 사용합니다.

▶ 회전 보기 도구로 캔버스를 회전시켜 확인할 때 사용

㉒ **돋보기 도구**(🔍) : 이미지의 특정 부분을 확대 또는 축소합니다.

▶ 돋보기 도구로 양쪽으로 드래그, 클릭 또는 Alt+클릭으로 이미지 확대 또는 축소

㉓ **Tools 패널 편집**(⋯) : 사용자가 자주 사용하는 도구만 선택하여 Tools 패널을 편집할 수 있습니다.

㉔ **기본 흑백 설정**(■) : 전경색을 검은색, 배경색을 흰색으로 지정합니다.

㉕ **색상 교체**(↔) : 전경색과 배경색을 서로 바꿀 때 사용합니다.

㉖ **전경색과 배경색** : 전경색은 브러시나 문자 도구를 사용할 때 기본 색상이며, 배경색은 지우개 도구의 기본 색상으로 사용합니다. 색을 클릭했을 때 표시되는 Color Picker 대화상자를 이용하여 색상을 지정할 수 있습니다.

㉗ **보기 모드** : 표준 모드(□)와 퀵 마스크 모드(■/■)로 전환할 수 있습니다.

㉘ **스크린 전환 모드** : 포토샵 화면 표시 방법을 선택합니다. 스크린 모드는 Standard Screen Mode와 Full Screen Mode With Menu Bar, Full Screen Mode 중에서 선택할 수 있습니다.

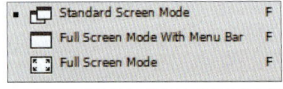

Full Screen Mode With Menu Bar

Full Screen Mode

㉙ **Generate Image**(🖼) : 이미지 생성을 제어할 수 있는 Generate image 대화상자를 표시합니다.

❺ 섬세한 옵션 설정은 여기에! 패널 알아보기

패널은 주로 사용자가 도구를 선택하고 해당 도구의 옵션이나 설정값을 지정할 때 사용합니다. 작업 영역 오른쪽에 위치하며, 패널에 직접 값을 입력하거나 슬라이더를 드래그하는 방식으로 옵션을 지정할 수 있습니다.

작업 화면에서 사용하려는 패널을 찾을 수 없다면 해당 패널의 단축키를 누르거나 [Window] 메뉴를 실행해 표시합니다. 패널을 드래그하면 패널끼리 묶거나 정렬할 수 있습니다.

아이콘화된 패널은 클릭하면 확장되고, 위쪽 'Expand Panels' 아이콘(◀◀)을 클릭하여 확장해서 사용할 수 있으며, 자주 이용하는 패널은 단축키를 눌러 표시할 수도 있습니다. 예를 들어, [F7]을 누르면 Layers 패널을 표시하거나 숨길 수 있습니다.

❶ Layers 패널(◆, [F7])

이미지를 레이어로 관리해 수정이나 편집 작업이 편리합니다.

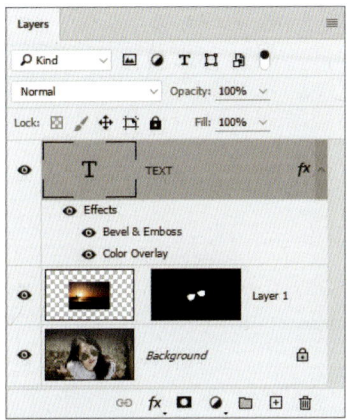

❷ Channels 패널(◉)

색상 정보나 채널을 이용한 선택 영역을 관리합니다.

❸ Paths 패널(🖉)

패스를 이용해 다양한 기능을 적용합니다.

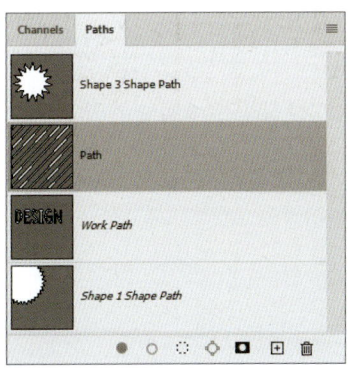

❹ Properties 패널(≋)

이미지 속성을 설정합니다. 프롬프트 입력창에서 이미지를 생성할 때 다양한 결과물을 표시하며, 마음에 드는 이미지를 선택할 수 있습니다.

❺ **Character 패널(A)**

글꼴, 크기, 색상 등 글꼴 관련 속성을 지정합니다.

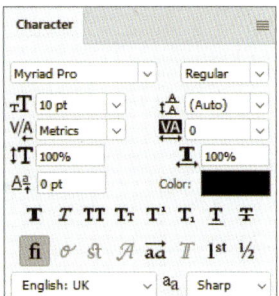

❼ **Character Styles 패널**

문자 스타일을 만들고 관리합니다.

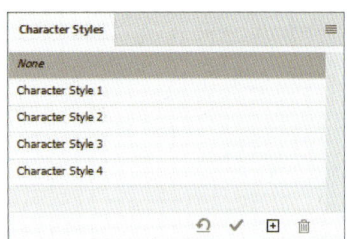

❾ **Brushes 패널**

자주 사용하는 브러시를 저장하거나 검색할 수 있습니다.

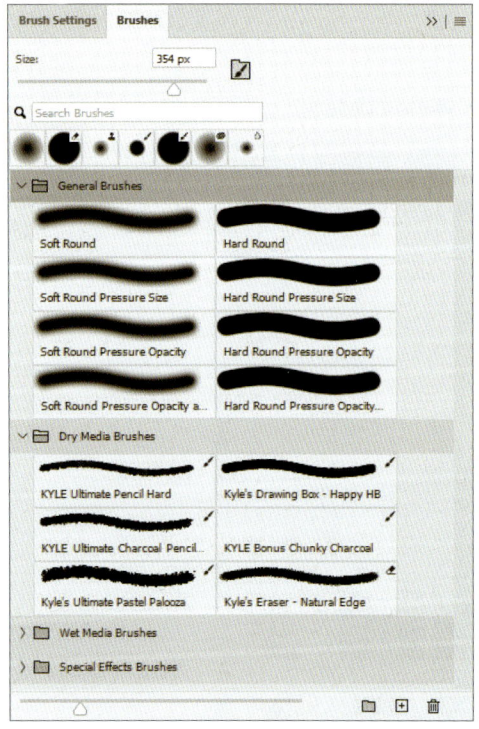

❻ **Paragraph 패널(¶)**

문장의 단락에 관하여 설정합니다.

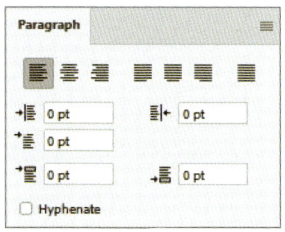

❽ **Brush Settings 패널(, F5)**

다양한 형태와 스타일의 브러시를 만듭니다.

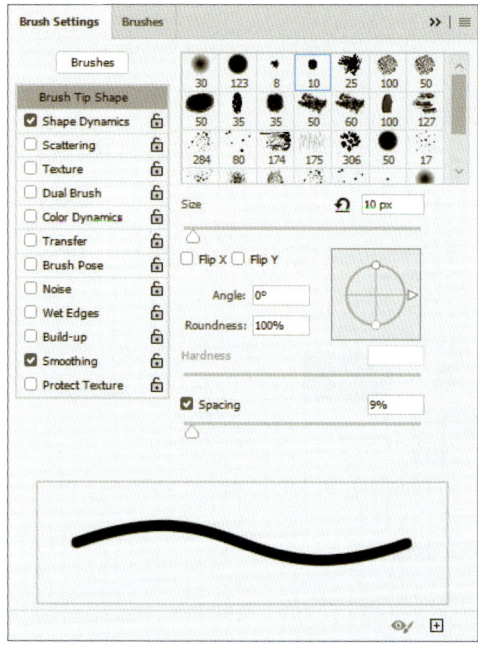

❿ **History 패널**

작업 단계를 기록하며, 이전 작업으로 되돌릴 수 있습니다.

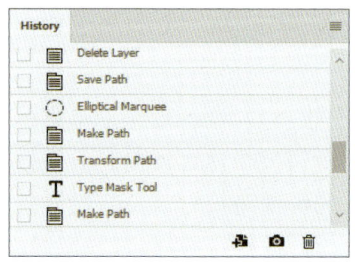

⓫ Navigator 패널(✻)

이미지를 확대하거나 축소하여 쉽게 볼 수 있습니다.

⓭ Styles 패널(▦)

선택한 이미지에 스타일을 적용합니다.

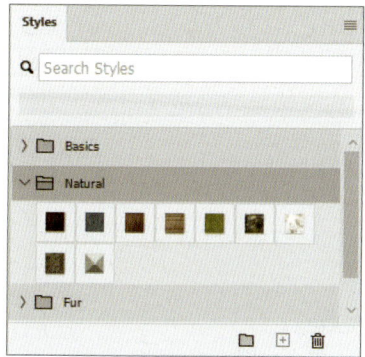

⓰ Tool Presets 패널(✖)

자주 사용하는 도구를 사전 설정으로 저장해 사용할 수 있습니다.

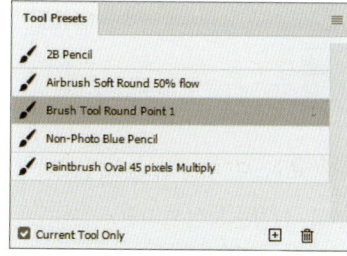

⓲ Histogram 패널(▬)

이미지의 전체적인 색상 톤 구성을 나타냅니다.

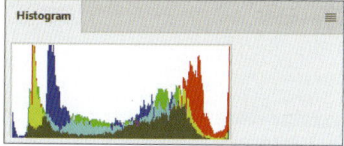

⓬ Actions 패널(▶), Alt + F9

작업을 기록하여 반복 작업을 편리하게 합니다.

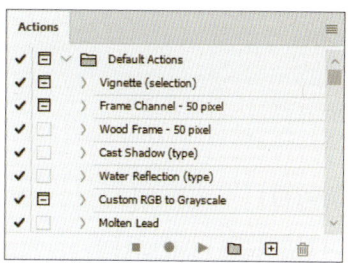

⓮ Adjustments 패널(◉)

보정 레이어를 추가하고 색을 조정합니다.

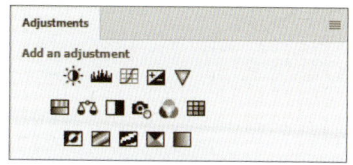

⓯ Color 패널(⬤), F6

색상을 지정합니다.

⓱ Swatches 패널(▦)

자주 사용하는 색을 팔레트 형식으로 모아 쉽게 색을 지정해 사용할 수 있습니다.

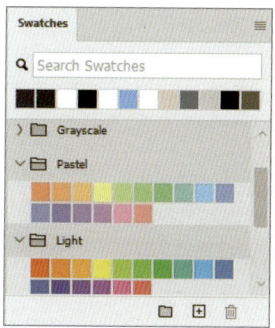

⓳ Notes 패널(📝)

PSD 파일에 주석을 기록합니다.

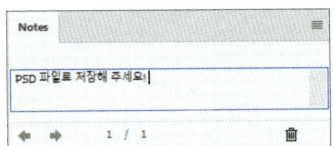

㉑ Layer Comps 패널(📋)

레이어 조합을 저장하여 효율적으로 디자인합니다.

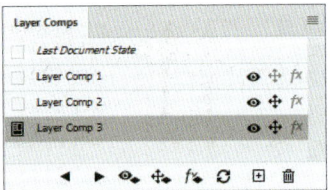

㉓ Info 패널(ⓘ, F8)

이미지 정보가 수치로 표시됩니다.

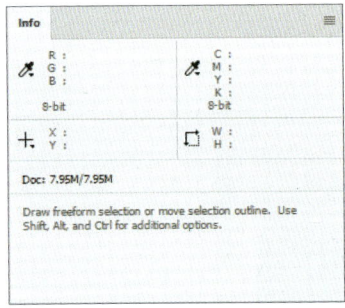

㉕ Clone Source 패널(👤)

복제할 때 이미지 정보를 담아 두고 사용합니다.

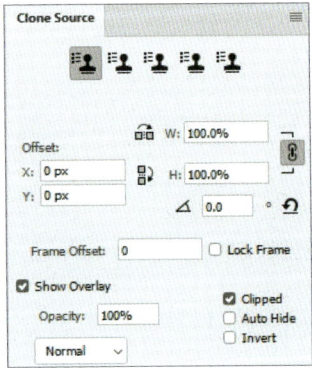

⓴ Measurement Log 패널(📋)

측정 정보를 기록합니다.

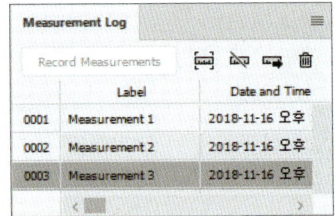

㉒ Patterns 패널(▦)

나무와 잔디, 물결 형태의 패턴을 제공합니다.

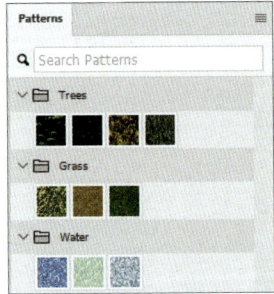

㉔ Gradients 패널(▢)

다양한 색상 띠 형태의 그레이디언트를 제공합니다.

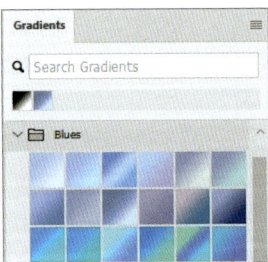

㉖ Adjustments 패널(◐)

이미지를 보정하는 패널로, 원하는 보정 효과를 직접 보면서 선택하여 이미지에 보정 효과를 적용합니다.

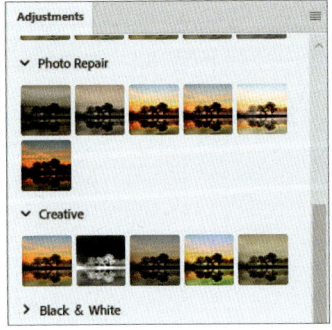

(EASY 실습) **작업 화면 밝기 조절하기**

포토샵을 처음 실행하면 어두운 화면이 기본으로 나타납니다. 포토샵에서 작업 화면의 밝기를 원하는 대로 조정할 수 있으며, 여기서는 밝게 조정해 봅니다.

01 포토샵을 실행하고 메뉴의 (Edit) → Preferences → Interface를 실행합니다.

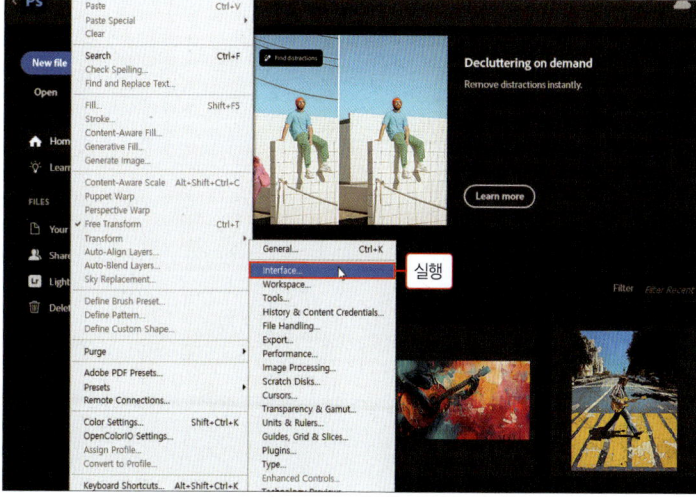

TIP
이 책에서는 메뉴가 더 잘 보이도록 밝은 회색 인터페이스로 설명합니다.

02 Preferences 대화상자가 표시되면 Color Theme에서 원하는 색상을 선택합니다. 여기서는 ❶ '가장 밝은 회색'을 선택하고 ❷ 〈OK〉 버튼을 클릭합니다.

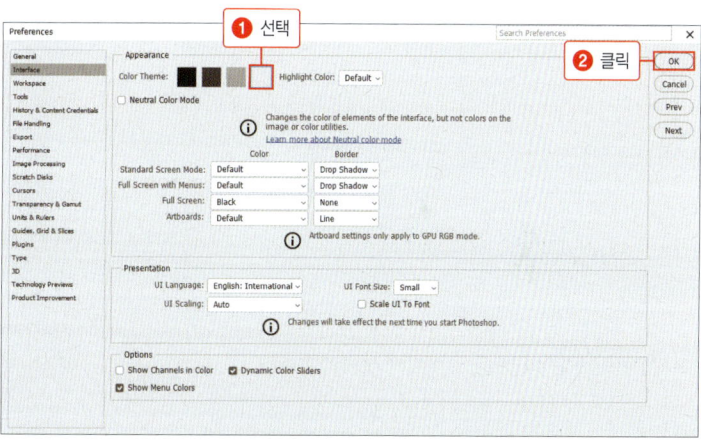

TIP
'가장 어두운색'을 선택하면 포토샵에서 불러들인 이미지에 집중할 수 있습니다.

03 포토샵 작업 화면 색상이 밝게 변경됩니다.

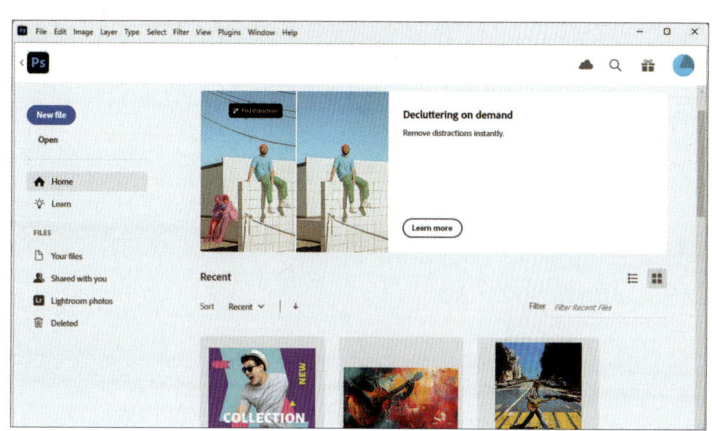

059

Part 03

더 빠르게, 더 쉽게!
포토샵에서 꼭 알아야 할
필수 기본기

Adobe Firefly

PHOTOSHOP
+ILLUSTRATOR CC 2025

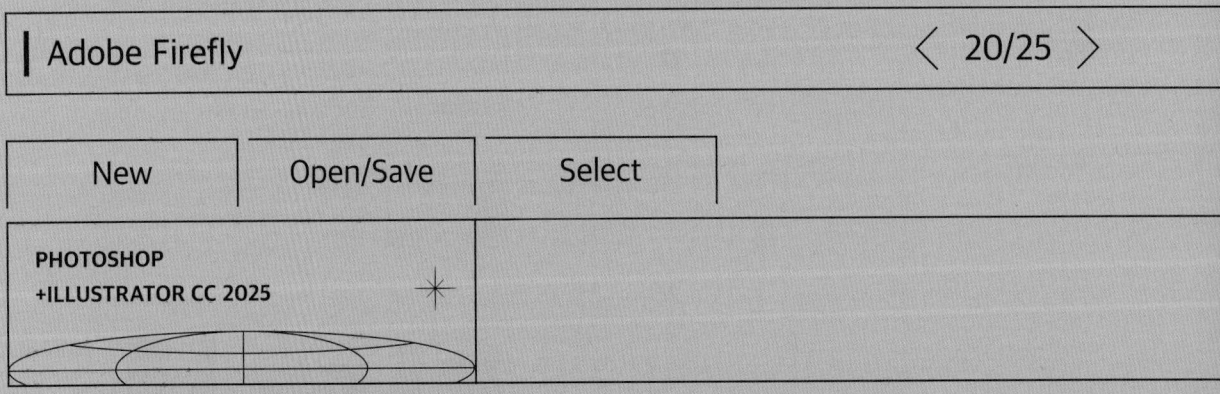

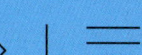

LESSON 04 | 작업 준비! 한 번의 설정으로 디자인 판 짜기

❶ 새 문서 만들기

포토샵에서 새로운 파일을 만들 때 파일 이름과 크기, 해상도를 지정하는 것은 가장 기본적인 작업입니다. 처음 잘못 설정하면 재설정해야 하는 번거로움이 생길 수 있어 New 명령의 실행과 설정은 매우 중요합니다.

메뉴에서 (File) → New((Ctrl)+(N))를 실행하여 New Document 대화상자를 이용해 새 문서를 만듭니다. 불러온 캔버스는 이미지를 넣거나 브러시를 사용하는 등 모든 포토샵 작업을 할 수 있습니다.

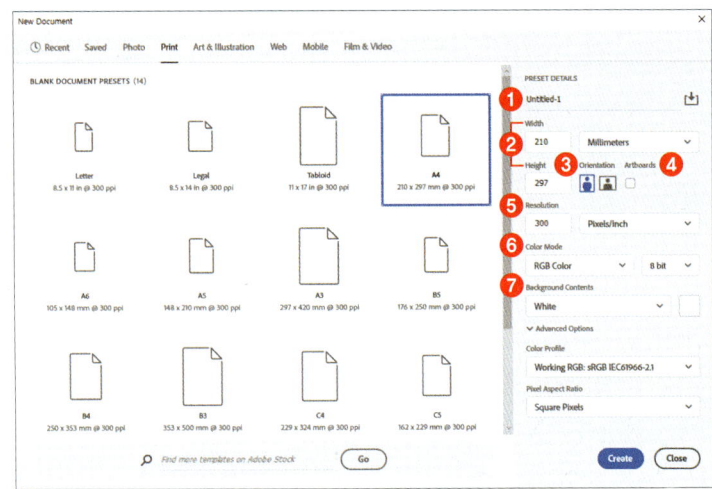

❶ **파일 이름** : 새로운 파일 이름을 지정합니다.

❷ **Width, Height** : 캔버스의 가로, 세로 길이를 설정하며, 오른쪽에서 단위를 선택할 수 있습니다.

❸ **Orientation** : 용지 방향을 가로 또는 세로로 지정합니다.

❹ **Artboards** : 아트보드를 제작합니다.

❺ **Resolution** : 해상도를 설정합니다. 일반적으로 웹용 이미지는 '72Pixels/Inch', 인쇄용 이미지는 '300Pixels/Inch'로 설정합니다.

❻ **Color Mode** : Bitmap, Grayscale, RGB Color, CMYK Color, Lab Color 중에서 색상 모드를 지정할 수 있습니다.

❼ **Background Contents** : 캔버스의 배경색을 지정합니다.

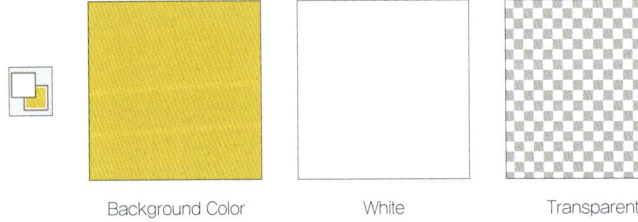

EASY 실습) 캔버스 만들기

포토샵에서는 자주 사용하는 캔버스 크기를 제공하므로 프리셋 목록 이름과 크기를 확인한 다음 새로 만들려는 캔버스 프리셋만 선택하면 됩니다. 예제에서는 포토샵의 기본 이미지 크기인 6×12cm 크기의 캔버스를 만들어 봅니다.

01 포토샵을 실행하면 처음 표시되는 홈 화면의 〈New file〉 버튼을 클릭합니다.

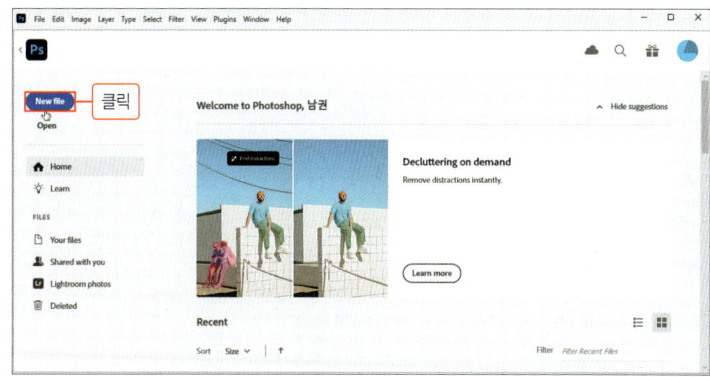

02 New Document 대화상자가 표시되면 ❶ (Photo) 탭을 선택한 다음 ❷ 'Default Photoshop Size (16 × 12 cm @300 ppi)'를 선택하고 ❸ 〈Create〉 버튼을 클릭합니다.

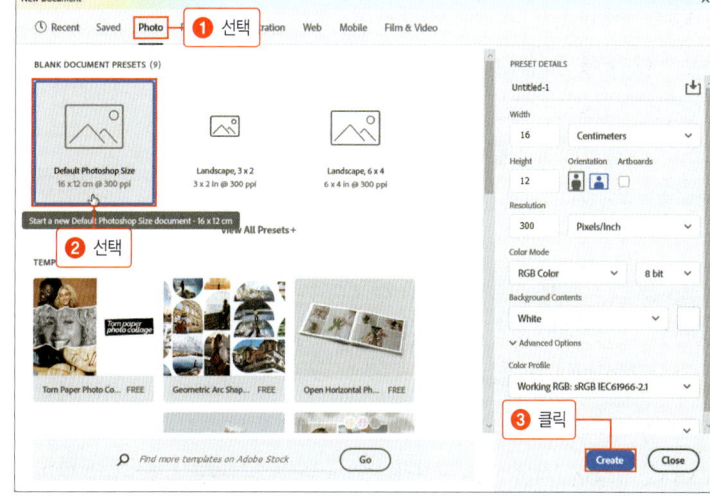

TIP ✦
Width와 Height에 각각 가로, 세로 수치 값을 입력하고, Resolution에 해상도를 입력해 캔버스를 원하는 크기로 만들 수 있습니다.

03 포토샵의 기본 크기로 새로운 캔버스가 만들어졌습니다. 작업 창을 닫으려면 파일 이름 탭의 '닫기' 아이콘(※)을 클릭합니다.

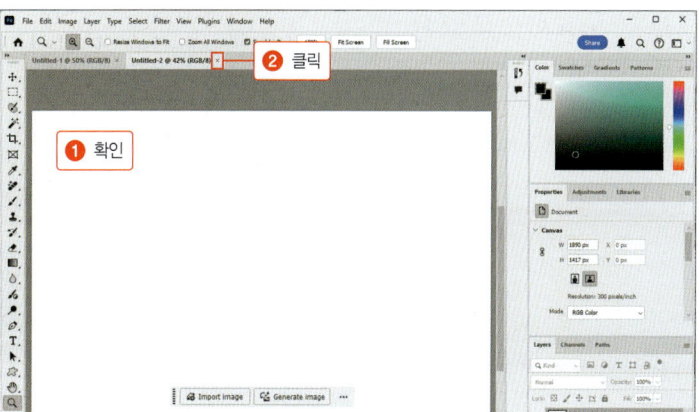

EASY 실습 파일 열기

• 실습파일 : 포토샵\03\umbrella2.png, umbrella3.png

가장 기본적인 Open 명령을 이용하여 포토샵에서 이미지 파일을 열어 봅니다.

01 메뉴에서 (File) → Open(Ctrl +O)을 실행하거나 홈 화면에서 〈Open〉 버튼을 클릭합니다.

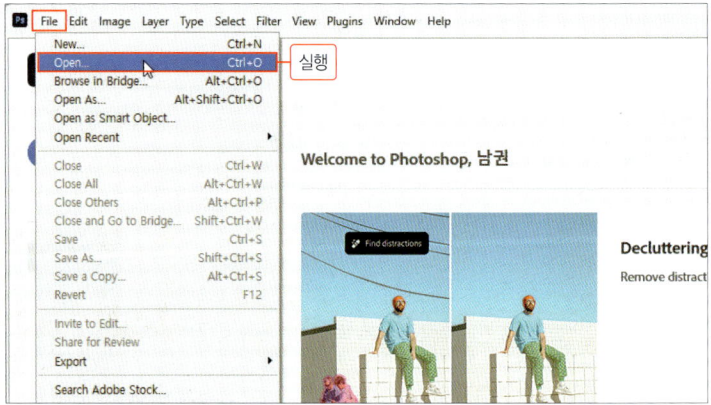

02 열기 대화상자가 표시되면 ❶ 포토샵 → 03 폴더에서 ❷ 파일 보기 형식을 '큰 아이콘'으로 지정해 이미지를 미리 보기 형태로 나타냅니다. ❸ Ctrl을 누른 채 'umbrella2.png', 'umbrella3.png 파일을 선택하고 ❹ 〈열기〉 버튼을 클릭합니다.

> **TIP ✚**
> Ctrl을 누른 상태에서 파일들을 선택하면 여러 개의 파일을 포토샵에서 열 수 있습니다.

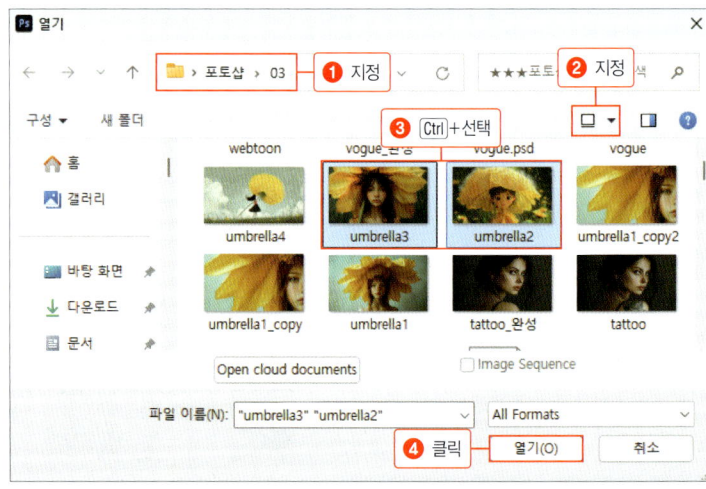

03 각각의 문서 형태로 이미지가 열립니다. 문서 위쪽을 확인하면 파일 이름이 탭으로 표시되어 있습니다.

EASY 실습) Place Embedded 기능으로 파일 불러오기
• 실습파일 : 포토샵\03\cosmetic.jpg, circle.png

Place Embedded 명령을 이용하여 파일을 추가로 불러오면 이미지 안에 원본 이미지를 포함시켜 불러올 수 있습니다. 이때 포함하여 불러온 이미지는 변형해도 원본 이미지가 그대로 유지됩니다.

01 ❶ 포토샵 → 03 폴더에서 'cos-metic.jpg' 파일을 불러옵니다. 추가로 이미지를 불러오기 위해 ❷ 메뉴에서 (File) → Place Embedded를 실행합니다. Place Embedded 대화상자가 표시되면 ❸ 포토샵 → 03 폴더에서 ❹ 'circle.png' 파일을 선택한 다음 ❺ 〈Place〉 버튼을 클릭합니다.

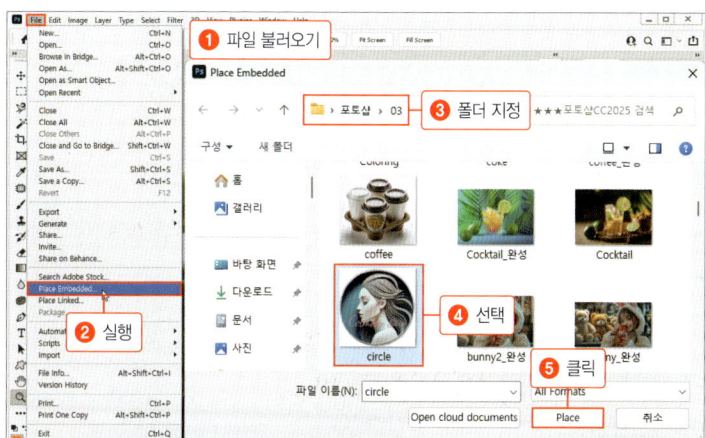

02 추가로 불러온 이미지가 그림과 같이 유리병 이미지 위에 포함됩니다. ❶ 조절점을 드래그하여 크기를 줄이고 ❷ Enter를 누릅니다. ❸ Layers 패널에서 'circle' 레이어의 섬네일 이미지를 더블클릭합니다.

> **TIP ✦**
> 포토샵 작업 창에 이미지를 드래그하면 X 표시와 함께 이미지가 불러들여집니다. 이것은 스마트 오브젝트 이미지를 나타내며, 원본 이미지를 유지한 상태에서 크기 조절 및 변형 작업을 할 수 있습니다.

03 'circle.png' 이미지가 별도의 작업 창으로 표시됩니다. 작업 창에서 이미지 크기를 줄여도 원본 이미지는 그대로 유지된 것을 확인할 수 있습니다.

❷ PC 또는 클라우드 공간에 파일 저장하기

메뉴에서 (File) → Save(Ctrl+S)를 실행하여 작업한 이미지를 저장할 수 있으며, 컴퓨터에 저장하거나 어도비 크리에이티브 클라우드 공간에 저장할 수 있습니다. 어도비 크리에이티브 클라우드 공간에 저장하면 장소에 상관없이 언제 어디서나 파일을 불러올 수 있는 장점이 있습니다. 저장한 파일을 다른 이름으로 저장하기 위해서는 메뉴에서 (File) → Save As(Shift+Ctrl+S)를 실행합니다.

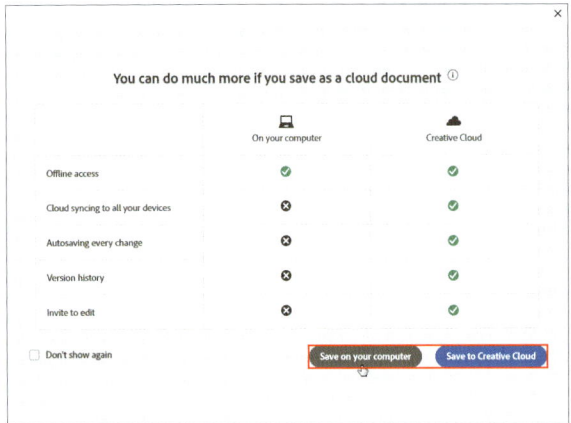

저장 공간 선택에 따라 다른 형태의 Save As 대화상자가 표시되며, 각각의 대화상자에서도 서로 다른 저장 공간을 선택할 수 있습니다.

어도비 크리에이티브 클라우드 공간에 저장할 경우 버튼 클릭

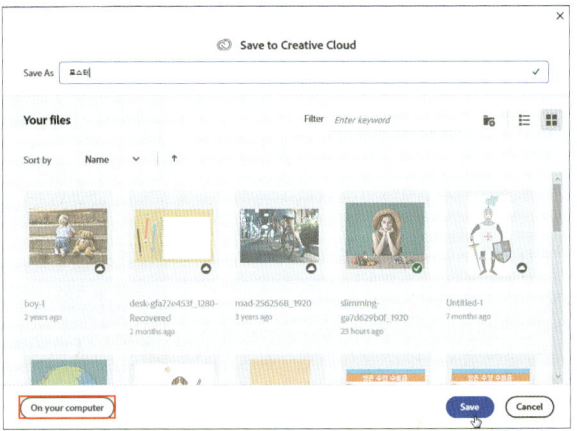

PC 공간에 저장할 경우 버튼 클릭

어도비 크리에이티브 클라우드를 구독하면 100GB의 클라우드 공간을 제공합니다. 인터넷을 사용할 수 있는 공간이라면 스마트폰이나 태블릿 PC에서 사용할 수 있으며, 어디서나 저장하고 다시 불러들여 작업할 수 있습니다. 클라우드에 저장된 이미지를 포토샵에서 바로 불러오면 제목 표시줄에 구름 형태의 아이콘이 표시됩니다.

❸ 작업 화면 확대, 축소, 이동하기

포토샵에서 그래픽 작업을 할 때 돋보기 도구와 손 도구를 가장 많이 사용합니다. 작업 과정에서 수시로 이미지를 확대하거나 축소해 명령이나 그래픽 효과가 제대로 적용되었는지 확인해야 하고, 모니터 크기의 한계로 인해 이미지를 탐색해야 하기 때문입니다. 이미지를 확대 및 축소해서 확인하는 돋보기 도구를 선택하면 캔버스 위에 다음과 같은 옵션바가 표시됩니다.

❶ **Zoom In** : 이미지를 확대합니다.

❷ **Zoom Out** : 이미지를 축소합니다.

❸ **Resize Windows to Fit** : 이미지를 확대하거나 축소할 때 이미지 창이 함께 확대되거나 축소됩니다.

❹ **Zoom All Windows** : 현재 포토샵에 열려 있는 모든 이미지 창을 확대하거나 축소합니다.

❺ **Scrubby Zoom** : 드래그해서 바로 이미지를 확대하거나 축소하여 볼 수 있습니다. 체크 표시가 해제되면 특정 부분을 확대할 수 있는 선택 영역이 표시된 후 이미지 크기를 조절할 수 있습니다. OpenGL 기능이 지원되어야 사용할 수 있는 기능으로, 포토샵에서 그래픽카드 드라이버를 제대로 인식해야 합니다.

❻ **100%** : 이미지를 100% 크기로 표시합니다.

❼ **Fit Screen** : 포토샵 작업 영역에 이미지의 비율을 맞춰서 전체가 보이도록 이미지를 표시합니다.

❽ **Fill Screen** : 포토샵 작업 영역을 이미지로 완전히 채우되, 이미지 비율이 변경될 수 있습니다.

돋보기 도구를 선택한 다음 확대하려는 이미지를 연속으로 클릭해 확대하며, 돋보기 도구가 선택된 상태에서 Alt 를 누르고, 연속으로 클릭하여 축소합니다.

Fit Screen

클릭하여 이미지 확대

Alt 를 누른 채 클릭하여 이미지 축소

> **TIP ✦**
> Tools 패널의 특정 도구에 마우스 커서를 위치시키면 도구 설명과 함께 사용 방법에 대한 짧은 영상이 나타납니다.
>
>

❹ 눈금자와 가이드 사용하기

눈금자와 단위 표시하기

메뉴에서 [View] → Rulers([Ctrl]+[R])를 실행하면 작업 창 왼쪽과 위쪽에 눈금자가 표시됩니다. 눈금자 단위는 기본으로 Centimeters가 지정되어 있습니다. 메뉴에서 [Image] → Image Size([Alt]+[Ctrl]+[I])를 실행해 Image Size 대화상자를 확인하면 눈금자에 표시된 길이와 대화상자에 표시된 가로, 세로 길이가 같습니다.

Image Size 대화상자의 단위를 'Centimeters'로 지정하면 가로, 세로 길이를 센티미터 단위로 확인할 수 있습니다.

가이드와 스냅 사용하기

가이드는 이미지의 기준선을 말하며, 가로선과 세로선으로 표현됩니다. 가이드를 이용하기 위해서는 먼저 [Ctrl]+[R]을 눌러 눈금자를 표시합니다. 눈금자를 클릭한 다음 이미지로 드래그하여 가이드를 만듭니다. 주로 선택 영역을 지정하거나 이미지를 자를 때 가이드를 이용합니다. 메뉴에서 [Edit] → Preferences → Guides, Grid & Slices를 실행해 표시되는 Preferences 대화상자에서 가이드 색상과 선 형태를 바꿀 수 있습니다. 또한 스냅이란, 도구를 이용해 작업할 때 마치 자석에 붙듯이 가이드에 마우스 커서가 붙는 기능입니다. 메뉴에서 [View] → Snap([Shift]+[Ctrl]+[;])을 실행하면 스냅 기능을 이용할 수 있습니다. 만들어진 가이드는 이동 도구로 드래그해서 위치를 변경하거나 문서 밖으로 드래그하여 없앨 수도 있습니다.

 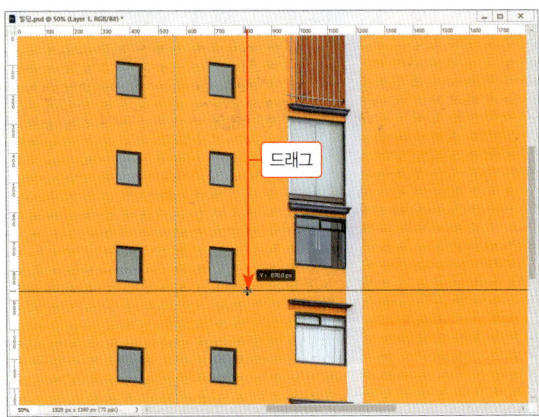

눈금자를 클릭한 다음 드래그하여 가이드를 만든 모습

❺ 이미지 크기 조절하기

이미지 크기를 확대하면 원본 이미지에 비해서 노이즈가 생기고, 픽셀이 깨지는 현상이 나타납니다. 따라서 원본 이미지가 100% 크기라면, 그 이상 확대해서 인쇄용이나 웹용으로 사용하는 것은 좋은 방법이 아닙니다. 부득이하게 이미지를 확대하여 사용해야 한다면 노이즈를 감소시킨 다음 사용합니다.

포토샵에서는 작은 이미지를 크게 확대할 경우 노이즈를 감소시켜 깨끗하게 표현하는 기능을 제공합니다. 포토샵 CC 2025에서는 인스타그램이나 카카오톡 같은 SNS(소셜 네트워크 서비스)에서 다운로드한 작은 이미지도 Image Size 기능을 이용하여 출력이나 인화할 수 있는 큰 이미지로 조절할 수 있습니다.

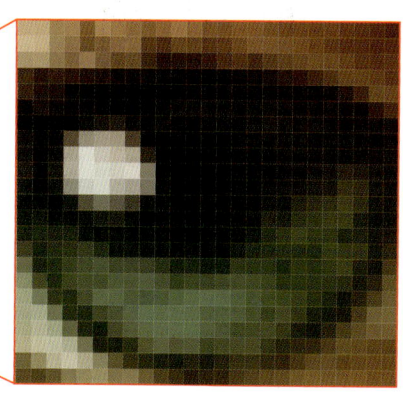

원본 이미지(500×320픽셀) (포토샵\03\umbrella1.png)
Image Size 기능으로 4배 확대한 이미지(2,000×1,280픽셀)

❶ 72ppi 이미지를 400% 확대한 이미지
❷ 300ppi 이미지

❶번 사진은 노이즈가 감소하지 않아 이미지 경계 부분에 계단 현상이 발생했으며, 색상 경계면이 거칠게 표현되었습니다. ❷번 사진은 이미지 중간에 색을 채워 넣는 방식으로 거친 색상 경계면을 부드럽게 표현해 노이즈를 감소시켰습니다.

> **TIP**
> 이미지를 확대하면 노이즈가 발생하는 단점을 보완하기 위해 이미지를 확대해도 노이즈는 줄이고 섬세함을 조절할 수 있는 Super Zoom 기능을 제공합니다. ▶ 147쪽 참고
>
>
>
> 노이즈는 줄이면서 섬세함을 보강하는 Super Zoom 기능

메뉴에서 (Image) → Image Size((Alt)+(Ctrl)+(I))를 실행하면 표시되는 Image Size 대화상자에서 이미지 크기와 해상도를 변경할 수 있습니다.

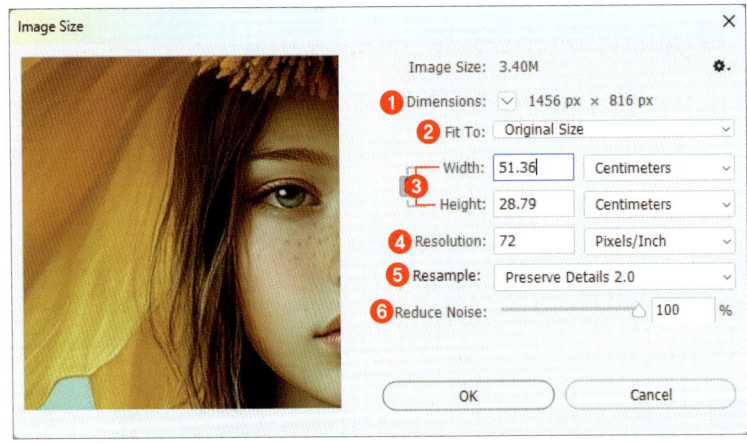

❶ **Dimensions** : 이미지의 가로, 세로 길이를 설정할 수 있습니다. 크기를 변경하면 바뀔 파일 용량도 표시됩니다.

❷ **Fit To** : 자주 사용하는 이미지의 규격을 제공하여 변경하려는 이미지 크기를 지정할 수 있습니다.

❸ **Width, Height** : 실제로 출력될 이미지의 가로, 세로 길이를 설정할 수 있습니다.

❹ **Resolution** : 해상도를 변경합니다. 웹용은 '72Pixels/Inch', 인쇄용은 '150~300Pixels/Inch'로 설정하는 것이 좋습니다. 'Resample'에 체크 표시한 경우 해상도가 높아지면 이미지 용량 및 가로, 세로 크기 자체가 커집니다.

❺ **Resample** : 이미지 크기를 변경하면서 새로 만들어지는 영역에 픽셀을 채우는 방식을 지정합니다. 이 옵션을 사용하면 이미지를 확장할 때 픽셀이 뭉개지는 현상을 줄일 수 있습니다.

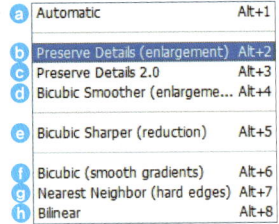

> **TIP**
> 보통 화면 출력용 이미지의 해상도는 72ppi면 충분하고, 인쇄용 이미지의 해상도는 300ppi 이상이면 좋습니다. 300ppi는 가로, 세로 1인치의 정사각형 안에 가로 300픽셀×세로 300픽셀로 이루어져 총 90,000픽셀로 구성된 이미지입니다.

ⓐ **Automatic** : 자동으로 픽셀 간격을 채워 이미지를 표현합니다.

ⓑ **Preserve Details (enlargement)** : 세밀하게 픽셀을 채워 이미지를 표현하고 이미지를 확장할 때 유용합니다.

ⓒ **Preserve Details 2.0** : 이미지 확장 시 한층 개선된 이미지를 표현합니다.

ⓓ **Bicubic Smoother (enlargement)** : 이미지의 픽셀 간격을 부드럽게 채워 표현합니다.

ⓔ **Bicubic Sharper (reduction)** : 선명하게 픽셀 간격을 채워 표현합니다.

ⓕ **Bicubic (smooth gradients)** : 색상 띠 형태로 픽셀 간격을 채워 표현합니다.

ⓖ **Nearest Neighbor (hard edges)** : 주변 색상을 기준으로 픽셀 간격을 채워 표현합니다.

ⓗ **Bilinear** : 주변 평균 값을 기준으로 픽셀 간격을 채워 표현합니다.

❻ **Reduce Noise** : Resample을 'Preserve Details (enlargement)'로 지정하면 활성화되는 옵션으로 이미지의 노이즈를 제거합니다. 값이 클수록 노이즈가 줄어듭니다.

(EASY 실습) **이미지 크기를 반으로 줄이기**

• 실습파일 : 포토샵\03\apt.png
• 완성파일 : 포토샵\03\apt_완성.png

이미지의 가로 또는 세로 크기를 설정해 이미지를 조정할 수 있습니다. 예제에서는 이미지 크기를 1/2로 줄여 봅니다.

01 포토샵 → 03 폴더에서 'apt.png' 파일을 불러옵니다. 이미지 크기를 반으로 줄이기 위해 메뉴에서 (Image) → Image Size((Alt)+(Ctrl)+(I))를 실행합니다.

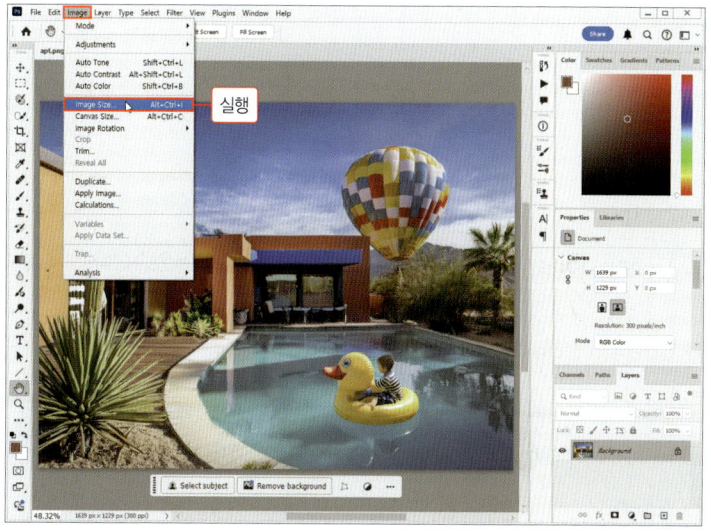

02 Image Size 대화상자가 표시되면 ① Width를 '800Pixels'로 설정합니다. 세로 값도 비율에 맞게 자동으로 수정되면 ② 〈OK〉 버튼을 클릭합니다.

TIP ✧
Image Size 대화상자에서 '링크' 아이콘(8)이 활성화되어야 원본 이미지의 가로, 세로 비율이 유지되면서 크기가 조절됩니다.

03 이미지가 절반(1/2) 정도 크기로 줄어듭니다. 수치 값을 입력하여 이미지 크기를 자유롭게 조정해 보세요.

⑥ 캔버스 크기 조절하기

메뉴에서 [Image] → Canvas Size(Alt+Ctrl+C)를 실행해 표시되는 Canvas Size 대화상자에서 캔버스 크기를 조절할 수 있습니다.

> **TIP**
> Canvas Size 기능은 Image Size 기능처럼 이미지를 늘리거나 줄여 해상도를 변화시키지 않으므로, Canvas Size 대화상자에서는 해상도 조절 옵션을 제공하지 않습니다.

❶ **Current Size** : 현재 캔버스 크기입니다.

❷ **New Size** : 새 캔버스 크기를 설정합니다.

❸ **Relative** : 캔버스 크기가 아닌, 사방의 여백 크기를 설정합니다.

❹ **Anchor** : 캔버스가 확장되는 방향을 지정합니다. 캔버스 크기를 늘려 이미지 주변에 여백을 추가하려고 할 때 Anchor를 선택하여 여백이 어느 방향으로 추가될지 지정할 수 있습니다. 만약, 캔버스 크기를 줄일 경우에는 이미지가 잘리지 않도록 Anchor를 적절히 지정할 수 있습니다. 예를 들어, 이미지를 캔버스 위에 고정하고, 아래를 자르고 싶을 때 위쪽 기준점을 선택합니다.

Anchor를 위쪽으로 지정한 모습

Anchor를 왼쪽으로 지정한 모습

Anchor를 아래쪽으로 지정한 모습

Anchor를 왼쪽 위로 지정한 모습

❺ **Canvas extension color** : 확장할 영역의 색상을 지정합니다.

Quick 활용 | 캔버스를 확장하여 이미지 생성하기

- 실습파일 : 포토샵\03\job.png
- 완성파일 : 포토샵\03\job_완성.png

정해진 크기의 캔버스에 이미지를 생성하여 채울 경우 Generative Fill 기능을 이용하면 자연스럽게 이미지를 생성할 수 있습니다. 예제에서는 고양이와 인물의 잘린 사진을 캔버스를 확장하여 생성하는 방법에 대해 알아봅니다.

Before

After

01 포토샵 → 03 폴더에서 'job. png' 파일을 불러옵니다. 메뉴의 (Image) → Canvas Size(Alt+Ctrl+C)를 실행합니다.

02 Canvas Size 대화상자가 표시되면 이미지의 양쪽 가로 크기를 확장하기 위해 가운데 기준점이 선택된 상태에서 ❶ Width를 '1,200Pixels'로 설정하고 ❷ 〈OK〉 버튼을 클릭합니다.

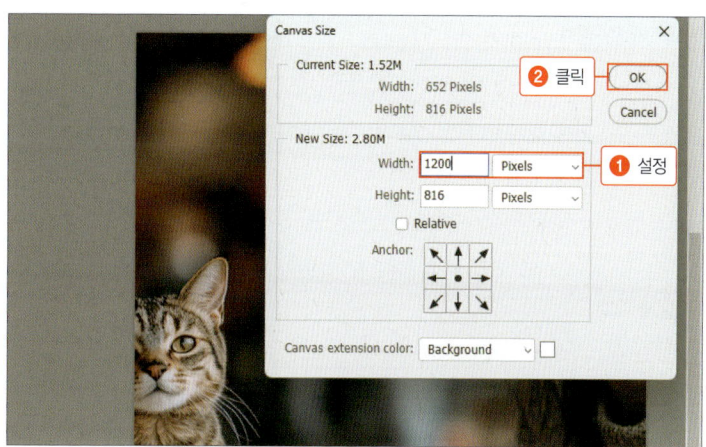

03 인물 사진의 양쪽 영역이 생성되어 가로 길이가 1,200픽셀로 확장되었습니다. ❶ 사각형 선택 도구(▭)를 선택한 다음 먼저 ❷ 확장된 왼쪽 영역을 드래그하여 선택 영역을 지정합니다. 이때 원본 이미지 왼쪽 부분을 살짝 선택 영역에 포함합니다.

> **왜? ✦**
> 선택 영역을 지정할 때 살짝 기존 이미지를 포함하는 이유는 선택 영역을 지정할 때 자칫 빈 영역을 포함하지 않아 여백에 이미지가 생성되지 않는 부분이 생기지 않도록 하기 위해서입니다.

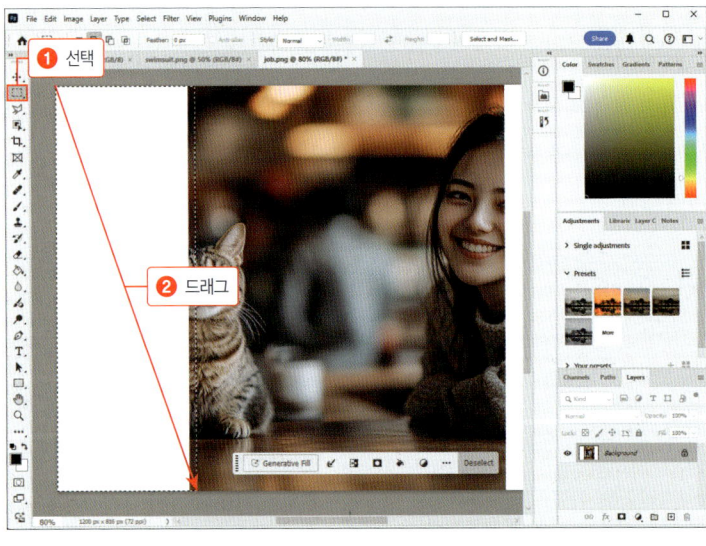

04 선택 영역을 추가하기 위해 ❶ 옵션바에서 'Add to selection' 아이콘(▣)을 클릭합니다. ❷ 이번에는 확장된 오른쪽 영역을 드래그해 선택 영역을 지정합니다. 이때 원본 이미지 오른쪽 부분을 살짝 선택 영역에 포함합니다. 확장된 이미지를 생성하기 위하여 ❸ Contextual Task Bar의 〈Generative Fill〉 버튼을 클릭합니다.

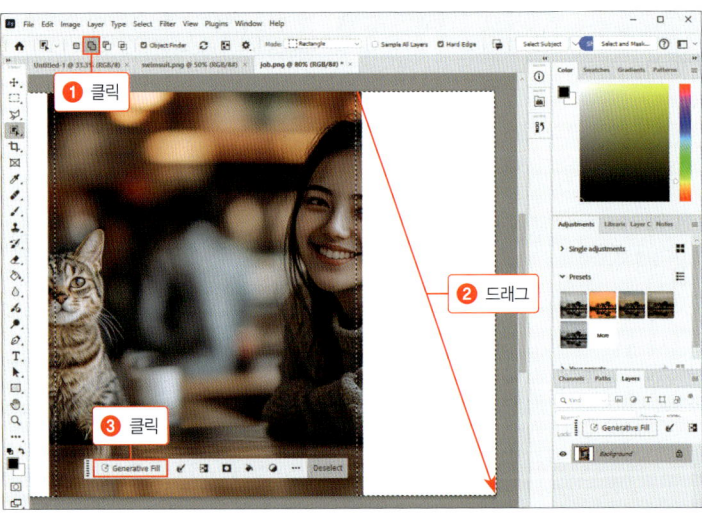

05 프롬프트 입력창이 표시되면 아무것도 입력하지 않은 상태에서 〈Generate〉 버튼을 클릭합니다. 확장된 영역에 고양이와 인물의 잘린 부분이 생성된 것을 확인할 수 있습니다.

> **왜? ✦**
> 프롬프트를 입력하지 않고 〈Generate〉 버튼을 클릭하면, 기존 이미지를 유지하는 상태로 이미지를 생성합니다.

❼ 작업 과정 기록과 반복 작업 해결하기

포토샵에서 작업하다가 다시 이전 작업으로 되돌리거나 번거로운 단순 작업을 지속적으로 하는 경우가 많이 발생합니다. 이때 히스토리 기능의 스냅샷 기능을 이용하거나 액션 기능을 이용하면 작업 시간을 단축할 수 있습니다.

이전 작업으로 되돌리기

History 패널에는 이미지 작업 과정이 순서대로 기록되어 있습니다. 만약 작업이 잘못되면 이전 항목을 클릭하여 작업 결과를 되돌릴 수 있습니다. 특히 스냅샷 기능을 이용하여 특정 단계를 설정하면 언제든지 설정한 단계로 되돌릴 수 있습니다.

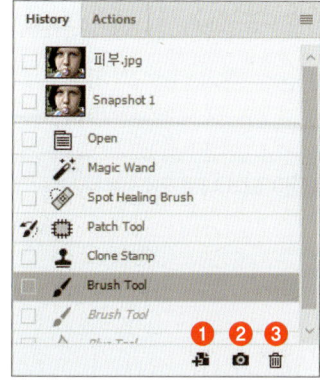

되돌리려는 항목을 클릭하면 해당 명령이 적용된 시점으로 이동합니다.

❶ **Create new document from current state** : 현재까지 명령이 적용된 상태를 새로운 이미지로 복제합니다.

❷ **Create new snapshot** : 특정 항목을 별도로 저장해 언제든지 해당 항목으로 이동할 수 있습니다.

❸ **Delete current state** : 기록된 항목을 삭제합니다.

> **TIP ✚**
> Ctrl+Z를 연속으로 눌러 작업 과정에서 이전 단계로 되돌릴 수 있으며, Shift+Ctrl+Z를 연속으로 눌러 이전 단계에서 이후 단계로 진행할 수 있습니다.

반복 작업 한번에 해결하기

Actions 패널은 작업 순서를 기록한 다음 여러 이미지에 기록된 명령들을 일괄적으로 사용할 수 있으며, 메뉴에서 [Window] → Actions(Alt+F9)를 실행하여 표시할 수 있습니다.

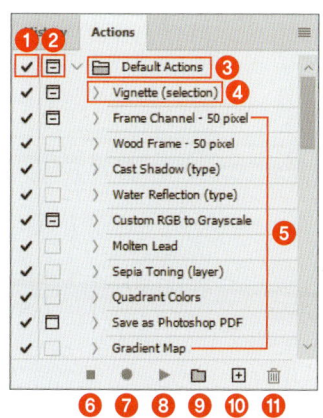

❶ **Item On/Off** : 액션 목록 중 체크 표시된 액션만 실행합니다.

❷ **Dialog On/Off** : 액션의 대화상자 표시 여부를 지정합니다.

❸ **액션 세트** : 액션을 묶어서 관리하는 폴더입니다.

❹ **액션** : 작업 단계가 기록되며, 더블클릭하여 액션 이름도 변경할 수 있습니다.

❺ **액션 목록** : 액션을 실행하는 단계입니다.

❻ **Stop playing/recording** : 액션의 녹화를 중지합니다.

❼ **Begin recording** : 작업 단계를 녹화합니다.

❽ **Play section** : 액션을 이미지에 적용합니다.

❾ **Create new set** : 액션 세트를 만듭니다.

❿ **Create new action** : 새 액션을 만듭니다.

⓫ **Delete** : 액션이나 액션 세트를 삭제합니다.

ⓑ 작업 시간 단축하기

메뉴에서 (File) → Automate를 실행하면 포토샵에서 제공하는 자동화 기능을 이용할 수 있습니다. 비슷한 방식으로 여러 이미지를 작업할 때 사용하면 편리합니다.

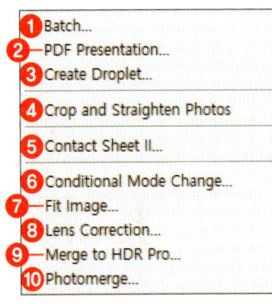

❶ **Batch** : 액션을 여러 이미지에 한꺼번에 적용하는 기능입니다.

❷ **PDF Presentation** : PDF 형태의 프레젠테이션을 할 수 있게 파일을 만듭니다.

❸ **Create Droplet** : 액션을 애플리케이션 형태로 만듭니다.

❹ **Crop and Straighten Photos** : 이미지 경계에 따라 자동으로 자르고 회전해 여러 개의 이미지로 나누는 기능입니다.

❺ **Contact Sheet II** : 여러 장의 사진을 한 장으로 정렬하여 표시합니다.

❻ **Conditional Mode Change** : 이미지 모드가 다르게 설정된 여러 이미지를 지정한 모드로 한번에 변경합니다.

❼ **Fit Image** : 지정한 수치로 이미지 크기를 변경합니다.

❽ **Lens Correction** : 렌즈로 인해 왜곡된 사진을 자동으로 보정합니다.

❾ **Merge to HDR Pro** : 같은 장소에서 노출이 다르게 촬영한 RAW 이미지들을 HDR 이미지 하나로 합칩니다.

❿ **Photomerge** : 여러 이미지를 연결하여 파노라마 사진을 만듭니다.

수많은 반복 이미지 한번에 처리하기

배치(Batch)는 '하나의 묶음'이란 의미로, 배치 기능을 이용하면 수많은 반복 이미지 작업을 간단하게 처리할 수 있습니다. 배치 작업을 위해서는 원본 이미지를 하나의 폴더에 저장해 두어야 하며 결과가 적용되어 저장될 폴더를 만들어야 합니다. 메뉴에서 (File) → Automate → Batch를 실행하면 Batch 대화상자를 표시할 수 있습니다.

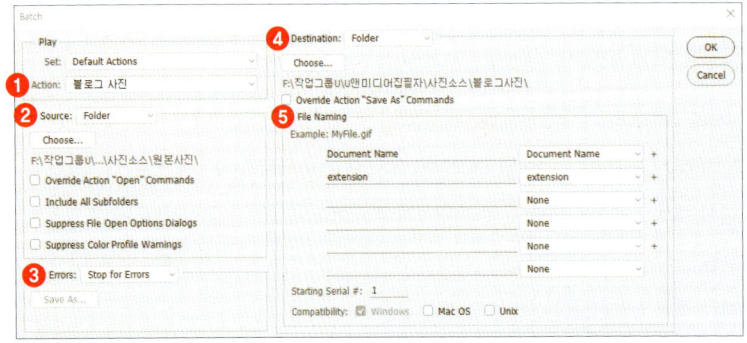

❶ **Action** : 배치 기능에 적용할 액션을 선택합니다.

❷ **Source** : 배치 기능을 적용할 원본 이미지가 저장되어 있는 폴더를 지정합니다.

❸ **Errors** : 배치 작업 중에 오류가 발생하면 작업을 중단할지, 오류를 파일로 저장할 것인지를 결정합니다.

❹ **Destination** : 배치 기능으로 저장될 경로를 지정합니다. 액션이 적용된 이미지들을 일괄적으로 저장합니다.

❺ **File Naming** : 결과물에 저장될 파일 이름 뒤에 알파벳이나 숫자, 날짜 등을 추가로 설정할 수 있습니다.

EASY 실습 › 여러 장의 이미지에 액션과 배치 기능 적용하기

• 실습파일 : 포토샵\03\dog1.png, dog\dog2~5.png

단순 반복 작업은 액션 기능을 이용하여 쉽고 빠르게 적용할 수 있습니다. 여러 장의 가로 사진을 세로 비율로 설정하여 배치 기능으로 한 번에 세로 이미지로 변경해 보겠습니다.

01 포토샵 → 03 폴더에서 'dog1.png' 파일을 불러옵니다. 메뉴에서 (Window) → Actions([Alt]+[F9])를 실행하여 Actions 패널을 표시합니다.

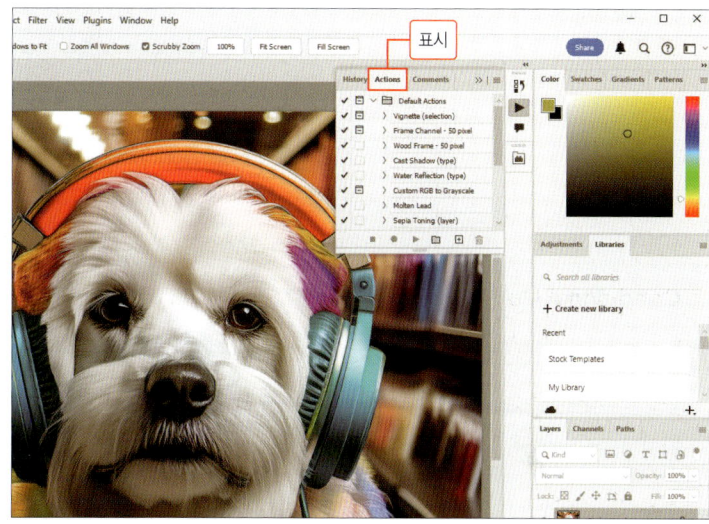

02 Actions 패널에서 ❶ 'Create new action' 아이콘(🗐)을 클릭합니다. New Action 대화상자가 표시되면 ❷ Name에 '세로사진'을 입력한 다음 ❸ 〈Record〉 버튼을 클릭합니다.

03 ❶ 자르기 도구(🀆)를 선택하고 ❷ 옵션바에서 이미지 비율을 '4 : 5'로 지정합니다. ❸ 세로 비율로 자를 영역이 그림과 같이 표시되면 [Enter]를 눌러 자릅니다.

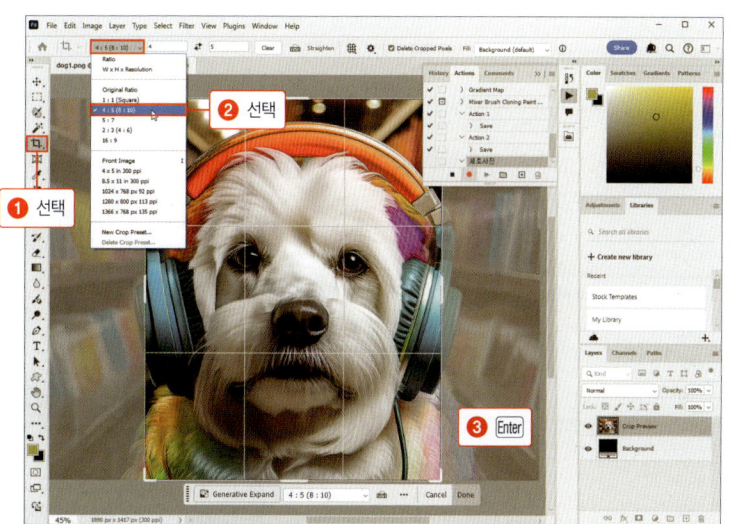

> **TIP** ✥
> 이미지를 자를 때 자를 영역 안에 마우스 커서를 위치시킨 다음 더블클릭하거나 [Enter]를 누릅니다. 미세하게 자를 이미지를 이동할 경우에는 키보드에서 화살표 키를 이용하는 것이 편리합니다.

077

04 ❶ 메뉴에서 (File) → Save((Ctrl)+(S))를 실행해 파일을 저장한 다음 ❷ Actions 패널에서 'Stop playing/recording' 아이콘(■)을 클릭해 액션 기록 작업을 마칩니다. 배치 기능을 적용하기 위해 ❸ 메뉴에서 (File) → Automate → Batch를 실행합니다.

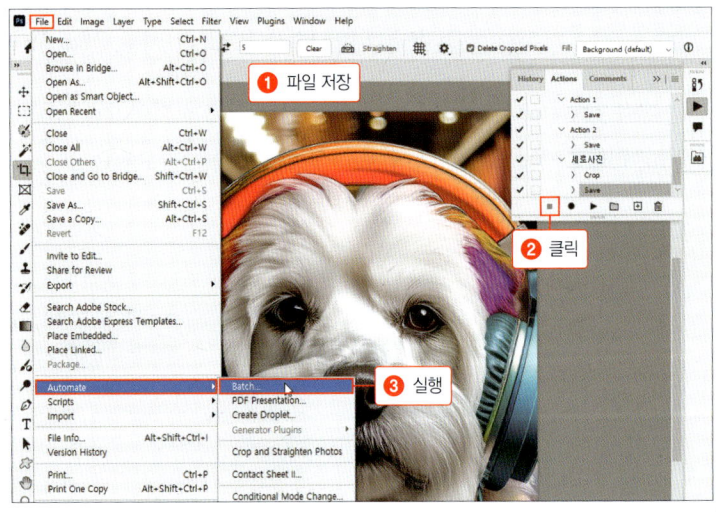

05 Batch 대화상자가 표시되면 ❶ Action을 '세로사진', Source를 'Folder'로 지정합니다. ❷ 〈Choose〉 버튼을 클릭한 다음 원본 사진이 저장된 폴더를 선택하고 〈폴더 선택〉 버튼을 클릭합니다. 예제에서는 포토샵 → 03 → dog 폴더를 선택했습니다. ❸ 〈OK〉 버튼을 클릭합니다.

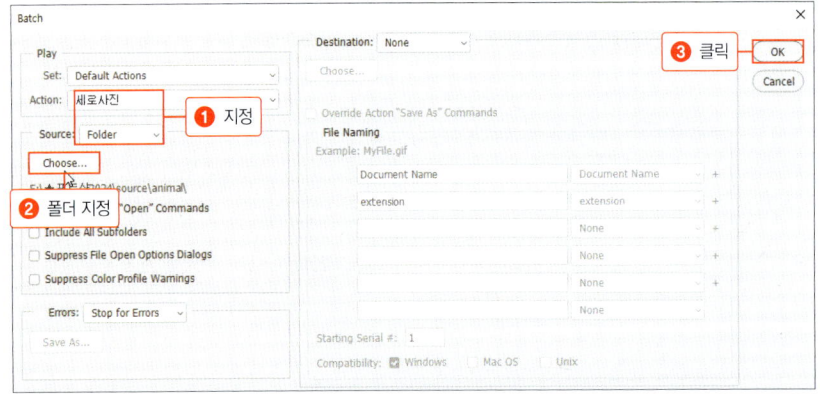

06 여러 장의 가로 이미지들에 액션 기능이 적용되어 4:5 비율의 세로 이미지로 변경되었습니다.

Quick 활용   여러 장의 이미지를 하나의 PDF 파일로 저장하기

• 실습파일 : 포토샵\03\블로그사진 폴더
• 완성파일 : 포토샵\03\사진파일.pdf

여러 장의 이미지를 한 장의 PDF 파일로 저장하면 출력이 쉽고, 프레젠테이션 형식으로 상대방에게 전달하여 PC나 스마트폰에서 한번에 볼 수 있는 장점이 있습니다.

01 포토샵에서 PDF 프레젠테이션 파일을 만들기 위해 메뉴에서 (File) → Automate → PDF Presentation을 실행합니다. PDF Presentation 대화상자가 표시되면 사진이 저장된 폴더를 선택하기 위해 ❶ 〈Browse〉 버튼을 클릭합니다. 열기 대화상자가 표시되면 ❷ 포토샵 → 03 → 블로그사진 폴더를 지정한 다음 ❸ 파일들을 드래그하여 전체 이미지 파일을 선택하고 ❹ 〈열기〉 버튼을 클릭합니다.

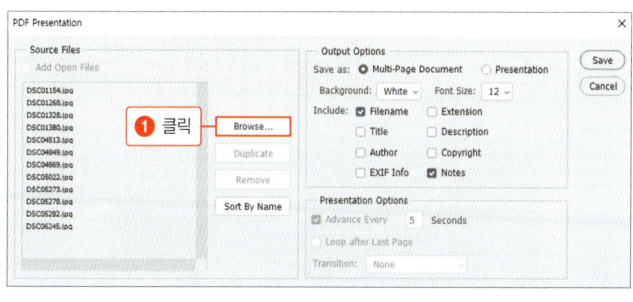
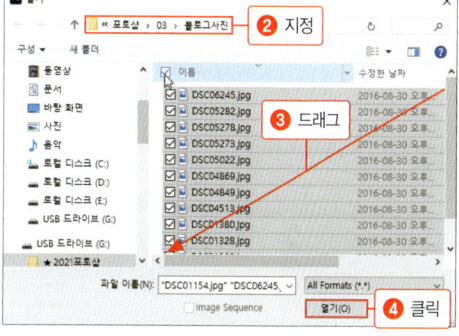

02 Output Options 항목에서 배경색을 지정하기 위해 ❶ Background를 'Black'으로 지정한 다음 파일 이름이 표시되도록 ❷ Include의 'Filename'에 체크 표시하고 ❸ 〈Save〉 버튼을 클릭합니다.

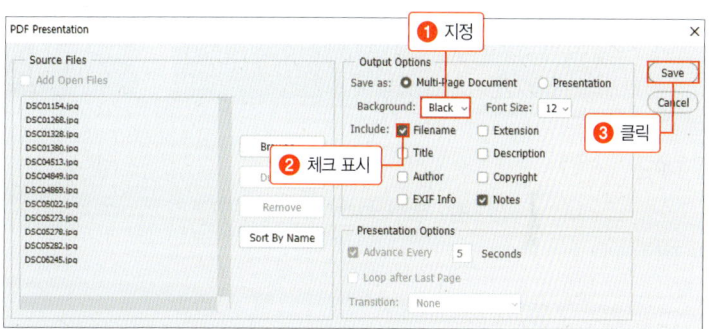

03 다른 이름으로 저장 대화상자가 표시되면 ❶ 파일 이름을 입력한 다음 ❷ 〈저장〉 버튼을 클릭합니다. Save Adobe PDF 대화상자가 표시되면 기본 값으로 저장하기 위해 ❸ 〈Save PDF〉 버튼을 클릭하여 저장합니다.

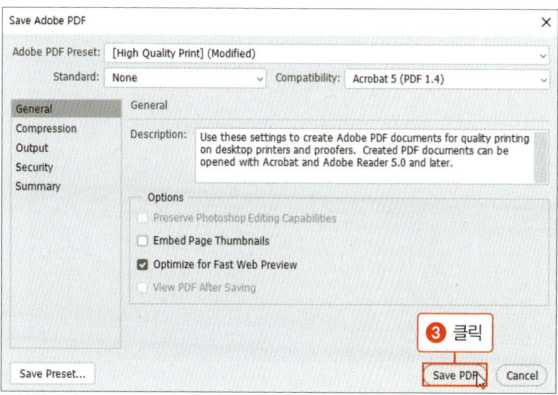

작업의 반은 완성, 콕! 선택하는 선택 영역

❶ 고정된 영역을 선택하는 도구 알아보기

사각형 선택 도구

사각형 선택 도구(□)는 사각형으로 선택 영역을 지정할 때 사용합니다. (포토샵\03\goal.png)

> **TIP** ✦
> Shift 를 누른 상태에서 드래그하면 정사각형 선택 영역을 지정할 수 있습니다.

원형 선택 도구

원형 선택 도구(○)는 원형으로 선택 영역을 지정할 때 사용합니다.

> **TIP** ✦
> Shift 를 누른 상태에서 드래그하면 정원 선택 영역을 지정할 수 있습니다.

세로선 선택 도구

세로선 선택 도구(▮)는 세로 방향으로 1px 굵기의 선택 영역을 지정할 때 사용합니다.

가로선 선택 도구

가로선 선택 도구(▬)는 가로 방향으로 1px 굵기의 선택 영역을 지정할 때 사용합니다.

❷ 선택 영역 이동 및 복제하기

드래그 방식으로 도형 형태의 선택 영역을 지정하는 것은 가장 기본적인 선택 영역 지정 방법입니다. 선택 영역이 지정되었다면 이동 도구로 이동 또는 복제할 수 있습니다.

선택 영역 이동하기

특정 개체를 선택 영역으로 지정한 다음 이동시키거나 복제해 보겠습니다. 이동하려는 부분을 ❶ 사각형 선택 도구로 ❷ 드래그하여 선택한 다음 ❸ 이동 도구(✥)를 선택하고 ❹ 선택 영역을 드래그하면 드래그한 위치로 이동됩니다. 기존 영역에는 배경색이 표시됩니다.

인물을 선택한 모습(포토샵\03\cross.png)

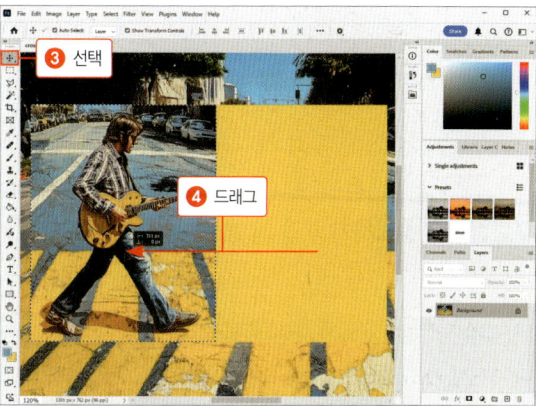
왼쪽으로 드래그하여 이동한 모습

선택 영역 복제하기

복제하려는 부분을 ❶ 사각형 선택 도구로 ❷ 드래그하여 선택한 다음 ❸ 이동 도구(✥)를 선택하고 ❹ Alt 를 누른 채 드래그하면 드래그한 위치로 선택 영역이 복제됩니다. 기존 영역은 이미지가 그대로 표시됩니다.

인물을 선택한 모습

Alt 를 누른 상태에서 왼쪽으로 드래그하여 복제한 모습

> **TIP ✦**
> Alt 를 누른 상태에서 드래그하여 위치시킨 다음 다시 Alt 를 누른 상태에서 다른 위치로 이동시키면 이미지가 연속 복제됩니다.

❸ 다양한 형태의 이미지 선택하기

드래그하는 대로 선택하기

올가미 도구( )는 자유롭게 드래그하여 선택할 때 이용하는 도구로, 다른 도구로 지정하기 어려운 불규칙한 영역을 선택 영역으로 지정할 수 있습니다.

마우스 커서를 따라 드래그하는 대로 선택 영역이 지정되기 때문에 정교한 형태의 선택 영역을 지정하기에는 무리입니다.

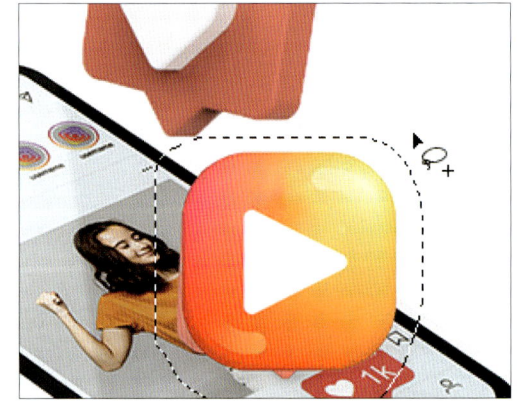

드래그하는 방식으로 영역을 선택한 모습

클릭하면서 선택하기

다각형 올가미 도구( )는 클릭하면서 선택 영역을 지정하기 때문에 드래그하는 방법으로 선택 영역을 지정하는 올가미 도구보다 정확하게 선택 영역을 지정할 수 있습니다.

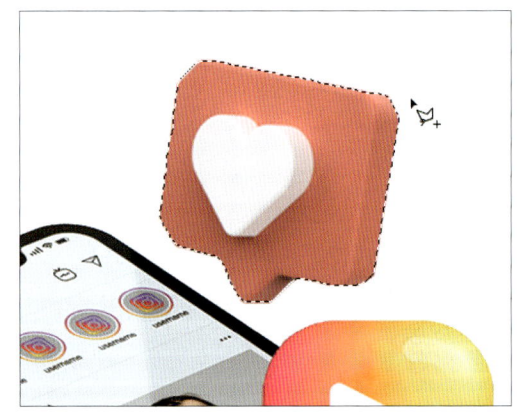

클릭하는 방식으로 영역을 선택한 모습

드래그하는 대로, 자동으로 선택하기

자석 올가미 도구( )는 이미지 경계면의 색상 차를 자동으로 인식해서 선택 영역을 지정하므로 색상 차가 많이 나는 영역을 선택하기 쉽습니다.

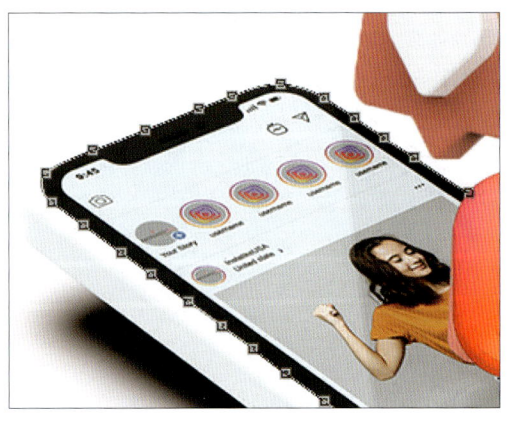

경계면을 따라 드래그하여 영역을 선택한 모습

EASY 실습 │ 다각형 도구로 게시판 테두리 완성하기

• 실습파일 : 포토샵\03\game.jpg
• 완성파일 : 포토샵\03\game_완성.jpg

게시판 이미지에 다각형 도구를 이용하여 선택 영역을 지정한 다음 두께를 지정해 테두리 선을 만들어 보겠습니다.

01 포토샵 → 03 폴더에서 'game.jpg' 파일을 불러옵니다. 게시판에만 다각형 선택 영역을 지정하기 위해 ❶ 다각형 올가미 도구(☒)를 선택합니다. ❷ 게시판 위쪽 모서리를 클릭해 그림과 같이 시작점으로 지정합니다.

02 연속으로 ❶ 왼쪽 모서리를 클릭한 다음 ❷ 그림과 같이 아래쪽 모서리를 클릭합니다. ❸ 오른쪽 모서리를 클릭하고 ❹ 시작점인 위쪽 모서리를 다시 클릭합니다.

> **TIP ✦**
> 작업 중 잘못 클릭하거나 이전 단계로 돌아가려면 Backspace를 누릅니다.

03 선택 영역이 지정되면 메뉴에서 (Edit) → Stroke를 실행합니다. Stroke 대화상자가 표시되면 ❶ Width를 '20px'로 설정한 다음 ❷ Color의 색상 상자를 클릭하여 색상을 지정합니다. 예제에서는 '검은색'으로 지정했습니다. ❸ 〈OK〉 버튼을 클릭하면 선택 영역에 맞게 검은색 테두리 선이 생성됩니다.

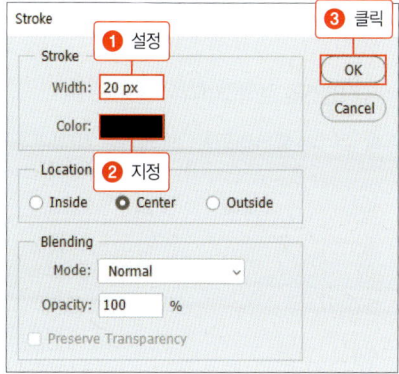

❹ 오브젝트 선택 도구로 이미지 선택하기

오브젝트 선택 도구( )는 자동으로 선택 영역을 인식하거나 사각형 선택 도구처럼 사각형 선택 영역을 지정하면 영역 안의 복잡한 오브젝트 형태도 자동으로 인식하여 선택 영역으로 지정합니다.

❶ **Object Finder** : 자동으로 이미지 안의 오브젝트 영역을 검색합니다.

원본 이미지(포토샵\03\kids2.jpg)   마우스 커서를 이미지 위에 위치   클릭하여 선택 영역 지정

❷ **Click to refresh object finder** : 새롭게 오브젝트를 재검색합니다.

❸ **Show all objects** : 이미지 안의 모든 오브젝트를 영역으로 지정합니다.

❹ **Set additional options** : 추가 설정 옵션을 지정합니다.

 ⓐ **Object Subtract** : 선택 영역을 지정할 때 안쪽 영역을 자동으로 제외합니다.

 ⓑ **Object Finder Mode** : 선택 영역 검색 방식을 자동이나 수동으로 선택할 수 있습니다.

 ⓒ **Auto Refresh** : 파일을 열 때마다 자동으로 영역을 검색합니다.

 ⓓ **Manual Refresh** : 'refresh object finder' 아이콘( )을 클릭할 때마다 영역을 검색합니다.

 ⓔ **Overlay Options** : 선택 영역을 표시하는 색상을 선택할 수 있으며, 경계 영역과 불투명도를 조절할 수 있습니다.

 ⓕ **Color** : 영역을 표시하는 오버레이 색상을 선택할 수 있습니다.

 ⓖ **Outline** : 영역의 외곽선 두께를 설정합니다.

 ⓗ **Opacity** : 영역의 오버레이 색상의 불투명도를 조절합니다.

❺ **Mode** : 선택 영역을 사각형 선택 도구와 올가미 도구 방식으로 지정할 수 있습니다.

인물 의상을 포함해 드래그(포토샵\03\track01.png)

자동으로 의상만 선택 영역으로 지정

의상만 색상을 변경하여 완성된 이미지

❻ Contextual Task Bar에서 자동 이미지 선택하기

Contextual Task Bar에서도 자동으로 이미지를 인식하여 선택 영역을 지정할 수 있습니다. Contextual Task Bar의 〈Select subject〉 버튼을 클릭하면 자동으로 인물을 인식하여 선택 영역으로 지정합니다. 이 상태에서 배경 이미지를 선택하려면 Contextual Task Bar의 'Invert selection' 아이콘을 클릭해 선택 영역을 반전합니다.

다음의 이미지는 배경이 복잡하고 인물의 의상 색상과 배경 색상이 동일한 노란색임에도 AI 기능이 정확하게 인물만 인식해 선택 영역으로 지정했습니다. 정확한 영역의 설정은 이미지 생성 기능으로 다른 형태의 배경을 생성하더라도 자연스러운 합성 효과를 얻을 수 있습니다.

〈Select subject〉 버튼 클릭(포토샵\03\Pilot.png)

'Invert selection' 아이콘을 클릭하여 선택 영역 반전

새로운 배경 이미지 생성

⑥ 선택 브러시 도구로 이미지 생성 영역 지정하기

새롭게 추가된 선택 브러시 도구는 선택 영역을 더 직관적으로 선택할 수 있는 도구입니다. 주로 이미지 생성 영역을 선택할 때 사용하며, 선택 영역의 경계를 자연스럽게 지정할 수 있어 기존 이미지와 새로 생성된 이미지의 합성 효과를 기대할 수 있습니다.

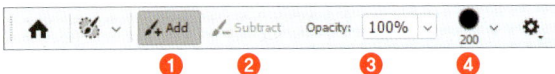

❶ **Add** : 선택 브러시 도구로 드래그하면 드래그한 부분이 영역으로 추가됩니다.

❷ **Subtract** : 선택 영역으로 지정된 영역을 제거할 때 사용합니다.

❸ **Opacity** : 브러시의 불투명도를 조정합니다.

❹ **Brush Size/Hardness** : 브러시의 크기와 강도를 슬라이더를 이용하여 조정할 수 있습니다.

원본 이미지(포토샵\03\football.png)

선택 브러시 도구로 영역 지정

우주복 이미지 생성

Add 옵션에서 추가 영역 지정

Subtract 옵션으로 얼굴 영역 제외

우주복 헬멧 이미지 생성
(포토샵\03\football_완성.png)

❼ 선택 영역 편집하기

선택 영역을 편집하는 작업은 포토샵에서 이미지의 특정 부분을 수정하거나 변형할 때 매우 중요한 역할을 합니다. 선택 영역을 사용하면 이미지의 일부를 정확하게 정의하고, 그 부분에만 적용할 수 있는 다양한 편집 작업을 효율적으로 수행할 수 있습니다. 예를 들어, 이미지에서 특정 부분을 수정하거나 제거할 때, 선택 영역을 통해 해당 영역을 정확하게 선택하고, 나머지 부분에는 영향을 주지 않도록 할 수 있습니다. 이는 실수 없이 필요한 부분만 빠르고 정확하게 수정할 수 있도록 도와줍니다.

또한, 이미지의 특정 부분을 복사하거나 이동할 때, 선택 영역을 통해 원하는 영역을 선택한 후, 복사하거나 이동하는 작업을 쉽게 할 수 있습니다. 예를 들어, 사진에서 일부 객체를 다른 위치로 옮기거나, 여러 이미지를 합성할 때 선택 영역을 활용하면 각 요소를 독립적으로 조작하여 자연스럽게 결합할 수 있습니다.

❶ **New selection** : 영역을 지정할 때마다 기존 선택 영역은 없어지고 새로운 영역이 만들어집니다.

❷ **Add to selection** : 선택 영역을 지정할 때마다 기존 선택 영역에 새로운 선택 영역이 추가됩니다.

❸ **Subtract from selection** : 기존 선택 영역에서 선택한 영역을 삭제할 때 이용합니다.

❹ **Intersect with selection** : 기존 선택 영역과 새로운 선택 영역 가운데 겹치는 부분만 남깁니다.

원형 선택 도구로 바깥쪽 원을 선택 영역으로 지정한 모습

Subtract from selection 기능으로 안쪽 원 영역을 뺀 모습

원형 선택 도구로 바깥쪽 원을 선택 영역으로 지정한 모습

Intersect with selection 기능으로 안쪽 원 영역을 지정하여 겹치는 영역만 남은 모습

❺ **Feather** : 선택한 이미지의 경계선을 부드럽게 표현합니다. 값이 클수록 경계선이 부드럽게 처리됩니다.

Feather : 0

Feather : 20

Feather : 50

❻ **Anti-alias** : 이미지 외곽 부분을 부드럽게 나타내기 위해 비슷한 색상으로 처리합니다. 'Anti-alias'에 체크 표시하지 않으면 거칠게 표현됩니다.

Anti-alias : Off

Anti-alias : On

❼ **Style** : 선택 영역 스타일을 지정합니다.

ⓐ **Normal** : 드래그하는 영역만큼 자유롭게 선택 영역을 만듭니다.

ⓑ **Fixed Ratio** : 가로와 세로의 비율을 지정하여 선택 영역을 만듭니다.

ⓒ **Fixed Size** : 특정 값을 입력하여 선택 영역의 가로와 세로 크기를 고정합니다.

자유롭게 드래그하여 선택 영역을 지정한 모습

Width와 Height를 각각 '154px'로 설정해 정사각형 선택 영역으로 지정한 모습

Width를 '300px', Height를 '200px'로 설정해 특정 크기의 선택 영역으로 지정한 모습

EASY 실습 다채로운 색상의 이미지를 빠르고 간편하게 선택하기

• 실습파일 : 포토샵\03\instagram.jpg
• 완성파일 : 포토샵\03\instagram_완성.jpg

이미지 형태가 복잡하거나 색상이 다양하면 선택 영역을 지정하기가 쉽지 않습니다. 이때 빠른 선택 도구를 이용하면 드래그하는 방향에 따라 빠르고 간편하게 선택 영역을 지정할 수 있습니다.

01 포토샵 → 03 폴더에서 'instagram.jpg' 파일을 불러옵니다. 열기구 이미지를 선택 영역으로 지정하기 위해 ❶ 빠른 선택 도구(🖌)를 선택합니다. ❷ 옵션바에서 브러시 팝업 아이콘을 클릭한 다음 ❸ Size를 '25px'로 설정합니다.

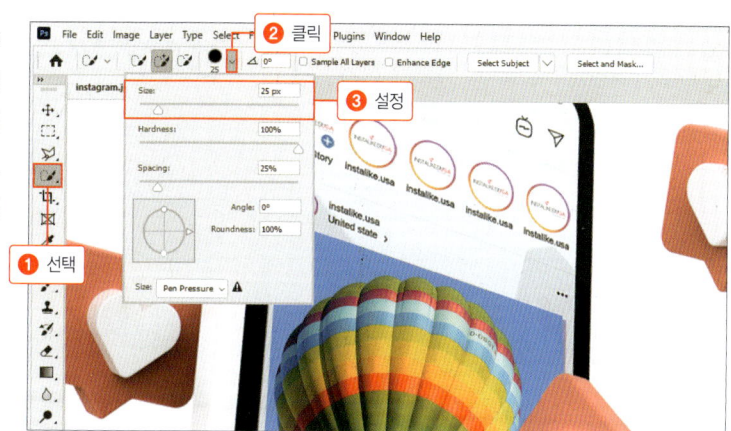

02 ❶ 열기구를 드래그하면 선택 영역으로 지정됩니다. ❷ 색상이 다른 부분도 드래그하는 방향대로 선택 영역이 지정되는 것을 확인할 수 있습니다.

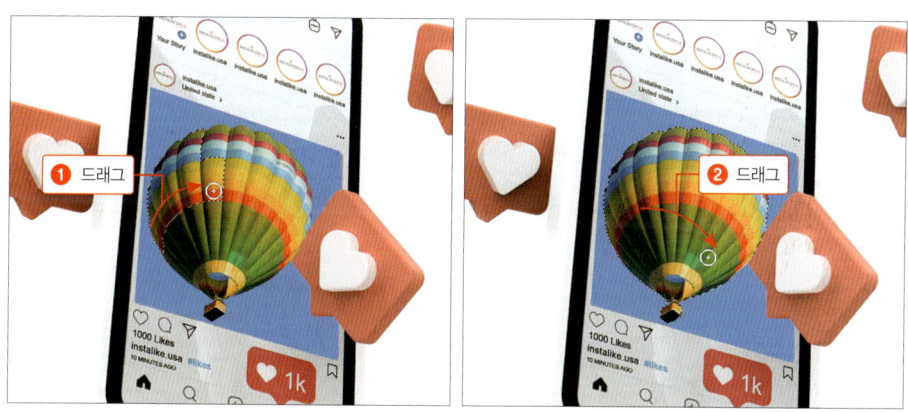

03 선택 영역 지정이 완료되면 ❶ 이동 도구(✥)를 선택한 다음 ❷ 선택 영역 안에 마우스 커서를 위치시키고, Alt를 누른 채 오른쪽으로 드래그합니다. 열기구가 복제된 것을 확인할 수 있습니다. ❸ Ctrl+D를 눌러 선택 영역을 해제해 작업을 마칩니다.

EASY 실습) 복잡한 배경과 분리하여 인물 선택하기

• 실습파일 : 포토샵\03\baseball2.png
• 완성파일 : 포토샵\03\baseball2_완성.png

오브젝트 선택 도구로 복잡한 형태의 인물을 배경과 분리해 선택 영역으로 지정한 다음 합성하기 쉽도록 투명 배경으로 만들어 봅니다.

01 포토샵 → 03 폴더에서 'baseball2.png' 파일을 불러옵니다. 인물을 선택 영역으로 지정하기 위해 ❶ 오브젝트 선택 도구( )를 선택합니다. ❷ 드래그하여 그림과 같이 선택 영역 안에 인물이 포함되도록 지정합니다.

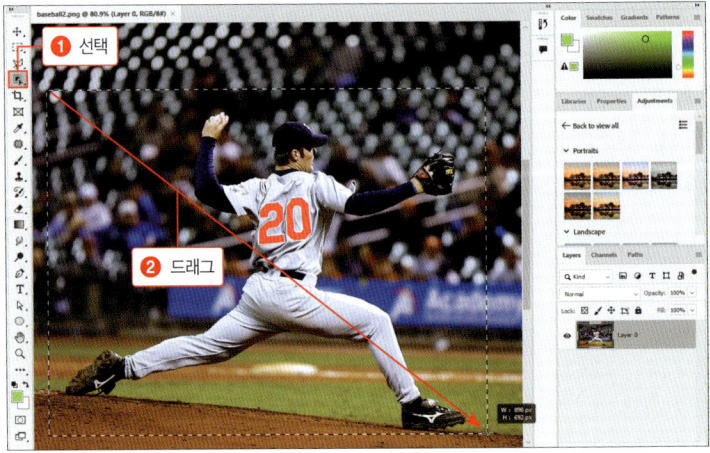

02 인물이 선택 영역으로 지정되면 이외의 배경을 선택 영역으로 지정하기 위해 메뉴에서 (Select) → Inverse를 실행해 선택 영역을 반전하거나 Contextual Task Bar의 'Invert selection' 아이콘( )을 클릭합니다.

03 Delete 를 눌러 배경을 삭제해서 투명 영역으로 만듭니다. 어떤 이미지도 복사나 드래그하여 합성할 수 있는 인물 이미지가 완성되었습니다.

> **TIP ✧**
> PNG 파일은 선택 영역을 삭제하면 투명 영역으로 표시되어 손쉽게 합성할 수 있는 파일 포맷입니다.

EASY 실습 | 선택 브러시 도구로 피부 재생하기

• 실습파일 : 포토샵\03\teen.jpg
• 완성파일 : 포토샵\03\teen_완성.png

선택 브러시 도구로 인물의 피부를 보정할 영역을 드래그해서 지정한 다음 Generative Fill 기능을 이용하여 마치 피부를 재생한 것처럼 깨끗한 피부를 생성해 봅니다.

01 포토샵 → 03 폴더에서 'teen.jpg' 파일을 불러옵니다. 얼굴에 주근깨가 있는 인물 이미지가 나타나면 선택 브러시 도구(🖌)를 선택합니다.

02 옵션바에서 ❶ 브러시 크기를 '120'으로 설정하고 ❷ 주근깨가 있는 부분을 드래그합니다. ❸ 영역을 그림과 같이 표시한 다음 〈Generative Fill〉 버튼을 클릭합니다.

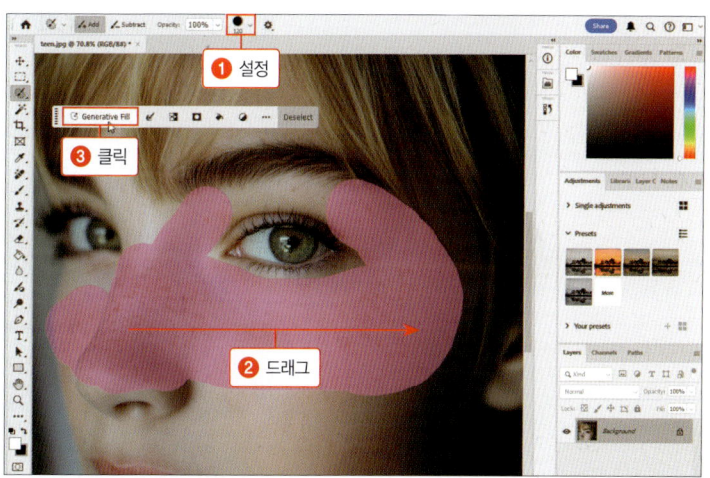

03 ❶ 〈Generate〉 버튼을 클릭하면 얼굴에 표시한 영역 안에 있는 피부를 재생하듯이 깨끗한 피부를 생성합니다. ❷ Properties 패널에서 다른 피부결을 선택하여 적용할 수도 있습니다.

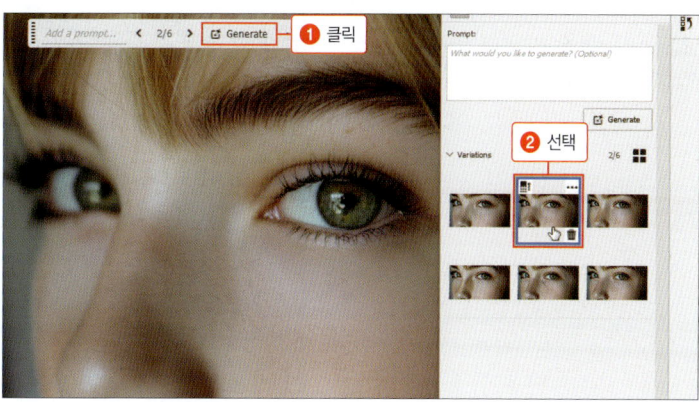

Quick 활용 | 피사체를 직접 보면서 구분하여 배경 바꾸기

• 실습파일 : 포토샵\03\sleep.jpg
• 완성파일 : 포토샵\03\sleep_완성.jpg

오브젝트 선택 도구를 이용하면 이미지를 구성하는 피사체 위에 마우스 커서를 위치하는 것만으로도 피사체와 배경을 구분하여 선택 영역을 지정할 수 있습니다. 예제에서는 꽃밭 배경의 인물을 구분하여 배경을 변경해 봅니다.

Before

After

01 포토샵 → 03 폴더에서 'sleep.jpg' 파일을 불러옵니다. ❶ 오브젝트 선택 도구(□)를 선택하고 옵션바에서 ❷ 'Object Finder'를 체크 표시합니다.

02 마우스 커서를 인물 위에 위치하면 인물 부분만 마스크 효과처럼 외곽선과 영역을 붉은색으로 표시합니다.

03 이번에는 ❶ 배경 부분에 마우스 커서를 위치시키면 인물 이외의 영역이 표시됩니다. 배경 영역을 선택 영역으로 만들기 위해 ❷ 배경 부분을 클릭한 다음 ❸ 〈Generative Fill〉 버튼을 클릭합니다.

04 프롬프트 입력창에 ❶ 배경을 묘사하는 문장을 입력한 다음 ❷ 〈Generate〉 버튼을 클릭합니다.

> **TIP** ✦
> 마우스 커서를 작업 창 이외의 영역으로 이동하면 마스크 효과의 영역 표시는 없어지고, 선택 영역만 표시됩니다.

프롬프트

다양한 컬러의 천

05 꽃밭 배경이 다양한 컬러의 천으로 생성되었으며, 인물의 경계선과 그림자에 맞게 구겨진 천의 그림자가 생성된 것을 확인할 수 있습니다.

❽ 선택 영역 변형하기

선택 영역을 지정한 후에도 필요에 따라 형태를 변경할 수 있습니다. 선택 영역을 수정하기 위해서는 [Select] → Modify 메뉴에서 원하는 명령을 실행합니다.

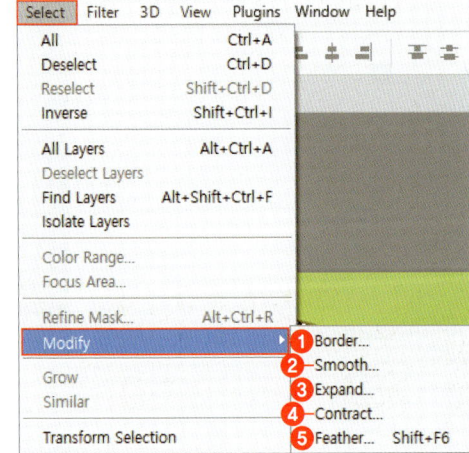

TIP ✧
이미지뿐만 아니라 선택 영역도 다양한 Modify 명령을 이용해 변형할 수 있습니다. 선택 영역의 변형은 곧 이미지 변형의 기준이 됩니다.

❶ **Border** : 기존 선택 영역을 기준으로 테두리 형태의 선택 영역을 만듭니다.

❷ **Smooth** : 선택 영역의 모서리를 둥글게 만듭니다. 둥근 사각형 형태의 바 또는 버튼을 만들 때 유용합니다.

❸ **Expand** : 선택 영역을 바깥쪽으로 확대합니다.

❹ **Contract** : 선택 영역을 안쪽으로 축소합니다.

❺ **Feather**(Shift + F6) : 선택 영역 가장자리를 부드럽게 처리합니다.

원본 이미지

Border : 50

Border : 100

Contract : 50

Feather : 0

Feather : 100

선택 영역을 지정한 상태에서 회전하거나 주변 영역을 기준으로 선택 영역을 확장할 수도 있습니다. (Select) 메뉴에서 선택 영역을 변형할 수 있는 Transform Selection 명령과 선택 영역을 확장할 수 있는 Grow, Similar 명령을 실행할 수 있습니다.

선택 영역 지정 후 변형할 수 있는 상태(포토샵\03\Perfume.png)

조절점을 드래그하여 위치를 이동한 상태

주변의 비슷한 색을 찾아 선택 영역이 확장된 상태

비슷한 색을 찾아 선택 영역이 지정된 상태

선택 도구를 이용해 선택 영역을 만든 다음 메뉴에서 (Select) → Save Selection을 실행하면 선택 영역을 알파 채널로 저장할 수 있습니다.

메뉴에서 (Select) → Load Selection을 실행하거나 Channels 패널에서 Ctrl을 누른 상태로 알파 채널을 클릭하면 저장한 알파 채널을 선택 영역으로 불러올 수 있습니다.

Save Selection 대화상자

🟡 비슷한 색 범위를 선택 영역으로 지정하기

메뉴에서 [Select] → Color Range를 실행하면 직접 선택하려는 색상을 미리 보기 창에서 클릭한 다음 색상 범위를 설정하여 선택 영역을 지정할 수 있습니다.

❶ **Select** : 색상이나 색조 범위를 선택합니다.

❷ **Detect Faces** : Select를 'Skin Tones'로 지정하면 체크 표시할 수 있으며 피부만 선택할 수 있습니다.

❸ **Fuzziness** : 색상 범위를 설정합니다. 선택 영역에서 색상 범위를 제어하고 부분적으로 선택된 픽셀, 즉 선택 영역 미리 보기에서 회색 영역의 양을 늘리거나 줄입니다. 색상 범위를 제한하려면 낮게 설정하고 색상 범위를 늘리려면 높게 설정합니다.

❹ **Range** : 'Localized Color Clusters'를 체크 표시하면 설정할 수 있고 샘플 포인트를 기준으로 선택 영역에 포함할 색상 범위를 조절합니다.

❺ **Selection** : 이미지에서 샘플링 색상을 적용해 만들어지는 선택 영역을 미리 확인합니다. 기본으로 흰색 영역은 선택된 픽셀, 검은색 영역은 선택되지 않은 픽셀, 회색 영역은 부분 선택된 픽셀을 나타냅니다.

❻ **Image** : 이미지 전체를 미리 보기로 표시합니다. 예를 들어, 화면에 표시되지 않은 이미지 부분을 샘플링해야 할 수도 있습니다.

❼ **Selection Preview** : 이미지 창에서 선택 영역을 미리 보기 위한 옵션을 지정합니다.

❽ **Load, Save** : 색상 범위 설정을 저장하거나 불러올 수 있습니다.

❾ **스포이트** : 선택 영역을 조절합니다. 색상을 추가하려면 + 스포이트를 선택한 다음 미리 보기 영역이나 이미지를 클릭합니다. 색상을 빼려면 − 스포이트를 선택한 다음 미리 보기 영역이나 이미지를 클릭합니다.

Fuzziness : 50

Fuzziness : 100

Fuzziness : 150

⑩ 초점에 따라 선택 영역 지정하기

메뉴에서 (Select) → Focus Area를 실행하면 배경이 흐릿하게 표현된 이미지에서 초점이 맞춰진 특정 부분을 선택 영역으로 지정할 수 있습니다.

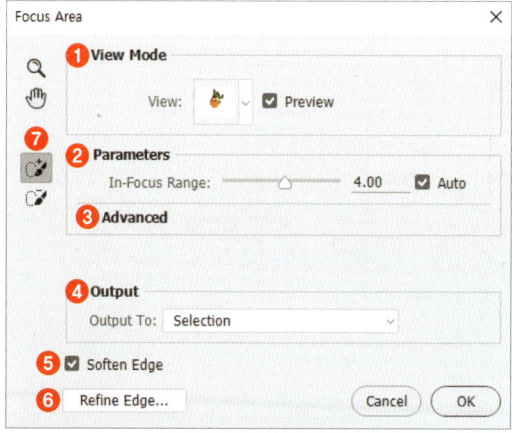

❶ **View Mode** : 보기 옵션을 지정합니다.

❷ **Parameters** : In-Focus Range 범위를 조절해 선택 영역을 넓히거나 좁힙니다.

❸ **Advanced** : 노이즈를 제어할 수 있습니다.

❹ **Output** : 어떤 방식으로 결과물을 만들지 지정합니다.

❺ **Soften Edge** : 선택 영역 가장자리를 부드럽게 만듭니다.

❻ **Refine Edge** : 선택 영역 가장자리를 미세하게 조절합니다.

❼ **브러시 컨트롤** : 수동으로 선택 영역을 추가하거나 제거합니다.

❶ 인물에 초점이 맞춰진 원본 사진

❷ In-Focus Range를 '2.5'로 조절한 사진

❸ 브러시 컨트롤로 풀밭 배경을 제거한 모습

❹ 선택 영역 지정

❺ 선택된 부분을 복제 및 이동한 모습

❻ 아래 레이어에 효과를 적용해 속도감을 준 모습

❶ 소녀에 초점이 맞춰진 사진에서 이미지 배경에 속도감을 주기 위해 ❷ Focus Area를 실행합니다. ❸ 흐릿한 배경 이미지의 범위를 조정해 투명 영역으로 표시합니다. ❹ Output To를 'Selection'으로 지정하면 배경을 제외한 인물만 선택 영역으로 지정됩니다. ❺ 인물을 복제하여 이동한 다음 ❻ 메뉴에서 (Filter) → Motion Blur를 실행하여 속도감을 적용해 완성합니다.

Part 04

이미지를 놀랍도록 아름답게! AI 이미지 생성과 변형하기

Adobe Firefly

20/25

| AI | Crop | Transform | Filter |

PHOTOSHOP
+ILLUSTRATOR CC 2025

CC/25

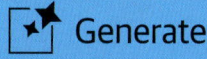

LESSON 06 | 디자인? 이제 누구나 포토샵 AI로 이미지를 생성한다!

❶ 포토샵에서 원하는 이미지 생성을 위한 9가지 원칙

포토샵 CC 2025의 프롬프트 기반 이미지 생성 기능을 효과적으로 활용하기 위해서는 생성형 프롬프트 입력 방법을 알아야 합니다. 포토샵에서는 한국어를 포함한 60여 개의 언어로 쉽게 원하는 이미지를 생성할 수 있습니다. 포토샵에서 이미지를 생성하기 위한 프롬프트 입력의 핵심은 명확하고 간결하게 입력하는 것입니다. 핵심 키워드를 통해 원하는 이미지의 묘사를 정확하게 생성해야 하기 때문입니다. 이때 너무 추상적이지 않도록 구체성을 더하는 것이 중요합니다. 배경과 전경의 구분부터 조명과 색감, 스타일과 구도 및 세부적인 수정 등 꼭 알아야 할 포토샵 프롬프트 작성 방법 9가지에 대해 알아봅니다.

❶ 간결하고 명확한 키워드로 구체적으로 묘사하라

프롬프트 작성의 기본은 핵심 단어와 필요한 세부 사항을 간결하고 명확하게 작성하는 것입니다. 애매한 문구나 긴 문장 대신 구체적이고 간결한 키워드를 사용하세요.

'강가에 앉은 사람'보다는 '세느강에 있는 벤치, 기타를 연주하는 여성'처럼 장면을 구체적으로 묘사하면 원하는 결과에 더욱 가까운 이미지를 얻을 수 있습니다.

프롬프트
강가에 앉은 사람

프롬프트
세느강에 있는 벤치, 기타를 연주하는 여성

> **TIP ✦**
> 포토샵은 한글로 프롬프트를 입력해도 이미지 생성이 가능한 장점이 있습니다. 단지, 단어 의미가 중복되는 경우에는 영문을 혼용하여 입력합니다.

❷ 배경 및 전경을 구분하라

배경과 전경 요소를 분리해 서술하면 이미지의 깊이와 초점이 더 잘 표현됩니다. 배경에 특정한 특징이 있다면 이를 명확히 서술하고, 전경에 포함할 주 요소를 따로 구분해 적는 것이 효과적입니다.

'배경에 눈 덮인 산맥이 보이는 해변, 전경에 파도에 밀려온 오리배'처럼 구체적인 묘사가 좋습니다.

프롬프트
배경에 눈 덮인 산맥이 보이는 해변, 전경에 파도에 밀려온 오리배

❸ 분위기와 감정을 표현하라

이미지에서 전달하고자 하는 분위기나 감정을 구체적으로 표현하세요. 이는 장면을 더욱 생동감 있게 만들어 줍니다. 단순한 '숲'보다는 '안개 낀, 신비로운 숲, 빛이 나뭇가지 사이로 새어 나오는 고요한 분위기'처럼 감정과 분위기를 표현하여 디테일을 살려보세요.

프롬프트
안개 낀, 신비로운 숲, 빛이 나뭇가지 사이로 새어 나오는 고요한 분위기

❹ 조명과 색감을 설정하라

이미지의 조명과 색감도 프롬프트에 포함하면 효과적입니다. 예를 들어, '따뜻한 조명', '차가운 파란색 톤'처럼 시간대나 빛의 느낌을 명확하게 지정하면 이미지의 톤을 조절하는 데 큰 도움이 됩니다.

'따뜻한 조명이 비추는 파리의 개선문, 주변의 차량 불빛'처럼 특정 시간대와 조명을 활용해 분위기를 설정해 보세요.

프롬프트

따뜻한 조명이 비추는 파리의 개선문, 주변의 차량 불빛

프롬프트

따뜻한 조명이 비추는 파리의 개선문, 원색의 차량 불빛

❺ 스타일과 장르를 선택하라

원하는 이미지의 스타일을 명시하면 AI가 더욱 정확한 표현 방식을 선택할 수 있습니다. 구체적인 장르나 스타일을 미리 설정해 두면 추상적인 표현보다는 사실에 가까운 결과를 얻을 수 있습니다.

'헤드폰을 착용한 개, 하이퍼리얼리즘', '헤드폰을 착용한 개, 일러스트풍', '붓 터치가 두드러진 수채화 느낌의 풍경화'처럼 특정 스타일을 지정해 보세요.

프롬프트

헤드폰을 착용한 개, 하이퍼리얼리즘

프롬프트

헤드폰을 착용한 개, 일러스트풍

❻ 구도 및 시점을 설정하라

원하는 장면을 어느 시점에서 바라보는지에 따라 프롬프트를 작성합니다. 예를 들어, '탑 뷰(위에서 본 시점)', '와이드 앵글(광각)' 같은 구도 요소를 명시할 수 있습니다.

이미지의 시점을 더 디테일하게 설정하고 싶다면 '높은 각도에서 본 건물', '눈높이에서 본 풍경'처럼 구체적인 카메라 각도를 적어줍니다. '탑 뷰 시점에서 본 축구장, 축구 선수들'처럼 구도와 시점을 설정해 보세요.

> **프롬프트**
> 탑 뷰 시점에서 본 축구장, 축구 선수들

❼ 원치 않는 요소를 제한하라

프롬프트에 '없이(without)'와 같은 부정어를 사용하여 불필요한 요소를 배제할 수 있습니다. 예를 들어, '사람 없이', '동물 없이'와 같은 방식으로 명시하면, 불필요한 요소를 배제하여 더욱 집중된 장면을 얻을 수 있습니다. '맑은 물이 있는 수영장, 사람이 없는 튜브'처럼 불필요한 요소를 제한하세요.

> **프롬프트**
> 맑은 물이 있는 수영장, 사람이 없는 튜브

⑧ 디테일하게! 세부적인 오브젝트를 추가하라

특정 소품이나 세부 요소를 추가하면 이미지가 한층 구체화됩니다. 포토샵에서 이미지에 디테일한 요소를 추가하는 것은 이미지의 완성도와 시각적 흥미를 극대화하고, 시청자의 주의를 특정 부분에 집중시키거나 메시지를 강화하는 데 큰 역할을 합니다. 예를 들어, '노란색 꽃잎 모양의 우산', '나무에 있는 노란색 나비들'처럼 원하는 오브젝트를 세부적으로 명시할 수 있습니다.

프롬프트
노란색 꽃잎 모양의 우산을 든 소녀, 주변 나무에 노란 나비들

⑨ 결과물의 개선과 선택의 안목을 높여라

포토샵의 생성형 AI를 사용하여 이미지를 생성하면 다양한 제안을 통해 여러 스타일이나 구성의 이미지를 빠르게 시도할 수 있는 장점이 있습니다. 하지만 이 과정에서 중요한 것은 작업자의 시각적 경험과 선택의 안목입니다. 생성형 AI는 입력된 프롬프트와 데이터에 따라 이미지를 생성하지만, 최종적으로 원하는 결과물을 얻기 위해서는 작업자가 제공한 프롬프트의 방향을 조정하고, 생성된 이미지 중에서 적합한 것들을 선택하며, 때로는 그 결과물을 개선하기 위한 추가적인 작업이 필요합니다.

처음 생성된 이미지가 원하는 방향과 일치하지 않는 경우, AI는 주어진 프롬프트에 따라 이미지를 생성하기 때문에 프롬프트를 더 구체적이고 세밀하게 수정할 필요가 있습니다. 예를 들어 스타일, 색상, 텍스처, 요소의 위치 등 세부 사항을 더욱 명확하게 지정하거나, 방향을 바꿔 새로운 프롬프트를 제시함으로써 원하는 이미지를 점차 얻을 수 있습니다. AI가 제시하는 결과물이 완벽하지 않을 때, 그 한계를 이해하고 어떤 부분을 개선해야 하는지, 또는 어떤 방향으로 프롬프트를 수정해야 할지를 아는 것이 중요합니다. AI의 기능과 특성을 잘 이해하고 있을수록, 더 효율적이고 창의적인 방식으로 결과물을 다듬고 최적화할 수 있습니다.

원하는 결과물을 얻기 위해 프롬프트를 수정하면서 반복적으로 이미지 생성

EASY 실습 | 한글 문장으로 실사 인물 이미지 생성하기

• 완성파일 : 포토샵\04\Hiphop1.jpg, Hiphop2.jpg

포토샵의 프롬프트 입력창에 생성할 이미지를 연출하는 문장을 한글로 입력할 수 있습니다. 예제에서는 인물을 연출하는 프롬프트를 이용하여 실사 인물 이미지를 생성해 봅니다.

After 1

After 2

01 포토샵을 실행한 다음 ❶ 〈New file〉 버튼을 클릭합니다. ❷ New Document 대화상자에서 문서 크기를 설정합니다. 예제에서는 Width를 '902Pixels', Height를 '715Pixels', Resolution을 '72Pixels/Inch'로 설정하였습니다. ❸ 〈Create〉 버튼을 클릭합니다.

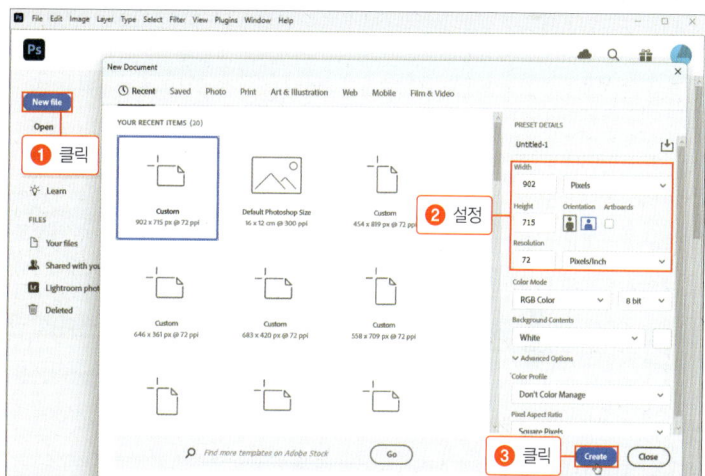

02 포토샵 작업 화면에 문서가 생성되면 Contextual Task Bar의 〈Generate image〉 버튼을 클릭합니다.

TIP ✦
Tools 패널 아래에 위치한 'Generate image' 아이콘(🖼)을 클릭하여 Generate image 대화상자를 표시할 수도 있습니다.

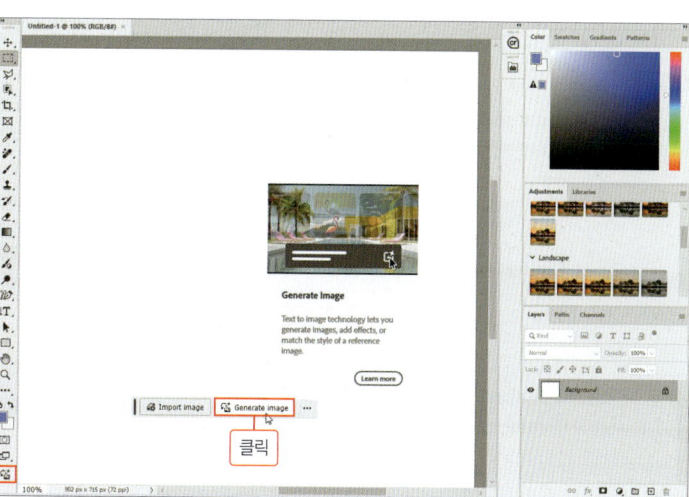

03 Generate image 대화상자에서 ① 프롬프트 입력창에 '안경을 착용한 힙합 패션의 여성 인물'을 묘사하는 문장을 입력하고 ② Content type에서 (Photo)를 클릭한 다음 ③ 〈Generate〉 버튼을 클릭합니다.

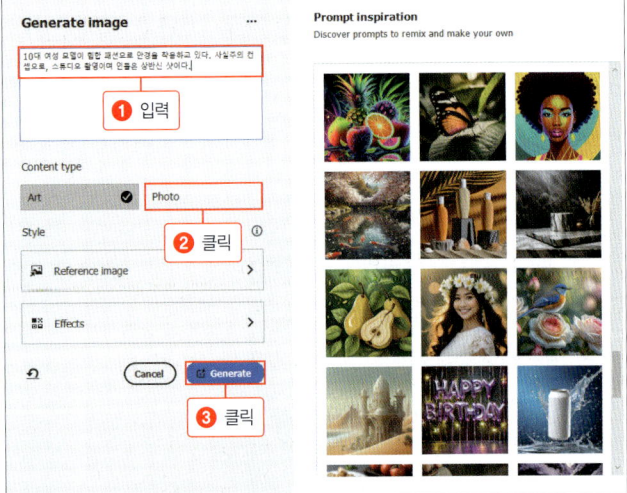

> **프롬프트**
> 10대 여성 모델이 힙합 패션으로 안경을 착용하고 있다. 사실주의 컨셉으로, 스튜디오 촬영이며 인물은 상반신 샷이다.

04 프롬프트로 묘사한 인물 이미지가 그림과 같이 사진 스타일로 생성되었습니다. Properties 패널에서 〈Generate〉 버튼을 클릭합니다.

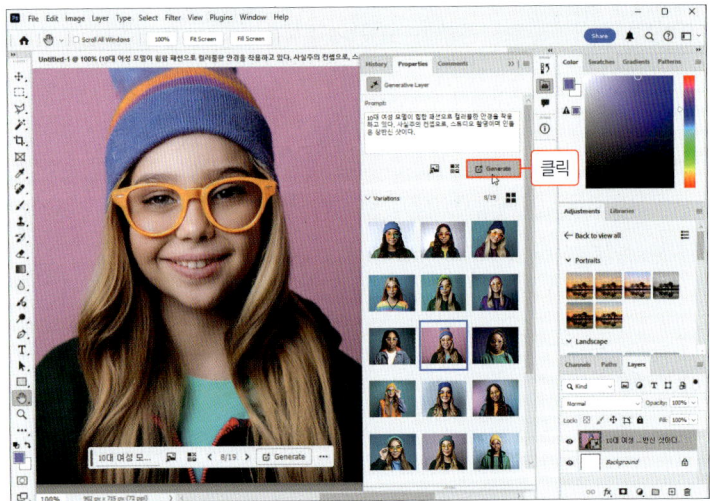

05 프롬프트의 묘사에 맞게 추가로 다른 인물들이 생성됩니다. 원하는 인물을 선택하면 작업 영역에 선택한 인물이 표시됩니다.

EASY 실습 | 프롬프트로 글자 풍선 이미지 생성하기

• 완성파일: 포토샵\04\happy2.jpg

프롬프트를 입력하여 별도의 포토샵 기능을 사용하지 않아도 다양한 형태의 문자 디자인을 할 수 있습니다. 예제에서는 생성할 영문 스펠링과 컬러, 재질을 프롬프트로 입력하여 파티 풍선 문자 이미지를 생성해 봅니다.

01 포토샵을 실행한 다음 ① 〈New file〉 버튼을 클릭합니다. New Document 대화상자에서 ② 문서 크기를 설정합니다. 예제에서는 Width를 '1165Pixels', Height를 '807Pixels', Resolution을 '72Pixels/Inch'로 설정하였습니다. ③ 〈Create〉 버튼을 클릭합니다.

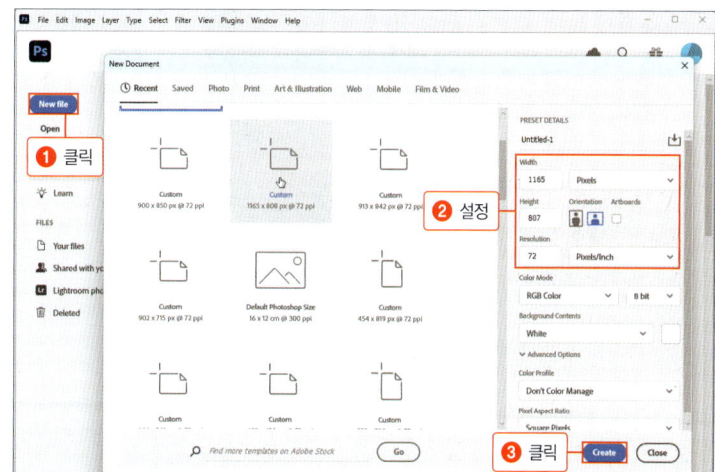

02 포토샵 작업 화면에 문서가 생성되면 Contextual Task Bar의 〈Generate image〉 버튼을 클릭합니다.

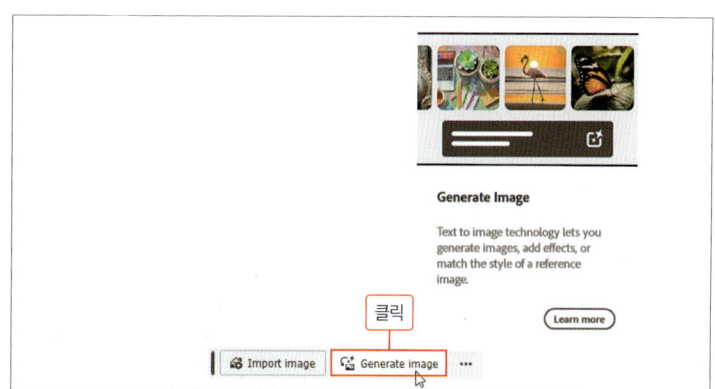

03 Generate image 대화상자에서 ① 프롬프트 입력창에 'happy birthday 글자 풍선'을 묘사하는 단어를 입력합니다. ② Content type에서 (Photo)를 클릭한 다음 ③ 〈Generate〉 버튼을 클릭합니다.

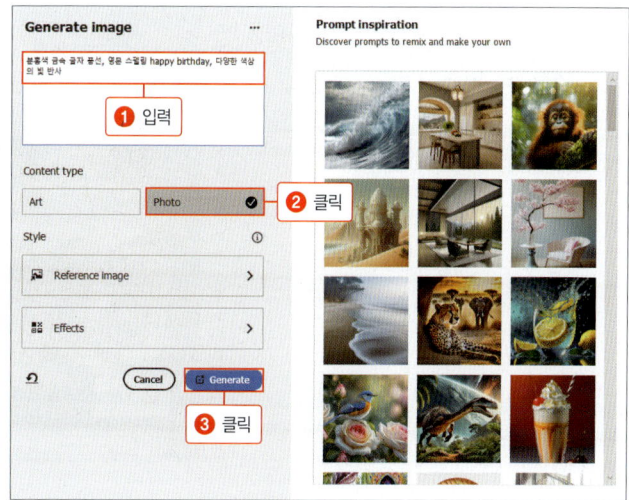

프롬프트

분홍색 금속 글자 풍선, 영문 스펠링 happy birthday, 다양한 색상의 빛 반사

04 파티를 위한 글자 풍선 이미지가 그림과 같이 생성된 것을 확인할 수 있습니다. Properties 패널을 확인하면 다양한 형태의 디자인이 생성된 것을 확인할 수 있습니다. 원하는 스타일의 이미지를 선택하거나 〈Generate〉 버튼을 클릭하여 원하는 이미지를 추가로 생성합니다.

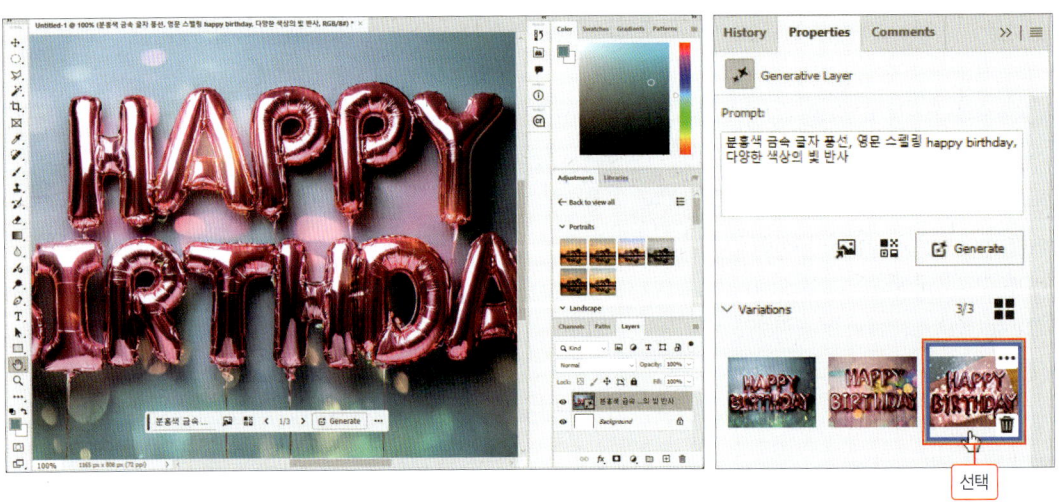

05 생일모자를 추가로 생성하기 위해 ① 사각형 선택 도구(□)로 ② 문자 왼쪽 여백에 그림과 같이 드래그하여 사각형 선택 영역을 지정합니다.

TIP ✨
포토샵 AI의 경우 문자보다는 이미지가 더 자연스럽게 생성됩니다. 문자 형태가 생성되지 않을 경우 지속적으로 반복하여 이미지를 생성해 보세요.

06 Contextual Task Bar의 ① 프롬프트 입력창에 '생일모자'를 입력하고 ② 〈Generate〉 버튼을 클릭합니다. 문자 이미지 위에 생일모자가 생성된 것을 확인할 수 있습니다.

프롬프트

생일모자

EASY 실습 핵심 키워드로 아트 이미지 생성하기

• 완성파일: 포토샵\04\bulldog.jpg

프롬프트 입력창에 단어나 키워드를 입력하고, 쉼표로 구분하여 프롬프트를 작성해서 이미지를 생성할 수 있습니다. 예제에서는 한글 단어를 입력한 다음 아트 스타일로 지정하여 불독 아트 이미지를 생성해 봅니다.

01 포토샵을 실행하고 〈New file〉 버튼을 클릭하여 New Document 대화상자에서 Width를 '902Pixels', Height를 '715Pixels', Resolution을 '72Pixels/Inch'로 설정한 다음 〈Create〉 버튼을 클릭합니다.
포토샵 작업 화면에 문서가 생성되면 Contextual Task Bar의 〈Generate image〉 버튼을 클릭합니다.

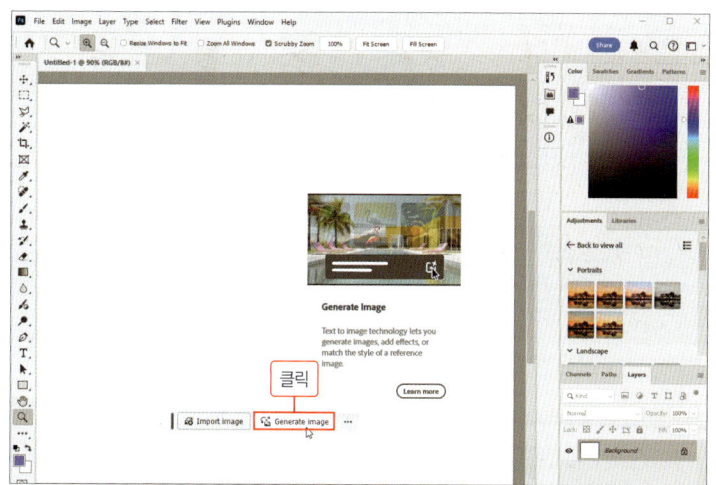

02 Generate image 대화상자에서 ❶ 프롬프트 입력창에 '일러스트레이션 스타일의 불독'을 묘사하는 단어를 입력하고 ❷ Content type에서 (Art)를 클릭한 다음 ❸ 〈Generate〉 버튼을 클릭합니다.

프롬프트
사이키델릭 아트, 불독, 디지털 일러스트레이션, 벡터

03 프롬프트로 묘사한 불독 이미지가 그림과 같이 일러스트 스타일로 생성되었습니다. Properties 패널에서 〈Generate〉 버튼을 클릭해 다양한 형태의 이미지를 선택할 수 있습니다.

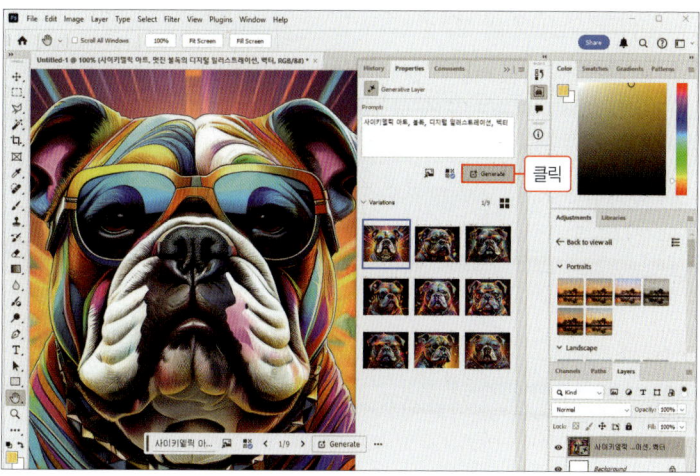

EASY 실습 | 프롬프트 입력으로 이미지 수정하기

- 실습파일 : 포토샵\04\Discs.png
- 완성파일 : 포토샵\04\Discs_완성.png

프롬프트 입력창에 단어 형태로 입력하여 원본 이미지에서 인물의 동작이나 형태 등을 변형해 이미지를 생성할 수 있습니다. 예제에서는 선택 브러시 도구로 변경할 선글라스를 선택한 다음 안경으로 변경해 봅니다.

01 포토샵 → 04 폴더에서 'Discs.png' 파일을 불러옵니다. ❶ 선택 브러시 도구(🖌)를 선택하고 옵션바에서 ❷ 브러시 크기를 '200px'로 설정한 다음 ❸, ❹ 선글라스가 포함되게 클릭합니다. 안경을 생성하기 위해 ❺ 〈Generative Fill〉 버튼을 클릭합니다.

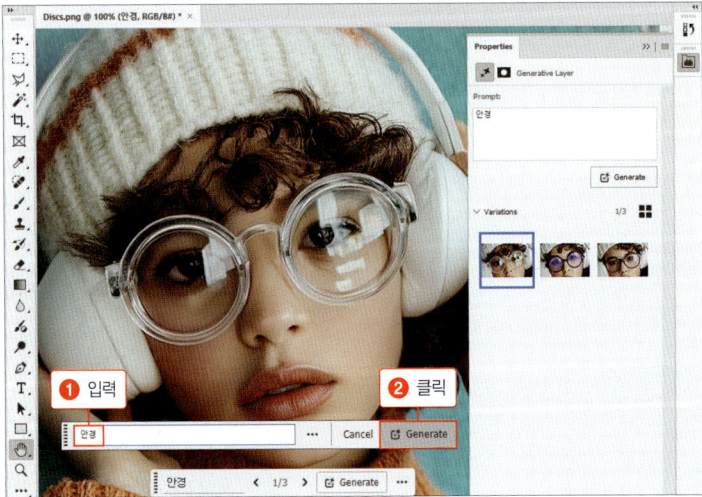

02 ❶ 프롬프트 입력창에 '안경'을 입력하고 ❷ 〈Generate〉 버튼을 클릭합니다. 그림과 같이 선글라스에서 안경으로 변경되었습니다. Properties 대화상자에서 다른 생성 이미지를 클릭하여 변경할 수 있으며, 〈Generate〉 버튼을 클릭해 추가로 이미지를 생성할 수도 있습니다.

프롬프트

Quick 활용 | 유사한 이미지 생성으로 목업 라벨 만들기

• 완성파일: 포토샵\04\takeout.jpg, coffee.jpg, coffee_완성.jpg

디자인에 필요한 목업 이미지를 생성한 다음 원하는 위치에 라벨을 생성할 수 있습니다. 예제에서는 음료 컵 목업 이미지를 생성한 다음 유사한 형태의 로고를 생성하여 목업 이미지에 적용하는 방법을 알아봅니다.

After 1

After 2

After 3

01 포토샵을 실행한 다음 ❶ 〈New file〉 버튼을 클릭합니다. New Document 대화상자에서 ❷ 문서 크기를 설정합니다. 예제에서는 Width를 '1128Pixels', Height를 '781Pixels', Resolution을 '300Pixels/Inch'로 설정하였습니다. ❸ 〈Create〉 버튼을 클릭합니다.

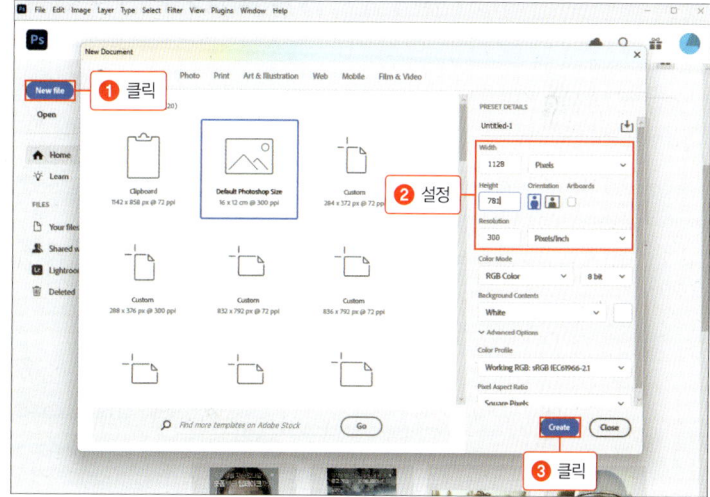

02 포토샵 작업 화면에 문서가 생성되면 Contextual Task Bar의 〈Generate image〉 버튼을 클릭합니다.

> **TIP ✦**
> Tools 패널 아래에 위치한 'Generate image' 아이콘(🖼)을 클릭하여 Generate image 대화상자를 표시할 수도 있습니다.

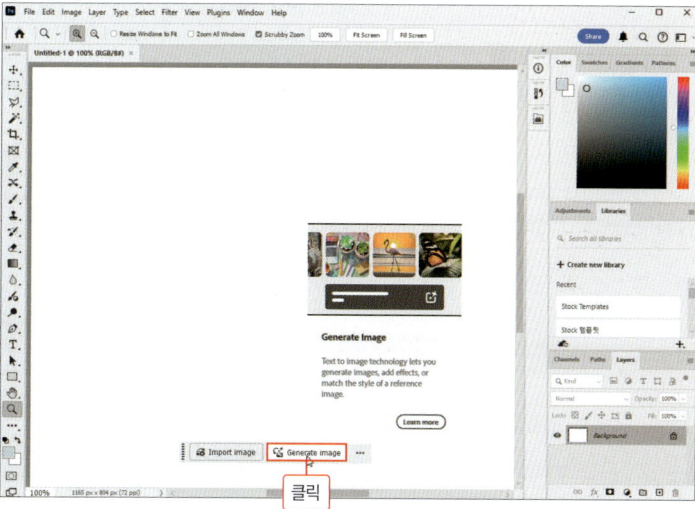

111

03 Generate image 대화상자에서 ❶ 프롬프트 입력창에 '테이크아웃 커피 종이컵'을 묘사하는 단어를 입력하고 ❷ Content type에서 (Photo)를 클릭한 다음 ❸ 〈Generate〉 버튼을 클릭합니다.

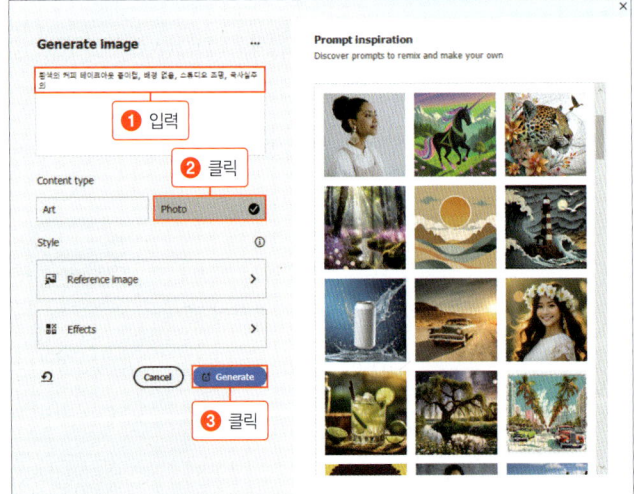

> **프롬프트**
> 흰색의 커피 테이크아웃 종이컵, 배경 없음, 스튜디오 조명, 극사실주의

04 커피 종이컵 목업이 그림과 같이 생성된 것을 확인할 수 있습니다. Properties 패널을 확인하면 다양한 형태의 목업 디자인이 생성된 것을 확인할 수 있습니다. 원하는 스타일의 이미지를 선택하거나 〈Generate〉 버튼을 클릭하여 원하는 이미지를 추가로 생성합니다.

05 커피 라벨을 종이컵 앞면에 생성하겠습니다. ❶ 빠른 선택 도구(📷)로 ❷ 종이컵의 앞면을 드래그하여 선택 영역으로 지정합니다. Properties 패널의 ❸ 프롬프트 입력창에 'Coffee 문자와 원두'를 상징하는 라벨을 생성하기 위해 문자와 원두 색상을 입력한 다음 ❹ 〈Generate〉 버튼을 클릭합니다.

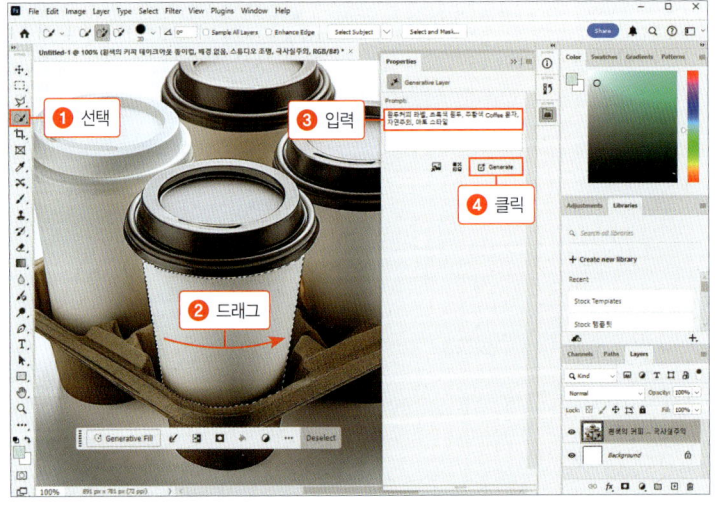

> **프롬프트**
> 원두커피 라벨, 초록색 원두, 주황색 Coffee 문자, 자연주의, 아트 스타일

06 문자와 원두 그림이 있는 라벨이 생성되었습니다. 원하는 이미지와 유사한 라벨을 생성하기 위해 ❶ Properties 패널에서 선택한 이미지 섬네일의 오른쪽 위 옵션 아이콘을 클릭하고 ❷ 'Generate similar'를 선택합니다.

> **TIP** ✦
> Properties 패널에서 원하는 형태의 이미지를 선택해 적용할 수 있습니다.

07 주황색 문자와 초록색 원두를 기준으로 라벨을 생성합니다. 〈Generate〉 버튼을 클릭할 때마다 유사한 라벨 형태가 생성되는 것을 확인할 수 있습니다.

08 양쪽 종이컵 목업에도 같은 방법을 이용하여 라벨을 생성해 완성합니다.

> **TIP** ✦
> 〈Generate〉 버튼을 클릭할 때마다 서로 다른 이미지가 3개씩 추가로 생성되며, 마음에 드는 이미지가 생성될 때까지 이미지를 생성하는 것도 좋은 방법입니다.

Quick 활용 | 프롬프트로 생성된 배경과 인물 합성하기

- 실습파일 : 포토샵\04\selfie.png
- 완성파일 : 포토샵\04\selfie_완성.png

AI 기능을 이용하여 한번의 클릭으로 인물을 선택할 수 있으며, 배경을 선택 영역으로 전환하여 원하는 형태의 배경을 생성할 수도 있습니다. 예제에서는 인물 사진에서 놀이공원 배경을 상점으로 변경해 봅니다.

Before

After

01 포토샵 → 04 폴더에서 'selfie.png' 파일을 불러옵니다. 인물만 선택 영역으로 지정하기 위해 Contextual Task Bar에서 〈Select subject〉 버튼을 클릭합니다.

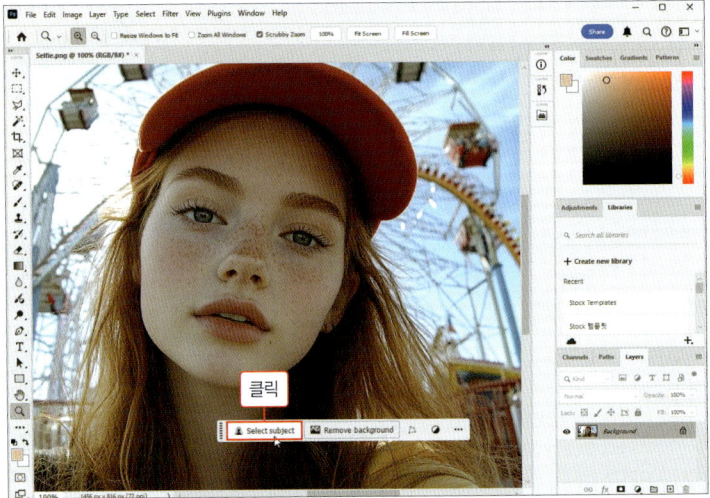

02 인물만 섬세하게 선택 영역으로 지정된 것을 확인할 수 있습니다. 선택 영역을 반전하기 위해 'Invert selection' 아이콘(🔲)을 클릭합니다.

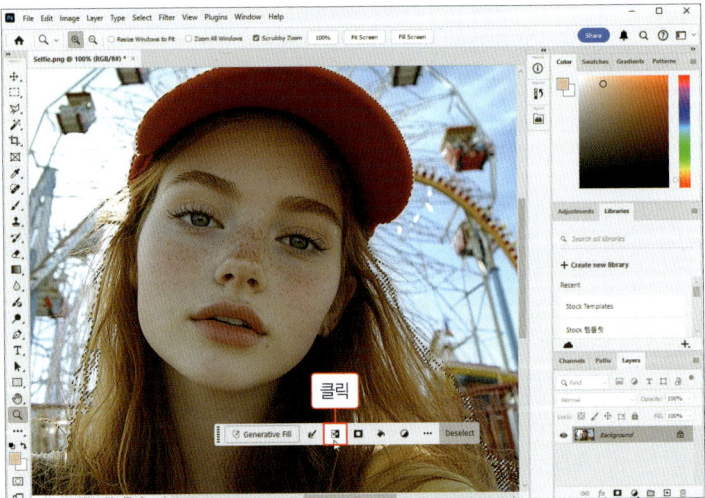

03 인물을 제외한 배경이 선택된 것을 확인할 수 있습니다. 배경을 새롭게 생성하기 위해 〈Generative Fill〉 버튼을 클릭합니다.

04 프롬프트 입력창에 ❶ '핫도그 상점'을 입력하고 ❷ 〈Generate〉 버튼을 클릭하면 인물과 자연스럽게 합성되면서 배경 이미지를 생성합니다.

> **프롬프트**
>
> 핫도그 상점

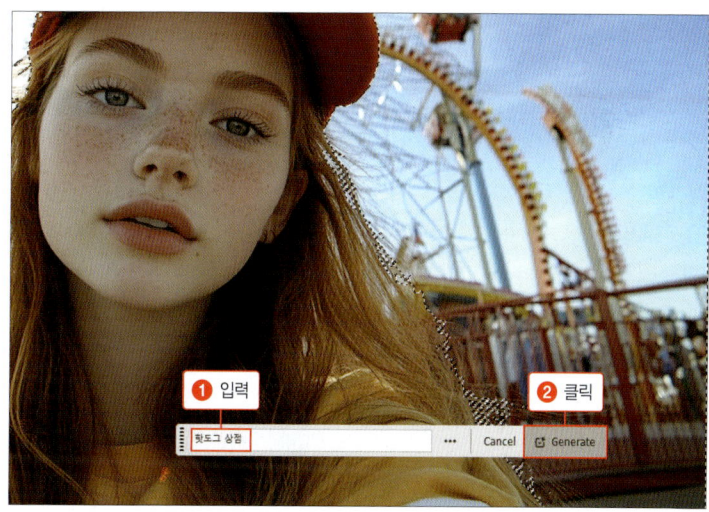

05 배경에 핫도그 상점 이미지가 생성되었습니다. Properties 패널을 확인하면 다양한 형태의 상점 이미지가 생성되어 있으며, 원하는 배경 이미지를 선택하여 변경할 수 있습니다.

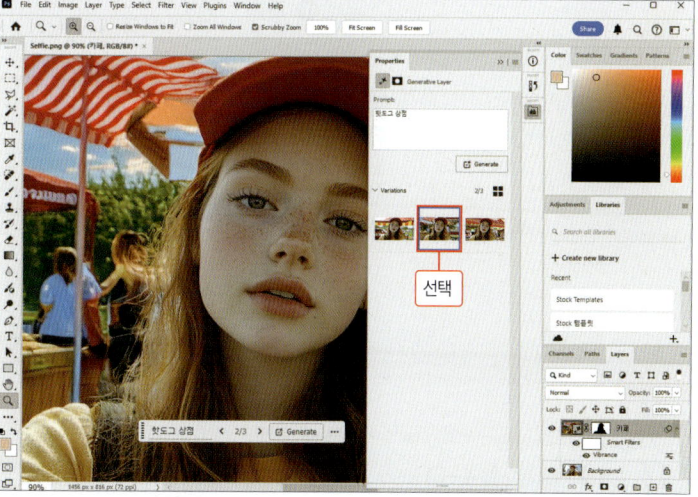

EASY 실습 | 갤러리 이미지로 스타일 변경하기

• 완성파일 : 포토샵\04\Cocktail1.png, Cocktail2.png

프롬프트를 이용해 생성한 이미지를 갤러리 이미지를 선택하여 원하는 스타일로 변경할 수 있습니다. 예제에서는 따뜻한 느낌의 라임 음료 사진을 갤러리 이미지를 참조해, 야자수가 있는 시원한 느낌의 라임 음료 사진으로 변경해 봅니다.

After 1

After 2

01 포토샵을 실행한 다음 〈New file〉 버튼을 클릭하여 새 문서를 만듭니다. 포토샵 작업 화면에 문서가 생성되면 Contextual Task Bar의 〈Generate image〉 버튼을 클릭합니다.

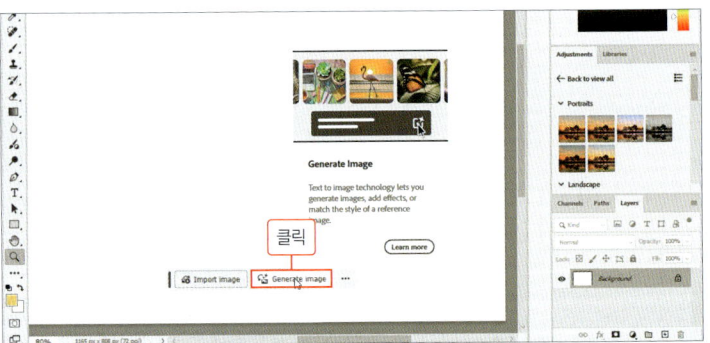

02 Generate image 대화상자에서 ① 프롬프트 입력창에 '따뜻한 분위기의 라임이 있는 음료'를 묘사하는 문장을 입력하고 ② Content type에서 (Photo)를 클릭한 다음 ③ 〈Generate〉 버튼을 클릭합니다.

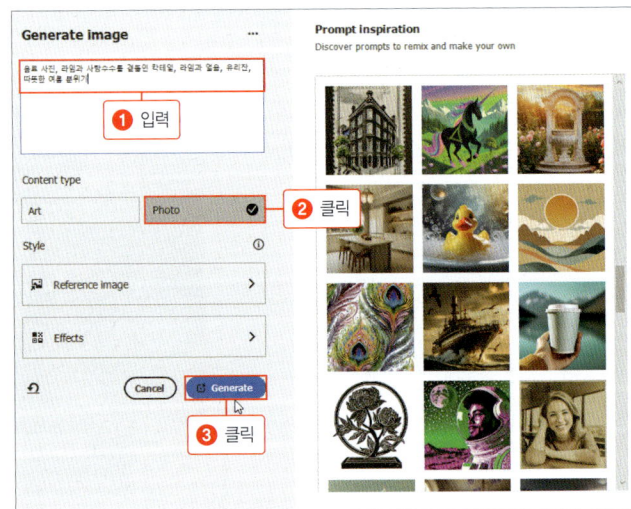

프롬프트
음료 사진, 라임과 사탕수수를 곁들인 칵테일, 라임과 얼음, 유리잔, 따뜻한 여름 분위기

03 라임이 있는 음료 이미지가 생성됩니다. 원하는 형태의 생성된 이미지를 클릭하여 작업 화면에 표시합니다. 생성된 따뜻한 분위기의 라임 음료의 스타일을 해변의 시원한 라임 음료 스타일로 변경하기 위해 'Reference image' 아이콘(🖼)을 클릭합니다.

04 Reference image 대화상자의 Gallery에서 ❶ 해변의 야자수 이미지를 선택하고 ❷ 〈Generate〉 버튼을 클릭합니다.

05 따뜻한 느낌의 라임 음료 사진이 야자수가 있는 시원한 느낌의 라임 음료 사진으로 변경된 것을 확인할 수 있습니다.

EASY 실습 · 외부 참조 이미지로 유사한 캐릭터 만들기

- 실습파일 : 포토샵\04\hamster.jpg
- 완성파일 : 포토샵\04\ref1.jpg, ref2.jpg

참조할 이미지를 등록하면 별도의 자세한 형태나 스타일, 배경 색상, 조명과 그림자 효과를 입력하지 않아도 참조 이미지를 기준으로 동일한 스타일로 이미지를 생성합니다. 햄스터 캐릭터 이미지를 이용하여 강아지 캐릭터 이미지를 생성해 봅니다.

Before

After 1

After 2

01 〈New file〉 버튼을 클릭하여 새로운 문서를 생성한 다음 포토샵 작업 화면에 문서가 생성되면 Contextual Task Bar의 〈Generate image〉 버튼을 클릭합니다.

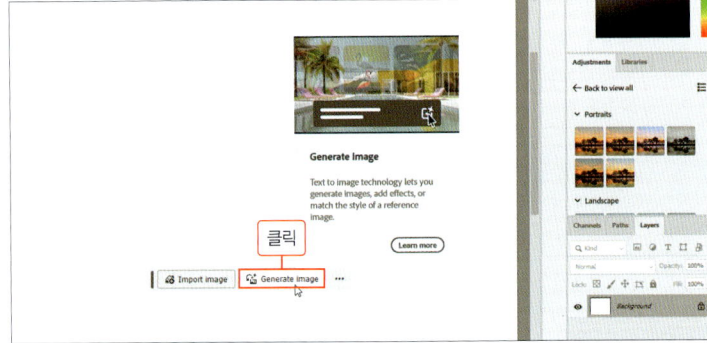

02 Generate image 대화상자에서 ❶ 프롬프트 입력창에 '3D 강아지 캐릭터'를 묘사하는 단어를 입력하고 ❷ Content type에서 (Art)를 클릭합니다. ❸ Style에서 (Reference image)를 클릭합니다.

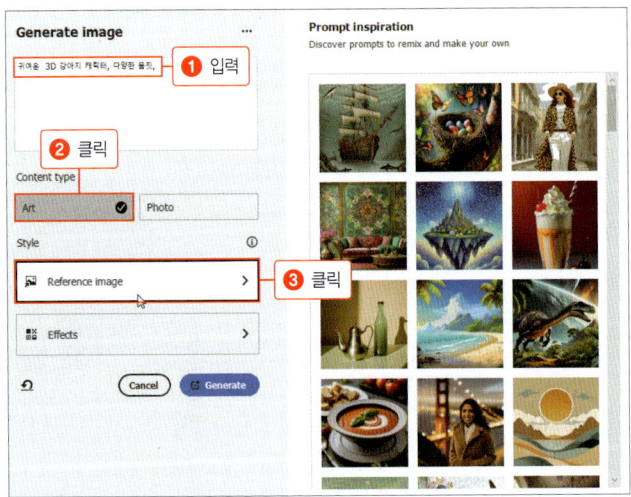

프롬프트

귀여운 3D 강아지 캐릭터, 다양한 몸짓

03 Reference image 옵션에서 〈Choose image〉 버튼을 클릭합니다.

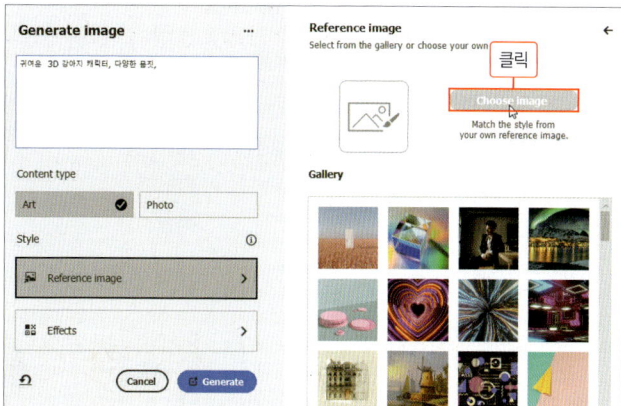

> **TIP** ✦
> 디자인 분야에서 레퍼런스(Reference)는 일반적으로 디자이너가 작업을 진행할 때 참고하는 자료나 예시를 의미합니다. 이러한 자료는 작업의 영감을 얻거나 스타일, 색상, 구성 등 특정 요소를 결정할 때 도움을 줍니다.

04 열기 대화상자가 표시되면 ❶ 포토샵 → 04 폴더에서 ❷ 'hamster.jpg'를 선택하고 ❸ 〈열기〉 버튼을 클릭합니다.

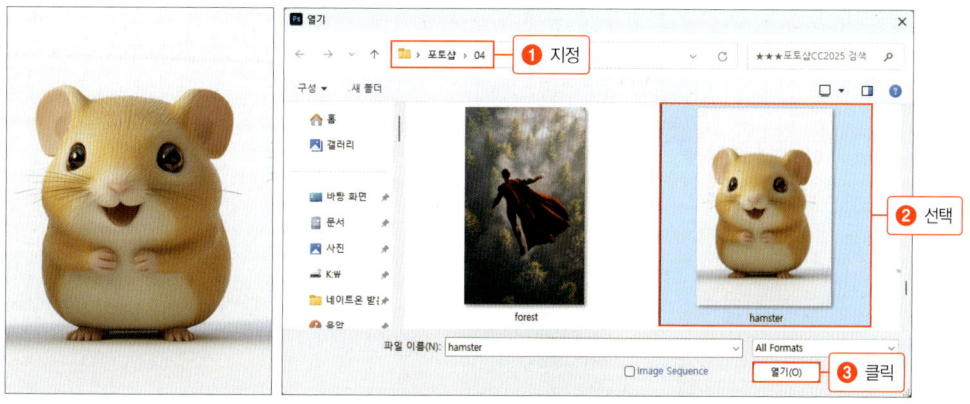

> **TIP** ✦
> 참조 이미지는 찰흙으로 만든 클레이 3D 스타일의 캐릭터이며, 흰색 배경과 그림자가 포함되어 있습니다.

05 참조 이미지가 대화상자 오른쪽 위에 표시되면 〈Generate〉 버튼을 클릭합니다.

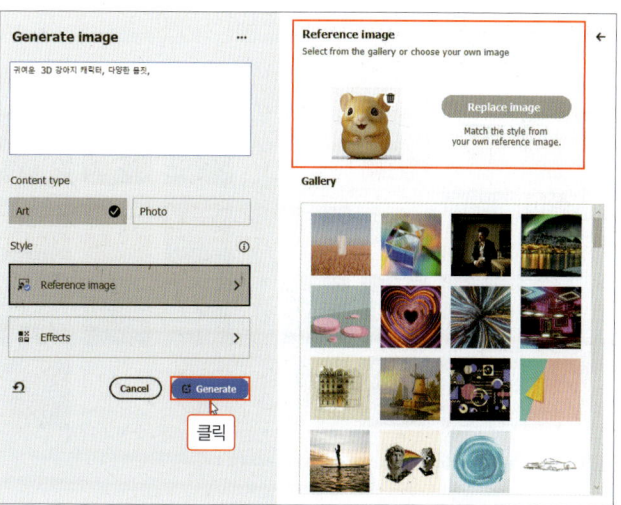

06 업로드한 햄스터 이미지를 참조해 같은 스타일로 3D 캐릭터 형태의 강아지 캐릭터 이미지를 생성합니다. 캐릭터를 추가로 생성하기 위해 Properties 패널의 〈Generate〉 버튼을 클릭합니다.

07 다양한 형태의 3D 강아지 캐릭터가 생성되는 것을 확인할 수 있습니다.

> **TIP** ✦
> 별도의 3D 캐릭터 스타일이나 배경 이미지, 그림자, 색상을 프롬프트로 사용하지 않아도 포토샵에서 제공하는 다양한 참조 이미지를 선택하여 참조 이미지의 스타일로 이미지를 생성할 수 있습니다.
>
>
>
> 포토샵에서 제공하는 참조 이미지

EASY 실습 | 배경 자동 삭제와 이미지 생성하기

· 실습파일 : 포토샵\04\basketball.png
· 완성파일 : 포토샵\04\basketball_완성.png

Generate Background 기능은 자동으로 배경을 인식해 삭제한 다음 텍스트를 입력하여 간단하게 배경을 교체 또는 수정할 수 있는 AI 기능을 제공하고 있습니다. 예제에서는 실내 농구장을 실외 농구장으로 배경을 교체해 봅니다.

Before

After

01 포토샵 → 04 폴더에서 'basketball.png' 파일을 불러옵니다. 실내 농구장에서 농구하는 인물 이미지가 표시됩니다. 배경을 삭제하기 위해 〈Remove background〉 버튼을 클릭합니다.

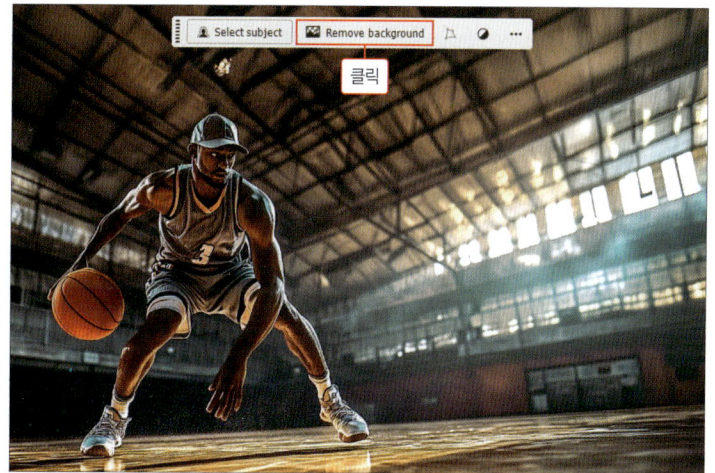

02 배경이 삭제되어 그림과 같이 투명 영역으로 표시되면 배경을 생성하기 위해 〈Generate background〉 버튼을 클릭합니다.

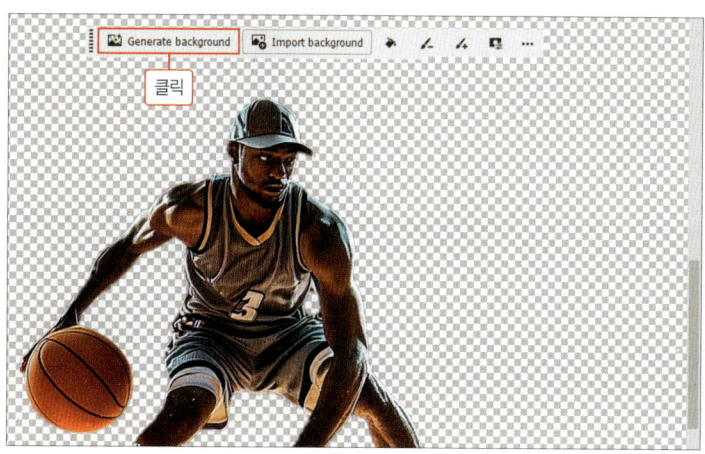

03 ❶ 프롬프트 입력창에 '농구대가 있는 야외 농구장'을 입력한 다음 ❷ 〈Generate〉 버튼을 클릭합니다.

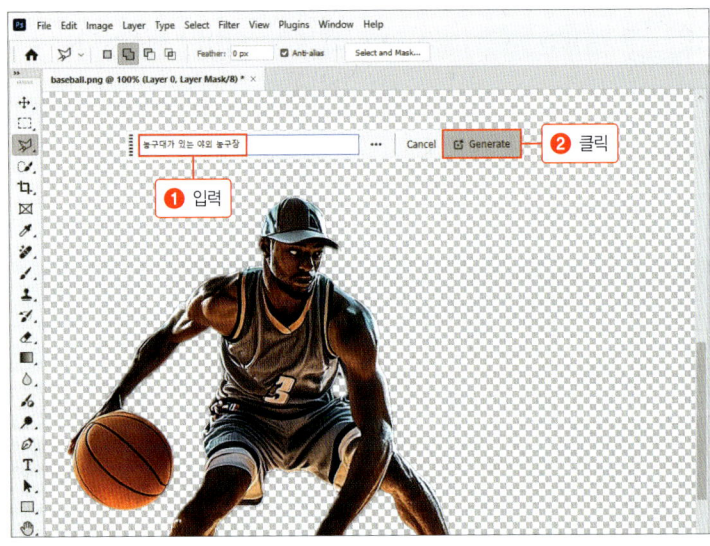

TIP ✦
포토샵에서 투명 영역을 가지는 이미지는 AI 기능을 이용한 생성뿐만 아니라 다른 배경에 손쉽게 합성할 수 있습니다. 이를 통해 하나의 이미지를 다양한 장면이나 환경에 적용할 수 있어 작업의 유연성이 높입니다.

04 인물이 자연스럽게 합성된 상태로 농구대가 있는 야외 농구장 배경 이미지가 생성되었습니다.

05 Properties 패널에서 다른 생성 이미지를 선택할 수 있으며, 〈Generate〉 버튼을 클릭하여 추가로 이미지를 생성할 수 있습니다.

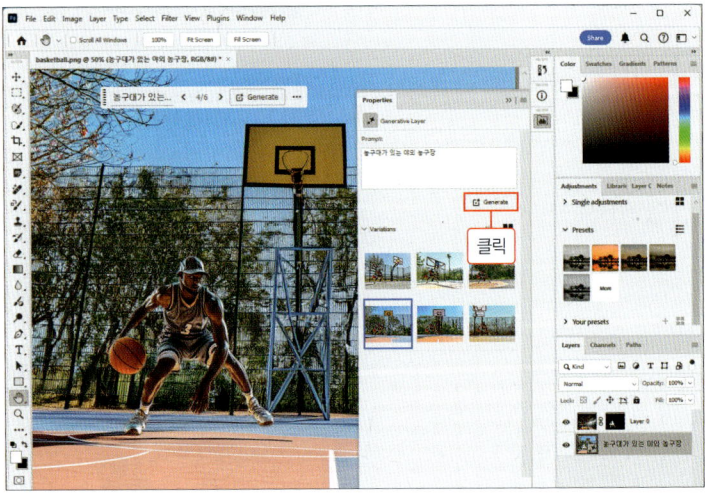

EASY 실습 | 콘텐츠 타입으로 질감 변경하기

• 완성파일 : 포토샵\04\Giraffe1.jpg, Giraffe_완성.jpg

콘텐츠 타입은 (Art(아트))와 (Photo(사진))로 나뉘며, 이미지에 이펙트를 적용하기 위해 Style effects 기능으로 다양한 재질 효과를 지정할 수 있습니다. 예제에서는 기린 이미지를 털실로 짠 인형 형태로 변경해 봅니다.

After 1

After 2

01 포토샵을 실행하고 〈New file〉 버튼을 클릭해 새로운 문서를 생성합니다. 포토샵 작업 화면에 문서가 생성되면 Contextual Task Bar의 〈Generate image〉 버튼을 클릭합니다.

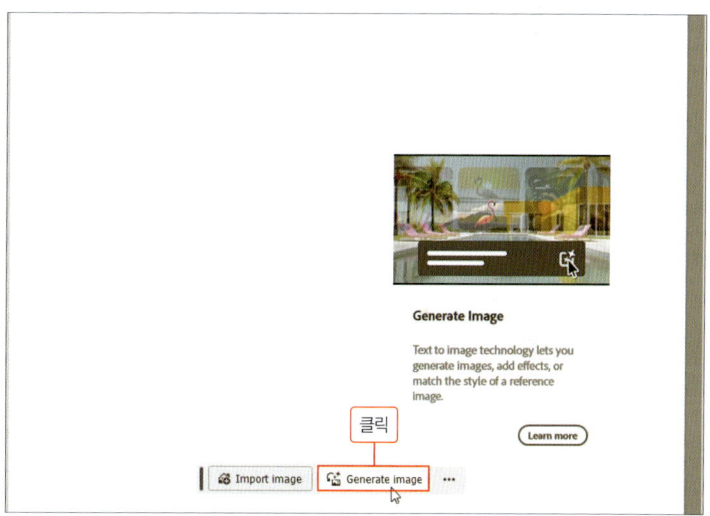

02 Generate image 대화상자에서 ❶ 프롬프트 입력창에 '선글라스를 쓴 기린'을 묘사하는 단어를 입력한 후 ❷ Content type에서 (Art)를 클릭하고 ❸ 〈Generate〉 버튼을 클릭합니다.

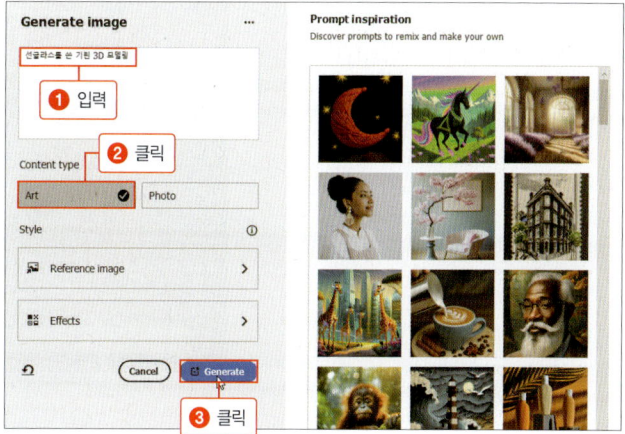

프롬프트

선글라스를 쓴 기린, 3D 모델링

03 기린 이미지가 생성되면 이미지에 이펙트를 적용하기 위해 Properties 패널에서 'style effects' 아이콘(▦)을 클릭합니다.

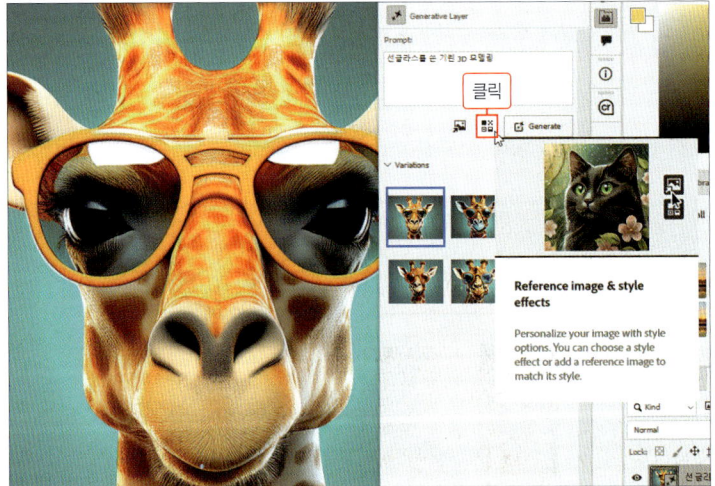

04 기린 재질을 털실로 적용하겠습니다. ❶ Content type에서 (Art)를 클릭합니다. ❷ Effects 항목에서 (Materials)를 클릭하고 ❸ 'Yarn'을 선택한 다음 ❹ 〈Generate〉 버튼을 클릭합니다.

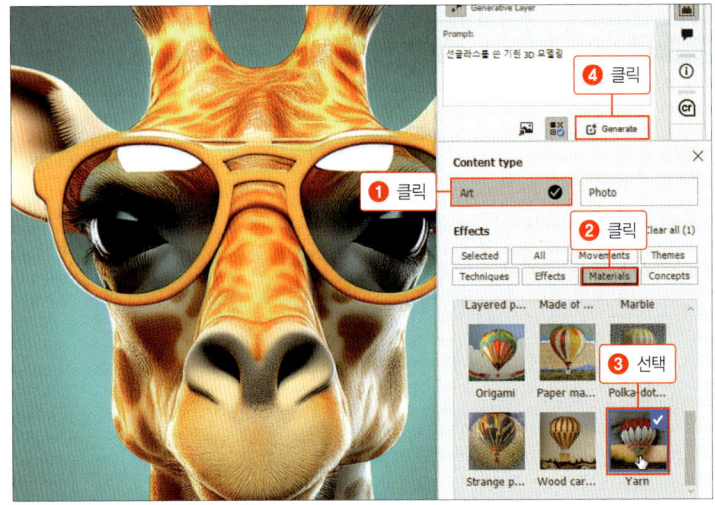

05 3D 형태의 이미지에서 털실로 짠 듯한 인형 형태의 기린 이미지가 생성되었습니다.

EASY 실습 | 스타일과 이펙트 효과로 일러스트 생성하기

• 실습파일 : 포토샵\04\Giraffe.psd
• 완성파일 : 포토샵\04\Giraffe2_완성.jpg

생성한 이미지에 스타일이나 이펙트를 적용했다면 원상태로 해제하거나 추가 적용할 수 있습니다. 예제에서는 적용했던 Yarn 스타일을 해제하고 갤러리에서 일러스트 스타일을 적용하여 이미지를 생성해 봅니다.

Before

After

01 포토샵 → 04 폴더에서 'Giraffe.psd' 파일을 불러옵니다. Contextual Task Bar의 'Style effects' 아이콘(🖼)을 클릭합니다.

> **TIP** ✧
> AI 기능으로 생성한 스타일이나 이펙트 효과를 해제하기 위해서는 레이어 패널에서 생성 레이어가 선택되어 있어야 합니다. ▶ 255쪽 참고
>
>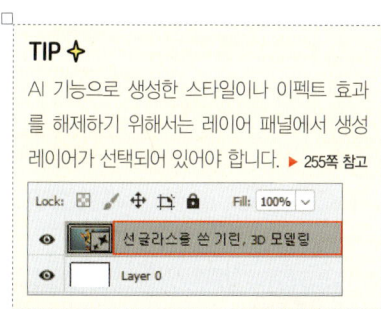

02 Effects를 확인하면 'Yarn' 이펙트가 적용된 것을 확인할 수 있습니다. ❶ 'Yarn'을 클릭하여 이펙트를 해제한 다음 ❷ '닫기' 아이콘(✗)을 클릭합니다.

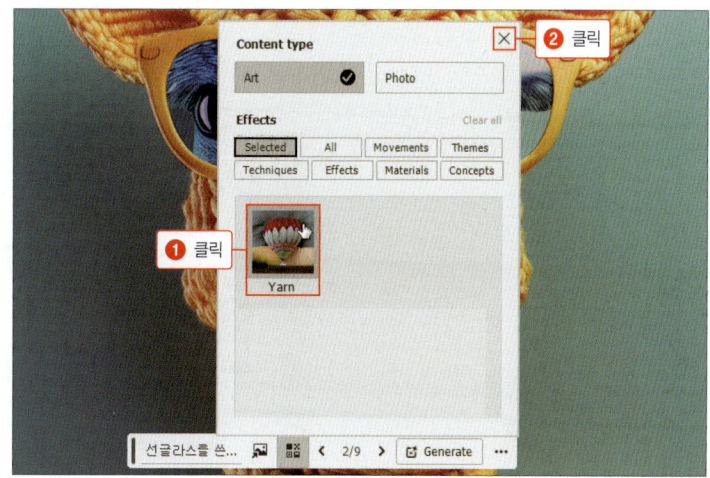

125

03 Contextual Task Bar의 ① 'Reference image' 아이콘(□)을 클릭합니다. Reference image 대화상자의 Gallery에서 ② 일러스트 스타일을 선택하고 ③ 〈Generate〉 버튼을 클릭합니다.

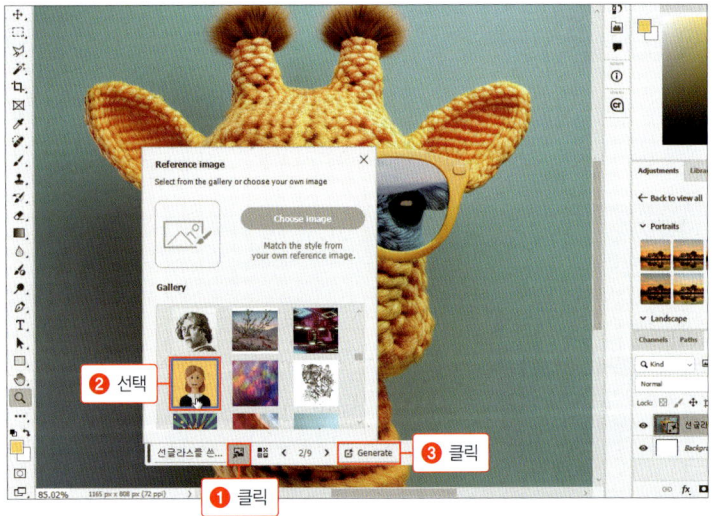

04 참조된 일러스트를 기준으로 그림과 같이 털실로 짠 Yarn 스타일의 기린 이미지가 일러스트 스타일로 변경된 것을 확인할 수 있습니다.

05 포토샵에서 제공하는 참조 이미지를 선택하여 다양한 스타일의 기린 이미지를 완성해 보세요.

LESSON 07 > 거침없이 자르고, 변형하는 것도 기술!

❶ 필요한 부분만 선택하여 자르기

자르기 도구는 필요한 부분만 남기고 이외의 영역을 자를 때 이용하는 도구로, 드래그하여 간편하게 이미지를 자를 수 있습니다. 이미지를 자르는 방법과 자르기 도구를 선택했을 때 표시되는 옵션바의 옵션에 대해 알아봅니다.

자르기 도구 알아보기

자르기 도구( )는 원본 이미지에서 필요한 부분만 드래그하여 선택한 다음 잘라내는 도구입니다. 드래그한 다음 표시되는 조절점을 이용하여 자르기 영역을 조절할 수 있으며 회전할 수도 있습니다. 자를 영역을 지정한 다음 더블클릭하거나 Enter를 누르면 간단하게 자르기 작업이 마무리됩니다.

원본 이미지(포토샵\04\crop.jpg)

자르기 도구로 영역을 지정한 모습

더블클릭해서 자른 모습

원본 이미지

잘라낼 영역을 회전한 모습

회전한 상태로 자른 모습

> **TIP**
> 이미지를 자르면 해상도가 변경될 수 있습니다. 자른 후에 이미지의 해상도가 떨어지거나 확대되면 품질이 저하될 수 있으므로, 작업 전에 해상도와 크기를 고려하는 것이 중요합니다. 자르기 도구로 자른 부분은 기본으로 삭제됩니다. 만약 원본을 유지하고 싶다면, 자르기 전에 이미지를 복사해 두는 것이 좋습니다.

자르기 도구 옵션바 살펴보기

❶ **프리셋** : 포토샵에서 제공하는 크기대로 자르기 영역을 지정할 수 있습니다.

❷ **Width, Height** : 이미지를 자르기 전에 미리 가로와 세로 크기를 입력하여 해당 크기대로 자릅니다.

❸ **Clear** : 값을 지웁니다.

❹ **Straighten** : 드래그하여 이미지를 회전해서 자를 수 있습니다.

❺ **Set the overlay options for the Crop Tool** : 이미지를 자를 때 보조선을 제공합니다.

❻ **Set additional Crop options** : 자르기 영역 사용 옵션을 지정합니다.

　ⓐ **Use Classic Mode(클래식 모드)** : 자르기 영역의 모서리를 드래그하면 이미지가 고정된 상태에서 자르기 영역이 회전합니다.

　ⓑ **Enable Crop Shield(크롭 보호 모드)** : 자르기 영역 모서리를 드래그하면 자르기 영역이 고정된 상태에서 이미지가 회전합니다. 잘라낼 부분과 나머지 영역을 구분하기 쉽도록 색상과 불투명도를 설정할 수 있습니다.

❼ **Delete Cropped Pixels** : 자른 이미지의 바깥쪽을 어떻게 처리할 것인지 지정합니다. 이 옵션을 이용하면 자르기 도구로 자른 이미지를 삭제하거나 남길 수 있습니다.

❽ **Fill** : 자르고 남은 빈 영역에 채우는 방식을 선택합니다.

　ⓐ **Transparent (default)** : 빈 영역을 투명 영역으로 채웁니다.
　ⓑ **Generative Expand** : 생성형 AI 기능으로 잘린 이미지를 복원하여 채웁니다.
　ⓒ **Content-Aware Fill** : 자르고 남은 빈 영역에 이미지를 늘려 채웁니다.

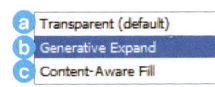

원본 이미지　　　　　　　　　　　회전하여 확장된 여백까지 영역 포함　　　　　　Generative Expend 기능으로 여백에 이미지 생성

> **TIP** ✧
> 기존 Content-Aware Fill 기능으로 이미지를 채우면 억지로 이미지가 늘어나지만, 생성형 AI 기능은 잘린 이미지를 복원해 이미지를 채웁니다.

(EASY 실습) 가로 이미지를 세로 이미지로 자르기

· 실습파일 : 포토샵\04\crop.jpg
· 완성파일 : 포토샵\04\crop_완성.jpg

자르기 도구로 특정한 부분을 자르기 위해 해당 부분을 직접 드래그하는 방식을 사용합니다. 자를 영역을 고려하며 이미지를 드래그한 후 Enter를 눌러 이미지를 자릅니다.

Before

After

01 포토샵 → 04 폴더에서 'crop.jpg' 파일을 불러옵니다. 이미지를 원하는 크기로 자르기 위해 자르기 도구(🔲)를 선택합니다.

> **TIP ✦**
> 옵션바에서 Preset이 기본 값인 'Ratio'로 지정되어 있는지 확인합니다. Ratio는 드래그하는 대로 이미지를 자를 수 있습니다.

02 ❶ 인물의 왼쪽 위에 마우스 커서를 위치시키고 오른쪽 아래로 드래그합니다. 잘릴 영역이 흐릿하게 표시되면 ❷ Enter를 누르거나 영역 안쪽을 더블클릭하여 이미지를 자릅니다.

> **TIP ✦**
> 만약 특정 비율로 드래그된다면 옵션바에서 〈Clear〉 버튼을 클릭해 비율을 초기화한 다음 자를 영역을 조절합니다.

EASY 실습 | 비뚤어진 사진 바르게 자르기

• 실습파일 : 포토샵\04\painting1.png
• 완성파일 : 포토샵\04\painting1_완성.png

자르기 도구를 이용하면 비뚤어진 이미지를 바르게, 비율에 맞춰 자를 수 있습니다. Straighten 기능을 이용하여 기준선을 지정하고 이미지를 잘라 봅니다.

01 포토샵 → 04 폴더에서 'painting1.png' 파일을 불러옵니다. ❶ 자르기 도구(⌷.)를 선택하고 원본 사진 비율로 자르기 위해 ❷ 옵션바에서 'Original Ratio'로 지정합니다.

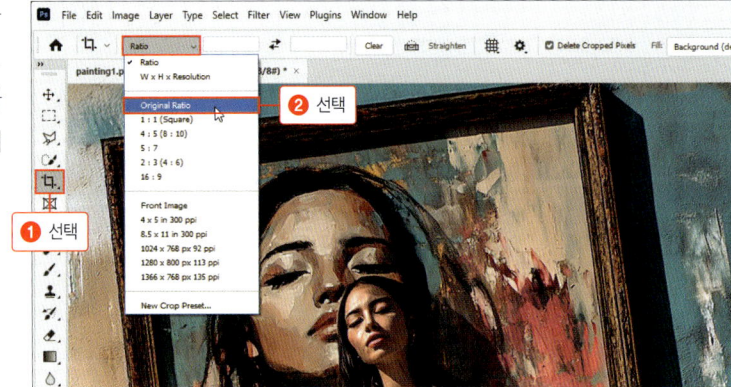

02 옵션바에서 ❶ 'Straighten' 아이콘(🖉)을 클릭한 다음 ❷ 기울어진 액자 방향에 맞게 드래그합니다. 그림과 같이 잘라질 여백이 생기지 않도록 이미지가 회전하며, 기존 이미지 비율을 유지합니다.

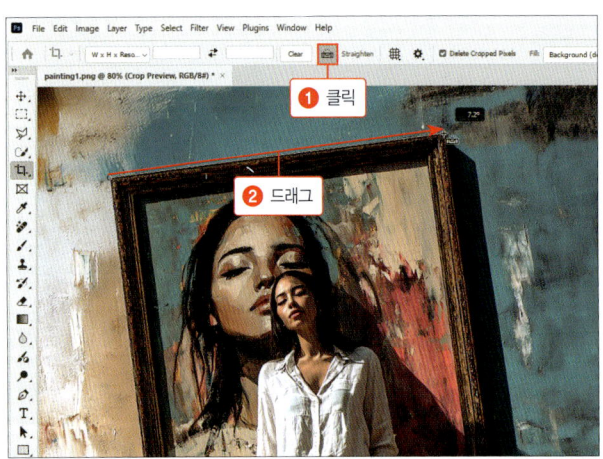

03 자르기 영역 안쪽을 더블클릭하거나 Enter를 눌러 이미지를 자릅니다.

EASY 실습 | 자유롭게 드래그 방식으로 이미지 확장하기

•실습파일 : 포토샵\04\shoot.png
•완성파일 : 포토샵\04\shoot_완성.png

이미지 소스를 활용하여 디자인 결과물을 만들 때, 다양한 크기에 맞춰 디자인을 조정하는 과정이 필요합니다. 캔버스 크기를 자유롭게 변경하고, 그에 맞춰 잘린 이미지를 연결하여 생성하는 방법에 대해 알아봅니다.

Before

After

01 포토샵 → 04 폴더에서 'shoot.png' 파일을 불러옵니다. 이미지를 자유자재로 확장하기 위해 Layers 패널에서 Background 레이어의 '자물쇠' 아이콘(🔒)을 클릭하여 해제합니다.

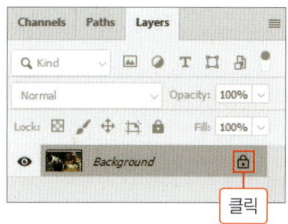

02 ❶ 자르기 도구(🔳)를 선택하고 확장되는 영역을 AI 기능으로 이미지를 생성하고 채우기 위해 ❷ 옵션바에서 Fill을 'Generative Expand'로 지정합니다.

03 자르기 영역이 표시되면 이미지 위쪽 가운데 조절점을 그림과 같이 위로 드래그합니다. 이미지가 확장되면서 투명 영역이 생성됩니다.

04 이번에는 ① 이미지 아래쪽 가운데 조절점을 아래로 드래그하여 비교적 넓게 투명 영역을 확장한 다음 ② Enter를 누릅니다.

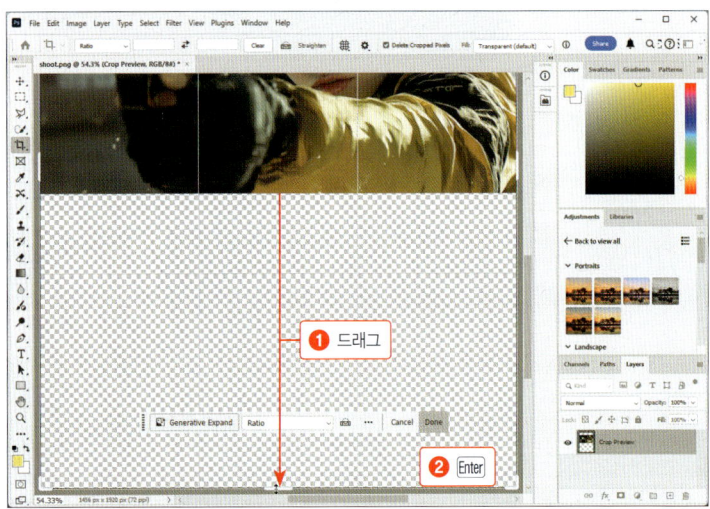

05 인물의 머리 위쪽과 몸이 확장된 이미지 비율에 맞게 생성된 것을 확인할 수 있습니다. Properties 패널에서 마음에 드는 이미지를 선택해 변경할 수 있습니다.

❷ 이미지를 자유자재로 변형하기

Transform 기능은 이미지나 레이어의 크기, 위치, 각도 등을 자유롭게 조정할 수 있는 도구입니다. 이 기능을 통해 개체를 왜곡하거나 회전하고, 비율을 조정하며, 시각적인 조정까지 할 수 있어 디자인과 편집 작업에 매우 유용합니다.

변형하려는 이미지를 선택 영역으로 지정한 다음 메뉴에서 [Edit] → Transform 을 실행하면 이미지를 변형할 수 있는 다양한 메뉴가 표시됩니다.

> **TIP ✦**
> 버전에 따라 'Rotate 90° CW'가 'Rotate 90° Clockwise'로, 'Rotate 90° CCW'가 'Rotate 90° Counter Clockwise'로 표시될 수 있습니다.

❶ **Again**(Shift+Ctrl+T) : 이전에 실행한 Transform 명령을 다시 실행합니다.

❷ **Scale** : 이미지 크기를 조절합니다.

❸ **Rotate** : 이미지를 회전합니다.

❹ **Skew** : 이미지나 개체를 좌우로 기울일 수 있습니다. 특정 각도로 왜곡할 때 유용하며, 주로 투시 효과를 적용할 때 사용합니다.

❺ **Distort** : 각각의 모서리를 자유롭게 드래그하여 변형합니다.

❻ **Perspective** : 원근감을 더하는 변형으로, 주로 사진이나 그래픽을 특정 각도에서 보이는 것처럼 연출할 때 유용합니다. 기준점을 드래그하여 원근을 조절할 수 있습니다.

원본 이미지(포토샵\04\scooter.psd)

❼ **Warp** : 개체의 형태를 그물망 형태의 격자로 자유롭게 변형하는 도구입니다. 포인트마다 드래그해 원하는 형태로 조정할 수 있어 특히 포스터나 광고 그래픽 제작에 효과적입니다.

Scale

Rotate

Skew

Distort

Perspective

Warp

Split Warp Horizontally

Split Warp Vertically

Split Warp Crosswise

❽ **Rotate 180˚, Rotate 90˚ CW(Clockwise), Rotate 90˚ CCW(Counter Clockwise)** : 이미지를 180˚, 시계 방향으로 90˚, 반시계 방향으로 90˚ 회전합니다.

원본 이미지(포토샵\04\crosswalk.jpg)

Rotate 180˚

❾ **Flip Horizontal, Flip Vertical** : 이미지를 수평, 수직으로 반전합니다.

Flip Horizontal

Flip Vertical

EASY 실습 이미지에 그림자 효과 적용하기

- **실습파일** : 포토샵\04\선수.jpg
- **완성파일** : 포토샵\04\선수_완성.psd

인물을 선택 영역으로 지정한 다음 그림자로 변형하여 합성 이미지를 완성해 보겠습니다.

Before

After

01 포토샵 → 04 폴더에서 '선수.jpg' 파일을 불러옵니다.

02 ❶ 빠른 선택 도구( )를 선택한 다음 ❷ 옵션바에서 브러시 팝업 아이콘을 클릭하고 ❸ Size를 '20px'로 설정합니다.

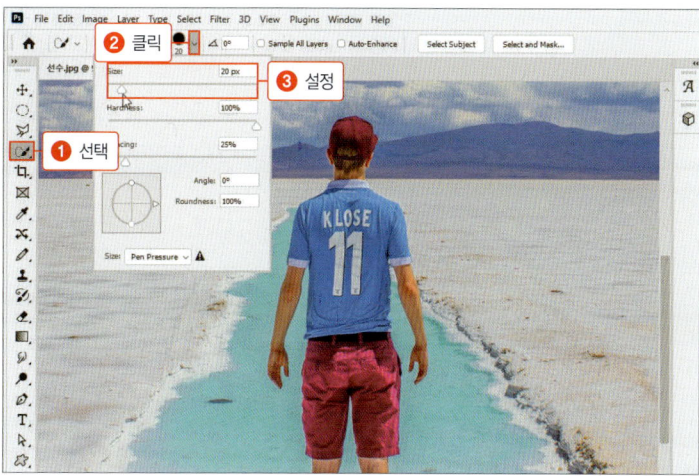

03 ❶ 인물의 머리부터 등, 팔과 다리까지 드래그하여 선택 영역으로 지정합니다. 선택된 인물을 복제하기 위해 ❷ Ctrl+C를 누른 다음 ❸ Ctrl+V를 누릅니다.

왜? ✚
복제된 이미지는 그림자로 사용합니다. 복제된 인물과 원본 인물이 겹쳐서 화면에는 한 명으로 보이지만, 실제로 인물 사진은 두 장입니다. 새로 그리는 것보다 이미지를 복제하여 사용하는 것이 훨씬 효과적이기 때문입니다.

04 복제된 이미지에 검은색을 채워 그림자를 만들기 위해 메뉴에서 (Edit) → Fill(Shift+F5)을 실행합니다. ❶ Fill 대화상자가 표시되면 Contents를 'Black'으로 지정합니다. ❷ Opacity를 '100%'로 설정한 다음 ❸ 'Preserve Transparency'를 체크 표시하고 ❹ 〈OK〉 버튼을 클릭합니다.

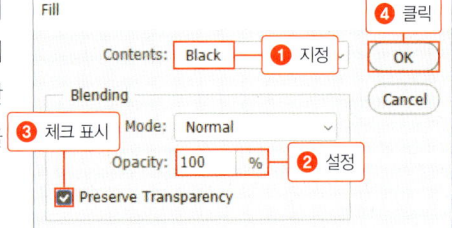

왜? ✚
'Preserve Transparency'를 체크 표시하는 이유는 인물에만 색을 채우기 위해서입니다. 이 옵션의 체크 표시를 해제하면 인물 외 투명 영역까지 전부 색이 채워집니다.

05 인물에 검은색이 채워지면 그림자 형태를 만들기 위해 메뉴에서 (Edit) → Transform → Distort를 실행합니다.

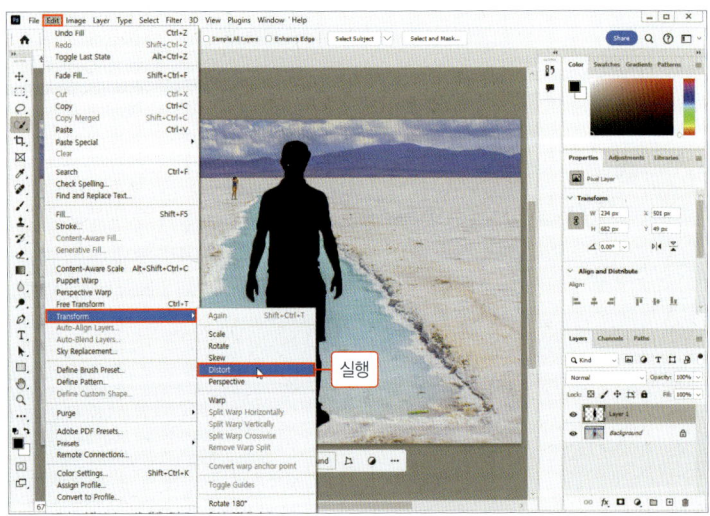

136 / Part 4 • 이미지를 놀랍도록 아름답게! AI 이미지 생성과 변형하기

06 조절점이 표시되면 ❶ 양쪽 윗부분의 조절점을 클릭하여 선택한 다음 그림과 같이 왼쪽 아래로 드래그해 조절하고 ❷ Enter를 누릅니다.

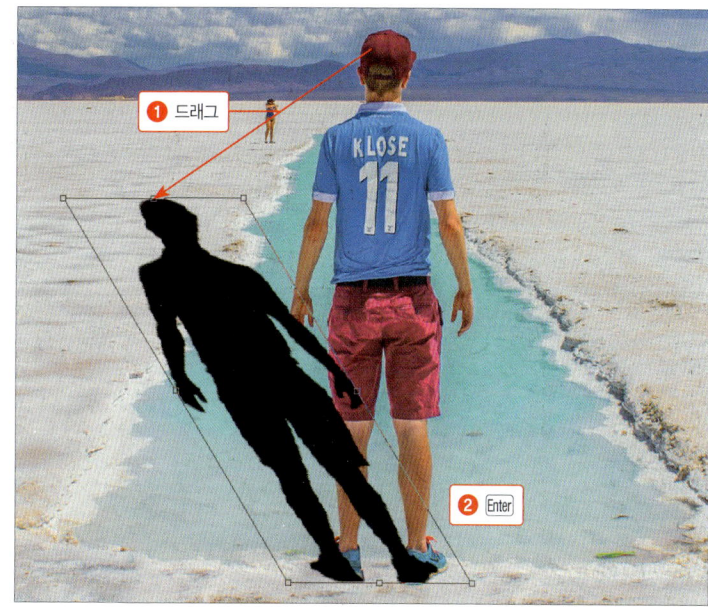

왜? ✧
그림자를 사선 방향으로 한 번에 비틀기 위해 Distort 기능을 적용했습니다. 검은색으로 채워진 인물의 위치를 조절하면 아래에 겹친 원본 인물 이미지가 화면에 표시됩니다.

07 그림자 색상을 반투명하게 만들기 위해 ❶ Layers 패널에서 Opacity를 '35%'로 설정합니다. ❷ 검은색 이미지에서 반투명한 회색으로 변경된 것을 확인할 수 있습니다.

08 그림자가 인물 위에 있어 겹치므로 인물을 그림자 위에 붙여넣기 위해 ❶ Ctrl+V를 누릅니다. 그림자 위에 복사해 둔 인물이 붙여넣어집니다.
❷ 이동 도구(✢)를 선택한 다음 ❸ 원본 이미지와 겹치도록 위치를 조절하여 완성합니다.

TIP ✧
이미지를 미세하게 이동하기 위해서는 키보드의 방향키를 이용합니다. 방향키를 누를 때마다 1픽셀씩 이동합니다.

EASY 실습 원근감 표현하기

• 실습파일 : 포토샵\04\vogue.psd
• 완성파일 : 포토샵\04\vogue_완성.png

Perspective 기능으로 원근 효과를 적용하면 이미지를 입체적이고, 현실감 있게 표현할 수 있습니다. 예제에서는 인물의 배경인 문자 이미지에 원근감을 표현해 봅니다.

Before

After

01 포토샵 → 04 폴더에서 'vogue.psd' 파일을 불러옵니다. ❶ Layers 패널에서 'VOGUE' 레이어를 선택하고 원근 효과를 적용하기 위해 ❷ 메뉴에서 (Edit) → Transform → Perspective를 실행합니다.

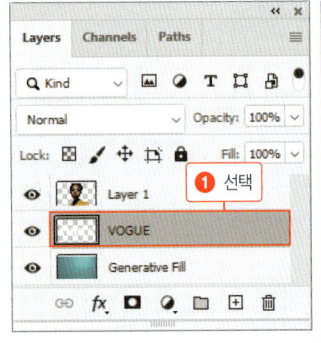

02 문자에 조절점이 표시되면 오른쪽 위 조절점을 위로 드래그합니다. 문자가 변형되면서 오른쪽은 가깝게 왼쪽은 멀게 표현되는 원근 효과가 적용되었습니다.

드래그

Quick 활용 | 이미지를 변형하여 감성 사진 만들기

- 실습파일 : 포토샵\04\calm.jpg, sking2.jpg
- 완성파일 : 포토샵\04\calm_완성.psd

Free Transform 기능을 이용하면 특정 비율이나 형태에 상관없이 조절점을 드래그하는 방향대로 자유롭게 변형할 수 있습니다. 예제에서는 인물 사진을 종이 액자에 맞게 회전 정도와 크기를 조절해서 합성해 봅니다.

Before

After

01 포토샵 → 04 폴더에서 'calm.jpg', 'sking2.jpg' 파일을 불러옵니다. 'sking2.jpg' 작업 창을 선택하고 ❶ Ctrl+A를 눌러 이미지를 전체 선택한 다음 ❷ Ctrl+C를 눌러 복사합니다.

02 ❶ 'calm.jpg' 작업 창을 선택한 다음 ❷ Ctrl+V를 눌러 인물 사진을 붙여넣고 반투명하게 만들기 위해 ❸ Layers 패널에서 Opacity를 '50%'로 설정합니다.

> **왜? ✧**
> 사진 이미지를 반투명하게 만들어야 종이 액자와 비교하면서 인물 사진 크기를 쉽게 조절할 수 있습니다.

03 액자에 맞게 인물 사진을 회전하기 위해 ❶ 메뉴에서 (Edit) → Free Transform(Ctrl+T)을 실행합니다. ❷ 자유 변형 상태에서 왼쪽 위 조절점을 종이 액자 각도에 맞게 드래그합니다.

> **TIP ✦**
> Free Transform 기능은 Scale과 Rotate 명령을 동시에 실행한 것과 같습니다. 각 조절점을 드래그하여 이미지를 회전하고 크기를 변형할 때 사용하면 편리합니다.

04 인물 사진의 고정 비율을 해제하기 위해 ❶ 옵션바에서 'Maintain aspect ratio' 아이콘(⚭)을 클릭합니다. 크기를 조절하기 위해 ❷ 인물 사진의 왼쪽 위 조절점을 종이 액자 왼쪽 위로, 오른쪽 아래 조절점을 종이 액자 오른쪽 아래로 드래그하여 알맞게 배치합니다.

05 인물 사진이 종이 액자에 알맞게 맞춰지면 ❶ Enter를 누릅니다. ❷ Layers 패널에서 Opacity를 '100%'로 설정해 원본 사진을 나타내어 완성합니다.

> **TIP ✦**
> 레이어의 불투명도 설정은 257쪽을 참고하세요.

(EASY 실습) **요가 자세의 인물 변형하기**

• 실습파일 : 포토샵\04\요가포즈.psd
• 완성파일 : 포토샵\04\요가포즈_완성.psd

인물의 자세 수정을 위해 관절 부분에 고정점을 만들어 자연스럽게 변형해 보겠습니다.

01 포토샵 → 04 폴더에서 '요가포즈.psd' 파일을 불러옵니다. 인물 이미지를 변형하기 위해 ❶ Layers 패널에서 '인물' 레이어를 선택한 다음 ❷ 메뉴에서 (Edit) → Puppet Warp를 실행합니다.

02 인물 이미지 위에 그물망 형태로 변형 영역이 표시됩니다. 머리카락부터 머리, 목, 허리, 다리, 발등 등 관절 부분을 클릭하여 고정점을 만듭니다.

TIP ✦
사람이 움직일 때 기준이 되는 관절 부분에 고정점을 만들면 자연스러운 자세로 변형할 수 있습니다. 만든 고정점을 삭제하려면 해당 고정점을 선택하고 Delete를 누릅니다.

03 ❶ 첫 번째 고정점인 머리카락을 좌우로 드래그하면 자연스럽게 위치가 변경되는 것을 확인할 수 있습니다. ❷ 발등에 위치한 고정점을 위로 드래그하면 다리와 연결되어 자연스럽게 다리가 위로 이동되는 것을 확인할 수 있습니다.

❸ 자연스러운 이미지 변형을 위한 Neural Filters

Neural Filters는 마치 인물의 신경망을 이용한 것처럼 자연스러운 성형이나 보정을 할 수 있는 필터입니다. Neural Filters 패널에서는 다양한 보정 필터를 제공하며, 원하는 필터 항목을 선택하고 '다운로드' 아이콘 (♣)을 클릭하여 필터를 다운로드해서 사용할 수 있습니다.

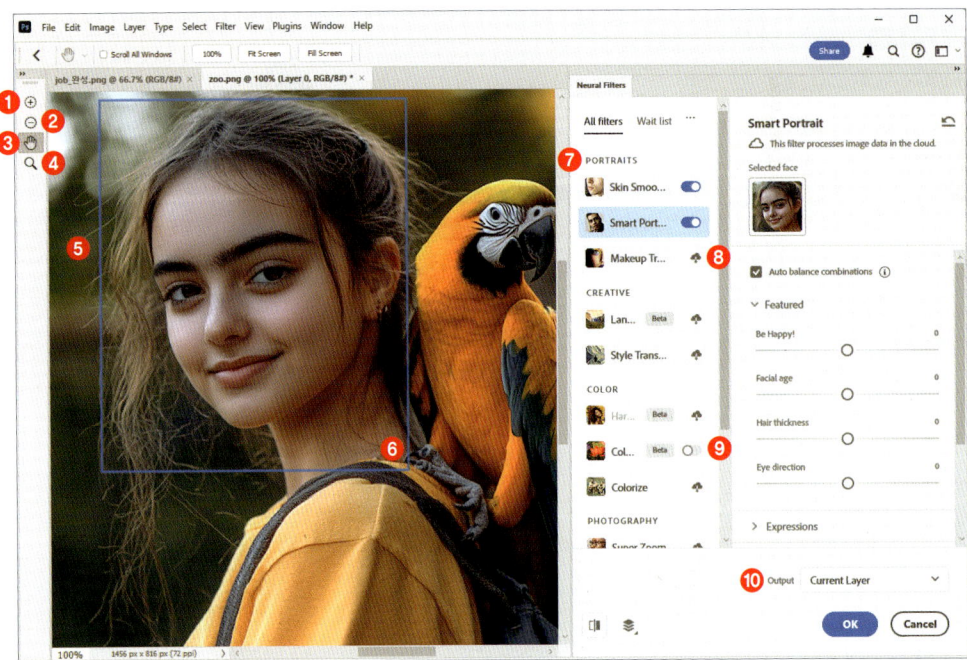

❶ **영역 추가 도구** : 필터가 적용되는 영역을 추가합니다.

❷ **영역 제거 도구** : 필터가 적용되는 영역을 제거합니다.

❸ **손 도구** : 드래그 방식으로 미리 보기 창의 이미지를 이동합니다.

❹ **돋보기 도구** : 미리 보기 창의 이미지를 확대 또는 축소합니다.

❺ **미리 보기 창** : 이미지의 필터 적용 결과를 미리 보여 줍니다.

❻ **변형 영역** : 인물의 얼굴을 인식한 경우 변형 영역을 표시합니다.

❼ **필터 항목** : 포토샵에서 제공하는 필터 항목을 표시합니다.

❽ **'다운로드' 아이콘** : 선택한 필터를 다운로드한 다음 설치합니다.

❾ **'필터 활성화' 아이콘** : 필터를 활성화하여 원하는 옵션의 수치를 조절합니다.

❿ **Output** : 적용된 필터의 저장 방식을 설정합니다.

> **TIP ✦**
> 포토샵을 설치하고 Neural Filters를 처음 실행하면 원하는 필터를 다운로드해야 합니다. 원하는 필터 항목을 선택한 다음 〈Download〉 버튼이 표시되면 클릭하여 필터를 다운로드합니다.

Quick 활용 | 인물 표정과 피부 보정하기

- 실습파일 : 포토샵\04\kids.jpg
- 완성파일 : 포토샵\04\kids_완성.jpg

Neural Filters를 이용하면 인물의 표정을 자연스럽게 보정할 수 있습니다. 예제에서는 자연스럽게 인물의 시선 방향을 변경하고, 부드러운 피부 보정 방법을 알아 봅니다.

Before

After

01 포토샵 → 04 폴더에서 'kids.jpg' 파일을 불러옵니다. 인물의 표정을 변경하기 위해 메뉴에서 (Filter) → Neural Filters를 실행합니다.

02 (Smart Portrait)의 '필터 활성화' 아이콘(◉)을 클릭하여 활성화합니다. 인물의 표정을 보정할 수 있는 옵션들이 나타납니다.

03 인물의 시선을 오른쪽으로 변경하기 위해 Eye direction 슬라이더를 오른쪽으로 드래그해 '+50'으로 설정하면 인물의 눈동자가 오른쪽을 바라보는 형태로 변경됩니다.

04 미소 짓는 표정을 만들기 위해 Be Happy! 슬라이더를 오른쪽으로 드래그하여 '+40'으로 설정합니다. 치아까지 표현되어 환한 미소가 만들어집니다.

05 이번에는 피부 보정을 위해 ❶ (Skin Smoothing)의 '필터 활성화' 아이콘( )을 클릭하여 활성화합니다. ❷ Blur를 '100', Smoothness를 '50'으로 설정해 피부를 부드럽게 보정한 다음 ❸ 〈OK〉 버튼을 클릭합니다.

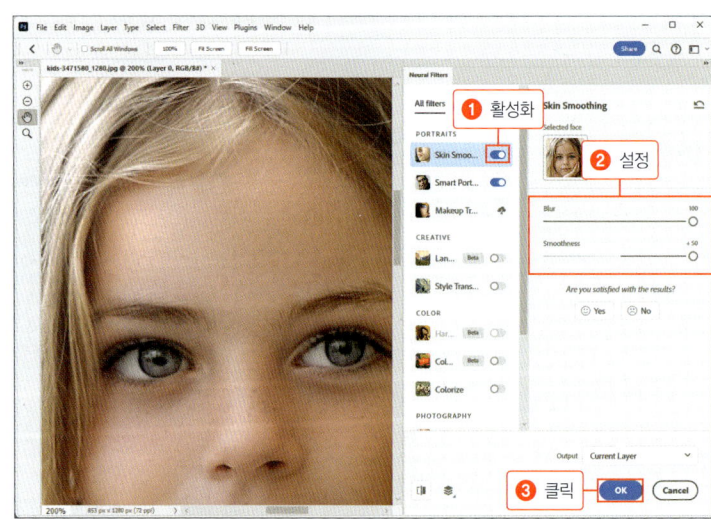

Quick 활용 여름에서 겨울로 풍경 사진 만들기

• 실습파일 : 포토샵\04\설경.jpg
• 완성파일 : 포토샵\04\설경_완성.jpg

Neural Filters의 Landscape Mixer 기능을 이용하여 풍경 사진을 시간이나 계절에 맞게 연출할 수 있습니다. 섬네일을 선택하면 사진에 원하는 계절감을 한 번에 연출할 수 있습니다.

Before

After

01 포토샵 → 04 폴더에서 '설경.jpg' 파일을 불러옵니다. 풍경을 보정하기 위해 메뉴에서 (Filter) → Neural Filters를 실행합니다. (Landscape Mixer)의 '필터 활성화' 아이콘(◯)을 클릭하여 활성화합니다.

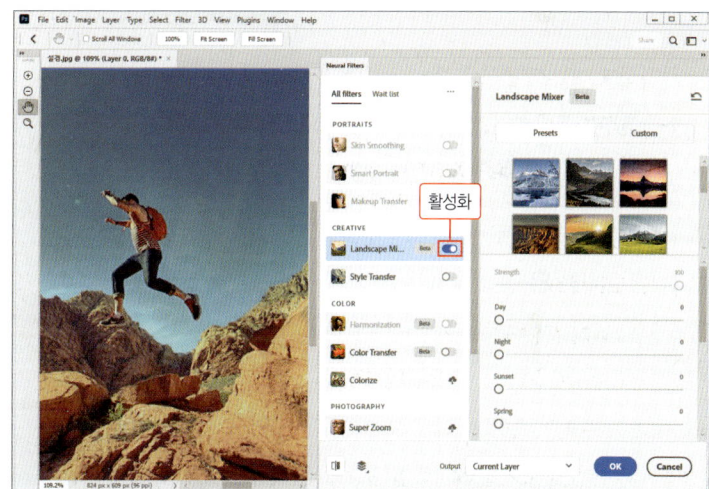

02 겨울 풍경을 연출하기 위하여 ❶ (Presets) 탭에서 설경 섬네일을 선택합니다. ❷ Winter 항목의 슬라이더를 오른쪽 끝으로 이동하면 설경이 연출된 것을 확인할 수 있습니다.

EASY 실습 | 광고처럼 부드러운 피부 보정하기

• 실습파일 : 포토샵\04\skin.png
• 완성파일 : 포토샵\04\skin_완성.png

Skin Smoothing 기능은 보정 도구를 사용하지 않아도 전체적인 피부 트러블을 자연스럽게 없애거나 부드럽게 보정할 수 있습니다. 예제에서는 거친 인물 이미지를 광고 이미지처럼 부드러운 이미지로 보정해 봅니다.

01 포토샵 → 04 폴더에서 'skin.png' 파일을 불러옵니다. 거친 인물 이미지가 표시됩니다. 인물의 피부를 보정하기 위해 메뉴에서 (Filter) → Neural Filters를 실행합니다.

02 ❶ (Skin Smoothing)의 '필터 활성화' 아이콘(◐)을 클릭하여 활성화합니다. 인물의 얼굴이 인식되면 먼저 피부의 픽셀을 블러 처리해 부드럽게 보정하기 위하여 ❷ Blur 슬라이더를 드래그해 '100'으로 설정합니다.

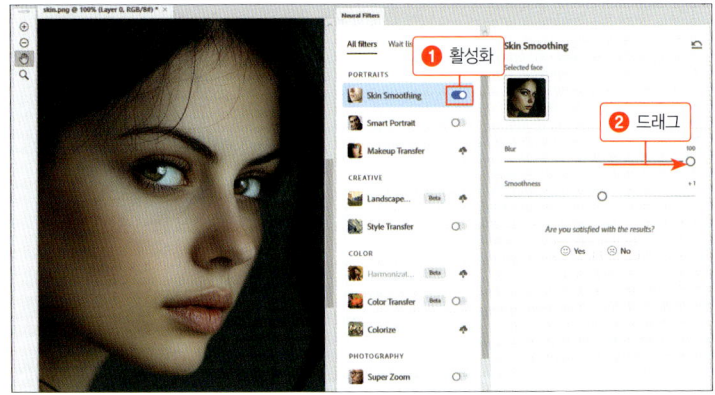

03 추가로 세밀하게 피부를 부드럽게 처리하기 위해 ❶ Smoothness를 '+40'으로 설정하고 ❷ 〈OK〉 버튼을 클릭합니다.

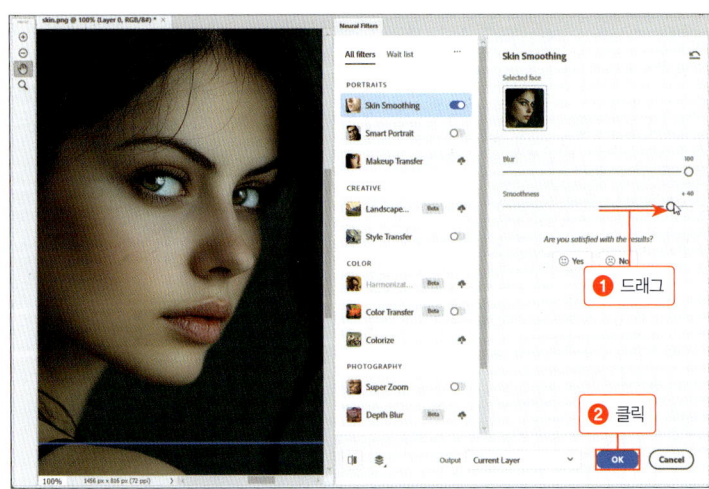

(EASY 실습) **이미지를 크게 늘려도 노이즈 제거와 선명도 유지하기**

• 실습파일 : 포토샵\04\zoo.png
• 완성파일 : 포토샵\04\zoo_완성.png

이미지를 확대하면 노이즈가 발생하며, 픽셀이 뭉개지는 현상이 발생하여 전반적으로 이미지의 품질이 저하됩니다. 이러한 단점을 보완하기 위해 이미지를 확대할 때 노이즈는 줄이고 선명함을 조절할 수 있는 Super Zoom 기능에 대해 알아봅니다.

01 포토샵 → 04 폴더에서 'zoo.png' 파일을 불러옵니다. 메뉴에서 (Filter) → Neural Filters를 실행합니다. Zoom image의 '확대' 아이콘(🔍)을 연속으로 3번 클릭하여 이미지를 3배 확대합니다.

> **TIP ✦**
> Zoom image의 확대 아이콘을 클릭할 때마다 이미지가 2배, 3배, 4배로 확대되며, 단순히 이미지가 확대되는 것이 아니라 실제 이미지 크기도 커집니다.

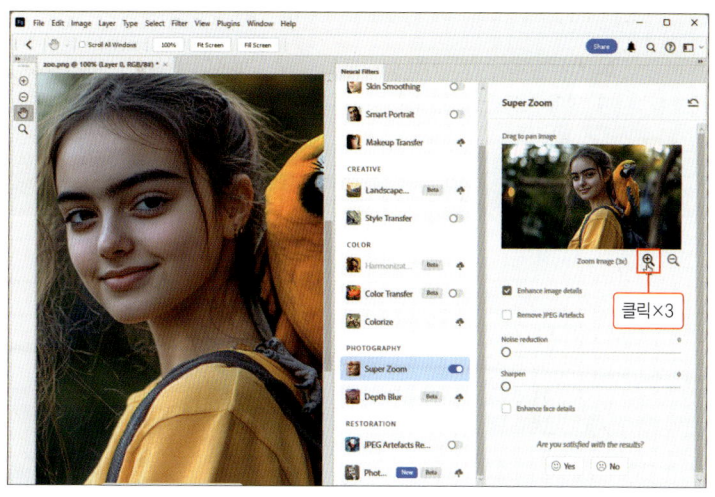

02 이미지가 확대되는 과정에서 생성된 노이즈를 제거하기 위해 Noise reduction을 오른쪽으로 드래그해 '6'으로 설정합니다. 노이즈가 제거된 이미지를 확인할 수 있습니다.

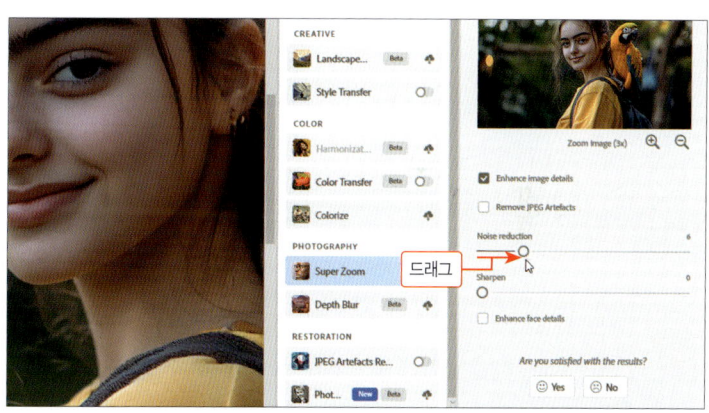

03 노이즈가 줄어드는 대신 선명도가 줄어들기 때문에 머리카락이나 앵무새 깃털 등의 형태를 위해 ❶ Sharpen을 '12'로 설정하여 선명도를 높이고 ❷ 〈OK〉 버튼을 클릭합니다.

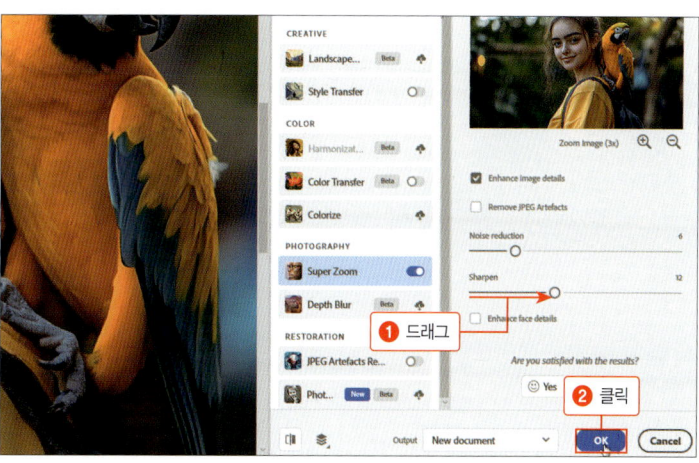

> **Quick 활용** 이미지 왜곡을 방지하면서 가로형 배너 만들기
>
> • 실습파일 : 포토샵\04\요가.psd
> • 완성파일 : 포토샵\04\요가_완성.psd

이미지를 늘려 영역을 확장하거나 가로로 넓은 배너를 만들 때 왜곡이 발생합니다. 이때 특정 부분을 왜곡하지 않으면서 이미지를 늘리는 기능이 바로 Content-Aware Scale입니다. 예제에서는 인물을 왜곡하지 않고, 배경만 늘려 배너 이미지를 확장하여 가로형 배너를 만들어 봅니다.

Before

After

01 포토샵 → 04 폴더의 '요가.psd' 파일을 불러옵니다. 'Background' 레이어를 일반 레이어로 전환하기 위해 ❶ Layers 패널에서 'Background' 레이어를 더블클릭합니다. New Layer 대화상자가 표시되면 ❷ 〈OK〉 버튼을 클릭합니다.

02 캔버스를 확대하기 위해 메뉴에서 (Image) → Canvas Size ((Alt)+(Ctrl)+(C))를 실행합니다. Canvas Size 대화상자가 표시되면 ❶ Width를 '1,200Pixels'로 설정하고 ❷ Anchor에서 오른쪽 가운데 아이콘(→)을 클릭한 다음 ❸ 〈OK〉 버튼을 클릭합니다.

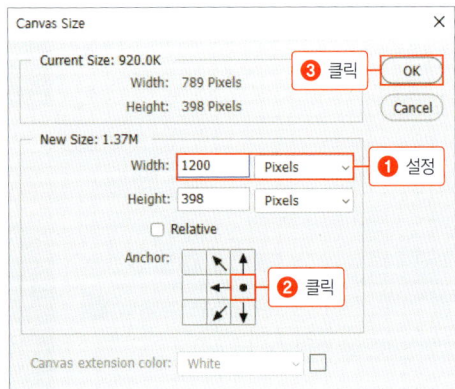

> **TIP**
> Canvas Size 대화상자 가운데 'Relative'의 체크 표시가 해제되어 있어야 캔버스 크기를 자유롭게 늘릴 수 있습니다.

03 이미지 왼쪽에 투명 영역이 추가됩니다. 캔버스가 확장되면 인물 부분을 보호하기 위해 ❶ 사각형 선택 도구(□)를 선택한 다음 ❷ 인물 부분을 드래그하여 선택 영역으로 지정합니다.

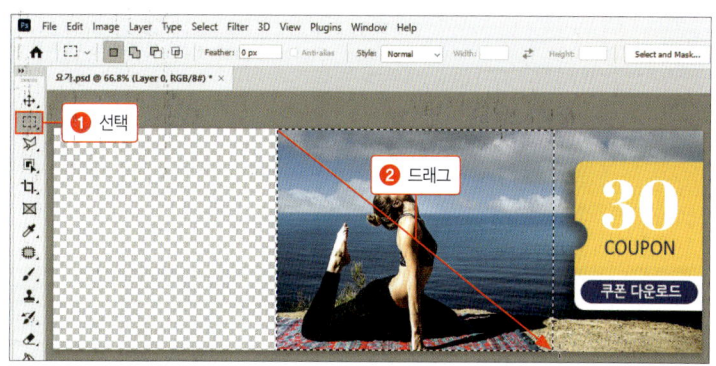

04 선택 영역을 저장하기 위해 메뉴에서 [Select] → Save Selection을 실행합니다. Save Selection 대화상자가 표시되면 ❶ Name에 '보호'를 입력한 다음 ❷ 〈OK〉 버튼을 클릭합니다. ❸ Ctrl+D를 눌러 선택 영역을 해제합니다. 확장된 캔버스에 맞춰 배경 이미지를 채우기 위해 ❹ 메뉴에서 [Edit] → Content-Aware Scale(Alt+Shift+Ctrl+C)을 실행합니다.

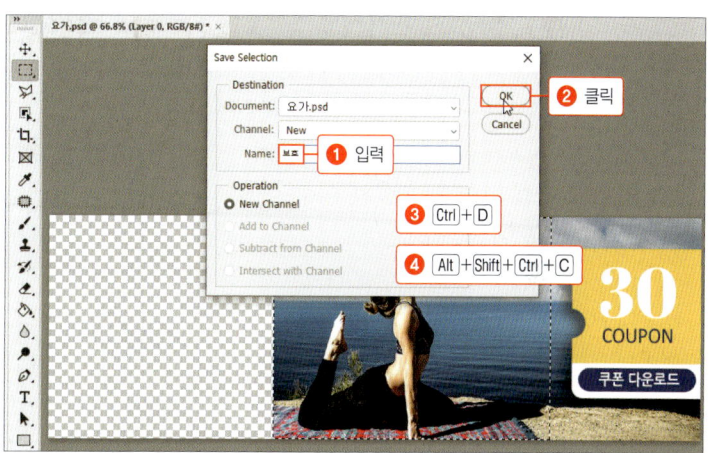

05 인물을 보호하며 배경을 늘리기 위해 옵션바에서 ❶ Protect를 '보호'로 지정한 다음 ❷ 'Protect skin tones' 아이콘(👤)을 클릭합니다. ❸ 이미지 조절점을 그림과 같이 확장된 영역까지 드래그하면 인물은 변형되지 않고 배경만 확장됩니다. 확장이 완료되면 ❹ Enter를 누릅니다.

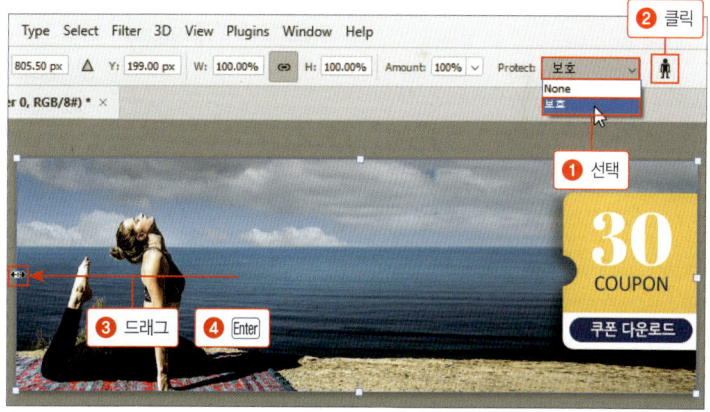

06 ❶ 문자 도구(T)로 ❷ 문자를 입력하여 배너 이미지를 완성합니다.

> **TIP** ✦
> 문자 입력 방법은 196쪽을 참고하세요.

Quick 활용 | 여러 장의 사진으로 파노라마 사진 만들기

• 실습파일 : 포토샵\04\walking1.jpg~walking3.jpg
• 완성파일 : 포토샵\04\walking_완성.jpg

사진 한 장에 피사체를 모두 담을 수는 없을까요? 포토샵은 자동으로 파노라마 사진을 만드는 기능을 제공합니다. 한 컷으로 담지 못하는 사진이라면 끝부분을 겹치게 촬영한 다음 Photomerge 기능을 이용해 여러 장의 사진을 한 장의 파노라마 사진으로 만들 수 있습니다.

01 파노라마 사진을 만들기 위해 메뉴에서 (File) → Automate → Photomerge를 실행합니다. Photomerge 대화상자가 표시되면 Layout 항목의 'Auto'가 선택된 상태에서 Source Files 항목의 〈Browse〉 버튼을 클릭합니다.

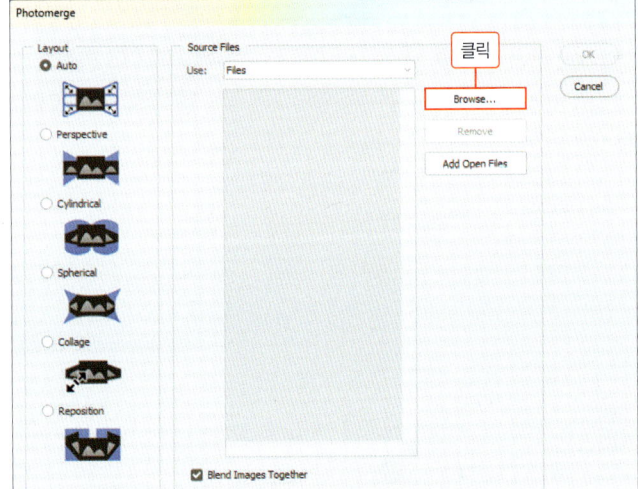

02 ❶ 포토샵 → 04 폴더에서 Shift를 누른 채 'walking1.jpg'~'walking3.jpg' 파일을 선택하고 〈열기〉 버튼을 클릭해 파일을 불러옵니다. ❷ Photomerge 대화상자의 〈OK〉 버튼을 클릭합니다.

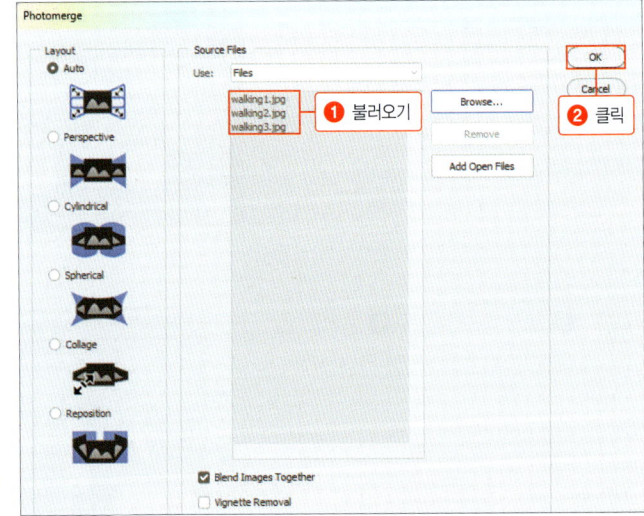

TIP ✦
간혹 Photomerge 기능이 작동하지 않는 경우가 발생하는데, 그 이유는 사진이 너무 크기 때문입니다. 만약 실행되지 않으면 사진 크기를 줄여서 실행해 보세요.

03 연결 부분 탐색에 시간이 걸릴 수 있습니다. 사진이 연결되면 투명 영역과 사진이 서로 연결된 영역으로 나뉩니다.

> **TIP**
> 이미지가 서로 연결되면서 특정 부분에 투명 영역이 표시됩니다. 촬영할 때 각도 차이로 인해 발생하는 현상이므로, 이러한 영역은 자르거나 채우는 방식으로 없앱니다.

04 격자 모양으로 표시된 투명 영역을 없애기 위해 ❶ 자르기 도구(⬚)로 자르기 영역의 위아래 조절점을 드래그해 투명 영역이 포함되지 않게 자를 영역을 지정하고 ❷ Enter 를 누릅니다.

> **TIP**
> 연결된 이미지를 병합하고 투명한 부분을 마술봉 도구(🪄)를 이용하여 선택 영역으로 지정한 다음 메뉴에서 (Edit) → Fill(Shift+F5)을 실행합니다. Fill 대화상자에서 Use를 'Content-Aware'로 지정하고 〈OK〉 버튼을 클릭하면 투명 영역이 자연스럽게 이미지로 채워집니다.

05 파노라마 사진이 완성되었습니다.

④ 필터 종류와 사용 방법 알아보기

Filter 메뉴 살펴보기

[Filter] 메뉴를 선택하면 몇 개의 그룹으로 묶여 있는 필터를 확인할 수 있습니다. 해당 그룹 이름 오른쪽에 삼각형(▶)이 있는 필터를 선택하면 그룹에 속한 필터가 표시됩니다. 이 외에도 Filter Gallery를 실행하면 화면을 미리 보면서 필터를 적용할 수 있습니다.

포토샵에서는 AI 기능을 이용한 어도비 센세이(Sensei)로 인물 얼굴을 인식하고 자연스럽게 변형할 수 있는 Neural Filters를 제공합니다. Neural Filters를 이용하면 증명사진이나 프로필 사진 촬영 후 인물의 표정을 변형할 수 있어 유용합니다.

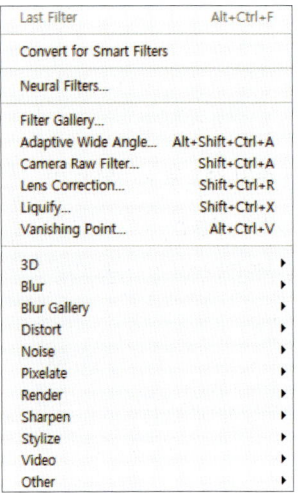

Filter Gallery 사용하기

Filter Gallery를 이용하면 미리 보기 창에서 필터 효과를 확인하거나 바로 옵션을 설정할 수 있습니다. 이펙트 레이어를 이용하여 여러 개의 필터를 함께 적용하고 쉽게 되돌리거나 삭제할 수 있습니다.

원본 이미지(포토샵\04\sneakers.png)

Halftone Pattern 필터가 적용된 이미지

회화 효과를 표현하는 Artistic 필터 살펴보기

Artistic 계열 필터는 회화 효과를 표현합니다. 메뉴에서 [Filter] → Filter Gallery를 실행한 다음 Artistic 항목에서 이용할 수 있습니다.

❶ Colored Pencil(색연필)

색연필로 그린 것처럼 효과를 주는 필터입니다. 배경색이 종이 색으로 지정되며 이미지에 사용된 색을 기준으로 색연필 색이 결정됩니다.

❷ Cutout(오려내기)

이미지의 색상 변화를 뚜렷하게 표시해 색종이를 오려 붙인 듯한 효과를 주는 필터입니다.

❸ Rough Pastels(거친 파스텔 효과)

거친 파스텔로 그린 것처럼 표현합니다.

❹ Smudge Stick(문지르기 효과)

붓을 이용하여 수채화를 그린 것처럼 만드는 필터입니다. 비교적 어두운 느낌의 이미지를 만들 때 사용합니다.

❺ Plastic Wrap(플라스틱 포장)

이미지에 랩을 씌운 것처럼 번들거리는 효과를 만드는 필터입니다.

❻ Water Color(수채화 효과)

색상의 경계 부분을 어두운색으로 표현해 수채화 느낌을 주는 필터입니다.

❼ Paint Daubs(페인트 덥스)

페인트 붓을 이용해 이미지에 덧칠한 효과를 나타내는 필터입니다. 여섯 가지 브러시를 제공하여 원하는 브러시의 터치를 표현할 수 있습니다.

❽ Post Edges(포스터 가장자리)

어두운 부분에 검은색 외곽선을 만들어 포스터 느낌을 주는 필터입니다. 강한 느낌의 이미지를 표현할 때 사용합니다.

이미지를 변형하는 Distort 필터 살펴보기

Distort 계열의 필터는 이미지를 비틀거나 회전, 특정 형태로 변형시킵니다. 메뉴에서 (Filter) → Distort를 실행한 다음 다양한 형태로 이미지를 변형해 보세요.

❶ Polar Coordinates(극좌표)

선택한 옵션에 따라 선택 영역을 직교좌표에서 극좌표로, 또는 극좌표에서 직교좌표로 변환하는 필터입니다.

❷ Shear(기울임)

Shear 대화상자의 선을 변형하여 이미지를 곡선이나 대각선 방향으로 기울여 왜곡하는 필터입니다.

❸ ZigZag(지그재그)

이미지를 수면에 나타나는 동심원 모양으로 변형하는 필터입니다.

❹ Spherize(구형화)

돋보기로 보는 것처럼 둥글게 처리하는 필터로, Amount가 클수록 볼록해집니다.

❺ Ripple(잔물결)

이미지 표면을 물결 형태로 굴절시키는 필터입니다.

❻ Wave(파도)

물결 모양처럼 이미지를 다양하게 변형할 수 있으며 여러 가지 옵션을 이용하는 만큼 복잡하게 변형할 수도 있습니다.

회화적인 Sketch 필터 살펴보기

Sketch 계열 필터는 이미지에 분필이나 목탄, 크레용 펜 등으로 스케치한 효과를 내거나 독특한 재질을 표현할 때 사용합니다. 메뉴에서 (Filter) → Filter Gallery를 실행해 Sketch 계열에서 사용할 수 있습니다.

❶ Charcoal(목탄)

이미지를 목탄으로 그린 것처럼 표현하는 필터입니다. 배경색이 종이 색상으로, 전경색이 목탄 색상으로 지정됩니다.

❷ Graphic Pen(그래픽 펜)

가는 펜을 이용해 스케치한 느낌을 주는 필터입니다. 어두운색이 전경색으로 표현되며, 밝은 색이 배경색으로 표현됩니다.

❸ Halftone Pattern(하프톤 패턴)

인쇄 망점을 표현하는 필터로, 신문에 인쇄된 사진을 보는 것 같은 효과를 줍니다.

❹ Tone Edges(가장자리 찢기)

이미지의 외곽선이 찢긴 것처럼 표현하는 필터입니다.

Quick 활용 | 사각형을 물결 형태로 만들기

• **실습파일** : 포토샵\04\board.png
• **완성파일** : 포토샵\04\board_완성.jpg

기본 도형 이미지를 웨이브 필터를 이용하여 물결 형태로 변경해 봅니다. 파형과 파장의 길이를 조절해 원하는 형태의 물결로 만들어 봅니다.

01 포토샵 → 04 폴더에서 'board.png' 파일을 불러옵니다. 파란색 사각형 박스를 물결 형태로 변형하기 위해 메뉴에서 (File) → Distort → Wave 를 실행합니다.

> **TIP**
> Layers 패널에서 사각형이 위치한 'Layer 1' 레이어가 선택되어 있는지 확인합니다.

02 Wave 대화상자에서 파장이 골고루 변형되도록 ❶ Number of Generators를 '1'로 설정합니다. ❷ Wavelength(파장의 길이)의 Min과 Max를 각각 '5', '214', Amplitude(진폭)의 Min과 Max를 각각 '20', '168', Scale을 각각 '60', '100%'로 설정하고 ❸ 〈OK〉 버튼을 클릭합니다.

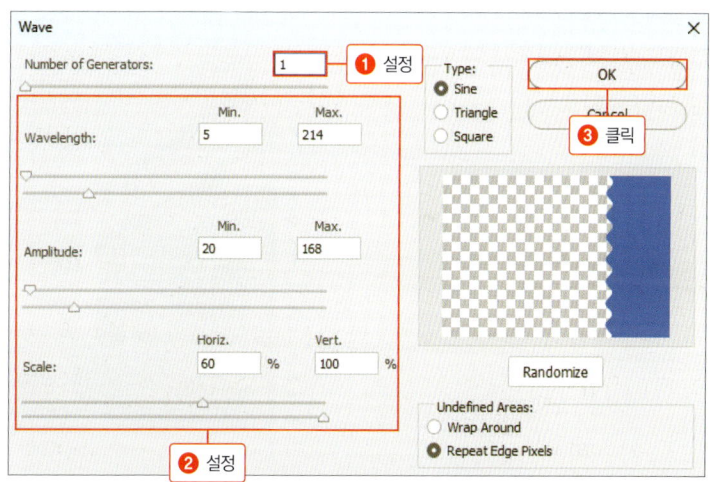

03 사각형이 그림과 같이 물결 형태로 변경된 것을 확인할 수 있습니다.

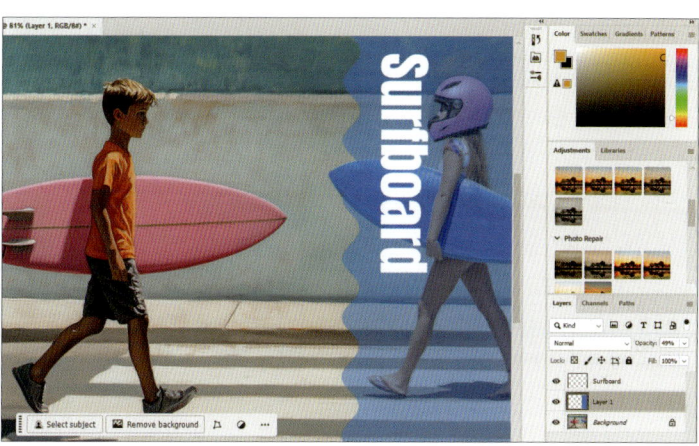

Quick 활용 — 자연스럽고 동적인 느낌의 패스 블러 사용하기

• 실습파일 : 포토샵\04\speed.png
• 완성파일 : 포토샵\04\speed_완성.png

Path Blur 필터는 픽셀 흐림 효과를 적용하여 사진이나 이미지를 더욱 자연스럽고 동적인 느낌으로 만드는 필터입니다. 모션 블러(Motion Blur)보다 정교하게 흐림의 방향과 강도를 제어하여 배경에 속도감을 표현해 봅니다.

Before

After

01 포토샵 → 04 폴더에서 'speed.png' 파일을 불러옵니다. 패스 블러를 적용하기 위해 메뉴에서 [Filter] → Blur Gallery → Path Blur를 실행합니다. 이때 Layers 패널에서 배경 이미지인 'Layer 0' 레이어가 선택되어 있는 것을 확인합니다.

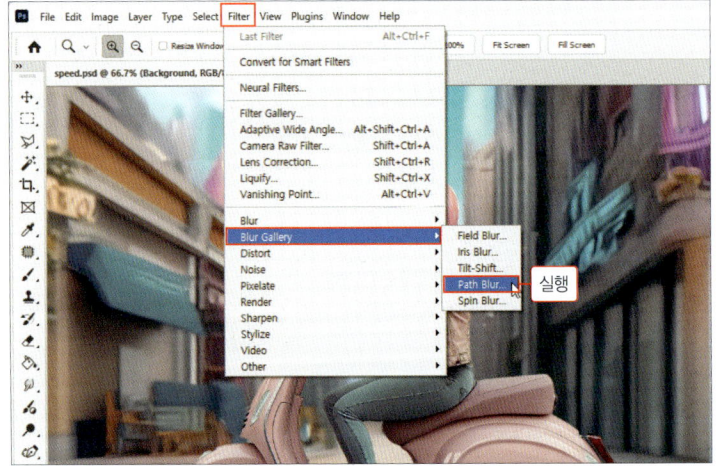

02 화면이 편집 모드로 전환되면 화면에 화살표가 표시됩니다. 화살표를 이용해 블러 경로를 추가하기 위해 인물 기준으로 ❶ 왼쪽 위를 클릭한 다음 ❷ 오른쪽 아래를 클릭합니다. 경로를 고정하기 위해 ❸ 마지막 클릭한 기준점을 다시 클릭합니다. 블러의 방향이 왼쪽 위에서 오른쪽 아래로 표현되는 것을 확인할 수 있습니다.

03 블러의 강도를 조정하기 위해 오른쪽 Speed를 '120%'로 증가시킵니다. 블러의 강도가 증가되어 속도감이 강하게 표시됩니다.

> **TIP**
> 패스 블러는 자동차, 사람 또는 동물이 빠르게 움직이는 장면을 모션 시뮬레이션으로 사용할 수 있습니다. 특히 상업 광고, 스포츠 이미지, 속도감 있는 차량 등을 표현할 때 매우 효과적입니다.

04 화살표의 가운데 기준점을 위로 드래그하여 곡면 형태의 화살표로 변경합니다. 블러 방향이 인물을 중심으로 곡면 형태의 블러가 적용되는 것을 확인할 수 있습니다.

05 붉은색 화살표 앞에 표시된 ❶ 기준점을 클릭하고 ❷ 오른쪽 아래로 드래그하면 그림과 같이 블러 방향과 강도를 수정할 수 있습니다.

> **TIP**
> 여러 개의 경로를 추가해 복잡한 모션 효과를 만들 수 있습니다. 예를 들어, 자동차나 사람의 움직임을 시뮬레이션할 때 경로를 여러 개 추가하고 각 경로의 방향을 다르게 설정할 수 있습니다.

Part 05

탁월한 선명함과 밝기, 풍부한 색감을 위한 색상 보정하기

Adobe Firefly 　　　　　　　　　　　　　　　　　　　　　< 20/25 >

| Color | Levels | Adjustments |

PHOTOSHOP
+ILLUSTRATOR CC 2025

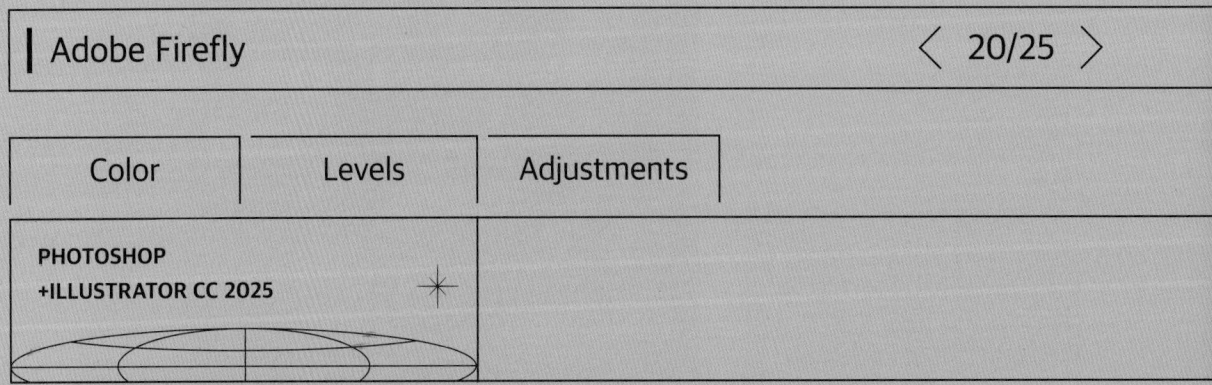

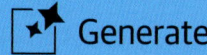

LESSON 08 > 자신만의 취향에 맞는 컬러 고르기

❶ 전경색과 배경색 지정하기

Tools 패널 아래에 위치한 색상 상자는 원하는 색상을 선택할 때 사용하며 위쪽의 전경색은 주로 색상을 칠하거나 채울 때, 아래쪽의 배경색은 색상을 지우거나 배경색을 지정할 때 사용합니다.

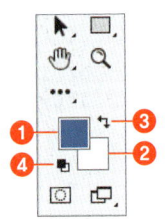

❶ **전경색(Foreground Color)** : 색을 채울 때 사용합니다.
❷ **배경색(Background Color)** : 배경에 색을 채우거나 지울 때 사용합니다.
❸ **색상 교체(Switch Color)** : 전경색과 배경색을 바꿉니다.
❹ **기본 색상(Default Color)** : 전경색은 '검은색', 배경색은 '흰색'으로 지정합니다.

전경색 또는 배경색을 클릭하면 Color Picker 대화상자가 표시됩니다. 직접 색상을 클릭해 지정하거나, 색상 값을 입력하여 원하는 색상을 지정합니다.

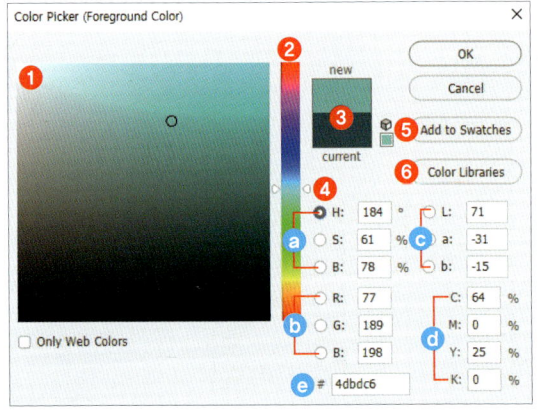

❶ **샘플 컬러** : 클릭하여 원하는 색상을 지정합니다.
❷ **스펙트럼 바** : 색상 슬라이더로 색상을 지정합니다.
❸ **New, Current** : New는 새로 지정하는 색상을 표시하고, Current는 현재 지정된 색상을 표시합니다.
❹ **색상** : 색상 값을 입력하여 색상을 지정합니다.

　ⓐ **HSB** : 색상(Hue)과 채도(Saturation), 명도(Brightness)를 이용하여 색상을 표현합니다.
　ⓑ **RGB** : 빛의 3원색인 빨간색(Red)과 녹색(Green), 파란색(Blue)을 혼합하여 색상을 표현합니다.
　ⓒ **Lab** : 밝기(Lightness)와 더불어 a는 Red와 Green의 색상 정보, b는 Blue와 Yellow의 색상 정보를 나타냅니다.
　ⓓ **CMYK** : 청록색(Cyan), 자주색(Magenta), 노란색(Yellow), 검은색(Black)의 네 가지 채널로, 인쇄할 때 사용하는 색상 모드입니다.
　ⓔ **Web Color** : 16진수 코드로 색상을 지정합니다.

❺ **Add to Swatches** : 지정한 색상을 추가합니다.
❻ **Color Libraries** : 색상 차트별로 색상을 선택할 수 있습니다.

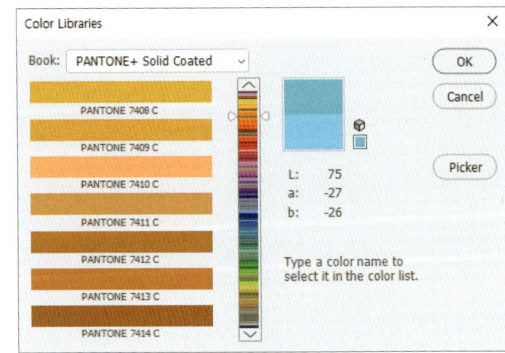

❷ 페인트 통 도구 사용하기

페인트 통 도구는 빠르게 색을 채우거나 패턴을 적용할 때 많이 사용하는 도구입니다. 페인트 통 도구를 이용해 색상을 채울 때 Tools 패널의 전경색을 기준으로 하며, 옵션바의 Fill Source를 'Pattern'으로 지정해 패턴을 채울 수도 있습니다.

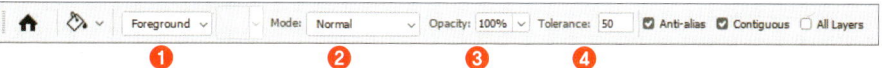

❶ **Fill Source** : 전경색으로 색을 채울지, 패턴으로 색을 채울지 선택합니다.

❷ **Mode** : 혼합 모드를 설정하는 옵션으로 색상이나 패턴 이미지를 채울 때 원본 이미지와의 혼합 형태를 지정합니다.

❸ **Opacity** : 색상이나 패턴의 불투명도를 지정하는 옵션으로 값이 작을수록 투명하게 적용됩니다.

Fill : Foreground(포토샵\05\German.png)

Fill : Foreground, Mode : Difference

Fill : Pattern

Fill : Pattern, Mode : Color Dodge

❹ **Tolerance** : 색상의 적용 범위를 설정하는 옵션으로 값이 클수록 비슷한 색상까지 선택되어 선택 범위가 넓어집니다.

Tolerance : 10

Tolerance : 40

❸ 색, 이미지, 패턴으로 선택 영역 채우기

Fill은 선택 영역을 색, 인접한 이미지, 패턴 등으로 채우는 기능입니다. 메뉴에서 [Edit] → Fill(Shift+F5)을 실행하면 표시되는 Fill 대화상자에서 색 또는 이미지, 블렌딩 모드, 불투명도를 지정하여 설정한 대로 채울 수 있습니다.

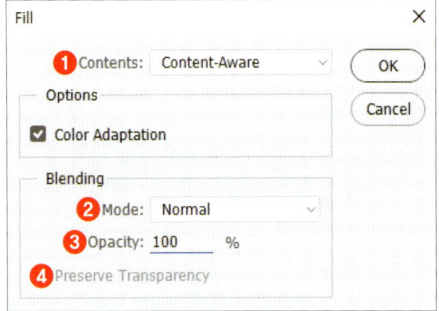

❶ **Contents** : 채우려는 색상을 지정하는 옵션입니다. 전경색, 배경색, 색, 패턴, 검은색, 흰색, 회색 등을 직접 선택할 수 있고, Content-Aware 기능도 이용할 수 있습니다. Content-Aware는 주로 넓은 영역에서 불필요한 부분을 없애고 자동으로 배경을 합성할 때 사용합니다.

❷ **Mode** : 지정된 색상과 이미지의 블렌딩 모드를 지정합니다.

❸ **Opacity** : 색상의 불투명도를 지정합니다.

❹ **Preserve Transparency** : 투명 영역을 유지하는 기능으로 투명 영역에는 색상이 채워지지 않습니다.

Content-Aware 옵션으로 관련 이미지를 채운 모습(포토샵\05\glass.png)

Color 옵션으로 색을 채운 모습

Water Pattern 옵션으로 물결 패턴을 채운 모습

50% Gray 옵션으로 색을 채운 모습

Quick 활용 　외곽선을 손상하지 않으면서 웹툰 채색하기

- 실습파일 : 포토샵\05\webtoon.png
- 완성파일 : 포토샵\05\webtoon_완성.jpg

페인트 통 도구를 이용하여 펜 선으로 그려진 인물 웹툰 이미지에 채색할 때 펜 선을 손상하지 않고, 색상을 채우는 방법에 대해 알아봅니다.

Before

After

01 포토샵 → 05 폴더에서 'webtoon.png' 파일을 불러옵니다. Layers 패널에서 'Create a new layer' 아이콘(□)을 클릭하여 색이 채워질 레이어를 생성합니다.

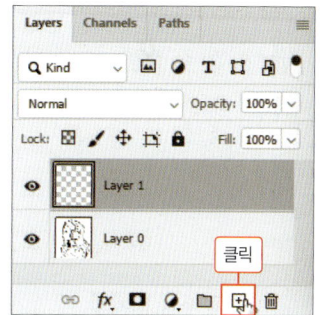

02 ❶ 옵션바의 'All Layers'를 체크 표시하고 ❷ 페인트 통 도구(◇)를 선택합니다.

TIP ✦
'All Layers'를 체크 표시하면 현재 선택된 레이어가 아니라 모든 레이어에서 데이터를 가져와 도구가 작동합니다. 예를 들어, 페인트 통 도구를 사용할 때 'All Layers'를 체크 표시하면, 다른 레이어의 이미지 데이터를 참고하여 색을 채웁니다.

03 캐릭터의 머리카락 색상을 지정하기 위해 ❶ 전경색을 클릭한 다음 Color Picker 대화상자에서 ❷ 색상을 각각 'R:253, G:176, B:132'로 설정하고 ❸ 〈OK〉 버튼을 클릭합니다.

04 Layers 패널에서 블렌딩 모드를 ❶ 'Linear Burn'으로 지정합니다. ❷ 머리카락 부분을 연속 클릭하여 색상을 채웁니다.

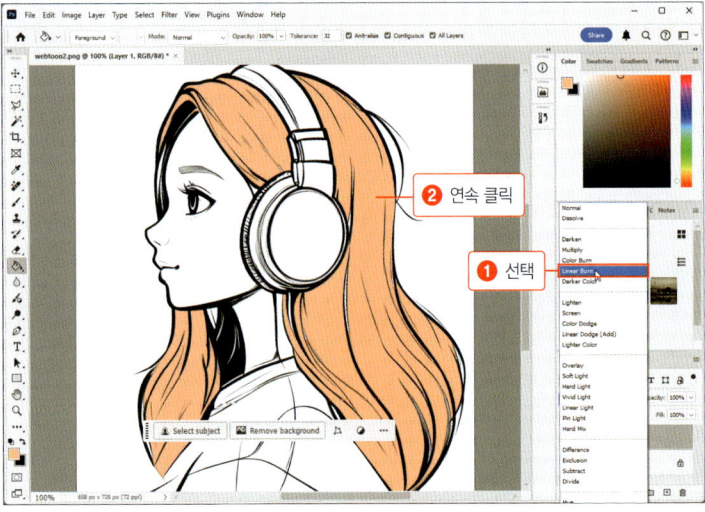

TIP ✦
'Linear Burn'은 두 레이어를 혼합하여 어두운 부분은 더 어둡게 표현하므로 색을 채워도 검은색 외곽선은 그대로 유지되는 것을 확인할 수 있습니다.

05 같은 방법으로 전경색을 '노란색'으로 지정한 다음 헤드폰과 의상에 색상을 채우고, 피부색을 지정하여 인물 채색을 완성합니다.

EASY 실습 — 선택 영역을 지정하여 Fill 기능으로 요소 삭제하기

• 실습파일 : 포토샵\05\swan.png
• 완성파일 : 포토샵\05\swan_완성.png

정확하게 선택 영역을 지정하여 해당 이미지를 제거하는 경우 Content-Aware 기능을 이용하면 손쉽게 이미지를 수정할 수 있습니다. 예제에서는 백조를 배경 이미지로 채워 감쪽같이 사라지게 수정해 봅니다.

Before

After

01 포토샵 → 05 폴더에서 'swan.png' 파일을 불러옵니다. ❶ 오브젝트 선택 도구(🔳)를 선택한 다음 ❷ 지우려는 백조 부분을 클릭하여 선택 영역으로 지정합니다.

> **TIP** ✦
> 불규칙한 형태의 선택 영역을 지정할 때 오브젝트 선택 도구(🔳)를 이용하면 손쉽게 선택할 수 있습니다. 잘못 선택했을 때는 Ctrl + D 를 눌러 선택 영역을 해제한 다음 다시 선택 영역을 지정합니다.

02 선택 영역을 확장하기 위해 메뉴에서 (Select) → Modify → Expand를 실행합니다. Expand Selection 대화상자가 표시되면 ❶ Expand By를 '5pixels'로 설정한 다음 ❷ 〈OK〉 버튼을 클릭합니다.

> **왜?** ✦
> 선택 영역이 지우려는 이미지 경계선에 딱 맞게 지정되면 이미지가 사라지면서 흔적이 남을 수 있습니다. 깔끔하게 이미지를 제거하려면 선택 영역을 여유 있게 지정해야 합니다.

03 선택 영역이 백조 바깥쪽으로 5픽셀 확장됩니다. 선택 영역으로 지정된 백조를 지우고, 지워진 영역에 배경을 채우기 위해 메뉴에서 (Edit) → Fill(Shift + F5)을 실행합니다.

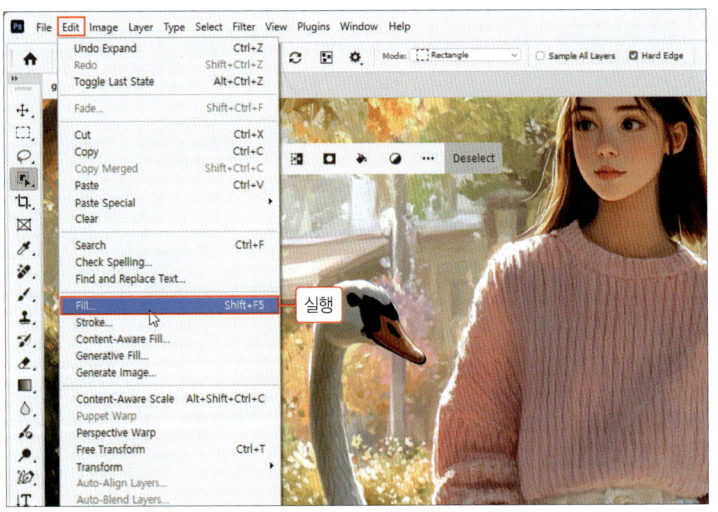

04 Fill 대화상자에서 ❶ Contents를 'Content-Aware'로 지정하고 ❷ 〈OK〉 버튼을 클릭합니다.

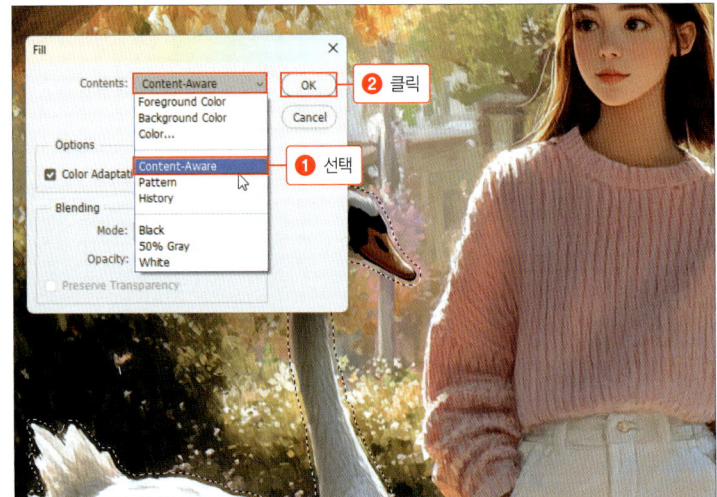

05 선택된 백조가 감쪽같이 지워지고 해당 영역에는 자동으로 배경이 채워졌습니다. Ctrl + D 를 눌러 선택 영역을 해제하고 작업을 마무리합니다.

EASY 실습 Contents-Aware Fill 기능으로 타투 지우기

• 실습파일 : 포토샵\05\tatoo2.png
• 완성파일 : 포토샵\05\tatoo2_완성.png

피부 복원은 AI를 이용한 이미지 생성 및 피부를 복제하여 지우는 방법도 있지만, 특정 영역을 선택 영역으로 지정하여 지우는 경우도 발생합니다. 예제에서는 원본을 유지하면서 Contents-Aware Fill 기능으로 인물 사진에서 타투 영역을 지정한 다음 기존의 피부 부분을 이식하듯이 복원해 봅니다.

Before

After

01 포토샵 → 05 폴더에서 'tatoo2.png' 파일을 불러옵니다. 삭제할 영역을 지정하기 위해 ① 올가미 도구(⌀)를 선택합니다. ② 타투 부분을 넉넉하게 드래그하여 선택 영역으로 지정합니다.

02 지우려는 영역이 선택되면 메뉴에서 (Edit) → Content-Aware Fill을 실행합니다.

왜? ↑
스탬프 도구를 이용하여 배경 이미지를 덧씌워 지울 수 있지만 예제처럼 복제할 영역에 머리카락이 있고, 타투 주변 피부 영역이 넓지 않을 경우에는 스탬프 도구를 사용하기 어렵습니다.

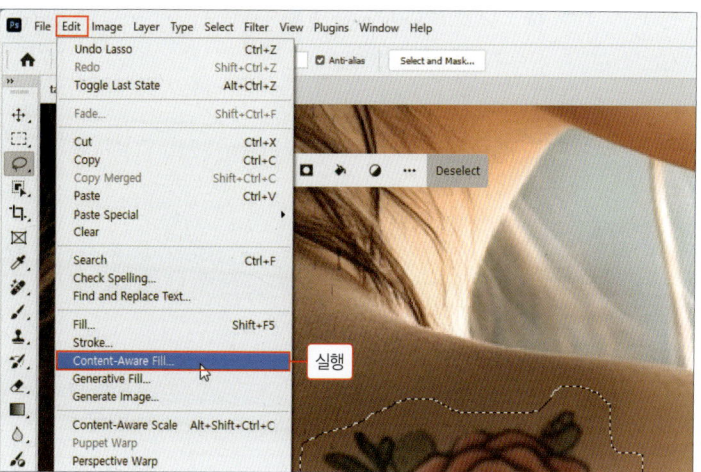

167

03 지워질 영역 이외의 부분은 그림과 같이 녹색으로 표시되고 오른쪽에는 원본 이미지가 표시됩니다. 자동으로 선택 영역의 타투 이미지가 지워집니다.

> **TIP** ✦
> 빈 영역을 자동으로 지정할 수 있는 기능으로 (Auto) 외에도 사각 형태로 지정하는 (Rectangular), 사용자가 임의로 드래그하는 방식인 (Custom)을 제공합니다. 예제에서는 (Auto) 사용을 권장합니다.

04 아직 타투의 흔적이 깨끗하게 지워지지 않은 것을 확인할 수 있습니다.

> **TIP** ✦
> 오른쪽 미리 보기 화면을 통해 삭제된 결과를 확인할 수 있습니다. 미리 보기 창 아래의 확대 비율을 높이면 세밀하게 결과 이미지를 확인할 수 있습니다.

05 타투 흔적을 깨끗하게 삭제하기 위해 ❶ Color Adaption을 'Very High'로 지정해서 타투가 완벽하게 지워지면 원본을 저장합니다. ❷ 결과물을 새 레이어로 만들기 위해 Out To를 'New Layer'로 지정하고 ❸ 〈OK〉 버튼을 클릭하여 완성합니다.

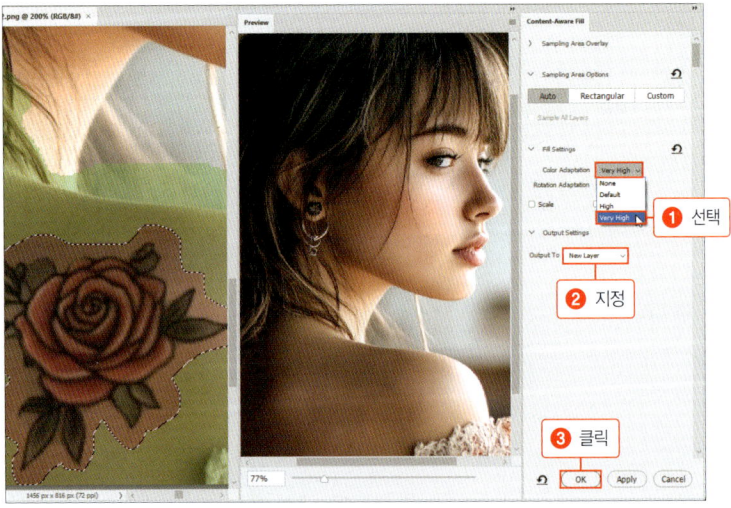

❹ 스마트한 그러데이션 사용하기

그레이디언트 도구(■)를 이용하면 색이 점진적으로 변하는 형태로 채울 수 있습니다. 그레이디언트 도구 옵션바에서는 다음과 같은 기능을 설정할 수 있습니다.

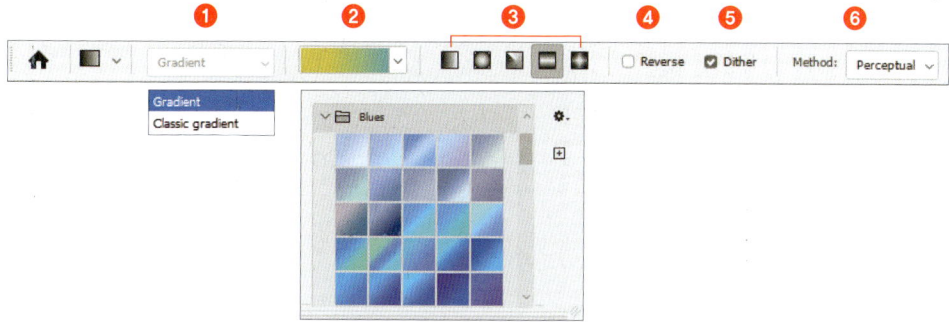

❶ **그러데이션 종류** : 기본 그러데이션과 클래식 그러데이션 기능을 선택합니다.

❷ **그러데이션 스타일** : 전경색과 배경색을 기준으로 그러데이션을 표현하거나 저장된 그러데이션 스타일 중 선택된 그러데이션을 선택합니다.

❸ **그러데이션 형태** : 선형(Linear)과 원형(Radial), 앵글(Angle), 리플렉트(Reflected), 다이아몬드(Diamond) 형태의 그레이디언트 도구를 아이콘으로 제공합니다.

❹ **Reverse** : 그러데이션 색상 단계를 반전합니다.

❺ **Dither** : 그러데이션 색상 단계를 부드럽게 표현합니다.

❻ **Method** : 그러데이션 표현 방식을 선택합니다.

　ⓐ **Perceptual** : 빛을 인식해 혼합하는 방식과 가장 근접하게 그러데이션을 표현합니다.

　ⓑ **Linear** : 자연광이 표시되는 방식에 더 가깝게 그러데이션을 표현합니다.

　ⓒ **Classic gradient** : 기존 그러데이션을 표시했던 것과 같은 방식으로 그러데이션을 표현합니다.

EASY 실습 그레이디언트 효과를 마음대로 변경하기

- 실습파일 : 포토샵\05\lighthouse.jpg
- 완성파일 : 포토샵\05\lighthouse_완성.psd

이전까지 이미지에 그레이디언트 효과를 적용하기 위해서는 반복 적용해야 하는 불편함이 있었습니다. 조절점을 이용해 한 번에 그레이디언트 효과를 적용하고 변경하는 방법을 알아봅니다.

01 포토샵 → 05 폴더에서 'lighthouse.jpg' 파일을 불러옵니다. ❶ 오브젝트 선택 도구(🖱)로 ❷ 등대와 지면이 포함되도록 드래그합니다.

02 하늘 부분을 선택 영역으로 지정하기 위해 ❶ Contextual Task Bar의 'Invert selection' 아이콘(🔲)을 클릭하여 반전합니다. ❷ 그레이디언트 도구(■)를 선택한 다음 ❸ 옵션바에서 원하는 형태의 그레이디언트를 선택합니다. 예제에서는 'Purples' – 'Purple22'를 선택했습니다.

03 ❶ 옵션바의 'Radial gradient(원형 그레이디언트)' 아이콘(🔲)을 클릭하고 ❷ 등대 부분을 클릭한 다음 그림과 같이 드래그해 그레이디언트 영역을 지정합니다. 선택된 그레이디언트 효과가 적용된 것을 확인할 수 있습니다.

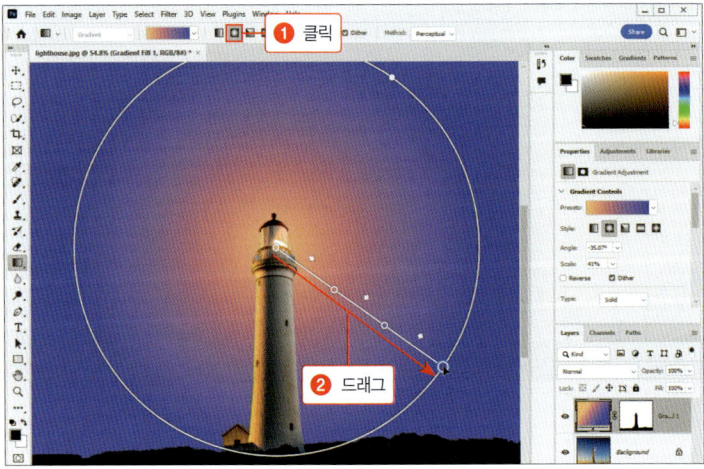

04 원형 조절점을 원의 안쪽으로 드래그할수록 색상 범위가 축소되며, 바깥쪽으로 드래그할수록 확장됩니다.

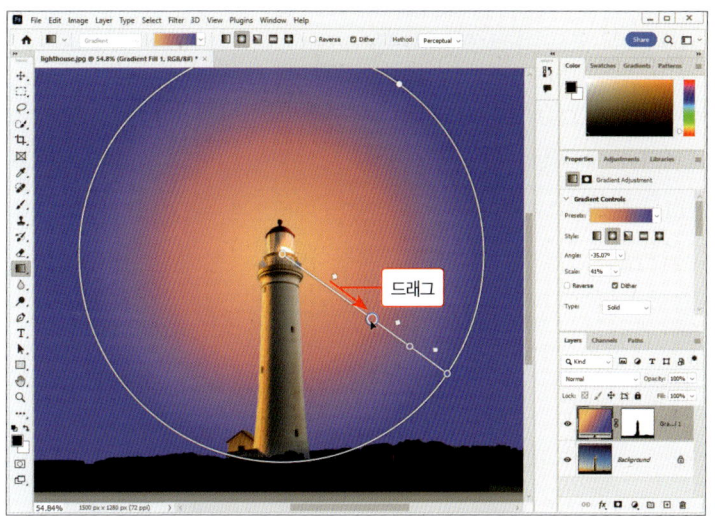

05 ❶ 그레디언트의 중간 조절점을 안쪽으로 약간 드래그합니다. ❷ 그레이디언트에서 가장 안쪽 조절점 색상을 변경하기 위해 가운데 조절점을 클릭한 다음 ❸ 마우스 오른쪽 버튼을 클릭한 상태에서 ❹ 색상 스펙트럼을 드래그하여 원하는 색상을 선택합니다.

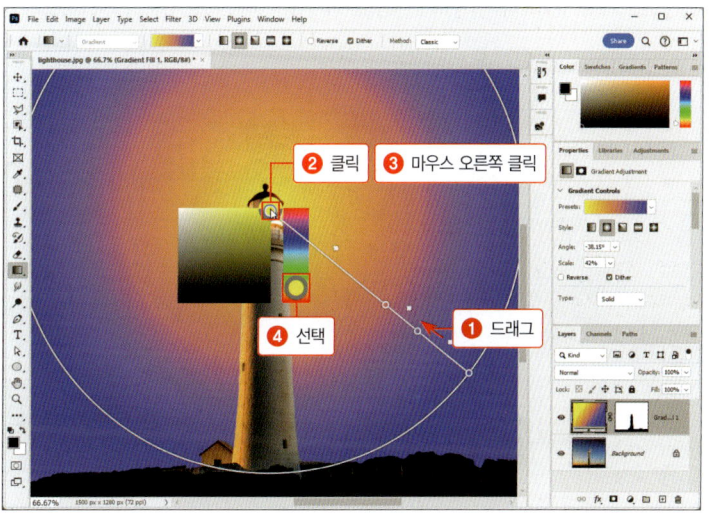

> **TIP ✦**
> 그레이디언트 조절점을 더블클릭하면 표시되는 Color Picker 대화상자에서 색상을 선택할 수도 있습니다.

> **TIP ✦**
> Properties 패널에서 그레이디언트 스타일 중 'Angle Gradient' 아이콘(■)을 클릭하면 그레이디언트 색상 설정이 유지된 상태로 스타일만 변경되는 것을 확인할 수 있습니다.

⑤ 패턴 등록하고 적용하기

이미지를 패턴으로 등록한 다음 단조로운 패턴의 단점을 보완해 원하는 형태로 이미지 패턴을 사용하는 방법에 대해서 알아봅니다.

이미지를 패턴으로 등록하기 위해서는 패턴으로 등록하려는 이미지를 불러오고 메뉴에서 (Edit) → Define Pattern을 실행하여 이미지를 등록합니다. 등록된 패턴은 Fill 명령으로 언제든지 불러와 사용할 수 있습니다.

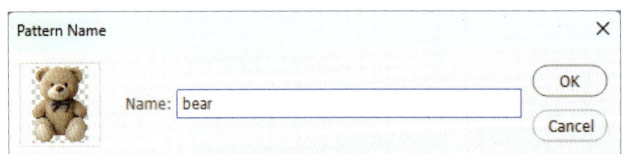

Pattern Name 대화상자에서 패턴 이름을 입력하여 패턴을 등록합니다.

패턴은 패턴 스탬프 도구(🖼)를 선택하고 옵션바에서 만든 패턴을 선택한 다음 드래그하면 부분적으로 적용할 수 있습니다. 또한 메뉴에서 (Edit) → Fill((Shift)+(F5))을 실행하고 Fill 대화상자에서 Contents를 'Pattern'으로 지정하면 패턴으로 사용할 수 있습니다.

등록한 패턴을 영역에 채우면 일정한 간격으로 배열되어 패턴화됩니다.

Brick Fill 기능을 이용하여 패턴의 크기나 간격, 색상과 밝기, 패턴 회전 각도를 변경할 수 있습니다.

> **TIP ✦**
> 포토샵에서 패턴을 이용해 반복적인 텍스처는 벽지, 직물, 웹 배경 등을 디자인할 때 간단하게 제작할 수 있습니다. 패턴을 등록하면 특정 영역에 일일이 그림을 그리지 않고도 효과적으로 디자인에 반복 무늬를 넣을 수 있습니다.

EASY 실습 | 나비를 패턴화하여 이미지 채우기

· 실습파일 : 포토샵\05\yellow.png, butterfly.png
· 완성파일 : 포토샵\05\yellow_완성.png

패턴을 이용하면 비교적 넓은 영역을 자연스럽게 반복된 이미지로 채울 수 있습니다. 예제에서는 인물 사진에 나비 패턴을 적용해 봅니다.

01 포토샵 → 05 폴더에서 이미지로 사용할 'yellow.png' 파일과 패턴으로 만들 'butterfly.pug' 파일을 불러옵니다. 먼저 나비를 패턴 이미지로 등록하기 위해 메뉴에서 (Edit) → Define Pattern을 실행합니다.

02 Pattern Name 대화상자가 표시되면 ❶ Name에 패턴 이름을 입력한 다음 ❷ 〈OK〉 버튼을 클릭합니다.

03 인물 사진에 나비 패턴을 채우기 위해 메뉴에서 (Edit) → Fill(Shift + F5))을 실행합니다. Fill 대화상자에서 ❶ Contents를 'Pattern'로 지정합니다. ❷ Custom Pattern에서 팝업 아이콘을 클릭한 다음 ❸ 등록한 나비 패턴을 선택하고 ❹ 〈OK〉 버튼을 클릭합니다.

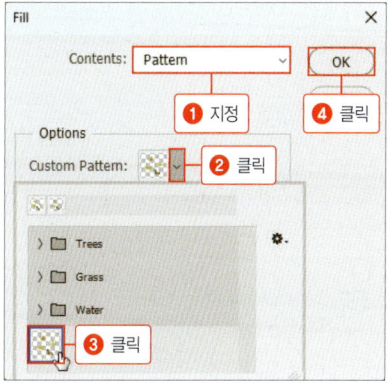

04 ❶ 'Script'를 체크 표시한 다음 ❷ 'Brick Fill'로 지정하고 ❸ 〈OK〉 버튼을 클릭합니다.

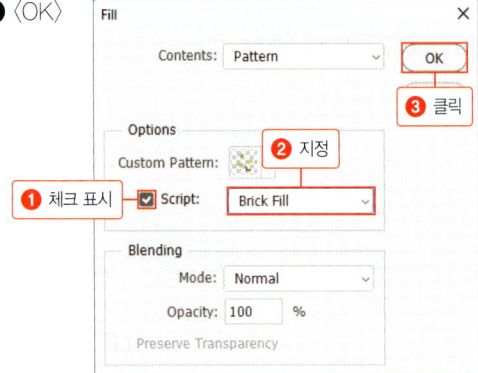

05 Brick Fill 대화상자가 표시되면 패턴 크기와 간격, 각도를 조정할 수 있습니다. 예제에서는 패턴을 회전하기 위해 ❶ Pattern rotate angle을 '-50degrees'로 설정한 다음 ❷ 〈OK〉 버튼을 클릭합니다.

> **TIP ✧**
> Pattern Scale은 패턴 크기를 지정하므로 값이 클수록 패턴 크기도 커집니다. Color randomness는 패턴 색상을 임의로 변경합니다. Pattern rotate angle은 설정한 각도에 따라 패턴이 회전합니다.

06 인물 사진 위에 나비 패턴이 적용된 것을 확인할 수 있습니다.

Quick 활용 > 잘라도 완벽한 패턴 이미지 만들기

• 실습파일 : 포토샵\05\Package.psd
• 완성파일 : 포토샵\05\Package_완성.psd

패턴 이미지를 만들 때 경계 영역의 간격을 맞추기는 쉽지 않습니다. 이때 패턴 미리 보기 기능을 이용하면 경계 영역 밖의 패턴을 미리 보면서 연속되는 패턴 이미지를 구성할 수 있습니다. 여러 개의 패턴 이미지를 연속 출력하여 붙일 경우 자연스럽게 배열될 수 있도록 패턴 이미지를 만들어 봅니다.

01 포토샵 → 05 폴더의 'Package .psd' 파일을 불러옵니다. 메뉴에서 (View) → Pattern Preview를 실행합니다. 스마트 오브젝트일 때 가장 좋은 결과가 나온다는 메시지 창이 표시되면 〈OK〉 버튼을 클릭합니다.

02 패턴 이미지 경계선과 경계 영역 밖에도 패턴이 표시됩니다. 현재 곰 이미지의 배치는 비정형적인 배열로 구성되어 있습니다.

03 이동 도구(⊕)를 선택하고 패턴 요소를 드래그하여 규칙적으로 위치를 변경합니다. 진한 갈색의 곰을 재단선 모서리 부분에 위치하면 전체 패턴으로 이동되는 것을 확인할 수 있습니다. 같은 방법으로 다른 곰들도 이동해 규칙적인 배열을 만들어 패턴 배열을 완성합니다.

TIP ✦
곰을 선택하면 규칙적인 배열을 돕는 가이드라인이 표시되어 가로/세로 간격을 일정하게 배치할 수 있습니다.

LESSON 09 쉽지만 놀라운 색상 보정의 정석

EASY 실습 색상 자동 보정하기

• 실습파일 : 포토샵\05\bulldog.png
• 완성파일 : 포토샵\05\bulldog_완성.png

포토샵의 자동 보정 기능을 이용하면 별도의 기능을 이용하지 않아도 간단하게 색상을 보정할 수 있습니다. 예제에서는 왜곡된 이미지 색상을 Auto Color 명령으로 보정해 봅니다.

Before

After

01 포토샵 → 05 폴더의 'bulldog.png' 파일을 불러옵니다. 빛바랜 듯한 사진의 색상을 보정하기 위해 메뉴에서 (Image) → Auto Color(Shift+Ctrl+B)를 실행합니다.

02 이미지가 자동으로 보정되어 최적의 색상이 적용되었습니다.

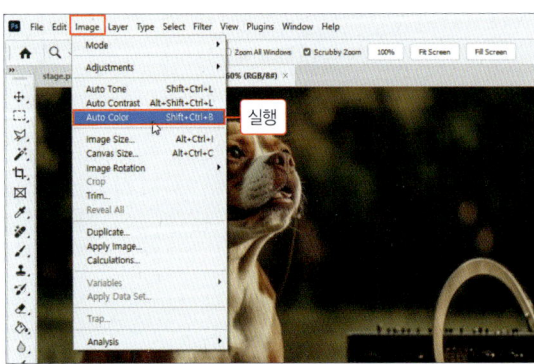

왜? ✧
Auto Color 기능은 많은 사진을 빠르게 보정할 때 사용합니다. 빨리 보정할 수 있는 만큼 완벽하게 색상을 보정하기는 어렵습니다.

TIP ✧
Auto Color는 Adjust lighting 기능과 비슷합니다. 메뉴에서 (Help) → Photoshop Help를 실행하여 'Adjust lighting'을 선택하면 Camera Raw를 이용해 자동으로 보정됩니다.

EASY 실습 조정 브러시 도구로 보면서 이미지 보정하기

- 실습파일 : 포토샵\05\seen2.png
- 완성파일 : 포토샵\05\seen2_완성.png

조정 브러시 도구를 이용하면 특정 부분을 브러시로 드래그하는 방식으로 이미지를 보정할 수 있습니다. 직접 이미지를 보면서 특정 부분만 보정하여 섬세하게 보정할 수 있는 장점이 있습니다.

Before

After

01 포토샵 → 05 폴더에서 어두운 이미지인 'seen2.png' 파일을 불러옵니다. 특정 부분만 보정하기 위해 ❶ 조정 브러시 도구(🖌)를 선택한 다음 옵션바에서 ❷ 브러시 크기를 '100px'로 설정하고 ❸ 헬멧 부분을 그림과 같이 드래그합니다.

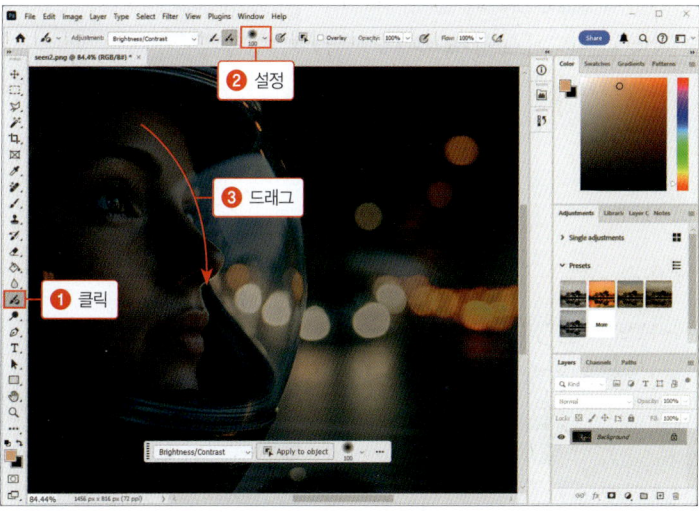

왜? ✧
Contrast를 설정하면 이미지를 선명하게 만들지만 중간 톤을 사라지게 하여 세밀한 부분이 표현되지 않을 수도 있습니다.

02 Properties 패널에서 Brightness를 '120'으로 설정합니다. 그림과 같이 조정 브러시 도구로 드래그한 인물과 헬멧 부분이 밝게 보정된 것을 확인할 수 있습니다.

177

03 인물 이미지가 밝게 보정된 반면에 대비가 강해졌으므로 대비를 줄이기 위해 Contrast를 '-40'으로 설정합니다.

04 Contextual Task Bar에서 ❶ 'Affected areas' 아이콘(🔲)을 클릭하면 드래그한 보정 효과가 적용된 영역이 표시됩니다. ❷ 자동차 불빛과 가로등 불빛을 추가로 드래그하여 영역을 추가합니다.

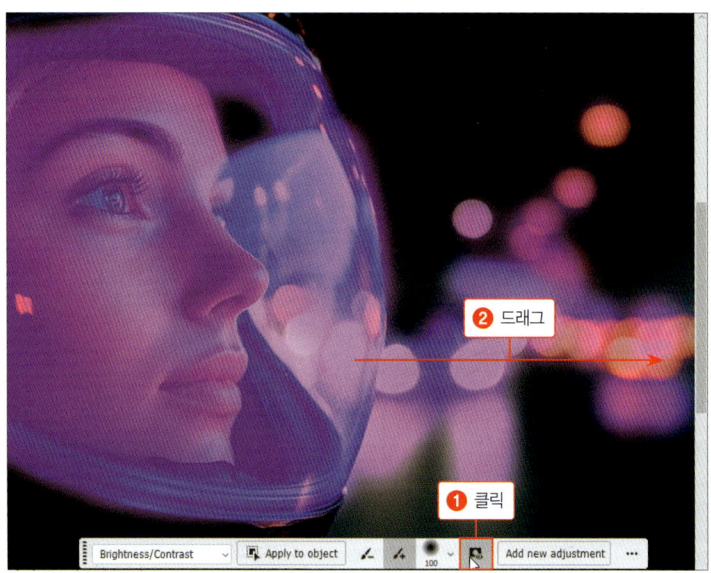

05 'Affected areas' 아이콘(🔲)을 클릭하여 영역 표시를 해제하면 보정된 이미지를 확인할 수 있습니다.

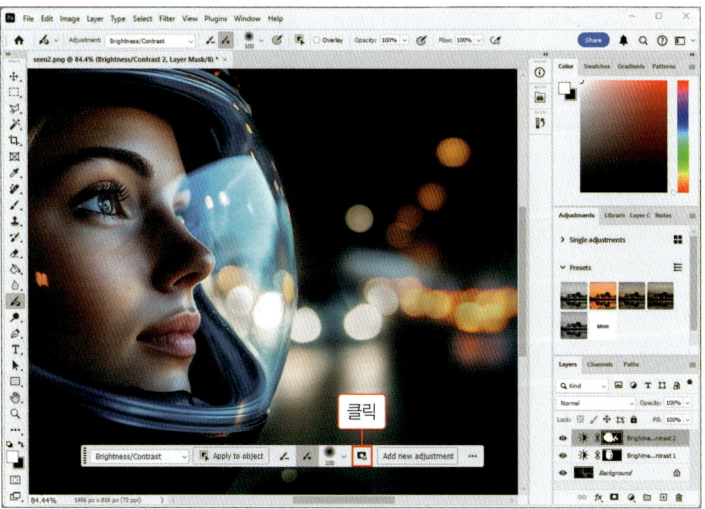

❶ 특정 톤의 명도와 대비 조절하기

Levels 기능은 이미지의 명도와 대비를 조절하며 주로 색상을 풍부하게 보정할 때 이용합니다. 밝은 부분과 중간 부분, 어두운 부분을 나눠 보정할 수 있는 장점이 있습니다.

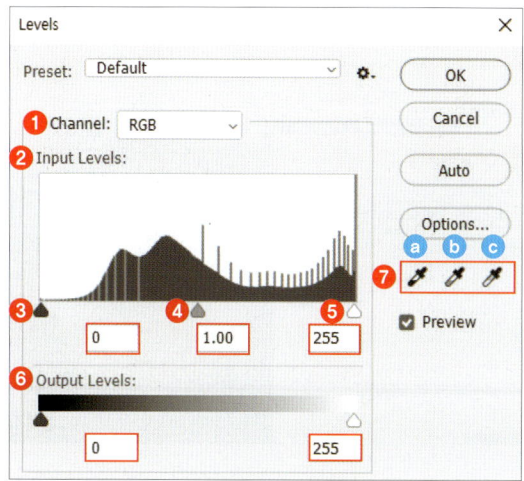

TIP

Levels 대화상자에서는 이미지를 히스토그램이라는 그래프로 표시합니다. 히스토그램이 오른쪽으로 치우치면 밝은 이미지, 왼쪽으로 치우치면 어두운 이미지로 예측할 수 있습니다. 전반적으로 골고루 분포한 그래프일 경우에는 적정한 명도와 대비로 구성된 이미지입니다.

❶ **Channel** : 작업할 채널을 선택합니다.

❷ **Input Levels** : Shadows, Midtones, Highlights 값을 설정하여 색상 대비를 조절합니다.

❸ **그림자 톤 영역** : 가장 어두운 그림자 색조 영역을 조절합니다.

❹ **중간 톤 영역** : 중간 톤 밝기의 색조 영역을 조절합니다.

❺ **하이라이트 톤 영역** : 가장 밝은 색조 영역을 조절합니다.

❻ **Output Levels** : 이미지의 전체 명도를 조절합니다.

❼ **스포이트** : 이미지에서 톤을 선택하여 보정합니다.

ⓐ **Set Black Point** : 클릭한 지점보다 어두운 픽셀은 모두 어두워집니다.

ⓑ **Set Gray Point** : 클릭한 지점의 명도를 이미지 전체의 중간 명도로 설정하여 중간 톤을 만듭니다.

ⓒ **Set White Point** : 클릭한 지점보다 밝은 픽셀은 모두 밝아집니다.

Shadows : 0, Midtones : 1

Midtones : 1.55, Highlight : 210

Quick 활용 | 이미지의 하이라이트와 미드, 섀도 톤 보정하기

• 실습파일 : 포토샵\05\level.png
• 완성파일 : 포토샵\05\level_완성.png

밝기와 명암을 조절하여 전체적인 이미지의 분위기와 디테일을 향상하기 위하여 Levels 기능을 이용합니다. 예제에서는 인물 사진에서 밝은 부분과 중간 톤 부분을 조정하여 보정해 봅니다.

01 포토샵 → 05 폴더에서 'level. png' 파일을 불러옵니다. 이미지의 밝은 부분과 중간 부분, 어두운 부분의 색조가 전반적으로 약해 다소 어둡고 밋밋한 이미지가 표시됩니다. 보정을 위해 메뉴에서 (Image) → Adjustments → Levels(Ctrl+L)를 실행합니다.

02 Levels 대화상자에서 가운데 미드 탭을 왼쪽으로 드래그합니다. 예제에서는 '1.70'로 설정했습니다. 이미지의 중간 톤이 밝게 표시됩니다.

TIP ✦
히스토그램의 오른쪽 끝부분을 보면 그래프가 표시되지 않은 부분을 확인할 수 있습니다. 탭을 히스토그램이 표시된 부분으로 드래그만 해도 균형 잡힌 사진으로 보정할 수 있습니다.

03 ❶ 왼쪽 섀도 탭을 오른쪽으로 살짝 드래그하여 어두운 부분을 좀 더 어둡게 조절하고, ❷ 오른쪽 하이라이트 탭을 왼쪽으로 약간 드래그합니다. 예제에서는 각각 '10', '231'로 설정했습니다. 이미지가 밝고, 대비가 증가되어 선명하게 보정되었습니다. ❸ 〈OK〉 버튼을 클릭하여 마무리합니다.

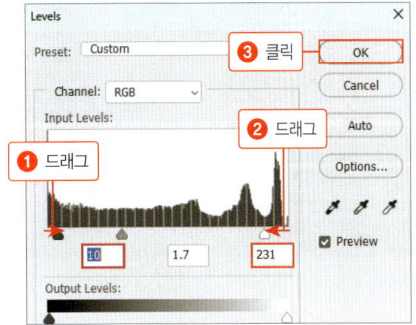

❷ 명도와 대비를 조절하여 사진에 강약주기

Curves는 이미지의 명도와 대비를 조절하는 기능으로 Curves 대화상자의 곡선을 드래그해 조절할 수 있습니다. 곡선 위치에 따라 이미지의 Highlights, Midtones, Shadows 영역이 구분되면서 보정됩니다.

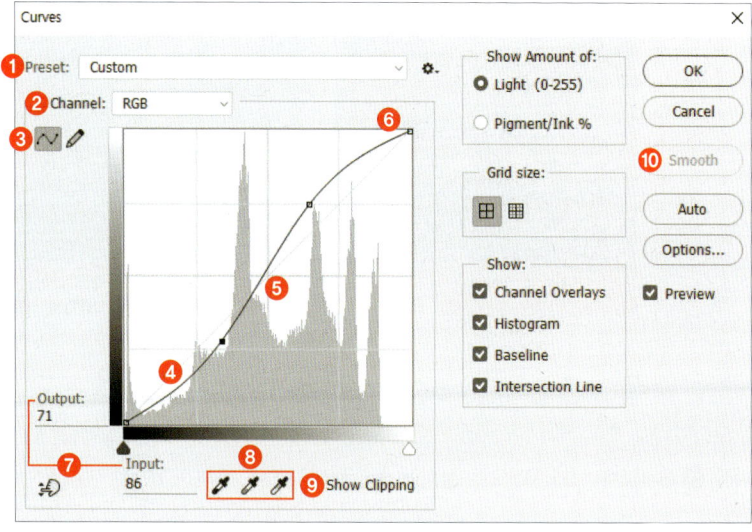

TIP
곡선의 기울기가 가파르면 대비가 강해지고, 완만하면 대비가 약해집니다. 또한 중간 부분을 올리면 중간 밝기 영역을 중심으로 이미지가 밝게 보정되며, 중간 부분을 내리면 어둡게 보정됩니다. 만약 'S'자 형태로 곡선을 수정하면 밝은 곳은 더 밝게, 어두운 곳은 더 어둡게 표현됩니다.

❶ **Preset** : 미리 설정한 값으로 이미지를 보정할 수 있습니다.

❷ **Channel** : 작업할 채널을 선택할 수 있습니다. 기본 값은 'RGB'입니다.

❸ **곡선, 직선 아이콘** : 곡선 또는 직선을 이용하여 보정합니다.

❹ **Shadows 포인트** : 어두운 영역을 대상으로 조절합니다.

❺ **Midtones 포인트** : 중간 명도 영역을 대상으로 조절합니다.

❻ **Highlights 포인트** : 밝은 영역을 대상으로 조절합니다.

❼ **Output, Input** : 값이 표시되며 기준점을 만든 다음에는 직접 보정 값을 설정할 수 있습니다.

❽ **스포이트** : 이미지에서 톤을 선택하여 보정합니다.

❾ **Show Clipping** : Curves 대화상자에 표시될 요소를 선택할 수 있습니다.

❿ **Smooth** : 직선으로 보정할 때 이용하는 버튼으로 직선 보정 작업을 부드럽게 처리하는 기능입니다.

커브선을 아래로 내려 어둡게 보정

커브선을 위로 올려 밝게 보정

EASY 실습 | 채도를 조절하여 생동감 있는 사진 만들기

• 실습파일 : 포토샵\05\car.jpg
• 완성파일 : 포토샵\05\car_완성.jpg

Vibrance 기능을 이용하면 채도가 낮은 이미지 색상을 생생하게 표현할 수 있습니다. 예제에서는 사진을 생동감 있는 색상으로 연출해 보겠습니다.

Before

After

01 포토샵 → 05 폴더에서 'car.jpg' 파일을 불러옵니다. 사진 부분만 보정하기 위해 ❶ 사각형 선택 도구(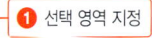)로 사진 부분만 드래그하여 선택 영역으로 지정합니다. 메뉴에서 (Image) → Adjustments → Vibrance를 실행합니다. Vibrance 대화상자에서 채도를 높이기 위해 ❷ Saturation을 '60'으로 설정합니다. 이미지 채도가 높아지면서 생기 있는 색상으로 보정됩니다.

❶ 선택 영역 지정

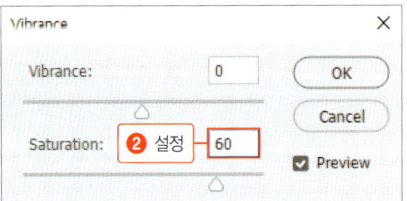

02 ❶ Vibrance를 '60'으로 설정하여 좀 더 생기 있는 색상으로 보정한 다음 ❷ 〈OK〉 버튼을 클릭합니다.

TIP
Vibrance 값을 지나치게 높이면 인위적인 색상으로 보일 수 있으므로 과하게 적용하지 않도록 주의합니다.

EASY 실습 | 색상과 채도를 마음대로 보정하기

- 실습파일 : 포토샵\05\dancing.png
- 완성파일 : 포토샵\05\dancing_완성.png

Hue/Saturation은 색의 3요소인 색상, 채도, 명도를 일괄적으로 조절할 때 사용하는 기능으로, 색상을 교체할 때 이용하면 편리합니다.

01 포토샵 → 05 폴더에서 'dancing.png' 파일을 불러옵니다. 이미지 색상을 변경하기 위해 메뉴에서 (Image) → Adjustments → Hue/Saturation(Ctrl+U)을 실행합니다.

02 Hue/Saturation 대화상자가 표시되면 'Hue' 슬라이더를 드래그하여 색상을 변경할 수 있습니다. Hue를 '40'으로 설정하면 옷 색상이 노란색으로 변경됩니다.

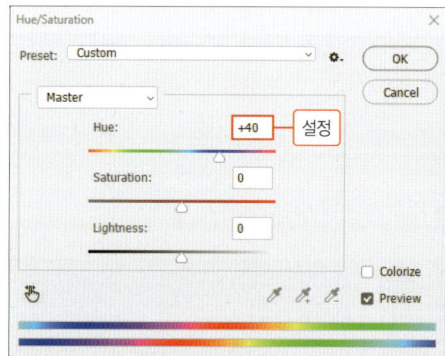

03 ❶ Hue를 '-140', Saturation을 '90'으로 설정하면 옷 색상이 파란색으로 변경됩니다. 이때 Saturation 슬라이더를 오른쪽으로 드래그할수록 채도가 높아집니다. ❷ 〈OK〉 버튼을 클릭합니다.

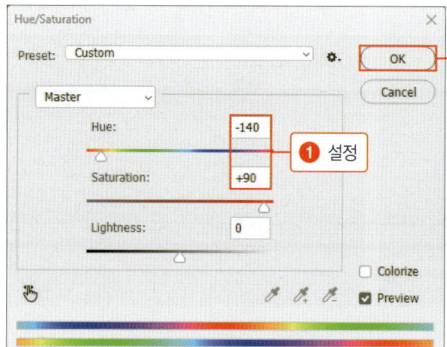

LESSON 10 > 디테일하거나 크리에이티브한 색상 보정

❶ 색상 균형 조절하기

Color Balance는 주로 사진에 색감을 추가하거나 색다르게 변화시킬 때 색감을 더하고 강조할 수 있습니다.

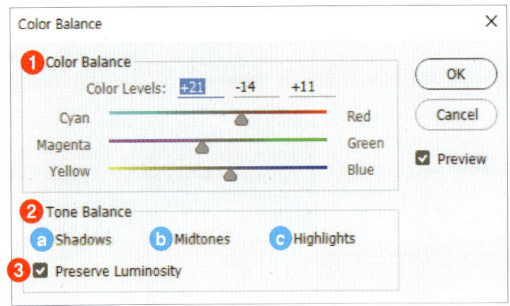

TIP
Color Balance 기능은 이미지에서 특정 색상의 보색 관계에 있는 색상을 강화해 전체적으로 색상 톤의 균형을 조정할 수 있는 기능입니다. Cyan의 보색 관계인 Red, Magenta의 보색 관계인 Green, Yellow의 보색 관계인 Blue로 구성해 슬라이더를 드래그하여 색 균형을 조정할 수 있습니다.

❶ **Color Balance** : 슬라이더를 이용하여 색상을 더하거나 뺍니다.

❷ **Tone Balance** : 작업이 적용될 영역을 지정합니다.

　ⓐ **Shadows** : 어두운 부분에 색상을 추가합니다.

　ⓑ **Midtones** : 중간 톤 부분에 색상을 추가합니다.

　ⓒ **Highlights** : 밝은 부분에 색상을 추가합니다.

❸ **Preserve Luminosity** : 원본 이미지의 명도를 유지한 상태로 색감을 더하거나 뺄 수 있습니다.

원본 이미지

Green, Yellow 톤을 추가한 이미지

Red, Magenta 톤을 추가한 이미지

❷ 흑백 이미지로 전환하기

Black & White는 이미지를 흑백으로 전환할 때 사용하며 임의로 검은색과 흰색 부분을 지정할 수 있습니다. 세피아 톤을 만들거나 빨간색 채널을 흰색으로 표시할 수도 있어 독특한 색감의 흑백 사진을 만들 때 사용하면 좋습니다.

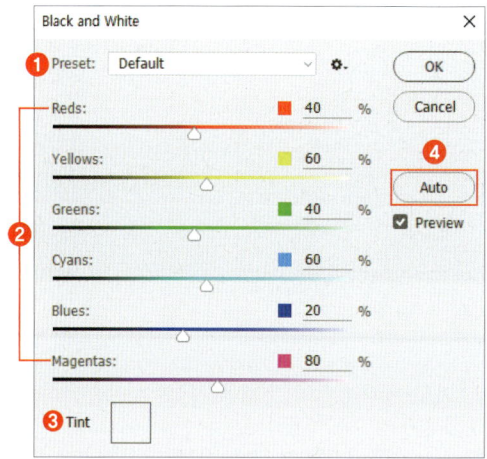

❶ **Preset** : 포토샵에서 제공하는 프리셋을 이용합니다.

❷ **색상 채널별 슬라이더** : 채널별로 필터링할 수 있습니다.

❸ **Tint** : 흑백 이미지에 색상을 추가해 세피아 톤 이미지를 만들 수 있습니다.

❹ **Auto** : 최적의 흑백 이미지를 만듭니다.

특히 인물의 흑백 사진을 만들 때 피부는 Red 값을 기준으로 보정되므로, Red 값이 낮을수록 피부 톤이 어둡게, 높을수록 피부 톤이 밝게 보정됩니다.

원본 이미지(포토샵\05\stage.png)

Blue 값을 '180'으로 증가시킨 이미지

Cyans 값을 '-190'으로 낮춘 이미지

Blue와 Cyan 값을 각각 '170'으로 증가시킨 이미지

❸ 채도와 노출 상태 조절하기

Desaturate는 원본 이미지에서 색상을 감소시켜 흑백으로 전환하는 기능입니다. 채도만 제거하므로 색상 속성은 남아 있어 색을 더할 수 있습니다.

원본 이미지

채도가 제거되어 변경된 흑백 이미지

Shadows/Highlights는 노출이 부족한 부분은 밝게 보정하고, 과도한 부분은 어둡게 보정할 수 있습니다.

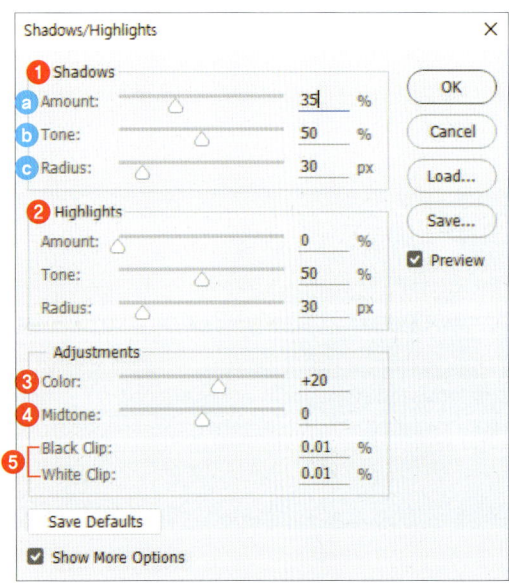

❶ **Shadows** : 어두운 영역의 세부 묘사를 개선합니다.
　ⓐ **Amount** : 해당 영역의 수정할 양을 제어합니다.
　ⓑ **Tone** : 해당 영역의 색조 범위를 조절합니다.
　ⓒ **Radius** : 각 픽셀 주위의 픽셀 크기를 제어합니다. 값이 작을수록 작은 영역이 지정되고, 값이 클수록 큰 영역이 지정됩니다.
❷ **Highlights** : 밝은 영역의 세무 묘사를 개선합니다.
❸ **Color** : 회색 음영 이미지의 명도를 조절합니다.
❹ **Midtone** : 중간 색조 대비를 조절합니다.
❺ **Black Clip, White Clip** : 최대 어두운 영역과 최대 밝은 영역을 얼마만큼 클리핑할지 지정합니다. 값이 크면 이미지 대비도 커집니다.

원본 이미지

Shadows – Amount : 100

Adjustments – Midtone : 100

EASY 실습 | 보정 스타일을 확인하면서 색 보정하기

· 실습파일 : 포토샵\05\action.jpg
· 완성파일 : 포토샵\05\action_완성.jpg

Adjustments 패널에서는 원하는 보정 스타일을 직접 확인하면서 사진을 보정할 수 있습니다. 보정 스타일을 분류별 섬네일 아이콘 형태로 제공하므로 마우스 커서를 위치시키거나 클릭해 보정하는 방법을 알아봅니다.

01 포토샵 → 05 폴더에서 'action.jpg' 파일을 불러옵니다. Adjustments 패널을 표시하면 보정 스타일이 섬네일 아이콘 형태로 나타납니다.

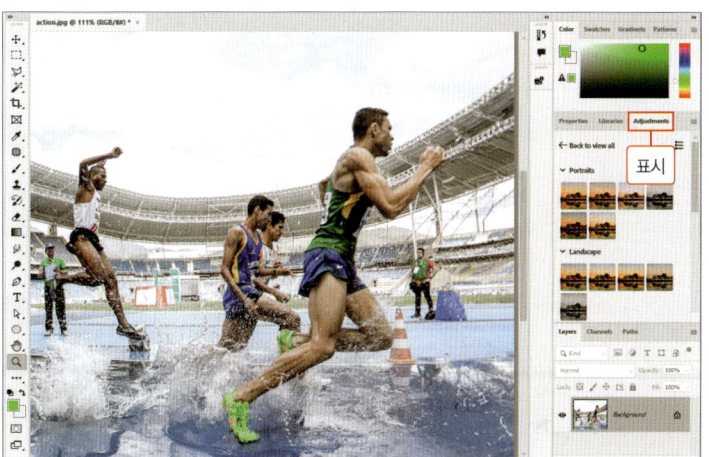

02 Adjustments 패널에서 'Portraits' – 'Sunshine' 위로 마우스 커서를 위치하면 이미지에 조명 효과가 적용되는 것을 확인할 수 있습니다. 'Sunshine'을 선택해 보정 효과를 적용합니다.

TIP ✛
연속으로 보정 섬네일을 클릭할수록 효과가 연속 적용되어 강한 보정 효과를 얻을 수 있습니다.

03 'Cinematic' – 'Soft_Sepia'를 선택하여 갈색 세피아 톤 색감으로 이미지를 보정합니다.

> **EASY 실습**　원본은 그대로! 원하는 대로 보정 편집하기

· 실습파일 : 포토샵\05\baseball2.jpg
· 완성파일 : 포토샵\05\baseball2_완성.jpg

보정 레이어를 이용해 원본 이미지를 유지한 상태에서 특정 부분의 색상을 보정할 수 있습니다. 보정 레이어의 장점을 살려 다양한 보정 효과를 추가하거나 제거하는 방법을 알아봅니다.

01 포토샵 → 05 폴더에서 'baseball2.jpg' 파일을 불러옵니다. ❶ 빠른 선택 도구( )로 ❷ 붉은색 유니폼을 드래그하여 선택 영역으로 지정합니다. 보정 레이어를 만들기 위해 Layers 패널에서 ❸ 'Create new fill or adjustment layer' 아이콘( )을 클릭하고 ❹ 'Hue/Saturation'을 선택합니다.

02 Layers 패널에 'Hue/Saturation' 보정 레이어가 만들어집니다. Properties 패널에서 Hue를 '45'로 설정하면 선택 영역으로 지정했던 붉은색 유니폼이 노란색으로 변경됩니다.

03 추가로 보정 레이어를 만들기 위해 Layers 패널에서 ❶ 'Create new fill or adjustment layer' 아이콘(　)을 클릭하고 ❷ 'Vibrance'를 선택합니다.

04 Layers 패널에 'Vibrance' 보정 레이어가 만들어집니다. Properties 패널에서 Vibrance를 '100', Saturation을 '30'으로 증가시켜 전체 이미지의 채도를 높여 완성합니다.

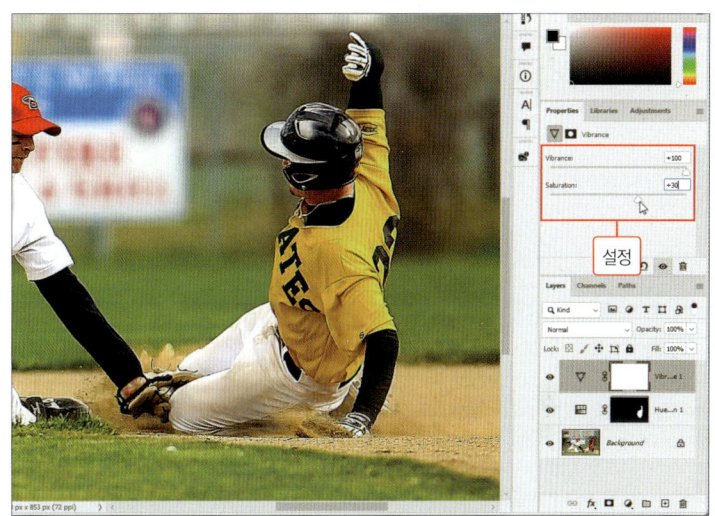

TIP ✦

Layers 패널의 'Hue/Saturation' 보정 레이어에서 '눈' 아이콘(　)을 클릭하여 비활성화하면, 노란색 유니폼으로 보정된 효과가 없어집니다. 보정 레이어의 '눈' 아이콘(　)을 클릭하여 비활성화하거나 'Delete(휴지통)' 아이콘(　)으로 드래그하면 보정 전의 원본 이미지로 되돌립니다.

Part 06

메시지의
시각적 전달을 위한
맞춤 문자 디자인하기

Adobe Firefly   20/25

| Text | Typography | Warped Text |

PHOTOSHOP
+ILLUSTRATOR CC 2025

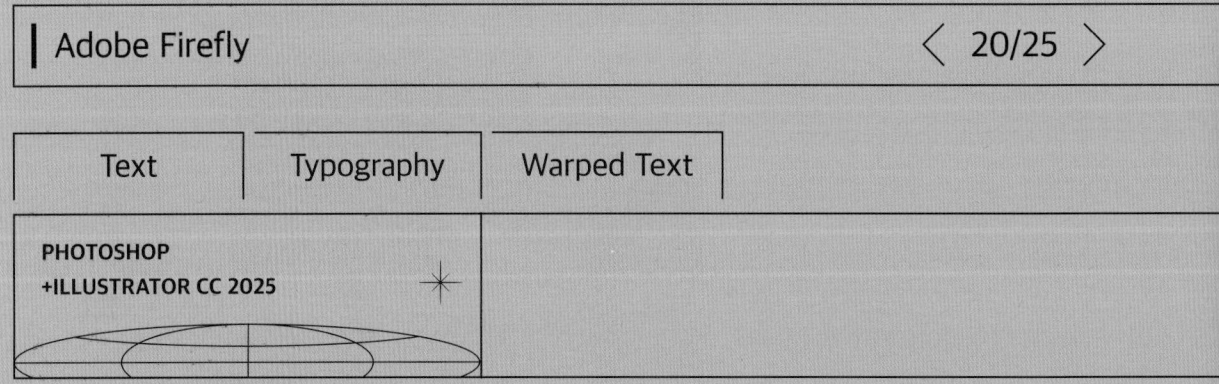

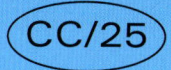

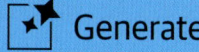

LESSON 11 · 초간단 입력부터 맞춤형 문자 입력 방법

❶ 문자 도구 종류 알아보기

가로쓰기 문자 도구 알아보기

가로쓰기 문자 도구(T)를 이용하면 문자를 가로 방향으로 입력할 수 있습니다. 이 책에서는 간편하게 문자 도구로 설명합니다.

세로쓰기 문자 도구 알아보기

세로쓰기 문자 도구(IT)를 이용하면 문자를 세로 방향으로 입력할 수 있습니다.

세로쓰기 선택 영역 문자 도구 알아보기

세로쓰기 선택 영역 문자 도구(IT)를 이용하면 세로로 문자 형태의 선택 영역이 지정됩니다.

가로쓰기 선택 영역 문자 도구 알아보기

가로쓰기 선택 영역 문자 도구(T)를 이용하면 가로로 문자 형태의 선택 영역이 지정됩니다. 일반 문자 도구와 입력 방식은 같지만 실제로 문자가 입력되지 않고 문자 형태의 마스크가 만들어집니다.

가로쓰기 문자 도구로 입력한 모습

세로쓰기 문자 도구로 입력한 모습

가로쓰기 선택 영역 문자 도구로 입력한 모습

입력을 마치고 선택 영역으로 지정된 모습

❷ 입력을 위한 패널과 옵션바 사용하기

Character 패널 – 문자 다루기

문자를 입력하고 문자 레이어를 선택하거나 문자의 일부를 드래그하여 선택한 다음 Character 패널을 표시하면 선택한 레이어의 문자 또는 드래그하여 선택한 일부 문자에 글꼴, 크기, 자간 등의 스타일을 지정할 수 있습니다. Character 패널의 주요 기능은 문자 도구 옵션바에서도 이용할 수 있습니다.

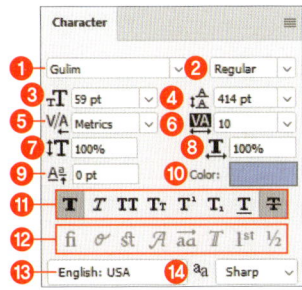

❶ 글꼴(Font) : 적용 중인 글꼴 이름이 표시되고 사용할 글꼴을 지정할 수 있습니다.

❷ 글꼴 스타일(Font Style) : 글꼴 스타일을 선택하며 이탤릭체, 볼드체 등을 지정할 수 있습니다.

❸ 글자 크기(Size) : 글자 크기를 설정할 수 있습니다. 직접 값을 입력하거나 마우스 커서를 좌우로 드래그하여 글자 크기를 설정합니다.

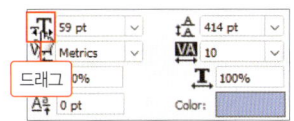

❹ 행간(Leading) : 입력한 문장의 행과 행 간격을 설정하는 옵션입니다. 너무 가까우면 답답해 보이고 읽기 어려우며, 너무 멀리 떨어져 있으면 의미를 파악할 때 방해될 수 있으므로 문자 크기에 따라 적당하게 설정합니다.

Leading : Auto

Leading : 10

❺ 커닝(Kerning) : 커서가 위치한 지점의 양쪽 문자 간격을 설정합니다.

❻ 자간(Tracking) : 문자를 블록으로 지정할 때 활성화되는 옵션으로 선택한 문자들의 간격을 설정합니다.

Tracking : 0

Tracking : –100

❼ 높이 조절(Vertically Scale) : 문자의 세로 길이를 설정합니다. 값이 클수록 문자가 길어집니다.

❽ 장평(Horizontally Scale) : 문자 너비를 조절하는 옵션으로 100%가 해당 글꼴의 기본 너비입니다.

Horizontally Scale : 120%

Horizontally Scale : 80%

❾ **기준선 설정(Baseline Shift)** : 선택한 문자의 기본 높이를 설정하는 옵션으로 첨자 문자를 만들 때 이용합니다.

❿ **Color** : 문자 색상을 지정합니다.

⓫ **문자 속성** : 선택한 문자의 속성을 조절하는 기능이며, 다양한 옵션이 있으므로 작업에 따라 선택합니다.

⓬ **OpenType** : OpenType 표시(O)가 있는 글꼴을 작업할 때 합자, 작은 대문자, 분수 같은 대체 글리프를 이용할 수 있습니다.

⓭ **언어 설정** : 영어권 언어인 프랑스어, 독일어, 이탈리아어 등을 입력할 때 해당 언어를 선택하는 것으로 하이픈과 맞춤법 기능이 선택 언어에 맞춰집니다.

⓮ **안티에일리어싱** : 선택한 문자의 외곽선 형태를 지정합니다.

문자 도구 옵션바 살펴보기

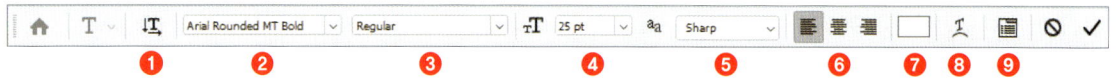

❶ **문자 회전** : 가로로 입력한 문자는 세로로, 세로로 입력한 문자는 가로로 회전합니다.

❷ **글꼴 선택** : 글꼴을 지정하여 문자 모양을 결정합니다.

❸ **글꼴 유형** : 글꼴 스타일을 선택합니다. 이탤릭체나 볼드체 등을 지정할 수 있으며 글꼴마다 다른 스타일을 제공합니다.

Italic   Underline

❹ **글자 크기** : 글자 크기를 설정하는 것으로 직접 값을 입력할 수 있습니다.

❺ **안티에일리어싱** : 글꼴 경계선을 주변 색상과 혼합하여 계단 현상을 없애 경계면을 부드럽게 처리합니다.

❻ **문자 정렬** : 왼쪽, 가운데, 오른쪽으로 정렬할 수 있습니다.

왼쪽 정렬   가운데 정렬   오른쪽 정렬

❼ **글꼴 색** : 글꼴 색상을 지정합니다.

❽ **Warp Text** : 문자 형태를 왜곡할 수 있습니다.

❾ **패널 아이콘** : Character 패널과 Paragraph 패널을 표시하여 문자의 세부 설정을 할 수 있습니다.

❸ 단락 다루기

문자 도구(T)를 선택하고 캔버스에 드래그하여 영역을 지정한 후 문자를 입력하면 단락(Paragraph Text)으로 인식하여 Paragraph 패널의 기능을 이용할 수 있습니다.

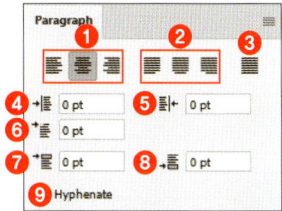

❶ **Align Text** : 문단을 왼쪽 정렬, 가운데 정렬, 오른쪽 정렬합니다.

Left align text

Center text

Right align text

❷ **Justify** : 단락 끝부분에 만들어지는 여백을 왼쪽, 가운데, 오른쪽으로 정렬합니다.

❸ **Justify all** : 단락 끝부분에 여백이 있으면 양쪽 혼합으로 정렬합니다.

❹ **Indent left margin** : 문장의 왼쪽 여백 정도를 설정합니다.

❺ **Indent right margin** : 문장의 오른쪽 여백 정도를 설정합니다.

❻ **Indent first line** : 단락 첫 번째 줄에서 왼쪽 들여쓰기 간격을 조절합니다.

❼ **Add space before paragraph** : 문서 위쪽 여백의 정도를 설정합니다.

❽ **Add space after paragraph** : 문서 아래쪽 여백의 정도를 설정합니다.

❾ **Hyphenate** : 긴 영단어를 입력할 때 자동으로 줄이 바뀌어 단어가 나뉘면 하이픈을 표시하여 한 단어임을 나타냅니다.

> **TIP ✧ 가변 글꼴 사용하기**
>
> 글꼴의 두께, 폭, 사선 형태 등을 슬라이더를 드래그하여 간단하게 변경할 수 있습니다. Properties 패널에서 제공하는 슬라이더를 이용해 두께, 폭 및 사선을 조절할 수 있는 여러 가변 글꼴이 제공됩니다.
>
> 가변 글꼴을 찾기 위해서는 Character 패널이나 옵션바의 글꼴 목록에서 'Variable'을 입력해 검색하거나 글꼴 이름 옆에 있는 아이콘(▥)을 찾습니다.
>
>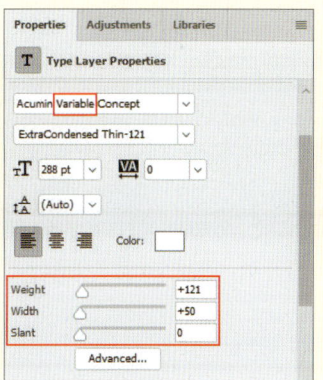

④ 문자 입력과 수정하기

문자 입력하기

문자를 입력하기 위해서는 먼저 Tools 패널에서 문자 도구를 선택합니다. ① 문자를 입력하고자 하는 위치를 클릭하면 샘플 텍스트가 표시되며, ② 샘플 텍스트를 이용해 문자의 글꼴이나 크기를 조절한 다음 원하는 문자를 입력합니다.

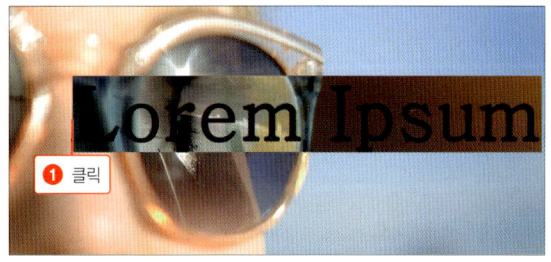

자동으로 샘플 텍스트가 블록으로 표시된 모습

글꼴과 크기, 색상을 지정한 다음 문자를 입력한 모습

문자 수정하기

문자 도구가 선택된 상태에서 ① 문자를 드래그하여 블록으로 지정합니다. ② 수정하거나 Delete 를 눌러 지울 수 있습니다. 입력한 문자는 색상이나 크기, 정렬 방식 등의 속성을 변경할 수 있습니다.

곡선 형태의 문자 입력하기

문자를 직선이 아닌 이미지 형태에 따라 자유롭게 입력하려면 ① 펜 도구( )를 이용하여 원하는 형태의 자유 곡선을 만들고 ② 문자 도구로 곡선을 클릭하면 패스를 따라 흐르는 문자를 입력할 수 있습니다.

패스선을 따라 입력한 문자

❺ 문자 입력하고 속성 변경하기

문자를 이미지로 변경할 때

문자 속성을 버리고 문자를 이미지로 변환하기 위해서는 ❶ Layers 패널의 문자 레이어에서 마우스 오른쪽 버튼을 클릭한 다음 ❷ Rasterize Type을 실행하면 문자 이미지로 변환됩니다.

 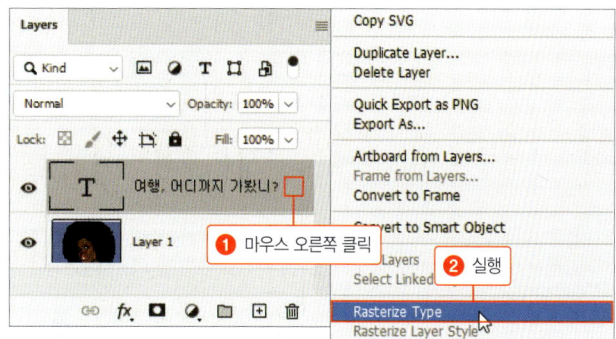

문자를 패스로 변경할 때

Layers 패널의 문자 레이어에서 마우스 오른쪽 버튼을 클릭한 다음 Create Work Path를 실행하면 문자가 패스선으로 변경됩니다. Paths 패널에는 'Work Path'가 만들어집니다.

 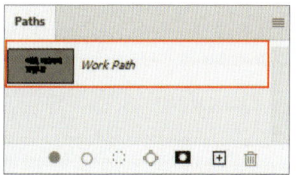

문자를 셰이프로 변경할 때

Layers 패널의 문자 레이어에서 마우스 오른쪽 버튼을 클릭한 다음 Convert to Shape를 실행하면 문자가 셰이프로 변경됩니다. Layers 패널을 확인하면 셰이프 레이어가 만들어집니다.

 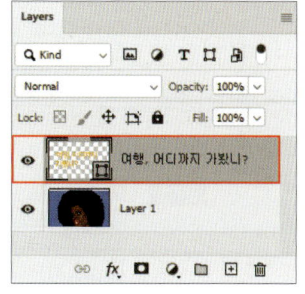

EASY 실습 포토샵에서 제공하는 글꼴 사용하기

• 실습파일 : 포토샵\06\book.png

어도비에서 제공하는 다양한 언어의 글꼴 스타일과 특징을 검색하고 개인적, 상업적으로 모두 사용할 수 있는 글꼴 사용 방법을 알아봅니다.

01 ❶ 윈도우 '시작' 아이콘(■)을 클릭한 다음 ❷ Adobe Creative Cloud를 실행합니다. Creative Cloud Desktop 앱이 실행되면 글꼴을 추가하기 위해 ❸ '글꼴 관리'를 선택합니다.

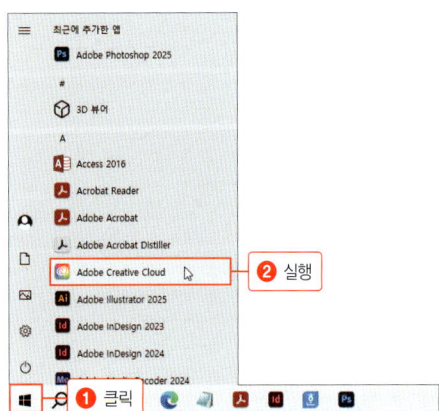 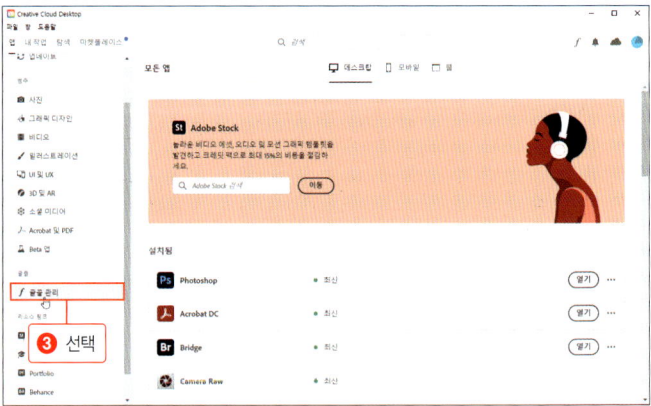

02 더 많은 글꼴을 확인하기 위하여 〈추가 글꼴 검색〉 버튼을 클릭합니다.

TIP
Creative Cloud Desktop 앱에서는 별도의 추가 요금 없이 다양한 글꼴을 제공하며, 개인 및 상업적인 용도로 자유롭게 사용할 수 있습니다.

03 ❶ 언어 및 쓰기 시스템을 '한국어'로 지정하고 ❷ 분류에서 (디자인)을 클릭한 다음 ❸ 샘플 텍스트에 원하는 문장을 입력합니다.

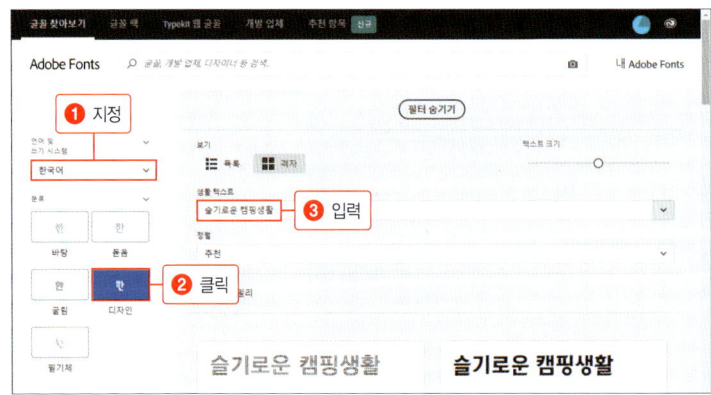

04 원하는 형태의 한글 글꼴을 미리 볼 수 있습니다. 포토샵에서 사용하기 위해 마음에 드는 글꼴의 〈패밀리 보기〉 버튼을 클릭합니다. 예제에서는 '210 동화책' 글꼴의 〈패밀리 보기〉 버튼을 클릭했습니다.

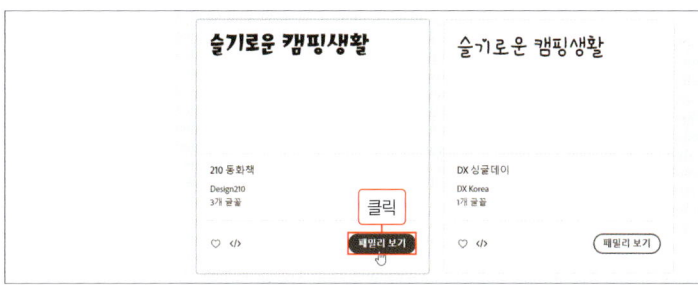

05 해당 글꼴의 설명과 글꼴 유형이 표시됩니다. 글꼴을 활성화하기 위해 '글꼴 활성화' 아이콘(◯)을 클릭해 활성화합니다.

> **TIP** ✦
> '글꼴 활성화' 아이콘을 클릭하여 활성화하면 별도로 글꼴을 다운로드하지 않아도 어도비의 모든 앱에서 사용할 수 있습니다.

06 포토샵을 실행한 다음 포토샵 → 06 폴더에서 'book.png' 파일을 불러옵니다. ❶ 문자 도구(T)를 선택한 다음 옵션바에서 ❷ 글꼴을 방금 활성화한 글꼴로 지정합니다. 예제에서는 '210 Dongwhacaek'으로 지정했습니다.

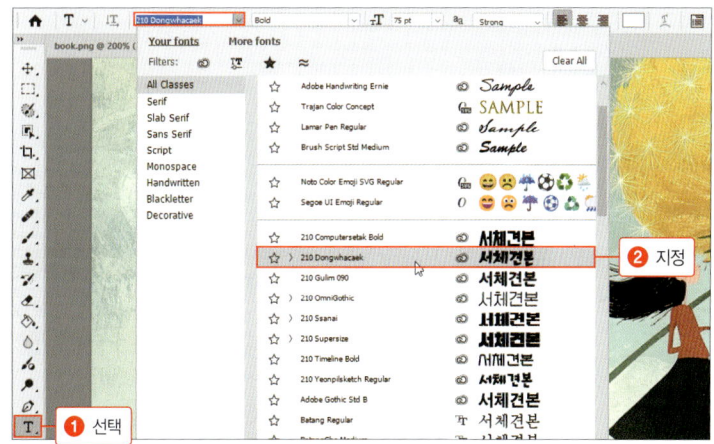

07 문자를 입력하면 선택한 글꼴로 문자가 입력되는 것을 확인할 수 있습니다.

LESSON 12 › 이미지와의 필연적 결합, 문자 스타일

> **EASY 실습** 긴 문장을 가져와 입력하기
>
> • 실습파일 : 포토샵\06\노트.jpg, 문장.txt
> • 완성파일 : 포토샵\06\노트_완성.psd

긴 문장을 글상자 안에 입력하는 방법에 대해 알아 봅니다.

01 포토샵 → 06 폴더에서 '노트.jpg' 파일을 불러옵니다. ❶ 문자 도구(T.)를 선택한 다음 글상자를 만들기 위해 그림과 같이 ❷ 왼쪽 위에서 오른쪽 아래로 드래그합니다.

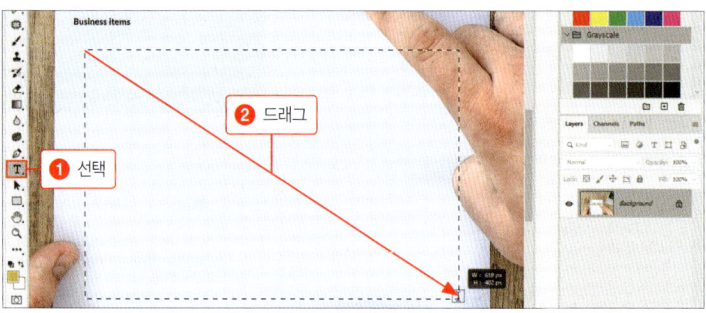

02 ❶ 포토샵 → 06 폴더의 '문장.txt' 파일을 열고 Ctrl+A, Ctrl+C를 차례대로 눌러 텍스트를 복사합니다. 포토샵에서 Ctrl+V를 눌러 글상자에 텍스트를 붙여넣습니다. ❷ 문장 전체를 드래그해 블록으로 지정합니다. ❸ Character 패널에서 글꼴을 'Rix Straight_Pro', 글자 크기(iT)를 '9pt', 행간(tA)을 '12pt'로 지정합니다.

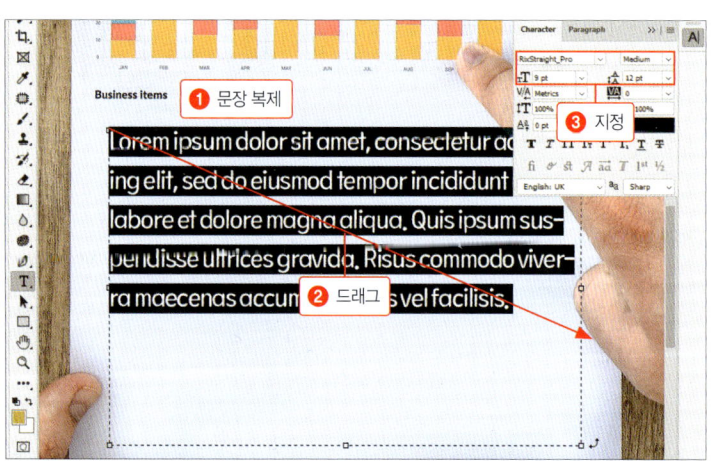

03 옵션바에서 ❶ 'Left align text' 아이콘(≡)을 클릭합니다. 문장이 왼쪽 정렬되면 입력을 마치기 위하여 ❷ Ctrl+Enter를 누릅니다.

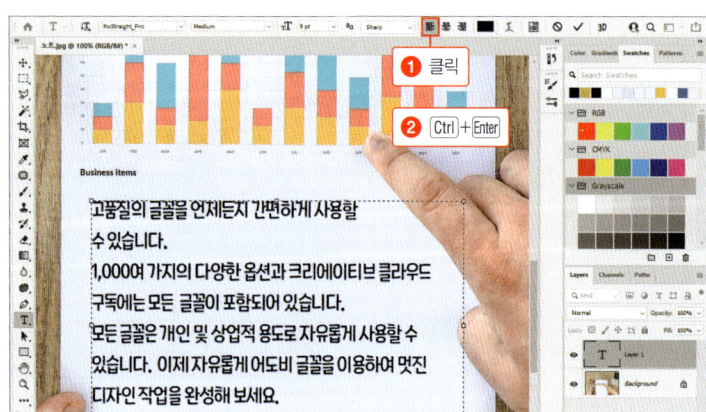

(**EASY 실습**) **형태를 따라 흐르는 패스 문자 입력하기**

· 실습파일 : 포토샵\06\로켓.png
· 완성파일 : 포토샵\06\로켓_완성.psd

개체의 형태를 따라 흐르는 듯한 문자를 입력할 수 있습니다. 예제에서는 개체를 선택하고 외곽을 확장한 다음 패스를 따라 문자를 입력해 봅니다.

01 포토샵 → 06 폴더의 '로켓.png' 파일을 불러옵니다. ❶ 빠른 선택 도구( )를 선택하고 ❷ 타원형의 로켓 몸체를 드래그하여 선택 영역으로 지정합니다.

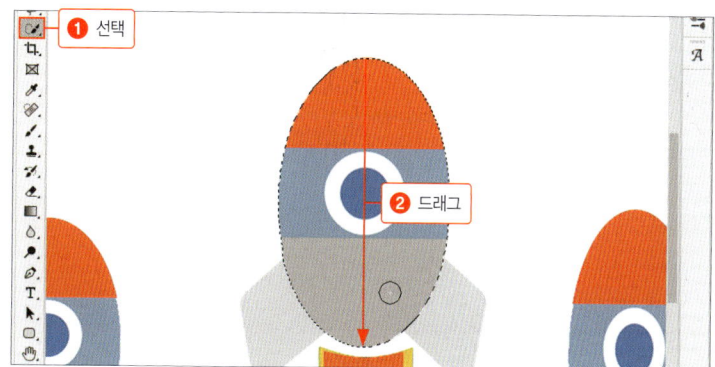

02 선택 영역을 확장하기 위하여 메뉴에서 (Select) → Modify → Expand를 실행합니다. Expand Selection 대화상자에서 ❶ Expand By를 '20pixels'로 설정하고 ❷ 〈OK〉 버튼을 클릭합니다.

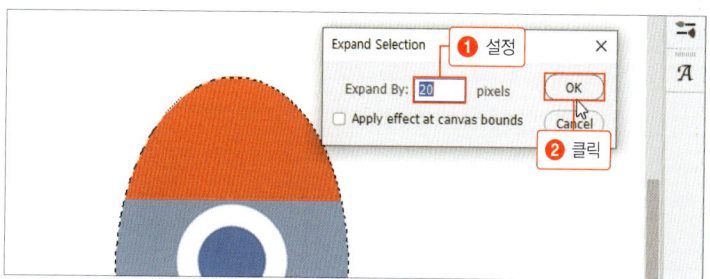

03 기존 선택 영역에서 그림과 같이 20픽셀 확장되어 나타납니다.

왜? ✦
선택 영역을 확장하는 이유는 입력할 문자의 경로로 사용하기 위해 일러스트 영역과 간격을 두기 위해서입니다.

04 선택 영역을 패스선으로 변경하기 위해 ❶ Paths 패널을 표시하고 ❷ 'Make work path from selection' 아이콘( )을 클릭합니다.

201

05 ❶ 문자 도구(T.)를 선택한 후 ❷ 옵션바에서 글꼴을 지정합니다. 예제에서는 어도비 글꼴인 'Gilbert Color'로 선택했습니다.

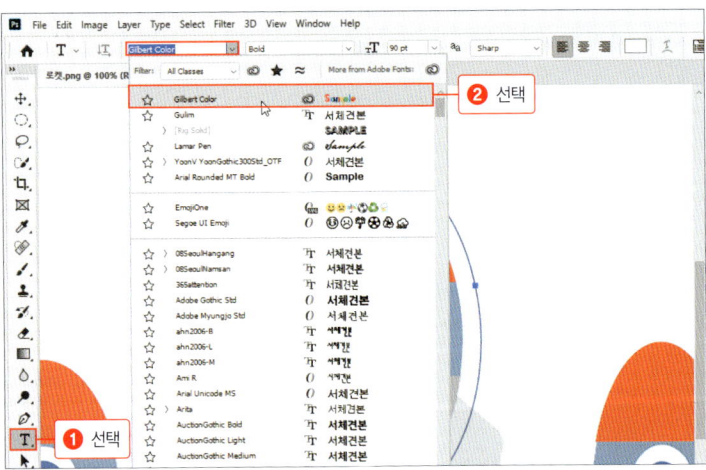

TIP ✦
Gilbert Color 글꼴은 어도비 크리에이티브 클라우드에서 무료로 사용할 수 있습니다. 예제에서 이용한 글꼴이 없다면 원하는 글꼴이나 비슷한 글꼴을 사용하세요.

06 문자 도구가 선택된 상태에서 패스선에 마우스 커서를 위치시키면 커서의 형태가 변경됩니다. ❶ 패스선을 클릭하면 샘플 텍스트가 표시됩니다. ❷ 글자 크기를 '90pt'로 지정합니다.

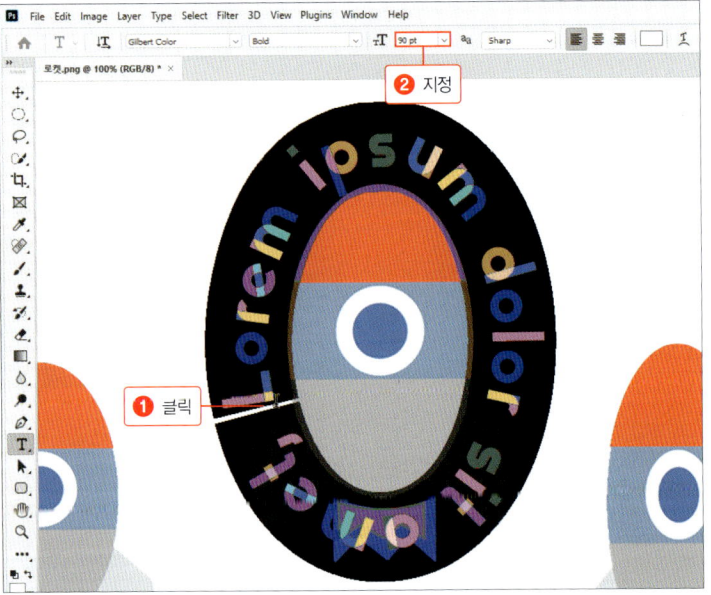

TIP ✦
입력된 문자의 위치를 조절하려면 Spacebar를 눌러 눈금을 조절하거나 패스선을 변형하여 조절할 수 있습니다.

07 'GOOGLE PLAY'를 입력합니다. 패스선을 따라 문자가 입력되는 것을 확인할 수 있습니다.

❶ 문자 변형하기

문자를 입력하고 옵션바에서 'Create Warped Text' 아이콘(🔲)을 클릭하거나 메뉴에서 **(Type) → Warp Text**를 실행하면 문자를 변형할 수 있는 Warp Text 대화상자가 표시됩니다.

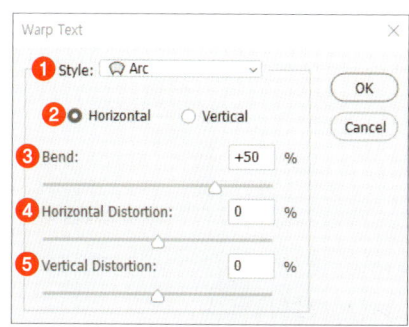

원본 이미지
(포토샵\06\snack.psd)

> **TIP ✧**
> Faux Bold 스타일이 적용된 문자 레이어나 윤곽선 데이터를 포함하지 않은 글꼴은 변형할 수 없습니다.

❶ **Style** : 변형 또는 왜곡 등의 특수 효과 스타일을 선택할 수 있습니다.

Arc

Arc Upper

Bulge

Flag

❷ **Horizontal, Vertical** : 적용 방향을 선택합니다.

❸ **Bend** : 휘어지는 강도를 조절합니다.

❹ **Horizontal Distortion** : 왼쪽, 오른쪽으로 굴절되는 강도를 조절합니다.

❺ **Vertical Distortion** : 위, 아래로 굴절되는 강도를 조절합니다.

Quick 활용 | 문자 스타일로 전단지 만들기

• 실습파일 : 포토샵\06\스타일.psd
• 완성파일 : 포토샵\06\스타일_완성.psd

입력된 문자에 문자 속성을 지정하면 문자 속성을 한번에 변경할 수 있습니다. 문자 스타일 지정과 변경 방법에 대해 알아보겠습니다.

Before

After

01 포토샵 → 06 폴더에서 '스타일.psd' 파일을 불러옵니다. 위쪽부터 제목글과 광고글, 정보글로 구성되어 있습니다.

> **TIP ✦**
> 예제에서 사용한 글꼴은 제목글 : 210 Supersize(130pt), 광고글 : 210 Supersize(70pt, 이탤릭체), 정보글 : NanumGothic(45pt)입니다. 미리 해당 글꼴을 사용 중인 PC에 설치하세요.

02 제목글의 문자 속성을 저장하기 위해 ❶ 문자 도구(T.)를 선택하고 ❷ '플라잉 요가' 문자를 드래그해 블록으로 지정합니다. Character Styles 패널에서 ❸ 'Create new character style' 아이콘(□)을 클릭합니다. ❹ 'Character Style 1'이 표시되면 더블클릭합니다.

> **TIP ✦**
> Character Styles 패널은 메뉴의 (Window) → Character Styles를 실행하여 표시할 수 있습니다.

03 Character Style Options 대화상자가 표시되면 ❶ Style Name에 '제목글'을 입력하고 ❷ 〈OK〉 버튼을 클릭합니다.

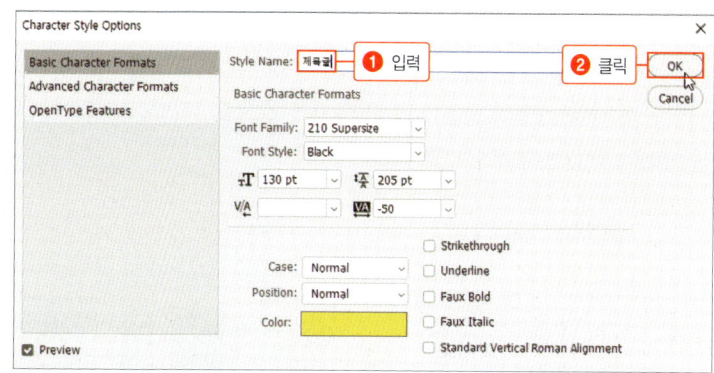

04 광고글의 문자 속성을 지정하기 위해 ❶ '당신의... 드립니다!' 문장을 드래그하여 블록으로 지정합니다. Character Styles 패널에서 ❷ 'Create new character style' 아이콘(▣)을 클릭합니다. ❸ 'Character Style 1'이 표시되면 더블클릭합니다.

05 Character Style Options 대화상자가 표시되면 ❶ Style Name에 '광고글'을 입력하고 ❷ 〈OK〉 버튼을 클릭합니다.

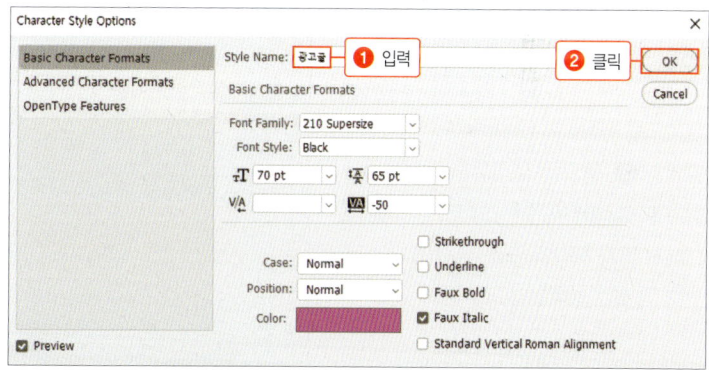

> **TIP** ✦
> 문자가 저장된 포토샵 파일을 열었을 때 경고 대화상자가 표시되는 경우가 있습니다. 포토샵 업데이트로 인해 해당 레이어를 업데이트할 것인지 확인하는 것으로, 이때 〈Update〉 버튼을 클릭하여 해결합니다.

06 정보글의 문자 속성을 지정하기 위하여 ❶ '오픈3주년... 한정' 문자를 드래그하여 블록으로 지정합니다. Character Styles 패널에서 ❷ 'Create new character style' 아이콘(回)을 클릭합니다. ❸ 'Character Style 1'이 표시되면 더블클릭합니다.

07 Character Style Options 대화상자가 표시되면 ❶ Style Name에 '정보글'을 입력하고 ❷ 〈OK〉 버튼을 클릭합니다.

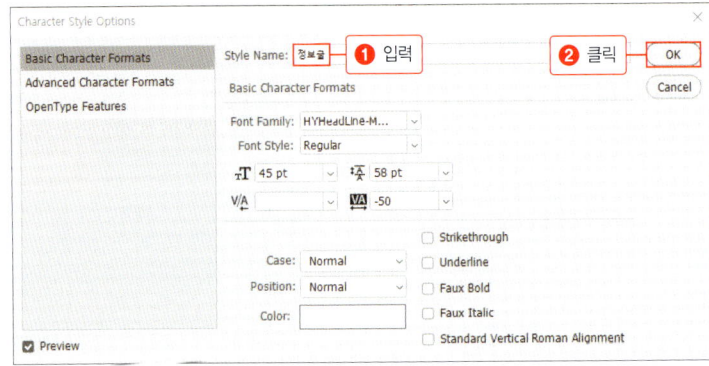

08 정보글의 문자 속성을 변경해 보겠습니다. ❶ 정보글을 드래그해 블록으로 지정하고 Character Styles 패널에서 ❷ '광고글' 스타일을 선택합니다. 정보글 속성이 내용은 그대로 유지된 상태에서 문자 색상과 글꼴, 글자 크기가 '광고글' 속성으로 변경됩니다.

09 이번에는 스타일을 수정하겠습니다. Character Styles 패널에서 ❶ '광고글' 스타일을 더블클릭하여 Character Style Options 대화상자가 표시되면 ❷ Color의 색상 상자를 클릭합니다.

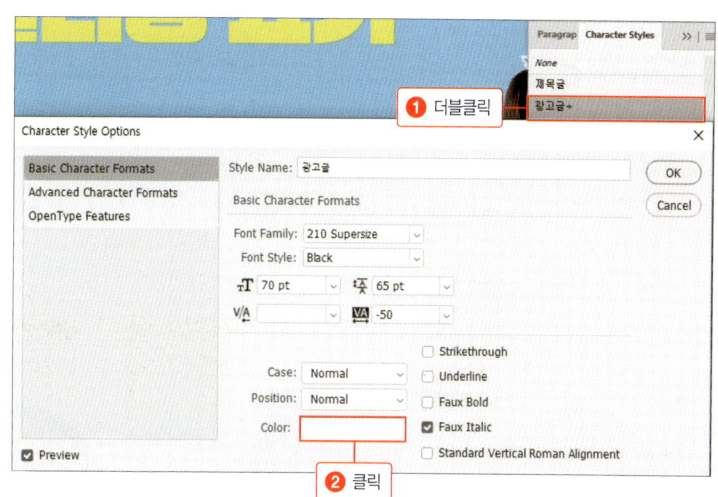

10 Color Picker 대화상자가 표시되면 ❶ 색상을 'R:255, G:255, B:255(흰색)'으로 지정하고 ❷ 〈OK〉 버튼을 클릭합니다. Character Styles Options 대화상자에서도 〈OK〉 버튼을 클릭합니다.

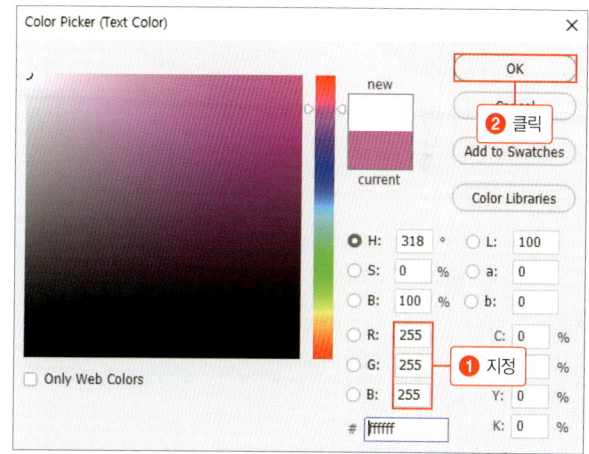

11 광고글 스타일 색상이 그림과 같이 흰색으로 변경되며, 광고글 스타일이 적용된 문장 색상도 흰색으로 변경됩니다.

Quick 활용 | 다양한 형태의 로고 문자 만들기

- 실습파일 : 포토샵\06\로고.psd
- 완성파일 : 포토샵\06\로고_완성.psd

로고 이미지에 맞게 문자를 패스선을 따라 곡선 형태로 입력하는 방법을 알아 봅니다.

Before / After

01 포토샵 → 06 폴더의 '로고.psd' 파일을 불러옵니다. 곡선 패스를 그리기 위해 ❶ 펜 도구(✐)를 선택하고 ❷ 옵션바에서 Pick tool mode를 'Path'로 지정합니다. 그림과 같이 ❸ 시작점을 클릭한 다음 ❹ 두 번째 기준점을 클릭하고 ❺ 오른쪽으로 드래그합니다. 호 형태의 곡선이 만들어집니다.

02 이어서 그림과 같이 기준점을 클릭해 반원 형태의 패스선을 만듭니다.

03 ❶ 문자 도구(T)를 선택하고 ❷ 옵션바에서 글꼴과 글자 크기, 색상을 지정합니다. 예제에서는 글꼴을 'NanumBarun Gothic', 글꼴 스타일을 'Bold', 글자 크기를 '33pt', 색상을 '검은색'으로 지정했습니다.

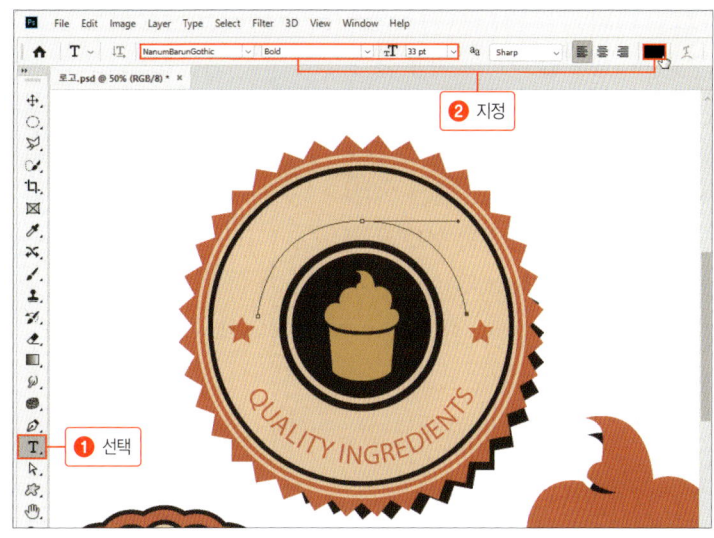

04 패스의 시작점을 클릭하면 샘플 텍스트가 표시됩니다. 커서가 패스선 위에 나타납니다.

05 '맛있는 베이커리'를 입력하면 그림과 같이 패스선을 따라 문자가 곡선 형태로 입력됩니다.

TIP ✧
문자가 잘려서 표시되면 직접 선택 도구로 문자의 시작 부분을 드래그하여 변경할 수 있습니다.

06 두 번째 로고에 문자를 입력하기 위해 ❶ 문자 도구(T)를 선택한 다음 ❷ 옵션바에서 글꼴과 글자 크기, 색상을 지정합니다. 예제에서는 글꼴을 'NanumBarunGothic', 글꼴 스타일을 'Bold', 글자 크기를 '33pt', 색상을 '흰색'으로 지정했습니다.

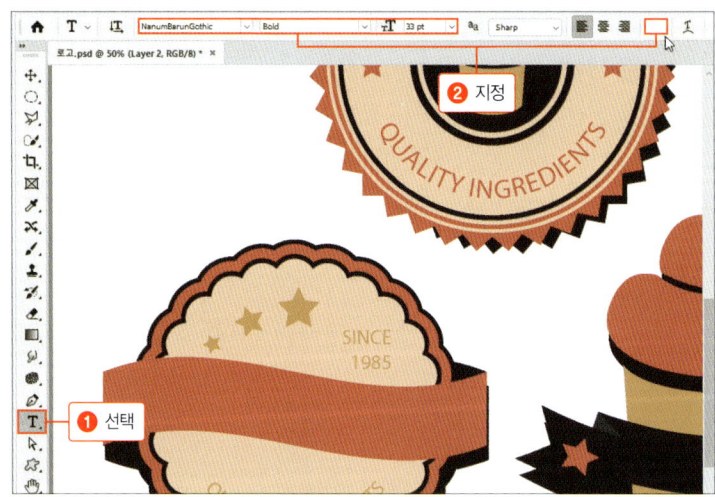

07 로고에 '맛있는 베이커리'를 입력합니다.

08 로고의 띠 형태에 맞게 변경하기 위해 메뉴에서 (Type) → Warp Text를 실행합니다. Warp Text 대화상자가 표시되면 ❶ Style을 'Flag'로 지정합니다. 문자가 그림과 같이 휘날리는 깃발처럼 변형되었습니다. 띠에 맞게 변형하기 위해 ❷ Bend를 '65%'로 설정한 다음 ❸ 〈OK〉 버튼을 클릭합니다. 로고 형태에 맞게 그림과 같이 입력한 문장이 곡선으로 나타납니다.

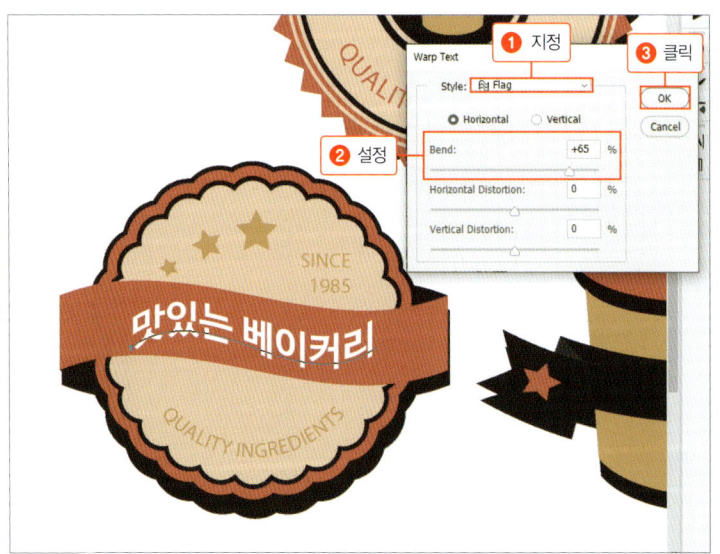

09 세 번째 로고도 두 번째 로고와 같은 방법으로 '맛있는 베이커리'를 입력합니다.

10 로고 띠 형태에 맞게 변경하기 위해 메뉴에서 (Type) → Warp Text를 실행합니다. Warp Text 대화상자가 표시되면 Style을 'Arc'로 지정합니다. 입력한 문자가 그림과 같이 위로 볼록한 호 형태로 변형됩니다.

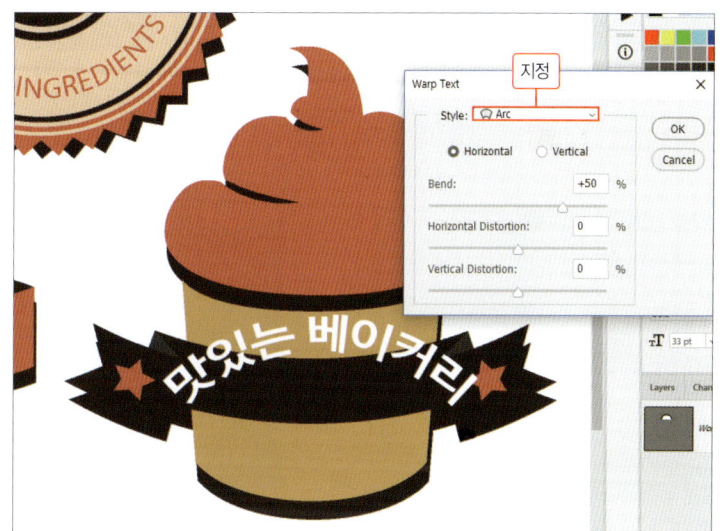

11 형태에 맞게 변형하기 위해 ❶ Bend를 '-14%'로 설정한 다음 ❷ 〈OK〉 버튼을 클릭합니다. 문자가 그림과 같이 로고에 맞게 아래쪽으로 휘어진 곡선으로 변경됩니다. 로고 형태에 맞게 모든 문자가 변형되었습니다.

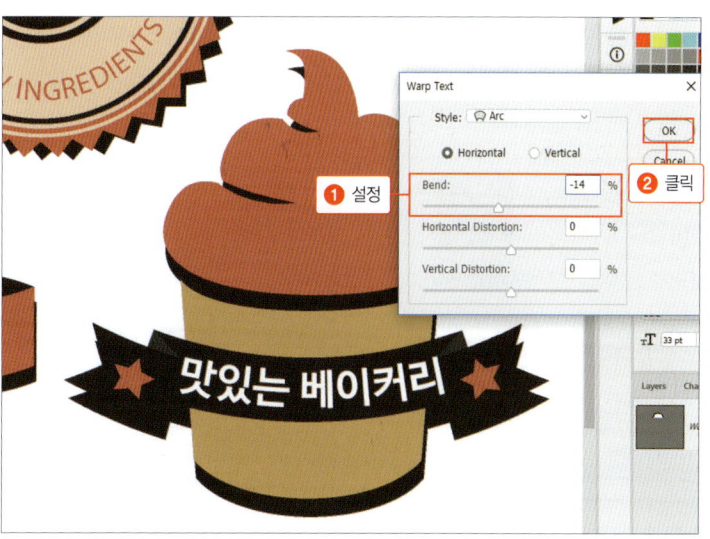

Quick 활용: 문자 프레임으로 SNS 홍보 이미지 만들기

• 실습파일 : 포토샵\06\메뉴.psd, sns1.jpg~sns3.jpg
• 완성파일 : 포토샵\06\메뉴_완성.psd

프레임 도구를 이용해서 프레임과 문자 프레임 안에 이미지를 삽입하여 홍보 이미지를 완성해 봅니다.

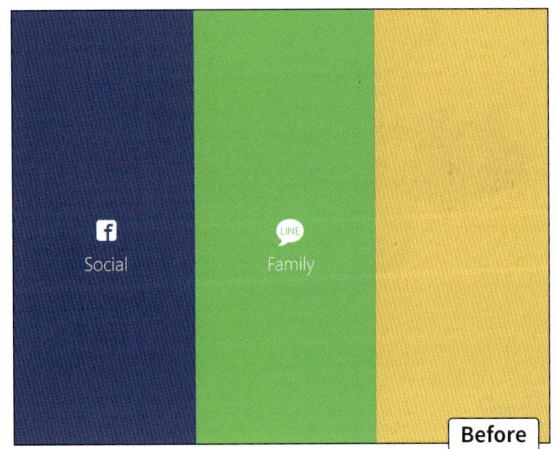
Before

After

01 포토샵 → 06 폴더의 '메뉴.psd' 파일을 불러옵니다. 사각형 프레임을 만들기 위해 ❶ 프레임 도구(⊠)를 선택하고 ❷ 옵션바에서 'Rectangular Frame' 아이콘(⊠)을 클릭합니다. ❸ 파란색 메뉴에 드래그하여 사각형 프레임을 만듭니다.

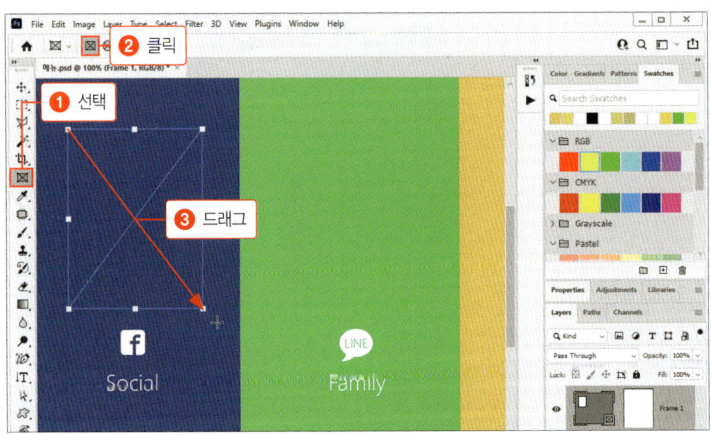

02 ❶ 포토샵 → 06 폴더에서 'sns1.jpg' 파일을 선택하고 사각형 프레임으로 드래그하면 사각형 프레임 안에 이미지가 삽입됩니다. ❷ 옵션바에서 'Elliptical Frame' 아이콘(⊗)을 클릭한 다음 ❸ 녹색 메뉴에 Shift를 누른 채 드래그하여 원형 프레임을 만듭니다.

TIP ✦
프레임 도구는 마치 Paste Into 기능처럼 특정 영역에 이미지를 붙이는 기능 면에서는 비슷하지만 프레임 도구로 삽입된 이미지는 위치나 크기, 프레임 형태를 자유롭게 조절할 수 있습니다.

03 ❶ 포토샵 → 06 폴더에서 'sns2.jpg' 파일을 선택한 다음 원형 프레임으로 드래그합니다. 원형 프레임 안에 이미지가 삽입됩니다. ❷ 세로 문자 도구()를 선택한 다음 ❸ 노란색 메뉴에 'SNS STAR'를 입력합니다. ❹ 옵션바에서 글꼴과 색상을 지정합니다. 예제에서는 글꼴을 'Jalnan OTF', 글자 크기를 '121pt', 색상을 '흰색'으로 지정하였습니다.

TIP ✚
글꼴은 임의로 지정하여 입력해도 좋습니다.

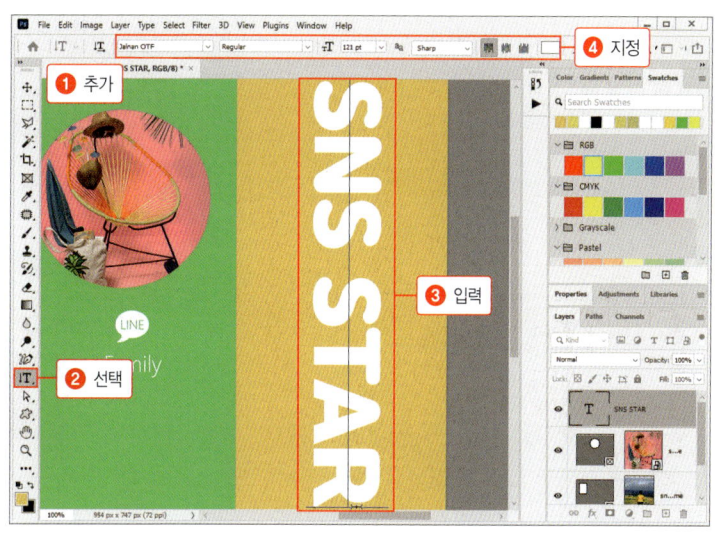

04 Layers 패널에서 ❶ 'SNS STAR' 문자 레이어를 선택하고 마우스 오른쪽 버튼을 클릭한 다음 ❷ **Convert to Frame**을 실행합니다. New Frame 대화상자가 표시되면 ❸ Name에 'SNS STAR'가 지정된 상태에서 〈OK〉 버튼을 클릭합니다.

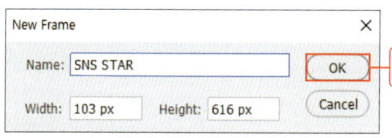

05 입력한 문자가 문자 프레임 형태로 변경됩니다. ❶ 포토샵 → 06 폴더에서 'sns3.jpg' 파일을 문자 프레임으로 드래그합니다. 문자 프레임에 이미지가 삽입됩니다. ❷ Ctrl+T를 누른 다음 ❸ 위, 아래로 드래그하여 프레임 안의 이미지 위치를 조절해서 완성합니다.

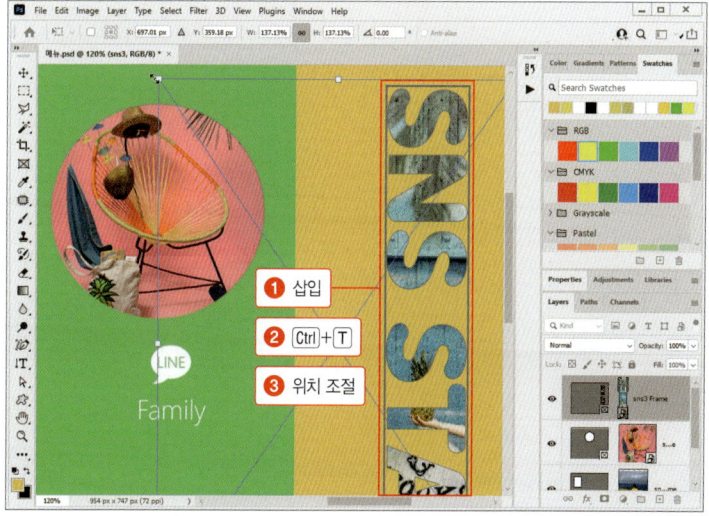

Part 07

그림 챌린지! 브러시와 펜, 셰이프로 그림 그리기

| Adobe Firefly | 20/25 |

Brush   Pencil   Pen

PHOTOSHOP
+ILLUSTRATOR CC 2025

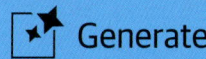

LESSON 13 > 브러시와 연필, 펜 선으로 그림 그리기

❶ 브러시 도구와 연필 도구 알아보기

브러시 도구 옵션바 살펴보기

브러시 도구(✏)를 이용하면 넓은 면적을 칠하여 이미지에 붓 터치를 적용할 수 있습니다. 브러시 옵션바에서 브러시 모양을 선택하고 크기나 불투명도 등을 설정합니다.

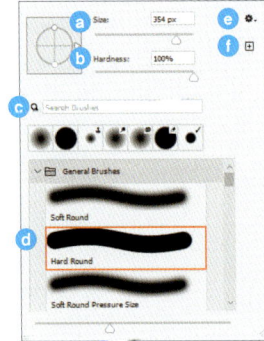

❶ **브러시 설정 창** : 옵션바에서 현재 선택된 브러시 오른쪽 팝업 아이콘을 클릭하면 표시되며 브러시 크기와 모양을 선택할 수 있습니다. 다양한 브러시가 목록으로 표시됩니다.

ⓐ **Size** : 브러시 크기를 조절합니다.

ⓑ **Hardness** : 브러시 강도를 조절하며, 값이 클수록 브러시 끝부분이 단단해집니다.

ⓒ **브러시 검색창** : 브러시 이름을 입력하여 브러시를 검색합니다.

ⓓ **프리셋** : 포토샵에서 제공하는 브러시 견본의 이름과 크기, 모양을 표시합니다.

ⓔ **브러시 설정 메뉴** : 브러시를 불러오거나 브러시 표시 방법을 설정할 수 있습니다.

ⓕ **Create a new preset from this brush** : 직접 여러 가지 옵션을 설정해 새롭게 만든 브러시 모양과 크기를 프리셋에 등록합니다.

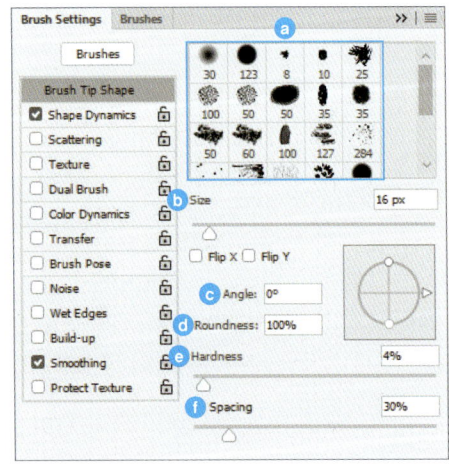

❷ **Toggle the Brush settings panel** : Brush Settings 패널을 표시하는 아이콘으로, 포토샵에서 제공하는 브러시 외에 자신만의 독특한 브러시를 직접 만들고자 할 때 Brush Settings 패널에서 다양한 옵션을 설정합니다.

ⓐ **브러시 선택 창** : 원하는 브러시 스타일을 선택합니다.

ⓑ **Size** : 브러시의 크기를 설정합니다. 값이 클수록 브러시가 커집니다.

ⓒ **Angle** : 브러시 각도를 조절합니다.

ⓓ **Roundness** : 브러시의 둥근 정도를 조절합니다.

ⓔ **Hardness** : 브러시의 단단한 정도를 조절합니다.

ⓕ **Spacing** : 브러시의 간격을 조절합니다.

❸ **Mode** : 브러시 도구를 이용하여 드로잉할 때 브러시의 색상과 배경 이미지 합성 방식을 지정합니다.

❹ **Opacity** : 브러시의 불투명도를 조절합니다. 값이 작을수록 투명하게 채색됩니다. Opacity를 줄여 작업하면 투명하게 표현되어 여러 번 덧칠한 듯이 겹치는 느낌을 표현할 수 있습니다.

Opacity : 100%   Opacity : 50%

❺ **Pressure for Opacity** : 태블릿 PC로 작업할 때 펜 압력을 이용하여 브러시의 불투명도를 변경합니다.

❻ **Flow** : 브러시의 강약을 조절하며 값이 작을수록 강도가 낮아져서 브러시 터치가 축소됩니다.

Flow : 100%   Flow : 30%

❼ **Airbrush-style build-up effects** : 에어브러시 기능을 설정합니다. 클릭하는 동안 이동하지 않아도 계속 색상이 뿌려집니다.

❽ **Smoothing** : 브러시 획의 부드러운 정도를 설정합니다.

❾ **Smoothing Options** : 브러시 획을 조정할 수 있는 옵션을 제공합니다. 연필 도구나 브러시 도구, 지우개 도구를 선택한 다음 옵션바의 Smoothing을 설정(0~100)하고 설정 아이콘을 클릭하여 브러시 획을 설정할 수 있습니다.

ⓐ **Pulled String Mode** : 브러시를 드래그하면 표시되는 안내선이 팽팽한 경우에 드로잉되며, 원형의 보정 영역 안에서 마우스 커서를 이동하면 표시가 남지 않습니다.

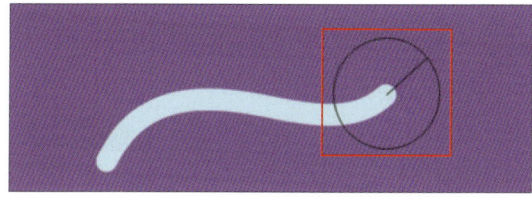 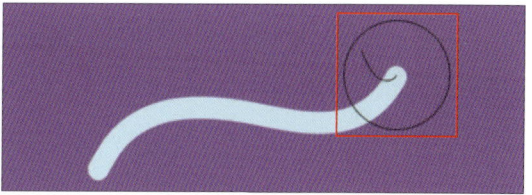

브러시 안내선이 팽팽할 경우에만 브러시가 표시되는 모습

ⓑ **Stroke Catch-up** : 드래그하다가 위치 이동 없이 계속 클릭하면 마우스 커서가 위치한 지점까지 그려집니다.

ⓒ **Catch-up on Stroke End** : 드래그하다가 클릭하면 마우스 커서가 위치한 위치까지 그려집니다.

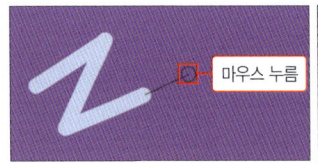

ⓓ **Adjust for Zoom** : 보정을 조정해 획이 지저분해지지 않도록 합니다. 문서를 확대하면 보정이 감소하고, 축소하면 보정이 증가합니다.

❿ **Set the brush Angle** : 브러시 각도를 조절합니다.

⓫ **Pressure for Size** : 태블릿 PC로 작업할 때 펜 압력을 이용하여 브러시 크기를 변경합니다.

⓬ **Symmetry** : 대칭축을 표시해 한 번에 대칭축을 기준으로 여러 개의 이미지를 작성할 때 이용합니다.

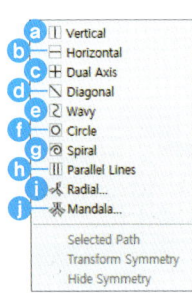

ⓐ **Vertical** : 세로축을 중심으로 대칭축을 만듭니다.

ⓑ **Horizontal** : 가로축을 중심으로 대칭축을 만듭니다.

ⓒ **Dual Axis** : 십자 형태의 대칭축을 만듭니다.

ⓓ **Diagonal** : 사선 형태의 대칭축을 만듭니다.

ⓔ **Wavy** : 물결 형태의 대칭축을 만듭니다.

ⓕ **Circle** : 원 형태의 대칭축을 만듭니다.

ⓖ **Spiral** : 나선 형태의 대칭축을 만듭니다.

ⓗ **Parallel Lines** : 평행선 형태의 대칭축을 만듭니다.

ⓘ **Radial** : 방사 형태의 대칭축을 만듭니다.

ⓙ **Mandala** : 만다라 형태의 대칭 그림을 그릴 수 있는 대칭축을 만듭니다.

연필 도구 알아보기

연필 도구(✏️)는 주로 가느다란 선을 그릴 때 사용하며 좁은 영역을 색칠하거나 수정할 때 이용합니다.

브러시 도구와 마찬가지로 드래그한 방향대로 선이 그려지고 옵션바에서 굵기 등을 지정할 수 있습니다. 연필 도구 옵션바는 브러시 도구 옵션바와 같지만, 'Enable airbrush mode' 기능이 없고 그린 선을 지우는 Auto Erase 기능이 있습니다.

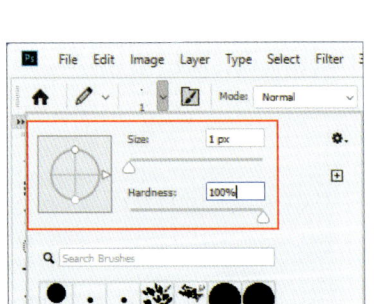

Brush Settings 패널 알아보기

Brush Settings 패널은 메뉴에서 [Window] → Brush Settings([F5])를 실행하거나, 브러시 도구 옵션바에서 'Toggle the Brush Settings panel' 아이콘()을 클릭하여 표시할 수 있습니다.

Brushes 패널 알아보기

Brushes 패널은 브러시의 모양, 크기, 질감 등 다양한 속성을 조정하고 관리할 수 있는 강력한 도구로, 디지털 드로잉, 페인팅, 이미지 리터칭 등 다양한 작업에 널리 활용됩니다. 이 패널을 통해 사용자는 기본 제공되는 다양한 브러시를 선택하거나, 자신만의 맞춤형 브러시를 생성하고 저장할 수 있습니다. 또한 브러시의 크기, 모양, 흐름, 불투명도 등 세부 설정을 조정하여 작업 스타일에 맞는 다양한 효과를 쉽게 구현할 수 있습니다. Brushes 패널의 주요 항목에 대해 알아봅니다.

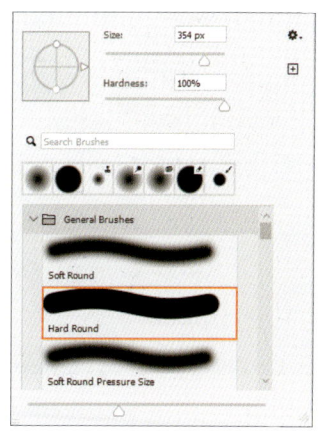

Brush Tip Shape 항목 살펴보기

Brush Settings 패널의 Brush Tip Shape 항목은 브러시 끝 모양을 다듬을 수 있는 옵션으로, 브러시 질감 및 느낌을 결정합니다. 옵션을 조절하면 브러시 하나를 여러 가지 느낌으로 표현할 수 있습니다.

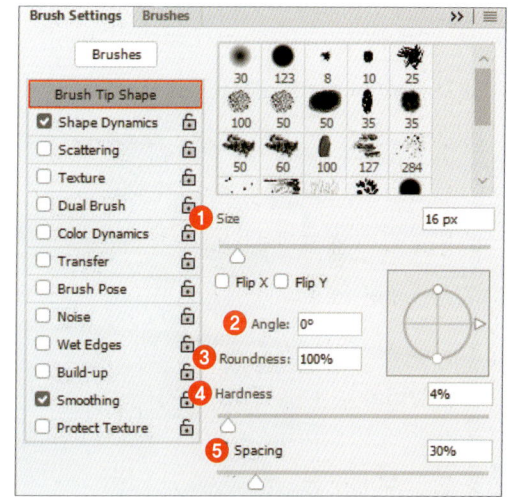

❶ **Size** : 브러시 크기를 조절합니다.

❷ **Angle** : 브러시 각도를 조절합니다.

❸ **Roundness** : 브러시 끝 모양을 조절합니다. 100%는 완전한 원형, 0%는 선형이 됩니다.

❹ **Hardness** : 브러시 외곽 테두리를 조절합니다. 값이 작을수록 연해집니다.

❺ **Spacing** : 브러시가 그려지는 간격을 조절합니다. 값이 클수록 간격이 넓은 점선이 됩니다.

Spacing : 1%

Spacing : 150%

Quick 활용 | 마우스로도 손쉽게! 강아지 캐릭터 그리기

- 실습파일 : 포토샵\07\강아지.psd
- 완성파일 : 포토샵\07\강아지_완성.jpg

브러시 도구로 강아지 캐릭터를 이용해 드로잉 연습을 합니다. 예제에서는 강아지 캐릭터를 이용하여 마우스로도 손쉽게 자연스러운 라인 일러스트 형태로 캐릭터 드로잉 방법을 익힙니다.

Before

After

01 포토샵 → 07 폴더에서 '강아지.psd' 파일을 불러옵니다. 밑그림으로 사용하기 위해 ❶ Layers 패널에서 'Create a new layer' 아이콘(□)을 클릭하여 'Layer 1' 레이어를 추가합니다. ❷ 메뉴에서 (Edit) → Fill(Shift+F5)을 실행해 Fill 대화상자가 표시되면 ❸ Contents를 'White'로 지정한 다음 ❹ 〈OK〉 버튼을 클릭합니다.

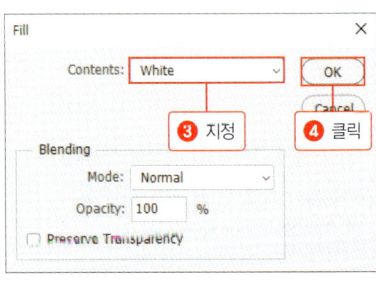

왜? ✧
흰색 이미지 레이어를 만드는 이유는 이미지를 반투명하게 만들기 위해서입니다.

02 Layers 패널에서 ❶ 'Layer 1' 레이어를 아래로 드래그해 이동하고 ❷ 레이어 이름을 더블클릭한 다음 '배경'으로 변경합니다.

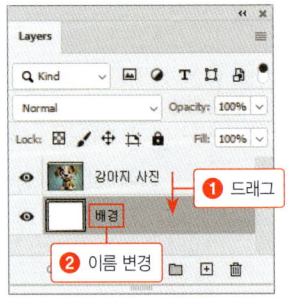

03 ❶ 브러시 도구(✏️)를 선택합니다. ❷ 옵션바에서 브러시 팝업 아이콘을 클릭하고 ❸ 브러시를 'Hard Round'로 지정한 다음 ❹ Size를 '13px'로 설정합니다.

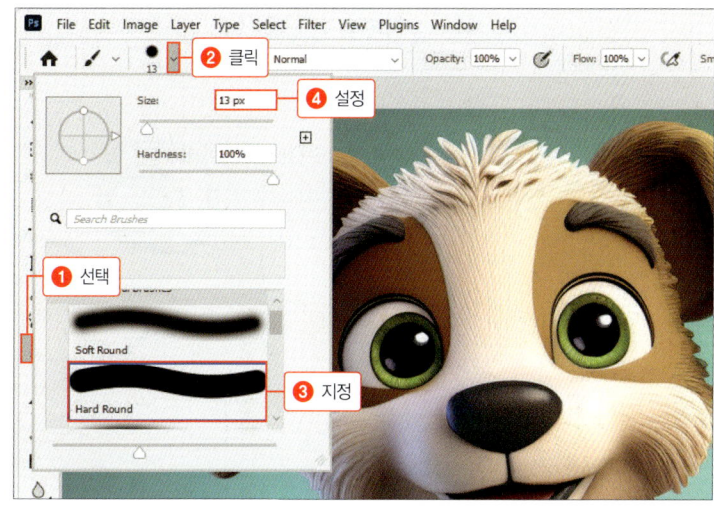

04 옵션바에서 Smoothing을 '90%'로 설정합니다.

TIP
Smoothing이 100%에 가까워질수록 선이 매끄럽게 그려집니다. 이 옵션을 변경하지 않으면 마우스를 이용하여 드로잉하기 어렵습니다.

05 Layers 패널의 ❶ '강아지 사진' 레이어를 선택하고 ❷ Opacity를 '50%'로 설정하여 희미하게 적용합니다.

왜?
원본 이미지의 Opacity 값을 낮추면 새로 그리는 일러스트의 작업 상태를 상대적으로 뚜렷하게 확인할 수 있고, 원본 이미지 위에 작업하는 실수를 줄일 수 있습니다.

06 Layers 패널에서 ❶ 'Create a new layer' 아이콘(□)을 클릭해 새 레이어를 추가합니다. ❷ 브러시 도구(☐)를 선택하고 ❸ 강아지 캐릭터를 따라 이목구비를 그립니다.

TIP ✦
캐리커처는 단순할수록 잘 표현됩니다. 그리면서 캐릭터를 단순화합니다.

07 얼굴의 윤곽과 귀 부분을 최대한 단순화하여 드로잉합니다.

TIP ✦
선을 그릴 때는 직업 화면을 확대해야 매끄럽게 브러시로 선을 드로잉할 수 있습니다.

08 강아지의 몸과 발 부분도 이어서 드로잉합니다.

09 브러시 도구가 선택된 상태에서 []를 눌러 브러시 크기를 확대합니다. 검은색으로 채워야 하는 부분을 드래그하여 색상을 채웁니다.

TIP ✦
브러시 도구가 선택된 상태에서 [], []를 누르면 손쉽게 브러시 크기를 확대하거나 축소할 수 있습니다.

10 ❶ 전경색과 배경색을 바꾸는 [X]를 눌러 전경색을 '흰색'으로 변경합니다. ❷ 눈동자 오른쪽 위를 클릭하여 흰색 원을 만들어 눈을 완성합니다.

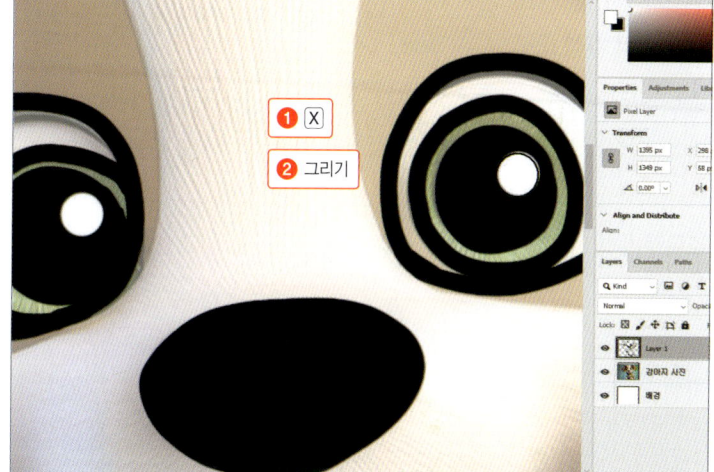

TIP ✦
브러시 도구를 사용할 때 [X]를 누를 때마다 전경색과 배경색이 교체되므로 손쉽게 색상을 교체하면서 사용할 수 있습니다.

11 작업이 마무리되면 Layers 패널에서 '강아지 사진' 레이어의 '눈' 아이콘(👁)을 클릭하여 비활성화하면 이미지가 숨겨져 강아지 캐릭터 라인 일러스트를 확인할 수 있습니다.

❷ 패스를 그리는 도구 알아보기

펜 도구 알아보기

포토샵의 펜 도구는 정밀한 선택, 경로 생성, 벡터 형태를 만드는 데 사용하는 강력한 도구입니다. 디지털 드로잉, 선택, 클리핑 패스, 그리고 모양을 만드는 데 주로 사용하며, 비트맵 이미지를 벡터 형태로 변환할 때 유용합니다. 펜 도구(⌀)를 선택한 다음 클릭해서 기준점과 패스를 만들고 원하는 모양으로 드래그해 그림을 그립니다. 처음에는 펜 도구를 다루는 것이 쉽지 않으므로 연습을 많이 하는 것이 좋습니다.

프리폼 펜 도구

프리폼 펜 도구(⌀)를 이용하면 연필로 그림을 그리듯 자유롭게 패스를 그릴 수 있지만 정교한 패스를 그리기에는 무리가 있습니다.

내용 인식 추적 도구

내용 인식 추적 도구(⌀)는 포토샵의 AI 알고리즘을 사용하여 이미지의 시각 정보를 분석하고 개체의 경계를 인식해 패스선을 자동으로 작성합니다. 이 도구를 사용하기 위해서는 포토샵 메뉴에서 (Edit) → Preferences-Technology Previews를 실행한 다음 Preferences 대화상자가 표시되면 'Enable Content-Aware Tracing Tool'을 체크 표시합니다.

개체 가장자리에 마우스 커서를 위치하고, 클릭하면 주위에 패스선을 쉽게 그릴 수 있습니다.

곡률 펜 도구

곡률 펜 도구(⌀)를 이용하면 부드러운 곡선과 직선을 쉽게 그릴 수 있습니다. 패스를 정확하고 미세하게 조절할 수 있으며, 도구를 전환할 필요 없이 매끄러운 점 또는 모퉁이 점을 만들거나 전환, 편집, 추가, 제거할 수 있습니다.

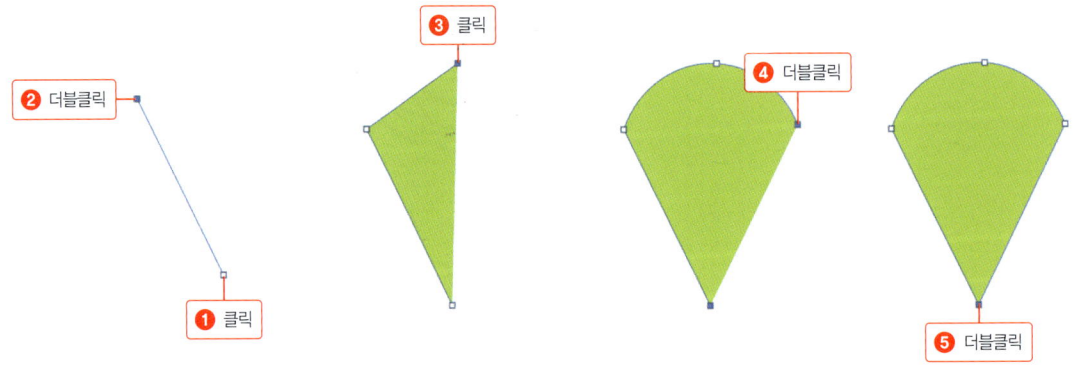

기준점 추가/삭제/변환 도구 알아보기

기준점 추가 도구( )로 그려진 패스에 새로운 기준점을 추가할 수 있고, 기준점 삭제 도구( )로 기존 기준점을 삭제할 수도 있습니다.

기준점 변환 도구( )는 패스를 이루는 기준점 속성을 변경해 패스 모양을 수정할 때 이용합니다. 즉, 곡선의 패스를 직선으로, 직선의 패스를 곡선으로 변경할 때 이용하는 도구입니다.

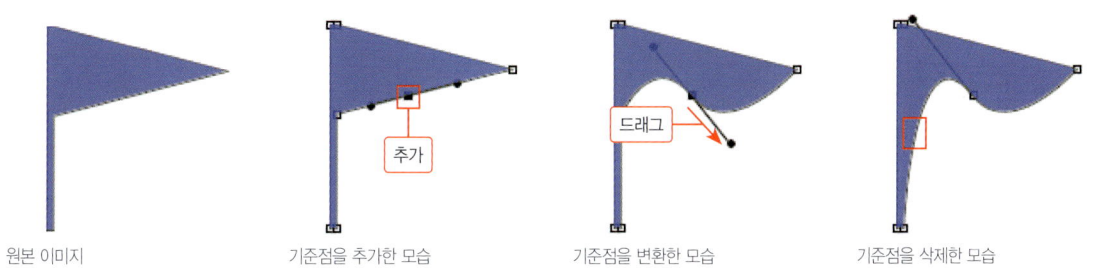

원본 이미지 / 기준점을 추가한 모습 / 기준점을 변환한 모습 / 기준점을 삭제한 모습

> **TIP**
> 기준점을 조절할 때 Alt 를 누르면 양쪽 방향선 중 하나의 방향선만 조절할 수 있습니다.

직선 패스 그리기

펜 도구로 시작점을 클릭하고 두 번째 지점을 클릭하면 직선 패스가 만들어집니다. 처음 클릭한 시작점과 마지막으로 클릭한 끝점이 만나면 패스가 닫히면서 셰이프가 만들어집니다. Shift 를 누른 상태로 클릭하면 45°, 수직, 수평의 직선을 그릴 수 있습니다.

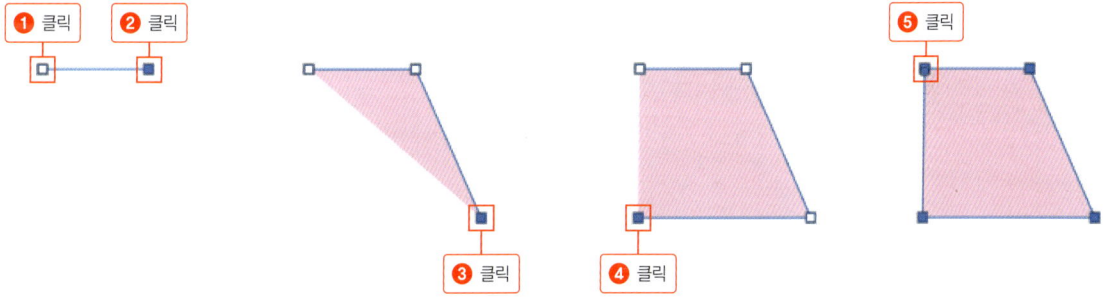

> **TIP**
> 패스선을 그리다가 단계별로 취소할 경우에는 Ctrl + Z 를 눌러 기준점을 순차적으로 삭제할 수 있습니다. 그리는 도중에 패스선 전체를 삭제할 경우에는 Delete 를 누릅니다. 한 번에 정확한 패스선을 그리기 어려운 경우에는 패스선을 그린 다음 직접 선택 도구( )를 이용해 수정하는 방법을 사용합니다.

곡선 패스 그리기

곡선 패스를 그리는 방법은 직선 패스를 그리는 방법과 같으며, 방향선을 이용하여 형태를 만드는 것만 차이가 있습니다. 시작점을 클릭한 다음, 두 번째 지점을 클릭한 상태로 드래그하여 만들어지는 방향선을 원하는 대로 조절하고 방향을 조절해 곡선 패스를 그립니다.

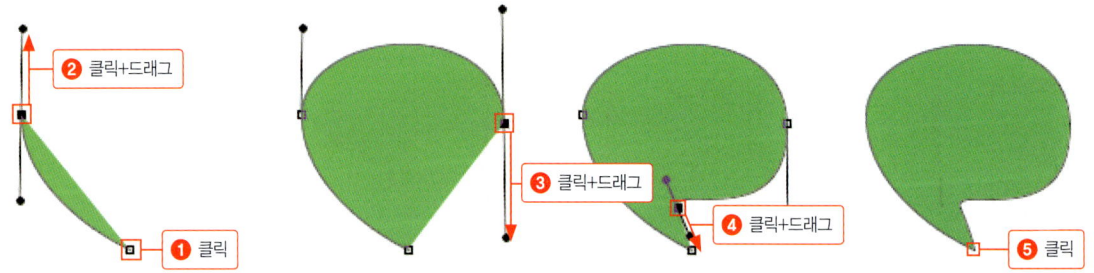

> **TIP**
> 패스를 그릴 때 방향선을 잘 이용하는 것이 중요합니다. 처음에는 어려울 수 있으므로 많은 연습이 필요하며 한 번에 정확하게 그리려 하기보다는 패스를 그린 다음 직접 선택 도구를 이용하여 수정하는 것이 편리합니다.

자유롭게 패스 수정하기

❶ 패스 선택 도구

패스 선택 도구(▶)는 패스로 이루어진 개체를 선택할 때 사용하는 도구로, 클릭하면 하나의 패스 또는 개체를 선택할 수 있고 특정 영역을 드래그하면 드래그한 영역 안의 모든 패스를 함께 선택할 수 있습니다.

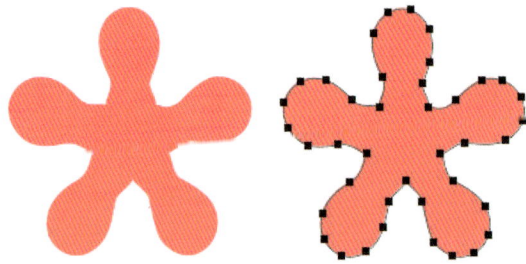

패스 선택 도구로 패스선을 선택하여 이동이나 복제, 삭제할 수 있습니다.

❷ 직접 선택 도구

직접 선택 도구(▶)는 기준점이나 선을 하나씩 선택할 수 있어 패스 선택 도구보다 정교하게 패스를 수정할 수 있습니다.

클릭하여 패스를 선택한 모습   직접 선택 도구로 패스를 수정한 모습

EASY 실습 — 곡선과 직선의 선택 영역 지정하기

• **실습파일** : 포토샵\07\book2.png
• **완성파일** : 포토샵\07\book2_완성.png

매끄럽고 정교한 선택 영역을 지정하기 위해서는 패스선을 이용합니다. 패스선을 정확하게 그릴수록 이미지의 완성도를 높일 수 있습니다. 예제에서는 펜 도구를 이용하여 곡선과 직선의 패스선을 그린 다음 선택 영역으로 지정하고 그림과 인물을 생성해 봅니다.

01 포토샵 → 07 폴더에서 'book2.png' 파일을 불러옵니다. ❶ 펜 도구(⬚)를 선택한 다음 ❷ 옵션바에서 Pick tool mode를 'Path'로 지정합니다. 곡면의 패스선을 작성하기 위해 ❸ 오른쪽 위에 시작점을 클릭한 다음 ❹ 이어서 그림과 같이 두 번째 기준점을 클릭한 상태로 ❺ 드래그하여 방향선을 만듭니다. 패스선이 곡선으로 변형됩니다.

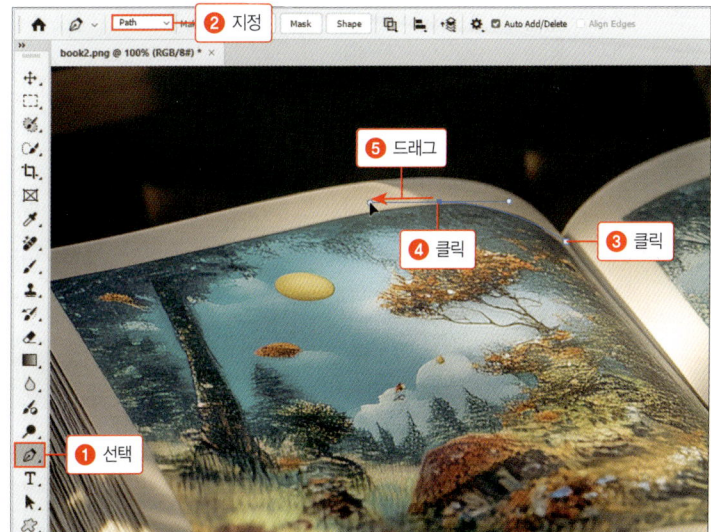

02 이어서 ❶ 세 번째 기준점을 클릭하고 ❷, ❸ 네 번째와 다섯 번째 기준점을 클릭하고 드래그해 조정합니다.

03 다시 곡선이 나타나면 ❶ 여섯 번째 기준점을 클릭한 상태에서 ❷ 드래그합니다. ❸ 오른쪽 아래 기준점을 다시 한 번 클릭한 다음 ❹ 시작점을 클릭하여 폐곡선을 완성합니다.

04 패스선을 선택 영역으로 변경하기 위해 ❶ Paths 패널에서 'Load path as a selection' 아이콘(▢)을 클릭합니다. Contextual Task Bar에서 ❷ 〈Generative Fill〉 버튼을 클릭한 다음 프롬프트 입력창에 '인어공주'를 묘사하는 단어를 입력하고 ❸ 〈Generate〉 버튼을 클릭합니다.

프롬프트

바다 속 산호초에 있는 인어공주

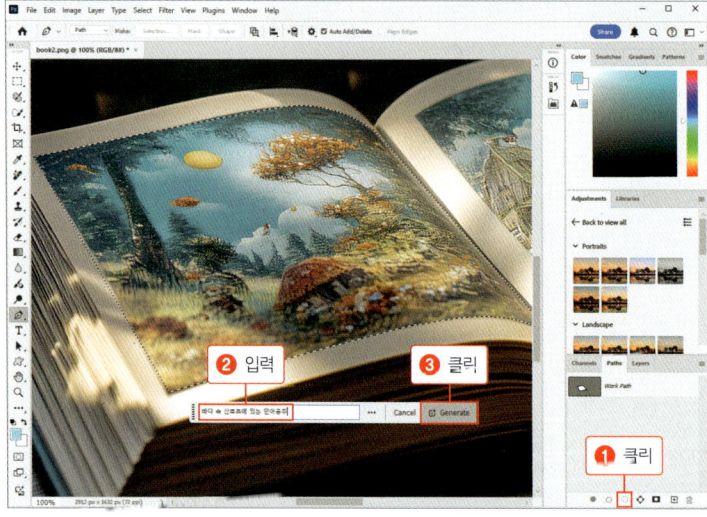

05 패스선으로 작성한 영역에 그림과 같이 인어공주 일러스트가 생성되었습니다.

06 ❶ 선택 브러시 도구(　)를 선택하고 책을 보는 소녀를 생성하기 위해 ❷ 해당 영역을 그림과 같이 드래그하여 지정한 다음 ❸ 〈Generative Fill〉 버튼을 클릭합니다.

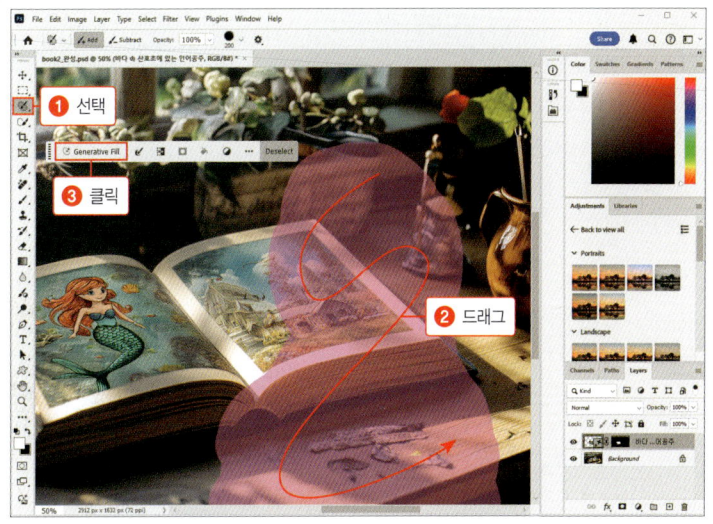

07 프롬프트 입력창에 ❶ '책을 보는 소녀'를 입력하고 ❷ 〈Generate〉 버튼을 클릭합니다. 지정한 영역을 기준으로 이미지가 생성됩니다.

프롬프트

책을 보는 소녀

08 책 속 인어공주 일러스트와 책을 보는 소녀 이미지가 생성된 것을 확인할 수 있습니다. Properties 패널에서 〈Generate〉 버튼을 클릭하여 추가로 다양한 소녀 인물을 생성하고 선택할 수 있습니다.

Quick 활용 › 펜 도구로 곰돌이 캐릭터 만들기

• 실습파일 : 포토샵\07\곰.psd
• 완성파일 : 포토샵\07\곰_완성.jpg

펜 도구를 이용한 가장 기본적인 작업은 원하는 형태대로 패스를 만드는 작업입니다. 예제에서는 곡면을 따라 패스선을 만드는 작업을 연습하고, 생성된 패스선을 이용하여 면에 색상을 입혀 곰 캐릭터를 완성합니다.

Before

After

01 포토샵 → 07 폴더에서 '곰.psd' 파일을 불러옵니다. ❶ 펜 도구(🖉)를 선택하고 ❷ 옵션바에서 Pick tool mode를 'Path'로 지정합니다. 곰 얼굴부터 패스를 만들겠습니다. 먼저 ❸ 한 지점을 클릭해서 패스의 시작점을 만듭니다. 스케치 선을 따라 이어서 기준점을 만들어 나타나는 방향선을 조절합니다.

> **TIP ✦**
> 패스를 따라 패스선을 만들 때 Alt 를 누른 상태로 패스의 중심점을 클릭하여 방향선을 끊으면 형태를 따라 패스를 작성할 수 있습니다.

02 펜 도구(🖉)를 이용하여 곰 스케치의 몸과 귀, 눈, 코, 입, 헤드폰 등을 모두 각각의 패스로 만듭니다.

> **TIP ✦**
> Ctrl 을 누른 상태로 여백을 클릭하면 패스 작업을 마칠 수 있습니다.

03 Layers 패널에서 ❶ 'Create a new layer' 아이콘(回)을 3번 클릭하여 새 레이어 3개를 추가합니다. ❷ 각 레이어의 이름을 더블클릭하여 '몸과 귀', '얼굴', '눈코입', '헤드폰'으로 변경하고 그림과 같은 순서로 만듭니다.

04 ❶ '몸과 귀' 레이어를 선택한 후 ❷ Color 패널에서 전경색을 'C:0%, M:66%, Y:78%, K:0%'로 지정합니다. ❸ 패스 선택 도구(▶)로 ❹ 몸 부분을 선택하고 ❺ 마우스 오른쪽 버튼을 클릭한 다음 ❻ Fill Subpath를 실행합니다.

05 선택된 패스에 색상이 적용됩니다. 같은 방법으로 귀 부분은 'C:0%, M:83%, Y:47%, K:0%', 얼굴 부분에는 'C:6%, M:41%, Y:89%, K:0%' 색상을 적용합니다.

06 ❶ 패스 선택 도구(▶)로 곰의 입 주위를 선택한 다음 ❷ 마우스 오른쪽 버튼을 클릭하고 Fill Subpath를 실행합니다. Fill Subpath 대화상자에서 Contents를 'White'로 지정한 다음 ❸ 〈OK〉 버튼을 클릭합니다.

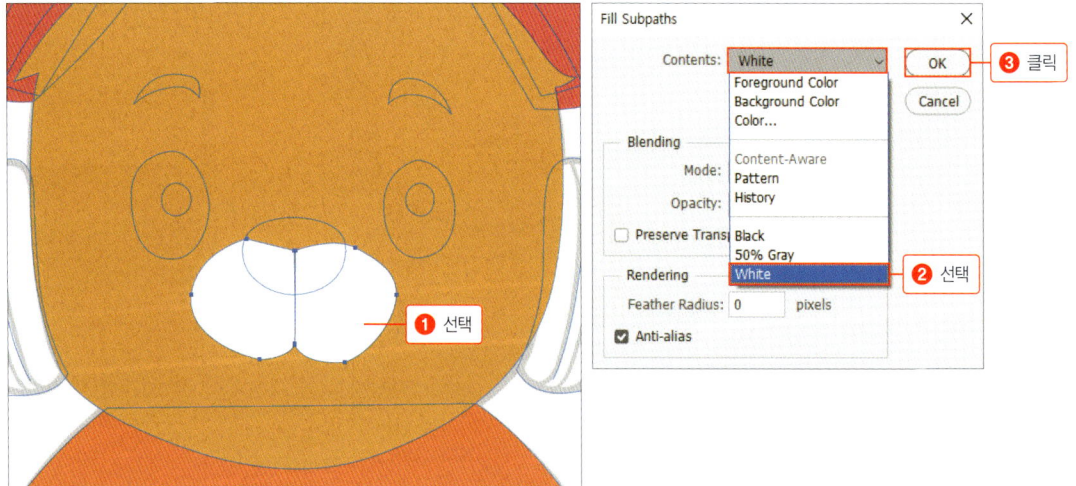

07 ❶ 브러시 도구(✐)를 선택하고 ❷ 옵션바에서 브러시 팝업 아이콘을 클릭한 다음 ❸ 'General Brushes' – 'Hard Round' 브러시로 지정하고 ❹ Size를 '6px'로 설정합니다. 설정한 브러시 크기로 테두리 두께를 적용할 예정입니다.

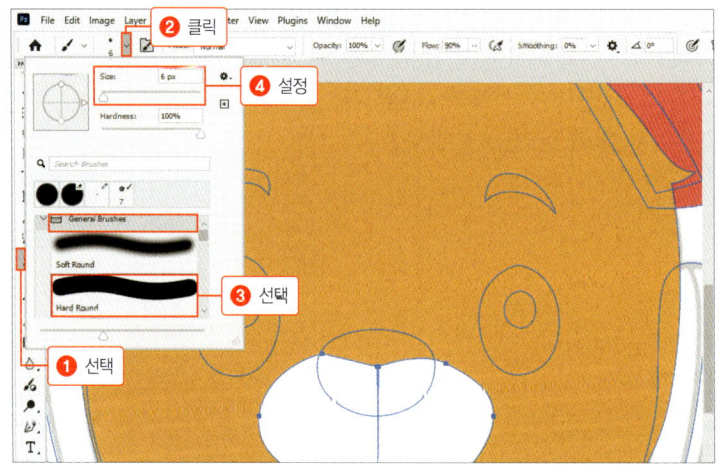

08 ❶ 전경색을 '검은색'으로 지정합니다. ❷ 패스 선택 도구(▶)로 ❸ 입 주위 오브젝트를 선택하고 ❹ 마우스 오른쪽 버튼을 클릭한 다음 ❺ Stroke Subpath를 실행합니다. Fill Subpath 대화상자에서 〈OK〉 버튼을 클릭하면 입 주위 오브젝트에 테두리를 적용할 수 있습니다.

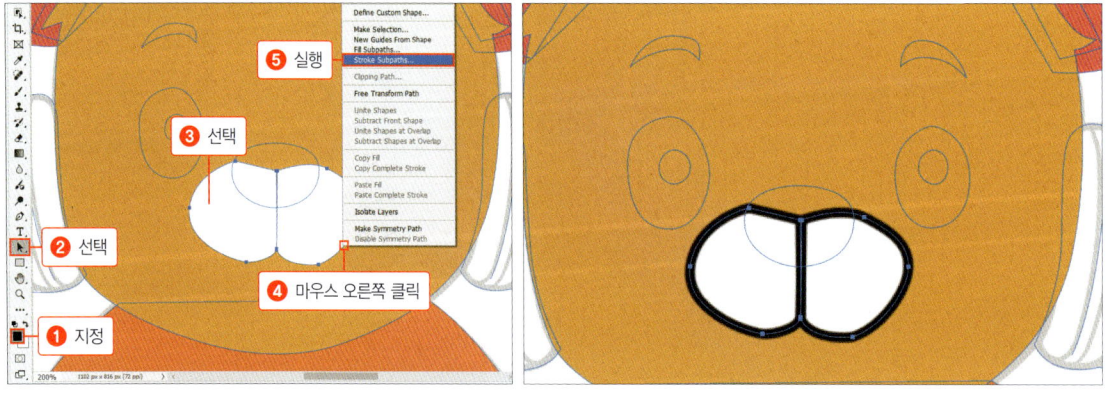

09 같은 방법을 이용하여 패스 선택 도구(▶.)로 눈썹, 눈, 코를 각각 선택하고 마우스 오른쪽 버튼을 클릭한 다음 Fill Subpath를 실행합니다. 지정한 색상을 선택된 패스 영역에 적용합니다.

10 눈동자 흰색 부분도 적용합니다. 같은 방법으로 ❶ '헤드폰' 레이어를 선택하고 ❷ 패스 선택 도구(▶.)로 헤드폰을 선택한 다음 ❸ Color 패널에서 색상을 설정합니다. 예제에서는 'C:70%, M:20%, Y:90%, K:0%'를 적용했습니다.

11 ❶ 남은 부분을 채색한 다음 Layers 패널에서 '곰 사진' 레이어의 '눈' 아이콘(◉)을 클릭하여 비활성화합니다. ❷ Paths 패널에서 ❸ 여백을 클릭하여 'Work Path'의 선택을 해제하면 패스선이 화면에 나타나지 않습니다.

EASY 실습 | 문자 형태 그대로 패스선 추출하기

- 실습파일 : 포토샵\07\trophy.png
- 완성파일 : 포토샵\07\trophy_완성.psd

주변의 디자인 요소를 사용하려고 할 때 내용 인식 추적 도구를 이용하면 마우스 커서를 위치시키는 것만으로도 패스선을 제작할 수 있습니다. 예제에서는 이미지에서 문자 형태를 그대로 가져오기 위해 문자 부분을 패스선으로 저장하는 방법에 대해 알아보겠습니다.

01 내용 인식 추적 도구를 사용하기 위해 메뉴에서 [Edit] → Preferences → Technology Previews를 실행합니다. Preferences 대화상자가 표시되면 ❶ 'Enable Content-Aware Tracing Tool'을 체크 표시하고 ❷ 〈OK〉 버튼을 클릭합니다.

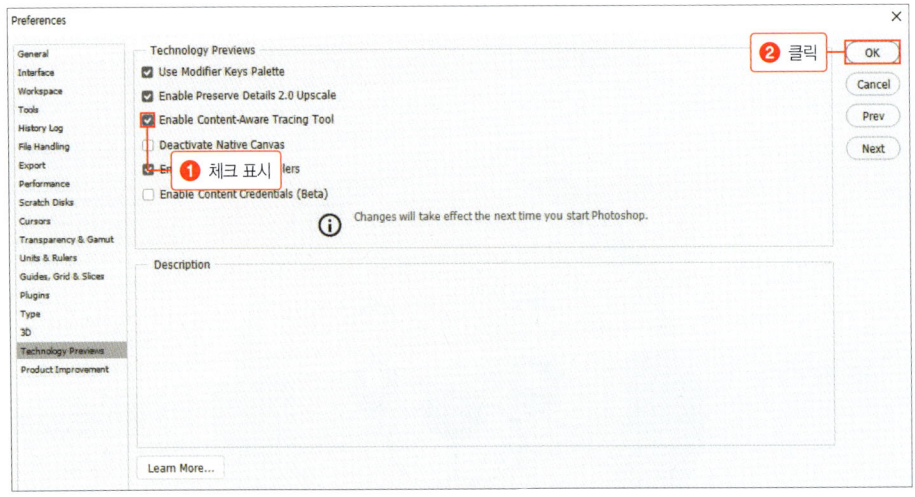

> **TIP**
> Preferences 대화상자에서 옵션을 설정한 다음 포토샵을 재실행하면 이후부터 내용 인식 추적 도구를 사용할 수 있습니다.

02 포토샵 → 07 폴더에서 'trophy.png' 파일을 불러옵니다. ❶ 트로피의 문자 부분을 확대하고 ❷ 내용 인식 추적 도구(🖉)를 선택합니다.

03 'P' 문자 부분에 마우스 커서를 위치하면 패스선으로 변환될 문자의 외곽선을 따라 점선으로 표시됩니다.

TIP
알파벳 문자에서 안쪽에 테두리가 있는 부분도 경계선을 클릭해야 완전한 알파벳 패스 형태로 패스선이 생성됩니다.

04 같은 방법으로 문자에 마우스 커서를 위치하고 ❶ 점선으로 표시되면 클릭하는 방식으로 문자 부분을 패스선으로 작성합니다. 문자 부분을 패스선으로 작성하였다면 ❷ Paths 패널에서 '패널 메뉴' 아이콘(≡)을 클릭한 다음 ❸ Save Path를 실행합니다.

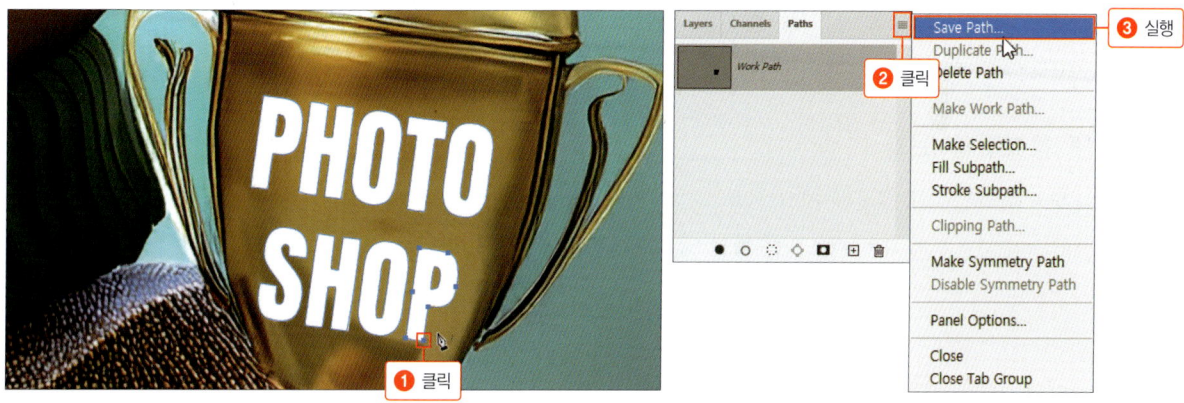

05 Save Path 대화상자가 표시되면 ❶ Name에 이름을 입력하고 ❷ 〈OK〉 버튼을 클릭하여 작성한 패스선을 저장해 마무리합니다.

TIP
Paths 패널에서 생성된 패스의 미리 보기 부분을 Ctrl을 누른 상태에서 클릭하면 패스선이 점선으로 표시되며, Alt 를 누른 상태에서 클릭하면 저장된 패스선을 불러올 수 있습니다.

❸ 선과 도형을 그리는 도구 알아보기

선 도구 알아보기

선 도구(☑)를 이용할 때 옵션바의 Set shape stroke width에서 선의 두께를 설정할 수 있습니다. Shift 를 누른 상태로 드래그하면 45° 기울기로 직선을 만들 수 있습니다.

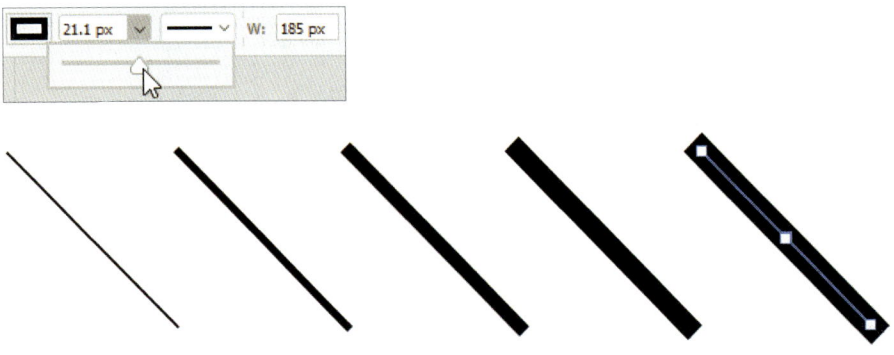

끝점을 드래그하여 선 위치를 변경할 수 있습니다.

삼각형 도구 알아보기

삼각형 도구(△)를 이용해 정삼각형이나 직삼각형 등의 삼각형을 만들 수 있습니다. 도형 안의 조절점을 드래그하는 방식으로 모서리 부분을 둥글게 처리합니다.

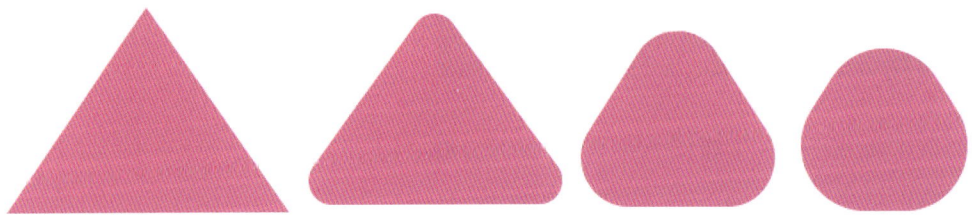

조절점을 드래그하여 모서리를 한 번에 둥글게 수정할 수 있습니다.

사각형 도구 알아보기

사각형 도구(▢)를 이용하면 정사각형, 직사각형 등의 사각형을 만들 수 있습니다.

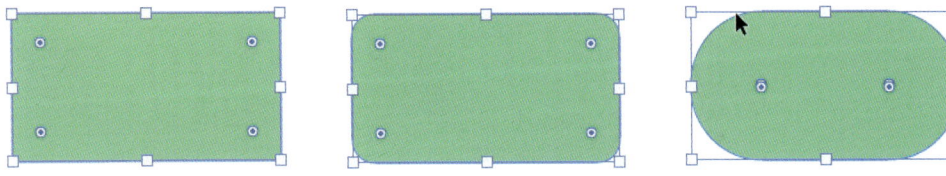

사각형 도구로 그린 사각형

원형 도구 알아보기

원형 도구(◎)를 이용하면 여러 모양의 원형을 만들 수 있어 아이콘 이미지를 만들 때 사용하면 편리합니다.

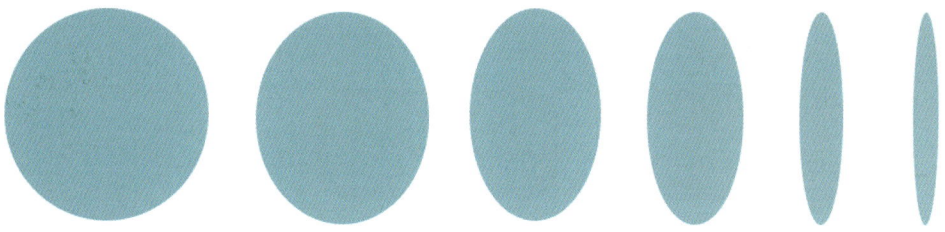

원형 도구로 그린 원형

다각형 도구 알아보기

다각형 도구(◎)는 마름모, 오각형, 별 등 다양한 형태를 만들 수 있는 도구입니다. 옵션바의 Sides에서 3부터 100까지 각의 개수를 설정할 수 있습니다.

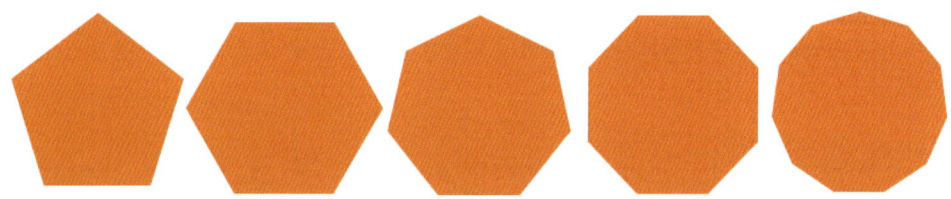

다각형 도구로 그린 다각형

사용자 셰이프 도구 알아보기

사용자 셰이프 도구(✿)는 다양한 벡터 형태를 생성하고 편집할 수 있는 기능입니다. 이 도구를 사용하면 기본으로 제공하는 셰이프를 활용하거나, 사용자가 직접 디자인한 맞춤형 셰이프를 만들 수 있습니다. 특히 로고 디자인, 아이콘 제작, 배너 디자인 등에서 자주 사용하며, 그래픽 요소를 쉽게 추가할 수 있도록 도와줍니다. 벡터 그래픽의 특성상, 셰이프는 확대해도 품질이 저하되지 않으며, 여러 차례 편집할 수 있습니다.

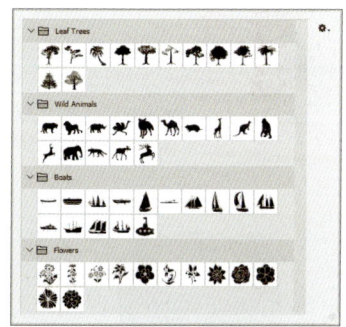

사용자 셰이프로 만든 다양한 셰이프

셰이프의 Properties 패널 살펴보기

사각형 도구를 선택하면 Properties 패널에 옵션이 표시됩니다. 사각형 모서리의 호를 서로 다르게 조절할 수 있어 손쉽게 다양한 형태를 만들 수 있습니다.

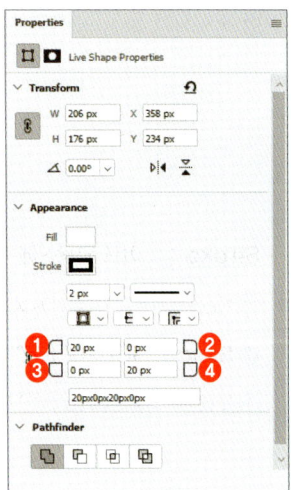

❶ **Top left corner radius** : 왼쪽 위 모서리의 호 값을 설정합니다.
❷ **Top right corner radius** : 오른쪽 위 모서리의 호 값을 설정합니다.
❸ **Bottom left corner radius** : 왼쪽 아래 모서리의 호 값을 설정합니다.
❹ **Bottom right corner radius** : 오른쪽 아래 모서리의 호 값을 설정합니다.

셰이프 도구 옵션바 살펴보기

셰이프 도구를 선택하면 옵션바에서 패스 형태를 지정하거나 다양한 연산 도구 및 정렬 기능을 이용할 수 있습니다.

❶ **Pick tool mode** : 셰이프 레이어, 패스, 채워진 범위를 만들 때 원하는 형식을 지정합니다.

   ⓐ **Shape** : 패스를 만들면 전경색이나 선택된 레이어 스타일로 영역이 채워집니다. Layers 패널에는 Shape 레이어가 만들어지고 Paths 패널에는 'Shape Path'가 표시됩니다.

   ⓑ **Path** : 저장되지 않는 가상의 Work Path를 만듭니다.

   ⓒ **Pixels** : 셰이프 도구를 드래그하면 전경색을 기준으로 영역이 채워집니다. 이때 레이어와 패스는 만들어지지 않습니다.

 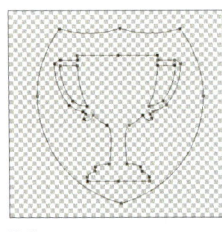 

Shape   Path   Pixels

❷ **Fill** : 셰이프에 색상을 채우는 방식을 선택할 수 있습니다.

   ⓐ **No Color** : 셰이프에 채워진 색상을 없앱니다.

   ⓑ **Solid Color** : 셰이프에 단일 색상을 채웁니다.

   ⓒ **Gradient** : 셰이프에 그러데이션 색상을 채웁니다.

ⓓ **Pattern** : 셰이프에 패턴을 채웁니다.

   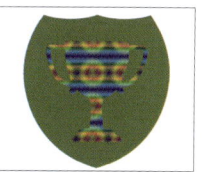

No Color　　　　　　Solid Color　　　　　　Gradient　　　　　　Pattern

❸ **Stroke** : 셰이프 외곽선에 적용될 색상이나 그러데이션, 패턴을 지정합니다.

　ⓐ **No Color** : 테두리에 채워진 색상을 없앱니다.

　ⓑ **Solid Color** : 테두리에 단일 색상을 채웁니다.

　ⓒ **Gradient** : 테두리에 그러데이션으로 색상을 채웁니다.

　ⓓ **Pattern** : 테두리에 패턴을 채웁니다.

❹ **Stroke width** : 테두리 선 두께를 설정합니다.

❺ **Stroke type** : 실선 또는 점선 등의 테두리 선 유형을 지정할 수 있어 셰이프로 시선을 사로잡는 디자인을 만들 수 있습니다.

   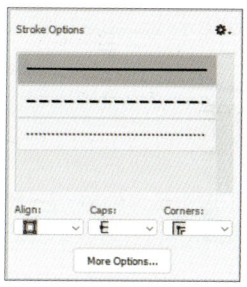

❻ **W, H** : 셰이프의 가로와 세로 길이를 조절합니다.

❼ **Path operations** : 셰이프를 연산하여 형태를 조절합니다.

　ⓐ **Combine Shapes** : 만들어진 셰이프에 새로운 셰이프 영역을 합칩니다.

　ⓑ **Subtract Front Shape** : 만들어진 셰이프에서 새로운 셰이프 영역을 뺍니다.

　ⓒ **Intersect Shape Areas** : 만들어진 셰이프와 새로운 셰이프의 교차된 부분만 표시합니다.

　ⓓ **Exclude Overlapping Shapes** : 만들어진 셰이프와 새로운 셰이프의 교차되지 않은 부분만 표시합니다.

Combine Shapes　　Subtract Front Shape　　Intersect Shape Areas　　Exclude Overlapping Shapes

❽ **Path alignment** : 만들어진 셰이프의 위치를 정렬합니다.

❾ **Path arrangement** : 셰이프의 순서를 지정합니다.

❿ **Path options** : 셰이프부터 크기와 비율을 조절합니다. 선택한 셰이프에 따라 지정할 수 있는 옵션이 다릅니다.

⓫ **Set radius of rounded corners** : 셰이프 모서리의 호 값을 설정합니다.

Quick 활용 실루엣 이미지 만들기

• 실습파일 : 포토샵\07\노을배경.jpg
• 완성파일 : 포토샵\07\노을배경_완성.psd

사용자 셰이프 도구를 이용하면 간단하게 원하는 형태의 셰이프를 선택해 만들 수 있습니다. 예제에서는 동물 셰이프를 이용하여 노을 진 배경 이미지를 연출해 봅니다.

Before

After

01 포토샵 → 07 폴더에서 '노을배경 .jpg' 파일을 불러옵니다. ❶ 사용자 셰이프 도구(⚙)를 선택한 다음 ❷ 옵션바에서 Pick tool mode를 'Shape', Fill을 '검은색'으로 지정합니다.

02 동물을 만들기 위해 ❶ Shape의 팝업 아이콘을 클릭한 다음 ❷ 'Wild Animals'에서 'Giraffe' 셰이프를 선택합니다. ❸ 나무 옆에 기린 모양의 셰이프를 드래그하여 배치합니다.

> **TIP ✦**
> 셰이프를 배치한 다음 다시 크기를 조절하려면 메뉴에서 (Edit) → Transform Path → Scale을 실행합니다. 셰이프의 크기나 비율을 조절할 수 있습니다.

Quick 활용 | 밤하늘 이미지 연출하기

• 실습파일 : 포토샵\07\배경.jpg
• 완성파일 : 포토샵\07\배경_완성.psd

기본 도형을 이용하여 셰이프를 만들고, 일괄적으로 그룹에 포함된 셰이프 이동과 복사, 레이어 스타일 적용 방법을 이용해서 그래픽 효과를 적용해 봅니다.

01 포토샵 → 07 폴더에서 '배경.jpg' 파일을 불러옵니다. 구름 형태의 셰이프를 만들기 위해 ❶ 원형 도구(◯.)를 선택한 다음 옵션바에서 ❷ Pick tool mode를 'Shape', Fill을 '흰색', Stroke를 'No Color'로 지정합니다.

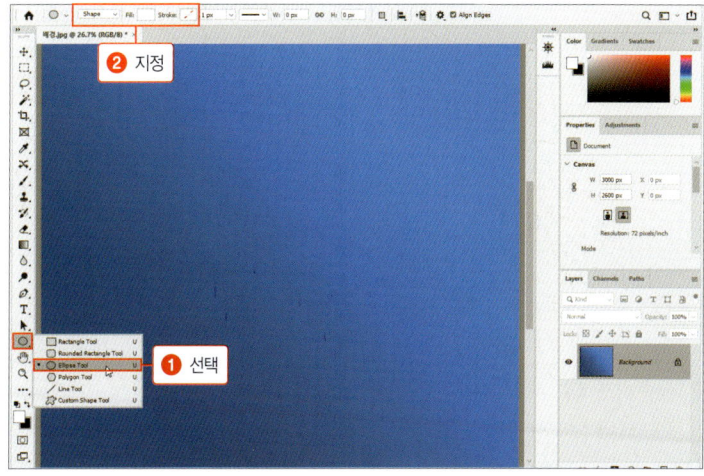

02 Layers 패널에서 ❶ 'Create a new group' 아이콘(▭)을 클릭하여 그룹을 만들고 ❷ 'Group 1' 이름을 더블클릭한 다음 '구름'으로 변경합니다. ❸ 배경 이미지에 드래그해 그림과 같이 원형 셰이프를 만듭니다.

 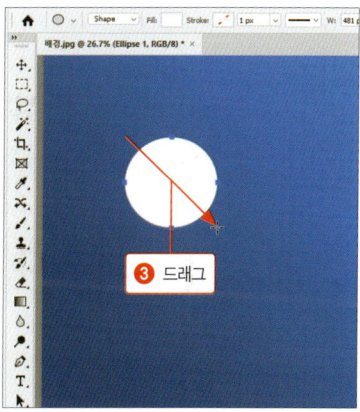

03 ❶ 연속으로 드래그하여 원이 겹치게 구름 형태의 셰이프를 만듭니다. 그룹으로 포함된 구름 셰이프에 그림자 효과를 한 번에 적용하기 위해 Layers 패널에서 ❷ '구름' 그룹을 선택한 다음 ❸ 'Add a layer style' 아이콘(fx)을 클릭하고 ❹ Drop Shadow를 실행합니다.

 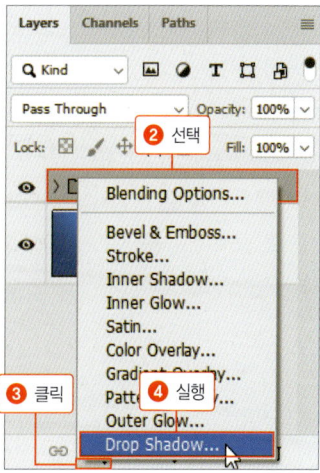

04 Layer Style 대화상자가 표시되면 ❶ Opacity를 '31%', Angle을 '47°', Distance를 '102px', Spread를 '43%', Size를 '84px'로 설정한 다음 ❷ 〈OK〉 버튼을 클릭합니다.

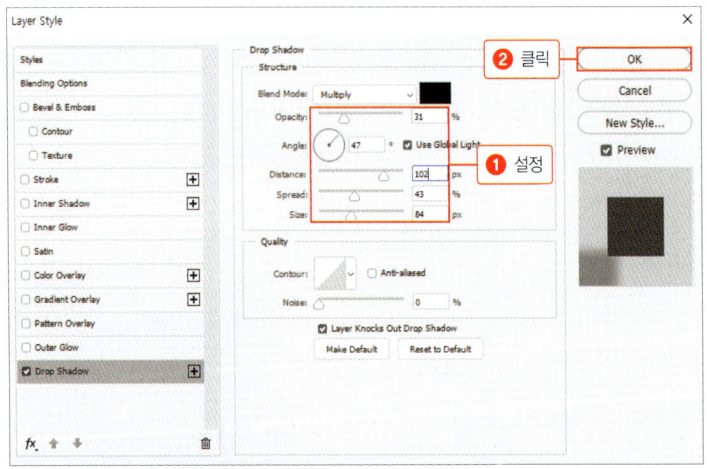

05 Layers 패널에서 ❶ '구름' 그룹을 선택합니다. ❷ 이동 도구(✥)를 선택한 다음 ❸ Alt+Shift를 누른 채 구름 셰이프를 클릭하고 ❹ 오른쪽 위로 드래그하여 복제합니다.

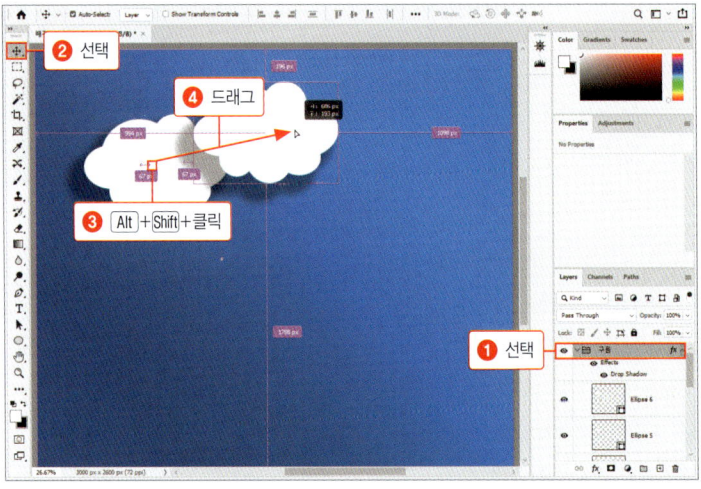

> **TIP** ✧
> 셰이프를 자유롭게 이동하려면 Shift를 누르지 않은 채 드래그합니다.

> **왜?** ✧
> Alt+Shift를 누른 상태에서 구름 셰이프를 드래그해야 셰이프가 개별 복제되지 않고, 구름 형태의 셰이프를 한번에 복제할 수 있습니다.

06 같은 방법으로 ❶ 복제된 구름 이미지를 Alt+Shift를 누른 채 드래그해 여러 개의 구름 셰이프를 만듭니다. 이번에는 달 모양 셰이프를 연산 기능으로 만들어 보겠습니다. ❷ 원형 도구(◯)를 선택한 다음 ❸ 옵션바에서 Fill의 색상 상자를 클릭하고 ❹ 'RGB'에서 '노란색'을 지정합니다.

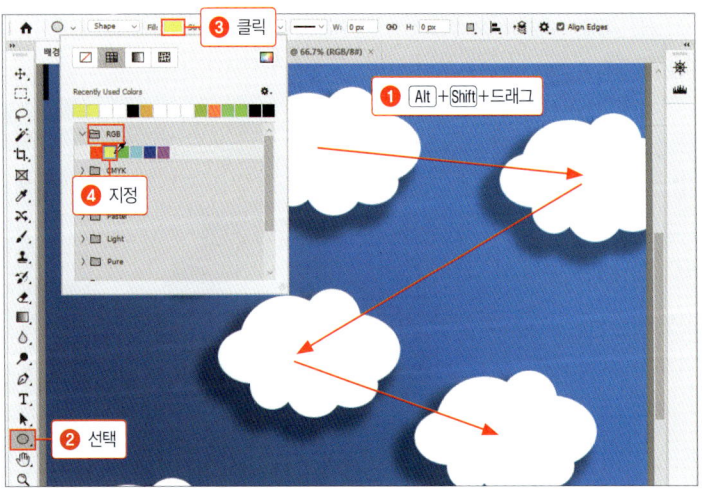

07 ❶ Layers 패널에서 'Create a new group' 아이콘(📁)을 클릭해 그룹을 만든 다음 ❷ 그룹 이름을 더블클릭하고 '달'로 변경합니다.

08 초승달 형태를 만들기 위해 옵션바에서 ❶ Path operations를 'Subtract Front Shape'로 지정합니다. ❷ 캔버스에 드래그하여 정원형 셰이프를 만듭니다.

> **TIP ✦**
> Subtract Front Shape 기능은 셰이프가 서로 겹칠 때 겹치는 영역을 빼는 셰이프 편집 기능입니다.

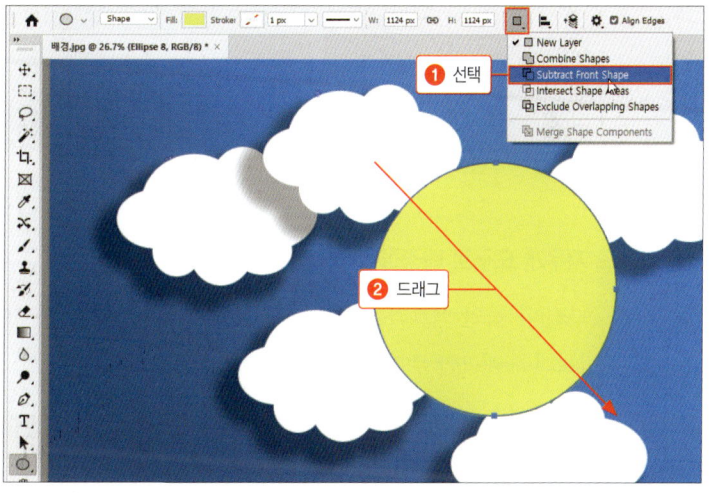

09 기존 원형 셰이프와 겹치도록 그림과 같이 작은 원형 셰이프를 드래그하여 만듭니다. 기존 원형 셰이프에서 새로 그린 원형 셰이프 영역이 빠진 것을 볼 수 있습니다.

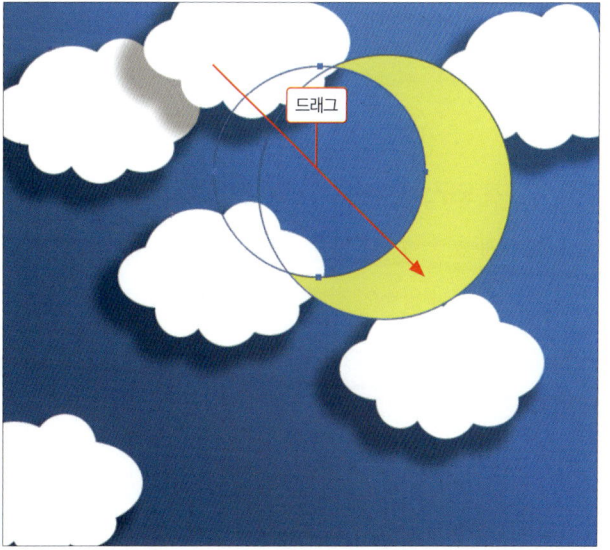

LESSON 14 > 스페셜한 기능이 있는 브러시 사용

❶ 원하는 부분만 드래그하는 대로 지우기

지우개 도구로 이미지 쉽게 지우기

지우개 도구(●)는 이미지를 색상 구분 없이 지우는 도구로, 드래그한 부분이 지워집니다.

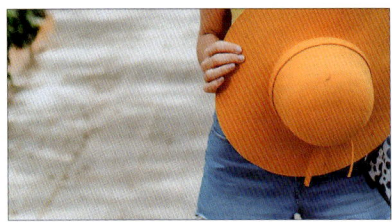
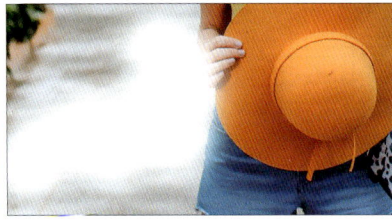

원본 이미지   원본 이미지를 브러시 모드로 일부 지운 모습

백그라운드 지우개 도구로 배경을 말끔하게 지우기

지우개 도구(●)와 묶인 백그라운드 지우개 도구(●)는 배경과 배경이 아닌 부분을 구분하여 지우는 도구입니다. 드래그하면 드래그한 부분의 배경만 지워집니다.

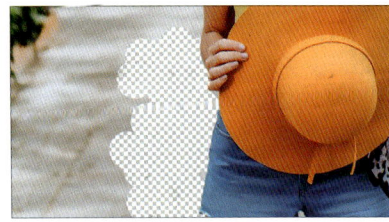
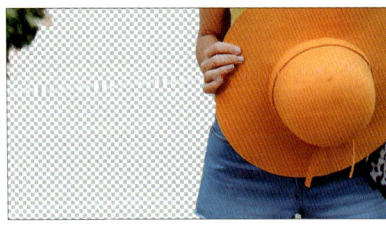
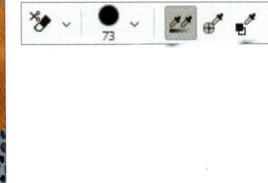

Limits를 'Find Edges'로 지정하여 경계선을 기준으로 배경 이미지를 지운 모습

매직 지우개 도구로 원하는 색상만 한번에 지우기

매직 지우개 도구(●)는 같은 색상을 한번에 지울 때 이용하는 도구입니다. 이미지를 클릭하면 클릭한 부분과 연결된 같은 색상 영역이 한번에 지워집니다.

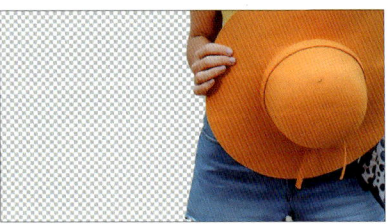

'Contiguous'를 체크 표시한 상태에서 넓은 배경 영역을 간단하게 지운 모습

❷ 아트 히스토리 도구 사용하기

아트 히스토리 브러시 도구는 이미지를 예술적인 스타일로 변환하는 강력한 도구입니다. 이 도구는 이미지의 특정 상태를 바탕으로 선택 영역을 브러시로 칠해, 독특하고 창의적인 효과를 만들 수 있습니다. 기존 사진이나 이미지를 바탕으로 새로운 디지털 아트를 창작할 때 유용하며, 특히 패턴이나 질감이 두드러지는 부분을 강조하는 데 적합합니다.

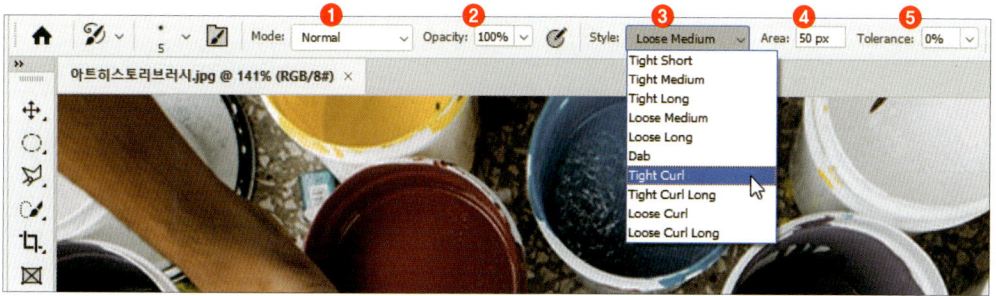

❶ **Mode** : 아트 브러시 페인팅 모드를 표현하는 옵션입니다. 'Nomal'로 지정된 경우에는 페인팅 스타일에 따라 원본 이미지에 붓 터치가 적용됩니다.

❷ **Opacity** : 불투명도를 조절하는 옵션으로, 값이 클수록 불투명하게 표현됩니다.

❸ **Style** : 페인팅 스타일을 지정합니다. 지정한 브러시에 따라 하나의 스타일로 다양한 붓 터치를 표현할 수 있습니다.

❹ **Area** : 브러시 터치 영역을 설정하는 옵션으로 값이 작을수록 적용 범위가 좁아집니다.

❺ **Tolerance** : 브러시 터치가 적용되는 간격을 조절하는 옵션으로 값이 작을수록 세밀하게 적용됩니다.

Tight Medium

Loose Medium

Loose Long

Dab

❸ 이미지 복제하기

스탬프 도구 – 이미지 복제하기

스탬프 도구(🔲)를 이용하면 일정 위치를 기준으로 그림을 복제하거나 지울 수 있습니다. Alt 를 누른 상태로 복사할 부분을 클릭한 다음 복제할 부분에 드래그하면 클릭했던 영역부터 그대로 복제됩니다. 스탬프 도구 옵션바에서 블렌딩 모드, 불투명도 등을 조절할 수 있습니다.

원본 이미지(포토샵\07\dooly.png)

스탬프 도구로 복제한 이미지

패턴 스탬프 도구 – 반복적인 이미지 사용하기

패턴 스탬프 도구(🔲)를 이용하면 포토샵에서 지원하는 패턴이나 사용자가 등록한 패턴을 드래그해 이미지에 적용할 수 있어 반복적인 이미지 작업에 매우 유용합니다.

패턴 스탬프 도구를 사용하기 위해서는 미리 이미지를 선택하고 메뉴에서 [Edit] → Define Pattern을 실행하여 등록해야 합니다. 등록한 패턴 이미지는 메뉴에서 [Edit] → Fill을 실행해 표시된 Fill 대화상자의 옵션에서 등록한 패턴 이미지를 선택하여 패턴을 채웁니다.

패턴으로 등록한 이미지

패턴 스탬프 도구로 복제한 이미지

EASY 실습) 장난감 복제 배열하기

- 실습파일 : 포토샵\07\robot.psd
- 완성파일 : 포토샵\07\robot_완성.jpg

스탬프 도구로 도장을 찍듯이 특정한 이미지를 복제할 수 있습니다. 예제에서는 스탬프 도구를 이용해 드래그하는 방법으로 간단하게 이미지를 복제합니다.

01 포토샵 → 07 폴더에서 'robot. psd' 파일을 불러옵니다. 캐릭터를 복제하기 위해 ① 스탬프 도구(📋)를 선택한 다음 ② 옵션바에서 브러시 크기를 '83px'로 설정합니다.

TIP ✦
브러시 크기가 너무 크면 복제할 로봇 이외의 영역까지 복제되며, 복제할 영역보다 브러시가 너무 작으면 복제 작업이 번거로울 수 있습니다.

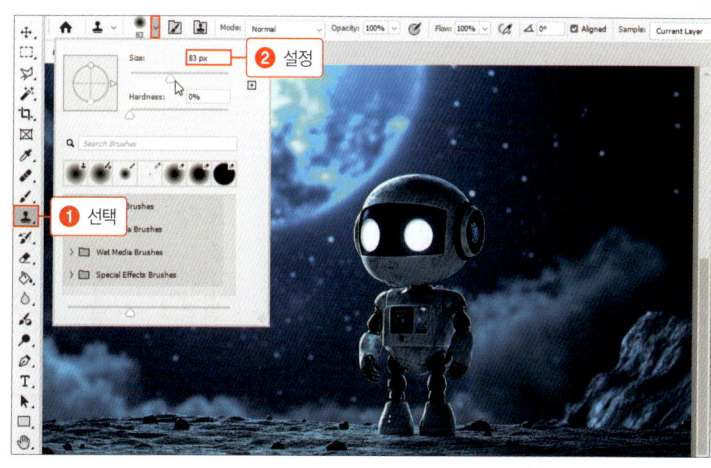

02 ① [Alt]를 누른 상태에서 로봇의 오른쪽 팔 부분을 클릭하여 복제 기준점을 지정한 다음 ② 복제하려는 영역을 클릭하고 ③ 드래그합니다. 예제에서는 로봇의 왼쪽 영역을 클릭하고 드래그하여 이미지를 복제했습니다.

03 드래그하는 영역에 왼쪽의 원본 로봇을 기준으로 오른쪽 영역에 복제 로봇이 생성되는 것을 확인할 수 있습니다.

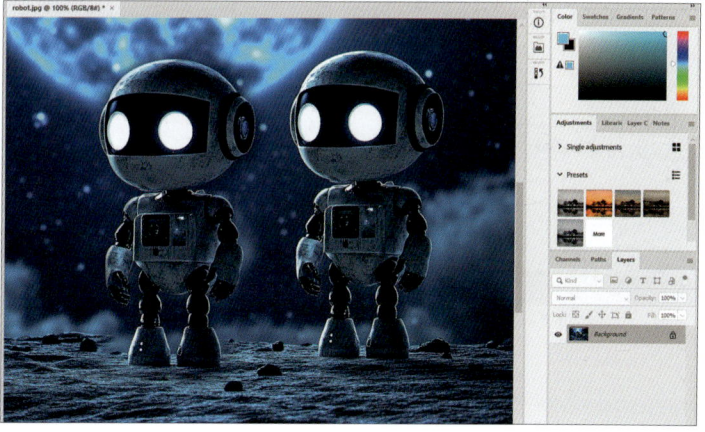

❹ 피부 보정과 이미지 복원하기

스팟 힐링 브러시 도구 – 인접 픽셀을 이용하여 복원하기

스팟 힐링 브러시 도구( )는 주로 이미지의 특정 영역을 클릭하여 복원하거나 작은 결점을 제거할 때 이용합니다. 클릭한 지점의 인접 픽셀을 가져와 복원하기 때문에 사용법도 간단하고 이음새가 드러나지 않아 편리합니다.

원본 이미지(포토샵\07\innocent.png)　　　스팟 힐링 브러시 도구로 피부의 잡티를 제거하는 모습　　잡티가 제거된 모습(포토샵\07\innocent_완성.png)

힐링 브러시 도구 – 특정 소스를 이용하여 복원하기

힐링 브러시 도구( )는 주로 특정 소스 색상으로 복원할 때 이용합니다. Alt 를 누른 상태로 원하는 부분을 클릭하면 소스 색상이 추출되고, 복원하려는 영역을 드래그하면 추출된 소스 색상이 덧칠되면서 이미지를 복원할 수 있습니다. 오래된 사진이나 품질이 나쁜 인물 사진을 복원할 때 유용합니다.

원본 이미지　　　　　　　　　　　　　힐링 브러시 도구로 점과 피부 트러블을 제거한 모습(포토샵\07\innocent2_완성.png)

패치 도구 - 넓은 영역을 간단하게 복원하기

패치 도구(◉)는 인접 영역에서 가장 비슷한 이미지나 색상을 가져와 특정 영역을 천 조각으로 패치하듯 붙일 수 있는 도구로, 넓은 영역을 복원할 때 유용합니다.

원본 이미지

슈퍼맨을 선택하여 지운 이미지

콘텐츠 인식 이동 도구 - 이동하고 자동으로 채우기

특정 영역의 위치를 이동하면서 배경을 자동으로 채울 때 콘텐츠 인식 이동 도구(✖)를 이용합니다.

선택 영역 지정

Mode : Move

Mode : Extend

레드 아이 도구 - 적목 현상 보정하기

적목 현상으로 빨갛게 된 눈동자를 원래대로 보정할 때 레드 아이 도구(◉)를 이용합니다.

적목 현상이 발생한 모습

레드 아이 도구를 선택하고 드래그하여 적목 현상을 제거한 모습

EASY 실습 | 가는 선 형태의 복잡한 이미지 제거하기

• 실습파일 : 포토샵\07\line.png
• 완성파일 : 포토샵\07\line_완성.png

가는 선 형태의 와이어나 케이블 등의 이미지는 제거하기 힘든 요소입니다. 이러한 가는 선 형태를 AI가 인식하여 자동으로 제거하는 기능이 추가되었습니다. 예제에서는 벽면에 거미줄처럼 엉켜 있는 전선을 한번에 제거해 봅니다.

01 포토샵 → 07 폴더에서 'line.png' 파일을 불러옵니다. 벽에 복잡한 전선이 있는 이미지를 확인할 수 있습니다. 이를 제거하기 위해 AI 기능이 탑재된 리무브 도구( )를 선택합니다.

02 기존 벽면 배경과 인물은 그대로 둔 상태에서 복잡한 전선 부분만 제거하기 위해 ❶ 옵션바에서 (Find distractions)를 클릭한 다음 ❷ (Wires and cables)를 클릭합니다.

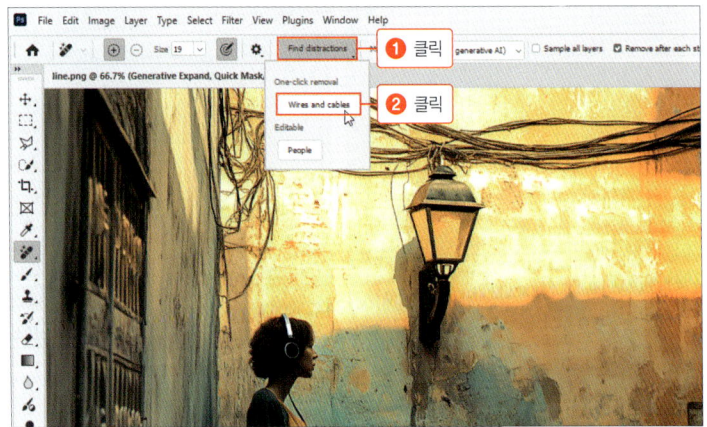

03 벽면에 걸쳐있던 복잡한 전깃줄만 그림과 같이 제거된 것을 확인할 수 있습니다.

EASY 실습 | 여러 명의 인물을 인식하고 한번에 지우기

• 실습파일 : 포토샵\07\posing.png
• 완성파일 : 포토샵\07\posing_완성.png

촬영한 사진에 의도하지 않은 여러 명의 인물이 포함되어 있을 경우 제거하는 보정 작업을 진행해야 합니다. 포토샵에서 새롭게 제공하는 산만한 요소들을 제거하는 기능에서 인물 제거 기능에 대해 알아봅니다.

01 포토샵 → 07 폴더에서 'posing.png' 파일을 불러옵니다. 가운데 모델 주변에 의도하지 않은 인물들을 확인할 수 있습니다. ① 리무브 도구(🪄)를 선택하고 배경 인물들을 제거하기 위해 ② 옵션바에서 (Find distractions)를 클릭한 다음 ③ (People)을 클릭합니다.

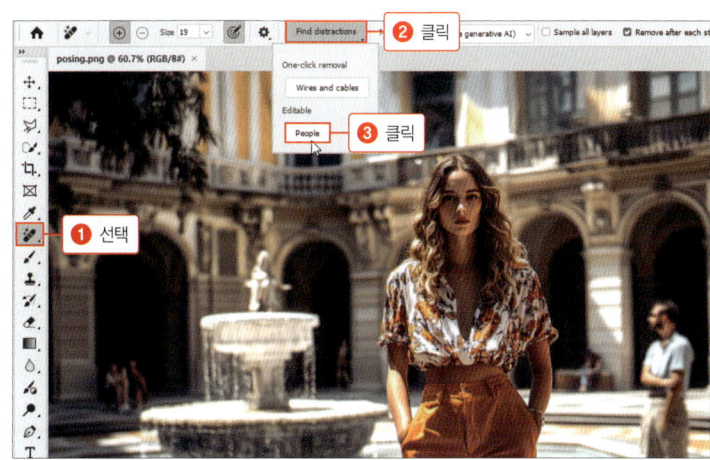

02 가운데 모델 이외의 의도하지 않은 배경 인물들은 삭제될 영역으로 표시되어 있습니다. 예제에서는 네 곳의 배경 인물이 붉은색 영역으로 표시되었습니다. 'Apply' 아이콘을 클릭합니다.

> **TIP ✦**
> 만약 배경 인물에서 살리고 싶은 인물이 있다면 옵션바에서 'Subtract from brushed area' 아이콘(⊖)을 클릭한 다음 살릴 인물을 드래그하여 삭제될 영역을 지웁니다.

03 한번에 네 명의 배경 인물이 제거되고, 제거된 배경 영역을 생성하여 감쪽같이 배경 이미지가 복원된 것을 확인할 수 있습니다.

Part 08

이미지 합성을 위한 레이어와 마스크, 채널

| Adobe Firefly   〈 20/25 〉

| Layer | Mask | Channel |

PHOTOSHOP
+ILLUSTRATOR CC 2025

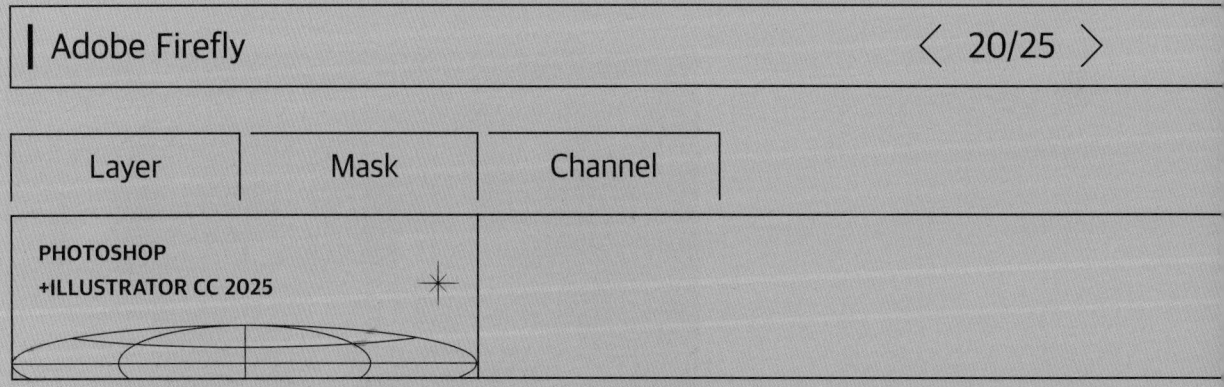

CC/25

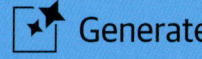

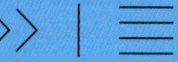

LESSON 15 › 합치면 놀라운 이미지 합성, 레이어

❶ 레이어 알아보기

레이어 구조 이해하기

레이어(Layer)는 미술 시간에 사용하는 셀로판지와 비슷한 개념입니다. 투명한 비닐에 그림을 그린 다음 겹치는 것과 같은 기법으로 작업이 이루어지며 이때 겹친 이미지 층이 레이어가 됩니다.

화면에 보이는 이미지(포토샵\08\레이어구조.psd)   Layers 패널에 구성된 이미지

레이이 종류 알아보기

❶ **문자 레이어** : 문자를 입력하면 만들어지고 섬네일 부분에 'T' 자가 표시되어 일반 레이어와 구분할 수 있습니다.

❷ **일반 레이어** : 이미지 속성을 가지며 투명 영역을 만들 수 있고 자유롭게 수정하거나 배치할 수 있습니다.

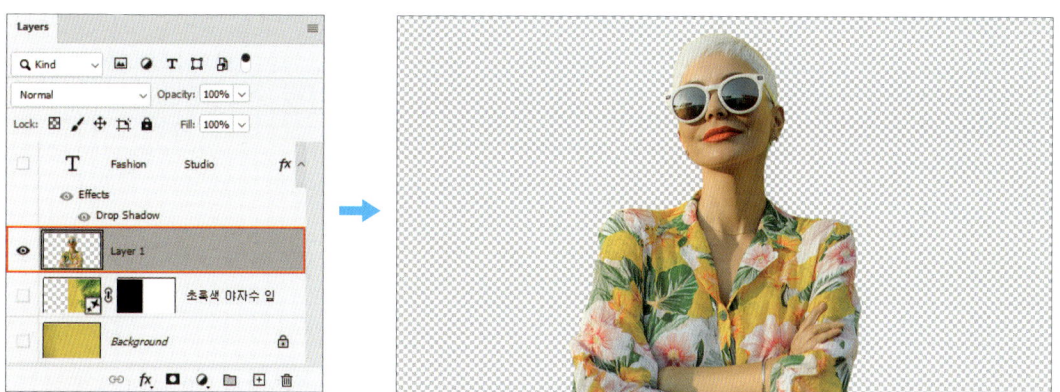

❸ **생성 레이어(Generate Layer)** : 포토샵의 생성형 AI 기능인 Generate 기능으로 이미지를 생성하면, 생성 레이어가 만들어집니다. 추가로 이미지를 생성할 때마다 생성 레이어가 만들어지며, 레이어 이름은 프롬프트로 작성한 문자로 지정됩니다. 레이어 섬네일에는 별 모양의 마크(✦)가 표시되어 있습니다.

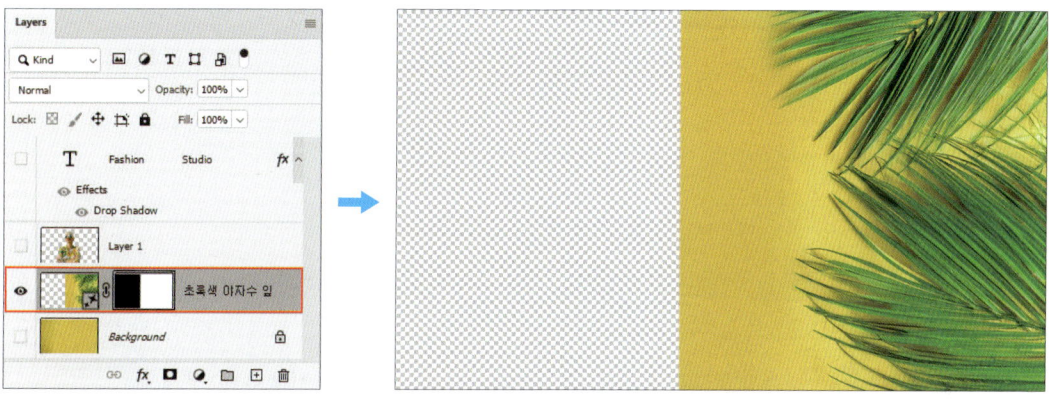

❹ **배경 레이어** : 포토샵에서 새로운 작업 창을 만들면 기본으로 나타나는 레이어입니다. 흰색, 현재 지정된 배경색, 투명 중 하나를 지정할 수 있습니다.

> **TIP ✦**
> 'Background' 레이어는 배경 레이어라고 하며, 보통 자물쇠 표시가 있어 레이어를 움직일 수 없습니다. 레이어를 일반 레이어로 변경하려면 레이어 섬네일을 더블클릭해서 New Layer 대화상자를 표시한 다음 〈OK〉 버튼을 클릭합니다.

Layers 패널 살펴보기

Layers 패널의 구성 요소와 기능을 알아보겠습니다.

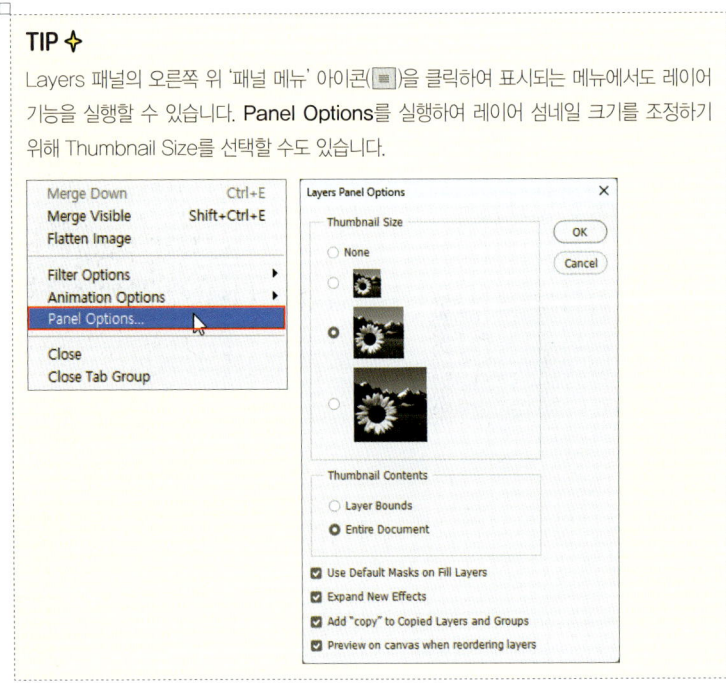

❶ **Pick a filter type** : 레이어를 검색할 때 필터를 이용하여 레이어를 찾습니다.

    ⓐ **Kind** : 레이어 종류를 기준으로 검색합니다.

    ⓑ **Name** : 레이어 이름을 기준으로 검색합니다.

    ⓒ **Effect** : 이펙트 효과가 적용된 레이어를 기준으로 검색합니다.

    ⓓ **Mode** : 모드가 적용된 레이어를 기준으로 검색합니다.

    ⓔ **Attribute** : 레이어 속성을 기준으로 검색합니다.

    ⓕ **Color** : 레이어 색상을 기준으로 검색합니다.

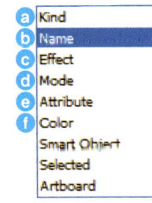

❷ **Filter for pixel layers** : 픽셀로 구성된 레이어를 검색합니다.

❸ **Filter for adjustments layer** : 색상을 보정한 레이어를 검색합니다.

❹ **Filter for type layers** : 문자 레이어를 검색합니다.

검색하여 조건에 맞는 레이어만 Layers 패널에 표시됩니다.

❺ **Filter for shape layers** : 셰이프 레이어를 검색합니다.

❻ **Filter for smart objects** : 스마트 오브젝트 레이어를 검색합니다.

❼ **Turn layer filtering on/off** : 레이어를 검색하는 기능을 켜거나 끕니다.

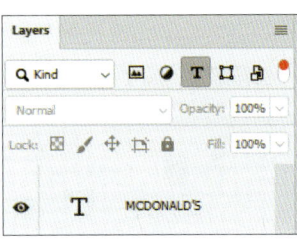

❽ **블렌딩 모드** : 선택한 레이어와 아래에 위치한 레이어의 합성 방식을 지정합니다.

 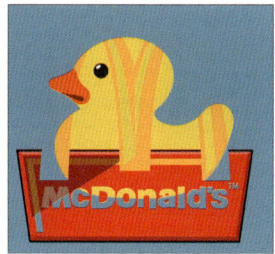  

원본 이미지(포토샵\08\ruber.psd)　　　Darker Color　　　　　　　　Luminosity　　　　　　　　　Multiply

❾ **Opacity(불투명도)** : 선택된 레이어의 불투명도를 설정할 수 있으며 기본 값은 100%입니다. 0~100%의 값을 설정합니다.

   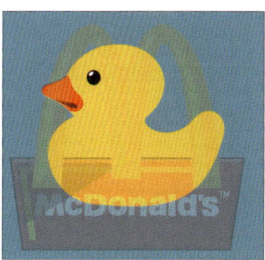

Opacity : 100%　　　　　　　Opacity : 70%　　　　　　　　Opacity : 50%　　　　　　　　Opacity : 20%

❿ **Lock(잠그기)** : 선택된 레이어에 작업이 적용되지 않도록 기능별로 잠글 수 있습니다.

　　ⓐ **투명 영역 잠그기** : 투명 영역에 작업할 수 없습니다.　　ⓑ **브러시 잠그기** : 브러시 도구를 이용할 수 없습니다.

　　ⓒ **위치 잠그기** : 이동할 수 없습니다.　　　　　　　　　　ⓓ **모두 잠그기** : 어떤 작업도 할 수 없습니다.

　　ⓔ **아트보드와 프레임 이미지 이동 잠그기** : 아트보드와 프레임 제작 시 이미지 이동을 제한합니다.

⓫ **Fill** : Opacity와 마찬가지로 불투명도를 조절하는 옵션이지만, 선택된 레이어의 전체 불투명도를 조절하는 Opacity와는 다르게 색상 영역의 불투명도만 조절합니다.

⓬ **눈 아이콘** : 해당 레이어를 화면에 표시하거나 감출 때 사용하며, 눈 아이콘을 한 번 클릭하면 아이콘이 비활성화되면서 해당 레이어 이미지가 화면에 보이지 않습니다.

⓭ **Link layers** : [Ctrl]이나 [Shift]를 이용하여 두 개 이상의 레이어를 선택한 다음, 선택한 레이어를 연결하여 함께 이동할 수 있습니다.

⓮ **Add a layer style** : 메뉴의 (Layer) → Layer Style과 같은 기능으로 레이어에 다양한 스타일을 적용합니다.

⓯ **Add a mask** : 메뉴의 (Layer) → Layer Mask와 같은 기능으로 해당 레이어에 마스크 효과를 적용할 수 있습니다.

⓰ **Create new fill or adjustment layer** : 메뉴의 (Layer) → New Adjustment Layer와 같은 기능으로 아래쪽 레이어의 색상, 밝기, 채도 등을 설정할 수 있는 보정 레이어가 만들어집니다.

⓱ **Create a new group** : 레이어들을 하나의 묶음으로 관리할 수 있는 그룹을 만듭니다.

⓲ **Create a new layer** : 새로운 레이어를 만드는 기능으로 투명한 배경의 레이어를 만들 수 있습니다.

⓳ **Delete layer** : 선택한 레이어를 삭제합니다.

❷ 꼭 알아야 할 레이어 사용법

레이어 선택하기

❶ 원하는 레이어를 선택합니다.
❷ 선택한 레이어가 진하게 표시됩니다.

> **TIP ✦**
> Ctrl을 누른 채 레이어를 클릭하면 여러 레이어를 한번에 선택할 수 있습니다. Shift를 누른 채 레이어를 클릭하면 원래 선택되어 있는 레이어와 클릭한 레이어 사이에 있는 모든 레이어가 선택됩니다.

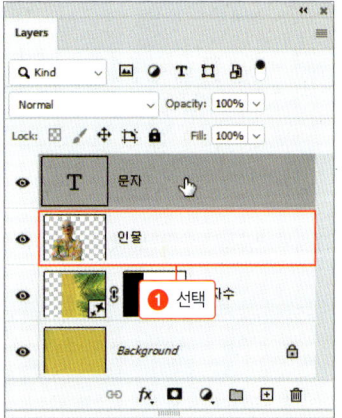

레이어 이동하기

❶ 이동하려는 레이어를 선택합니다.
❷ 원하는 위치로 드래그합니다.

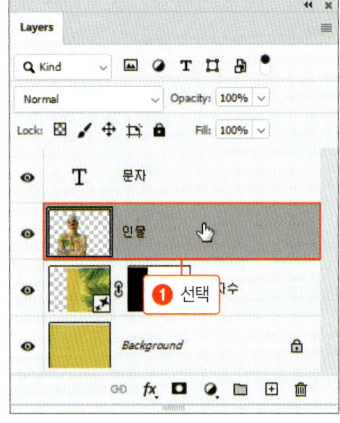
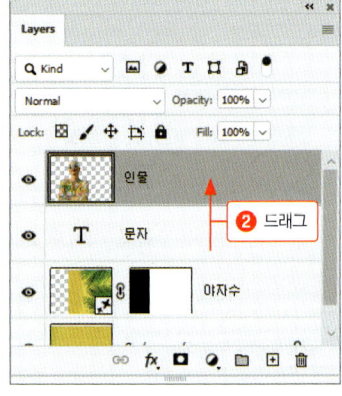

레이어 숨기기

❶ 숨기려는 레이어의 '눈' 아이콘(👁)을 클릭합니다. ❷ 눈 아이콘이 비활성화되면서 해당 이미지가 화면에서 사라집니다.

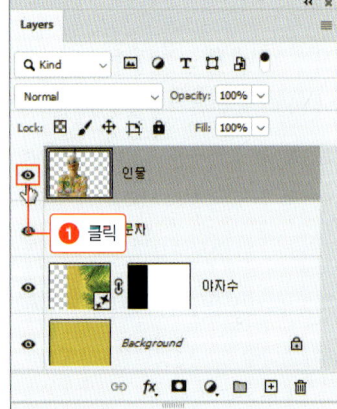

레이어 복제하기

❶ 복사하려는 레이어를 'Create a new layer' 아이콘(□)으로 드래그합니다. ❷ 레이어가 복제됩니다.

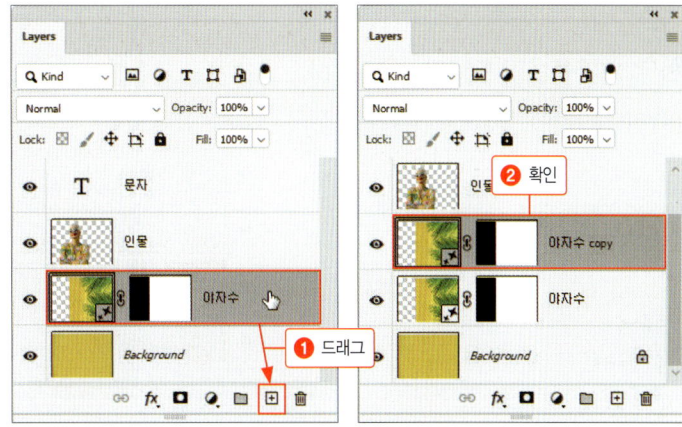

레이어 삭제하기

❶ 삭제하려는 레이어를 'Delete layer' 아이콘(🗑)으로 드래그합니다.
❷ 레이어가 삭제됩니다.

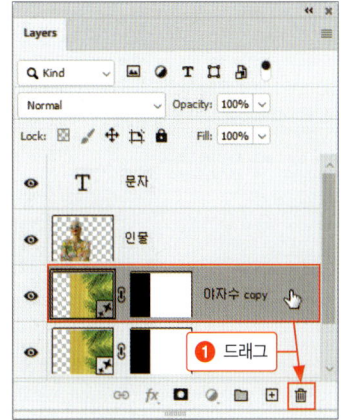

> **TIP ✧**
> 삭제하려는 레이어를 선택한 다음 Delete를 눌러도 레이어가 삭제됩니다.

레이어 이름 바꾸기

❶ 변경하려는 레이어의 이름 부분을 더블클릭합니다. ❷ 이름을 입력합니다.

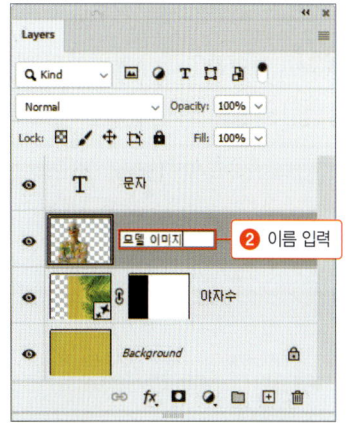

레이어 묶기

❶, ❷ Ctrl을 누른 상태에서 묶으려는 레이어를 선택합니다. ❸ 'Link layers' 아이콘(⊖⊖)을 클릭합니다.

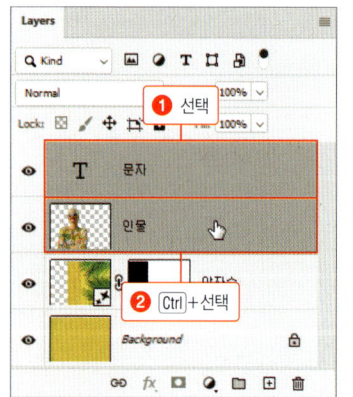

레이어 합치기

❶, ❷ Ctrl을 누른 채 합치려는 레이어를 선택하고 ❸ 패널 메뉴 아이콘(≡)을 클릭한 다음 ❹ Merge Layers (Ctrl+E)를 실행합니다. ❺ 위쪽 레이어를 기준으로 하나로 합쳐집니다.

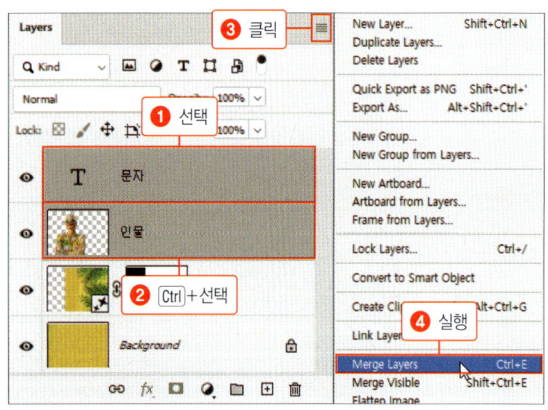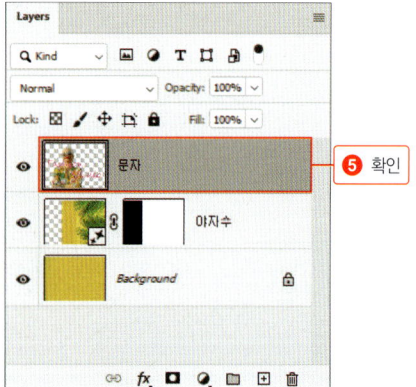

보이는 레이어만 합치기

❶ 눈 아이콘(◉)이 활성화된 레이어를 확인하고 ❷ 패널 아이콘을 클릭한 다음 ❸ Merge Visible(Shift+Ctrl+E)을 실행합니다. ❹ 보이는 레이어가 하나의 레이어로 합쳐집니다.

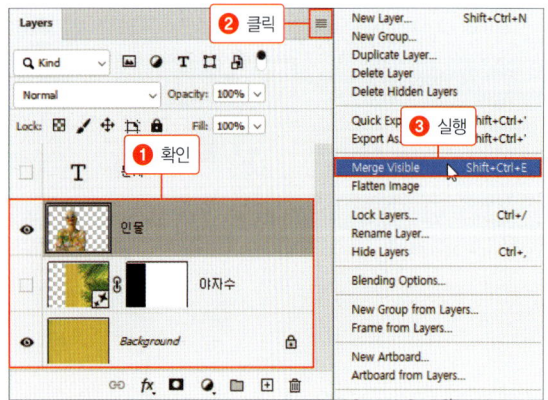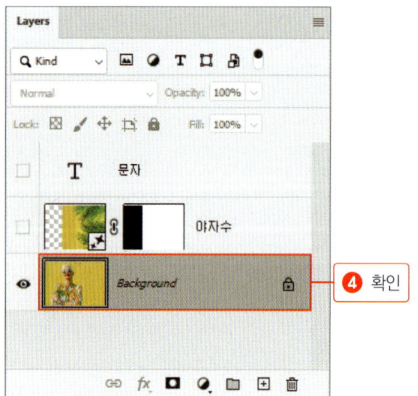

레이어 그룹 만들기

❶, ❷ Ctrl 을 누른 상태에서 그룹으로 지정하려는 레이어를 선택한 다음 ❸ 패널 아이콘을 클릭하고 ❹ New Group을 실행합니다. ❺ 그룹 이름을 입력하면 ❻ 그룹 안에 해당 레이어가 포함됩니다.

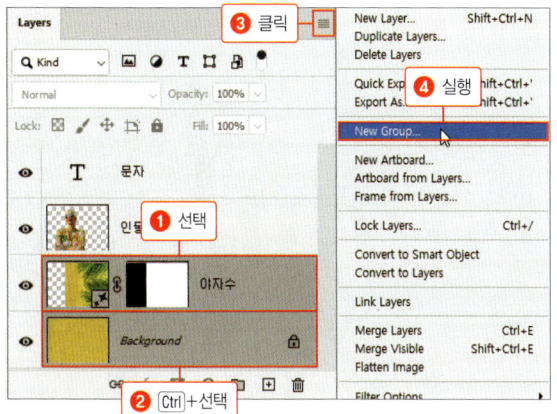
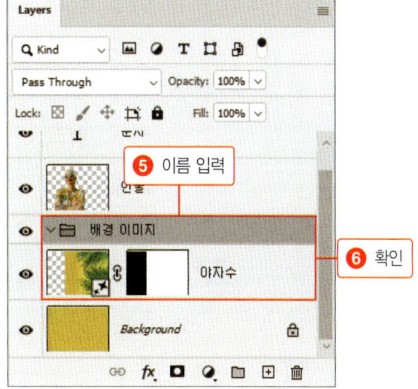

레이어 잠그기

❶ 잠금 기능을 적용하려는 레이어를 선택합니다. ❷ 'Lock all' 아이콘(🔒)을 클릭하여 이미지 편집이나 수정을 할 수 없게 잠급니다.

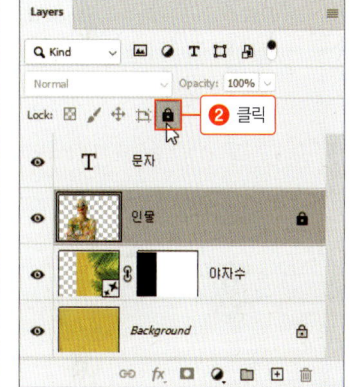

레이어 색상 지정하기

❶ 레이어 구분을 위해 색상을 지정할 레이어를 선택합니다. ❷ 마우스 오른쪽 버튼을 클릭한 다음 ❸ 메뉴에서 원하는 색상을 선택하여 지정합니다.

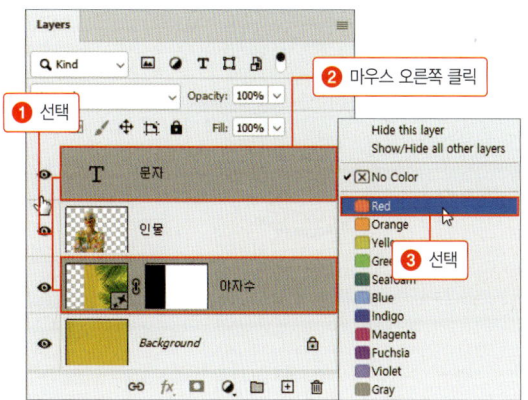
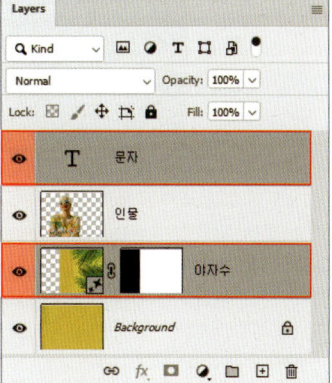

Quick 활용 | 콜라주 이미지 만들기

• 실습파일 : 포토샵\08\레이어배치.psd
• 완성파일 : 포토샵\08\레이어배치_완성.psd

포토샵 작업 시 이미지를 각각의 레이어로 저장해 두면 이미지 위치 수정이나 합성 작업이 훨씬 수월해집니다. 합성 이미지를 이용하여 레이어 사용 방법을 학습해 봅니다.

Before

After

01 포토샵 → 08 폴더에서 '레이어배치.psd' 파일을 불러옵니다. Layers 패널을 확인하면 이미지별로 레이어가 저장된 것을 확인할 수 있습니다.

02 먼저 아이콘 일러스트를 화면에 나타내기 위해 Layers 패널에서 '아이콘1' 레이어부터 '아이콘3' 레이어까지 '눈' 아이콘(👁)을 클릭해 활성화합니다. 과일 형태의 일러스트가 표시됩니다.

03 이번에는 문자를 화면에 나타내기 위해 Layers 패널에서 '문자' 레이어의 '눈' 아이콘(👁)을 클릭해 활성화합니다. Summer 문자가 표시됩니다.

04 ❶ '인물' 레이어의 '눈' 아이콘(👁)을 클릭해 활성화하면 문자 위로 인물이 표시되어 문자가 가려지는 것을 확인할 수 있습니다. ❷ '인물' 레이어를 선택하고 '문자' 레이어 아래로 드래그합니다.

05 인물 이미지가 문자 이미지 뒤로 이동하면서 문자가 인물 앞으로 정확하게 표시된 것을 확인할 수 있습니다.

06 ❶ 이동 도구(⊕)를 선택한 다음 코코넛 일러스트인 ❷ '아이콘1' 레이어를 선택하고 ❸ 인물 사이로 드래그하여 이동합니다.

07 레몬 일러스트를 삭제하기 위해 Layers 패널에서 '아이콘3' 레이어를 선택하고 'Delete layer' 아이콘(🗑)으로 드래그합니다.

08 레몬 일러스트가 그림과 같이 화면에서 사라진 것을 확인할 수 있습니다.

EASY 실습 | 그룹 레이어로 유튜브 섬네일 이미지 구성하기

- 실습파일 : 포토샵\08\섬네일.psd
- 완성파일 : 포토샵\08\섬네일_완성.psd

이미지 구성별로 레이어를 그룹으로 지정하면 손쉽게 이미지를 찾을 수 있고, 수정 작업 및 관리가 편합니다. 그룹으로 레이어를 구성하는 방법을 알아봅니다.

01 포토샵 → 08 폴더에서 '섬네일.psd' 파일을 불러옵니다. Layers 패널을 확인하면 이미지가 각각의 레이어로 저장된 것을 확인할 수 있습니다.

TIP ✧
여러 레이어를 하나의 그룹으로 묶으면 작업 파일이 깔끔해지고, 특정 요소를 쉽게 찾아 관리할 수 있습니다. 특히 복잡한 디자인이나 많은 레이어를 포함한 프로젝트에서 그룹을 사용하면 작업을 정리하는 데 큰 도움이 됩니다. 그룹으로 묶인 레이어들은 전체를 한 번에 선택할 수 있어 이동, 변형, 크기 조절, 회전 등의 작업을 한 번에 적용할 수 있습니다. 이로 인해 개별 레이어를 일일이 수정할 필요 없이 시간과 노력을 절약할 수 있습니다.

02 여러 개의 이미지를 하나의 그룹으로 지정하기 위해 ❶ '마크' 레이어를 선택한 다음 ❷ Shift 를 누른 상태에서 '문자' 레이어를 선택합니다. 2개의 레이어가 선택됩니다.

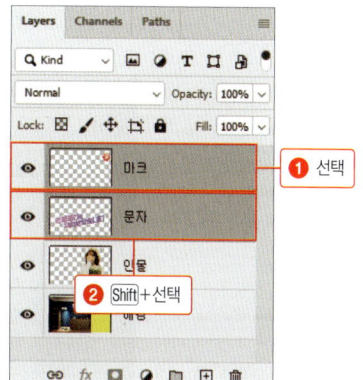

03 선택된 2개의 레이어를 하나의 그룹으로 지정하기 위해 Layers 패널의 ❶ '패널 메뉴' 아이콘(≡)을 클릭한 다음 ❷ New Group from Layers를 실행합니다.

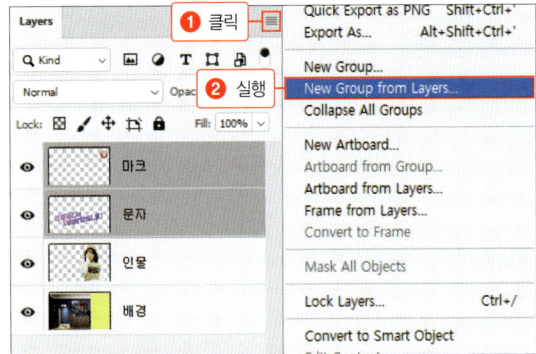

04 New Group from Layers 대화상자에서 ❶ Name에 '타이틀'을 입력하고 ❷ 〈OK〉 버튼을 클릭합니다.

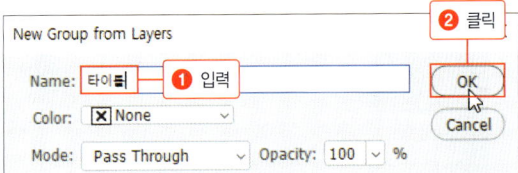

05 Layers 패널을 보면 '타이틀' 그룹 안에 '마크' 레이어와 '문자' 레이어가 포함된 것을 확인할 수 있습니다.

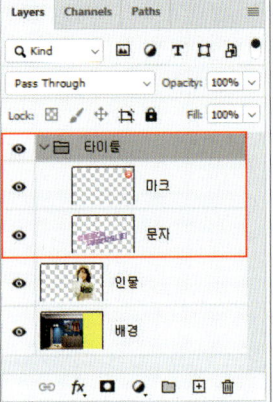

06 '타이틀' 그룹의 '눈' 아이콘(◉)을 클릭하여 비활성화하면 그룹에 포함된 레이어가 화면에서 모두 사라진 것을 확인할 수 있습니다.

07 ❶ 다시 '눈' 아이콘(👁)을 클릭하여 활성화하고 ❷ Layers 패널에서 '타이틀' 그룹을 선택한 채 'Lock all' 아이콘(🔒)을 클릭합니다. '타이틀' 그룹에 포함된 레이어가 모두 잠긴 것을 확인할 수 있습니다.

08 '배경' 레이어의 '눈' 아이콘(👁)을 클릭하여 비활성화하면 투명 영역이 표시됩니다. '타이틀' 그룹에 포함된 '문자' 레이어를 선택한 상태에서 브러시 도구(🖌)나 이동 도구(✥) 아이콘을 클릭합니다. 레이어가 잠겨 그림과 같이 이미지가 보호됩니다.

> **TIP ✦**
> 레이어 잠금 설정을 해제하기 위해서는 Layers 패널에서 '타이틀' 그룹을 선택한 채 'Lock all' 아이콘(🔒)을 다시 클릭합니다.
>
>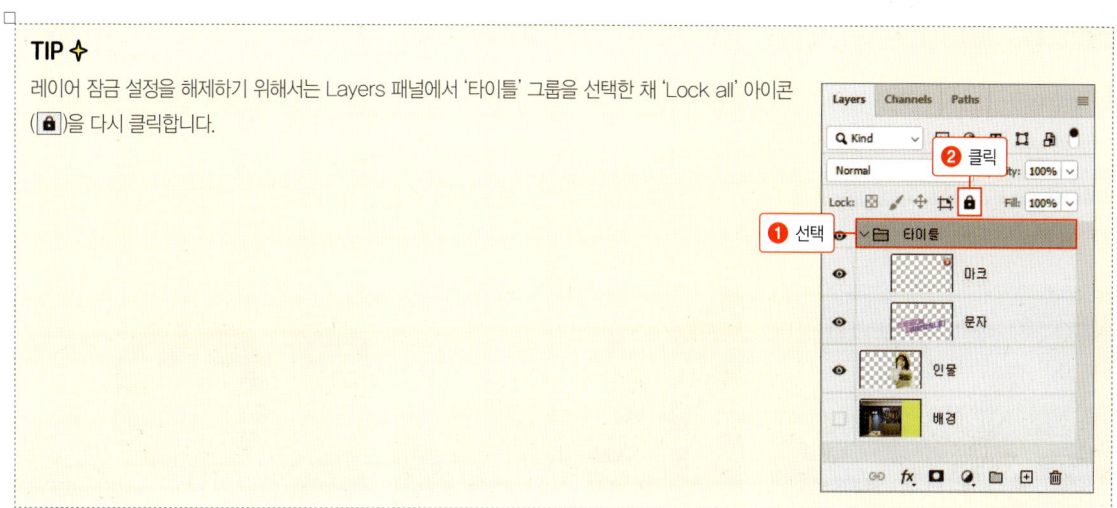

❸ 겹친 레이어 합성하기

블렌딩 모드는 두 개 이상의 레이어가 겹쳐져 있는 경우 위에 있는 레이어와 아래에 있는 레이어를 어떻게 합성할지 지정하는 기능입니다. 블렌딩 모드를 변경하려면 ❶ 변경할 레이어를 선택한 다음 ❷ Layers 패널 위 목록에서 원하는 블렌딩 모드를 선택합니다.

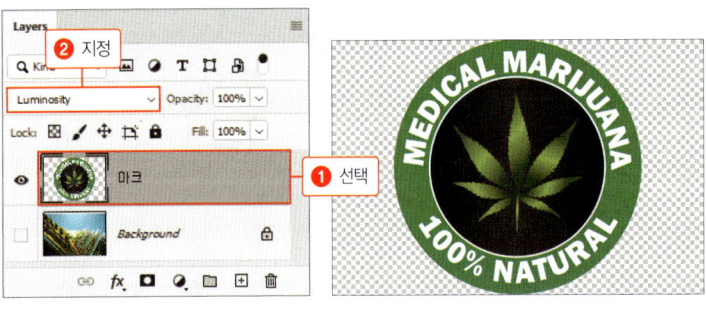

Layers 패널(포토샵\08\블렌딩.psd)　　위쪽 레이어 이미지　　아래쪽 레이어 이미지

> **TIP**
> Layers 패널의 블렌딩 모드 메뉴에 마우스 커서를 위치시키면 이미지에 각각 적용하지 않아도 미리 결과물을 확인할 수 있습니다.

❶ Multiply

어두운색이 겹쳐 표시되고 밝은색은 투명해져서 흰색 이미지를 투명하게 처리합니다.

❷ Darker Color

채널 값이 낮은 색상을 표현합니다.

❸ Lighten

색상이 밝으면 섞이고 어두우면 투명해지므로 밝은색만 더 밝아집니다. 밝은 느낌을 줄 때 이용합니다.

❹ Screen

색상의 반전 색을 곱해 전체 이미지가 밝아집니다. 검은색 이미지는 불투명하게 처리합니다.

❺ Overlay

밝은색은 더 밝아지고 어두운색은 더 어두워집니다. 회색 이미지는 불투명하게 처리합니다.

❻ Linear Light

50% 회색보다 밝으면 명도가 증가하고, 50% 회색보다 어두우면 명도가 감소합니다.

Quick 활용 | 생성 이미지를 합성하여 명함 만들기

• 실습파일 : 포토샵\08\flower.png
• 완성파일 : 포토샵\08\flower_완성.png

AI 기능을 이용하여 이미지를 생성하면 Layers 패널에 생성 레이어가 만들어지며, 블렌딩 모드를 이용해 자연스러운 이미지로 합성할 수 있습니다. 인물 일러스트에 들꽃 이미지를 생성해 이미지 합성 방법을 알아봅니다.

01 포토샵 → 08 폴더에서 'flower.png' 파일을 불러옵니다. ❶ 선택 브러시 도구(🖌)를 선택하고 ❷ 옵션바에서 브러시 크기를 '200px'로 지정합니다. ❸ 인물 주변을 드래그해 그림과 같이 생성 영역을 지정한 후 ❹ 〈Generative Fill〉 버튼을 클릭합니다.

02 프롬프트 입력창에 ❶ '다양한 색의 들꽃'을 입력하고 ❷ 〈Generate〉 버튼을 클릭하면 들꽃 이미지가 생성되며, 생성 레이어도 만들어집니다.

03 Layers 패널의 블렌딩 모드를 'Multiply'로 지정합니다. 생성된 들꽃 이미지와 인물 이미지의 흰색 배경이 투명하게 혼합되어 합성됩니다.

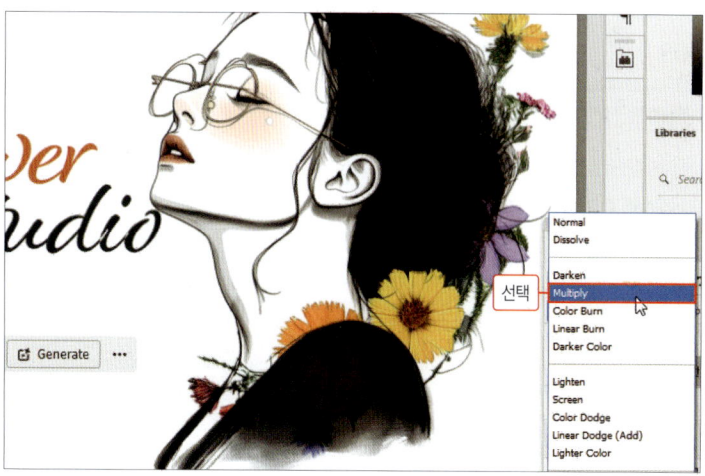

Quick 활용 | 블렌딩 모드로 간편하게 음료수 목업 디자인하기

· 실습파일 : 포토샵\08\bottle2.png, label.png
· 완성파일 : 포토샵\08\bottle2_완성.png

이미지를 합성할 때 블렌딩 모드만 잘 사용해도 자연스러운 합성 효과를 얻을 수 있습니다. 다양한 합성 효과를 적용하여 병에 라벨을 합성해 봅니다.

01 포토샵 → 08 폴더의 'bottle2.png', 'label.png' 파일을 불러옵니다. ❶ 이동 도구(⊕)를 선택한 다음 ❷ 라벨 이미지를 세 개의 병으로 각각 드래그합니다.

02 ❶ 첫 번째 라벨을 선택한 다음 Layers 패널에서 ❷ 블렌딩 모드를 'Darken'으로 지정합니다. 어두운 부분만 표현되어 그림과 같이 투명한 비닐 라벨처럼 합성되었습니다.

03 ❶ 두 번째 라벨을 선택한 다음 Layers 패널에서 ❷ 블렌딩 모드를 'Hard Light'로 지정합니다. 강한 조명을 비춘 것처럼 반사광이 표현되면서 자연스럽게 합성되었습니다.

❹ 그러데이션과 패턴 레이어 스타일 적용하기

Layers 패널에서 'Add a layer style' 아이콘(fx)을 클릭하면 레이어 스타일을 적용할 수 있습니다. Layer Style 대화상자 왼쪽에는 레이어 스타일 항목이 표시되며, 오른쪽에는 옵션을 설정할 수 있는 각종 입력 창과 그래프, 슬라이더로 구성되어 있습니다.

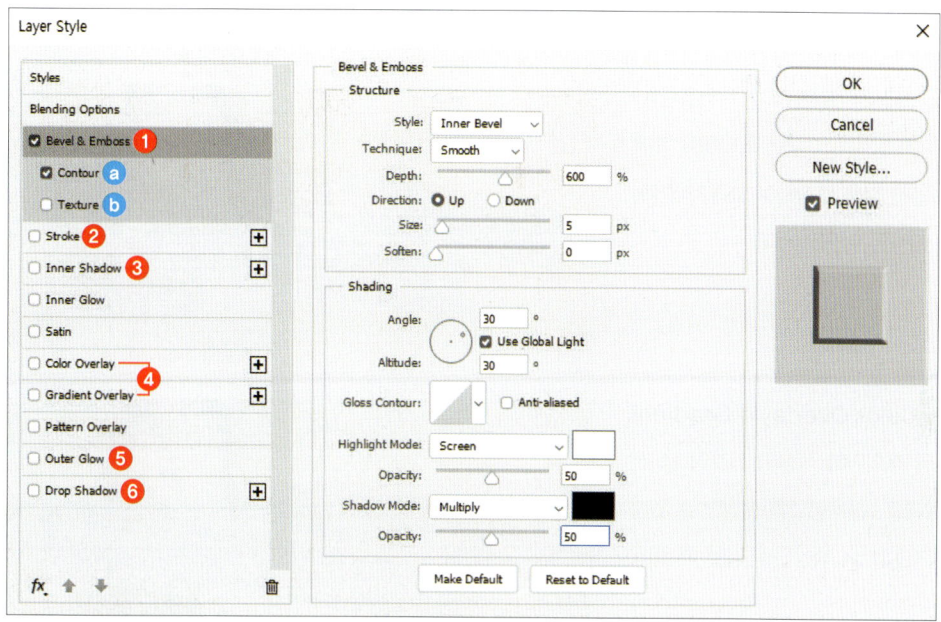

Layer Style 대화상자

문자에 레이어 스타일이 적용된 모습

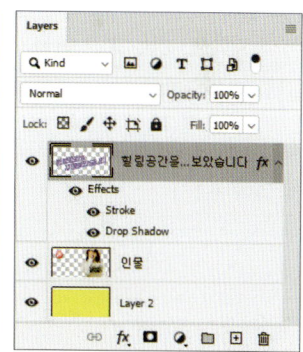

레이어 스타일이 적용된 Layers 패널

❶ **입체 효과 만들기 – Bevel & Emboss** : 레이어 이미지에 하이라이트와 섀도를 적용해 입체 느낌을 줄 수 있습니다.

ⓐ **Contour** : 입체 효과의 정도를 조절합니다.
ⓑ **Texture** : 입체 효과와 함께 질감을 입힙니다.

❷ **외곽선 만들기 - Stroke** : 해당 레이어의 테두리를 만드는 기능으로, Outside와 Inside, Center 등 테두리 선의 기준을 지정하고 선 색상과 두께를 설정할 수 있습니다.

❸ **레이어 안쪽에 그림자 표현하기 - Inner Shadow** : 레이어 안쪽에 그림자 스타일을 적용하는 기능으로, 옵션 값을 조절하여 그림자 위치, 방향, 길이 등을 설정할 수 있습니다.

❹ **색상 덧씌우기 - Color Overlay와 Gradient Overlay** : 해당 레이어에 색상이나 그러데이션을 덧씌우는 기능으로, 불투명도를 설정할 수 있습니다. 주로 특정 이미지의 색상을 변경할 때 이용합니다.

❺ **레이어 바깥쪽에 발광 효과 만들기 - Outer Glow** : 레이어 테두리에 발광 효과를 만드는 기능으로, 색상, 발광 효과 정도, 블렌딩 모드를 지정할 수 있습니다.

❻ **레이어 바깥쪽에 그림자 표현하기 - Drop Shadow** : 레이어 바깥쪽에 그림자 스타일을 적용하는 기능으로, 위에 떠 있는 듯한 입체감을 표현할 수 있습니다.

Quick 활용 : 레이어 스타일로 명함 만들기

· 실습파일 : 포토샵\08\명함.psd
· 완성파일 : 포토샵\08\명함_완성.psd

레이어 스타일 기능을 이용해 이미지 합성 효과를 적용할 수 있습니다. 예제에서는 문자 이미지에 그러데이션 효과를 적용하고, 배경 이미지에 패턴 이미지를 적용해 합성하는 방법을 알아봅니다.

Before

After

01 포토샵 → 08 폴더에서 '명함.psd' 파일을 불러옵니다. 문자에 그러데이션 효과를 적용하기 위해 ❶ Layers 패널에서 'PHOTO STUDIO' 레이어를 선택하고 ❷ 'Add a layer style' 아이콘(fx)을 클릭한 다음 ❸ Gradient Overlay를 실행합니다.

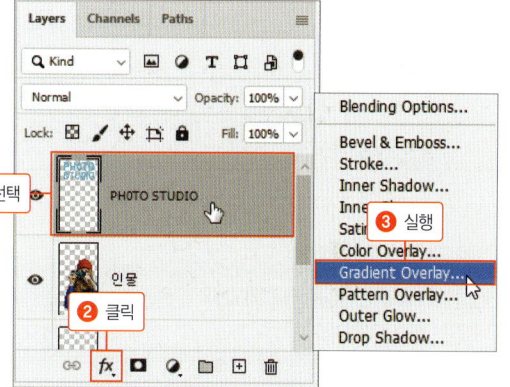

02 Layer Style 대화상자가 표시되면 ❶ Gradient 팝업 아이콘을 클릭한 다음 ❷ 'Oranges'에서 ❸ 'Orange_10' 그러데이션을 선택합니다. ❹ Angle을 '-40°'로 설정하고 ❺ 〈OK〉 버튼을 클릭합니다.

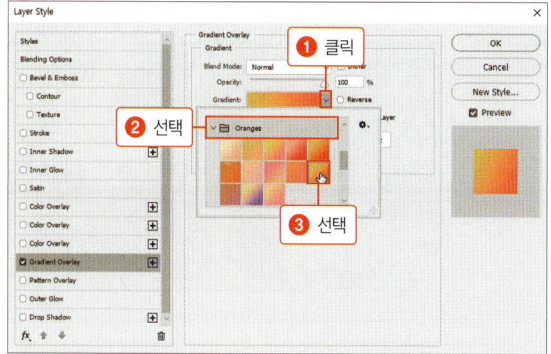
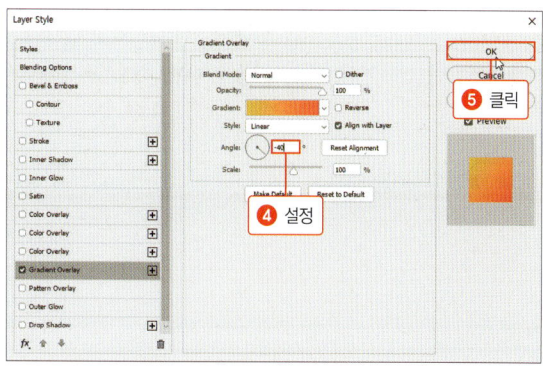

03 문자 이미지에 왼쪽 위에서 오른쪽 아래로 그러데이션이 적용된 것을 확인할 수 있습니다.

04 이번에는 배경 이미지에 패턴을 합성하기 위해 Layers 패널에서 ❶ '배경' 레이어를 선택하고 ❷ 'Add a layer style' 아이콘(fx.)을 클릭한 다음 ❸ Pattern Overlay를 실행합니다.

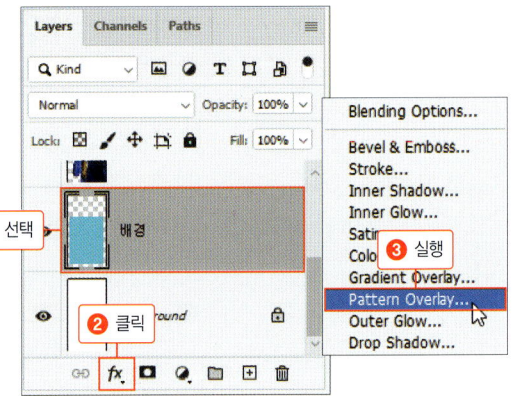

05 Layer Style 대화상자가 표시되면 ❶ Pattern 팝업 아이콘을 클릭하고 ❷ 'Water'에서 ❸ 'Water-Pool' 패턴을 선택한 다음 ❹ 〈OK〉 버튼을 클릭합니다. 배경에 그림과 같이 풀장 패턴이 적용된 것을 확인할 수 있습니다.

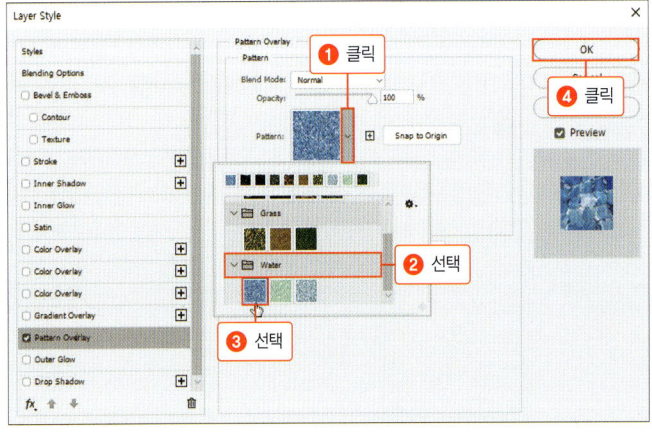

Quick 활용 | 다양한 레이어 스타일로 투명한 입체 문자 만들기

· 실습파일 : 포토샵\08\아쿠아.jpg
· 완성파일 : 포토샵\08\아쿠아_완성.psd

레이어 스타일 기능을 이용하면 독특한 그래픽 효과를 만들 수 있습니다. 특히 문자에 다양한 레이어 스타일을 추가하여 입체 효과를 적용할 수 있습니다. 예제에서는 투명한 입체 문자를 만들어 봅니다.

Before

After

01 포토샵 → 08 폴더의 '아쿠아.jpg' 파일을 불러옵니다. 문자를 입력하기 위해 문자 도구(T.)를 선택합니다.

02 Character 패널에서 ❶ 글꼴을 'BM JUA_TTF', 글자 크기를 '396pt', 색상을 '흰색'으로 지정한 다음 ❷ 'SUMMER EVENT'를 입력합니다.

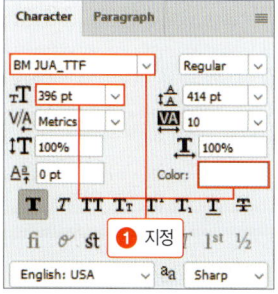

03 문자가 화면에서 안 보이도록 ❶ Layers 패널의 Fill을 '0%'로 설정합니다. 그림자 효과를 적용하기 위해 ❷ 'Add a layer style' 아이콘(fx)을 클릭한 다음 ❸ Drop Shadow를 실행합니다.

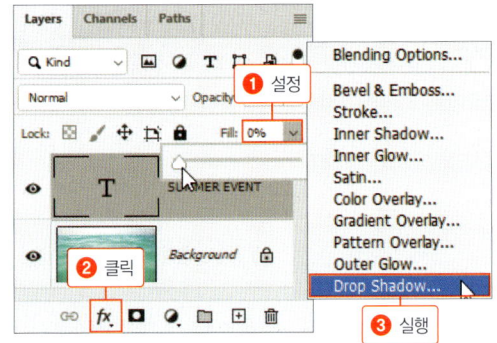

04 Layer Style 대화상자가 표시되면 Blend Mode를 'Multiply', Opacity(불투명도)를 '49%', Angle(각도)을 '90°', Distance(거리)를 '20px', Spread(흩어짐)를 '16%', Size(크기)를 '12px'로 설정합니다.

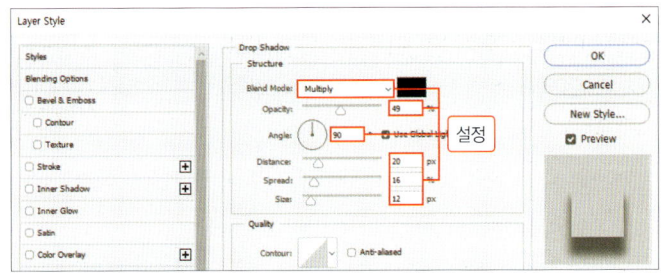

05 문자 주변에 그림자 효과가 적용된 것을 확인할 수 있습니다.

06 문자 안쪽에 그림자 효과를 적용하기 위해 ❶ 'Inner Shadow'를 체크 표시한 다음 ❷ Opacity를 '100%', Angle을 '90°', Distance를 '20px', Size를 '10px'로 설정합니다. ❸ 색상 상자를 클릭해 Color Picker 대화상자가 표시되면 ❹ 색상을 민트색인 'R:61, G:235, B:221'로 지정하고 ❺ 〈OK〉 버튼을 클릭합니다.

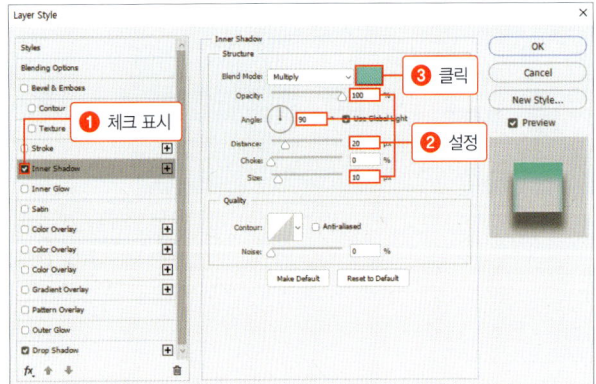 

276 / Part 8 • 이미지 합성을 위한 레이어와 마스크, 채널

07 문자 안쪽에 민트색 그림자가 적용되었습니다.

08 이번에는 입체 반사광을 표현하기 위해 ❶ 'Bevel & Emboss'를 체크 표시한 다음 ❷ Style을 'Inner Bevel', Depth를 '43%', Size를 '35px', Soften을 '0px', Angle을 '90°'로 설정합니다. ❸ Highlight Mode를 'Linear Dodge (Add)', Opacity를 '100%', Shadow Mode를 'Color Dodge'로 지정합니다.

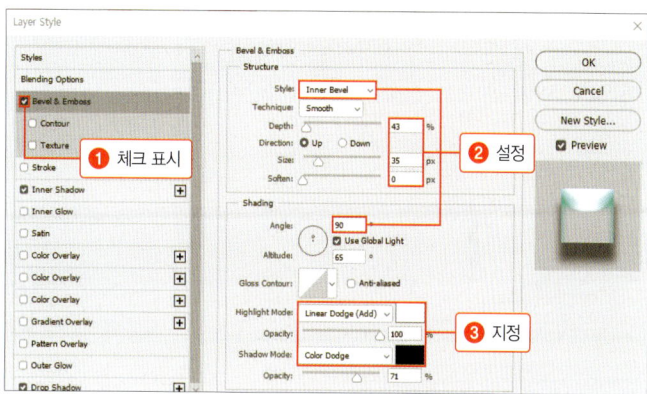

09 문자에 입체 반사광이 적용되었습니다.

10 ❶ 'Contour'를 체크 표시하여 문자의 윤곽선이 돋보이게 적용한 다음 ❷ 〈OK〉 버튼을 클릭합니다. 다양한 레이어 스타일 기능을 이용하여 투명한 입체 문자가 완성되었습니다.

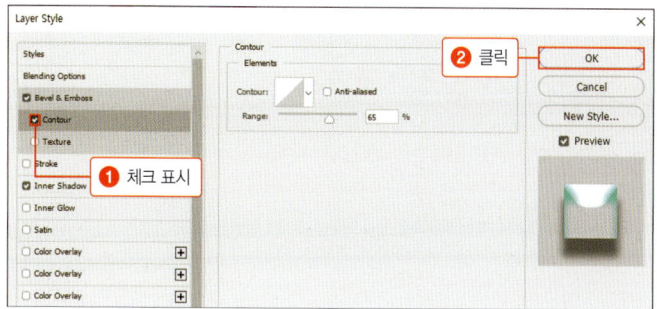

⑤ 레이어 마스크로 이미지 합성하기

레이어 마스크는 이미지를 구성하는 픽셀을 손상하지 않으면서 화면에 숨기거나 드러내어 이미지를 보정 또는 합성할 때 이용합니다. 마스크 영역을 만드는 작업은 흰색 종이에 검은색 영역을 가위로 오려 구멍을 뚫는 개념입니다. 구멍이 뚫린 영역에는 바로 아래에 위치한 레이어의 이미지가 보입니다.

다음의 'Layer 0' 레이어는 커피잔 이미지이며, 'Layer 1' 레이어는 파도 이미지입니다. 레이어 마스크를 이용하면 커피잔에 파도 이미지를 간단하게 합성할 수 있습니다.

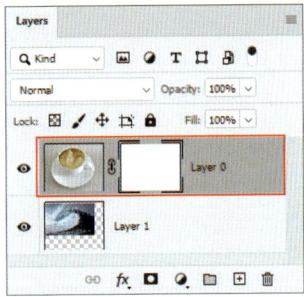

Layers 패널에서 레이어 마스크를 이용하여 투명하게 만들 이미지의 레이어 순서는 합성할 이미지 위에 위치합니다.

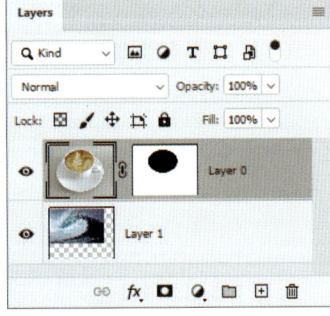

Layers 패널에서 'Add layer mask' 아이콘(◻)을 클릭해 레이어 마스크를 만들고 커피잔 안쪽만 검은색을 채워 파도 이미지와 합성한 모습 (포토샵\08\커피잔.psd)

Quick 활용 | 인스타그램 화면 구성하기

• 실습파일 : 포토샵\08\인스타그램.jpg, 아이스크림.jpg
• 완성파일 : 포토샵\08\인스타그램_완성.psd

스마트 오브젝트 레이어 기능을 이용하여 인스타그램 화면을 구성해 봅니다.

01 포토샵 → 08 폴더에서 '인스타그램.jpg', '아이스크림.jpg' 파일을 불러옵니다. ❶ '아이스크림.jpg' 작업 창에서 Ctrl+A를 눌러 아이스크림 이미지 전체를 선택 영역으로 지정한 다음 ❷ Ctrl+C를 눌러 복사합니다.

02 ❶ '인스타그램.jpg' 작업 창에서 Ctrl+V를 눌러 아이스크림 이미지를 붙여넣은 다음 ❷ Layers 패널에서 'Background' 레이어를 더블클릭합니다. ❸ New Layer 대화상자가 표시되면 〈OK〉 버튼을 클릭합니다.

> **왜? ✧**
> 'Background' 레이어는 이동할 수 없지만, 일반 레이어로 변경하면 이동할 수 있어 편리합니다.

03 Layers 패널에서 아이스크림 이미지 레이어인 'Layer 1' 레이어를 'Layer 0' 레이어 아래로 드래그하여 이동합니다.

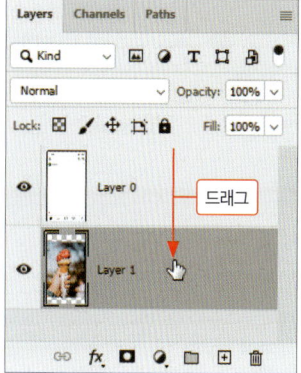

279

04 ❶ Layers 패널에서 'Layer 0' 레이어를 선택한 다음 ❷ 'Add layer mask' 아이콘(▢)을 클릭하여 레이어 마스크를 만듭니다. 인스타그램 이미지 안쪽을 선택 영역으로 지정하기 위해 ❸ 사각형 선택 도구(▢)를 선택하고 ❹ 드래그하여 그림과 같이 선택 영역을 지정합니다.

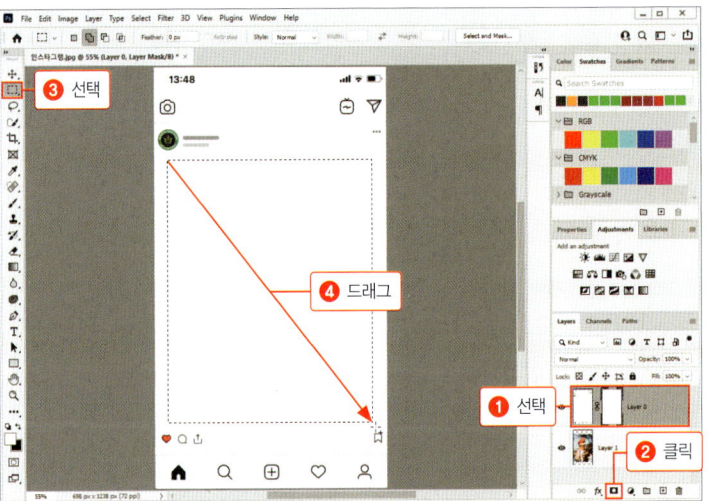

05 메뉴에서 (Edit) → Fill(Shift+F5)을 실행합니다. Fill 대화상자가 표시되면 ❶ Contents를 'Black'으로 지정한 다음 ❷ 〈OK〉 버튼을 클릭합니다. Layers 패널을 살펴보면 레이어 마스크에 검은색 사각형 영역이 만들어지고 영역에 이미지가 표시됩니다. ❸ Ctrl+D를 눌러 선택 영역을 해제합니다.

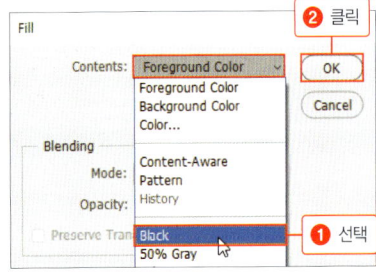 

TIP ✦
레이어 마스크는 마치 흰색 송이에 검은색 부분을 가위로 오려 배경 이미지가 보이는 효과를 표현합니다.

06 ❶ 'Layer 1' 레이어를 선택하고 메뉴에서 (Edit) → Transform → Scale을 실행합니다. ❷ 조절점을 드래그해 아이스크림 이미지 크기를 인스타그램 프레임에 맞게 조절합니다. Layers 패널의 ❸ '패널 메뉴' 아이콘(≡)을 클릭하고 ❹ Convert to Smart Object를 실행합니다.

280 / Part 8 • 이미지 합성을 위한 레이어와 마스크, 채널

07 'Layer 1' 레이어가 스마트 오브젝트 레이어로 변경되었습니다. 'Layer 1' 레이어 섬네일을 더블클릭하면 원본 이미지인 'Layer 1.psb' 작업 창이 표시됩니다.

> **왜? ✧**
> 스마트 오브젝트 레이어로 변경하는 이유는 합성된 이미지와 원본 이미지가 서로 연결돼 원본 이미지를 변경하면 바로 합성된 이미지도 동일하게 변경하기 위해서입니다.

08 'Layer 1.psb' 작업 창에서 원본 아이스크림 이미지 색상을 변경하기 위해 메뉴에서 (Image) → Adjustments → Color Balance를 실행합니다. Color Balance 대화상자가 표시되면 ❶ 'Cyan' 방향으로 슬라이더를 드래그하고 ❷ 〈OK〉 버튼을 클릭합니다. 아이스크림 이미지에 파란색이 추가되었습니다.

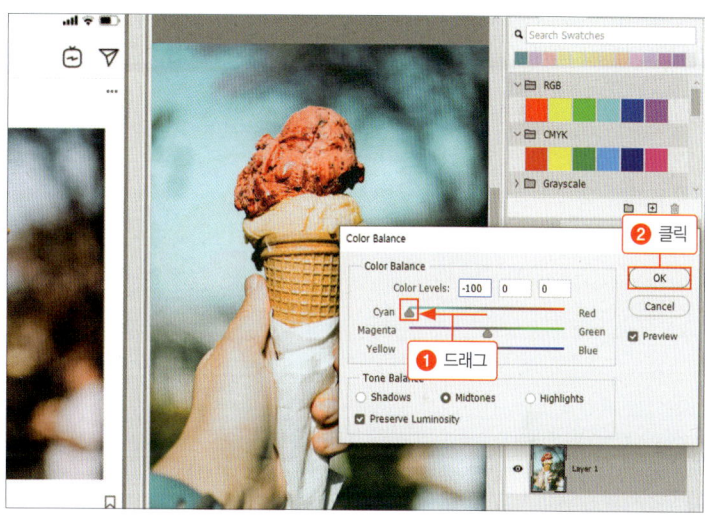

09 'Layer 1.psb' 작업 창에서 Ctrl+S를 눌러 저장하면 바로 '인스타그램.jpg' 작업 창의 합성된 아이스크림 이미지도 자동으로 색상이 동일하게 변경된 것을 확인할 수 있습니다.

Quick 활용 오브젝트 레이어 마스크로 팝업 광고 만들기

• 실습파일 : 포토샵\08\배너.psd, 패턴.jpg
• 완성파일 : 포토샵\08\배너_완성.psd

문자 안에 특정 이미지를 넣기 위한 방법으로 클리핑 마스크를 이용하면 손쉽게 이미지와 문자를 합성할 수 있습니다. 예제에서는 문자를 입력하고 클리핑 마스크로 문자 안에 패턴 이미지를 넣어 표현해 봅니다.

Before

After

01 포토샵 → 08 폴더의 '배너.psd' 파일을 불러옵니다. ❶ 문자 도구(T.)를 선택하고 ❷ 옵션바에서 원하는 글꼴과 글자 크기를 지정합니다. 예제에서는 글꼴을 'BM EULJIRO TTF', 글꼴 스타일을 'Regular', 글자 크기를 '180pt'로 지정했습니다.

02 '홈캉스 기획전'을 그림과 같이 두 줄로 입력합니다. Layers 패널에 '홈캉스 기획전' 문자 레이어가 만들어집니다.

03 문자에 넣을 패턴 이미지를 추가하기 위하여 포토샵 → 08 폴더에서 '패턴.jpg' 파일을 불러옵니다. ❶ Ctrl+A를 눌러 패턴 이미지를 전체 선택한 다음 ❷ Ctrl+C를 눌러 복사합니다.

04 '배너.psd' 작업 창에서 ❶ Ctrl+V를 눌러 복사한 패턴 이미지를 붙여넣습니다. 클리핑 마스크 레이어를 만들기 위해 ❷ Layers 패널에서 '패널 메뉴' 아이콘(≡)을 클릭하고 ❸ Create Clipping Mask(Alt+Ctrl+G)를 실행합니다.

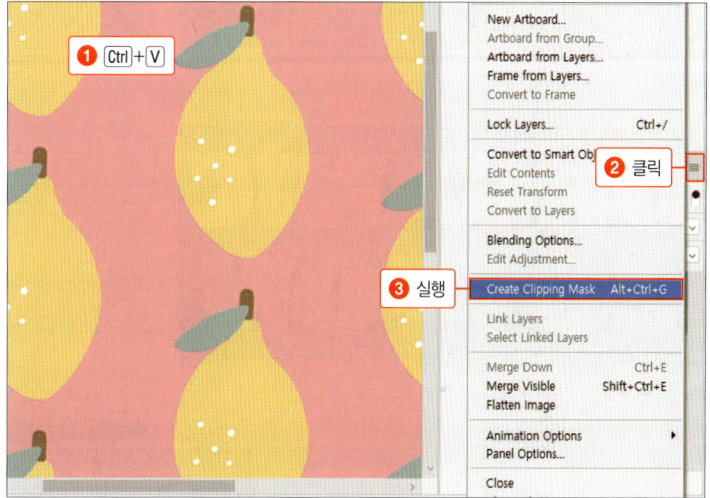

05 클리핑 마스크 레이어가 만들어지면서 패턴 이미지가 문자 형태대로 나타납니다. ❶ 이동 도구(⊕)를 선택한 다음 ❷ 문자 안의 패턴 이미지 위치를 적절하게 조절합니다.

⑥ 문자에 패턴 이미지 합성하기

클리핑 마스크는 특정 부분에 이미지를 합성할 때 주로 사용하는 방법으로, 특정 부분만 화면에서 보이지 않게 만듭니다. 다음의 이미지를 보면 나뭇잎 배경과 문자, 천 형태의 패턴 이미지로 구성되어 있습니다.

❶ 원본 나뭇잎 배경 이미지와 ❷ 패턴으로 사용할 이미지를 불러온 다음 ❸ 문자 도구로 문자를 입력합니다. 입력된 문자에 ❹ 메뉴에서 (Layer) → Layer Style을 실행해 그림자 효과(Drop Shadow)와 테두리 효과(Stroke)를 적용합니다.

❶ 원본 나뭇잎 배경 이미지

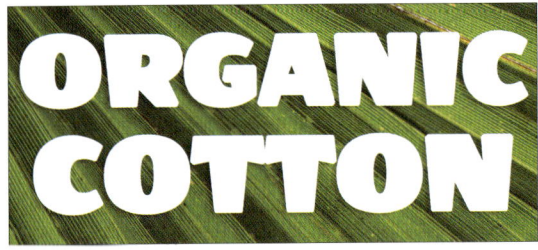

❷ 문자 패턴에 사용할 천 형태의 패턴 이미지

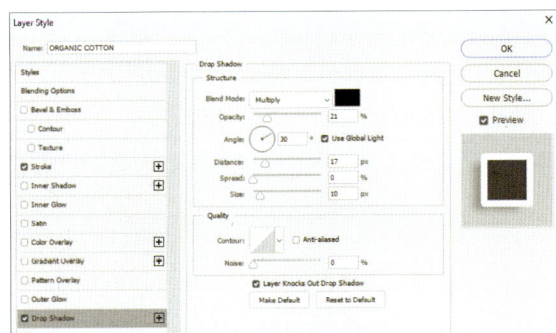

❸ 문자 입력

❹ Layer Style 대화상자

❺ 패턴 이미지 레이어가 선택된 채 Layers 패널의 '패널 메뉴' 아이콘(≡)을 클릭한 다음 Create Clipping Mask (Alt)+(Ctrl)+(G))를 실행하면 ❻ 문자 형태 이외의 이미지 부분은 감춰지고, 문자 안에 패턴 이미지가 적용된 것을 확인할 수 있습니다.

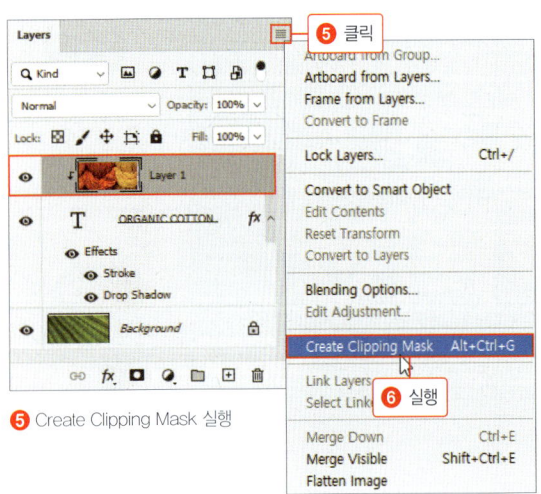

❺ Create Clipping Mask 실행

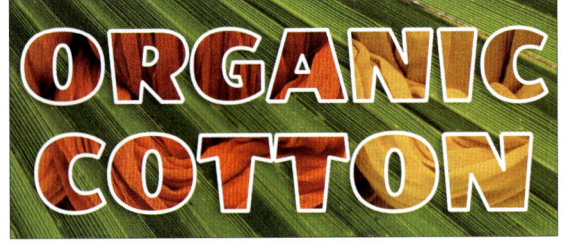

(포토샵\08\오가닉.psd)

❻ 클리핑 마스크 기능이 적용된 패턴 이미지가 문자 안에 들어간 모습

EASY 실습 | 원하는 형태의 구름 이미지로 합성하기

- 실습파일 : 포토샵\08\sky.png
- 완성파일 : 포토샵\08\sky_완성.png

주변 이미지와 자연스럽게 다양한 구름 이미지를 선택해 합성할 수 있습니다. 구름의 종류를 선택하고, 색상과 크기, 형태를 변경해서 원하는 구름을 사진에 합성해 보세요.

Before

After

01 포토샵 → 08 폴더에서 'sky.png' 파일을 불러옵니다. 메뉴에서 (Edit) → Sky Replacement를 실행합니다.

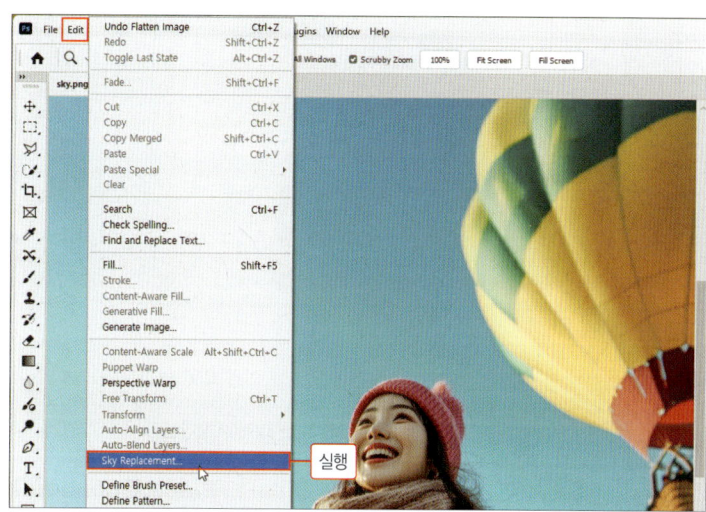

02 Sky Replacement 대화상자가 표시되면 Sky 미리 보기 화면의 ❶ 팝업 아이콘을 클릭한 다음 ❷ 원하는 구름 형태를 선택하고 ❸ 〈OK〉 버튼을 클릭합니다.

❼ 스마트 오브젝트 사용하기

스마트 오브젝트 레이어란 말 그대로 '똑똑한 오브젝트가 있는 레이어'입니다. 즉, 스마트 오브젝트는 기존 개체와는 다르게 포토샵 효과를 적용해도 언제든지 복원할 수 있도록 원본을 보관하며, 이미지를 줄였다가 다시 키워도 해상도에 상관없이 언제나 깨끗한 품질을 보여 줍니다.

스마트 오브젝트 생성하기

❶ Convert to Smart Object 기능 사용

스마트 오브젝트로 변환할 레이어를 선택하고 메뉴에서 (**Layer**) → **Smart Objects** → **Convert to Smart Object**를 실행합니다. 스마트 오브젝트가 적용된 이미지 레이어 섬네일에 문서 표시가 있는 것을 확인할 수 있습니다.

Convert to Smart Object 실행(포토샵\08\track01.png)

일반 레이어가 아닌 스마트 오브젝트 레이어를 의미하는 표시이며, 더블클릭하면 원본 이미지가 표시됩니다.

❷ Place Embedded 또는 이미지를 직접 드래그하여 사용

포토샵에서 새로운 문서를 만든 후 메뉴에서 (**File**) → **Place Embedded**(또는 **Place**)를 실행하여 스마트 오브젝트로 만들 오브젝트를 가져옵니다. 일러스트레이터 파일도 같은 방법을 사용할 수 있습니다.

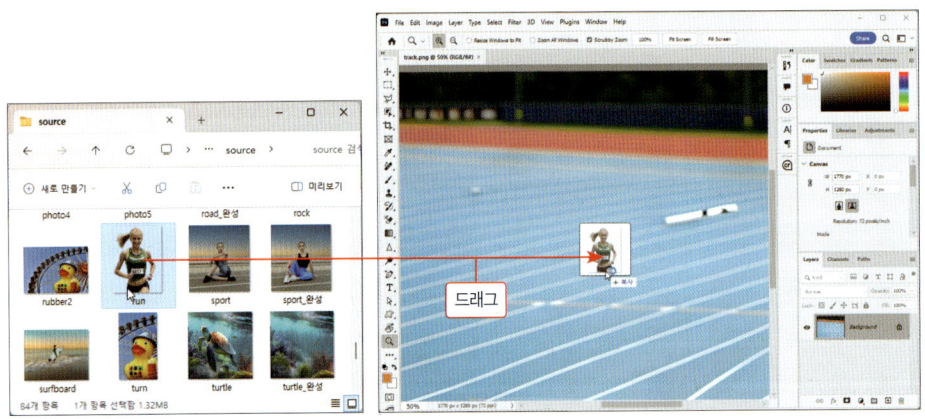

Place Embedded 기능이나 이미지를 직접 포토샵 문서로 드래그(포토샵\08\track.png, run.png)

스마트 필터

이미지 위에 ×가 표시되며, 이 상태에서는 여러 번 이미지를 변형해도 원본 이미지가 손상되지 않습니다. 스마트 오브젝트에 필터를 사용하면 수정할 수 있는 스마트 필터가 됩니다. 다음 이미지에서는 인물에 Smudge Stick 필터를 적용했습니다.

Smudge Stick 필터 적용

다음과 같이 스마트 필터 레이어가 표시되며, 해당 스마트 필터 레이어를 클릭하여 필터 값을 수정해서 원본 이미지의 손상 없이 적용된 필터를 수정할 수도 있습니다.

스마트 필터의 주요 장점은 다음과 같습니다.

❶ 비파괴적 편집

원본 이미지를 손상하지 않으므로 언제든지 필터를 수정, 추가, 삭제할 수 있습니다. 작업 중에 품질 손실이 발생하지 않아 고해상도 이미지를 다룰 때도 안전합니다.

❷ 필터 조정의 유연성

필터의 설정값을 쉽게 조정할 수 있어 효과를 미세하게 수정하거나 완전히 변경할 때 유리합니다.

❸ 다중 필터 적용

여러 개의 필터를 하나의 레이어에 적용하고 순서를 조정하거나 개별적으로 수정할 수 있습니다. 필터 순서에 따라 결과가 달라질 수 있어 다양한 조합을 시도할 수 있습니다.

❹ 적용 해제 및 재사용

필터를 일시적으로 숨기거나 다시 활성화할 수 있어 작업의 진행 상황을 손쉽게 비교할 수 있습니다. 또한, 스마트 개체를 복사하여 동일한 필터를 다른 레이어나 이미지에 쉽게 재사용할 수 있습니다.

EASY 실습 — 원본 손상 없이 이미지 관리하기

• 실습파일 : 포토샵\08\쿠폰.png

이미지를 작게 줄인 상태에서 다시 확대하면 원본 이미지 품질이 손상되기 마련입니다. 스마트 오브젝트 레이어를 이용하면 이미지 크기 조절에 상관없이 깨끗하게 이미지 품질을 관리할 수 있습니다. 예제에서는 일반 레이어를 작게 줄인 다음 다시 크기를 조절하고, 스마트 오브젝트 레이어를 작게 줄인 다음 다시 크기를 조절해서 비교해 봅니다.

Before

After

01 포토샵 → 08 폴더의 '쿠폰.png' 파일을 불러옵니다. 이미지 크기를 줄이기 위해 메뉴에서 (Image) → Image Size(Alt+Ctrl+I)를 실행합니다. Image Size 대화상자에서 ❶ Width를 '200Pixels'로 설정하고 ❷ 〈OK〉 버튼을 클릭합니다.

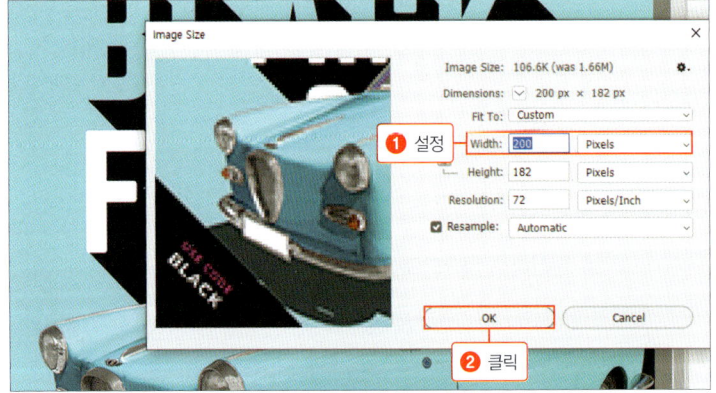

02 이미지가 작게 줄어듭니다. 다시 이미지 크기를 키우기 위해 메뉴에서 (Image) → Image Size(Alt+Ctrl+I)를 실행합니다. Image Size 대화상자에서 ❶ Width를 '1200Pixels'로 설정하고 ❷ 〈OK〉 버튼을 클릭합니다.

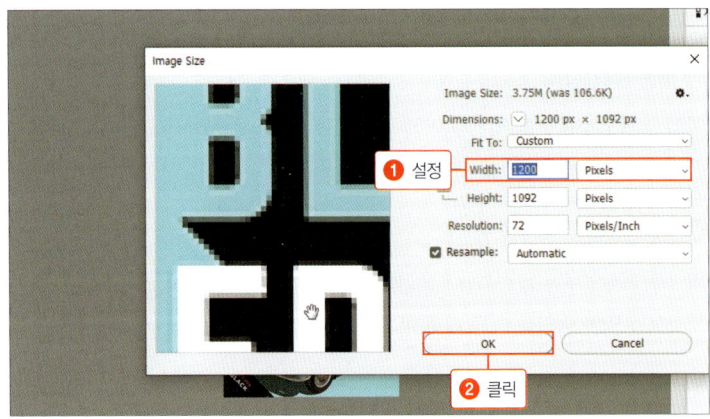

03 이미지가 다시 크게 조절됐지만 원본 이미지가 깨지는 것처럼 픽셀이 뭉개지고 경계선도 흐릿하게 표현되었습니다. 파일을 저장하지 않고 닫습니다.

> **왜? ✦**
> 큰 이미지를 작게 줄여 이미지 품질이 저하되는 것보다 작게 줄인 이미지를 큰 이미지로 키우는 게 이미지 품질을 더 저하시키는 원인입니다. 예제에서는 품질 저하 정도를 비교하기 위해 이미지 크기를 작게 줄인 다음 키웠습니다.

04 이번에는 스마트 오브젝트 레이어로 만들어 이전 과정처럼 이미지를 줄였다가 다시 키웠을 때 일반 레이어와의 차이를 살펴보겠습니다. 다시 포토샵 → 08 폴더에서 '쿠폰.png' 파일을 불러옵니다.

05 스마트 오브젝트로 전환하기 위해 메뉴에서 <mark>(Layer) → Smart Objects → Convert to Smart Object</mark>를 실행합니다.

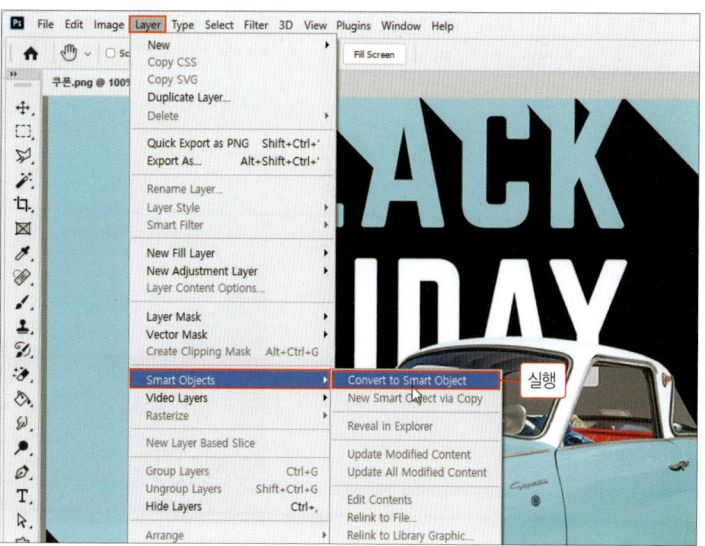

06 ❶ Layers 패널을 보면 그림과 같이 일반 레이어에서 스마트 오브젝트 레이어로 변환된 것을 확인할 수 있습니다. 이미지를 줄이기 위해 메뉴에서 (Image) → Image Size((Alt)+(Ctrl)+(I))를 실행하여 ❷ Image Size 대화상자가 표시되면 Width를 '200Pixels'로 설정한 다음 ❸ 〈OK〉 버튼을 클릭합니다.

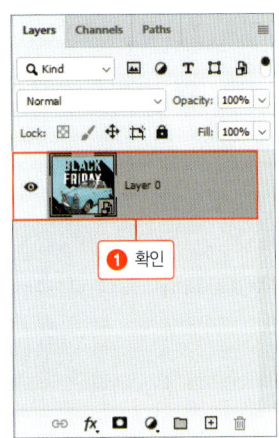 

07 이미지가 작게 줄어듭니다. 다시 이미지를 크게 키우기 위해 메뉴에서 (Image) → Image Size((Alt)+(Ctrl)+(I))를 실행합니다. ❶ Image Size 대화상자가 표시되면 Width를 '1200Pixels'로 설정한 다음 ❷ 〈OK〉 버튼을 클릭합니다.

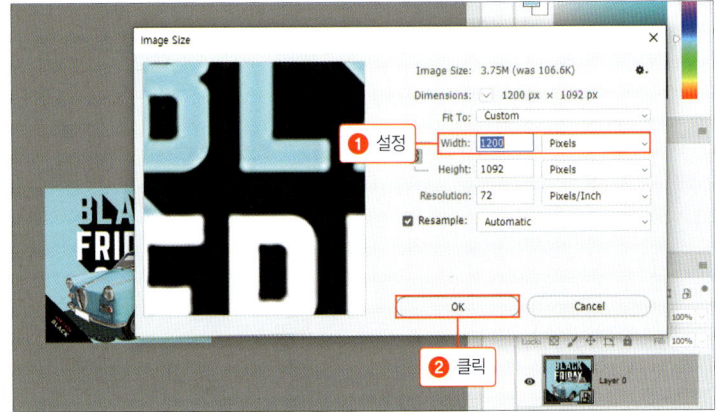

08 이미지 크기를 줄이거나 키워도 그림과 같이 깨끗한 품질과 해상도가 유지된 것을 확인할 수 있습니다.

> **TIP ✦**
> 03번 과정과 비교하면 이미지의 품질 정도를 확인할 수 있습니다.

LESSON 16 > 색상 정보와 마스크를 위한 채널 사용

❶ 색상 모드 알아보기

색상 모드(Color Mode)는 이미지를 표현하기 위해 사용하는 색상의 모델을 정의하는 방식입니다. 각 색상 모드는 색을 표현하는 방법이 다르며, 사용 목적에 따라 적합한 모드를 선택하는 것이 중요합니다. 색상 모드는 이미지의 색 구성, 품질, 파일 크기, 출력 방식에 영향을 미치므로 포토샵에서 작업을 시작할 때 색상 모드를 올바르게 설정하는 것이 매우 중요합니다. 포토샵에서 자주 사용하는 주요 색상 모드는 다음과 같습니다.

Bitmap 모드

이미지를 흰색과 검은색으로만 표현하는 모드로, Grayscale 모드로 전환한 다음에 변환할 수 있습니다. 용량이 작지만 표현력이 떨어져 많이 이용하지 않습니다.

원본 이미지(포토샵\08\갈매기.jpg)

Bitmap 모드 이미지

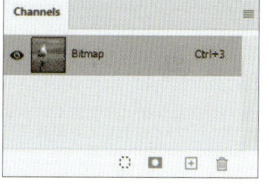
Bitmap 모드 색상 채널

Grayscale 모드

Grayscale 모드는 8bit 컬러인 256색의 Black 채널만으로 구성됩니다. 웹 이미지나 인쇄물을 흑백으로 출력할 때 이용합니다.

Duotone 모드

흑백 이미지에 한 개 이상의 특수 잉크를 추가해 한정된 컬러 이미지를 인쇄하는 기법입니다. Duotone 모드로의 전환은 Grayscale 모드일 때만 가능합니다.

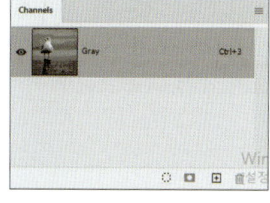
Grayscale 모드 색상 채널

Grayscale 모드 이미지

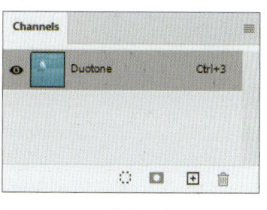
Duotone 모드 색상 채널

Duotone 모드 이미지

Indexed Color 모드

256 이하 색상으로 이미지를 표현하는 모드입니다. 파일 용량이 작고 RGB Color 모드에서 사용된 색상만을 추려 재구성하므로 이미지를 크게 손상시키지 않습니다. 웹 페이지에 올릴 때 파일 용량을 최소화하기 위해 이용합니다.

RGB Color 모드

R(Red), G(Green), B(Blue)를 혼합해서 색을 만드는 모드이며, 각각의 색상 채널과 이를 합친 RGB 채널을 포함해 총 네 개로 구성됩니다. 주로 웹 이미지를 작업할 때 이용합니다.

Indexed Color 모드 색상 채널

Indexed Color 모드 이미지

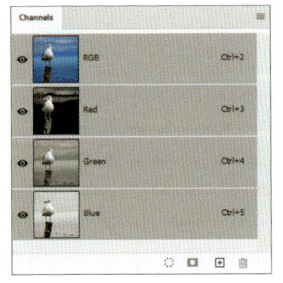

RGB Color 모드 색상 채널

RGB Color 모드 이미지

CMYK Color 모드

청록색, 자주색, 노란색, 검은색을 원색으로 하여 Cyan 채널, Magenta 채널, Yellow 채널, Black 채널, CMYK 채널로 구성되는 모드입니다.

CMYK Color 모드의 색을 섞으면 명도가 낮아져 흰색을 제외한 모든 색을 표현할 수 있으며, 필름을 현상하여 인쇄하는 오프셋 인쇄에 사용합니다.

RGB Color 모드보다 표현할 수 있는 색이 적지만, 작업물과 실제 인쇄물의 색 차이가 있는 RGB Color 모드와 다르게 CMYK Color 모드의 색상은 작업물과 출력물의 색이 같습니다. 인쇄나 출력을 목적으로 편집이나 디자인을 한다면 CMYK Color 모드를 이용하는 것이 좋습니다. (포토샵\08\독서.psd)

CMYK Color 모드 색상 채널

CMYK Color 모드 이미지

Cyan 채널

Magenta 채널

Yellow 채널

Black 채널

Lab Color 모드

Lab Color 모드는 Lab 채널, 색상의 명도를 나타내는 Lightness 채널, Green과 Magenta의 두 가지 보색으로 나타나는 a 채널, Blue와 Yellow의 두 가지 보색으로 나타나는 b 채널로 구성됩니다. RGB Color 모드나 CMYK Color 모드보다 색상의 표현 범위가 넓어 모드를 전환할 때 거쳐서 이용하면 급격한 색상 변화를 막을 수 있습니다. (포토샵\08\바이크.psd)

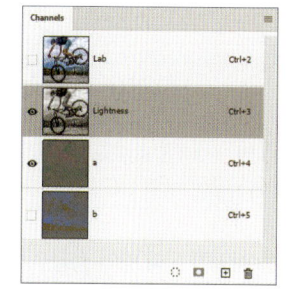

Lab Color 모드 색상 채널

Lightness 채널

a 채널

b 채널

Multichannel 모드

Multichannel 색상 모드는 여러 개의 독립적인 채널을 사용해 이미지를 구성하는 특수한 색상 모드입니다. 일반적으로 CMYK, RGB 등의 전통적인 색상 모드와 달리, Multichannel 모드는 각 채널을 개별적인 그레이스케일 이미지로 처리하며, 특정한 인쇄 작업이나 특수 효과를 위해 사용됩니다. Multichannel 모드에서는 일반적인 색상 편집 기능이 제한적입니다. 예를 들어, 색조 및 채도 조정과 같은 기능이 제대로 작동하지 않을 수 있습니다.

Multichannel 모드 이미지

Multichannel 모드 색상 채널

❷ 채널 알아보기

채널(Channel)은 이미지를 구성하는 색상 정보를 저장하는 단위입니다. 채널은 이미지의 색상 모델에 따라 다르게 구성되며, 각 채널은 그 색상 구성 요소의 밝기와 정보를 그레이스케일 이미지로 나타냅니다. 채널은 이미지의 색상 조정과 선택 영역을 정밀하게 조작하는데 매우 유용합니다. 채널의 주요 사용 방법은 다음과 같습니다.

❶ 정밀한 선택 영역 생성
채널은 이미지의 특정 색상 영역을 정밀하게 선택할 때 유용합니다. 예를 들어, 복잡한 머리카락이나 모양을 선택할 때 색상 채널의 대비를 이용하여 선택 영역을 쉽게 조정할 수 있습니다.

❷ 마스크 작업
채널을 사용하여 마스크를 생성하고 편집할 수 있습니다. 마스크는 이미지의 특정 부분에 효과를 적용하거나 제외할 때 사용합니다. 마스크를 채널로 저장하면 언제든지 다시 불러와 사용할 수 있습니다.

❸ 색상 보정
특정 색상 채널을 수정하여 이미지의 색조나 대비를 조정할 수 있습니다. 예를 들어, RGB 이미지에서 빨간색 채널을 조정하면 빨간색 성분에 영향을 주어 전체적인 색조를 변경할 수 있습니다.

❹ 특수 효과
채널을 활용하여 이미지에 특수한 효과를 추가할 수 있습니다. 예를 들어, Lab 모드에서 a나 b 채널을 조작해 특정 색상을 강조하거나 왜곡하는 등의 작업을 할 수 있습니다.

Channels 패널의 구성은 다음과 같습니다.

RGB 모드의 Channels 패널

❶ Load channel as selection : 채널을 선택 영역으로 만듭니다.
❷ Save selection as channel : 선택 영역을 채널로 만듭니다.
❸ Create new channel : 새로운 알파 채널을 만듭니다.
❹ Delete current channel : 선택한 채널을 삭제합니다.

> **TIP ✧**
> 메뉴에서 (Edit) → Preferences → Interface를 실행해 표시되는 Preferences 대화상자의 Options에서 'Show Channels in Color'를 체크 표시하면 Channels 패널의 채널 색상이 원래의 색상(Red, Green, Blue)으로 변경됩니다.

채널은 각 색상 성분(RGB, CMYK 등)의 밝기 정보를 흑백 이미지 형태로 저장합니다. 밝기 값이 높을수록 밝은 영역을 나타내고, 낮을수록 어두운 영역을 나타냅니다. 이 때문에 특정 채널을 선택하면 화면에서 실제 색상 대신 밝기 값에 따른 회색조 이미지가 표시됩니다.

예를 들어, 빨간색(Red) 채널을 선택하면 화면에 표시되는 회색 이미지는 빨간색 성분의 강도를 나타냅니다. 이 회색조 이미지는 밝은 영역일수록 해당 영역이 많은 빨간색 성분을 포함하고 있음을 의미하고, 어두운 영역은 적은 빨간색 성분을 나타냅니다.

 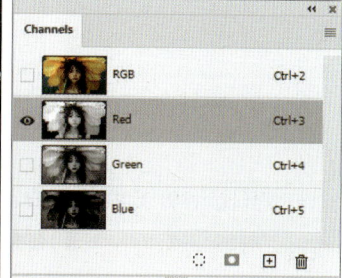

Red 채널을 선택한 모습

 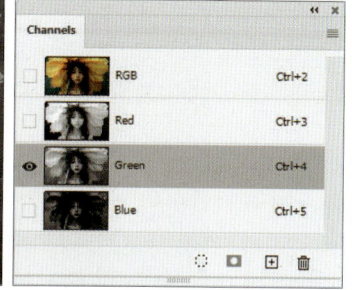

Green 채널을 선택한 모습

 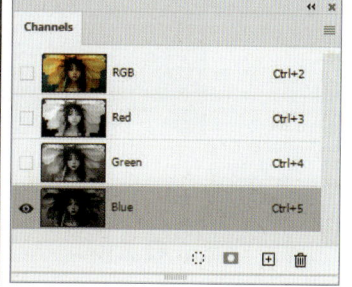

Blue 채널을 선택한 모습

TIP ✥ 채널의 종류 알아보기

① **색상 채널** : 이미지 색상 모드를 기준으로 만들어지는 기본 채널로, 이미지를 구성하는 색상 정보를 저장합니다.

② **스팟 채널** : 출력할 때 직접 별도의 색상을 만들어 이미지에 적용하는 채널로, 특수한 목적을 위해 별색 인쇄를 할 때 만듭니다. 잘 이용하면 독특한 색감을 연출할 수 있어 이미지에 활력을 줄 수 있습니다.

③ **알파 채널** : 직접 관리하기 위해 선택 범위를 지정해서 추가한 채널을 말하며, 보통 합성할 때 임의로 추가하여 이용할 수 있습니다.

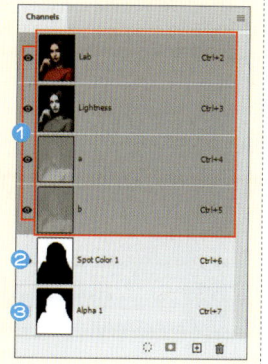

EASY 실습 | 채널 만들어 선택 영역 저장하고 사용하기

- 실습파일 : 포토샵\08\seen3.png
- 완성파일 : 포토샵\08\seen3_완성.psd

선택 도구로 선택 영역을 지정해서 알파 채널로 지정하면, 필요에 따라 언제든지 지정한 선택 영역을 불러올 수 있습니다. 예제에서는 특정 인물을 선택 영역으로 지정한 다음 알파 채널로 설정해 원하는 배경 이미지를 변경해 봅니다.

Before

After

01 포토샵 → 08 폴더에서 'seen3.png' 파일을 불러옵니다. 〈Select subject〉 버튼을 클릭하여 인물만 선택 영역으로 지정합니다.

02 선택 영역을 저장하기 위해 ❶ 메뉴에서 [Select] → Save Selection을 실행합니다. Save Selection 대화상자가 표시되면 ❷ Name에 '헬멧'을 입력하고 ❸ 〈OK〉 버튼을 클릭합니다.

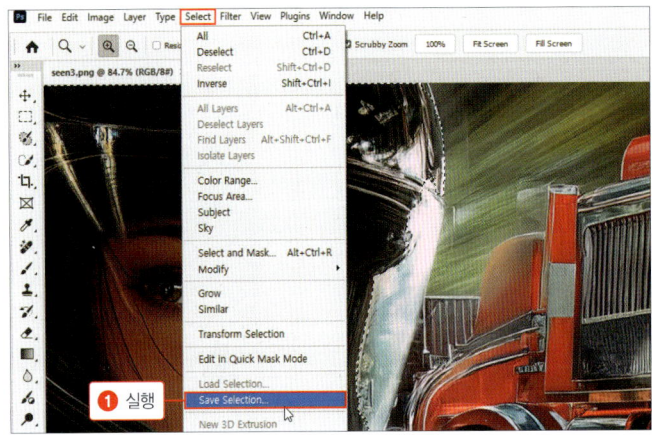
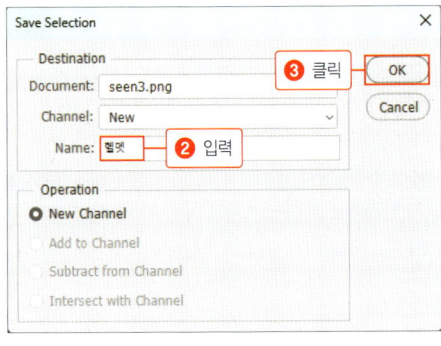

03 Channels 패널에 알파 채널이 만들어졌습니다. ❶ Ctrl+D를 눌러 선택 영역을 해제합니다. ❷ '헬멧' 알파 채널의 '눈' 아이콘(👁)을 클릭하여 활성화하면 그림과 같이 나머지 배경 이미지는 빨간색 영역으로 표시됩니다.

04 ❶ '헬멧' 알파 채널의 '눈' 아이콘(👁)을 다시 클릭하여 비활성화한 다음 ❷ Ctrl을 누른 상태에서 '헬멧' 알파 채널을 클릭하면 다시 선택 영역이 표시됩니다. 선택 영역을 반전시키기 위해 ❸ 'Invert selection' 아이콘(▣)을 클릭합니다.

05 ❶ 〈Generative Fill〉 버튼을 클릭한 다음 ❷ '야자수' 배경을 묘사하는 문장을 입력하고 ❸ 〈Generate〉 버튼을 클릭해 배경을 생성합니다. 생성 채널이 추가되었습니다. Ctrl을 누른 채 '헬멧'이나 생성 채널을 클릭해 언제든지 선택 영역을 불러와 추가로 원하는 위치에 이미지를 생성할 수 있습니다.

프롬프트

야자수가 보이는 해변도로를 오토바이로 달리다

EASY 실습) 복잡한 영역 누끼 따기

• 실습파일 : 포토샵\08\기구.jpg
• 완성파일 : 포토샵\08\기구_완성.psd

컬러 채널을 이용하면 선택하기 어려운 영역을 손쉽게 지정할 수 있습니다. 가장 효과적인 컬러 채널을 선택하고 해당 채널을 복제하여 흑백 대비가 명확한 채널로 만든 다음 복잡한 영역을 선택 영역으로 지정하여 배경 부분을 투명하게 만들어 봅니다.

Before

After

01 포토샵 → 08 폴더에서 '기구.jpg' 파일을 불러옵니다. Channels 패널을 선택하여 컬러 채널을 표시합니다.

02 각 채널을 선택하여 흑백 대비가 가장 명확한 채널을 찾습니다. 'Red' 채널과 'Green' 채널을 선택하면 배경과 놀이 기구의 흑백 구분이 명확하지 않은 것을 확인할 수 있습니다.

03 ❶ 'Blue' 채널을 선택하면 흑백 대비가 가장 큰 것을 확인할 수 있습니다. Blue 채널을 복제하기 위해 ❷ 'Create new channel' 아이콘(□)으로 드래그합니다.

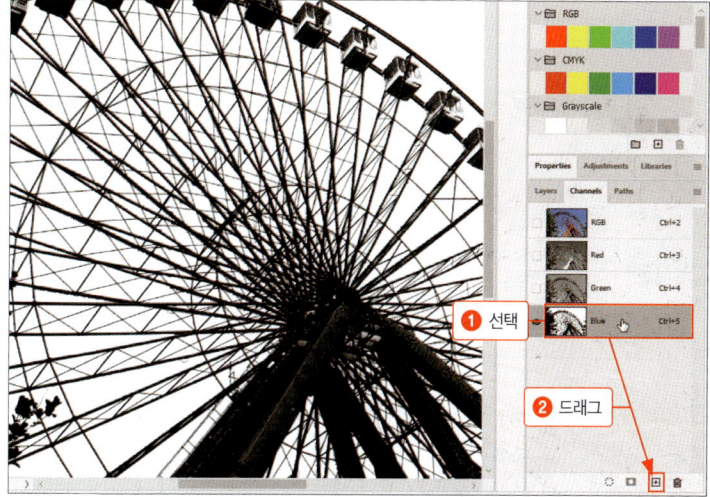

TIP ✧
채널 이미지에서 아직 회색 영역이 보이므로 검은색으로 변경해야 명확하게 선택 영역으로 지정할 수 있습니다.

04 'Blue copy' 채널이 만들어졌습니다. 흑백 대비를 조절하기 위해 메뉴에서 (Image) → Adjustments → Levels(Ctrl+L)를 실행합니다.

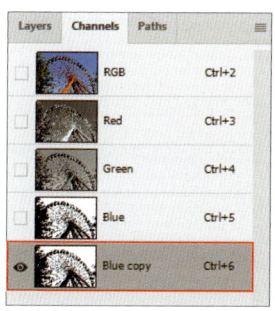
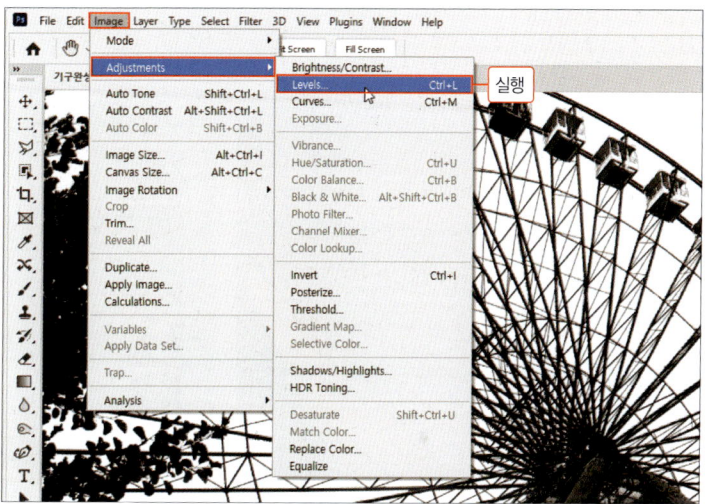

05 Levels 대화상자가 표시되면 놀이 기구(대관람차)의 기둥 영역을 기준으로 섀도 영역을 조절하기 위하여 ❶ 섀도 탭을 오른쪽으로 드래그합니다. 예제에서는 '114'로 설정했습니다. ❷ 〈OK〉 버튼을 클릭합니다.

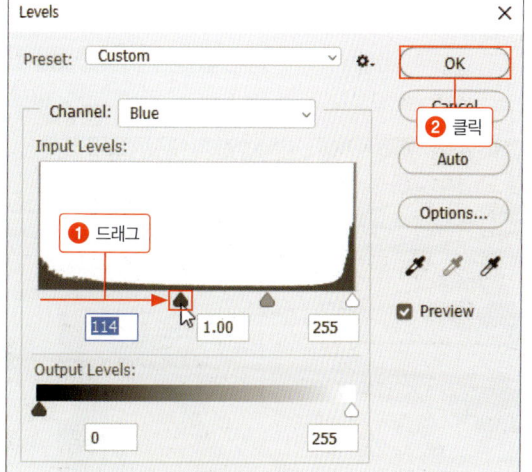

06 회색 영역이 그림과 같이 검은색으로 변경된 것을 확인할 수 있습니다. 'RGB' 채널을 선택하여 현재 레이어로 지정하면 'Blue copy' 채널이 비활성화됩니다.

07 Ctrl을 누른 상태에서 'Blue copy' 채널을 선택합니다. 그림과 같이 놀이 기구(대관람차) 외의 배경이 선택 영역으로 지정됩니다.

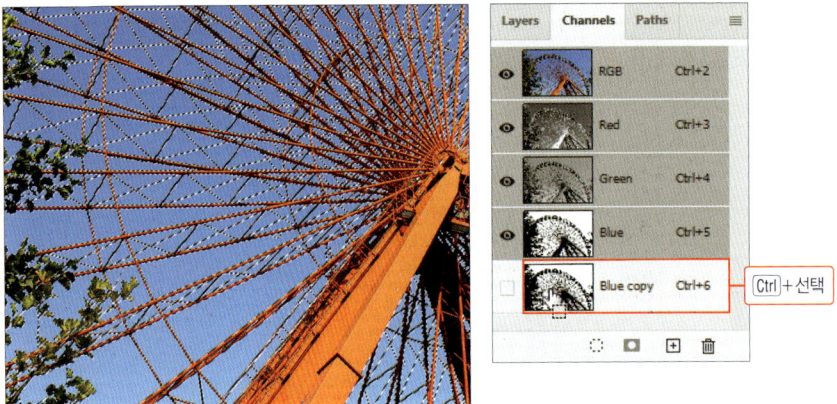

08 놀이 기구(대관람차)만 선택 영역으로 지정하기 위해 ❶ 메뉴에서 [Select] → Inverse(Shift+Ctrl+I)를 실행하여 선택 영역을 반전합니다. ❷ Ctrl+J를 눌러 선택된 부분만 새로운 레이어로 만듭니다. ❸ Layers 패널에서 'Background' 레이어의 '눈' 아이콘(👁)을 클릭하여 비활성화하면 놀이 기구(대관람차) 이미지만 확인할 수 있습니다.

❸ 마스크 알아보기

마스크는 이미지를 보호하는 가림판이라고 생각할 수 있습니다. 예를 들어, 검은색 가림판에 문자를 입력하고 가위로 오려 문자에 구멍을 냅니다. 그 밑에 이미지를 배치하고 노란색 스프레이를 뿌리면 구멍이 뚫린 문자 부분에는 노란색 페인트가 뿌려져 사진에 문자가 표시되고, 나머지 사진 배경은 보호됩니다. 이처럼 보호 역할을 하는 검은색 가림판을 마스크라고 이해하면 됩니다.

문자 입력

문자를 오려 구멍을 낸 가림판과 뒤쪽의 이미지

스프레이로 페인트를 뿌린 모습

배경이 보호된 상태에서 문자만 표시

채널 마스크(Channel Mask)는 이미지를 편집할 때 특정 영역을 선택하거나 보호하는 데 사용하는 도구입니다. 이는 주로 정밀한 선택 영역을 만들고, 이미지의 특정 부분에 효과를 적용하거나 수정할 때 활용됩니다. 채널 마스크는 기존의 알파 채널과 밀접한 관련이 있으며, 각 채널의 밝기 정보를 기반으로 하기 때문에 매우 세밀하게 조정할 수 있습니다.

채널 마스크는 이미지의 특정 부분을 가리거나 드러내는 데 사용하는 흑백 기반의 마스크입니다. 흰색(White)은 보이는 부분을, 검은색(Black)은 숨기는 부분을 나타내며, 회색(Gray)은 반투명 상태를 의미합니다.

채널 마스크는 기본적으로 알파 채널에서 생성되며, 이미지의 색상 정보가 아닌 명암 대비 정보를 사용해 이미지의 특정 영역을 조정합니다. 예를 들어, 밝은 부분을 강조하거나 어두운 부분을 보호하고 싶을 때, 채널 마스크를 이용하면 원하는 영역만 선택적으로 수정할 수 있습니다.

포토샵에서 채널 마스크를 만드는 방법도 같은 원리입니다. 이미지를 불러오면 그림과 같이 Channels 패널에는 해당 컬러의 채널이 위치합니다. 먼저 손 이미지에서 손 부분을 마스크로 보호할 것인지, 배경 부분을 보호할 것인지 정해야 합니다.

 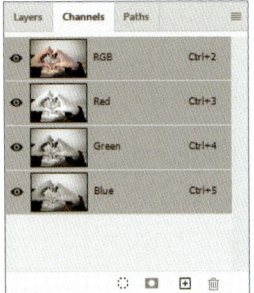

원본 이미지

검은색은 보호되는 부분이고, 흰색은 뚫리는 부분입니다. 선택 영역인 손 부분은 흰색, 배경 부분은 검은색으로 표시됩니다. 선택 영역을 불러온 다음 효과를 적용하면 손 부분만 효과가 적용됩니다.

 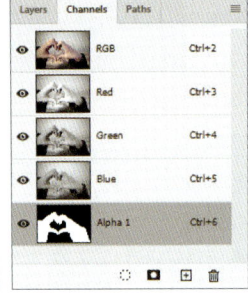 

손 이외의 배경 부분만 마스크로 보호 / 손 부분만 선택 영역으로 지정된 상태에서 필터 적용

Ctrl + I 를 눌러 채널을 반전시키면 손 부분은 검은색, 배경은 흰색으로 변경됩니다. 물론 마스크로 보호되는 부분은 손이 됩니다.

 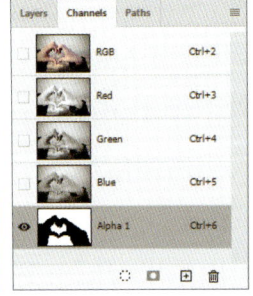 

손 부분만 마스크로 보호 / 배경만 선택 영역으로 지정된 상태에서 배경 이미지 교체

> **TIP ✦ 채널의 종류 알아보기**
>
> 채널 마스크와 레이어 마스크, 클리핑 마스크의 차이는 다음과 같습니다.
>
> ❶ **레이어 마스크** : 특정 레이어에 적용되어 해당 레이어의 특정 부분을 숨기거나 보여주는 데 사용합니다. 이는 레이어의 가시성을 제어하는 역할을 합니다.
> ❷ **채널 마스크** : 이미지 전체에서 색상 정보나 밝기 정보를 기반으로 마스크를 생성하며, 더욱 정밀하게 조정할 수 있습니다. 또한, 채널로 저장할 수 있어 반복 사용할 수 있습니다.
> ❸ **클리핑 마스크** : 하위 레이어의 가시성을 상위 레이어의 형태로 제한하는 기능입니다. 이는 특정 레이어 간의 관계를 조정하는 데 사용합니다. 반면, 채널 마스크는 이미지의 특정 부분을 수정하거나 보호하는 데 중점을 둡니다.

❹ 마스크로 특정 이미지 추출하기

포토샵의 Select and Mask 기능을 이용하면 특정 이미지를 선택하여 추출할 수 있습니다. 추출한 이미지는 이미지 합성 작업에 유용하게 사용할 수 있습니다.

Select and Mask 기능 알아보기

이미지에서 특정 영역을 선택할 때 Select and Mask 기능을 이용하면 간단하게 이미지를 추출할 수 있습니다. 특정 부분을 마스크 영역으로 지정하면 해당 부분은 제거되지 않고 그대로 유지되며, 나머지 부분은 투명 영역으로 변환할 수 있습니다. 이 기능을 사용하면 이미지 합성 작업에서 불필요한 부분이 제거되어 결과물을 미리 보며 합성할 수 있는 장점이 있습니다.

다음과 같이 인물 부분만 마스크로 지정한 상태에서 하늘 배경 부분만 투명하게 만들면 미리 위치시킨 여름 관련 일러스트가 인물과 합성되어 보입니다.

원본 이미지

인물만 추출한 이미지

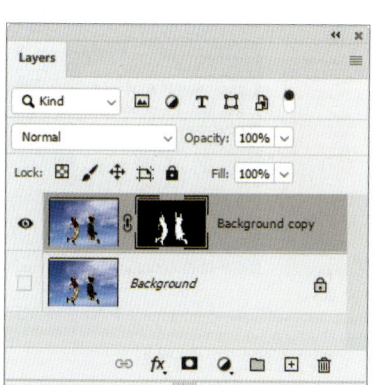
레이어 마스크가 적용된 상태

배경을 합성한 이미지(포토샵\08\레이어배치_완성.psd)

Select and Mask 옵션 살펴보기

메뉴에서 [Select] → Select and Mask([Alt]+[Ctrl]+[R])를 실행하면 Tools 패널과 Properties 패널이 표시됩니다. 여기에서 추출할 영역의 마스킹 작업을 정교하게 조절할 수 있습니다. 털이나 머리카락을 자동으로 추출하는 〈Refine Hair〉 버튼이 있습니다.

❶ **빠른 선택 도구** : 빠르게 영역을 지정합니다.

❷ **리파인 에지 브러시 도구** : 영역 가장자리를 다듬을 때 사용합니다.

❸ **브러시 도구** : 브러시로 영역을 지정할 때 사용합니다.

❹ **오브젝트 선택 도구** : 드래그한 부분을 기준으로 빠르게 영역을 선택합니다.

❺ **올가미 도구** : 직접 드래그하는 방식으로 영역을 지정합니다.

❻ **손 도구** : 화면을 이동할 때 사용합니다.

❼ **돋보기 도구** : 화면을 확대 또는 축소합니다.

❽ **Select Subject** : 선택 영역을 자동으로 지정합니다.

❾ **Refine Hair** : 머리카락이나 외곽선 부분을 자동으로 선택 영역으로 지정합니다.

❿ **View** : 미리 보기 모드를 지정합니다. 기본 설정은 반투명한 Onion Skin 모드로 영역을 지정한 부분만 또렷하게 표시합니다.

Onion Skin

Marching Ants

Overlay

On Black

On White

Black & White

On Layers

EASY 실습 | 레이어 마스크로 복잡한 선택 영역 편집하기

• 실습파일 : 포토샵\08\pop.png
• 완성파일 : 포토샵\08\pop_완성.png

Mask All Objects 기능을 이용하면 이미지에서 각각의 피사체를 자동으로 레이어 마스크로 만들 수 있습니다. 예제에서는 세 명의 인물 레이어 마스크를 자동으로 생성한 다음 한번의 클릭으로 특정 인물을 선택 영역을 지정하여 흑백 이미지로 수정해 봅니다.

Before

After

01 포토샵 → 08 폴더에서 'pop.png' 파일을 불러옵니다. 메뉴에서 (Layer) → Mask All Objects를 실행합니다.

02 Layers 패널을 확인하면 자동으로 인물을 인식해 4개의 오브젝트 마스크 레이어가 만들어진 것을 확인할 수 있습니다. 먼저 왼쪽 인물을 흑백 이미지로 변경하기 위해 Ctrl을 누른 채 'Background Object 1' 레이어의 섬네일을 클릭합니다.

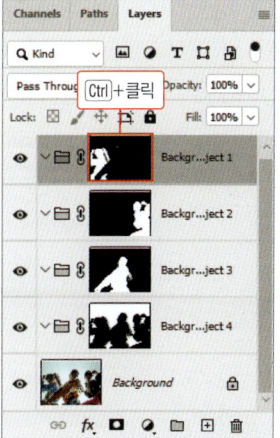

> **TIP ✧ 채널의 종류 알아보기**
>
> Mask All Objects 기능을 사용하면 개체를 수동으로 선택하고 마스크를 적용할 필요가 없습니다. 포토샵이 자동으로 각 개체를 식별하고 마스크를 생성하므로 편집 시간을 크게 단축할 수 있습니다. AI 기술을 이용하여 개체의 가장자리를 정밀하게 감지하므로 비교적 정확한 마스크를 자동으로 생성합니다. 특히 복잡한 배경에서 개체를 분리할 때 유용합니다.

03 왼쪽 인물만 선택 영역으로 지정되었습니다. ❶ 'Background' 레이어를 선택한 다음 ❷ 메뉴에서 (Image) → Adjustments → Desaturate를 실행합니다.

04 왼쪽 인물만 흑백 이미지로 변경된 것을 확인할 수 있습니다.

05 Layers 패널에서 ❶ Ctrl을 누른 채 'Background Object 2' 레이어 섬네일을 클릭하여 오른쪽 인물을 선택 영역으로 지정합니다. ❷ 'Background' 레이어를 선택합니다. ❸ 메뉴에서 (Image) → Adjustments → Desaturate를 실행해 흑백 이미지로 조정하여 가운데 인물만 컬러로 나타냅니다.

EASY 실습 | 털이 있는 이미지 선택하고 합성하기

- 실습파일 : 포토샵\08\bunny.png, bears.png
- 완성파일 : 포토샵\08\bunny_완성.png

Select and Mask 기능의 Refine Hair 옵션을 이용하면 드래그만으로도 세밀한 선택 영역을 지정할 수 있습니다. 예제에서는 털이 있는 의상 부분을 섬세하게 선택한 다음 배경을 합성해 봅니다.

Before | After

01 포토샵 → 08 폴더에서 'bunny.png' 파일을 불러옵니다. 메뉴에서 **(Select) → Select and Mask**를 실행합니다.

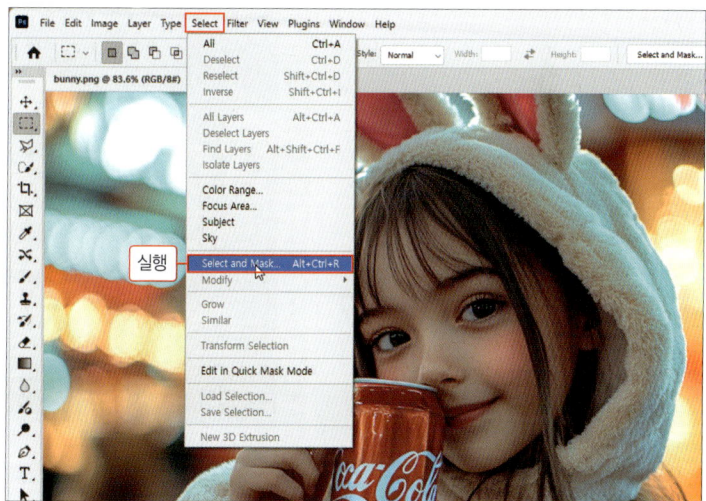

02 Properties 패널에서 ❶ View 미리 보기 섬네일의 팝업 아이콘을 클릭한 다음 'Onion Skin'으로 지정합니다. ❷ 빠른 선택 도구(📷)로 ❸ 인물을 드래그하여 인물만 화면에 표시합니다.

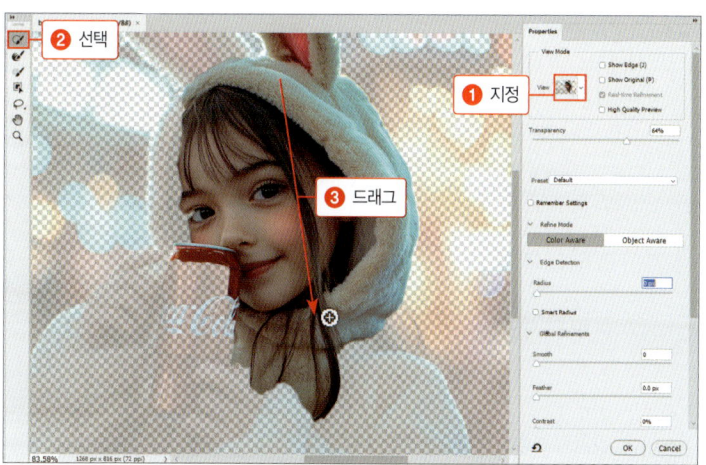

03 인물이 화면에 표시되면 ❶ 리파인 에지 브러시 도구( )를 선택하고 ❷ 옵션바에서 〈Refine Hair〉 버튼을 클릭합니다. ❸ 옷의 털과 배경의 경계 부분을 드래그해 세밀하게 영역을 지정한 다음 ❹ 〈OK〉 버튼을 클릭합니다.

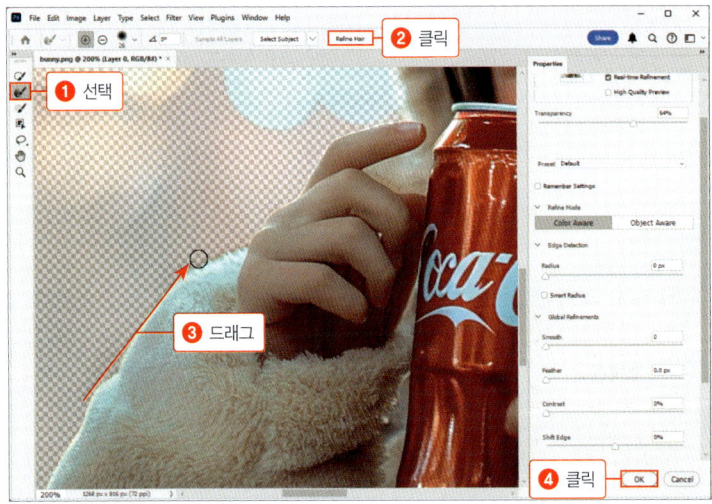

04 ❶ 포토샵 → 08 폴더의 'bears.png' 파일을 불러옵니다. 'bunny.png' 파일로 드래그하여 배치한 다음 Enter 를 누릅니다. ❷ Layers 패널에서 'bears' 레이어를 인물 레이어 아래로 드래그하여 배경으로 지정합니다.

05 털옷을 입은 인물과 배경 이미지가 자연스럽게 합성된 것을 확인할 수 있습니다.

AI 기능으로 제품 광고 이미지 제작하기

포토샵의 이미지 생성 기능은 프롬프트를 이용해 이미지를 생성할 수 있는 혁신적인 도구입니다. 간단한 단어나 문장을 입력하는 것만으로 매우 섬세하고 정교한 이미지를 자동으로 생성할 수 있습니다. 제품 이미지를 생성하여 광고 이미지를 제작해 봅니다.

#제품광고 #생성형AI #제너레이트 #이미지생성

이미지 크기	120×160mm
해상도	300dpi
실습 파일	포토샵\동영상\lemon drink.png
완성 파일	포토샵\동영상\campaign.psd

#Prompt #Generate image #Generative Fill

① 생성형 AI 기능으로 광고 배경 이미지 생성하기

② Generative Fill 기능으로 배경 연장하기

③ 제품 이미지 불러오기

④ 제품 이미지 구도 잡기

⑤ 이미지를 생성하여 부속 이미지 구성하기

⑥ 그림자 처리하여 완벽한 합성 완성하기

이미지 변형을 이용해 디자인 명함 제작하기

포토샵 이미지 변형(Transform) 도구는 이미지의 크기, 모양 변형부터 각도 조정까지 다방면으로 유용하게 사용하는 도구입니다. 변형 도구를 단순히 이미지 크기 조정에만 사용하지 않고 멋스러운 그래픽 효과를 내는 데 활용해 봅니다.

`#명함 제작` `#로고` `#퍼스널 브랜딩`

이미지 크기	90×50mm
해상도	300dpi
완성 파일	포토샵\동영상\namecard.psd

`#그러데이션` `#Warp` `#문자 도구` `#Create Warped Text` `#다각형 도구`

① 새로운 레이어 추가하여 그러데이션 배경 만들기

② Warp 기능으로 그레이디언트 형태를 왜곡 변형하기

③ 문자 도구로 'PERSONAL BRAND' 문자 입력하기

④ Create Warped Text 기능으로 문자 변형하기

⑤ 다각형 도구와 Free Transform 기능으로 별 만들기

⑥ 문자 도구를 이용하여 명함 아래쪽에 개인 정보 입력하기

채도와 색상을 이용한 음원 레이블 만들기

포토샵에는 색상, 명도, 채도 등을 조정할 수 있는 다양한 기능과 도구들이 있습니다. 포토샵 이미지 색상 조절 기능에 대해 익혔다면 이를 활용하여 개성 있는 그래픽 디자인에 도전해 봅니다.

#음원 레이블　#바이닐　#레코드　#LP

이미지 크기	120×120mm
해상도	300dpi
실습 파일	포토샵\동영상\image01.jpg, image02.jpg
완성 파일	포토샵\동영상\albumcover.psd

#사각형 도구　#Place Embedded　#Gradient Map　#Hue/Saturation　#문자 도구

① 사각형 도구로 레이블의 기본 레이아웃 구성하기

② Place Embedded 기능으로 이미지 불러와 중앙에 배치하기

③ Gradient Map 기능을 실행하여 색상 변경하기

④ 빈티지 꽃 이미지 불러와 배치하기

⑤ Hue/Saturation 기능을 이용해 청록색 계열로 색상 조정하기

⑥ 문자 도구를 이용하여 타이틀 문자 입력하기

레이어 합성 기능으로 포스터 제작하기

포토샵의 강력한 기능 중 하나는 레이어 스타일(Layer Style)입니다. 레이어 스타일 기능을 활용하면 그림자 효과부터 독특한 질감 표현까지 많은 그래픽 효과를 매우 간단한 방법으로 구현할 수 있습니다.

#포스터 디자인   #일러스트   #텍스처

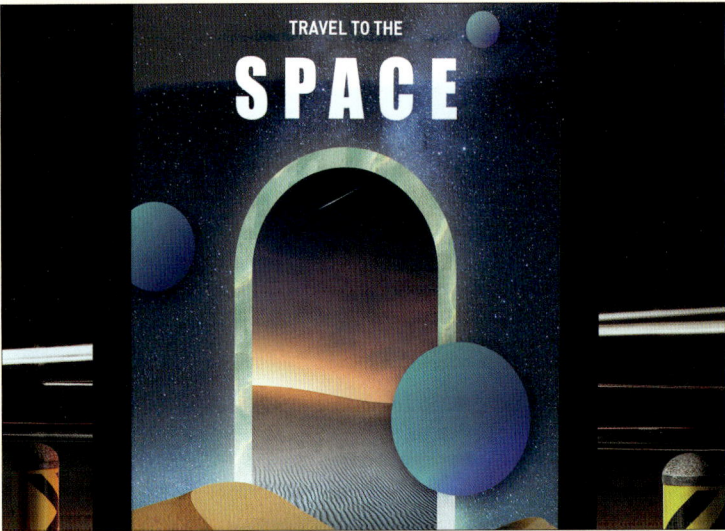

이미지 크기	1080×1500pixels
해상도	300dpi
실습 파일	포토샵\동영상\image-sky.jpg, 우주배경.jpg, 황야.jpg
완성 파일	포토샵\동영상\space-poster.psd

#도형 도구   #레이어   #클리핑 마스크   #Layer Style   #블렌딩 모드

① 도형 도구와 레이어를 이용하여 둥근 사각형 그리기

② 하늘 배경 이미지에 클리핑 마스크 적용하기

③ 둥근 사각형에 레이어 스타일의 Outer Glow 효과 적용하기

④ 원에 Gradient Overlay, Drop Shadow 적용하고 배치하기

⑤ 아래쪽에 불투명 그러데이션과 레이어 블렌딩 모드 적용하기

⑥ 문자 도구를 이용하여 타이틀 문자 레이어 만들기

채널 기능을 이용한 상품 패키지 디자인하기

포토샵의 채널 개념을 이해하고 있다면, 채널을 활용해 감각적인 그래픽 이미지를 만들 수 있습니다. 흑백 이미지에서 색상 채널을 분리하여 채널 분할 색상 요소를 만들어 역동적이고 독특한 분위기의 이미지를 제작해 봅니다.

#패키지 디자인 #로고 #포장 디자인

이미지 크기	120×100mm
해상도	300dpi
실습 파일	포토샵\동영상\image_sports.jpg
완성 파일	포토샵\동영상\패키지 라벨.psd, 라벨.jpg, 목업.jpg

#오브젝트 선택 도구 #복제 #픽셀 유동화 필터 #뒤틀기 도구 #도형 도구

① RGB 모드의 문서로 그러데이션 배경 만들기

② 오브젝트 선택 도구로 인물 이미지 추출 후 흑백 전환하기

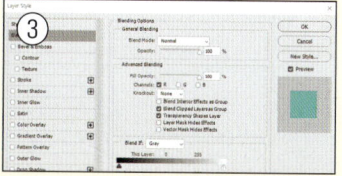

③ 인물 레이어 복제 후 레이어 스타일의 R(빨간색)만 체크 표시하기

④ 픽셀 유동화 필터와 뒤틀기 도구로 사진의 일부 변형하기

⑤ 인물 레이어 아래쪽에 도형 도구로 그러데이션 직사각형 만들기

⑥ 문자 도구를 이용해 제품 이름과 제품 정보 입력하기

문자를 이용한 쿠폰 제작하기

포토샵 도형 도구와 문자 도구를 이용해 쇼핑몰이나 마케팅 디자인에서 자주 볼 수 있는 쿠폰을 간단하고 짜임새 있게 디자인할 수 있습니다.

`#쿠폰 디자인` `#스탬프` `#버튼`

이미지 크기	800×600pixels
해상도	72dpi
완성 파일	포토샵\동영상\쿠폰디자인.psd, 쿠폰디자인.jpg

`#도형 도구` `#래스터화` `#둥근 사각형`

① 새 레이어에 배경색 채우기

② 사각형 도구로 쿠폰 형태의 둥근 모서리 만들기

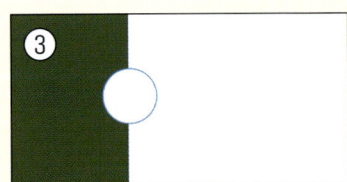

③ 원형 도구로 양쪽 가장자리 중앙에 원 그리기

④ 쿠폰 프레임을 래스터화하고, 흰색 원형의 선택 영역을 만든 후 삭제하기

⑤ 문자 작업 부분 강조하기

⑥ 쿠폰 정보 입력하고, 사각형 도구로 다운로드 버튼 만들기

AI 기능을 활용한 상품 홍보 포스터 디자인하기

포토샵의 AI 기능을 활용하여 이미지 생성 및 지우기로 운동화 홍보 포스터를 제작해 봅니다. AI 기능을 통해 고품질 이미지 생성과 배경 제거가 간편하게 이루어지므로 이를 활용해서 독특하고 매력적인 상품 홍보 포스터를 만들어 봅니다.

#상품 홍보 #포스터 디자인 #보색 대비

이미지 크기	21×29.7centimeters
해상도	300dpi
실습 파일	포토샵\동영상\발자국.jpg
완성 파일	포토샵\동영상\AI 상품 홍보 포스터.psd

#Contextual Task Bar #클리핑 마스크 #Soft Light #Drop Shadow

① 프롬프트 입력창에 'Blue running shoes'를 입력하여 운동화 이미지 생성하기

② 프롬프트 입력창에 'Crumpled paper'를 입력하여 배경에 구겨진 종이 질감 생성해 합성하기

③ 타이포그래피 디자인하기

④ 헤드 카피에 'Rough cloth' 질감을 생성하고 클리핑 마스크 적용하기

⑤ 블렌딩 모드와 레이어 스타일을 적용해 가독성 올리기

⑥ 발자국 이미지에 불투명도와 블렌딩 모드 적용하여 배치하기

찾아보기

A

Action	075, 076
Actions 패널	057
Add a layer style	257
Add a mask	257
Add space before paragraph	195
Add to selection	087
Add to Swatches	160
Adjust for Zoom	218
Adjustments 패널	057, 058
Adobe Photoshop	030
Adobe Stock	040
Advanced	097
Again	133
Align Text	195
Amount	186
Anchor	072, 148
Angle	216, 219
Anti-alias	088
Area	245
Artboards	062
Artistic 필터	153
Attribute	256
Auto	150, 185
Auto Color	176
Automate	078, 150
Automatic	070
Auto Refresh	084

B

Background	148
Background Color	160
Background Contents	062
Baseline Shift	194
Batch	076
Begin recording	075
Be Happy!	144
Bend	203
Bevel & Emboss	271
Bicubic	070
Bicubic Sharper	070
Bicubic Smoother	070
Bilinear	070
Bitmap	062, 291
Black	136
Black Clip	186
Black & White	185
Border	094
Bottom left corner radius	238
Bottom right corner radius	238
Brushes 패널	056
Brush Settings 패널	056
Brush Tip Shape	219

C

Canvas extension color	072
Canvas Size	072
Catch-up on Stroke End	218
Centimeters	068
Channel	179, 181
Channels 패널	055, 095
Character 패널	056, 193
Character Styles 패널	056
Charcoal	154
Choose image	048
Circle	218
Classic gradient	169
Clear	128
Click to refresh object finder	084
Clone Source 패널	058
CMYK	160
CMYK Color	062, 292
Color	084, 186, 194, 256
Color 패널	057
Color Balance	184
Colored Pencil	153
Color Libraries	160
Color Mode	062
Color Overlay	272
Color Range	096
Color Theme	059
Combine Shapes	239
Conditional Mode Change	076
Contact Sheet II	076
Content-Aware Fill	128
Content-Aware Scale	149
Contents	162
Content type	023, 047
Contextual Task Bar	045, 046
Contour	271
Contract	094
Convert to Frame	213
Convert to Smart Object	289
Create a new group	257
Create a new layer	257
Create Droplet	076
Create mask from Selection	048
Create new action	075
Create new adjustment layer	048
Create new channel	294
Create new fill or adjustment layer	257
Create new set	075
Create new snapshot	075
Crop and Straighten Photos	076
Current	160
Current Size	072
Cutout	153

D

Darker Color	268
Default Color	160
Define Pattern	173
Delete	075
Delete Cropped Pixels	128
Delete current channel	294
Delete current state	075
Delete layer	257, 259
Deselection	048
Destination	076
Detect Faces	096
Diagonal	218
Dialog On/Off	075
Diameter	219
Dimensions	070
Distort	133, 134
Distort 필터	154
Dither	169
Drop Shadow	272
Dual Axis	218
Duotone 모드	291

E - F

Effect	256
Effects	048
Enable Crop Shield	128
EPS	035
Errors	076
Exclude Overlapping Shapes	239
Expand	094, 165
Expand By	165
Expand Panels	055
Eye direction	144
Feather	088, 094
File Naming	076
Fill	128, 257
Fill Screen	067
Fill Source	161

Filter for adjustments	256	Indent right margin	195	Nearest Neighbor	070
Filter for pixel layers	256	Indexed Color 모드	292	Neural Filters	142
Filter for shape layers	256	Info 패널	058	New	062, 160
Filter for smart objects	256	Inner Shadow	272	New Action	077
Filter for type layers	256	Input Levels	179	New Document	062
Filter Gallery	152	Interface	059	New selection	087
Fit Image	076	Intersect Shape Areas	239	New Size	072
Fit Screen	067	Intersect with selection	087	No Color	238, 239
Fit To	070	Inverse	090	Normal	088
Fixed Ratio	088	Invert Selection	048	Notes 패널	058
Fixed Size	088	Item On/Off	075	Object Finder Mode	084
Flicker	040			Object Subtract	084
Flip Horizontal	134			Opacity	084, 140, 161, 162
Flip Vertical	134	**J - M**		OpenGL	067
Flow	217			OpenType	194
Focus Area	097	Justify	195	Orientation	062
Folder	078	Justify all	195	Outer Glow	272
Font	193	Kerning	193	Outline	084
Font Style	193	Kind	256	Output	097, 142, 181
Foreground Color	160	Lab	160	Output Levels	179
Free Transform	140	Lab Color	062	Output Options	079
Full Screen	054	Lab Color 모드	293	Overlay	268
Full Screen Mode With Menu Bar	054	Landscape Mixer	145	Overlay Options	084
Fuzziness	096	Layer Comps 패널	058		
		Layers 패널	055	**P**	
G - I		Leading	193		
		Lens Correction	076	Paint Daubs	153
Generate Effects	024	Levels	179	Paragraph 패널	056
Generative Expand	128	Lighten	268	Parallel Lines	218
Generative Fill	048	Linear	169	Parameters	097
Gradient	238, 239	Linear Light	268	Path	208
Gradient Overlay	272	Link layers	257, 260	Path alignment	239
Gradients 패널	058	Load	096	Path arrangement	239
Graphic Pen	154	Load channel as selection	294	Path operations	239
Grayscale	062	Load Selection	095	Path options	239
Grayscale 모드	291	Lock	257	Paths 패널	055
Grid & Slices	068	Lock all	261, 267	Pattern	172, 239
Grow	095	Maintain aspect ratio	140	Patterns 패널	058
Guides	068	Mandala	218	PDF	035
Halftone Pattern	154	Manual Refresh	084	PDF Presentation	076
Hardness	216, 219	Measurement Log 패널	058	Perceptual	169
HDR 이미지	076	Merge Layers	260	Perspective	133, 134, 138
Height	062, 070	Merge to HDR Pro	076	Photomerge	076, 150
Hide bar	048	Merge Visible	260	Pick tool mode	208, 238
Highlights	184, 186	Method	169	Pin bar position	048
Highlights 포인트	181	Midtone	186	Pixabay	040
Histogram 패널	057	Midtones	181, 184	Pixels	238
History 패널	056, 075	Mode	085, 161, 162, 217, 256	Place Embedded	065
Horizontal	218	Modify Selection	048	Plastic Wrap	153
Horizontal Distortion	203	More options	048	Play section	075
Horizontally Scale	193	Multichannel 모드	293	PNG 파일	090
HSB	160	Multiply	268	Polar Coordinates	154
Hyphenate	195			Portraits	187
Image	096	**N - O**		Post Edges(포스터 가장자리)	153
Image Size	038			Preferences	059, 068
Indent first line	195	Name	077, 256	Preferences 대화상자	059
Indent left margin	195	Navigator 패널	057	Preserve Details	070

Preserve Details 2.0	070	
Preserve Luminosity	184	
Preserve Transparency	136, 136	
Preset	129, 181, 185	
Pressure for Opacity	217	
Pressure for Size	218	
Properties	048	
Properties 패널	055	
Protect skin tones	149	
Pulled String Mode	217	

R

Radial	218
Radius	186
Range	096
Record	077
Reduce Noise	070
Reference image	023, 047
Refine Edge	097
Refine Hair	304
Relative	072
Remove background	048
Resample	070
Reset bar position	048
Resize Windows to Fit	067
Resolution	062, 070
Reverse	169
RGB	160
RGB Color	062
RGB Color 모드	292
Ripple	154
Rotate	133
Rotate 90° CCW	133
Rotate 90° Clockwise	133
Rotate 90° Counter Clockwise	133
Rotate 90° CW	133
Rotate 180°	134
Rough Pastels	153
Roundness	216, 219
Rulers	068

S

Save	096,
Save Adobe PDF	079
Save As	066
Save PDF	079
Save Selection	095, 149
Save selection as channel	294
Scale	133
Screen	268
Scrubby Zoom	067
Select	096
Select and Mask	303
Selection	096

Selection Preview	096
Select subject	048, 304
Set additional Crop options	128
Set additional options	084
Set Black Point	179
Set Gray Point	179
Set the brush Angle	218
Set White Point	179
Shadows	184, 186
Shadows 포인트	181
Shear	154
Show all objects	084
Show Clipping	181
Similar	095
Size	193, 216
Sketch 필터	154
Skew	133
Smooth	094, 181
Smoothing	217
Smoothing Options	217
Smoothness	144
Smudge Stick	153
Snap	068
SNS	069
Soften Edge	097
Solid Color	238, 239
Source	076
Source Files	150
Spacing	216, 219
Spherize	154
Spiral	218
Split Warp Crosswise	134
Split Warp Horizontally	134
Split Warp Vertically	134
Standard Screen	054
Stop playing/recording	075, 078
Straighten	128, 130
Stroke	083, 272
Stroke Catch-up	218
Stroke type	239
Stroke width	239
Style	088, 203
Styles 패널	057
Subtract from selection	087
Subtract Front Shape	239
Sunshine	187
Swatches 패널	057
Switch Color	160
Symmetry	218

T

Technology Previews	234
Texture	271
Tint	185
Toggle the Brush settings panel	216
Tolerance	245

Tone	186
Tone Balance	184
Tone Edges	154
Tool Presets 패널	057
Tools 패널	045, 049
Tools 패널 편집	054
Top left corner radius	238
Top right corner radius	238
Tracking	193
Transform	133
Transform image	048
Transform Selection	095
Transparent	128
Turn layer filtering on/off	256

U - Z

Use Classic Mode	128
Vertical	218
Vertical Distortion	203
Vertically Scale	193
Vibrance	182, 183
View	304
View Mode	097
Warp	133, 134
Warp Text	194, 211
Water Color	153
Wave	154
Wavy	218
Web Color	160
White Clip	186
Width	062, 070
Width/Height	128
ZigZag	154
Zoom All Windows	067
Zoom In	067
Zoom Out	067

ㄱ

가독성	039
가로선 선택 도구	049, 080
가로쓰기 문자 도구	053, 192
가로쓰기 선택 영역 문자 도구	053, 192
가로형 배너	148
가변 글꼴	195
가운데 아이콘	148
가이드	068
가장자리 찢기	154
강조	039
거친 파스텔 효과	153
계산 도구	050
고급 기능	030
고해상	035
곡률 펜 도구	053, 224
곡선/직선 아이콘	181

곡선 패스	226	**ㅁ**		새 문서	062
구형화	154	마술봉 도구	049, 151	색 보정의 원칙	037
그래픽 디자인	030	마스크 모드	054	색상	160
그래픽카드 드라이버	067	매직 지우개 도구	052	색상 교체	054, 160
그래픽 펜	154	맥(Mac) 운영체제	033	색상 균형	184
그러데이션 스타일	169	메뉴 표시줄	045	색상 덧씌우기	272
그러데이션 종류	169	명도	059, 036, 073	색상 보정	030
그러데이션 형태	169	명도 변화	036	색상 샘플러 도구	050
그레이디언트 도구	052	목탄	154	색상 정보	291
그림자 톤 영역	179	무료 이미지 사이트	040	색상 채널별 슬라이더	185
그림자 표현하기	272	무채색	036	색상 톤	037
극좌표	154	문자 디자인	040	색연필	153
글꼴	041, 040	문자 레이어	254	샘플 컬러	160
글꼴 색	194	문자 속성	194	생성형 명령 도구	046
글꼴 선택	194	문자 수정	196	샤픈 도구	052
글꼴 스타일	193	문자 정렬	194	선 도구	053
글꼴 유형	194	문자 회전	194	선택 도구	030
글자 크기	193, 194	문지르기 효과	153	선택 영역 변형	094
기본 색상	160	미리 보기 창	142	선택 영역 복제	081
기본 흑백 설정	054			선택 영역 스타일	088
기울임	154			선택 영역 이동	081
기준선 설정	194	**ㅂ**		세로선 선택 도구	049, 080
기준점 변환 도구	053	반복 작업	075	세로쓰기 문자 도구	053, 192
기준점 삭제 도구	053	발광 효과	272	세로쓰기 선택 영역 문자 도구	053, 192
기준점 추가 도구	053	밝기	030	세피아 톤	185
		배경 레이어	255	셰이프 라이브러리	053
		배경색	160	소셜 네트워크 서비스	069
ㄴ - ㄹ		배색	036	소셜 미디어	031
내용 인식 추적 도구	053, 224	배치	076	속도감	097
노이즈	069	백그라운드 지우개 도구	052	손가락 도구	052
높이 조절	193	번 도구	052	손글씨	040
누끼	298	벡터 형태	033	손 도구	053, 142, 304
눈금자	068	변형 영역	142	수채화 효과	153
눈 아이콘	257	보기 모드	054	순색	036
다각형 도구	053, 237	분할 도구	050	스냅	068
다각형 올가미 도구	049, 082	분할 선택 도구	050	스마트 앱	036
다운로드 아이콘	142	브러시 검색창	216	스마트 오브젝트	286
단락	195	브러시 도구	051, 304	스마트 오브젝트 레이어	255
닷지 도구	052	브러시 선택 창	216	스마트폰	079
돋보기 도구	054, 142, 304	브러시 설정 메뉴	216	스마트 필터	287
라이트룸	045	브러시 설정 창	216	스크린 전환 모드	054
레드 아이 도구	249, 051	브러시 컨트롤	097	스탬프 도구	051, 246
레이어	258	블러 도구	052	스팟 힐링 브러시 도구	051
레이어 구조	254	블렌딩 모드	257, 268	스펀지 도구	052
레이어 그룹	261	빠른 선택 도구	049, 304	스펙트럼 바	160
레이어 마스크	278			스포이트	096, 179, 181
레이어 묶기	260			스포이트 도구	050
레이어 복제	259	**ㅅ**		시작점	083
레이어 삭제	259	사각형 도구	053		
레이어 숨기기	258	사각형 선택 도구	049, 080	**ㅇ**	
레이어 이동	258	사각형 프레임	050, 212	아트보드	062
레이어 이름 바꾸기	259	사용권	040	아트보드 도구	049
레이어 합치기	260	사용자 셰이프 도구	053, 237	아트 히스토리 도구	245
렌즈	076	삼각형 도구	053	아트 히스토리 브러시 도구	051
렌즈 왜곡 보정	030	상태 표시줄	045	안티에일리어싱	194
리파인 에지 브러시 도구	304			압축	033
링크 아이콘	071				

압축 방식	033	잔물결	154	페인트 통 도구	052, 161
애니메이션 제작	030	장평	193	펜 도구	053
애플리케이션	036	저작권	040	편집 디자인	033
액션	075, 076	〈저장〉 버튼	079	포맷	032
액션 목록	075	저장 공간	066	포스터 가장자리	153
액션 세트	075	적목 현상	249	포스트스크립트	033
어도비 스톡	040	전경색	160	포토그래퍼	030
어도비 클라우드	066	조정 브러시 도구	052	포토샵 인터페이스	059
어도비 포토샵	030	조화	036	폰트 스타일	039
언어 설정	194	주석 도구	050	폴더 선택	078
연동	033	중간 톤 영역	179	표준 모드	054
연필 도구	051, 218	중간 품질	035	표준 파일	033
영문 글꼴	041	지그재그	154	풍경 사진	145
영역 제거 도구	142	지우개 도구	052	프레임 도구	050
영역 추가 도구	142	직선 패스	225	프레젠테이션	076
오려내기	153	직접 선택 도구	053, 226	프리셋	128, 216
오브젝트 선택 도구	049, 304			프리폼 펜 도구	053, 224
올가미 도구	049, 304	**ㅊ - ㅌ**		프린팅 업무	031
옵션바	045			플라스틱 포장	153
왜곡	076	창작 취미	031	피부 보정	143
외곽선 만들기	272	채널	294	피사체	092
원근 자르기 도구	050	채도	182, 036	픽셀	038
원형 도구	053	초상권	040	필터 항목	142
원형 선택 도구	049, 080	초점	097	필터 활성화 아이콘	142
웹 개발자	030	측정 정보	058		
웹 디자인	030	캔버스	045, , 038	**ㅎ**	
웹앱	031	캔버스 크기 조정	038		
웹용 이미지	062	커닝	193	하이라이트 톤 영역	179
위치 잠그기	257	컬러 리플레이스먼트 도구	051	하프톤 패턴	154
응용 프로그램	033	컬러 팔레트	040	해상도	035
이동 도구	049	콘텐츠 인식 이동 도구	249, 051	행간	193
이미지 소스	040	크롭 보호 모드	128	호환	032
이미지 속성	055	크리에이티브 클라우드	041	혼합 브러시 도구	051
이미지 크기	069	클라우드 공간	066	홈 화면	045
이미지 크기 조정	038	클래식 모드	128	확대 비율	045
이미지 크롭	030	태블릿 PC	033	회전 보기 도구	054
이미지 품질	033	테두리 선	083	회전 정도	139
인공지능	034	텍스트 편집	030	회화 효과	153
인디자인	032	투명 영역	149	흑백 이미지	185
인물 사진	139	투명 영역 잠그기	257	히스토리 브러시 도구	051
인쇄	031	특정 영역	034	힐링 브러시 도구	051
인쇄용 이미지	062				
인쇄용 해상도	035	**ㅍ**			
일관성	039				
일러스트레이터	032	파노라마 사진	150, 151		
일반 레이어	255	파도	154		
입체 효과 만들기	271	파일 이름	062		
		파일 이름 탭	045		
ㅈ		파일 포맷	032		
		패널	045, 055		
자간	193	패널 아이콘	194		
자 도구	050	패밀리 폰트	039		
자동 보정	176	패스 선택 도구	053, 226		
자르기 도구	050, 127	패치 도구	249, 051		
자석 올가미 도구	049, 082	패턴 스탬프 도구	246, 051		
작업 화면	045	페인트 덥스	153		
작업 화면 밝기	059				

일러스트레이터

포토샵 +
일러스트레이터

CC 2025 무작정 따라하기 | 민지영, 문수민, 전은재, 앤미디어 지음

학습 계획표

체계적으로 일러스트레이터 학습 계획을 세워 보세요!

✦ 1단계 ✦
일러스트레이터를 처음 배우는 분이세요?

레슨 2일차
크리에이티브하게 디자인하는 일러스트레이터의 시작

레슨 3일차
AI 기능이 돋보이는 일러스트레이터 CC 2025

레슨 4일차
작업 준비! 쉽고 빠르게 캔버스 만들기

✦ 2단계 ✦
일러스트레이터 이전 버전을 사용한 적이 있으신가요?

레슨 1일차
생성형 AI로 상상을 현실 디자인으로! 일러스트레이터 CC 2025 신기능

레슨 3일차
AI 기능이 돋보이는 일러스트레이터 CC 2025

✦ 3단계 ✦
일러스트레이터로 원하는 작업물을 만들고 싶은가요?

레슨 1일차
생성형 AI로 상상을 현실 디자인으로! 일러스트레이터 CC 2025 신기능

레슨 2일차
크리에이티브하게 디자인하는 일러스트레이터의 시작

본격적으로 공부를 시작하기 전에 자신에게 맞는 학습 계획을 세워 보세요. 여기서 안내하는 계획표대로 내 실력에 맞게 일러스트레이터를 마스터할 수 있습니다.

레슨 5일차
상상을 현실로!
일러스트 드로잉

레슨 6일차
컬러 취향에 맞는
배색

레슨 7일차
손쉬운 일러스트
작업을 위한 편리한 기능

레슨 8일차
직관적인
타이포그래피 디자인

레슨 5일차
상상을 현실로!
일러스트 드로잉

레슨 7일차
손쉬운 일러스트
작업을 위한 편리한 기능

레슨 8일차
직관적인
타이포그래피 디자인

레슨 9일차
완성도를 높이는
일러스트의 재구성

레슨 3일차
AI 기능이 돋보이는
일러스트레이터
CC 2025

레슨 5일차
상상을 현실로!
일러스트 드로잉

레슨 9일차
완성도를 높이는
일러스트의 재구성

동영상 강의
동영상을
이용하여
실전 활용 강의

책 구성

체계적인 구성을 따라 빠르고 간편하게 공부하세요.

필수 이론
일러스트레이터를 다루기 위해 꼭 알아야 할 기능을 다룹니다. 개념을 알아 두면 일러스트레이터를 실습하는데 기초가 됩니다.

실습 및 완성 파일
예제를 직접 따라하기 위한 실습파일을 제공합니다. 길벗 홈페이지에서 다운로드 받을 수 있습니다.

AI
일러스트레이터 CC 2025에서 새롭게 제공하는 생성형 AI 기능을 설명합니다.

Easy 실습
일러스트레이터 명령이나 기능을 이용해 일러스트에 적용하는 방법을 따라하기 형식으로 설명합니다.

Before, After
예제를 위해 제공하는 원본 일러스트와 따라하기 결과물의 일러스트를 미리 볼 수 있도록 표시합니다.

Quick 활용
학습한 기능들을 이용하여 빠르게 이미지 작업물을 얻을 수 있도록 따라하기로 설명합니다.

TIP
예제 관련 기본 팁을 제공합니다. 개념에 대한 부연 설명, 관련 기능 정보, 주의할 점 등을 설명합니다.

동영상 강의

동영상을 이용한 실전 예제 학습

이론과 실습 예제를 이용하여 일러스트레이터의 기본기를 배웠다면 본서에서 제공하는 동영상 활용 예제를 만들어 보세요. 스마트폰이나 태블릿 PC 카메라로 QR 코드를 찍거나 PC의 유튜브 채널(youtube.com/@photoshop_follow)에서 일러스트레이터 전문 저자 강의 동영상으로 활용 예제 제작 방법을 배워 보세요.

활용 예제
필수 활용 예제를 제공합니다. 작업 과정을 이해한 다음 작업해 보고, 동영상으로 확인합니다.

예제 소개 영상(QR 코드)
스마트폰이나 태블릿 PC로 QR 코드를 촬영해 예제 작업 과정을 동영상으로 확인할 수 있습니다. PC에서 볼륨을 키우고, 동영상 플레이어의 재생 버튼을 눌러 일러스트레이터 강사의 강의를 듣고, 보면서 학습해요.

작업 과정 영상(QR 코드)
작업 과정을 일러스트레이터 강사의 해설과 함께 동영상으로 제공합니다. QR 코드를 이용하거나 PC에서 유튜브 채널 강의 영상을 확인합니다.

작업 과정 소개
예제 작업 시 사용 기능과 작업 과정을 소개합니다. 가장 효율적인 작업 과정을 확인해 보세요.

목차

part 01 > 일러스트레이터 CC 2025 원포인트로 시작하기

01. 생성형 AI로 상상을 현실 디자인으로! 일러스트레이터 CC 2025 신기능 … 012
- ❶ 더욱 향상된 프롬프트로 벡터 이미지 생성 … 012
- ❷ 상업 디자인을 위한 목업 기능 강화 … 014
- ❸ 벡터 그래픽으로 모양 채우기 … 014
- ❹ 패턴의 간격이나 복잡도를 더 세밀하게 조정하는 밀도 강도 조정 … 015
- ❺ 벡터 도형에도 블러 효과 적용 … 016
- ❻ AI 기능으로 최적의 레이아웃을 만드는 AI 자동 레이아웃 … 016
- ❼ 깔끔하고 편집 가능한 벡터 파일을 만드는 이미지 추적 기능 … 017
- ❽ 문자의 글꼴을 자동으로 식별하고 편집하는 Retype 기능 … 017
- (Quick 활용) 대충 그려도 완벽한 일러스트 생성하기 … 018
- (Quick 활용) 클릭 한번에 사실적인 목업 만들기 … 021
- (Quick 활용) 벡터 이미지를 생성하여 목업 미리 보기 … 023
- (EASY 실습) 목업 형태에 맞게 세밀한 패턴 채우기 … 026
- (EASY 실습) 패스 위에 오브젝트 정렬하기 … 028
- (EASY 실습) 이미지에 포함된 글꼴 확인하고 수정하기 … 030

02. 크리에이티브하게 디자인하는 일러스트레이터의 시작 … 032
- ❶ 수작업과 디지털 작업, 어떤 걸 선택할까? … 032
- ❷ 작업을 위한 일러스트레이터 기본 지식 … 032
- ❸ 함께 하면 더 편리한, 포토샵과 일러스트레이터! … 033
- ❹ 이미지를 활용하는 다양한 방법! 파일을 불러오는 방식 … 034
- ❺ 인쇄 시 주의해야 할 사항 … 035
- ❻ 아는 만큼 보이는 이미지 파일 형식 … 036

03. AI 기능이 돋보이는 일러스트레이터 CC 2025 … 037
- ❶ 일러스트레이터 작업 화면 어떻게 생겼을까? … 037
- ❷ 만능 일러스트 생성형 명령 도구, Contextual Task Bar … 038
- ❸ 클릭으로 실행하는 도구 알아보기 … 039
- ❹ 옵션 설정은 여기에! 주요 패널 알아보기 … 046

part 02 › 더 크리에이티브하게! 꼭 알아야 할 드로잉의 기본기

04. 작업 준비! 쉽고 빠르게 캔버스 만들기 054
- ❶ 새 문서 작성하기 054
- (EASY 실습) 새 문서 만들기 055
- (EASY 실습) 직접 설정한 크기대로 새 문서 만들기 056
- ❷ 여러 개의 아트보드 지정하기 057
- (EASY 실습) 여러 개의 아트보드 만들기 058
- (EASY 실습) 파일 열고 이미지 불러오기 060
- ❸ 파일 저장하기 062
- ❹ 파일 내보내기 063
- (EASY 실습) 일부 그래픽 또는 아이콘만 따로 내보내기 064
- ❺ 원하는 대로 오브젝트 선택하기 065
- (EASY 실습) 동일한 속성의 문자 한 번에 선택하기 067

05. 상상을 현실로! 일러스트 드로잉 069
- ❶ 패스 이해하기 069
- (EASY 실습) 원하는 대로 패스선 그리기 071
- ❷ 선 두께, 모양 조절하기 073
- (Quick 활용) 선을 활용해 표지판 완성하기 074
- (Quick 활용) 도형 도구로 간편하게 일러스트 완성하기 077
- ❸ 손그림 느낌의 라인 일러스트 그리기 080
- (Quick 활용) 패스 도구를 이용하여 라인 일러스트 그리기 081
- ❹ 다양한 느낌의 브러시 익히기 085
- (Quick 활용) 자유로운 일러스트 그리기 086
- (EASY 실습) 물방울 브러시 도구로 배경 일러스트 그리기 087

part 03 › 배색과 채색, 손쉬운 관리를 위한 레이어 | Ai

06. 컬러 취향에 맞는 배색   090

  ❶ 채색 도구 살펴보기   090
  (EASY 실습) 색상 모드 조절하기   091
  ❷ 클릭 한번에 색과 패턴 지정하기   093
  (Quick 활용) Swatches 패널에서 색과 패턴 적용하기   094
  (EASY 실습) 키워드 입력만으로 원하는 패턴 만들기   097
  (EASY 실습) 복잡한 패턴도 쉽게 편집하기   099
  (EASY 실습) 빠르고 간편하게 배색하기   101
  (Quick 활용) 원하는 색상 테마를 바로 적용하기   103
  ❸ 입체적인 색, 그러데이션 적용하기   105
  (EASY 실습) 그러데이션으로 입체감 표현하기   106
  (EASY 실습) 점과 선으로 그러데이션 적용하기   108
  (EASY 실습) 자연스러운 그러데이션 적용하기   110

07. 손쉬운 일러스트 작업을 위한 편리한 기능   113

  ❶ 작업 화면 설정 기능 알아보기   113
  (EASY 실습) 눈금자와 안내선으로 정확하게 작업하기   115
  ❷ 그룹 설정과 편집 모드 실행하기   117
  (EASY 실습) 그룹 설정하고 편집 모드에서 수정하기   117
  ❸ 오브젝트 관리를 위한 레이어 알아보기   119
  (EASY 실습) Layers 패널에서 레이어 관리하기   120
  ❹ 오브젝트 배열 바꾸기   122
  (EASY 실습) 오브젝트 배열 자유자재로 바꾸기   122
  ❺ 오브젝트 정렬하기   124
  (EASY 실습) Align 패널을 이용하여 오브젝트 정렬하기   125
  ❻ 오브젝트 변형하기   126
  (Quick 활용) 회전, 복제, 이동 기능으로 캐릭터 만들기   128
  (EASY 실습) 수치대로 크기 조절하기   130
  (EASY 실습) 오브젝트 기울이기   131

part 04 › 문자 입력과 완성도를 높이는 테크닉 업그레이드　　Ai

08. 직관적인 타이포그래피 디자인　　134
- `EASY 실습` 문자 입력하기　　134
- `EASY 실습` 오브젝트 형태대로 문자 입력하기　　135
- `EASY 실습` 패스를 따라 흐르는 문자 입력하기　　136
- `EASY 실습` 자유자재로 문자 흩트리기　　137
- `EASY 실습` 문자를 오브젝트로 변환해 편집하기　　139
- ❶ 문자 스타일 설정하기　　141
- `Quick 활용` 문자가 있는 메뉴 디자인하기　　142
- `EASY 실습` 오브젝트와 문자를 정확하게 정렬하기　　144
- `Quick 활용` 가변 글꼴로 문자를 더해 아이콘 완성하기　　145
- ❷ 문자 변형하기　　147
- `EASY 실습` Make with Warp 기능으로 문자 왜곡하기　　148

09. 완성도를 높이는 일러스트의 재구성　　149
- ❶ 오브젝트 더하고 나누기　　149
- `EASY 실습` Pathfinder 패널을 이용하여 일러스트 재구성하기　　150
- ❷ 클릭, 드래그만으로 오브젝트 재구성하기　　154
- `EASY 실습` 도형 구성 도구를 이용해 오브젝트 재구성하기　　154
- ❸ 오브젝트 중간 단계 만들기　　158
- `Quick 활용` 블렌드 기능으로 캐릭터 만들기　　159
- ❹ 색을 혼합하거나 일부분만 나타내기　　161
- `EASY 실습` 블렌딩 모드로 오브젝트에 투명 효과 나타내기　　162
- ❺ 필요한 부분만 나타내기　　164
- `Quick 활용` 클리핑 마스크를 이용하여 CI 디자인하기　　165
- ❻ 사진을 일러스트로 바꾸기　　168
- `Quick 활용` 이미지를 일러스트로 바꿔 광고 디자인하기　　169
- ❼ 심볼 적용하기　　171
- `EASY 실습` 심볼 등록하고 편집하기　　172
- `EASY 실습` 다양하게 오브젝트 왜곡하기　　175
- `Quick 활용` 캐릭터 내맘대로 움직이기　　178
- `Quick 활용` 인포그래픽을 위한 그래프 디자인하기　　180

● 동영상 강의 ●
- 도형 도구로 캐릭터 일러스트 에코백 디자인하기　　183
- 블렌드 기능으로 타이포그래피 폰케이스 디자인하기　　184

찾아보기　　185

Part 01

일러스트레이터 CC 2025 원포인트로 시작하기

| Adobe Firefly   〈 20/25 〉

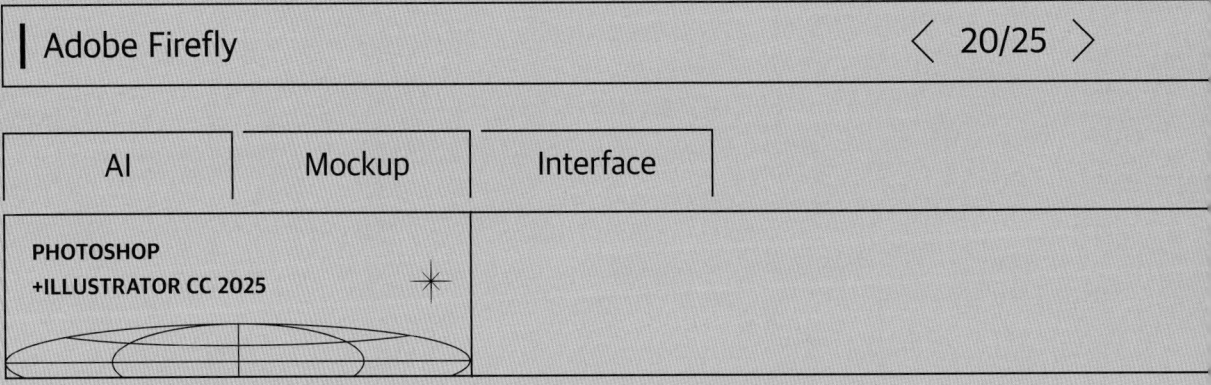

AI Mockup Interface

PHOTOSHOP
+ILLUSTRATOR CC 2025

Generate

>> | ≡

생성형 AI로 상상을 현실 디자인으로!
일러스트레이터 CC 2025 신기능

LESSON 01

일러스트레이터 CC 2025에서는 많은 새로운 기능과 향상된 도구를 제공하여 디지털 아트와 그래픽 디자인 작업을 더 효율적이고 창의적으로 만들 수 있습니다.

❶ 더욱 향상된 프롬프트로 벡터 이미지 생성

손그림 실력이 없어도, 내가 원하는 일러스트를 프롬프트로 생성

일러스트레이터 CC 2025에 새롭게 추가된 AI 벡터 이미지 생성 기능 덕분에, 손그림 실력이 없어도 누구나 손쉽게 일러스트 작업이 가능해졌습니다. 이 기능은 사용자가 텍스트 프롬프트만 입력하면, 다양한 스타일의 벡터 이미지를 자동으로 생성합니다. 이제 일러스트 작업을 위해 그림을 직접 그리지 않아도 되고, 스타일과 테마에 따라 원하는 이미지를 빠르고 간편하게 얻을 수 있습니다. 디지털 작업의 접근성이 높아져, 초보자도 전문가와 같은 품질의 결과물을 얻을 수 있는 시대가 열린 것입니다. 이러한 기술 발전은 디자이너와 콘텐츠 제작자들에게 새로운 창작의 자유를 제공하며, 시각적 표현의 가능성을 무한히 확장시켜 줍니다.

벡터 이미지 생성을 위한 프롬프트 작성

일러스트레이터 CC 2025에서는 Text to Vector Graphic 패널을 제공해 원하는 벡터 이미지를 문자 프롬프트로 입력하여 생성할 수 있습니다. 생성하려는 벡터 이미지의 유형과 스타일을 설정하여 프롬프트를 입력하면 최대한 원하는 스타일로 이미지를 생성합니다.

사용자는 텍스트 프롬프트에 원하는 이미지의 특성이나 스타일을 설명하면, AI가 이를 해석하여 최적의 벡터 그래픽을 생성합니다. 예를 들어, 사용자는 '모던한 느낌의 추상적인 로고' 또는 '클래식한 일러스트 스타일의 동물 그림'과 같은 프롬프트를 입력할 수 있으며, 일러스트레이

로고부터 목업 이미지 생성까지, 생성형 AI 기능을 이용한 상업 이미지 ▶ 23쪽 참고

터는 이를 바탕으로 텍스트 설명에 어울리는 벡터 이미지를 만들어냅니다. 생성된 이미지는 벡터 형태로 제공되며, 사용자는 이후 이를 편집하거나 수정할 수 있어 다양한 디자인 작업에 활용할 수 있습니다.

이미지 생성을 제어하는 생성형 이미지 옵션, Generate Vectors 대화상자

일러스트레이터 CC 2025에서는 Generate Vectors 대화상자를 통해 이미지 생성을 세부적으로 제어할 수 있습니다. 이 기능을 사용하면 텍스트 프롬프트를 입력하여 원하는 주제나 스타일을 지정할 수 있을 뿐만 아니라, 생성된 벡터 이미지를 더욱 세밀하게 조정할 수 있습니다.

Generate Vectors 대화상자에는 텍스트로 이미지를 생성할 수 있는 프롬프트 입력창과 (Scene(장면)), (Subject(주제)), (Icon(아이콘))으로 구분하는 Content type, 특정 이미지나 디자인 요소를 포함하고 싶은 경우에 사용하는 (Style Reference), 특정 질감 등을 편집할 수 있는 (Effects), 벡터화할 때 색상 수와 색상 모드를 조정하고 이미지의 명암과 톤을 세밀하게 조정해 최적의 결과를 제공하는 (Color and Tone) 기능을 제공합니다. 이러한 옵션을 이용하여 사용자가 원하는 이미지를 디테일하게 생성할 수 있습니다.

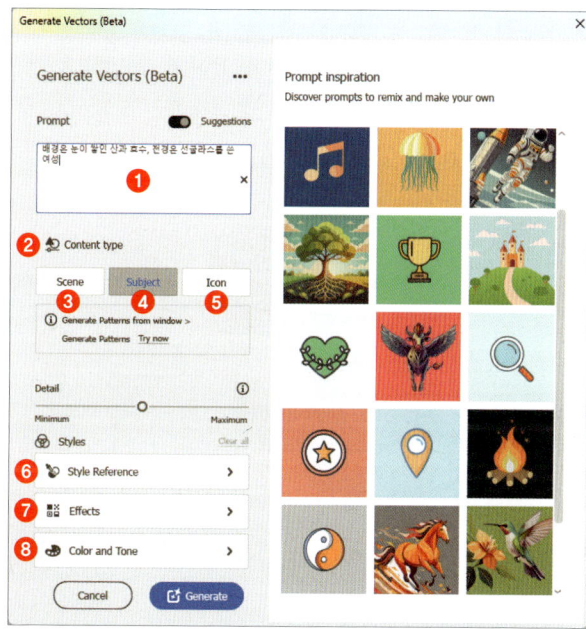

❶ **프롬프트 입력창** : 생성할 이미지를 묘사하는 프롬프트를 텍스트로 입력합니다. 한글도 지원하며, 단어나 문장으로도 작성할 수 있습니다.

❷ **Content type** : 생성할 이미지의 타입을 선택해 벡터 이미지를 생성할 수 있습니다.

❸ **Scene(장면)** : 일러스트의 배경이 될 자연, 도시, 우주, 해변 등의 장면을 선택할 수 있습니다.

❹ **Subject(주제)** : 일러스트의 주요 주제(동물, 식물, 사람, 건물 등)를 선택할 수 있습니다.

❺ **Icon(아이콘)** : 일러스트에 포함될 작은 아이콘(별, 하트, 꽃, 구름 등)을 선택할 수 있습니다.

❻ **Style Reference** : 특정 이미지나 디자인 요소를 참조 이미지를 이용하여 생성합니다.

❼ **Effects** : 일러스트레이터에서 제공하는 효과를 적용할 수 있습니다.

❽ **Color and Tone** : 일러스트레이터에서 제공하는 컬러 프리셋(Color Preset)을 이용해 생성되는 벡터 이미지의 컬러와 톤을 조정할 수 있습니다.

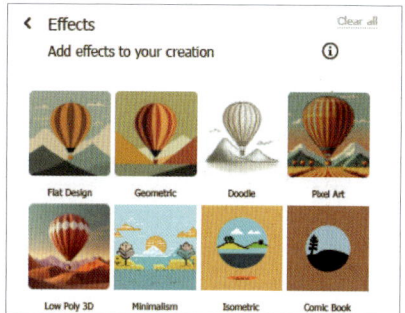

❷ 상업 디자인을 위한 목업 기능 강화

목업(Mockup) 기능은 디자인 파일을 실제 환경에 적용한 것처럼 보여주는 가상 시뮬레이션을 만드는 도구입니다. 이를 통해 디자이너는 클라이언트나 팀과의 피드백에서 디자인을 어떻게 보일지 미리 시각화할 수 있습니다.

일러스트레이터 CC 2025는 다양한 Mockup 템플릿을 제공합니다. 이 템플릿은 미리 설정된 레이아웃과 디자인 요소로 구성되어 있어 사용자는 텍스트, 로고, 이미지 등 자신의 디자인 요소를 손쉽게 삽입할 수 있습니다. 템플릿은 다양한 분야와 산업에 맞게 제공되며, 로고, 패키지, 웹 디자인, 제품 디자인 등을 위한 맞춤형 템플릿을 선택할 수 있습니다. Creative Cloud Libraries와 통합되어 다른 어도비 앱에서 만든 자원도 쉽게 불러올 수 있습니다.

평면 표면에 대한 개선된 목업 기능이 추가되어 목업을 만들 때 벡터 아트가 평면 표면에 정확하게 맞춰져 자연스럽게 배치됩니다. 이로 인해 디자인을 현실적인 형태로 시뮬레이션할 때 벡터 그래픽이 왜곡 없이 더 정밀하고 깔끔하게 적용됩니다. 즉, 평면 표면에 벡터 아트를 올려놓을 때 더 자연스럽고 정확한 일치가 가능해서, 목업 작업이 훨씬 더 효율적이고 정교해졌습니다.

Mockup 패널

자유자재로 로고를 생성하고 자연스러운 목업 기능으로 배치(일러스트레이터\01\mockup.ai, mockup_완성.ai) ▶ 21쪽 참고

❸ 벡터 그래픽으로 모양 채우기

일러스트레이터 CC 2025에서는 벡터 그래픽으로 모양을 채우는 기능이 대폭 향상되었습니다. 새롭게 추가된 생성형 모양 채우기 기능은 더 창의적이고 다양한 디자인을 손쉽게 완성할 수 있도록 돕습니다. 이 기능의 핵심 요소 중 하나는 프롬프트 제안 옵션으로, 이 기능을 켜거나 끌 수 있습니다. 프롬프트 제안을 활성화하면, 생성형 모양을 디자인할 때 스타일, 색상, 효과 등에 대한 다양한 제안을 자동으로 받을 수 있습니다. 이를 통해 생각하지 못했던 새로운 아이디어나 스타일을 발견하고, 더욱 창의적이고 독창적인 디자인을 시도할 수 있습니다.

또한, 프롬프트 제안은 필요에 따라 자유롭게 끄고 켤 수 있어 작업 스타일에 맞게 디자인 과정을 제어할 수 있습니다. 즉, 제안을 활용하여 영감을 얻거나, 때로는 자신의 감각에 따라 완전히 자유롭게 작업할 수 있는 선택권을 제공합니다.

초기화 옵션은 디자인 작업을 처음부터 새롭게 시작하거나 기존의 스타일을 수정할 때 유용하게 활용됩니다. 초기화 옵션을 통해 스타일 참조, 색상, 효과, 톤 등을 각각 또는 일괄적으로 초기 상태로 되돌릴 수 있습니다. 이를 통해 이전에 설정된 디자인 요소들을 한 번에 초기화하고, 새로운 아이디어나 스타일로 작업을 재시작할 수 있습니다. 이는 반복적인 시도와 수정 작업을 더 빠르고 효율적으로 할 수 있게 만들어, 디자이너가 자유롭게 실험하고 창의적인 가능성을 테스트할 수 있도록 돕는 중요한 도구입니다.

대충 그려도 알아서 완성된 형태로 생성해 주는 생성형 AI 기능(일러스트레이터\01\gen shape_완성.ai) ▶ 18쪽 참고

❹ 패턴의 간격이나 복잡도를 더 세밀하게 조정하는 밀도 강도 조정

텍스트를 패턴으로 변환하는 기능에 밀도 강도 조정 옵션이 추가되었습니다. 이제 텍스트를 패턴으로 변환할 때, 원하는 패턴의 밀도(패턴의 복잡함이나 촘촘함 정도)를 쉽게 조정할 수 있어, 더 세밀하게 패턴을 만들 수 있습니다.

또한, Swatches(색상 견본) 패널에서 텍스트를 패턴으로 변환하는 기능에 빠르게 접근할 수 있으며, 이를 통해 색상과 톤을 재설정하거나 다양한 스타일로 패턴을 쉽게 조정할 수 있습니다.

프롬프트를 입력하여 패턴을 채운 운동화(일러스트레이터\01\pattern.ai, pattern_완성.ai) ▶ 26쪽 참고

❺ 벡터 도형에도 블러 효과 적용

벡터 도형, 즉 원형, 사각형, 다각형 등의 벡터 그래픽에도 블러(Blur) 효과를 적용할 수 있는 기능이 새롭게 추가되었습니다. 기존에는 블러 효과가 이미지나 래스터(비트맵) 그래픽에만 적용될 수 있어 벡터 그래픽에서는 이러한 부드러운 효과를 표현하는 데 한계가 있었습니다. 그러나 벡터 그래픽에도 블러 효과를 적용할 수 있게 되면서, 디자이너들은 디자인의 표현 범위를 더욱 확장할 수 있습니다.

이제 벡터 도형에 블러 효과를 활용하면 다양한 방식으로 시각적 표현을 개선할 수 있습니다. 예를 들어, 배경을 부드럽고 흐리게 처리하거나 그림자에 블러 효과를 추가하여 자연스럽고 현실감 있는 그림자를 구현할 수 있습니다.

이러한 효과는 특히 레이어가 겹치는 부분이나 불투명도를 조정해야 할 때 더 유용합니다. 또한, 블러 처리된 벡터 도형을 통해 디자인의 깊이감을 높이고 부드러운 전환 효과를 줄 수 있어 결과적으로 더 세련되고 고급스러운 시각적 표현을 완성할 수 있습니다. 이를 적절히 활용하면 기존의 평면적이고 단조로운 벡터 디자인을 한층 더 부드럽고, 풍부하게 표현할 수 있어 디자인의 완성도를 크게 높일 수 있을 것입니다.

❻ AI 기능으로 최적의 레이아웃을 만드는 AI 자동 레이아웃

AI 자동 레이아웃(AI Auto Layout)은 디자인 작업을 한층 더 효율적이고 창의적으로 만드는 강력한 도구입니다. 이 기능은 어도비 센세이(Adobe Sensei) 기술을 기반으로 한 인공지능(AI)을 사용해 사용자가 텍스트, 이미지, 아이콘 등의 요소를 배치할 때 디자인의 균형과 가독성을 자동으로 최적화합니다. 이를 통해 시간과 노력을 절약하면서도 더 전문적인 디자인을 빠르게 완성할 수 있습니다.

글상자나 이미지와 같은 요소를 디자인에 추가하면 AI가 즉시 각 요소의 위치와 크기를 조정하여 가장 적합한 배치를 찾습니다. AI는 주변 요소와의 거리, 크기, 비율, 색상 대비 등을 고려하여 디자인의 가독성과 시각적 균형을 유지합니다. 기존에는 사용자가 수동으로 정렬하고 가이드를 배치해야 했지만, AI 자동 레이아웃 기능을 사용하면 그리드 시스템에 맞춰 각 요소를 자동으로 정렬합니다. 가이드를 끌어서 놓는 대신, AI가 최적의 정렬 옵션을 제안하기 때문에 시간과 노력을 크게 절약할 수 있습니다.

이 기능은 특히 반복 작업이 많은 그래픽 디자인, 편집 디자인, UI/UX 디자인 분야에서 큰 이점을 제공하며, 창의적이고 정교한 레이아웃을 구현하는 데 강력한 도구로 자리 잡을 것입니다.

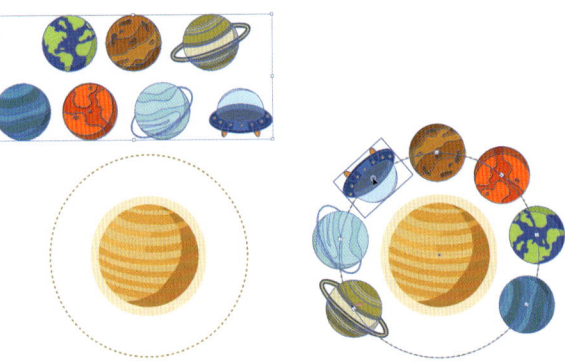

자동으로 요소를 배치하고, 크기와 비율 대비로 손쉽게 정렬 기능
(일러스트레이터\01\object on path.ai, object on path_완성.ai) ▶ **28쪽 참고**

❼ 깔끔하고 편집 가능한 벡터 파일을 만드는 이미지 추적 기능

향상된 이미지 추적 기능은 더 정확한 곡선과 적은 기준점으로 이미지를 추적하여 사용자가 더 깔끔하고 편집할 수 있는 벡터 파일을 만들도록 도와줍니다. 또한, 투명한 배경 유지, 그레이디언트 추적 자동 그룹화 등의 기능은 작업을 더 효율적이고 빠르게 만들며, 디자이너가 더 세밀한 디자인을 쉽게 다룰 수 있도록 합니다. 이 모든 개선 사항들은 특히 로고 디자인, 일러스트 변환과 같은 복잡한 이미지 편집에서 매우 유용하게 활용할 수 있습니다.

이미지 추적 과정에서 원형, 사각형, 삼각형 등 기본 모양을 실시간으로 변환할 수 있습니다. 이 기능은 추적한 경로를 간단한 형태로 바꿔서 편집을 더 쉽게 합니다. 예를 들어, 복잡한 이미지를 추적한 후, 그 결과를 간단한 도형으로 변환하여 빠르게 수정하거나 다듬을 수 있습니다. ▶ 168쪽 참고

원본 비트맵 이미지   벡터화한 이미지

❽ 문자의 글꼴을 자동으로 식별하고 편집하는 Retype 기능

Retype 기능은 이미지나 윤곽선 텍스트에서 사용한 글꼴을 자동으로 식별하고 편집할 수 있습니다. 이 기능을 사용하면 글꼴을 쉽게 일치시킬 수 있으며, 윤곽선 텍스트를 수정하는 과정에서 편리하게 사용할 수 있습니다. 작은 윤곽선 텍스트의 글꼴 일치 정확성이 더욱 향상되어 작은 텍스트의 경우도 훨씬 정확하게 일치시킬 수 있습니다. 이로 인해 디자인 작업에서 텍스트 수정이 훨씬 간편하고 효율적으로 다양한 언어의 텍스트를 쉽게 다룰 수 있는 장점도 있습니다.

Retype 기능으로 글꼴을 찾아 변경(일러스트레이터\01\retype.ai, retype_완성.ai) ▶ 30쪽 참고

Quick 활용 | 대충 그려도 완벽한 일러스트 생성하기

- 실습파일 : 일러스트레이터\01\gen shape.ai
- 완성파일 : 일러스트레이터\01\gen shape_완성.ai

손그림 실력이 없어 원하는 모양을 간단하게 작성해도 Gen Shape 기능을 이용하여 다양한 형태의 일러스트를 손쉽게 제작할 수 있습니다. 예제에서는 기본 스케치 선을 이용하여 간편하게 곰 캐릭터를 제작해 봅니다.

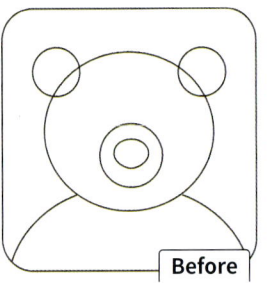
Before

After 1

After 2

After 3

01 Ctrl+O를 누르고 일러스트레이터 → 01 폴더에서 'gen shape.ai' 파일을 불러옵니다. 간단하게 작성된 기본 캐릭터와 틀 형태의 스케치가 나타납니다.

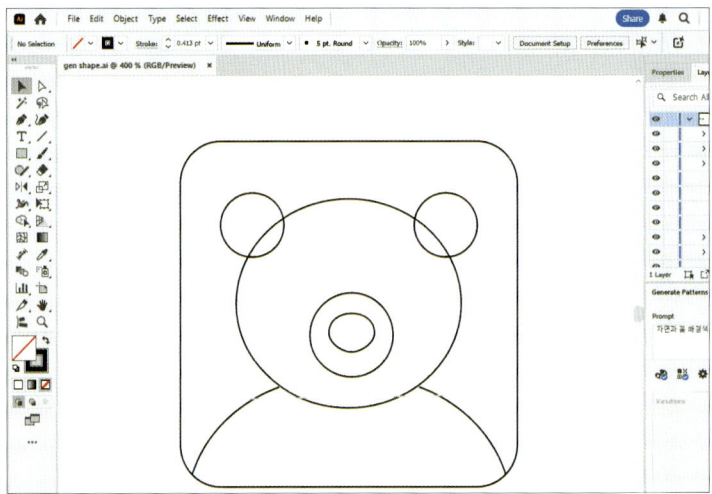

02 ❶ 선택 도구(▶)로 ❷ 오브젝트를 전체 선택하고 ❸ Contextual Task Bar의 〈Gen Shape Fill〉 버튼을 클릭합니다.

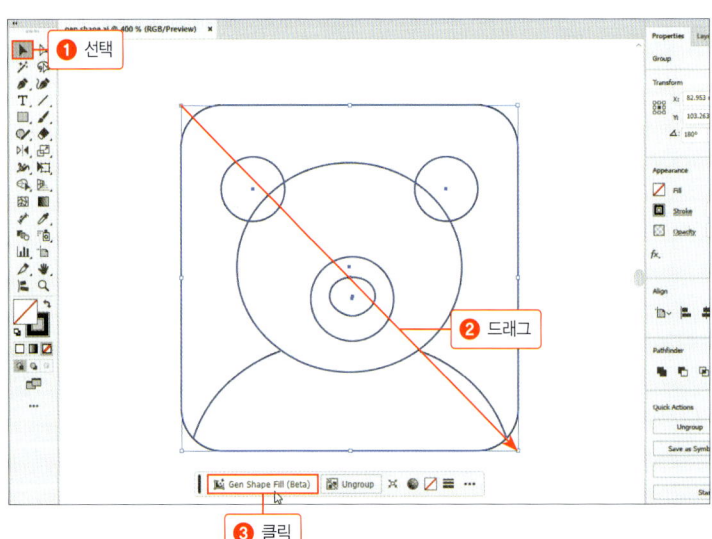

03 Contextual Task Bar에서 ❶ 프롬프트 입력창에 원하는 캐릭터를 묘사하는 단어를 입력한 다음 ❷ 〈Generate〉 버튼을 클릭합니다.

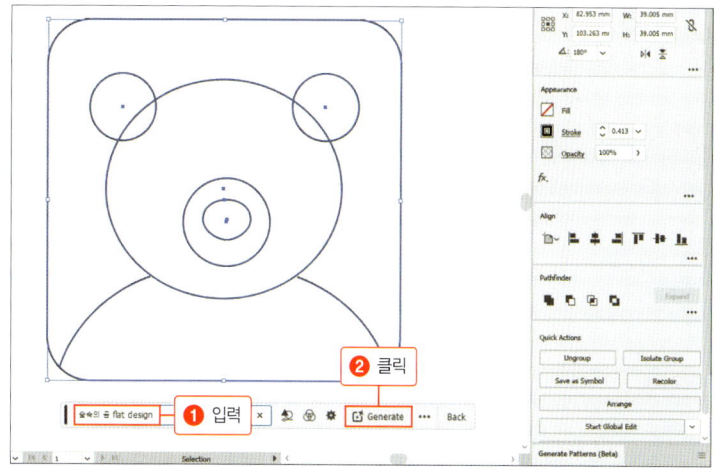

프롬프트

숲속의 곰 flat design

04 간단한 캐릭터 스케치가 숲속의 곰 캐릭터로 적용되면서 기본 틀을 유지하고 있습니다.

TIP ✦
일러스트레이터에서 생성된 이미지는 벡터 이미지이므로 이미지를 수정하는 것보다 쉽습니다.

05 작성된 일러스트를 위로 드래그해 이동하면 뒤쪽에 원본 이미지가 남아 있는 것을 확인할 수 있습니다.

06 ❶ 남아 있는 스케치 이미지를 선택하고 같은 방법을 사용하여 프롬프트 입력창에 북극곰을 묘사하는 단어를 입력한 다음 ❷ 〈Generate〉 버튼을 클릭해서 AI 이미지를 생성합니다.

프롬프트

빙하 속의 흰곰 flat design

TIP ✦
프롬프트 입력창에 좀 더 구체적으로 문장을 입력하면 원하는 이미지를 얻을 수 있는 확률이 높아집니다.

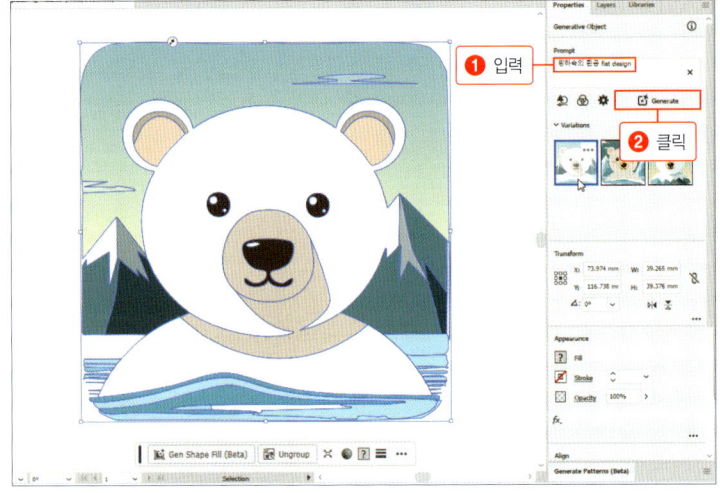

07 프롬프트 입력창에 ❶ 곰과 고양이를 묘사하는 단어를 입력하고 ❷ 〈Generate〉 버튼을 클릭해 AI 이미지를 생성합니다.

프롬프트

자연에서 고양이와 함께 있는 곰

08 작성된 스케치의 기본 틀을 유지하면서 원하는 느낌의 일러스트를 제작할 수 있습니다.

Quick 활용 | 클릭 한번에 사실적인 목업 만들기

- 실습파일 : 일러스트레이터\01\mockup.ai
- 완성파일 : 일러스트레이터\01\mockup_완성.ai

Create Mockup 기능을 이용하면 이미지에 텍스트, 로고, 마크 등을 손쉽게 적용하여 목업 이미지를 만들 수 있습니다. 예제에서는 피자 박스와 음료 컵 목업 이미지에 로고를 적용해 봅니다.

Before

After

01 Ctrl+O를 누르고 일러스트레이터 → 01 폴더에서 'mockup.ai' 파일을 불러옵니다. 2개의 비트맵 이미지와 로고 벡터 이미지가 있습니다. ❶ 선택 도구(▶)로 ❷ 피자 박스 이미지와 로고 마크 이미지를 드래그하여 함께 선택합니다. ❸ Contextual Task Bar에서 〈Create Mockup〉 버튼을 클릭합니다.

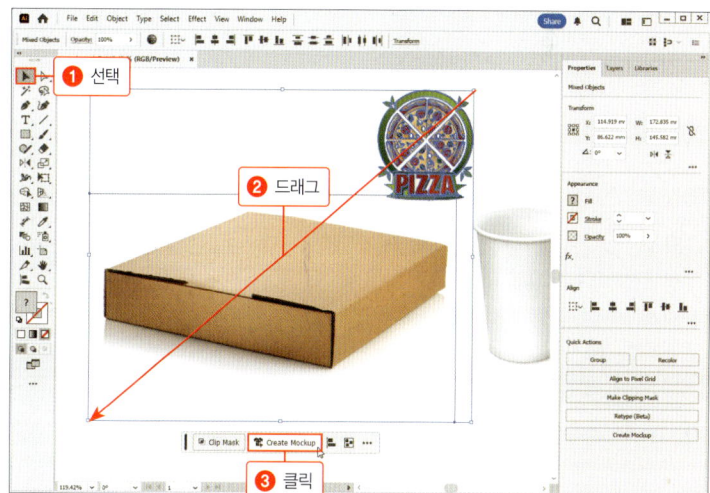

02 로고 이미지가 피자 박스 형태를 인식하면서 적용됩니다.

TIP ✚
AI가 자동으로 이미지를 분석해 적용하므로 사용하는 컴퓨터 성능에 따라 적용되는 속도가 달라집니다.

03 원형 조절점을 드래그하여 크기를 변경합니다. 조정하는 과정에도 피자 박스 이미지의 굴곡을 인식합니다.

04 원형 조절점에 커서를 위치해 회전 표시가 나타날 때 회전합니다.

> **TIP** ✧
> 원형 조절점이 화면에 나타나지 않으면 Con-textual Task Bar에서 〈Edit Content〉 버튼을 클릭합니다. 〈Release〉 버튼을 클릭하면 목업 적용이 해제됩니다.

05 같은 방법으로 음료 컵에도 목업 디자인을 적용하여 완성합니다.

> **TIP** ✧
> 목업 효과가 적용된 로고를 더블클릭해서 레이어에 들어가 로고 마크만 복사하여 붙이면 원본 로고 이미지를 사용할 수 있습니다.

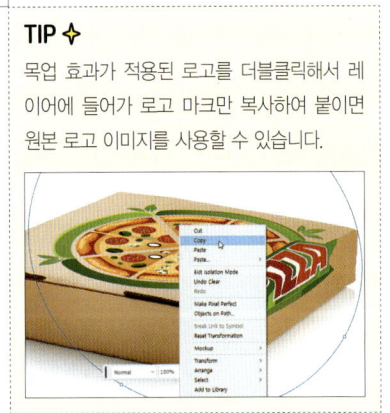

Quick 활용 | 벡터 이미지를 생성하여 목업 미리 보기

• 완성파일 : 일러스트레이터\01\capybara.ai

특정 주제의 일러스트를 생성하기 위해 프롬프트 입력창에 생성하려는 이미지를 문장으로 입력합니다. 예제에서는 자연주의 로고를 생성한 다음 로고가 적용된 다양한 목업에 적용하는 방법에 대해 알아봅니다.

After 1

After 2

After 3

01 일러스트레이터 시작 화면에서 ❶ 〈New file〉 버튼을 클릭합니다. New Document 대화상자가 표시되면 인쇄용 문서를 만들기 위해 ❷ (Print) 탭을 선택하고 ❸ 'Letter'를 선택한 다음 ❹ 〈Create〉 버튼을 클릭합니다.

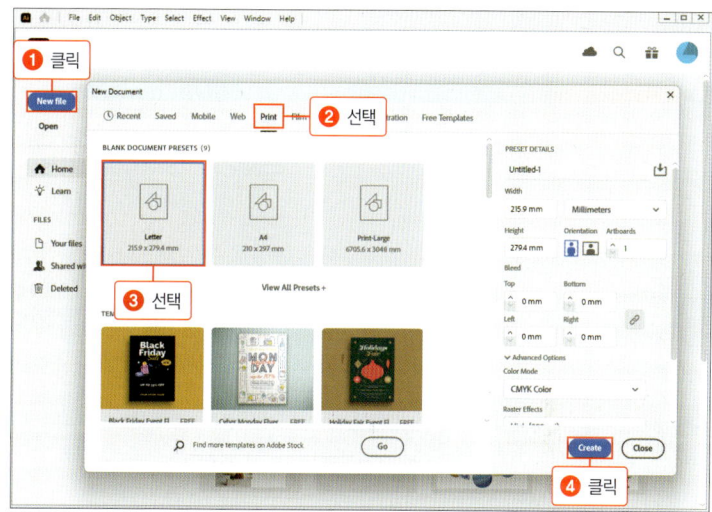

02 ❶ 사각형 도구(▭)를 선택하고 ❷ 로고를 만들 영역을 그림과 같이 드래그하여 지정합니다. Contextual Task Bar의 ❸ 프롬프트 입력창에 로고를 묘사하는 단어를 입력한 다음 ❹ 〈Generate〉 버튼을 클릭합니다.

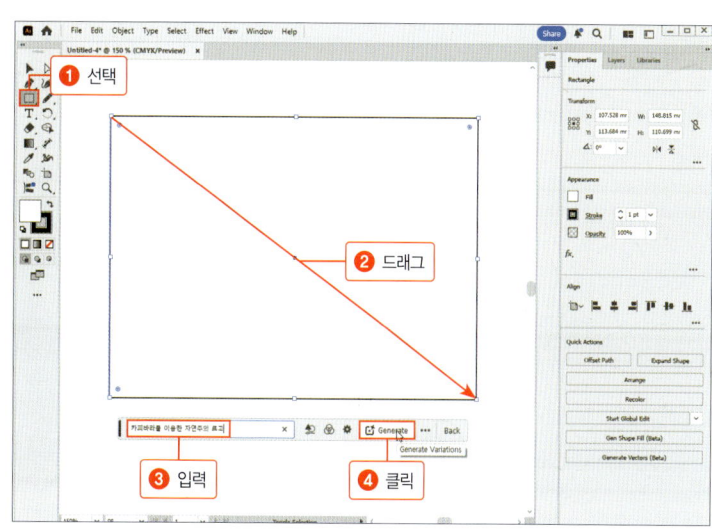

프롬프트
카피바라를 이용한 자연주의 로고

03 카피바라 캐릭터를 이용한 로고 이미지가 생성됩니다. Properties 패널에서 원하는 이미지를 선택하거나 〈Generate〉 버튼을 클릭해 이미지를 추가로 생성한 다음 선택합니다.

04 로고 이미지를 목업 이미지에 적용하기 위해 ❶ 로고를 선택하고 ❷ 마우스 오른쪽 버튼을 클릭한 다음 ❸ Mockup → Preview Mockup을 실행합니다.

05 Mockup 패널이 표시되며, 생성한 로고가 자동으로 다양한 목업 이미지에 적용되는 것을 확인할 수 있습니다.

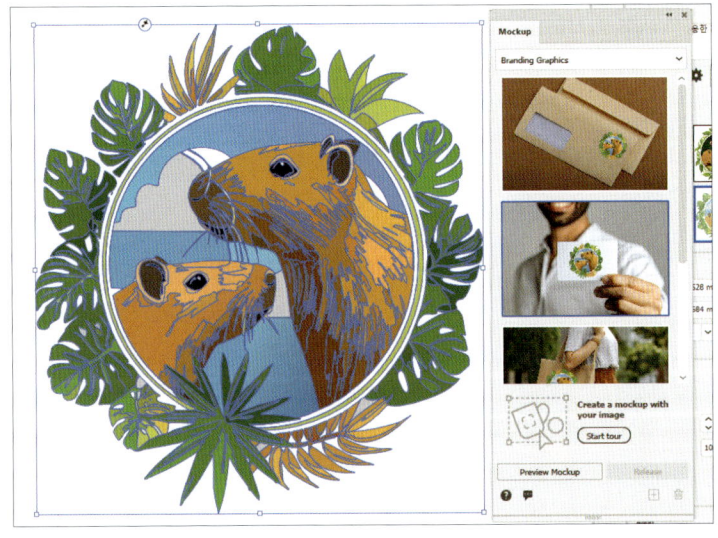

06 Mockup 패널에서 ❶ 미리 확인하려는 목업 이미지를 선택합니다. ❷ 생성된 로고를 에코백에 적용하기 위해 〈Preview Mockup〉 버튼을 클릭하고 ❸ 〈Place on Canvas〉 버튼을 클릭합니다.

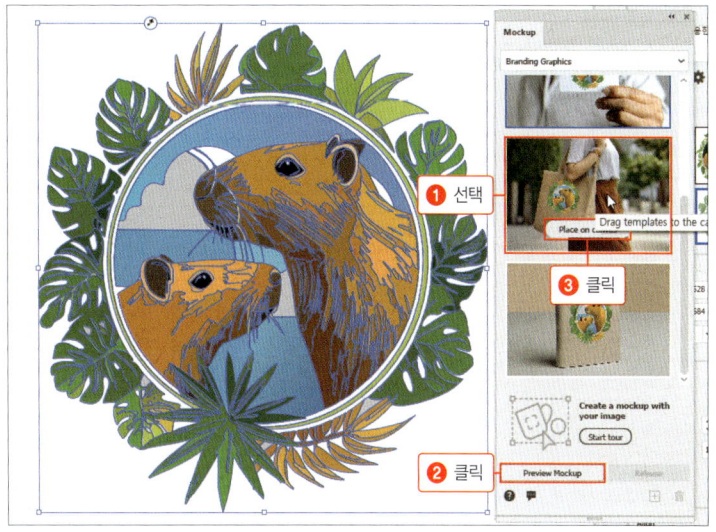

07 카피바라 로고가 에코백에 적용된 것을 확인할 수 있습니다. ❶ 원형 조절점을 드래그하여 로고 크기를 조정합니다. ❷ Mockup 패널에서 다른 목업 이미지를 더블클릭하여 로고가 적용된 이미지를 확인합니다.

TIP

Mockup 패널에서는 Apparel, Branding Graphics, Packaging 등 목업 항목을 변경하여 생성된 로고가 목업에 어떻게 적용되는지 미리 확인할 수 있습니다.

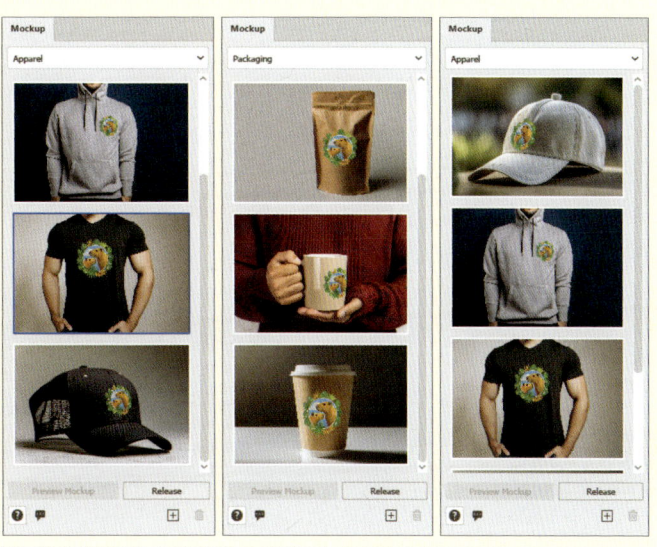

EASY 실습 | 목업 형태에 맞게 세밀한 패턴 채우기

- 실습파일 : 일러스트레이터\01\pattern.ai
- 완성파일 : 일러스트레이터\01\pattern_완성.ai

AI 기능을 이용해 텍스트 입력만으로 패턴을 손쉽게 만들 수 있습니다. 패턴의 밀도 수준을 설정하고 설정을 쉽게 바꿀 수도 있습니다. 예제에서는 운동화에 프롬프트를 입력하여 꽃무늬 패턴을 적용해 봅니다.

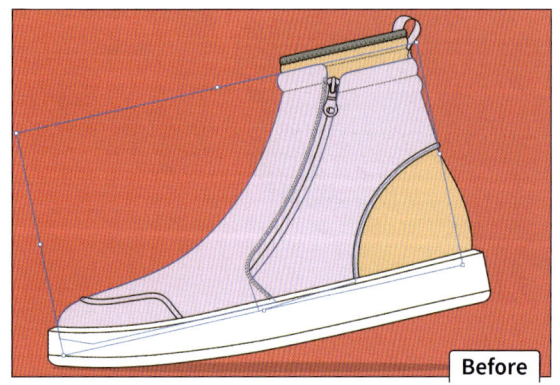
Before

After

01 Ctrl+O를 누르고 일러스트레이터 → 01 폴더에서 'pattern.ai' 파일을 불러옵니다. ❶ 선택 도구(▶)로 ❷ 운동화의 분홍색 오브젝트 2개를 선택합니다. ❸ 메뉴에서 (Object) → Pattern → Generate Patterns를 실행합니다.

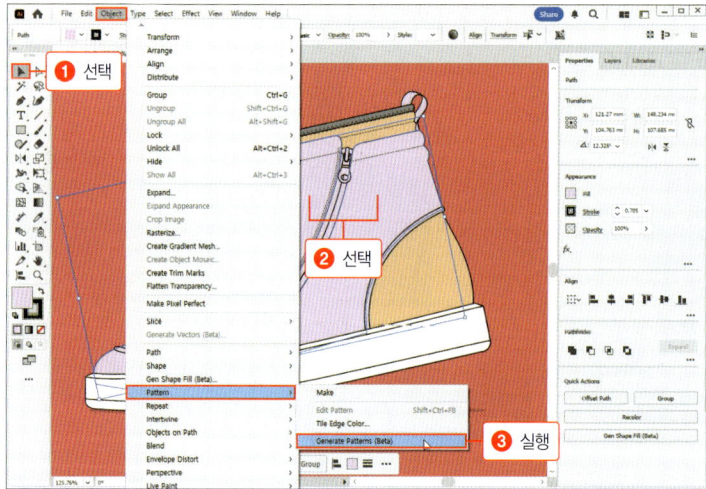

02 Generate Patterns 패널에서 ❶ 프롬프트 입력창에 꽃무늬 패턴을 묘사하는 단어를 입력합니다. ❷ 'Add color or choose from color presets' 아이콘(🎨)을 클릭하고 ❸ Color presets를 'Warm tone', No, of colors를 '5'로 설정합니다.

> **프롬프트**
> 자연과 꽃 배경색은 네이비블루

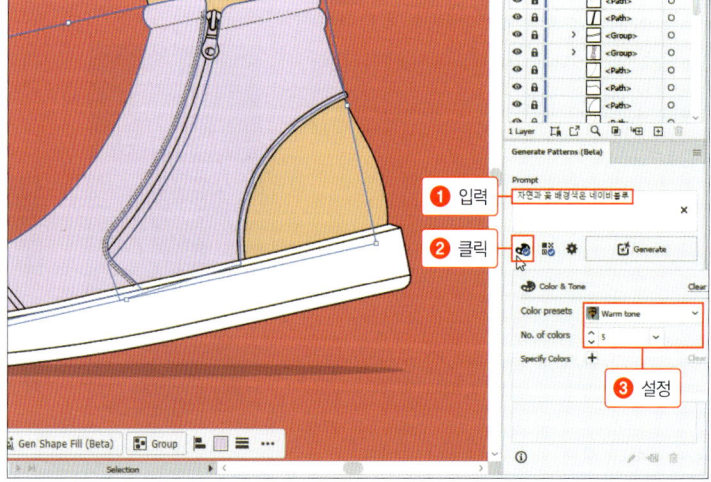

03 'Add effects to your creation' 아이콘(📰)을 클릭한 다음 'Flat Design'을 선택합니다.

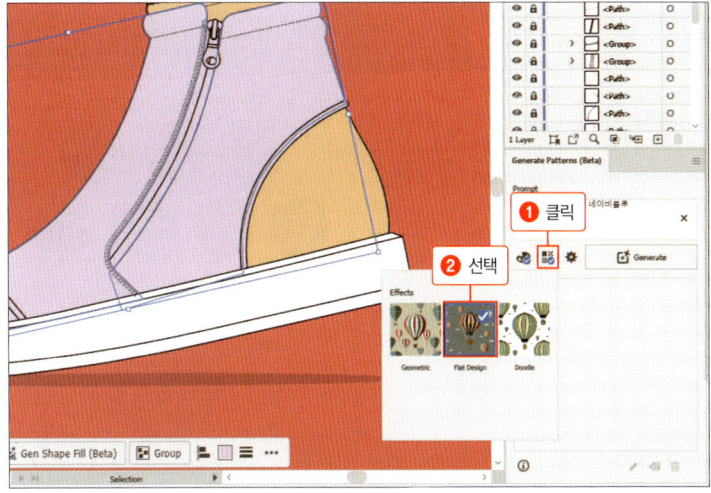

04 ❶ 'View all settings' 아이콘(⚙)을 클릭한 다음 ❷ Density 슬라이더를 'High'로 이동해 조밀도를 높이고 ❸ 〈Generate〉 버튼을 클릭합니다.

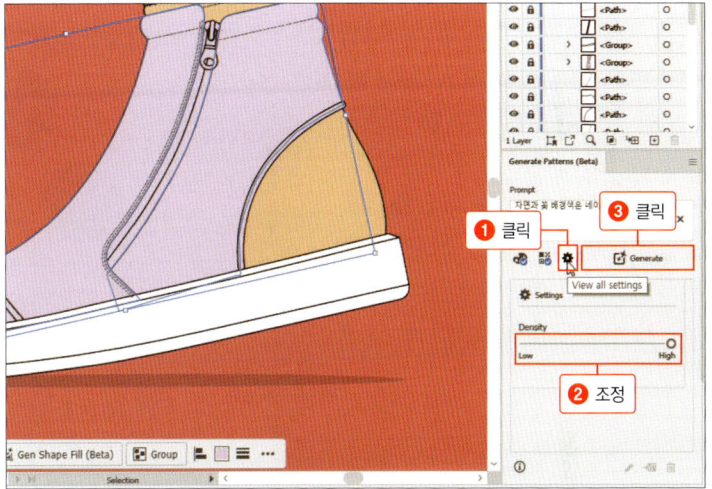

05 Variation에 AI가 작성한 패턴 이미지가 나타나고 선택한 오브젝트에 패턴이 적용됩니다. ❶ 각각의 오브젝트에 ❷ 서로 다른 패턴을 선택해 적용할 수 있습니다.

EASY 실습 | 패스 위에 오브젝트 정렬하기

- 실습파일 : 일러스트레이터\01\object on path.ai
- 완성파일 : 일러스트레이터\01\object on path_완성.ai

오브젝트를 곡선 또는 직선 경로에 부착하고 정렬한 다음 정렬을 유지한 상태에서 쉽게 재정렬하고 이동해 봅니다.

Before

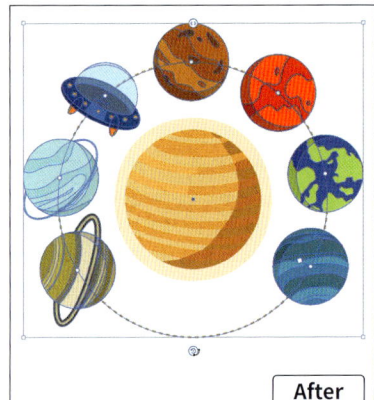
After

01 Ctrl+O를 누르고 일러스트레이터 → 01 폴더에서 'object on path.ai' 파일을 불러옵니다. ❶ 선택 도구(▶)로 ❷ 위쪽에 있는 7개의 행성 오브젝트를 드래그해 선택합니다. ❸ 경로 상의 오브젝트 도구(▣)를 선택하고 ❹ 아래쪽 원형 점선 패스에 커서를 위치한 다음 커서의 모양이 도구처럼 바뀔 때 클릭합니다.

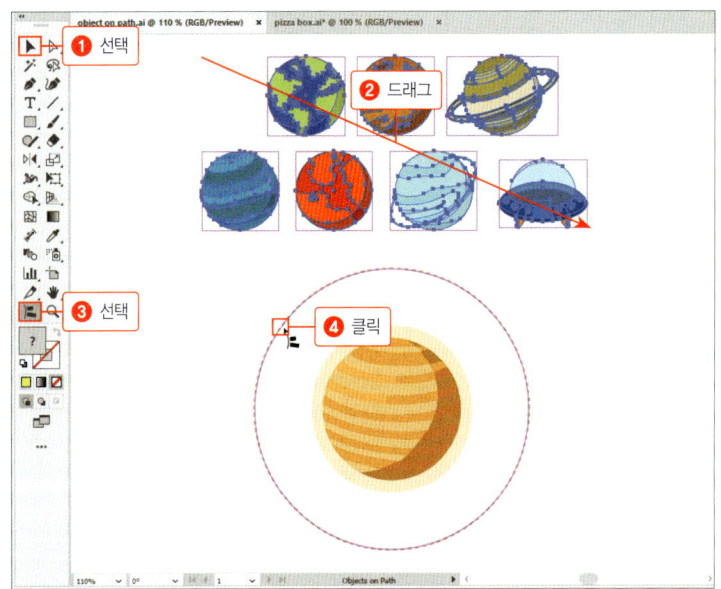

02 선택한 7개의 행성이 점선 패스에 정렬됩니다. ❶ 선택 도구(▶)로 오브젝트가 정렬된 패스를 선택합니다. ❷ 위쪽 'space' 조절점을 클릭한 다음 ❸ 드래그하면 정렬된 오브젝트의 거리가 벌어지거나 가깝게 조절할 수 있습니다.

03 패스 안쪽의 'Move all' 조절점을 클릭하고 드래그하여 오브젝트 전체를 패스 기준으로 회전합니다.

04 '비행접시' 오브젝트의 중심 조절점을 클릭하고 위쪽으로 이동하여 오브젝트의 순서를 변경합니다.

TIP ✧
각각의 오브젝트 중심 조절점으로 오브젝트의 순서를 변경할 수 있습니다.

05 패스 아래쪽의 'Rotate All' 조절점을 드래그하여 개별 오브젝트를 회전해서 마무리합니다.

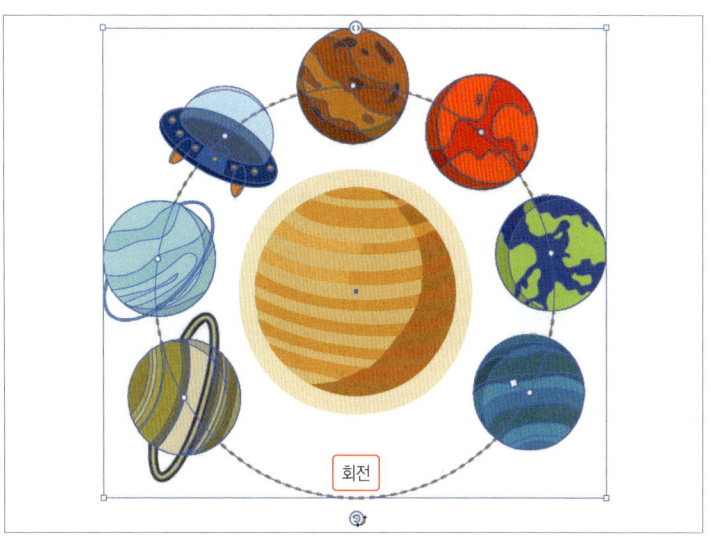

 **EASY 실습** 이미지에 포함된 글꼴 확인하고 수정하기

- 실습파일 : 일러스트레이터\01\retype.ai
- 완성파일 : 일러스트레이터\01\retype_완성.ai

Retype 기능을 사용하면 비트맵 이미지 또는 윤곽선 텍스트에 사용된 텍스트의 글꼴을 확인하거나 손쉽게 편집할 수 있습니다.

Before

After

01 Ctrl+O를 누르고 일러스트레이터 → 01 폴더에서 'retype.ai' 파일을 불러옵니다. 일러스트에 텍스트가 포함된 비트맵 이미지가 포함되어 있습니다.

02 ❶ 비트맵 이미지를 선택한 다음 ❷ 메뉴에서 [Type] → Retype → Edit Text를 실행합니다.

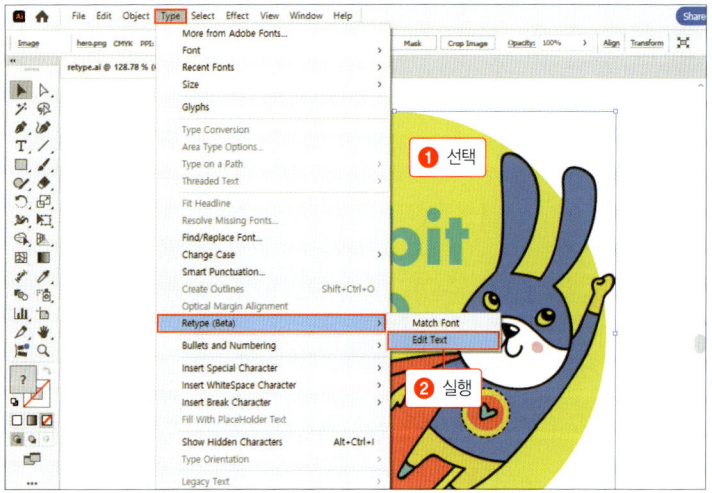

03 정확한 글꼴을 찾거나 스타일이 유사한 글꼴 목록을 나타냅니다. ❶ 검색된 글꼴 중에서 글꼴을 선택한 다음 ❷ 〈Apply〉 버튼을 클릭하고 ❸ 〈Exit〉 버튼을 클릭합니다.

> **TIP**
> 선택한 이미지를 스캔해 Retype 패널에서 선택된 글꼴과 유사한 글꼴을 검색합니다.

04 비트맵 이미지였던 글꼴이 편집할 수 있는 글꼴로 변경됩니다.

05 문자를 드래그한 다음 'Super'를 입력하여 수정합니다.

LESSON 02 | 크리에이티브하게 디자인하는 일러스트레이터의 시작

어도비 일러스트레이터는 직관적인 인터페이스와 다양한 도구를 통해 고품질 벡터 그래픽을 만들 수 있습니다. 여기서는 일러스트레이터 사용 범위와 인공지능 시대에 맞게 발전하는 일러스트레이터에 대해 알아봅니다.

❶ 수작업과 디지털 작업, 어떤 걸 선택할까?

일러스트레이터에서는 클릭 또는 드래그해 자동으로 사각형, 원형, 다각형 등 정해진 형태의 일러스트를 만들 수 있고, 태블릿 펜이나 마우스로 드래그해서 손그림 형태의 자유로운 일러스트도 완성할 수 있습니다. 예를 들어, 별 도구로 드래그해서 별을 그리거나 연필, 브러시 도구 등을 이용하여 삐뚤빼뚤하지만 개성 있는 손그림을 그릴 수 있습니다. 작업 스타일에 따라 정교한 아트워크를 만들기 위해서는 어떤 방법으로 그리는 것이 어울리는지 선택해야 합니다.

작업 시간에서도 방식에 따라 차이가 생깁니다. 정해진 형태의 이미지를 빠른 시간 안에 깔끔하게 표현하기 위해서 펜 또는 모양 도구 등을 이용하여 패스를 그리거나, 자유로운 손그림 느낌을 위해서 패스를 한 땀 한 땀 드로잉할 수도 있습니다.

아날로그 감성이 느껴지는 손맛을 살리거나 디지털 드로잉의 한계를 극복해 그래픽 표현도 할 수 있습니다. 독특하고 개성 있는 아트워크를 완성하기 위해 손그림 또는 디지털 일러스트에 이미지를 결합해 새로운 영역으로 확장하면 발전 가능성이 무궁무진합니다.

손그림 형태의 일러스트   면 형태의 일러스트

❷ 작업을 위한 일러스트레이터 기본 지식

베지어 곡선

베지어 곡선은 두 개 이상의 점과 그 점 사이를 수학적으로 연결하는 곡선으로 이루어져 있습니다. 여기서 말하는 점을 이 책에서는 기준점(Anchor Point)이라고 설명합니다. 각각의 기준점을 연결하는 선을 세그먼트(Segment)라 하며, 세그먼트가 모여 패스

닫힌 패스   열린 패스

(Path)를 만들고, 이 패스들이 형태(오브젝트)를 구성합니다. 일러스트레이터에서 기본으로 제공하는 사각형 도구(■), 원 도구(●) 등과 같은 도구는 정해진 형태를 만들 수 있으며, 펜 도구(✒)는 원하는 대로 자유로운 형태를 만들 수 있고 직선뿐만 아니라 곡선도 그릴 수 있습니다. ▶ 69쪽 참고

이미지 변환

이미지 트레이스(Image Trace)는 이미지를 고화질 벡터 그래픽으로 변환하는 기능으로, 특정 이미지를 가공해 사용할 수 있습니다. 벡터 이미지는 해상도 설정이 필요 없어 확대 또는 축소해도 깨끗이 출력되어 인쇄용으로도 많이 이용합니다. 비트맵 이미지인 사진을 벡터 일러스트로 변환해서 자유로운 편집도 할 수 있습니다. ▶ 168쪽 참고

비트맵 일러스트

벡터 일러스트

③ 함께 하면 더 편리한, 포토샵과 일러스트레이터!

일러스트레이터에서 포토샵(PSD) 파일 열기

메뉴에서 [File] → Open을 실행해 PSD 파일을 불러오면 Photoshop Import Options 대화상자가 표시되어 PSD 파일에서 가져올 구성 요소를 선택할 수 있습니다. 이때 탐색기에서 PSD 파일을 일러스트레이터로 드래그하면 해당 대화상자가 표시되지 않습니다.

❶ **Convert Layers to Objects** : 포토샵 레이어를 각각의 오브젝트로 불러옵니다.
❷ **Flatten Layers to a Single Image** : 포토샵 레이어를 하나로 합쳐 불러옵니다.
❸ **Import Hidden Layers** : 숨겨진 레이어를 불러옵니다.

일러스트레이터에서 이미지(JPG) 파일 저장하기

메뉴에서 [File] → Export → Export for Screens를 실행해 Export for Screens 대화상자가 표시되면 Format을 지정하여 저장 옵션을 설정할 수 있습니다.

❶ **Select** : 아트보드 전체, 아트보드 번호, 문서 전체 중에서 내보내려는 아트워크를 선택할 수 있습니다.
❷ **Export to** : 이미지 파일을 내보내려는 위치를 지정합니다.
❸ **Formats** : 내보내려는 이미지 크기, 포맷 등을 지정합니다.
❹ **Export Artboard** : 버튼을 클릭하여 아트보드를 내보낼 수 있습니다.

④ 이미지를 활용하는 다양한 방법! 파일을 불러오는 방식

이미지를 Link로 가져오면 작업 파일 크기가 작아지는 장점이 있어 프로그램 사용에 대한 부담이 적습니다. Link로 가져온 이미지는 선택했을 때 × 표시가 나타나 포함한 이미지와 구분할 수 있습니다.

Embed된 이미지는 Link된 이미지보다 파일 용량이 더 크고, 실시간으로 수정해도 반영되지 않아 불편하지만 삽입한 파일은 유실되지 않고 아트보드에 포함됩니다.

Link된 이미지

Embed로 불러온 이미지

포토샵(PSD) 이미지를 링크할 때 [Alt]를 누른 상태에서 더블클릭하면 자동으로 포토샵이 실행되어 실시간으로 작업할 수 있습니다. 링크된 파일을 수정할 때 일러스트레이터로 돌아오면 자동으로 이미지가 수정되므로 유용합니다. 하지만 링크된 이미지가 삭제되거나 원본 폴더에서 이동하면 일러스트레이터는 유실 이미지로 여겨 유실된 부분은 편집 및 출력할 수 없습니다. 이미지 유실 경고 메시지가 표시되면 〈Replace〉 버튼을 클릭하고 이동한 이미지를 찾아 다시 링크를 연결해야 합니다.

Embed를 적용하는 방법은 세 가지가 있습니다. 첫 번째는 Place 대화상자에서 'Link'를 체크 표시하지 않고 이미지를 가져오는 것이며, 두 번째는 탐색기에서 일러스트레이터로 직접 파일을 가져와 Link로 불러온 이미지를 선택하고 Links 패널 오른쪽 위의 '패널 메뉴' 아이콘(≡)을 클릭한 후 Embed Image(s)를 실행하는 것입니다. 세 번째는 Link된 이미지를 선택하고 Properties 패널에서 〈Embed〉 버튼을 클릭하는 것입니다.

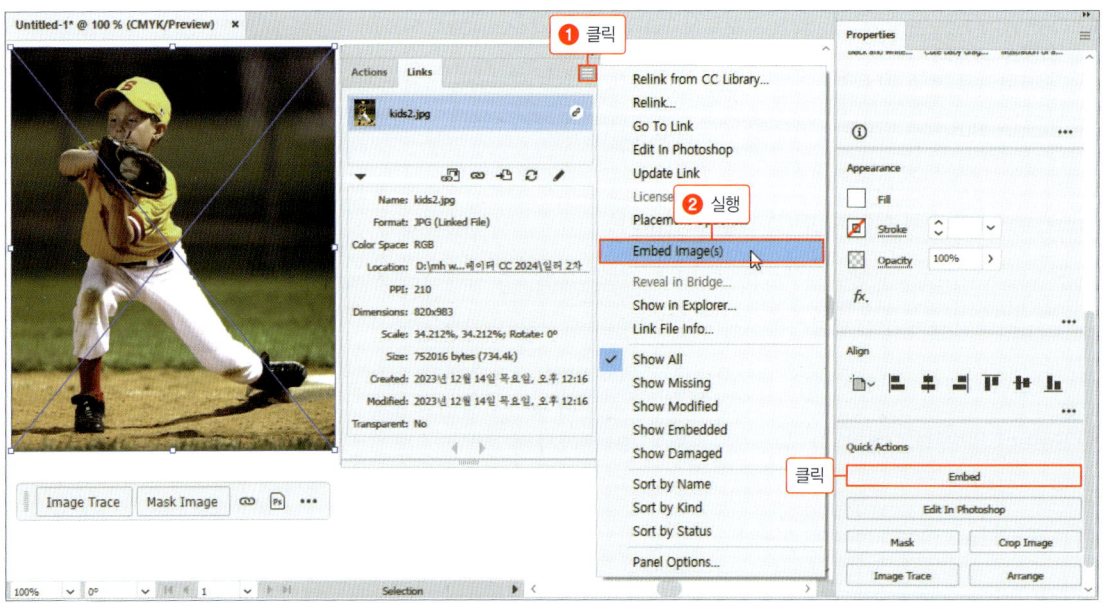

Embed로 불러온 이미지를 적용하는 방법 ▶ 60쪽 참고

❺ 인쇄 시 주의해야 할 사항

해상도

인쇄용 일러스트를 작업할 때는 해상도에 주의해야 합니다. 일러스트레이터에서 만든 벡터 이미지만으로는 해상도에 문제가 없지만, 이미지나 디자인 소스 파일이 비트맵 이미지라면 신경 써서 작업해야 합니다. 일반 화면 해상도는 72, 96dpi 정도지만, 출력하면 화면 그대로 보이지 않습니다. 인쇄용 일러스트레이션은 대부분 고품질이므로 300~600dpi 정도의 고해상도로 지정하는 것이 좋지만, 고해상도 작업이 어렵다면 150~200dpi 정도로 작업할 수 있습니다.

잡지 표지, 포스터, 브로슈어, 북 디자인 등은 고품질 해상도를 요구하므로 300dpi 이상의 해상도로 지정하는 것이 좋고, 명함 등은 중간 품질의 해상도로도 작업할 수 있습니다. 고해상도일수록 파일 용량이 커지므로 편집 작업에 어려움을 겪을 수 있습니다.

작업 중 고해상도 일러스트레이션을 중간 정도 해상도로 낮추는 것은 문제되지 않지만, 중간 해상도 일러스트레이션을 고해상도로 올리는 것은 이미지 품질이 손상되어 출력에 문제가 생기므로 작업을 시작할 때 해상도를 신중하게 지정하고 유지하는 것이 좋습니다.

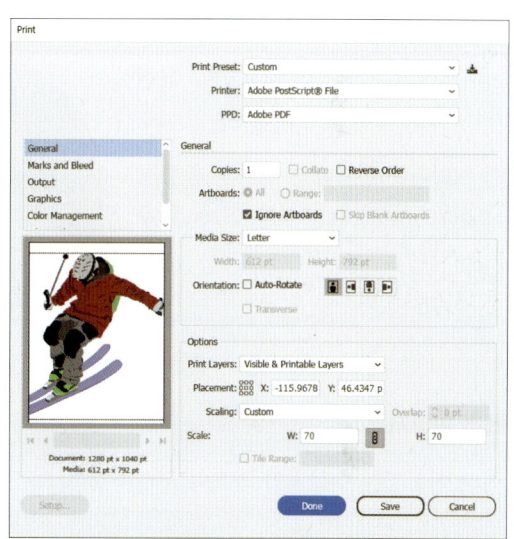

인쇄물은 화면 해상도보다 높은 해상도로 작업하기 때문에 화면에서 한눈에 전체 이미지를 작업하는 데 어려움이 있습니다. 그러므로 작업 과정에서 확대와 축소 기능을 이용하여 화면을 조절하면서 작업해야 출력할 때의 오차를 줄일 수 있습니다.

글꼴 변환

출력소에 출력을 의뢰하거나 다른 작업자와 작업물을 공유할 때 사용한 글꼴이 해당 컴퓨터에 없으면 원하지 않는 글꼴로 변경되어 출력 오류가 발생할 수도 있습니다. 이때 PDF 형태로도 출력을 넘길 수 있지만, 반드시 일러스트레이터 파일로 넘겨야 한다면 메뉴에서 [Type] → Create Outlines(Shift+Ctrl+O)를 실행해 글꼴을 오브젝트(패스화)로 변경합니다. 그러면 글꼴이 유실될 염려 없이 출력 또는 공동 작업을 할 수 있습니다.

오브젝트로 변경된 문자는 기준점을 조절하여 원하는 스타일로 타입 구조를 변경해서 디자인 완성도를 높일 수 있습니다. 이때 목적에 맞게 시각 정보를 단순화하고 그리드를 적용하여 표현할 수 있습니다. ▶ 139쪽 참고

🎯 아는 만큼 보이는 이미지 파일 형식

그래픽 이미지는 크게 비트맵(래스터) 이미지와 벡터 이미지로 나뉩니다. 이 두 가지 포맷은 서로 다른 특징과 각각의 장단점을 가지므로 함께 살펴보겠습니다.

비트맵 이미지

일반 비트맵 이미지(JPG, GIF)를 최대 크기로 확대하면 수많은 정사각형들로 구성된 것을 볼 수 있습니다. 그 기본을 이루는 정사각형들을 픽셀이라 하는데, 각 픽셀은 하나의 색을 갖고 수많은 픽셀이 모여 하나의 이미지를 이룹니다. 픽셀 수가 많을수록 이미지는 섬세하게 표현되며 픽셀 수가 적을수록 이미지 품질은 떨어집니다. 흔히 보는 사진, 회화와 같은 이미지들이 비트맵 이미지이며 자연스러운 느낌을 표현하는 데 적합한 표현 방식입니다. 비트맵 이미지는 변형하면 픽셀의 변형을 가져와 이미지 품질 저하가 생길 수 있습니다.

비트맵 이미지

벡터 이미지

벡터 이미지는 수학적인 좌표와 도형을 기반으로 만들어진 그래픽으로, 선, 곡선, 점 등 기본 요소를 조합해 이미지를 형성합니다. 이는 픽셀로 구성된 비트맵 이미지와 달리, 크기를 조절해도 해상도의 손실이 없고 선명한 품질을 유지하는 것이 큰 장점입니다. 주로 로고, 아이콘, 일러스트 등 고해상도와 다양한 크기 조절이 필요한 그래픽 작업에 널리 사용합니다. 벡터 이미지는 파일 크기가 상대적으로 작고, 다양한 스타일과 색상을 쉽게 변경할 수 있어 디자인 작업에서 효율성과 유연성을 제공하는 중요한 도구입니다.

벡터 이미지

LESSON 03 | AI 기능이 돋보이는 일러스트레이터 CC 2025

❶ 일러스트레이터 작업 화면 어떻게 생겼을까?

일러스트레이터 CC 2025를 실행하면 일러스트 작업을 할 수 있는 작업 영역과 각종 도구, 일러스트를 생성할 수 있는 Contextual Task Bar, 다양한 메뉴 화면을 볼 수 있습니다. 효율적인 일러스트 작업을 위해 일러스트레이터 작업 화면의 기본 구성과 기능에 대해 알아봅니다.

❶ **메뉴 표시줄** : 일러스트레이터 기능들이 탭으로 묶여 있습니다.

❷ **Control 패널** : 선택한 도구를 좀 더 세밀하게 조절할 수 있는 옵션이 표시됩니다.

❸ **Tools 패널** : 주요 기능들을 모아 아이콘 형식으로 만든 도구모음입니다.

❹ **파일 이름 탭** : 작업 일러스트 이름과 화면 확대 비율, 색상 모드가 표시되며 다른 일러스트로 전환하기 편리합니다.

❺ **아트보드** : 일러스트 작업을 하는 공간입니다.

❻ **Contextual Task Bar** : 일러스트 생성을 도와주는 프롬프트 입력창부터 선택 영역 편집, 문자 입력까지 다양한 도구를 제공합니다.

❼ **상태 표시줄** : 화면 비율을 설정할 수 있고, 작업 중인 일러스트 정보를 확인할 수 있습니다.

❽ **패널** : 작업에 필요한 옵션이 팔레트 형태로 표시됩니다. [Window] 메뉴에서 패널을 선택하여 표시할 수 있습니다.

❷ 만능 일러스트 생성형 명령 도구, Contextual Task Bar

일러스트레이터 CC 2025의 새로워진 Contextual Task Bar는 일러스트 생성부터 도구 선택에 따라 다양한 편집 도구를 제공합니다.

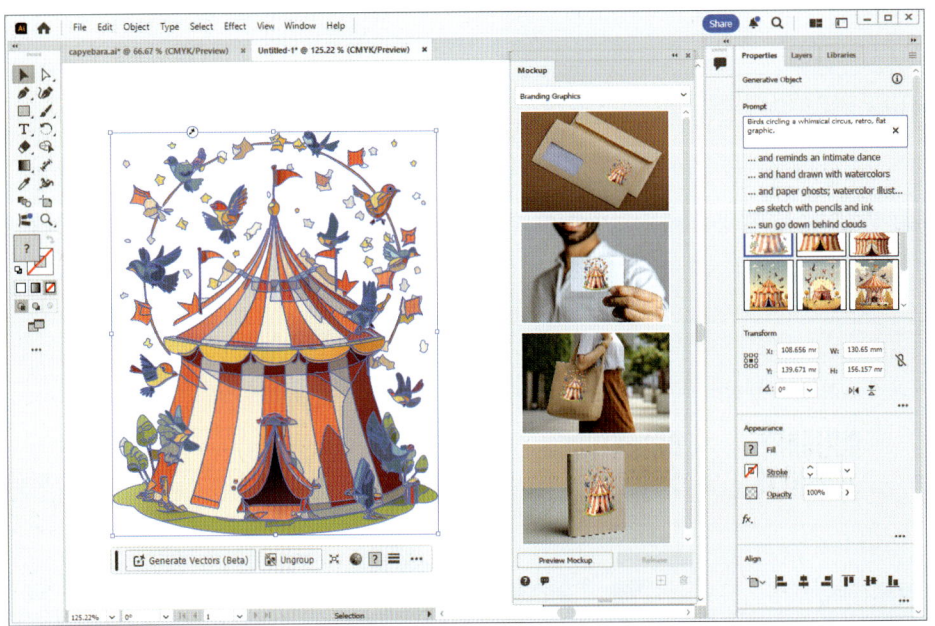

오브젝트를 처음 선택했을 때 Contextual Bar

❶ **Generate** : 일러스트를 생성합니다.

❷ **Edit Path** : 패스를 수정합니다.

❸ **Repeat** : 벡터 오브젝트를 Radial(방사형), Grid(그리드), Mirror(거울) 형태로 복제 및 배열합니다.

❹ **Duplicate this object** : 오브젝트를 복제합니다.

❺ **Lock Object** : 오브젝트를 움직이지 않게 고정합니다.

❻ **More options** : Properties(속성) 패널을 표시하거나 Contextual Task Bar를 숨깁니다.

〈Generative〉 버튼을 클릭했을 때 Contextual Task Bar

❶ **아이콘** : [Subject(주제)], [Scene(장면)], [Icon(아이콘)], [Pattern(패턴)]을 클릭해 원하는 형식에 맞게 일러스트를 생성할 수 있습니다.

❷ **프롬프트 입력창** : 생성하려는 이미지를 단어나 문장으로 입력합니다.

❸ **Style picker** : 스타일을 선택하여 적용할 수 있습니다.

❹ **Generate** : 일러스트를 생성하거나 영역을 채웁니다.

❺ **More options** : 사용자 가이드라인이나 Properties 패널을 표시할 수 있습니다.

❻ **Back** : 이전 단계로 되돌아갑니다.

❸ 클릭으로 실행하는 도구 알아보기

Tools 패널은 일러스트레이터 기능을 아이콘 형태로 모은 패널입니다. 각 도구를 선택하면 Control 패널에서 세부 옵션을 설정할 수 있습니다. Tools 패널 오른쪽 아래의 작은 삼각형이 있는 도구를 잠시 클릭하면 숨은 도구모음이 표시되며 원하는 도구를 선택할 수 있습니다.

이 책에서 설명하는 Tools 패널처럼 다양한 도구를 살펴보기 위해서는 Tools 패널 아래의 'Edit Tool' 아이콘(…)을 클릭한 다음 표시되는 도구모음 오른쪽 위의 옵션 아이콘(≡)을 클릭하고 Advanced를 실행합니다. 또는 메뉴에서 [Window] → Toolbars → Advanced를 실행해도 다양한 도구를 이용할 수 있습니다. 원래대로 간략한 Tools 패널을 사용하려면 Basic을 실행합니다.

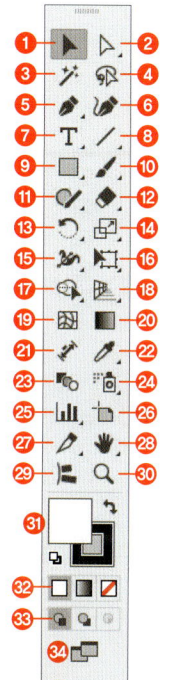

❶ **선택 도구(▶)** : 오브젝트를 선택하거나 드래그해 이동합니다.

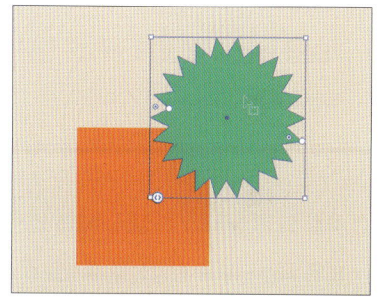

❷ **직접 선택 도구(▷)** : 오브젝트를 부분 선택하거나 기준점을 선택하여 세밀하게 수정합니다.

그룹 선택 도구(▷) : 오브젝트를 그룹별로 선택해 세밀하게 수정합니다.

❸ **마술봉 도구(✨)** : 클릭하는 부분과 비슷한 속성의 오브젝트를 선택합니다.

> **TIP ✦**
> 손 도구를 더블클릭하면 문서가 화면에 딱 맞게 배치되며, 다른 도구를 선택한 상태에서도 Spacebar 를 눌러 손 도구의 기능을 이용할 수 있습니다.

> **TIP ✦**
> Tools 패널에서 Alt 를 누른 상태로 도구를 선택하면 숨겨진 도구가 차례로 선택됩니다. 숨겨진 도구는 Tools 패널에서 분리하면 빠르게 선택할 수 있어 편리합니다. Tools 패널에서 도구를 선택하여 숨겨진 도구가 나타나면 오른쪽 끝에 있는 '▶'를 클릭하여 분리합니다. 분리된 도구를 되돌리기 위해서는 '닫기' 아이콘을 클릭합니다.

❹ **올가미 도구(🔲)** : 드래그한 영역 안의 오브젝트를 모두 선택합니다.

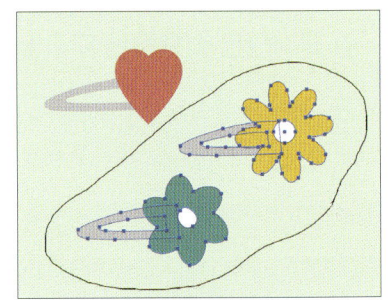

❺ **펜 도구(🖊)** : 기준점을 클릭하고 방향선을 조절하여 패스를 만듭니다.

기준점 추가 도구(🖊) : 패스에 기준점을 추가합니다.

기준점 삭제 도구(🖊) : 패스를 이루는 기준점을 삭제합니다.

기준점 변환 도구(🔲) : 새로운 방향선을 만들거나 직선을 곡선으로, 곡선을 직선으로 바꿉니다.

❻ **곡률 도구(🖊)** : 기준점을 추가하면서 이전 기준점의 방향선과 연결하여 자동으로 곡선으로 된 방향선을 추가할 수 있습니다.

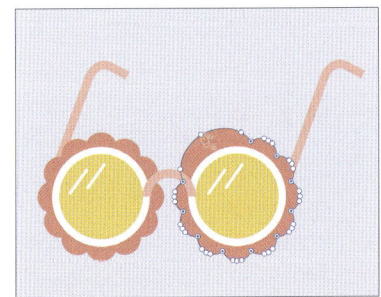

❼ **문자 도구(T)** : 일반 가로형 문자를 입력할 수 있습니다.

영역 문자 도구(🔲) : 영역 안에 문자를 입력할 수 있습니다.

패스 문자 도구(🔲) : 패스 형태대로 문자를 입력할 수 있습니다.

세로 문자 도구(IT) : 세로 방향으로 문자를 입력할 수 있습니다.

세로 영역 문자 도구(🔲) : 영역 안에 세로 문자를 입력할 수 있습니다.

세로 패스 문자 도구(🔲) : 패스 형태대로 문자를 세로로 입력할 수 있습니다.

터치 문자 도구(🔲) : 글자 하나를 각각의 오브젝트로 만들어 개별적으로 수정할 수 있습니다.

❽ **선 도구(/)** : 드래그하는 방향과 크기대로 직선을 그릴 수 있습니다.

호 도구(⌒) : 드래그하는 방향과 크기대로 호를 그릴 수 있습니다.

나선 도구(◎) : 드래그하는 방향과 크기대로 나선을 그릴 수 있습니다.

사각 그리드 도구(▦) : 직사각형이나 정사각형 그리드를 그릴 수 있습니다.

원 그리드 도구(◉) : 원형 그리드를 그릴 수 있습니다.

❾ **사각형 도구(▭)** : 직사각형이나 정사각형을 그릴 수 있습니다.

둥근 사각형 도구(▢) : 모서리가 둥근 사각형을 만들 수 있습니다.

원 도구(◯) : 타원 또는 정원을 만들 수 있습니다.

다각형 도구(⬡) : 각도와 면의 수에 따라 다각형을 만들 수 있습니다.

별 도구(☆) : 각도와 각의 수에 따라 다양한 형태의 별을 만들 수 있습니다.

플레어 도구(✦) : 빛의 중심과 끝점을 선택해 광선 효과를 만들 수 있습니다.

❿ **브러시 도구(✎)** : 브러시로 다양한 형태의 그림을 그리거나 표현합니다.

물방울 브러시 도구(✎) : 자유롭게 드래그해 면으로 인식하는 패스를 그립니다.

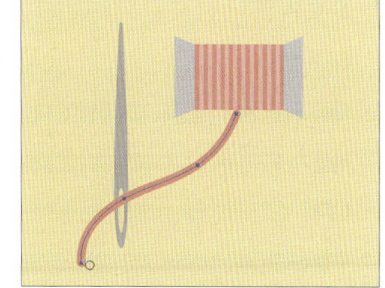

> **TIP ✦**
> 패스, 열린 패스, 닫힌 패스에 대한 설명은 69쪽을 참고하세요.

⓫ **모양 도구(✓)** : 드래그하는 형태대로 직선, 곡선, 도형을 편리하게 그려줍니다.

연필 도구(✎) : 자유로운 형태의 곡선 또는 손으로 그린 것처럼 자연스러운 선을 표현합니다.

스무드 도구(✎) : 패스에 드래그하면 기준점 수를 줄여 거친 선을 부드럽게 만듭니다.

패스 지우개 도구(✎) : 패스를 지웁니다.

조인 도구(✕) : 떨어져 있는 기준점을 드래그하여 연결합니다.

⓬ **지우개 도구(◆)** : 포토샵의 지우개 도구처럼 오브젝트를 지워 닫힌 패스로 재구성합니다.

가위 도구(✂) : 가위로 자르듯 패스를 분리하며, 잘린 패스는 열린 패스로 재구성됩니다.

나이프 도구(✎) : 드래그하는 대로 패스를 자르며, 잘린 오브젝트는 닫힌 패스로 재구성되어 각각의 오브젝트가 됩니다.

⓭ **회전 도구(↻)** : 오브젝트를 드래그하여 원하는 각도로 회전합니다.

반전 도구(▷◁) : 선택한 오브젝트를 수직, 수평 또는 원하는 각도로 반전합니다.

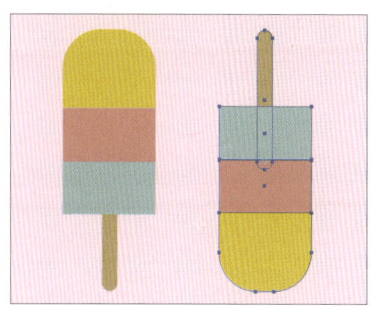

⑭ **크기 조절 도구()** : 오브젝트 크기를 자유롭게 조절합니다.

기울이기 도구() : 오브젝트를 기울입니다.

변형 도구() : 오브젝트를 자유롭게 변형합니다.

⑮ **폭 도구()** : 선 폭을 조절하고 선 굵기 기준점을 이동, 복제, 삭제할 수 있습니다.

왜곡 도구() : 드래그한 방향에 따라 오브젝트가 왜곡됩니다.

비틀기 도구() : 드래그한 방향에 따라 둥글게 소용돌이 형태로 비틀어집니다.

구김 도구() : 드래그한 방향에 따라 오브젝트가 구겨진 형태로 축소 및 변형됩니다.

팽창 도구() : 드래그한 방향에 따라 오브젝트가 부풀어진 모양으로 팽창됩니다.

부채꼴 도구() : 드래그한 방향에 따라 부채꼴 모양의 주름이 만들어집니다.

크리스털 도구() : 드래그한 방향에 따라 바깥으로 퍼지는 주름이 만들어집니다.

주름 도구() : 드래그한 방향에 따라 수평 또는 수직의 주름이 만들어집니다.

⑯ **자유 변형 도구()** : 자유롭게 오브젝트 크기, 기울이기, 회전 등을 조절합니다.

퍼펫 뒤틀기 도구() : 기본 모양을 유지하면서 일러스트를 변형하여 애니메이션을 만들 수 있습니다.

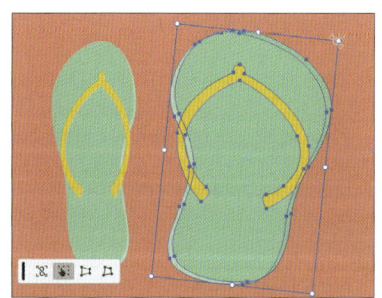

⑰ **도형 구성 도구()** : 간단한 오브젝트를 클릭 또는 드래그해 형태를 재구성합니다.

라이브 페인트 통 도구() : 영역을 자동으로 감지하여 색을 적용합니다.

라이브 페인트 선택 도구() : 라이브 페인트 색을 적용한 부분을 선택합니다.

⓲ **원근 격자 도구(▦)** : 선택 면 위젯을 선택해 관찰자 시점 오브젝트를 그리기 위한 격자 면을 선택할 수 있습니다.

원근 선택 도구(▸) : 원근감 있는 오브젝트를 선택하거나 가져올 수 있으며, 원근 격자에서 오브젝트를 자유롭게 이동하거나 편집할 수 있습니다.

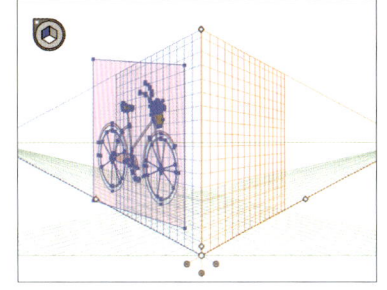

⓳ **메시 도구(▦)** : 메시 포인트를 배치해 정교하게 부드러운 그러데이션을 만듭니다.

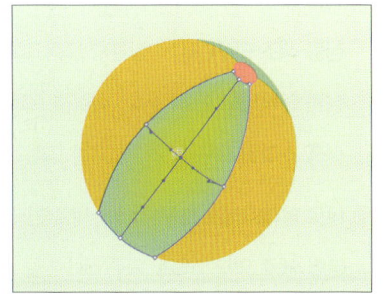

⓴ **그레이디언트 도구(▦)** : 오브젝트에 그러데이션을 적용하며, 그러데이션 방향과 거리를 조절할 수 있습니다.

㉑ **치수 도구(✐)** : 드래그한 부분의 좌표와 길이를 확인합니다.

㉒ **스포이트 도구(✐)** : 이미지에서 색을 추출합니다.

㉓ **블렌드 도구(▦)** : 오브젝트끼리 연결해 자연스럽게 중간 단계의 변화를 나타냅니다.

㉔ **심볼 스프레이어 도구(　)** : Symbols 패널의 심볼을 아트보드에 뿌립니다.

심볼 이동 도구(　) : 심볼을 드래그하여 이동합니다.

심볼 스크런처 도구(　) : 심볼을 드래그해 안쪽으로 모읍니다. Alt 를 누른 상태로 드래그하면 바깥쪽으로 흩어집니다.

심볼 크기 조절 도구(　) : 심볼을 드래그해 확대합니다. Alt 를 누른 상태로 드래그하면 축소됩니다.

심볼 회전 도구(　) : 심볼을 드래그하여 회전합니다.

심볼 색조 도구(　) : 심볼을 드래그하여 색을 변경합니다.

심볼 불투명도 도구(　) : 심볼을 드래그하여 불투명도를 조절합니다.

심볼 스타일 도구(　) : 심볼을 드래그하여 Graphic Styles 패널에 등록된 그래픽 스타일로 적용합니다.

㉕ **세로 막대그래프 도구(　)** : 세로 형태의 막대그래프를 만들 수 있습니다.

분할 세로 막대그래프 도구(　) : 둘 이상의 정보가 하나의 세로 막대에 누적되어 표시되는 분할 세로 막대그래프를 만들 수 있습니다.

가로 막대그래프 도구(　) : 가로 막대로 구성되는 그래프를 만들 수 있습니다.

분할 가로 막대그래프 도구(　) : 둘 이상의 정보가 하나의 가로 막대에 누적되어 표시되는 분할 가로 막대그래프를 만들 수 있습니다.

선 그래프 도구(　) : 점으로 이어지는 선 그래프를 만들 수 있습니다.

영역 그래프 도구(　) : 서로 다른 정보의 종합과 변화를 쉽게 파악할 수 있는 영역 그래프를 만들 수 있습니다.

분산 그래프 도구(　) : 데이터를 X, Y 좌표 위에 점 위치로 나타내는 분산 그래프를 만들 수 있습니다.

파이 그래프 도구(　) : 전체 데이터에서 하나의 데이터가 차지하는 비율을 확인하는 파이 그래프를 만들 수 있습니다.

레이더 그래프 도구(　) : 방사형으로 분할되어 점 위치로 데이터 변화를 쉽게 확인하는 레이더 그래프를 만들 수 있습니다.

㉖ **아트보드 도구(　)** : 다양한 형태와 크기의 아트보드를 추가 및 삭제, 이동합니다.

㉗ **슬라이스 도구(　)** : 오브젝트를 부분적으로 나눌 수 있습니다.

슬라이스 선택 도구(　) : 분할된 이미지를 선택합니다.

㉘ **손 도구(　)** : 작업 화면을 드래그하여 이동할 수 있습니다.

회전 보기 도구(　) : 아트보드를 회전하여 확인할 수 있습니다. Shift를 누른 상태에서 드래그하면 15°씩 회전할 수도 있습니다.

페이지 도구(　) : 인쇄 영역을 설정합니다.

㉙ **경로상의 오브젝트 도구(　)** : 텍스트, 이미지, 아이콘 등의 요소를 경로에 알맞게 배치합니다.

㉚ **돋보기 도구(　)** : 편리한 작업을 위해 아트보드를 확대 및 축소합니다.

> **TIP** ✦
> ─를 누른 상태로 클릭하면 화면이 축소됩니다. 돋보기 도구를 더블클릭하면 100% 크기의 작업 화면을 확인할 수 있습니다.

㉛ **면/선 색** : 면 색과 선 색을 설정합니다. '기본 색' 아이콘(　)을 클릭해 면과 선 색을 각각 기본 색인 흰색과 검은색으로 바꿀 수 있습니다.

㉜ **색 속성** : 색 속성을 단일 색(　), 그레이디언트(　), 색상 없음(　) 중에서 선택합니다.

㉝ **그리기 모드(　)** : 오브젝트 순서에 관계없이 원하는 레이어에 그리거나 지정한 부분에만 드로잉합니다.

㉞ **화면 모드(　)** : 아트보드, 메뉴, 스크롤 표시 방법을 지정합니다.

㉟ **Edit Toolbar** : Tools 패널에 자주 사용하는 도구를 추가하거나 제거 및 그룹화하여 작업 스타일에 맞게 최적화할 수 있습니다.

Full Screen Mobe with Menu Bar

Full Screen 모드는 주로 작업 중 제대로 작업이 되었는지 결과를 확인할 때 이용합니다. ▶

④ 옵션 설정은 여기에! 주요 패널 알아보기

패널은 도구를 선택했을 때 해당 도구의 옵션을 팔레트 형태로 제공하고, 주로 세밀한 설정 값을 지정할 때 이용합니다. 패널 옵션이 나타나지 않으면 패널 오른쪽 위의 '패널 메뉴' 아이콘(≡)을 클릭한 다음 ==Show Options==를 실행합니다.

❶ Color 패널(, F6)

색을 조절해 오브젝트의 면과 선 색을 지정합니다. 문서의 색상 모드를 변경할 수도 있습니다.

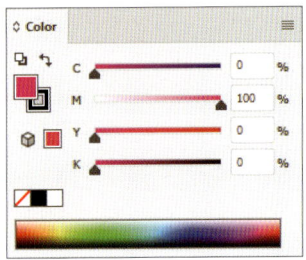

❷ Color Guide 패널(, Shift+F3)

오브젝트에 적용된 면과 선 색을 기준으로 여러 가지 배색을 적용하거나 저장합니다.

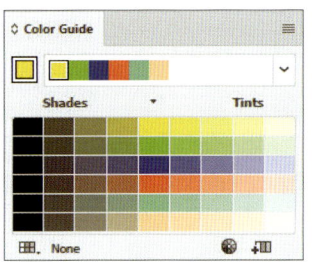

❸ Symbols 패널(, Shift+Ctrl+F11)

반복 요소를 파일 크기에 상관없이 쉽고 빠르게 심볼로 지정하여 관리합니다. 심볼 라이브러리에서 다양한 심볼을 불러와 사용할 수도 있습니다.

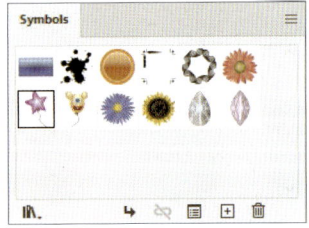

❹ Brushes 패널(, F5)

브러시를 만들거나 저장합니다. 캘리그래피, 분산, 아트, 패턴, 강모 브러시를 이용할 수 있으며 일러스트레이터에서 제공하는 다양한 브러시를 지정하여 이용할 수도 있습니다.

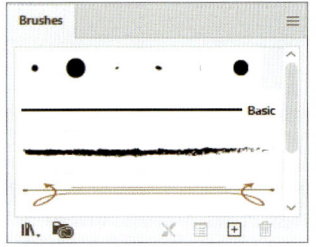

❺ Swatches 패널()

색상, 패턴, 그러데이션 등을 적용합니다.

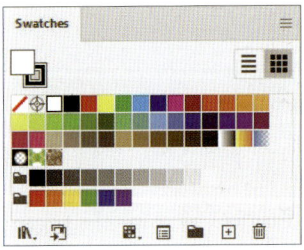

❻ Libraries 패널()

자주 이용하는 색이나 글꼴, 이미지를 등록할 수 있으며, 바로 선택하여 이용할 수 있습니다.

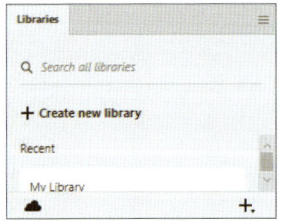

❼ **Stroke 패널**(☰, Ctrl+F10)

선 두께, 종류 등 선을 세부적으로 설정합니다. 패널 오른쪽 위 '패널 메뉴' 아이콘(☰)을 클릭한 다음 <mark>Show Options</mark>를 실행해 나타나는 세부 옵션에서는 점선이나 화살표를 만들 수 있습니다.

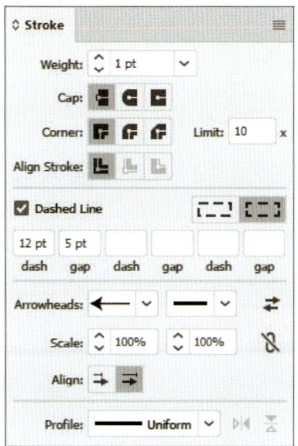

❽ **Gradient 패널**(☐, Ctrl+F9)

다양한 형태의 그러데이션을 적용하거나 수정합니다. 그레이디언트 조절점으로 그러데이션 색을 지정하고 불투명도를 적용할 수 있어 좀 더 세밀하게 나타낼 수 있습니다.

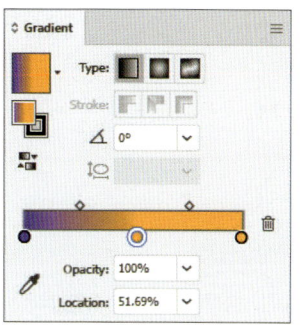

> **TIP ✦**
> 오브젝트의 면뿐만 아니라 선에도 그러데이션을 적용할 수 있습니다.

❾ **Layers 패널**(❖, F7)

문서에 있는 여러 오브젝트를 그룹 또는 레이어로 편리하게 관리합니다.

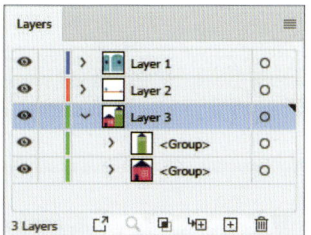

❿ **Appearance 패널**(◉, Shift+F6)

오브젝트, 그룹, 레이어에 적용된 면과 선 색, 불투명도, 효과 등의 속성을 설정합니다.

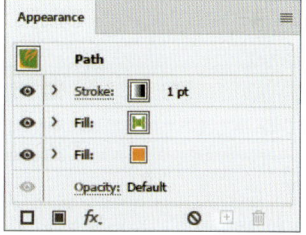

⓫ **Graphic Styles 패널**(▣, Shift+F5)

오브젝트에 쉽고 빠르게 다양한 그래픽 스타일을 적용합니다.

⓬ **Transparency 패널**(◉, Shift+Ctrl+F10)

오브젝트에 불투명도나 마스크, 블렌딩 모드를 적용합니다.

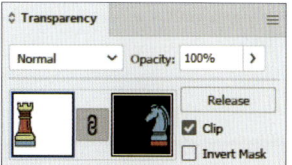

> **TIP ✦**
> Tab을 누르면 Tools 패널과 패널 그룹을 숨길 수 있으며, 다시 Tab을 누르면 패널이 표시됩니다. Shift+Tab을 누르면 작업 화면에서 Tools 패널을 제외한 패널 그룹만 숨겨져 작업 화면을 좀 더 넓게 이용할 수 있습니다.

⑬ **Align 패널**(, Shift + F7)

선택한 오브젝트들을 특정 오브젝트나 아트보드를 기준으로 정렬하거나 배치합니다.

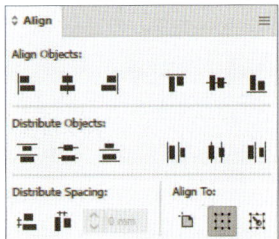

⑮ **Character 패널**(, Ctrl + T)

문자에 관한 글꼴, 크기, 자간, 행간 등 속성을 조절합니다. 대문자용 글리프, 위첨자 등을 이용할 수 있습니다.

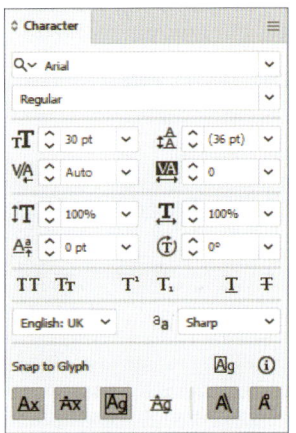

⑰ **Artboards 패널**( )

아트보드를 추가하거나 삭제 및 정리하고 순서를 변경하여 편리하게 작업합니다.

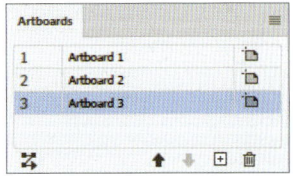

⑭ **Pathfinder 패널**(, Shift + Ctrl + F9)

두 개 이상의 오브젝트를 합치거나 빼서 새로운 형태를 만듭니다.

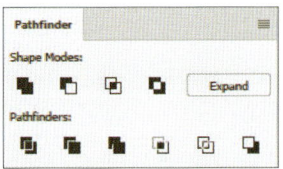

⑯ **Transform 패널**(, Shift + F8)

선택한 오브젝트의 위치나 크기, 각도, 기울기 등을 세밀하게 조절합니다.

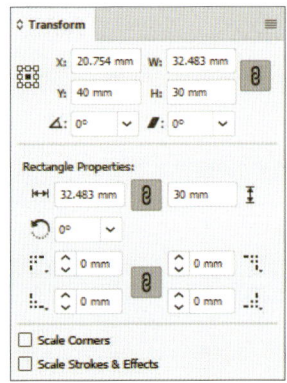

> **TIP**
> Rectangle Properties 항목을 이용해 다양한 형태로 오브젝트를 변형할 수 있습니다.

⑱ **Info 패널**(, Ctrl + F8)

선택한 오브젝트의 위치나 크기, 면과 선에 대한 정보를 표시합니다.

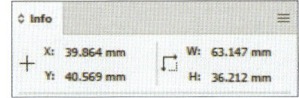

❶⓽ **Navigator 패널**(⚙)

빨간색 상자 형태의 미리 보기를 이용해 작업 화면을 확대하거나 축소해서 부분별 오브젝트를 쉽게 확인합니다.

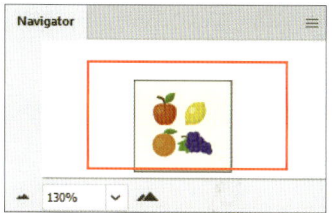

㉑ **Links 패널**(🔗)

링크 또는 삽입된 이미지, 아트워크 등을 확인하고 수정된 이미지를 갱신하거나 새로운 이미지로 대체할 수 있습니다.

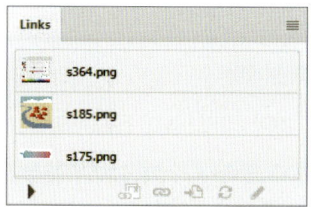

㉓ **Character Styles 패널**(🅰)

문자 서식을 작성, 편집, 적용해 문자 스타일을 통일할 수 있습니다.

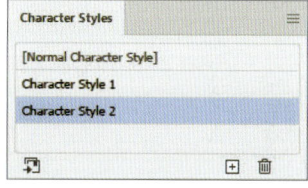

㉕ **Glyphs 패널**(🅰)

특수 문자나 영문, 대체 문자를 입력할 수 있습니다.

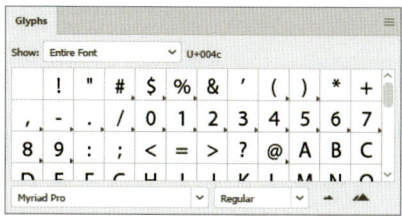

⓴ **Flattener Preview 패널**(▨)

아트보드, 오브젝트에 적용된 불투명도를 출력하거나 인쇄할 때 이용합니다.

㉒ **Paragraph 패널**(¶, Alt + Ctrl + T)

문자, 문장의 단락 속성을 지정하고 정렬, 들여쓰기 등을 조절합니다.

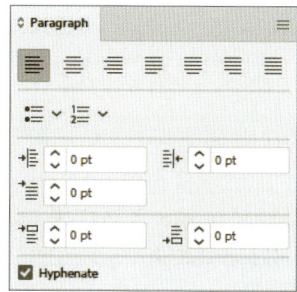

㉔ **Paragraph Styles 패널**(¶)

단락 서식을 작성, 편집, 적용하여 원하는 단락 스타일을 문장에 쉽고 빠르게 적용합니다.

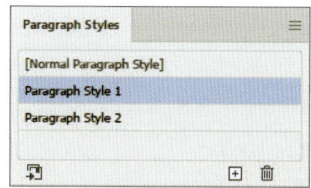

㉖ **Tabs 패널**(🔖, Shift + Ctrl + T)

단락이나 문자의 탭 위치를 지정합니다.

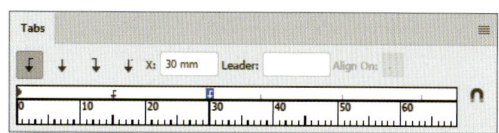

㉗ Actions 패널(▶)

작업 내역을 기록, 편집, 삭제하여 자주 실행하는 작업을 클릭 한 번에 간편하게 적용할 수 있습니다.

㉘ 3D and Materials 패널(⬚)

간단하게 오브젝트를 입체로 만들거나 다양한 질감과 조명을 쉽게 적용할 수 있습니다.

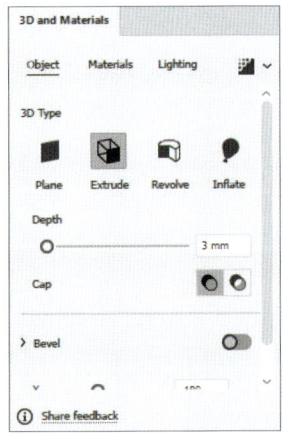

㉙ Image Trace 패널(●)

〈Image Trace〉 버튼을 클릭하면 비트맵 이미지를 벡터 이미지로 만들 수 있습니다. 사전 설정, 보기, 모드, 팔레트, 고대비, 패스, 모서리, 노이즈 등을 설정할 수도 있습니다.

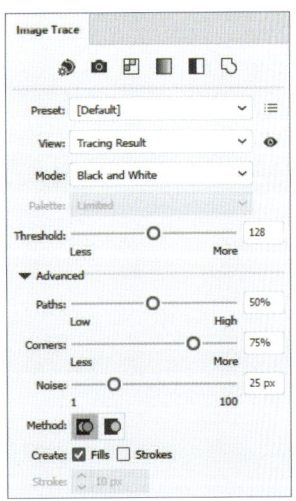

㉚ Pattern Options 패널(▦)

패턴 이름이나 타일 설정, 패턴 너비와 높이 등을 세밀하게 지정하여 다양하게 적용할 수 있습니다. 패턴 배열 형태나 개수 등을 조절해 개성 있게 표현합니다.

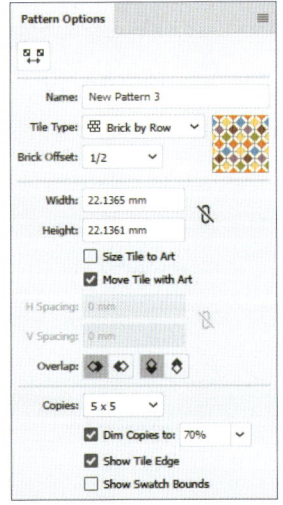

> **TIP ✦**
> 패널 이름 부분을 더블클릭하면 확장된 패널은 축소되고, 축소된 패널은 확장됩니다. 패널 이름 위 여백 부분을 드래그하면 원하는 위치로 이동할 수 있습니다. Tools 패널 왼쪽 위에 있는 'Collapse to Icons' 아이콘(◀◀)과 'Expand Panels' 아이콘(▶▶)을 클릭해 Tools 패널을 한 줄 또는 두 줄로 정렬할 수 있고, 오른쪽 패널 그룹도 최소화 또는 최대화할 수 있습니다.

㉛ Asset Export 패널( )

Asset Export 패널에 드래그해 등록한 일러스트를 다양한 크기와 파일 형식으로 쉽고 빠르게 내보낼 수 있습니다.

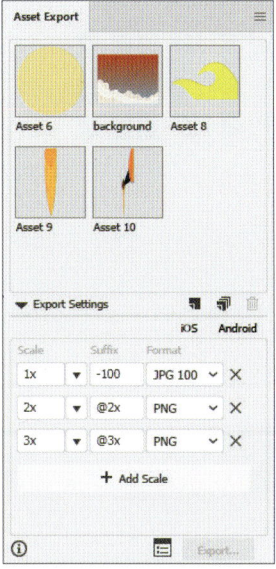

㉜ Properties 패널( )

작업 과정을 빠르게 제어하고 편집할 수 있도록 도우며, 오브젝트 속성에 따라 유용한 패널을 항목으로 표시합니다.

㉝ Mockup 패널( )

실제 제품이나 앱, 웹사이트 등의 디자인을 시뮬레이션할 수 있습니다. 예를 들어, 스마트폰, 태블릿 PC, 컴퓨터 등의 기기 프레임을 선택하고, 그 안에 디자인 요소를 배치할 수 있습니다.

㉞ Generate Patterns 패널( )

반복적인 패턴을 쉽게 생성할 수 있도록 돕는 도구로, 다양한 디자인 스타일을 지원하며, 패턴을 실시간으로 미리 볼 수 있고 수정할 수 있는 기능을 제공합니다. 패턴의 크기, 간격, 방향 등을 조정하며, 직관적인 방식으로 고유한 패턴을 만들 수 있습니다.

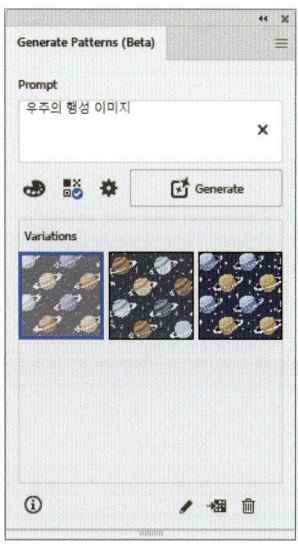

Part 02

더 크리에이티브하게!
꼭 알아야 할
드로잉의 기본기

| Adobe Firefly 〈 20/25 〉

| New file | Path | Brushes |

**PHOTOSHOP
+ILLUSTRATOR CC 2025**

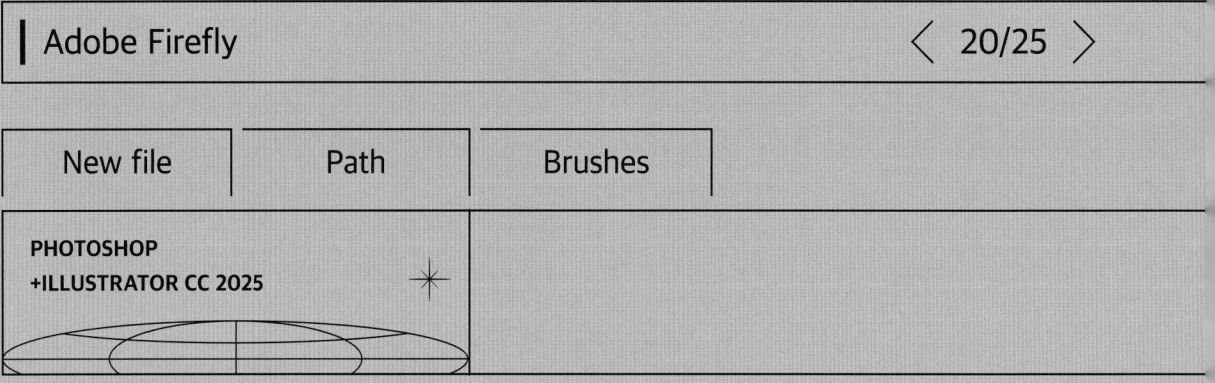

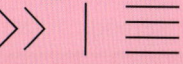

LESSON 04 > 작업 준비! 쉽고 빠르게 캔버스 만들기

❶ 새 문서 작성하기

시작 화면의 〈New file〉 버튼을 클릭하거나 메뉴에서 (File) → New(Ctrl+N)를 실행해 표시되는 New Document 대화상자에서 파일 이름, 크기, 단위, 색상 모드 등을 설정하여 새로운 문서를 만들 수 있습니다.

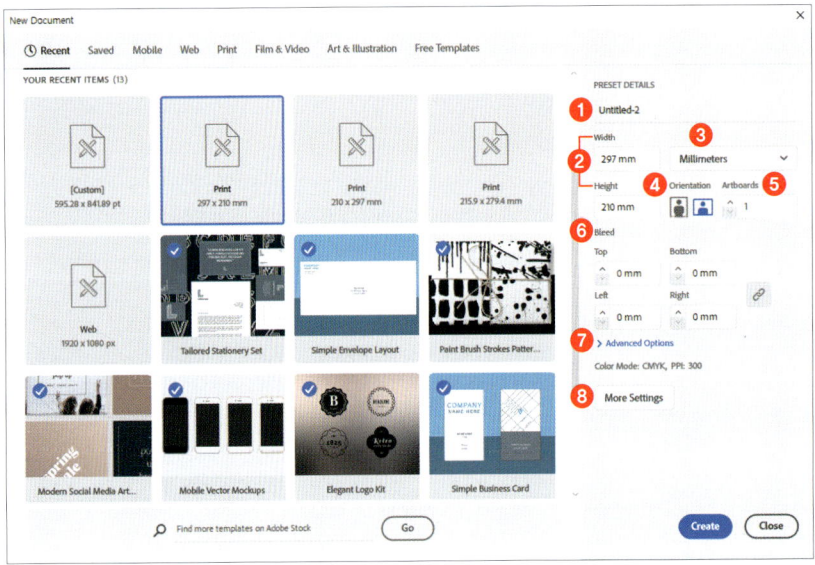

Recent는 최근에 설정한 파일들을 나타내며, Saved에는 직접 설정하여 저장한 파일 크기가 표시되고, Mobile/Web/Print/Film&Video/Art&Illustration/Free Templates에서는 다양한 그래픽 디자인과 템플릿의 문서 크기를 제공합니다.

❶ **Name** : 문서 이름을 입력합니다.

❷ **Width, Height** : 아트보드의 가로와 세로 크기를 직접 입력하여 설정합니다.

❸ **Units** : 크기 단위를 지정합니다.

❹ **Orientation** : 아트보드 방향을 지정합니다.

❺ **Artboards** : 아트보드 개수를 설정합니다.

❻ **Bleed** : 아트보드의 Top(위), Bottom(아래), Left(왼쪽), Right(오른쪽) 여백을 설정합니다. 오른쪽 '링크' 아이콘( )을 클릭하여 활성화하면 모든 여백이 같은 비율로 늘어납니다. 편집 디자인에서는 출력할 때 재단 부분을 생각하여 문서 바깥쪽으로 3~5mm 정도의 여백을 설정합니다.

❼ **Advanced Options** : 색상 모드는 주로 인쇄 출력용은 'CMYK', 화면 출력용은 'RGB'로 지정합니다. 해상도와 보기 모드도 지정할 수 있습니다.

❽ **More Settings** : 새 문서 크기를 자세하게 설정할 수 있는 More Settings 대화상자가 표시됩니다.

EASY 실습) 새 문서 만들기

일러스트 작업을 시작하기 위해 시작 화면에서 〈New file〉 버튼을 클릭하거나 메뉴에서 (File) → New((Ctrl)+(N))를 실행하여 표시되는 New Document 대화상자에서 문서 이름, 크기 등을 지정해 새 문서를 만듭니다.

01 일러스트레이터 시작 화면에서 〈New file〉 버튼을 클릭합니다.

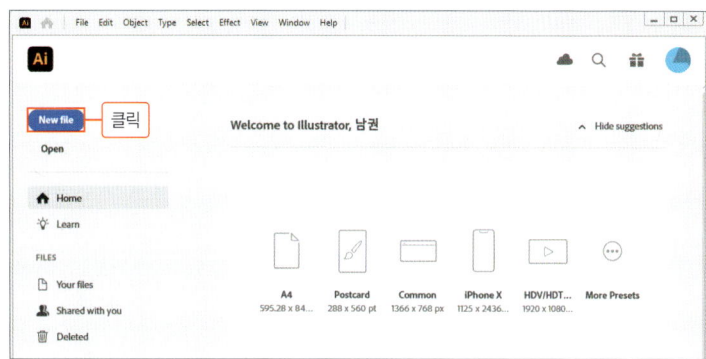

02 New Document 대화상자가 표시되면 인쇄용 문서를 만들기 위해 ❶ (Print) 탭을 선택하고 ❷ 'A4'를 선택한 후 ❸ 〈Create〉 버튼을 클릭합니다.

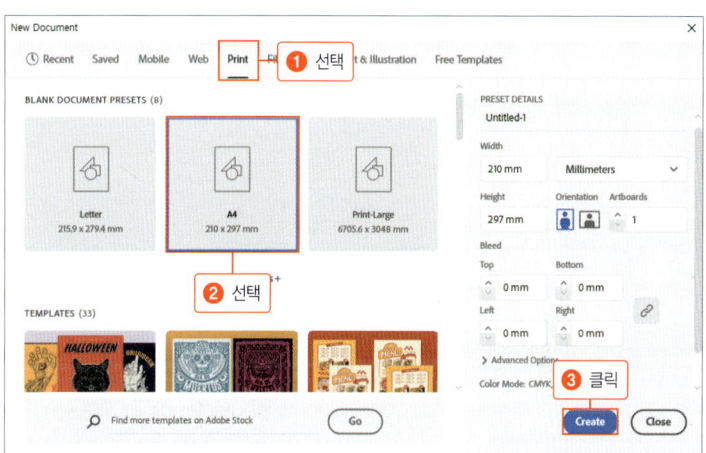

03 설정한 대로 새 문서가 만들어집니다.

> **TIP ✦**
> 아트보드 외부 영역을 흰색으로 나타내기 위해서는 메뉴에서 (Edit) → **Preferences** → **User Interface**를 실행합니다. Preferences 대화상자가 표시되면 Canvas Color를 'White'로 선택한 다음 〈OK〉 버튼을 클릭합니다.

EASY 실습 | 직접 설정한 크기대로 새 문서 만들기

직접 문서 크기와 해상도를 지정해 새 문서를 만들 수 있습니다. New 명령을 실행하여 새로운 문서를 만들고 저장해 봅니다.

01 시작 화면에서 〈New file〉 버튼을 클릭하거나 메뉴에서 (File) → New(Ctrl+N)를 실행합니다. New Document 대화상자가 표시되면 ❶ 파일 이름에 '카드'를 입력하고 ❷ 단위를 'Centimeters'로 지정합니다.

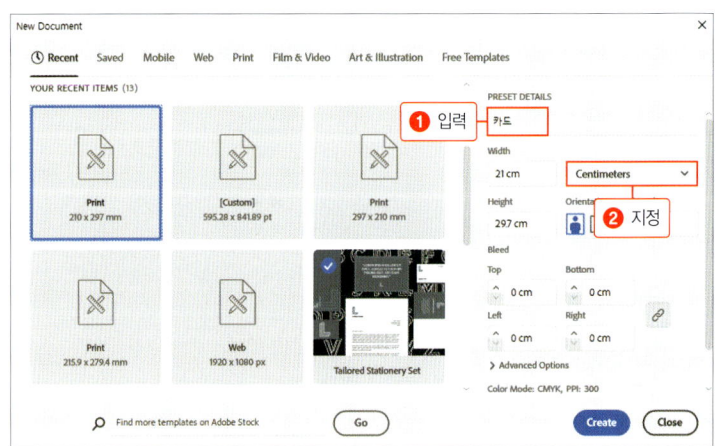

02 ❶ Width를 '14cm', Height를 '9cm'로 설정하고 ❷ 〈Create〉 버튼을 클릭하면 엽서 크기 문서가 만들어집니다.

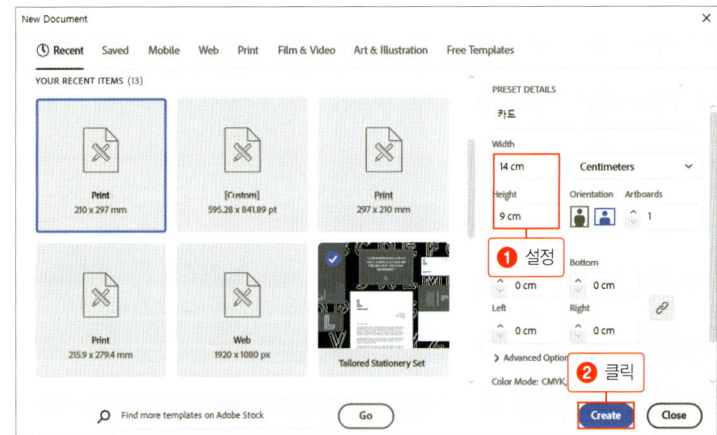

03 문서를 저장하기 위해 메뉴에서 (File) → Save As(Shift+Ctrl+S)를 실행합니다. Save As 대화상자가 표시되면 ❶ 파일 이름을 입력한 다음 ❷ 〈저장〉 버튼을 클릭합니다. Illustrator Options 대화상자가 표시되면 〈OK〉 버튼을 클릭하여 작업을 마칩니다.

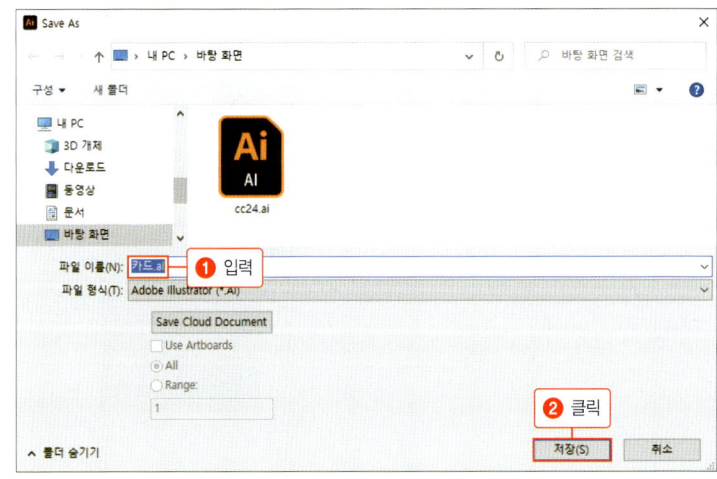

❷ 여러 개의 아트보드 지정하기

아트보드(Artboard)는 작업 공간에서 디자인 요소를 배치하고 조정할 수 있는 구역을 말합니다. 아트보드는 디자인의 캔버스와 같은 역할을 하며, 하나의 파일 안에 여러 개의 아트보드를 만들 수 있어 다양한 디자인 버전이나 페이지를 하나의 파일에서 작업할 수 있습니다. 메뉴에서 [Window] → Artboards를 실행하면 Artboards 패널(🗔)이 표시되어 아트보드의 추가, 삭제, 순서 변경 등을 작업할 수 있습니다.

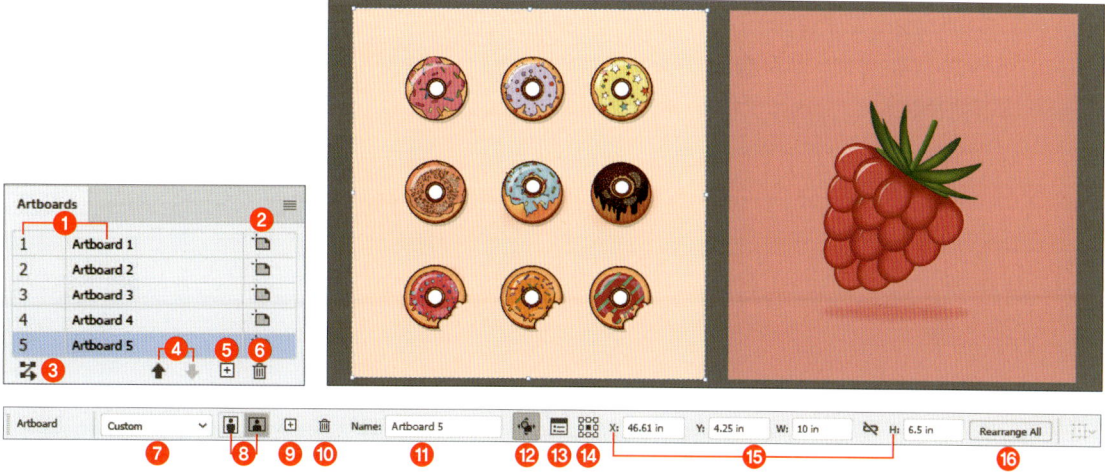

❶ 아트보드의 순서와 이름을 나타내며, 선택하면 해당 아트보드로 이동합니다.

❷ **Artboard Options** : 아트보드를 편집할 수 있는 Artboard Options 대화상자가 표시됩니다.

❸ **Rearrange All Artboards** : 모든 아트보드를 재정렬합니다.

❹ **Move Up/Down** : 아트보드 순서를 조절합니다.

❺ **New Artboard** : 아트보드를 추가합니다.

❻ **Delete Artboard** : 아트보드를 삭제합니다.

❼ **Select Preset** : 아트보드를 지정된 크기로 설정합니다.

❽ **Portrait, Landscape** : 아트보드를 가로 또는 세로 방향으로 지정합니다.

❾ **New Artboard** : 새 아트보드를 만듭니다.

❿ **Delete Artboard** : 선택한 아트보드를 삭제합니다.

⓫ **Name** : 아트보드 이름을 입력합니다.

⓬ **Move/Copy Artwork with Artboard** : 선택한 아트보드를 [Alt]를 누른 채 드래그하면 아트보드와 포함된 오브젝트들이 복제됩니다.

⓭ **Artboard Options** : Artboard Options 대화상자를 표시하여 아트보드를 자세하게 설정할 수 있습니다.

⓮ **Reference Point** : 아트보드 기준점을 지정합니다.

⓯ **X/Y, W/H** : 아트보드 위치 정보와 너비, 높이를 설정합니다.

⓰ **Rearrange All** : 모든 아트보드를 재정렬합니다.

EASY 실습 │ 여러 개의 아트보드 만들기

문서에서 실제 작업 영역을 나타내는 아트보드 관리 방법에 대해 알아봅니다.

01 Ctrl+N을 눌러 New Document 대화상자가 표시되면 ❶ (Print) 탭을 선택한 다음 ❷ 'A4'를 선택하고 ❸ 단위를 'Centimeters'로 지정합니다. ❹ Artboards를 '4'로 설정한 다음 ❺〈Create〉 버튼을 클릭합니다.

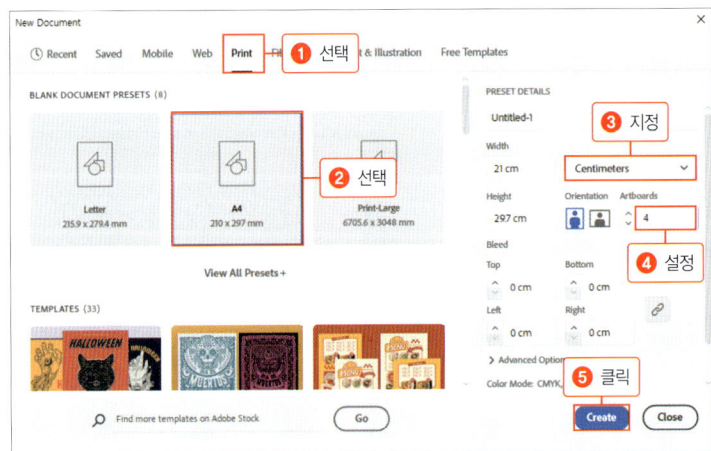

02 네 개의 아트보드가 나타나면 아트보드 설정을 변경하기 위해 ❶ 아트보드 도구( )를 선택한 다음 ❷ 'Artboard 4'를 클릭합니다.

> **왜? ✧**
> 편집 디자인 작업 중 하나의 문서에 여러 개의 아트보드나 마스터 페이지 및 페이지 번호 등을 적용하면 출력하거나 파일을 내보낼 때 편리합니다.

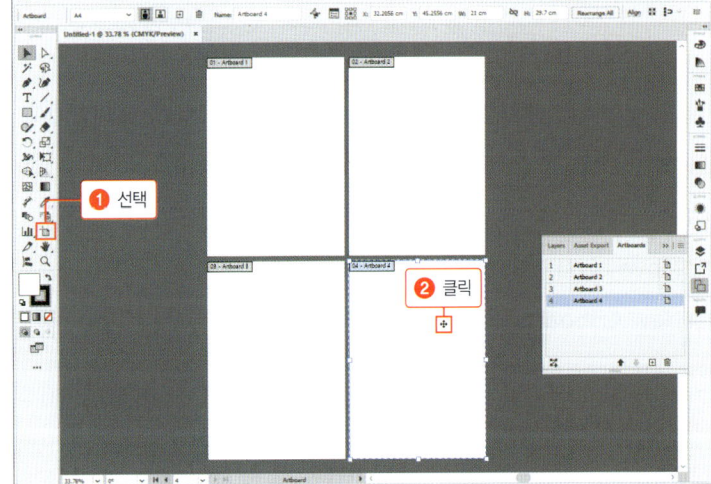

03 Properties 패널에서 Artboards의 'Delete Artboard' 아이콘( )을 클릭하거나 Delete 를 눌러 아트보드를 삭제할 수 있습니다.

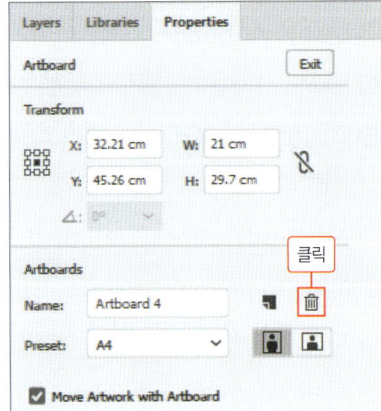

> **TIP ✧**
> Control 패널의 'Delete Artboard' 아이콘( )을 클릭해도 됩니다.

04 아트보드를 조절하기 위해 ❶ 'Artboard 3'을 클릭한 다음 ❷ Properties 패널에서 'Horizontal' 아이콘(□)을 클릭해 문서 방향을 변경합니다.

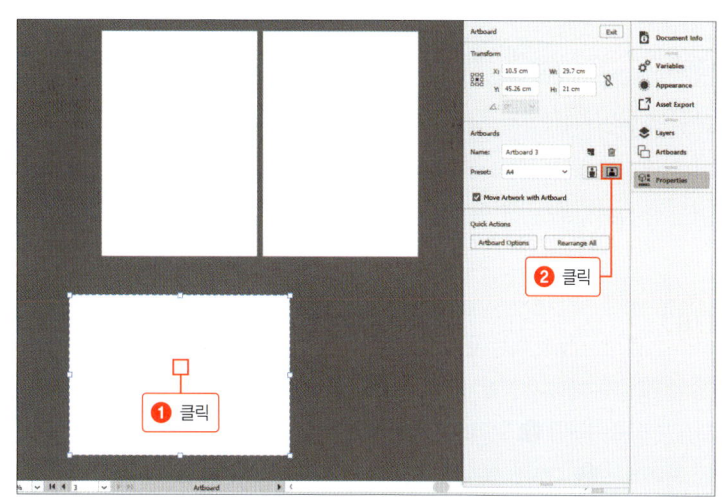

05 ❶ 'Artboard 3'을 위로 드래그하여 이동하고 ❷ Shift 를 누른 상태에서 'Artboard 1'을 함께 클릭합니다. ❸ Properties 패널의 Align에서 'Horizontal Align Left' 아이콘(□)을 클릭하여 왼쪽 정렬합니다.

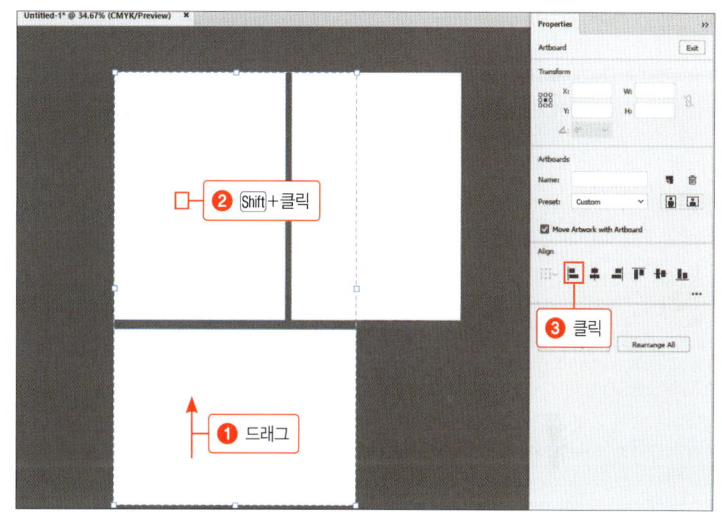

06 아트보드 설정을 마치고 Esc 를 누르거나 Tools 패널의 다른 도구를 선택하면 아트보드 편집 모드가 해제됩니다.

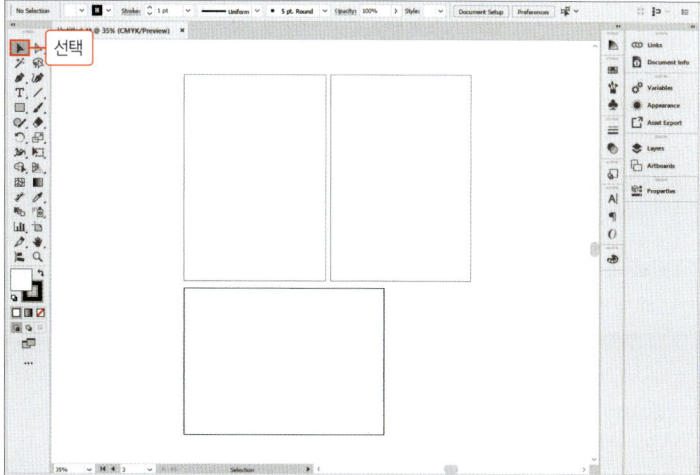

> **왜? ✦**
> 작업 중에는 아트보드의 크기를 늘리거나 줄여야 할 때도 있습니다. 이때 새 문서를 만들기보다 아트보드를 재설정하면 편리합니다.

EASY 실습 — 파일 열고 이미지 불러오기

- **실습파일** : 일러스트레이터\02\cover.ai, car-1.ai
- **완성파일** : 일러스트레이터\02\cover_완성.ai

문서에 이미지를 불러오려면 메뉴에서 (File) → Open 또는 Place를 실행하거나 어도비 브리지에서 이미지를 일러스트레이터로 드래그합니다. 링크된 이미지를 문서에 삽입하면 다른 컴퓨터에서 불러들여도 이미지 파일이 유실되지 않으며 밑그림 이미지도 불러올 수 있습니다.

01 시작 화면에서 〈Open〉 버튼을 클릭하거나 메뉴에서 (File) → Open((Ctrl)+(O))을 실행합니다. Open 대화상자가 표시되면 ❶ 일러스트레이터 → 02 폴더에서 ❷ 'cover.ai' 파일을 선택한 다음 ❸ 〈Open〉 버튼을 클릭합니다.

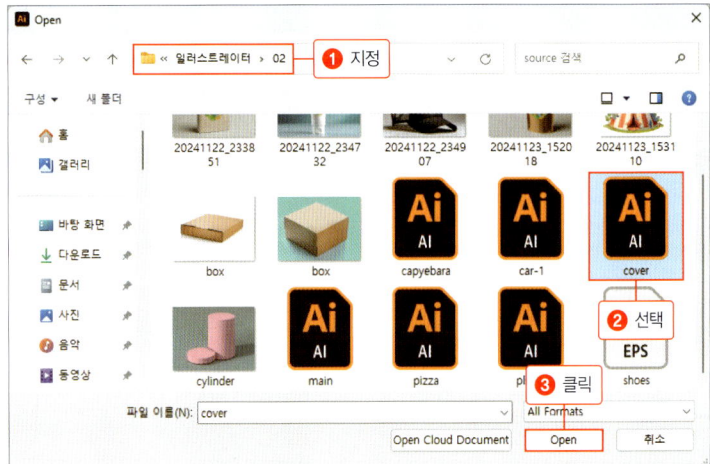

02 일러스트 배경 파일이 열리면 다른 이미지를 불러오기 위해 메뉴에서 (File) → Place((Shift)+(Ctrl)+(P))를 실행합니다.

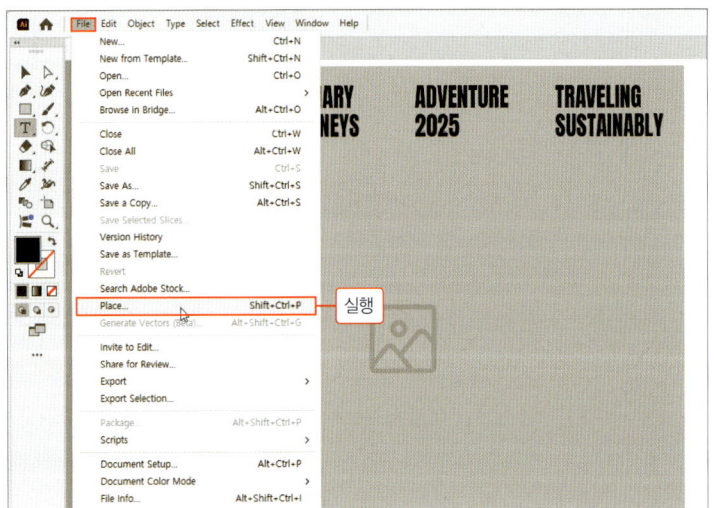

> **TIP ✚**
> 문서에 이미지를 추가할 때 **Open** 명령을 실행하면 새 문서에 불러들여집니다. **Place** 명령을 실행하면 작업 중인 문서에 파일을 가져올 수 있어 파일 이동이 필요 없으므로 매우 편리합니다.

> **TIP ✚ Link와 Embed 상태의 차이점**
> - **Link** : 외부 이미지 파일의 저장 위치를 기억해 미리 보기 데이터로 읽어 들인 상태입니다. 처음 Place 명령을 실행했을 때와 이미지 경로가 달라지면 경로를 수정하거나 새로 불러와야 하고, 파일을 다른 곳으로 보낼 때 링크된 외부 파일도 함께 보내지 않으면 파일을 열었을 때 그림이 유실된 상태로 보이지 않기 때문에 유의해야 합니다. 대신 외부 파일을 수정하고 그 결과를 Links 패널에서 곧바로 갱신할 수 있습니다.
> - **Embed** : 링크가 해제되면서 파일에 이미지가 포함된 상태입니다. 외부 파일을 따로 챙길 필요가 없어 편리하지만 대신 파일 용량이 커집니다. 링크가 해제된 상태이므로 원본 파일에 수정이 있으면 반영되지 않습니다.

03 Place 대화상자에서 일러스트레이터 → 02 폴더의 ❶ 'car-1.ai' 파일을 선택하고 ❷ 〈Place〉 버튼을 클릭합니다.

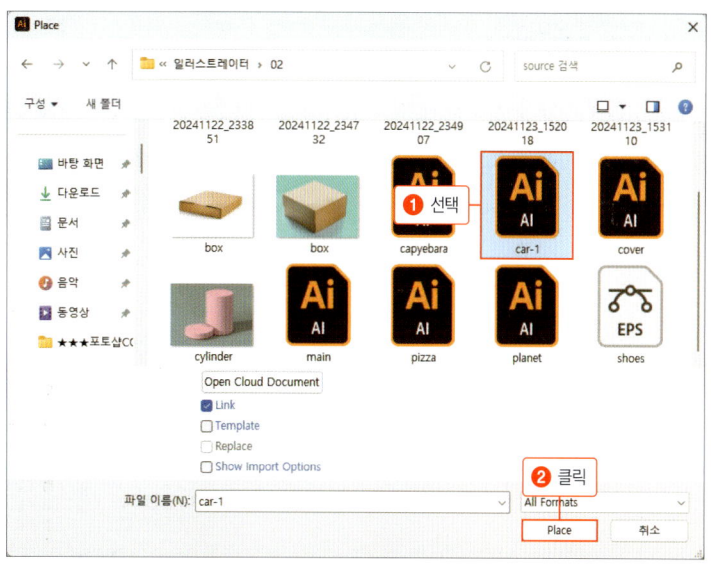

> **TIP ✦**
> PNG 포맷은 GIF의 특수 효과를 그대로 이용하면서 JPG처럼 압축률을 높입니다. 불투명도를 지원해 이미지에 투명 영역이 포함되어도 해당 부분을 그대로 유지한 상태로 작업할 수 있어 편리합니다.

04 자동차 이미지를 배경 영역에 맞게 드래그하여 조정합니다. 예제에서는 ❶ 자동차 이미지 왼쪽 위 기준점을 드래그하는 방식으로 회색 배경 영역에 맞췄습니다. 자동차 이미지를 뒤로 배열하기 위해 ❷ 마우스 오른쪽 버튼을 클릭한 다음 ❸ Arrange → Send to Back을 실행합니다.

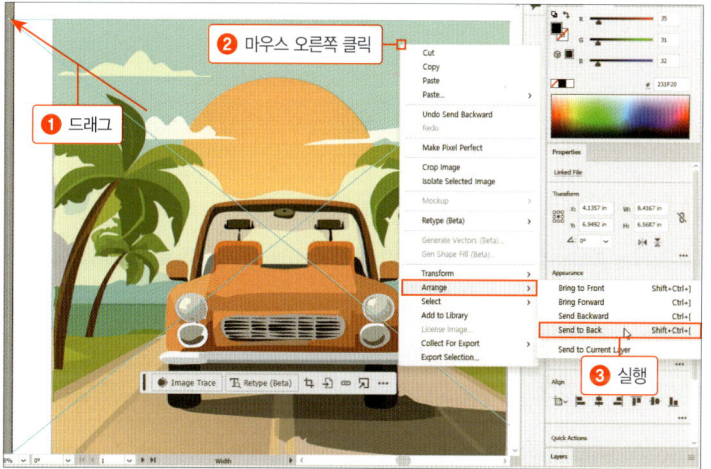

05 자동차 이미지 위로 문자가 표시됩니다. 링크된 이미지를 편집할 수 있도록 문서에 삽입하기 위해 이미지가 선택된 상태에서 Properties 패널의 〈Embed〉 버튼을 클릭합니다. 링크 이미지가 삽입되고 Links 패널에 삽입 이미지 표시가 나타나는 것을 확인합니다.

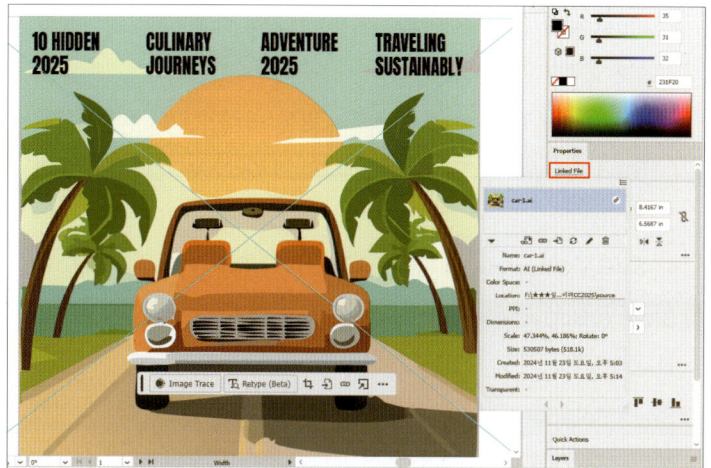

> **TIP ✦**
> Control 패널에서도 〈Embed〉 버튼을 클릭하는 등 링크된 이미지를 편집할 수 있습니다.

❸ 파일 저장하기

메뉴에서 (File) → Save(Ctrl+S)를 실행하면 AI 파일로 저장됩니다. 일러스트레이터에서 작업한 내용을 저장하는 방법에는 기본 저장 외에도 다른 파일 포맷으로 저장하거나 하위 버전으로 저장하는 등 여러 가지가 있습니다. (File) 메뉴의 저장 관련 메뉴를 실행하여 다양한 형식으로 저장합니다.

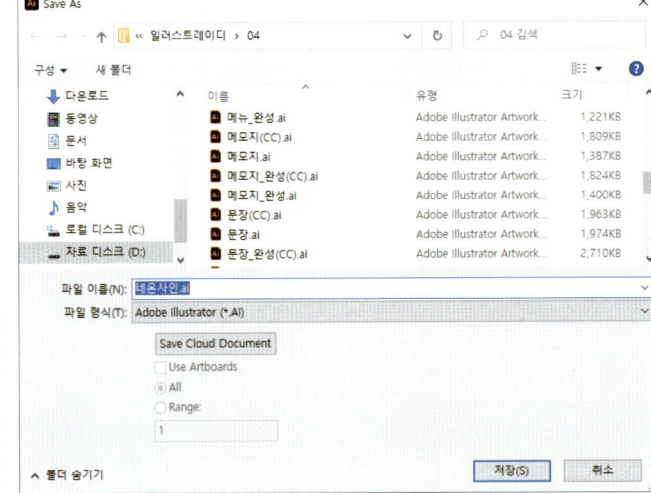

❶ **Save**(Ctrl+S) : 작업 중인 파일을 저장합니다.

❷ **Save As**(Shift+Ctrl+S) : 작업 중인 파일을 새로운 이름으로 저장합니다.

  ⓐ **Adobe Illustrator (*.AI)** : 일러스트레이터에서 작입한 모든 구성 요소를 기본으로 저장하는 벡터 형식의 파일입니다.

  ⓑ **Adobe PDF (*.PDF)** : 각각 다른 시스템에서도 같은 정보를 확인할 수 있습니다. 아이디어나 정보를 공유하기 편리하고 출판물, 전자책(e-Book)을 만들거나 인쇄할 때 이용할 수 있으며, 그대로 출력하므로 쉽게 교정할 수 있습니다.

  ⓒ **Illustrator EPS (*.EPS)** : 인쇄하기 가장 적합한 파일로 비트맵/벡터 형식 모두를 지원하며 CMYK를 지원하여 분판 출력할 수 있습니다.

  ⓓ **Illustrator Template (*.AIT)** : 일러스트레이터에서 이용할 수 있는 템플릿 형식으로 저장합니다.

  ⓔ **SVG (*.SVG)** : 벡터 그래픽을 표현하기 위한 XML 기반의 파일 형식으로, 문서 편집기로도 편집할 수 있는 파일로 저장합니다.

  ⓕ **SVG Compressed (*.SVGZ)** : SVG 파일 형식을 압축하여 저장하는 방식입니다.

❸ **Save a Copy**(Alt+Ctrl+S) : 작업 중인 파일의 복사본을 저장합니다. 이름에 'copy'가 붙는 것 외에는 Save 명령과 같습니다.

❹ **Save Selected Slices** : 선택된 분할 이미지를 저장합니다.

❺ **Save as Template** : 작업 중인 파일을 템플릿으로 저장합니다.

❹ 파일 내보내기

일러스트레이터에서 작업한 내용을 다른 프로그램에서 이용하기 위해 내보내려면 메뉴에서 (File) → Export 를 실행합니다. Export 대화상자가 표시되면 이용 목적에 따라 다양한 종류의 그래픽 포맷으로 지정할 수 있고 포토샵, 캐드 등 과 호환되는 다양한 그래픽 파일을 만들 수도 있습니다.

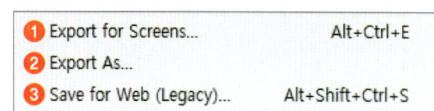

❶ **Export for Screens**(Alt+Ctrl+E) : 모바일에서 이용할 수 있도록 Export for Screens 대화상자를 이용하여 iOS 또는 Android 형식으로 아트보드 형태의 이미지 파일을 저장합니다.

❷ **Export As** : Export 대화상자에서 JPEG, PNG 등 다양한 파일 포맷으로 저장할 수 있습니다.

❸ **Save for Web (Legacy)**(Alt+Shift+Ctrl+S) : 작업 중인 파일을 웹용 이미지로 최적화하여 저장합니다.

ⓐ **손 도구(Hand Tool)** : 화면을 이동하여 안 보이는 이미지를 확인할 때 이용합니다.

ⓑ **분할 선택 도구(Slice Select Tool)** : 분할된 이미지를 선택할 때 이용합니다.

ⓒ **돋보기 도구(Zoom Tool)** : 이미지를 확대 또는 축소할 때 이용합니다.

ⓓ **스포이트 도구(Eyedropper Tool)** : 이미지 색을 추출할 때 이용합니다.

ⓔ **스포이트 색상(Eyedropper Color)** : 스포이트 도구로 선택한 색을 표시합니다.

ⓕ **분할 보기(Toggle Slices Visibility)** : 분할된 상태의 격자를 표시합니다.

ⓖ **Original** : 원본 오브젝트 그대로 비트맵 이미지를 표시합니다.

ⓗ **Optimized** : Preset에서 설정한 이미지를 표시합니다.

ⓘ **2-Up** : Original과 Optimized 상태를 함께 표시합니다.

ⓙ **Preset** : 이미지 저장 방식을 지정합니다.

ⓚ **Image Size** : 이미지 크기나 품질을 지정합니다.

ⓛ **Color Table** : GIF 파일과 같은 8Bit 미만의 색상 체계에서 색상 구성을 표시합니다.

(EASY 실습) **일부 그래픽 또는 아이콘만 따로 내보내기**

- 실습파일 : 일러스트레이터\02\아이콘.ai
- 완성파일 : 일러스트레이터\02\아이콘 내보내기 폴더

파일의 일부 그래픽 또는 아이콘만 Asset Export 패널을 이용해 다양한 크기와 포맷으로 내보낼 수 있습니다.

01 일러스트레이터 → 02 폴더에서 '아이콘.ai' 파일을 불러옵니다. 메뉴에서 (Window) → Asstet Export를 실행해 Asset Export 패널을 표시합니다. ❶ Ctrl+A를 눌러 아이콘을 전체 선택한 다음 ❷ Asset Export 패널로 드래그해 등록합니다. ❸ 패널 아래쪽의 〈Export〉 버튼을 클릭합니다.

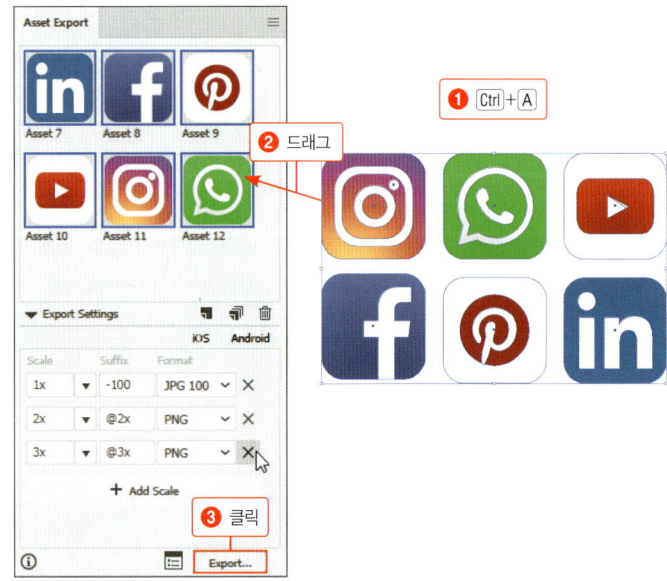

02 Pick Location 대화상자가 표시되면 ❶ 저장 위치를 지정한 다음 ❷ 〈폴더 선택〉 버튼을 클릭합니다.

TIP ✧
다양한 크기를 지정하고 동시에 내보내기를 진행할 수 있습니다. 또한 PNG, JPG, SVG, PDF 등 다양한 파일 포맷으로 저장하여 내보내기할 수 있습니다.

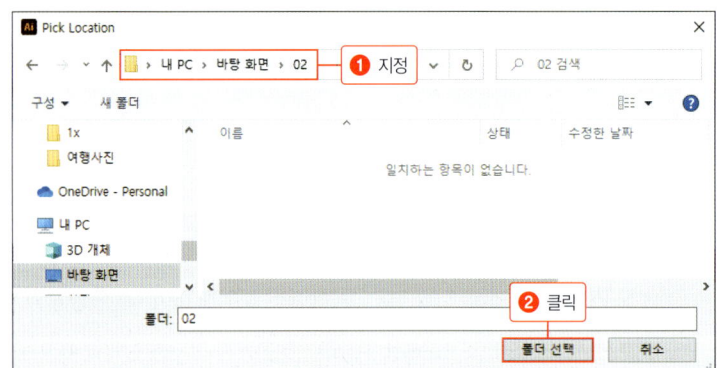

03 클릭 한 번에 지정된 폴더 안에 각각의 아이콘이 동시에 저장됩니다.

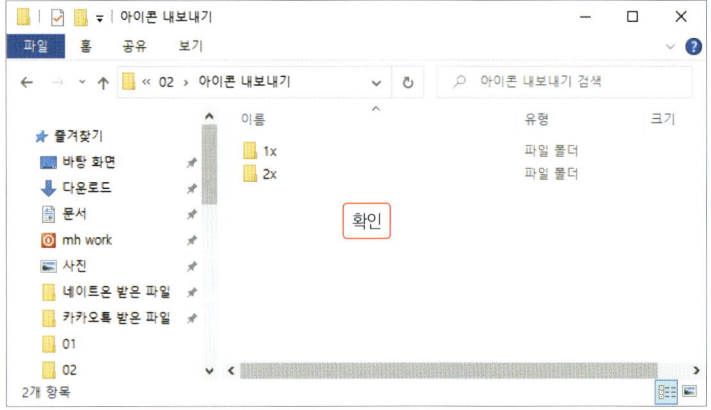

⑤ 원하는 대로 오브젝트 선택하기

선택 도구(▶)로 아트보드의 오브젝트를 선택하여 이동하거나 변형할 수 있습니다. 오브젝트를 선택했을 때 표시되는 사각형의 바운딩 박스 조절점을 드래그하여 크기를 조절하고 회전합니다.

❶ 오브젝트 선택하기

오브젝트를 한 번 클릭하면 선택됩니다. 아트보드 여백을 클릭하면 선택이 해제됩니다.

❷ 여러 개의 오브젝트 선택하기

Shift를 누른 상태로 여러 개의 오브젝트를 클릭하거나 선택하고자 하는 오브젝트를 드래그하면 선택할 수 있습니다.

❸ 오브젝트 이동하기

선택된 오브젝트를 드래그하면 이동할 수 있습니다.

❹ 수직/수평 이동하기

Shift를 누른 상태로 오브젝트를 드래그하면 수직, 수평, 45° 각도로 이동할 수 있습니다.

> **TIP ✦**
> 바운딩 박스는 오브젝트를 선택했을 때 기본으로 나타나는 사각형 형태의 조절점을 말합니다.

❺ 오브젝트 회전하기

바운딩 박스 조절점에 마우스 커서를 가까이 가져가면 곡선 형태의 회전 화살표(↻)가 나타납니다. 이때 드래그해 오브젝트를 회전할 수 있습니다. Shift 를 누른 상태로 오브젝트를 회전하면 45° 각도로 회전할 수 있습니다.

❻ 크기 조절하기

바운딩 박스 조절점에 마우스 커서를 가져가면 양방향 화살표(↕)가 나타납니다. 이때 드래그해 오브젝트 크기를 조절할 수 있습니다. Shift 를 누른 상태에서 오브젝트 크기를 조절하면 같은 비율로 확대 및 축소할 수 있습니다.

❼ 오브젝트 복제하기

복제할 오브젝트를 선택하고 Alt 를 누른 채 드래그하면 오브젝트를 복제할 수 있습니다. Alt + Shift 를 누른 채 드래그하면 오브젝트를 수평, 수직, 45° 각도로 복제할 수 있습니다.

❽ 다단 복제하기

다단 복제(Ctrl + D)는 이전에 작업한 복제나 이동 등의 간단한 작업을 반복하는 기능입니다. 적절히 이용하면 규칙적인 패턴이나 형태를 만들 수 있어 유용합니다.

> **TIP ✧**
> 오브젝트를 선택했을 때 패스가 보이지 않으면 메뉴에서 (View) → Show Edges를 실행합니다. 바운딩 박스가 보이지 않으면 메뉴에서 (View) → Show Bounding Box를 실행합니다.

EASY 실습 | 동일한 속성의 문자 한 번에 선택하기

- 실습파일 : 일러스트레이터\02\text.ai
- 완성파일 : 일러스트레이터\02\text_완성.ai

선택하려는 속성의 오브젝트를 선택하고 메뉴에서 (Select) → Same을 실행하거나 마술봉 도구를 이용하면 면 또는 선, 블렌딩 모드 등에 따라 같은 속성의 오브젝트를 클릭 한번에 선택할 수 있습니다.

01 일러스트레이터 → 02 폴더의 'text.ai' 파일을 불러옵니다.

TIP ✦
Missing Font 대화상자가 표시되며 예제에 사용한 글꼴이 없다면 〈Replace Fonts〉 버튼을 클릭해 찾아서 바꾸거나 〈Close〉 버튼을 클릭해 대화상자를 닫습니다.

02 ❶ '고양이계의 여왕, 장화 신은 고양이' 문자를 선택한 다음 ❷ 메뉴에서 (Select) → Same → Font Family & Style을 실행합니다.

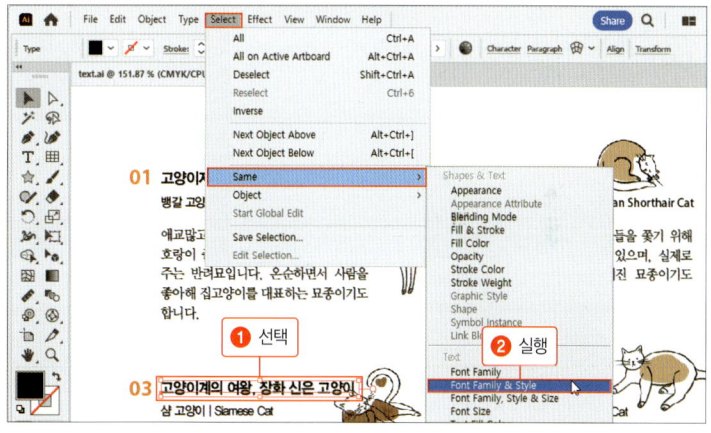

03 선택한 텍스트와 같은 속성을 가진 텍스트가 모두 선택됩니다.

04 문자가 선택된 상태에서 Character 패널의 글꼴을 '메이플스토리'로 지정합니다.

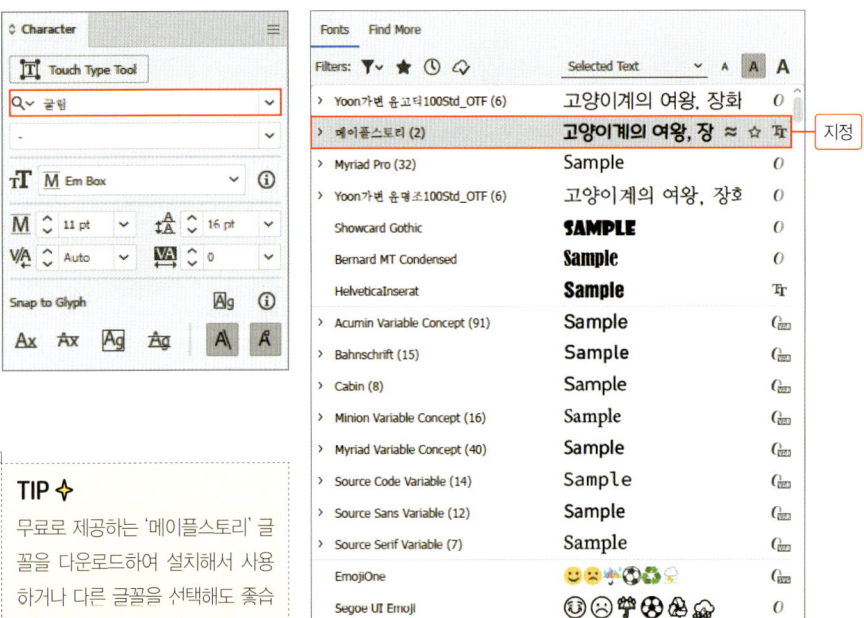

TIP
무료로 제공하는 '메이플스토리' 글꼴을 다운로드하여 설치해서 사용하거나 다른 글꼴을 선택해도 좋습니다.

05 Color 패널에서 'C:38%, M:60%, Y:70%, K:0%'로 지정해 색상을 변경합니다.

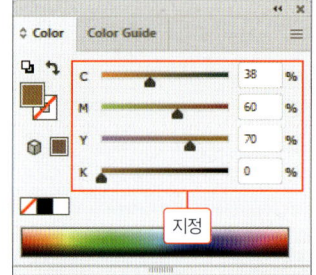

06 선택된 문자 색상이 모두 변경되었습니다.

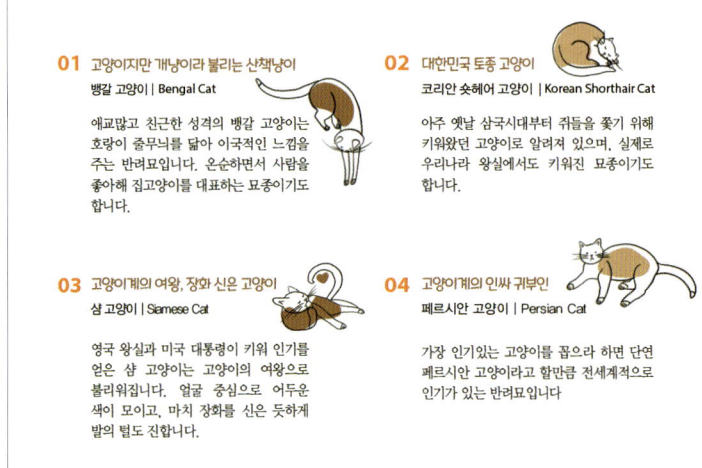

TIP
문자 스타일 선택 기능을 이용하면 간단한 방법으로 같은 속성의 많은 텍스트를 검색, 수정할 수 있습니다.

LESSON 05 › 상상을 현실로! 일러스트 드로잉

❶ 패스 이해하기

패스 구조 이해하기

펜 도구(✏️)를 이용해서 여러 개의 기준점을 클릭하고 서로 연결하여 다양한 형태의 패스를 그릴 수 있습니다. 패스는 기준점의 시작과 끝이 연결된 면 형태의 닫힌 패스와 연결되지 않은 선 형태의 열린 패스로 나뉘며, 펜 도구나 직접 선택 도구(▶) 등을 이용하여 수정할 수 있습니다. 일러스트레이터에서 제작할 수 있는 벡터 오브젝트는 여러 개의 직선 또는 곡선 패스로 이루어지므로 패스(베지어 곡선) 구조에 대해 살펴보겠습니다.

닫힌 패스   열린 패스

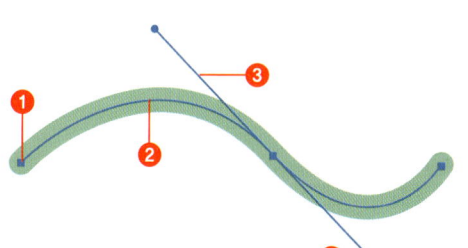

❶ **기준점(Anchor Point)** : 직선 또는 곡선을 만들 때 기준이 되는 점을 의미합니다.

❷ **세그먼트(Segment)** : 하나의 점(Point)에서 또 다른 점 사이를 연결하는 곡선을 의미합니다.

❸ **방향선(Direction Line)** : 곡선의 형태를 변경할 수 있는 조절 선을 의미합니다.

❹ **방향점(Direction Point)** : 방향선의 끝점을 의미하며 방향선의 길이와 각도를 조절하여 세그먼트를 변형할 수 있습니다.

패스 제작 도구 살펴보기

패스와 관련된 펜 도구들을 이용해 원하는 형태의 직선과 곡선 패스를 그려서 다양한 오브젝트를 만들 수 있습니다. Tools 패널의 패스와 관련된 도구로는 펜 도구, 기준점 추가 도구, 기준점 삭제 도구, 기준점 변환 도구, 곡률 도구로, 총 다섯 가지가 있습니다. 펜 도구를 이용해 다양한 패스를 그리며, 다른 도구들은 이미 그려진 패스에 기준점을 추가, 삭제하고 방향선과 방향점을 변형하는 보조 역할을 합니다.

> **TIP ✧**
> 베지어 곡선(Bezier Curve)은 벡터 디자인에서 곡선의 형태를 만들고 수정하는 데 사용하는 중요한 도구입니다. 베지어 곡선은 기준점을 사용하여 곡선을 정확하게 조정할 수 있습니다. 처음에는 다루기 어려울 수 있지만, 기준점과 방향선을 잘 활용하면 매우 유연하고 세밀한 디자인 작업을 할 수 있습니다.

❶ **펜 도구(Pen Tool, P)** : 벡터 방식의 패스를 이용하여 여러 형태의 직선과 곡선을 기준으로 다양한 오브젝트를 그릴 수 있습니다.

❷ **기준점 추가 도구(Add Anchor Point Tool, +)** : 패스에 기준점을 추가할 수 있습니다.

❸ **기준점 삭제 도구(Delete Anchor Point Tool, −)** : 패스에서 기준점을 삭제할 수 있습니다.

❹ **기준점 변환 도구(Anchor Point Tool, Shift+C)** : 기준점, 세그먼트, 방향선과 방향점을 조절하여 직선을 곡선으로 바꾸거나 곡선의 형태를 바꿀 수 있고, 기준점을 클릭해 곡선을 직선으로 바꿀 수도 있습니다.

❺ **곡률 도구(Curvature Tool, Shift+~)** : 기준점을 추가하면서 이전 기준점의 방향선과 연결하여 자동으로 곡선의 방향선을 추가할 수 있습니다.

펜 도구 Control 패널 살펴보기

펜 도구 또는 패스 관련 도구를 이용하여 패스를 그릴 때 문서 위쪽의 펜 도구 Control 패널을 활용하면 더욱 세밀하게 패스를 조절할 수 있습니다.

❶ **Convert** : 곡선의 기준점이 선택된 상태에서 'Convert selected anchor points to corner' 아이콘( )을 클릭하면 방향선이 삭제되면서 곡선이 직선으로 바뀝니다. 반대로 직선의 기준점에서 'Convert selected anchor points to smooth' 아이콘( )을 클릭하면 방향선이 추가되면서 직선이 곡선으로 바뀝니다. 직접 선택 도구( )를 이용해 여러 개의 기준점을 한꺼번에 선택해서 바꿀 수 있는 장점이 있습니다.

❷ **Handles** : 여러 개의 선택된 기준점에 관한 방향선을 표시하거나 숨길 수 있습니다.

❸ **Anchors** : 기준점을 삭제 또는 연결하거나 자를 수 있습니다.

❹ **Corners** : 패스나 기준점의 모서리, 반경, 둥글기를 설정합니다.

❺ **Align** : Align 패널에서 기준점을 정렬하거나 선택된 패스, 기준점, 아트보드를 기준으로 기준점을 정렬할 수 있습니다.

❻ **Transform(X/Y, W/H)** : 기준점의 좌표를 수치화하여 더욱 정확하고 세밀하게 작업할 수 있습니다.

❼ **Isolate Selected Object** : 선택된 오브젝트의 편집 모드에서 더욱 세밀하게 작업할 수 있습니다.

EASY 실습 > 원하는 대로 패스선 그리기

• **실습파일** : 일러스트레이터\02\우주여행.ai
• **완성파일** : 일러스트레이터\02\우주여행_완성.ai

일러스트레이터에서는 펜 도구만 잘 활용해도 직선, 곡선, 도형 등을 다양하게 그릴 수 있습니다. 펜 도구를 이용하여 밑그림 일러스트를 따라 오브젝트를 그려 봅니다.

01 일러스트레이터 → 02 폴더에서 '우주여행.ai' 파일을 불러옵니다. 우주선 아래에 패스 작업을 따라 할 수 있는 밑그림 일러스트가 나타납니다.

02 펜 도구(✏️)를 선택하고 ❶ 밑그림을 따라 시작점을 클릭한 다음 ❷ Shift 를 누른 상태로 다음 기준점을 클릭해 직선을 그립니다.

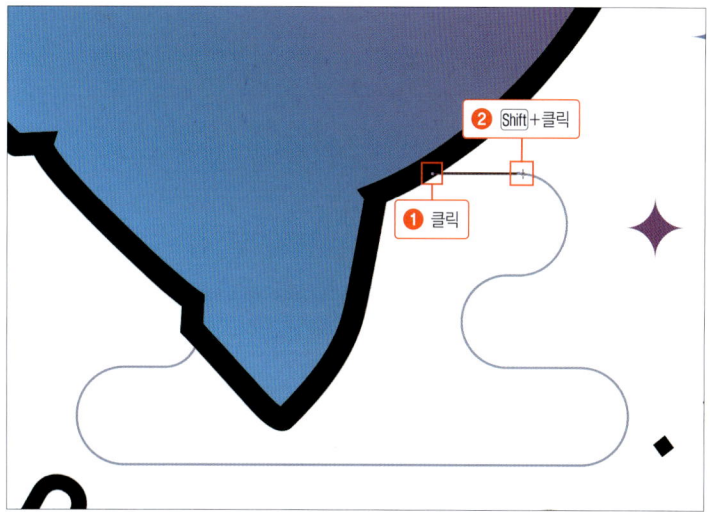

03 ❶ 곡선의 중간 부분을 그림과 같이 클릭하고 밑그림에 맞춰 ❷ 드래그해서 방향선을 조절합니다.

TIP ✦
펜 도구(✏️)를 선택한 상태에서 Alt 를 누르면 일시적으로 기준점 변환 도구(◣)로 바뀌고, Ctrl 을 누르면 일시적으로 직접 선택 도구(▷)로 바뀌어 패스를 세부적으로 수정할 수 있습니다.

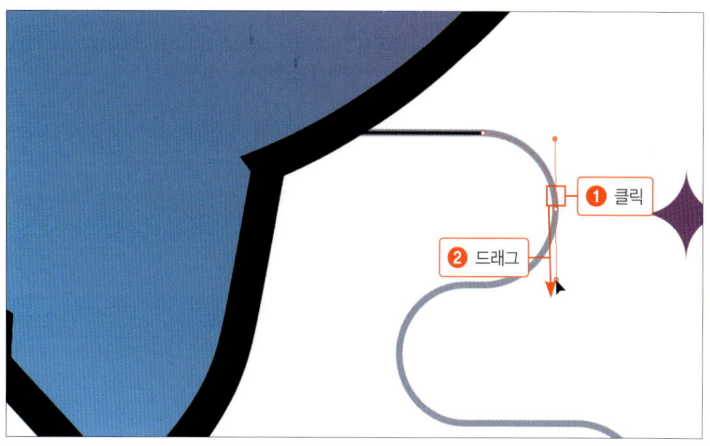

04 기준점을 다시 한 번 클릭하여 방향선을 삭제한 다음 패스 작업을 이어갑니다.

왜? ✧
곡선을 그릴 때 방향선이 기준점을 기준으로 양쪽에 나타나면 다음 곡선을 그리기 힘들기 때문에 조절합니다.

05 우주선에 가려진 부분은 그림과 같이 그린 다음 패스 작업을 마치면 시작점을 클릭해 닫힌 패스(면)를 완성합니다.

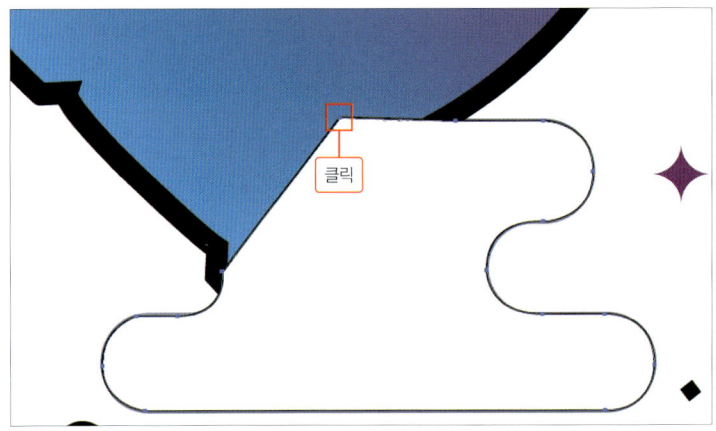

06 ❶ 닫힌 패스로 만들어진 구름을 선택한 다음 ❷ Ctrl + Shift + [를 눌러 우주선 뒤로 이동합니다. ❸ 스포이트 도구( )를 선택하고 우주선 위 구름을 클릭해서 색을 교체하여 마무리합니다.

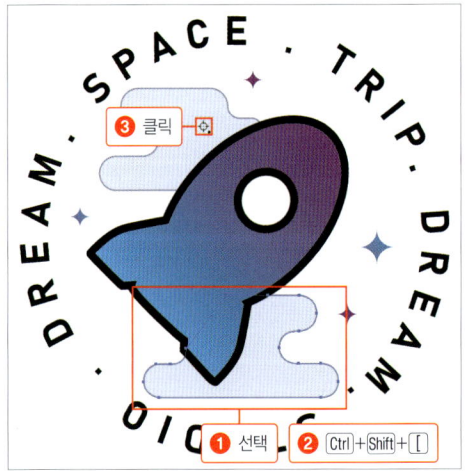

TIP ✧
오브젝트를 선택한 상태에서 선 색과 면 색을 교체할 때 Shift + X 를 누르면 편리합니다.

TIP ✧
다양한 펜 도구를 이용하여 패스를 그릴 때 작업에 따라 달라지는 마우스 커서를 보며 펜 도구 상태를 확인할 수 있습니다.
❶ 펜 도구 작업 시작 : 패스를 그리기 위한 시작 단계를 나타냅니다.
❷ 기준점 변환 : 패스 작업 과정에서 방향선을 만들어 다음 기준점을 추가할 때 곡선을 그리거나 곡선 방향선을 직선으로 만들 수 있습니다.
❸ 기준점 추가 : 현재 패스에 기준점을 추가합니다.
❹ 기준점 삭제 : 현재 기준점을 삭제합니다.
❺ 닫힌 패스로 마무리 : 패스의 시작점과 끝점이 만날 때 나타나며 클릭하면 닫힌 패스를 만들 수 있습니다.

❷ 선 두께, 모양 조절하기

Stroke 패널(≡)은 일러스트레이터 화면의 오른쪽 패널 그룹에서 패널 아이콘을 클릭하거나, 메뉴에서 (Window) → Stroke를 실행해 표시할 수 있습니다. Stroke 패널에서는 오브젝트의 선 두께와 끝점, 모서리 모양 등을 지정할 수 있고, 직선, 곡선 등의 패스에서 선 간격과 속성을 설정하여 점선이나 화살표 모양을 적용할 수도 있습니다. Stroke 패널은 펜 도구와 함께 자주 이용하므로 충분히 이해하시기 바랍니다.

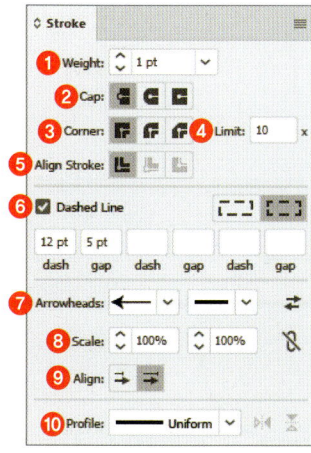

❶ **Weight** : 선 두께를 지정할 수 있습니다.

❷ **Cap** : 선의 끝부분을 변형할 수 있습니다.

    ⓐ **Butt Cap** : 선 두께에 상관없이 끝점에서 넘치지 않습니다.

    ⓑ **Round Cap** : 끝점을 둥글게 표현합니다.

    ⓒ **Projecting Cap** : 끝점을 넘치게 표현합니다.

❸ **Corner** : 선의 모서리를 변형할 수 있습니다.

    ⓐ **Miter Join** : 꺾인 선의 모서리를 직선으로 표현합니다.

    ⓑ **Round Join** : 꺾인 선의 모서리를 둥글게 표현합니다.

    ⓒ **Bevel Join** : 꺾인 선의 모서리를 각도에 따라 사선으로 각지게 표현합니다.

❹ **Limit** : Miter Join의 꺾인 모서리에서 표현의 한계점을 지정할 수 있습니다. 수치가 클수록 꺾인 모서리 각이 작을 때 모서리 모양을 뾰족하게 나타낼 수 있습니다.

❺ **Align Stroke** : 패스 내 기준점 위치를 바꿀 수 있습니다. 단, Inside와 Outside는 닫힌 패스의 오브젝트에서 변형할 수 있습니다.

    ⓐ **Align Stroke to Center** : 패스에서 기준점 위치를 선 가운데로 지정합니다.

    ⓑ **Align Stroke to Inside** : 패스에서 기준점 위치를 선 밖으로 지정합니다.

    ⓒ **Align Stroke to Outside** : 패스에서 기준점 위치를 선 안으로 지정합니다.

❻ **Dashed Line** : 'Dashed Line'에 체크 표시하면 선을 점선으로 변경할 수 있고, 점선의 길이와 점 간격을 수치로 조절할 수 있습니다.

❼ **Arrowheads** : 화살표의 양끝 모양을 지정할 수 있습니다. 패스에 적용된 화살표를 없애려면 Stroke 패널의 앞뒤 화살표를 'None'으로 지정합니다.

❽ **Scale** : 화살표 양끝의 크기를 조절할 수 있습니다. Scale의 오른쪽 링크 아이콘(🔗)을 클릭하면 화살표의 어느 한쪽만 크기를 변경해도 양끝 모두 같은 비율로 조절할 수 있습니다.

❾ **Align** : 화살표의 시작이나 끝부분을 기준으로 패스 위치를 정렬합니다.

❿ **Profile** : 패스선을 변형할 수 있습니다.

> **TIP** ✦
> Stroke 패널에 Weight 항목만 나타나면 '패널 메뉴' 아이콘(≡)을 클릭하고 **Show Options**를 실행하거나 패널 이름 왼쪽의 화살표를 클릭해 패널을 확장해서 세부 항목을 표시합니다.

Quick 활용 | 선을 활용해 표지판 완성하기

・실습파일 : 일러스트레이터\02\sign.ai
・완성파일 : 일러스트레이터\02\sign_완성.ai

Stroke 패널을 이용하여 선 속성 설정뿐만 아니라 다양한 형태를 만들 수 있습니다. 선을 그리고 Stroke 패널을 이용해서 간단하게 표지판을 디자인해 봅니다.

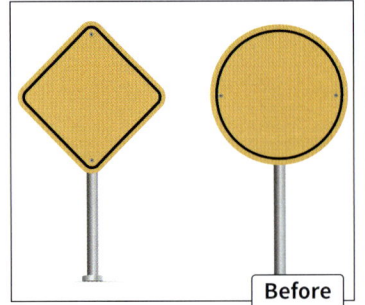
Before

After

01 일러스트레이터 → 02 폴더에서 'sign.ai' 파일을 불러옵니다. 두 개의 표지판 형태가 나타납니다.

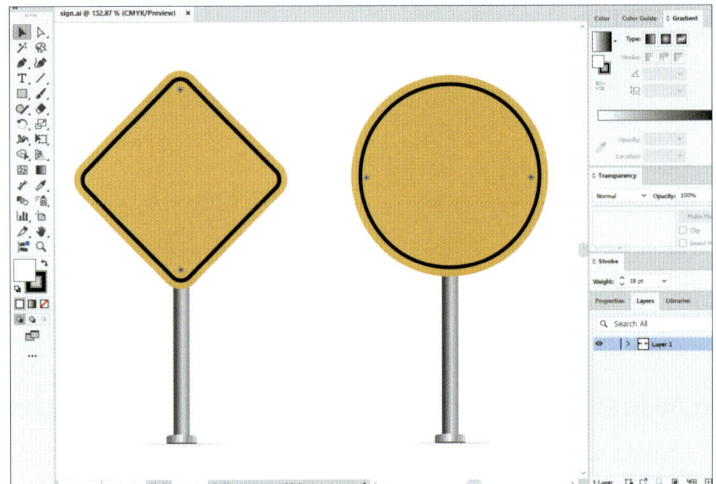

02 ❶ 펜 도구(✐)를 선택한 다음 ❷ 면 색을 'None', 선 색을 '검은색'으로 지정합니다. ❸ 왼쪽 표지판에 그림과 같이 아래쪽을 클릭하고 ❹ Shift 를 누른 채 위쪽을 클릭해 직선을 그립니다.

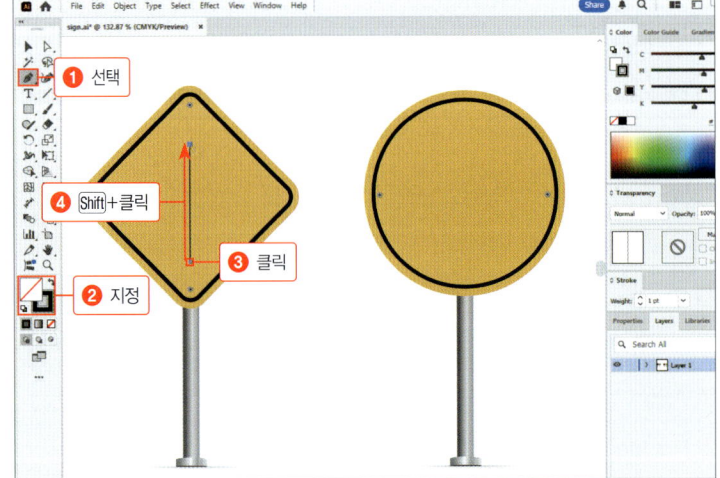

03 선을 화살표로 변경하기 위해 ❶ 선택 도구(▶)로 ❷ 선을 선택합니다. ❸ Stroke 패널(≡)에서 Arrowheads의 오른쪽 화살표 팝업 아이콘을 클릭한 다음 ❹ 'Arrow 1'로 지정합니다.

> **TIP ✦**
> Stroke 패널이 보이지 않으면 메뉴에서 (Window) → Stroke(Ctrl+F10)를 실행합니다.

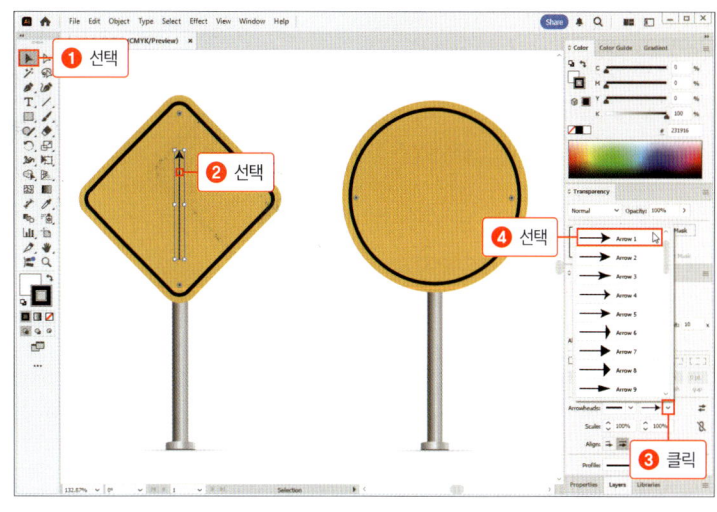

04 Stroke 패널에서 ❶ Weight를 '18pt', ❷ Scale 오른쪽을 '30%'로 설정합니다. 직진 표지판이 완성되었습니다.

> **TIP ✦**
> 브러시 도구(/)를 선택한 다음 브러시 라이브러리에서 Arrows 명령을 실행하여 다양한 형태의 화살표를 만들 수도 있습니다.

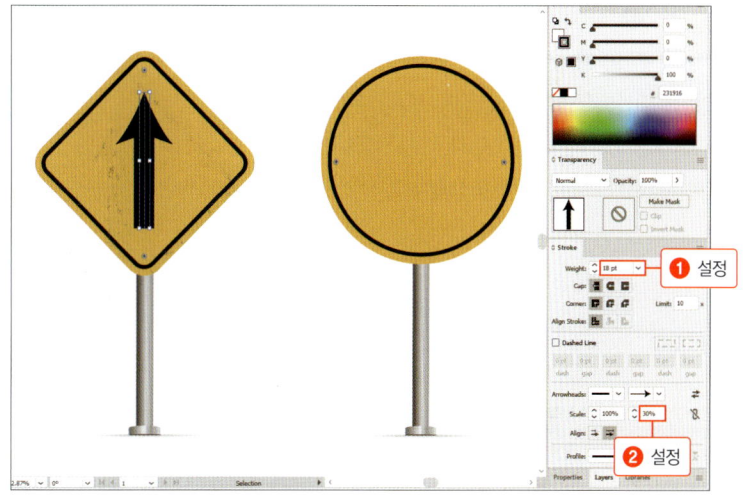

05 이번에는 오른쪽 표지판 안에 다음과 같이 'ㄱ' 형태의 선을 이어서 그립니다.

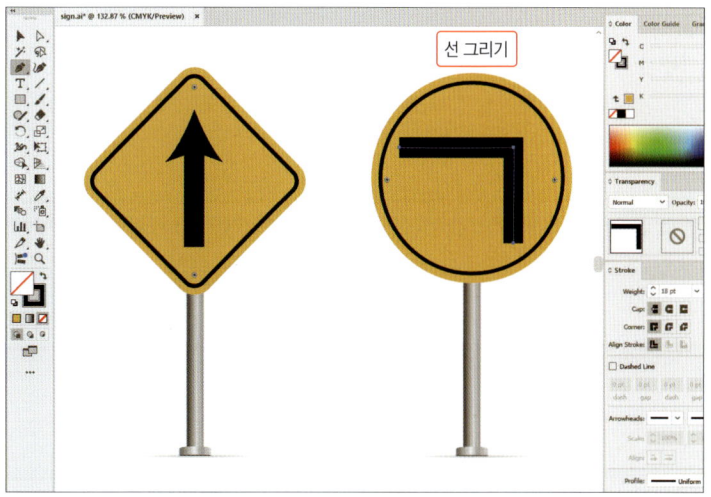

06 ❶ 꺾은 선을 선택하고 Stroke 패널(☰)에서 ❷ Arrowheads의 오른쪽 화살표를 'Arrow 2'로 지정한 다음 ❸ Scale 오른쪽을 '30%'로 설정합니다.

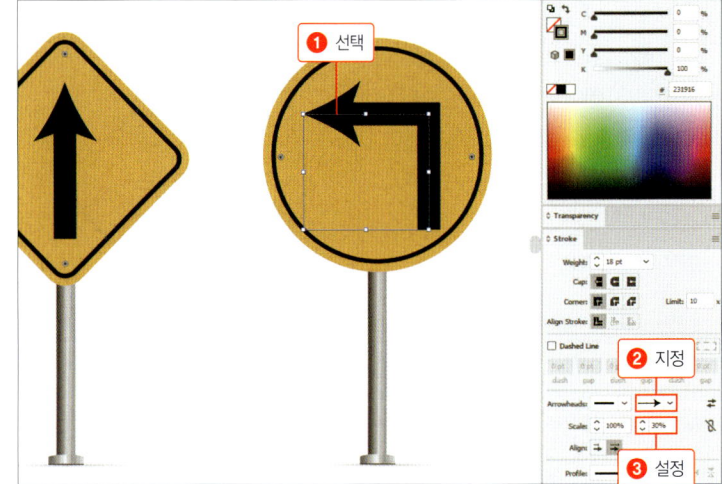

07 ❶ 직접 선택 도구(▷)를 선택한 다음 ❷ 오른쪽 위 원형 조절점을 클릭하고 안쪽으로 드래그해서 모서리를 둥글게 만듭니다. 좌회전 표지판도 완성되어 두 가지 표지판이 만들어졌습니다.

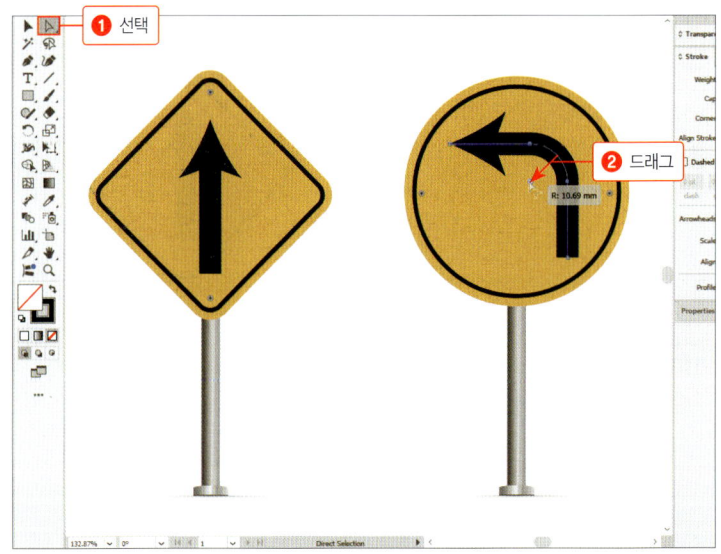

> **TIP ✦**
> 'Preserves exact dash and gap lengths' 아이콘(▦)을 클릭하면 지정한 수치대로 같은 간격으로 점선을 표현하고, 'Aligns dashes to corners and path ends, adjusting lengths to fit' 아이콘(▦)을 클릭하면 모서리를 기준으로 점선의 길이가 같은 간격으로 나타납니다.

> **TIP ✦**
> 'Extend arrow tip beyond end of path' 아이콘(⇥)을 클릭하면 패스를 화살표 끝부분에 위치시켜 패스에서 화살표를 확장합니다. 'Place arrow tip at end of path' 아이콘(⇥)을 클릭하면 패스의 끝점과 화살표의 시작 부분이 일치하게 위치시킵니다.

Quick 활용 | 도형 도구로 간편하게 일러스트 완성하기

• 실습파일 : 일러스트레이터\02\도형.ai
• 완성파일 : 일러스트레이터\02\도형_완성.ai

사각형, 원형, 다각형 도구를 선택한 다음 드래그하거나 아트보드를 클릭해 표시되는 대화상자에서 설정하여 다양한 형태의 집 일러스트를 완성해 봅니다.

01 일러스트레이터 → 02 폴더에서 '도형.ai' 파일을 불러옵니다. 도형을 그려 일러스트를 완성하기 위해 Layers 패널(◆)에서 'Layer 2' 레이어를 선택합니다.

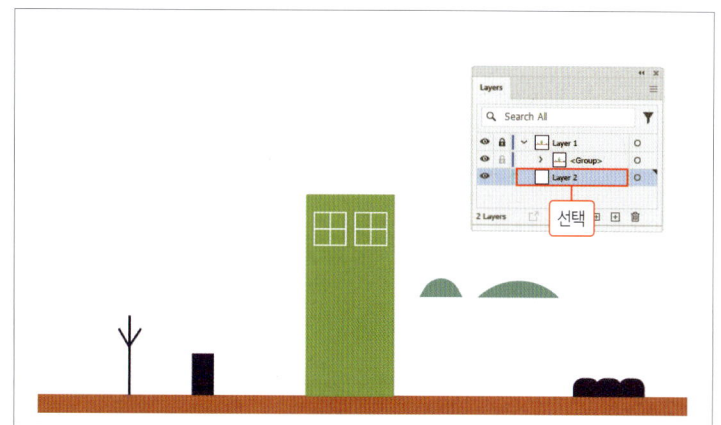

02 ❶ 사각형 도구(▭)를 선택하고 ❷ 면 색을 '#4DBBCF', 선 색을 'None'으로 지정합니다. ❸ 아트보드에 클릭해 Rectangle 대화상자가 표시되면 ❹ Width를 '150px', Height를 '100px'로 설정한 다음 ❺ 〈OK〉 버튼을 클릭합니다.

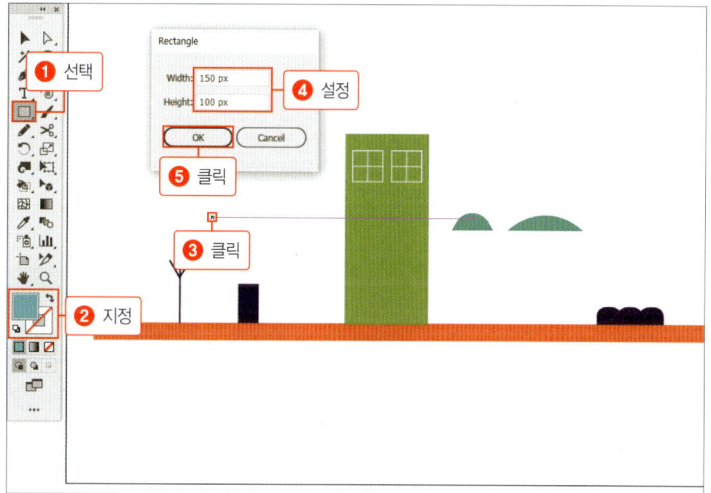

03 ❶ 선택 도구(▶)를 이용해 그림과 같이 알맞게 배치합니다. ❷ 오른쪽 두 개의 지붕 아래에 맞춰 그림과 같이 각각 드래그합니다.

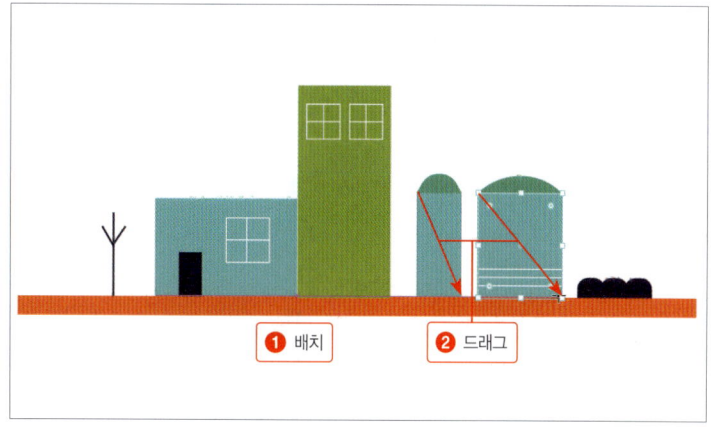

04 ❶ 원 도구(◯)를 선택하고 ❷ 면 색을 '#47C1C3'으로 지정합니다. ❸ 아트보드를 클릭하여 Ellipse 대화상자가 표시되면 ❹ Width/Height를 각각 '60px'로 설정한 다음 ❺ 〈OK〉 버튼을 클릭합니다.

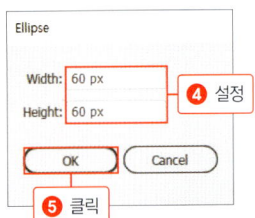
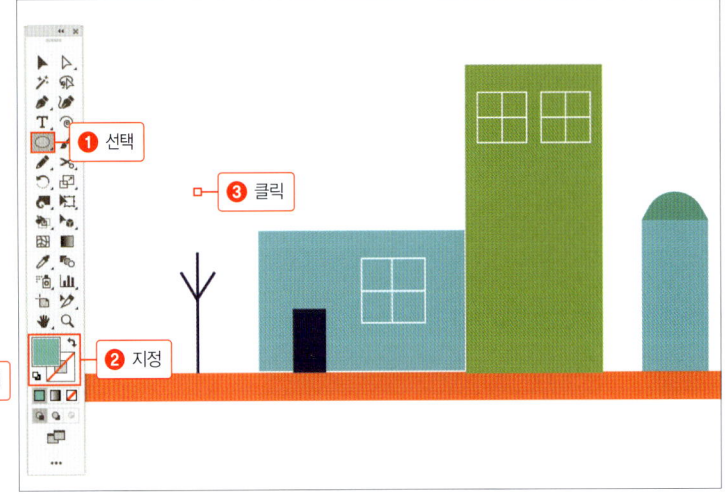

TIP ✦
원 도구(◯)를 선택한 다음 원하는 대로 드래그하여 다양한 형태의 원을 그릴 수 있으며, Shift 를 누른 상태로 드래그하면 정원을 그릴 수 있습니다. 원 도구를 선택한 상태로 아트보드를 클릭하면 표시되는 Ellipse 대화상자에서 원의 가로와 세로 길이를 설정해 정확한 크기의 원을 그릴 수도 있습니다.

05 ❶ 선택 도구(▶)를 선택한 다음 ❷ 나뭇가지 위쪽에 배치합니다. ❸ Alt 를 누른 상태로 드래그해 그림과 같이 두 개의 원을 복제해서 배치합니다.

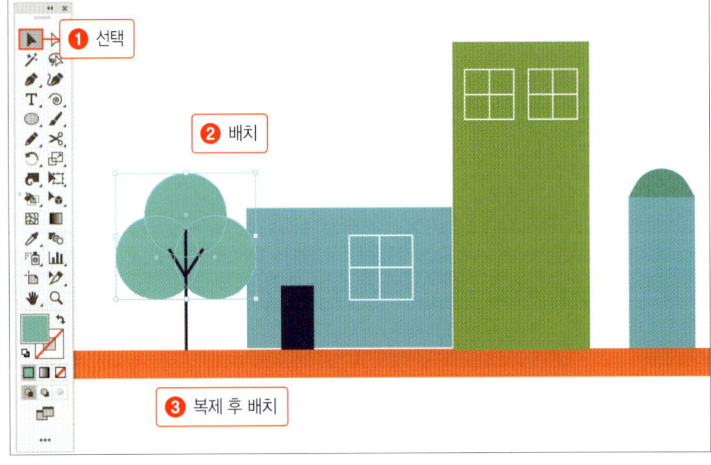

TIP ✦
Align 패널을 이용하여 원 오브젝트 간격을 일정하게 조절할 수 있습니다.

06 ❶ 스포이트 도구(✎)를 선택한 다음 ❷ 남색 문을 클릭해 색을 추출합니다. ❸ 다시 원 도구(◯)를 선택한 다음 ❹ 오른쪽에 그림과 같이 드래그해 두 개의 둥근 창문을 만듭니다.

07 ❶ 다각형 도구( )를 선택하고 ❷ 아트보드에 드래그한 상태로 ↓를 여러 번 눌러 삼각형 형태가 나타나면 지붕 크기에 맞춥니다.

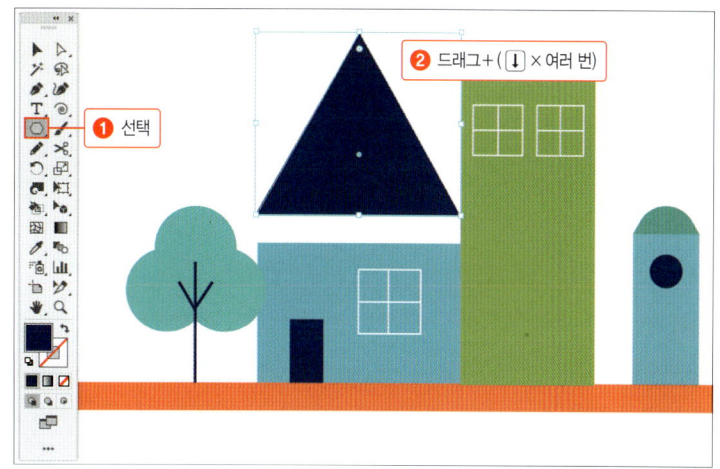

> **TIP**
> 다각형 도구( )를 선택한 다음 드래그하여 다각형을 그릴 수 있으며, 다각형의 모서리 수를 설정하여 여러 가지 다각형을 그릴 수도 있습니다. 다각형 도구를 선택한 상태로 아트보드를 클릭하면 표시되는 Polygon 대화상자에서 다각형의 반지름, 모서리 수치를 설정하여 더욱 정확하게 그릴 수 있습니다.

08 ❶ 선택 도구( )를 이용해 지붕에 알맞게 배치합니다. ❷ 바운딩 박스의 위쪽 가운데 조절점을 아래쪽으로 드래그하여 지붕의 높이를 줄입니다.

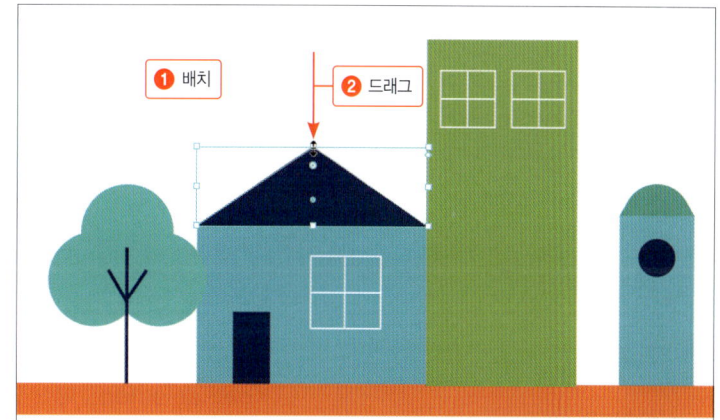

09 ❶ Alt 를 누른 상태로 삼각형을 오른쪽 건물 위로 드래그한 다음 ❷ 크기를 그림과 같이 조절합니다. 간단한 집 형태의 일러스트가 완성되었습니다.

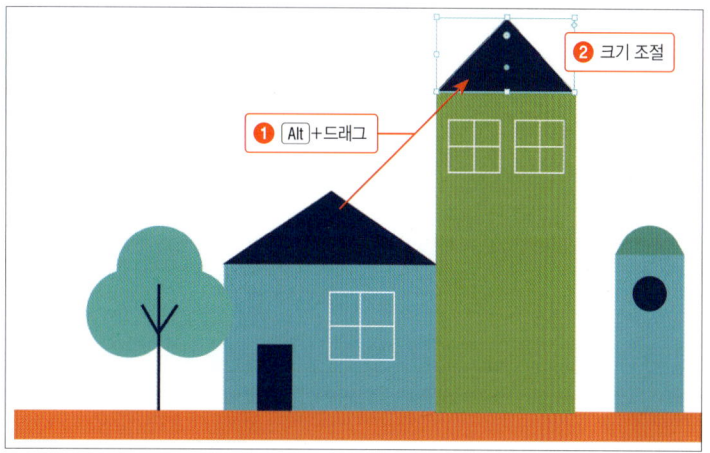

③ 손그림 느낌의 라인 일러스트 그리기

일러스트레이터에서는 연필 도구( )를 사용하여 자유롭게 스케치하듯이 드로잉할 수 있습니다. 연필 도구는 실제 연필로 그리듯이 자연스럽고 유연한 곡선을 그릴 수 있어, 자유로운 드로잉 작업에 매우 적합합니다. 이 도구를 사용하면 디지털 작업 공간에서도 손으로 그린 듯한 질감과 흐름을 구현할 수 있습니다. 작업 중 잘못 그린 부분이나 수정이 필요한 영역이 있을 때는 지우개 도구를 활용하여 손쉽게 삭제할 수 있으며, 불필요한 부분만 정확하게 지울 수 있어 효율적으로 수정할 수도 있습니다.

스무드 도구( )를 사용하면, 기존에 그린 거친 경로나 패스를 부드럽게 다듬을 수 있어 곡선의 품질을 향상시키고 더 세밀하고 정교한 오브젝트를 만들 수 있습니다. 스무드 도구는 특히, 연속적인 드로잉 작업을 할 때 자연스럽게 곡선이 연결되고, 부드러운 선을 구현하는 데 도움을 줍니다. 이러한 기능들을 통해 더욱 정확하고 매끄러운 드로잉 작업을 완성할 수 있으며, 더 높은 수준의 디지털 아트워크를 제작할 수 있습니다.

Tools 패널의 연필 도구를 더블클릭해 표시되는 Pencil Tool Options 대화상자에서 연필 도구에 관한 세부 옵션을 설정합니다.

손그림 형태의 일러스트

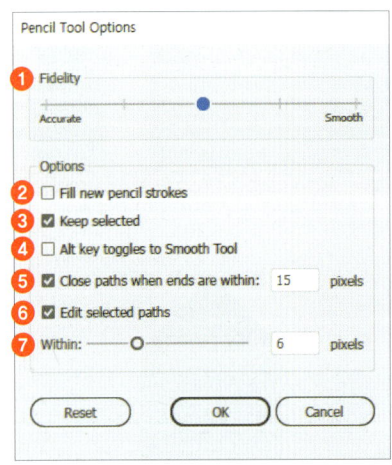

❶ **Fidelity** : Smooth로 갈수록 더욱 부드러운 선이 됩니다.

❷ **Fill new pencil strokes** : 체크 표시를 해제하면 패스의 면 색이 없어집니다.

❸ **Keep selected** : 패스 작업을 마친 다음 선이 선택됩니다.

❹ **Alt key toggles to Smooth Tool** : Alt 를 누르면 일시적으로 스무드 도구 기능을 이용할 수 있습니다.

❺ **Close paths when ends are within** : 수치가 클수록 시작과 마지막 패스의 닫히는 거리를 넓게 인식합니다.

❻ **Edit selected paths** : 선택한 패스를 연필 도구로 드래그해 수정할 수 있습니다.

❼ **Within** : 선택한 패스를 편집할 때 어느 정도 가까운 거리에서 드래그해야 수정될 것인지 수치를 설정합니다. 지정한 수치 범위에서 드래그하면 패스를 수정할 수 있습니다.

Quick 활용 : 패스 도구를 이용하여 라인 일러스트 그리기

• 실습파일 : 일러스트레이터\02\캐릭터.ai
• 완성파일 : 일러스트레이터\02\캐릭터_완성.ai

패스 도구로 이미지를 템플릿으로 만들고 패스를 만들어 자연스러운 캐릭터 일러스트를 완성해 봅니다.

Before

After

01 일러스트레이터 → 02 폴더에서 '캐릭터.ai' 파일을 불러옵니다. Layers 패널에서 '캐릭터 이미지', '라인 일러스트'의 2개 레이어를 확인합니다.

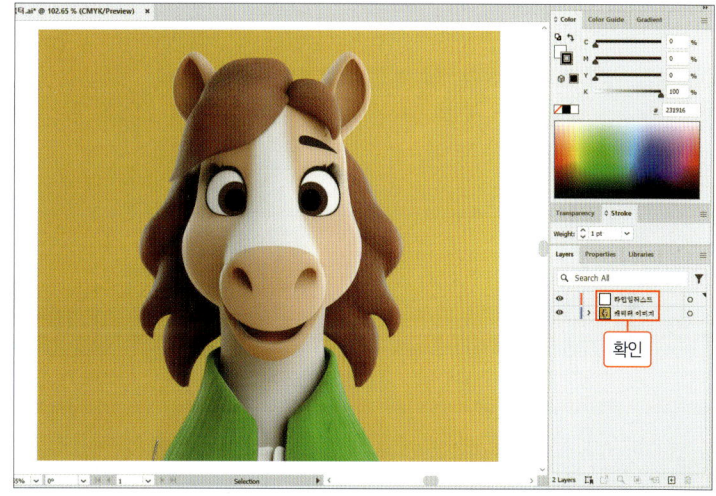

02 밑그림을 적용할 이미지를 템플릿으로 만들기 위해 ❶ Layers 패널에서 '캐릭터 이미지' 레이어를 선택한 다음 ❷ '패널 메뉴' 아이콘(≡)을 클릭하고 ❸ Template을 실행합니다.

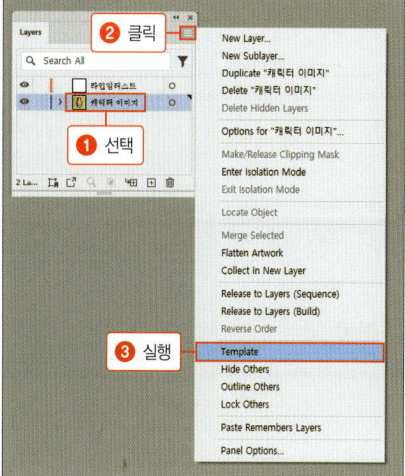

081

03 이미지가 흐려지고 선택되지 않도록 잠금 상태가 됩니다. 밑그림을 따라 캐릭터를 만들기 위해 먼저 ❶ 면 색을 'None', 선 색을 '검은색'으로 지정한 다음 ❷ 펜 도구( )를 선택합니다.

04 Layers 패널에서 ❶ '라인일러스트' 레이어를 선택하고 ❷ 펜 도구로 캐릭터의 얼굴, 코, 입 모양을 따라 패스를 작성합니다. 각각의 패스에 색상을 적용하기 위해 패스의 시작점으로 돌아와 동그라미 표시가 나타날 때 클릭하여 닫힌 패스를 만듭니다.

05 펜 도구를 이용하여 그림과 같이 패스를 작성합니다.

> **TIP ✧**
> 패스의 안 보이는 부분들은 감춰질 것이기 때문에 정확하지 않아도 상관없습니다.

06 ❶ 눈 부분은 눈꺼풀, 흰자위, 눈동자, 속눈썹으로 구분하여 패스를 작성합니다. ❷ 한쪽 눈을 완성하면 눈 부분 전체를 선택한 다음 ❸ 반사 도구(▷|)로 ❹ Alt 를 누른 채 드래그해 복제합니다.

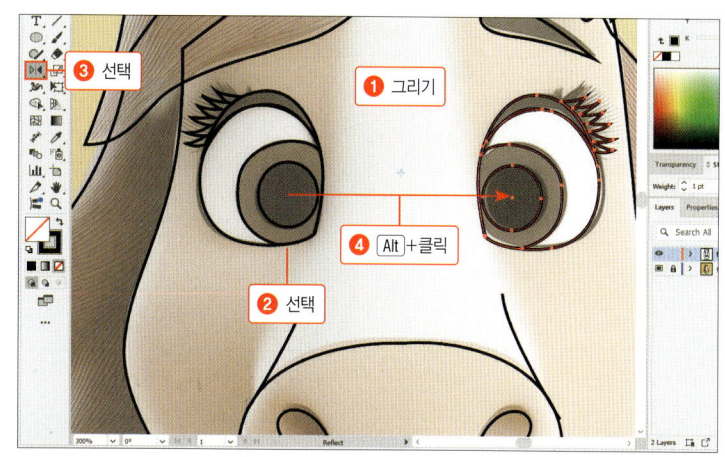

07 ❶ 선택 도구(▶)로 각각의 패스를 클릭하여 선택한 다음 Color 패널에서 원본 이미지를 바탕으로 색상을 적용합니다. ❷ 색상이 적용된 오브젝트의 배열이 앞에 위치해 잘못된 경우에는 ❸ 마우스 오른쪽 버튼을 클릭하고 ❹ Arrange → Sen to back을 실행하여 뒤로 보냅니다.

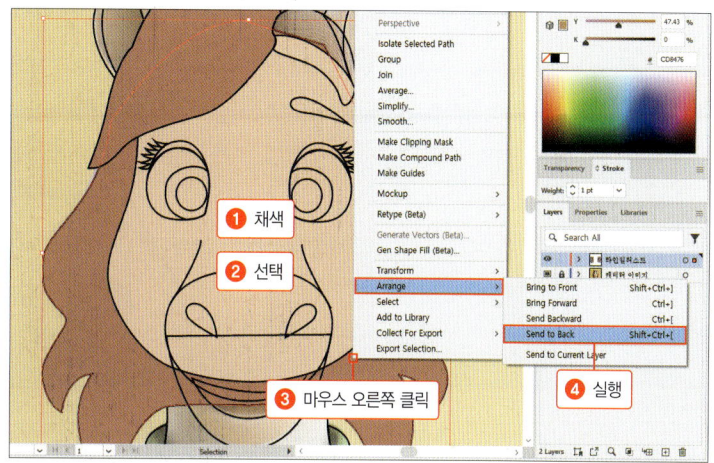

> **TIP** ✦
> 오브젝트의 배열은 가장 늦게 작성된 오브젝트가 가장 위쪽에 배열되므로 배열 순서를 생각하며 패스를 작성합니다. 이때 배열 순서를 빠르고 편리하게 변경할 수 있도록 단축키를 이용하면 편리합니다.

08 모든 패스 오브젝트에 그림과 같이 색상을 적용해 완성합니다. Layers 패널에서 '캐릭터 이미지' 레이어의 '눈' 아이콘(◉)을 클릭해 비활성화하면 밑그림이 사라집니다.

> **TIP** ✦
> 템플릿으로 잠금 설정된 원본 이미지의 색상을 추출하기 위해서는 Layers 패널의 '패널 메뉴' 아이콘(≡)을 클릭하고 **Template**을 실행해 비활성화해서 잠금, 흐림 효과를 해제합니다. 스포이트 도구(✐)를 선택한 다음 Shift 를 누른 채 원하는 색상 부분을 클릭하면 해당 색상이 Color 패널에 나타나 색상을 추출할 수 있습니다.

09 모든 오브젝트는 같은 선 두께가 적용되어 있습니다. ❶ 직접 선택 도구(▷)를 선택하고 ❷ 코 오브젝트 위쪽 기준점을 클릭하여 개별 선택합니다.

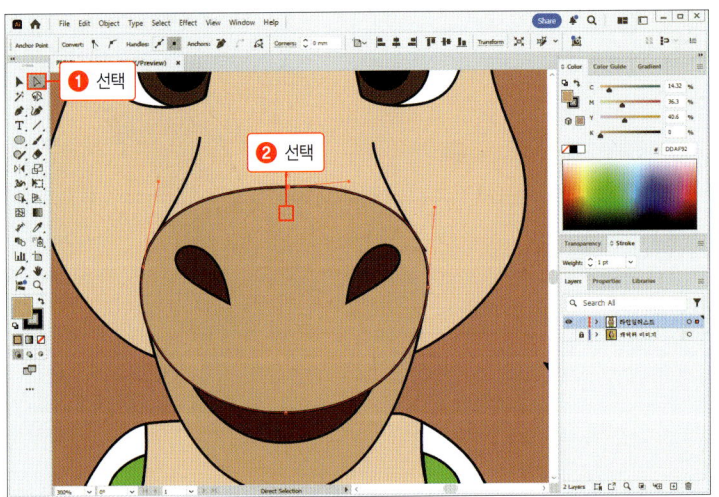

10 ❶ 폭 도구(🖍)를 선택한 다음 ❷ 선택된 기준점을 드래그하여 선 두께를 변경합니다.

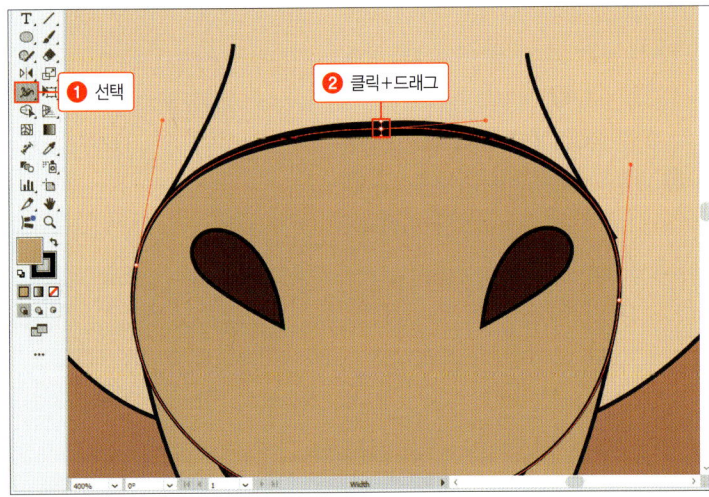

> **TIP ✦**
> 폭(Width) 도구는 패스의 두께를 부분적으로 두껍게 또는 가늘게 변경하여 선에 변화를 줄 수 있습니다.

11 폭 도구를 사용하여 테두리 선에 변화를 적용해서 완성합니다. 일반적으로 일러스트에서 튀어나와 보이는 부분 또는 그림자 부분의 선을 두껍게 변경합니다.

④ 다양한 느낌의 브러시 익히기

브러시 도구는 다양한 스타일의 선을 그릴 수 있는 강력한 도구입니다. 이 도구를 사용하면 붓, 연필, 마커, 또는 기타 질감 있는 선을 표현할 수 있으며, 자유로운 손그림 형태를 드로잉할 수 있습니다. Brushes 패널(　)에서 다양한 브러시 스타일을 선택하거나, 직접 고유한 브러시를 만들어 사용자화할 수도 있습니다. 브러시 도구는 선의 두께, 질감, 불투명도 등을 조절할 수 있어, 단순한 라인 작업부터 복잡한 예술적 표현까지 다양한 작업에 유용하게 사용합니다.

Brushes 패널에는 브러시 도구(　)를 이용해 그릴 수 있는 다양한 형태의 붓 모양이 있습니다. 메뉴에서 [Window] → Brushes([F5])를 실행하면 Brushes 패널이 표시되고, [Window] → Brush Libraries를 실행하면 브러시 라이브러리 패널이 표시됩니다.

❶ **Brush Libraries Menu** : 기본 브러시 라이브러리를 선택합니다.

❷ **Libraries Panel** : Libraries 패널에서 색상 테마, 그래픽, 레이어 스타일 등을 적용할 수 있습니다.

❸ **Remove Brush Stroke** : 적용된 브러시를 해제합니다.

❹ **Options of Selected Object** : Stroke Options 대화상자가 표시되어 선택한 오브젝트의 브러시만 편집할 수 있습니다.

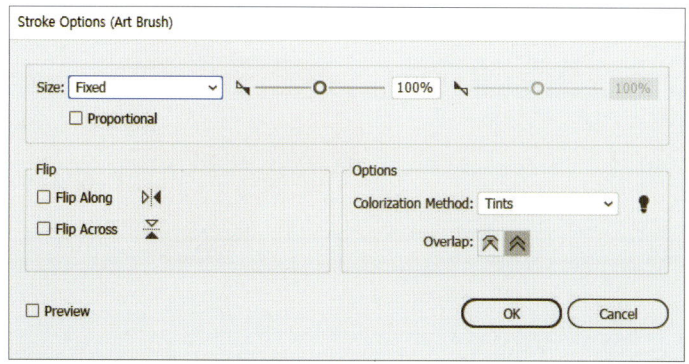

Stroke Options 대화상자

❺ **New Brush** : 새로운 브러시를 만들거나 복사합니다.

❻ **Delete Brush** : 브러시를 삭제합니다.

❼ **Brushes 패널 메뉴** : 해당 명령을 실행하여 세부적으로 브러시를 설정하고 이용하려는 브러시를 표시합니다.

Quick 활용 ┃ 자유로운 일러스트 그리기

• 완성파일 : 일러스트레이터\02\토마토_완성.ai

그림을 그리듯 자유롭게 드래그하여 브러시가 적용된 일러스트를 그려 봅니다.

01 ❶ 브러시 도구(✏️)를 선택하고 ❷ 면 색을 'None', 선 색을 '#E60012'로 지정합니다. ❸ Brushes 패널(🖌)에서 'Brush Libraries Menu' 아이콘(📚)을 클릭한 다음 ❹ <mark>Artistic → Artistic_ChalkChacoalPencil</mark>을 실행합니다. ❺ Artistic_ChalkCharcoalPencil 라이브러리가 표시되면 'Pencil–Thick' 브러시를 선택합니다.

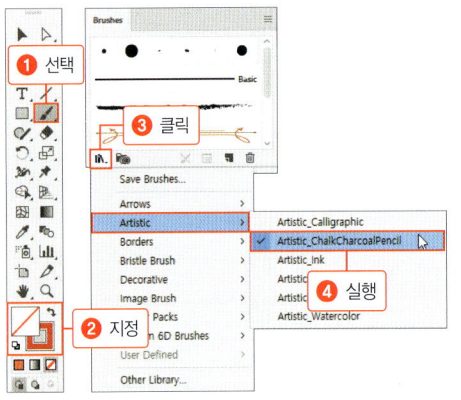

TIP ✦
메뉴에서 (Window) → Brush Libraries를 실행해 표시되는 다양한 브러시 라이브러리에서도 화살표, 분필, 서예 붓, 수채 붓, 강모, 패턴 브러시 등을 선택할 수 있습니다.

02 아트보드 오른쪽 위에 동그라미 형태로 드래그하고 시작점과 끝점이 만날 때 [Alt]를 눌러 닫힌 패스를 만듭니다.

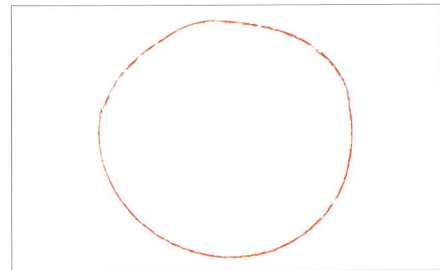

TIP ✦
동그란 토마토를 생각하며 울퉁불퉁해도 괜찮으니 자유롭게 그려 보세요.

03 ❶ 원의 왼쪽과 아래쪽에 그림과 같이 동그라미 형태로 드래그하여 총 세 개의 원을 그립니다. ❷ 선택 도구(▶)를 이용하여 왼쪽 토마토부터 시계 방향으로 면 색을 '#EA5532', '#E60012', '#E83828'로 지정합니다.

04 면 색을 '#22AC38', 선 색을 '#006934'로 지정합니다. 브러시 도구(✏️)로 각각의 토마토 위에 꼭지를 그립니다.

EASY 실습 — 물방울 브러시 도구로 배경 일러스트 그리기

· 실습파일 : 일러스트레이터\02\드림.ai
· 완성파일 : 일러스트레이터\02\드림_완성.ai

자유롭게 드래그하는 방식으로 면으로 패스를 작성하는 물방울 브러시 도구(✐)를 이용하여 드래그하는 대로 배경 일러스트를 만들어 봅니다.

Before

After

01 일러스트레이터 → 02 폴더에서 '드림.ai' 파일을 불러옵니다. ❶ 물방울 브러시 도구(✐)를 선택한 다음 ❷ 면 색을 '#253570', 선 색을 'None'으로 지정합니다. ❸ Layers 패널(❖)에서 'Layer 2' 레이어를 선택합니다.

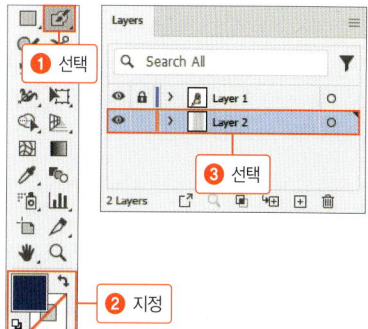

TIP ✧
Layers 패널에서 아래쪽 레이어에 그림을 그리면 위쪽 레이어에 의해 가려져서 배경 일러스트를 그릴 수 있습니다.

02 ❶ []를 여러 번 눌러 브러시 크기를 크게 조절합니다. ❷ 둥근 추상 형태를 그림과 같이 자유롭게 그리고 안쪽을 드래그하여 채색합니다. ❸ 면 색을 '#FBDDAD'로 지정한 다음 ❹ 그림과 같이 추상 형태를 더해 완성합니다.

Part 03

배색과 채색, 손쉬운 관리를 위한 레이어

| Adobe Firefly 20/25

Color Align Transform

PHOTOSHOP
+ILLUSTRATOR CC 2025

LESSON 06 〉 컬러 취향에 맞는 배색

❶ 채색 도구 살펴보기

면과 선 색 채우기

오브젝트 색은 면과 선 색으로 구성되며 Tools 패널 아래쪽 또는 Control, Color 패널에서 설정할 수 있습니다.

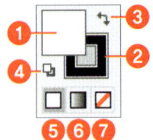

❶ **면 색(Fill)** : 오브젝트의 안쪽인 면에 적용하는 색입니다.

❷ **선 색(Stroke)** : 오브젝트의 바깥쪽인 선에 적용하는 색입니다.

❸ **Swap Fill and Stroke(색상 교체)** : 오브젝트의 면 색과 선 색을 서로 바꿉니다.

❹ **Default(기본 색)** : 면과 선 색을 기본 색인 흰색과 검은색으로 되돌립니다.

❺ **Color(단일 색)** : 면과 선에 하나의 색을 적용합니다.

❻ **Gradient(그레이디언트)** : 오브젝트의 면에 그러데이션을 적용합니다.

❼ **None(색상 없음)** : 면과 선에 색을 적용하지 않습니다.

Color Picker 대화상자에서 색 지정하기

Tools 패널에서 면이나 선 색의 색상 상자를 더블클릭하면 색을 더욱 세밀하게 설정할 수 있는 Color Picker 대화상자가 표시됩니다. 색상 스펙트럼을 이용해 명도와 채도를 한눈에 살펴보면서 색을 조절할 수 있어 편리합니다. Color Picker 대화상자에서는 HSB, RGB, CMYK 색상 모드로 각각의 색상 값을 설정할 수 있으며, 'Only Web Colors'를 체크 표시하면 색상 스펙트럼이 웹용으로 바뀌어 웹 디자인에 유용합니다.

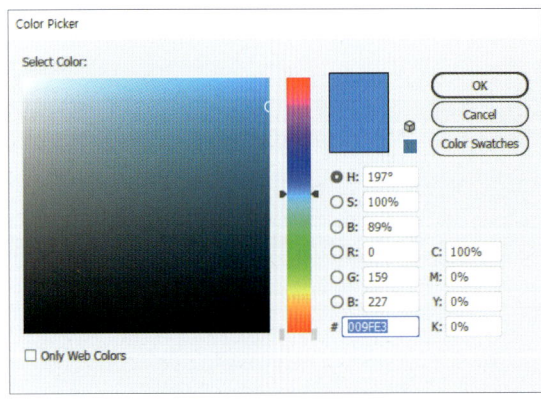

일반 Color Picker 대화상자

> **TIP ✦**
> Color Picker 대화상자에서는 색상/불투명도 변경 및 새로운 색상 견본 생성을 실시간으로 미리 볼 수 있습니다.

> **TIP ✦**
> Control 패널에서도 색을 지정할 수 있습니다. 면 또는 선 색의 색상 상자를 클릭하면 Swatches 패널(■)이 표시되고, Shift 를 누른 상태로 클릭하면 수치를 직접 입력하여 색상을 지정할 수 있는 Color 패널(■)이 표시됩니다.

EASY 실습 : 색상 모드 조절하기

• 실습파일 : 일러스트레이터\03\fruit.ai
• 완성파일 : 일러스트레이터\03\fruit_완성.ai

색상 스펙트럼에서 원하는 색을 선택하거나 각각의 색상 모드에서 색상 값의 슬라이더를 드래그하여 수치를 조절해서 색상을 적용해 봅니다.

Before

After

01 일러스트레이터 → 03 폴더에서 'fruit.ai' 파일을 불러옵니다. ❶ 선택 도구(▶)로 레몬을 선택합니다. ❷ Color 패널(🎨)에서 회색으로 지정된 면 색을 확인합니다.

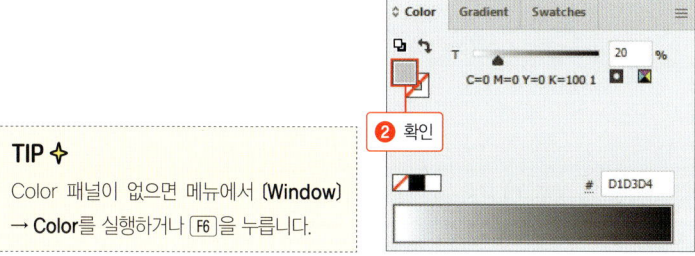

TIP ✦
Color 패널이 없으면 메뉴에서 (Window) → Color를 실행하거나 F6 을 누릅니다.

02 흑백 모드를 컬러로 변경하기 위해 ❶ Color 패널 오른쪽 위의 '패널 메뉴' 아이콘(≡)을 클릭하고 ❷ CMYK를 실행합니다.

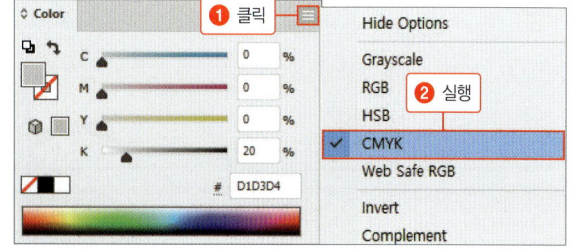

03 색을 변경하기 위해 Color 패널에서 C를 '0%', M을 '10%', Y를 '100%', K를 '0%'로 지정합니다. 무채색 레몬이 노란색으로 바뀝니다.

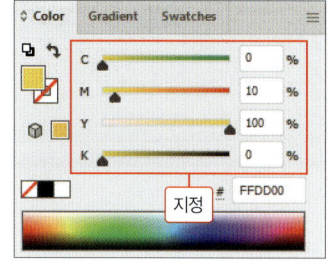

04 이번에는 ❶ 선택 도구(▶)로 ❷ 오렌지를 선택합니다. ❸ Color 패널 아래쪽 색상 스펙트럼에서 원하는 색을 클릭해 추출합니다. 색상 슬라이더를 드래그하거나 직접 색상 값을 입력해 색을 세밀하게 조정합니다. 예제에서는 C를 '0%', M을 '49%', Y를 '100%', K를 '0%'로 지정하였습니다.

05 이번에는 ❶ 선택 도구(▶)로 포도를 선택합니다. 색상 모드를 변경하기 위해 ❷ Color 패널 오른쪽 위 '패널 메뉴' 아이콘(≡)을 클릭한 다음 ❸ HSB를 실행합니다.

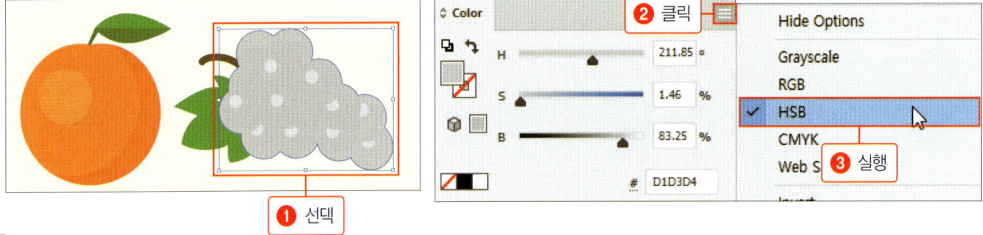

> **TIP ✦**
> HSB 모드는 색의 3요소인 색상(Hue), 채도(Saturation), 명도(Brightness)를 이용해 색을 만들며 채도, 명도를 수정할 때 유용합니다.

06 색상, 채도, 명도를 각각 조절하기 위해 먼저 B(명도) 슬라이더를 오른쪽으로 드래그하여 '76%'로 지정합니다. H(색상)를 '268', S(채도)를 '90%'로 지정하여 색을 적용합니다. 포도까지 과일들이 모두 채색되었습니다.

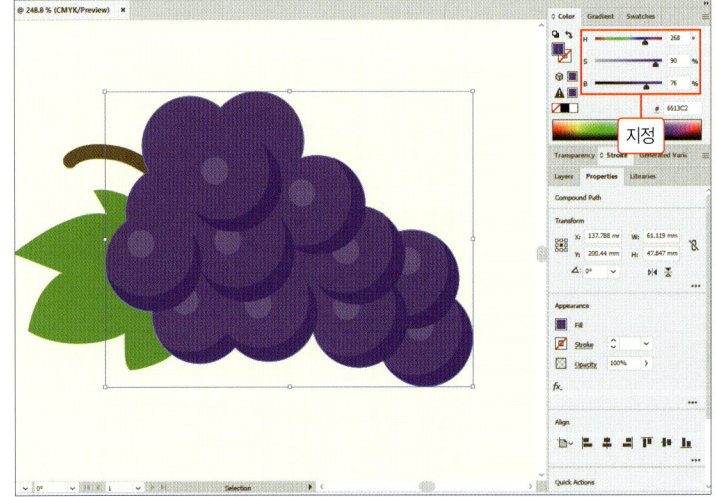

> **TIP ✦**
> CMYK 모드로 작업하다가 RGB 모드로 변경하면 채도가 높아져 형광빛을 띱니다. 한편 RGB 모드로 작업하다가 CMYK 모드로 변경하면 채도가 낮아져 칙칙해집니다. 이처럼 작업 중 색상 모드를 수정하면 전체 배색을 수정해야 하기도 하므로 작업 전 용도에 알맞은 색상 모드로 지정합니다.

❷ 클릭 한번에 색과 패턴 지정하기

Swatches 패널에서 색 선택하고 패턴 적용하기

Swatches 패널(■)에서 다양한 색이나 패턴을 선택할 수 있고 스포이트 도구(✐)를 이용하여 지정된 색을 추출할 수 있으며, 라이브 페인트 통 도구(🪣)를 이용해서 복잡한 오브젝트도 간편하게 채색할 수 있습니다.

Swatches 패널(■)은 직접 색상을 등록해 이용할 수 있는 팔레트 역할을 합니다. 기본으로 색, 그러데이션, 패턴이 등록되어 있고 색상 라이브러리를 불러오거나 필요한 색을 등록 및 삭제할 수 있습니다.

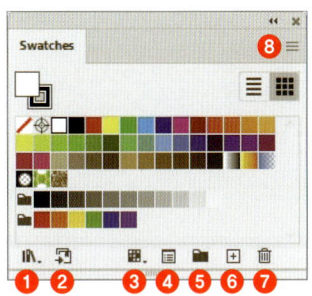

❶ **Swatch Libraries menu** : 기본으로 제공하는 Swatches 라이브러리를 선택합니다.

❷ **Add selected Swatches and Color Groups to my current Library** : 색상 견본을 Libraries 패널에 저장합니다.

❸ **Show Swatch Kinds menu** : 색, 그러데이션, 패턴, 색상 그룹을 나타내는 방식을 선택합니다.

❹ **Swatch Options** : Swatches Options 대화상자에서 색상 견본의 이름, 형식, 색상 모드 등을 설정합니다.

❺ **New Color Group** : 기본으로 등록된 색상 그룹 외에 스와치 색을 그룹으로 설정합니다.

❻ **New Swatch** : 기본으로 등록된 색 외에 Color 패널(🎨)에서 설정한 색을 Swatches 패널(■)에 등록합니다.

❼ **Delete Swatch** : 선택한 색이 삭제됩니다.

❽ **패널 메뉴** : 메뉴 아이콘을 클릭하여 메뉴에서 Swatches 패널의 다양한 옵션을 설정합니다.

스포이트 도구와 라이브 페인트 통 도구로 복잡한 오브젝트 채색하기

스포이트 도구(✐)를 이용해서 오브젝트에 적용된 색이나 스타일을 추출해 다른 오브젝트에 쉽게 적용할 수 있습니다. 라이브 페인트 통 도구(🪣)는 페인트 통 도구에 클리핑 마스크 기능을 추가한 도구로, 연결된 패스의 오브젝트별로 겹친 패스의 면을 나눠 색을 적용합니다.

라이브 페인트 통 도구를 더블클릭하면 Live Paint Bucket Options 대화상자가 표시되어 색을 적용할 부분이나 색 등을 직접 지정할 수 있습니다.

> **Quick 활용** Swatches 패널에서 색과 패턴 적용하기
>
> • 실습파일 : 일러스트레이터\03\종이컵.ai
> • 완성파일 : 일러스트레이터\03\종이컵_완성.ai

Swatches 패널에서 제공하는 다양한 색과 패턴을 클릭해 오브젝트에 바로 적용하고, 직접 만든 패턴도 등록한 다음 지정해 봅니다.

Before

After

01 일러스트레이터 → 03 폴더에서 '종이컵.ai' 파일을 불러옵니다.
❶ Ctrl을 누른 상태로 첫 번째 종이컵을 선택합니다. ❷ Swatches 패널(▦)에서 '초록색'을 선택하면 오브젝트에 선택한 색이 바로 적용됩니다.

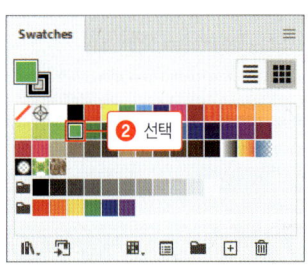

02 ❶ Swatches 패널 왼쪽 아래의 'Swatch Libraries menu' 아이콘(▥.)을 클릭하고 ❷ Patterns → Nature → Nature_Foliage를 실행하여 패턴 라이브러리를 엽니다.

> **TIP ✦**
> 파일 설정이 바뀌면 Swatches 패널의 색이 모두 없어지기도 합니다. 이때 '패널 메뉴' 아이콘을 클릭한 다음 **Default Swatches**를 실행해 작업 스타일에 알맞은 색을 선택해서 적용합니다.

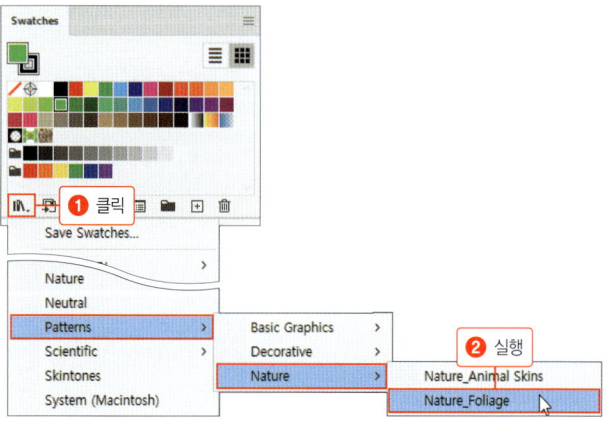

03 ❶ 선택 도구(▶)로 두 번째 종이컵을 선택합니다. ❷ Nature_Foliage 라이브러리에서 'Leaves Graphic Color'를 선택하여 오브젝트에 패턴을 적용합니다.

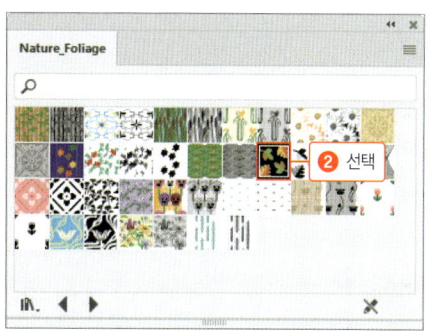

04 패턴 크기를 조절하기 위해 먼저 크기 조절 도구(🔲)를 더블클릭합니다. Scale 대화상자가 표시되면 ❶ Options 항목에서 'Transform Patterns'만 체크 표시하고 ❷ Scale의 Uniform을 '120%'로 설정한 다음 ❸ 〈OK〉 버튼을 클릭합니다. 컵에 적용된 패턴이 좀 더 커집니다.

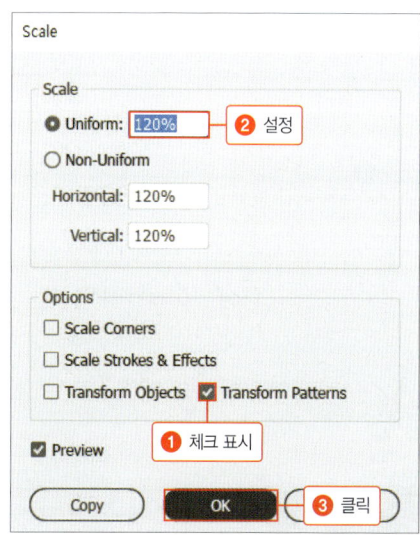

> **TIP ✧**
> Options 항목의 'Transform Objects'를 체크 표시하면 오브젝트 크기도 함께 수정되므로 주의합니다.

05 직접 패턴을 만들기 위해 선택 도구(▶)로 아트보드 오른쪽 위 오브젝트를 선택한 다음 Swatches 패널(圖)로 드래그합니다. 마우스 커서에 +가 표시되면서 오브젝트가 패턴으로 등록됩니다.

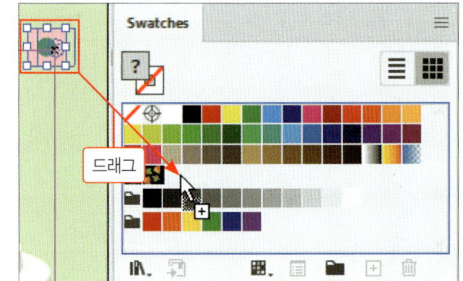

> **TIP**
> 패턴 외에도 원하는 색을 Swatches 패널에 등록해 이용할 수도 있습니다. 이때 패턴처럼 Color 패널 또는 Tools 패널의 면 색을 Swatches 패널로 드래그합니다.

06 ❶ 세 번째 종이컵을 선택합니다.
❷ Swatches 패널에 등록한 패턴을 선택하여 오브젝트에 패턴을 적용합니다.

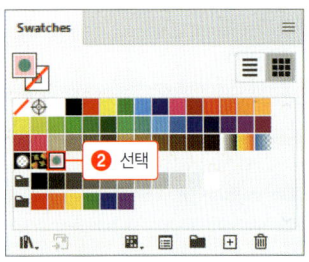

07 이번에는 패턴을 회전하기 위해 회전 도구(⟳)를 더블클릭합니다. Rotate 대화상자가 표시되면 ❶ Options의 'Transform Patterns'만 체크 표시하고 ❷ Angle을 '35°'로 설정한 다음 ❸ 〈OK〉 버튼을 클릭합니다. 세 번째 컵에 적용된 패턴이 35° 회전하였으며, 모든 종이컵에 색과 패턴이 적용되었습니다.

> **왜?**
> Rotate 대화상자에서 'Transform Objects'만 체크 표시하면 오브젝트만 회전하고, 'Transform Pattern'만 체크 표시하면 오브젝트에 적용된 패턴만 회전합니다. 두 가지 항목 모두 체크 표시하면 오브젝트와 패턴이 동시에 회전하므로 유의합니다.

EASY 실습 — 키워드 입력만으로 원하는 패턴 만들기

• 실습파일 : 일러스트레이터\03\가족.ai
• 완성파일 : 일러스트레이터\03\가족_완성.ai

생성형 채우기 기능을 이용해 Contextual Task Bar에서 오브젝트를 선택한 다음 프롬프트 입력창에 생성하려는 일러스트의 명칭이나 이미지를 표현하는 문장을 입력해 원하는 패턴 일러스트를 키워드 입력 한번에 완성해 봅니다.

Before

After

01 일러스트레이터 → 03 폴더에서 '가족.jpg' 파일을 불러옵니다. 가족 일러스트가 표시되면 ❶ 선택 도구(▶)를 선택하고 ❷ 성인 남성의 파란색 윗옷을 클릭하여 선택합니다.

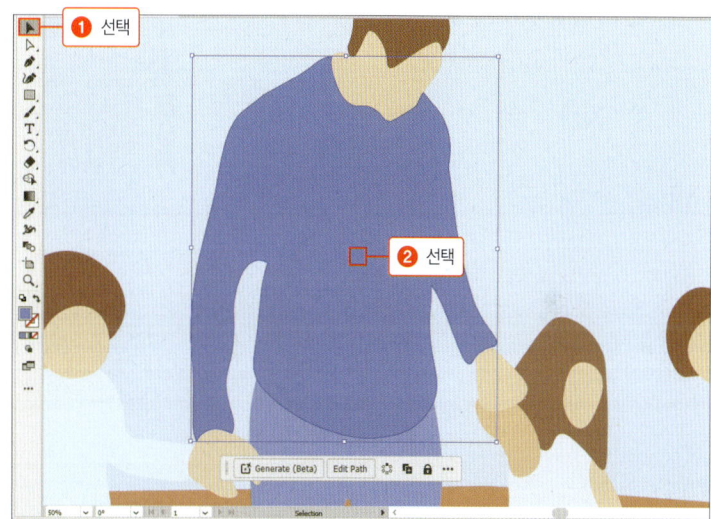

02 Generate Patterns 패널에서 ❶ 프롬프트 입력창에 패턴을 묘사하는 단어를 입력하고 ❷ 〈Generative〉 버튼을 클릭합니다.

프롬프트

알록달록한 꽃들

TIP ✦
프롬프트 입력창에 간단하고 직접적인 단어를 입력합니다. 설명, 캐릭터, 색상, 장면 등을 포함하는 3~8개의 단어를 사용합니다.

03 옷에 패턴 일러스트가 생성됩니다. 원하는 패턴을 선택하여 적용합니다.

TIP ✧

Properties 패널에서도 다양한 형태로 생성된 이미지를 제안합니다. 원하는 패턴 일러스트가 생성될 때까지 〈Generate〉 버튼을 클릭한 다음 선택하여 적용합니다.

04 이번에는 ❶ 오른쪽 성인 여성의 치마를 선택합니다. Generate Patterns 패널에서 ❷ 생성된 패턴 일러스트 중 원하는 패턴을 선택하여 적용합니다.

TIP ✧

Swatches 패널에서 패턴을 더블클릭하고 Pattern Options 패널에서 패턴 설정을 변경할 수 있습니다. 타일 유형(Tile Type) 및 벽돌 오프셋(Brick Offset)과 같은 옵션은 생성된 패턴에 사용할 수 없습니다.

05 오브젝트 형태대로 AI 기능을 이용한 패턴이 적용되었습니다.

EASY 실습 복잡한 패턴도 쉽게 편집하기

• 실습파일 : 일러스트레이터\03\곰돌이패턴.ai
• 완성파일 : 일러스트레이터\03\곰돌이패턴_완성.ai

Pattern Options 패널을 이용하면 간편하게 복잡한 패턴의 배열, 크기, 너비와 높이, 간격 등을 편집하여 다양한 형태로 나타낼 수 있습니다.

Before

After

01 일러스트레이터 → 03 폴더에서 '곰돌이패턴.ai' 파일을 불러옵니다. ❶ 선택 도구(▶)를 이용해서 패턴으로 지정하려는 오브젝트를 선택하고 ❷ 메뉴에서 (Object) → Pattern → Make를 실행합니다. 패턴으로 등록한다는 경고 메시지 창이 표시되면 〈OK〉 버튼을 클릭합니다.

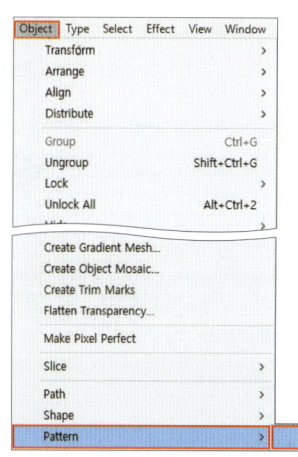

TIP ✦
등록한 패턴을 편집할 때는 Swatches 패널에서 수정하려는 패턴을 더블클릭하여 편집 모드에서 Pattern Options 패널을 설정합니다.
Pattern Options 패널을 이용하면 간편하게 복잡한 패턴의 배열, 크기, 너비와 높이, 간격 등을 편집하여 다양한 형태로 나타낼 수 있습니다.

02 Pattern Options 패널이 표시되고 패턴 편집 모드가 실행되면 패턴으로 등록한 오브젝트를 중심으로 주위에 흐리게 표시된 여러 개의 오브젝트가 반복해서 나타납니다.

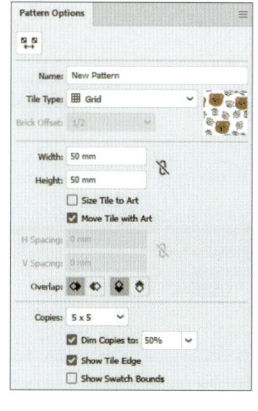
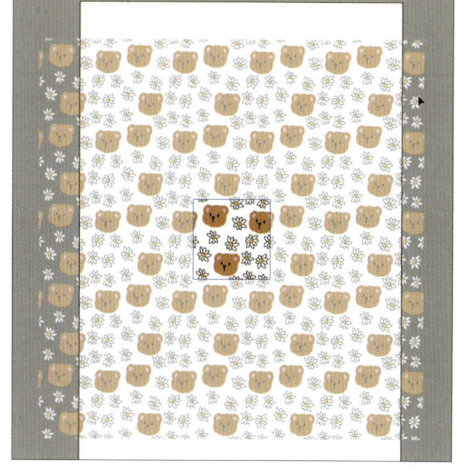

TIP ✦
패턴 편집 모드에서 직접 패턴 오브젝트를 제작할 수 있으므로 패턴의 기본 형태를 따로 만들지 않아도 됩니다.

03 ❶ Pattern Options 패널에서 Name에 '곰돌이패턴'을 입력하고, 배열 형식을 지정하기 위해 ❷ Tile Type을 'Grid'로 지정합니다.

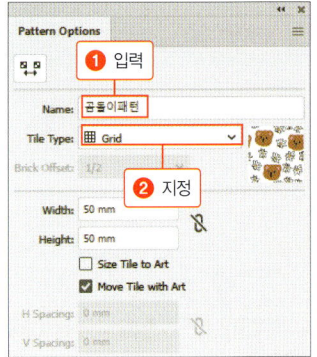

04 기본 패턴 오브젝트 중 ❶ 그림과 같은 위치의 꽃을 선택한 다음 Alt 를 누른 상태에서 오른쪽 아래로 드래그하여 복제합니다. ❷ Control 패널 아래의 'Done'을 클릭합니다.

05 ❶ 오른쪽 휴대폰 케이스를 선택합니다. ❷ Swatches 패널(▦)에 등록한 패턴을 선택해 적용해서 작업을 마칩니다.

EASY 실습 빠르고 간편하게 배색하기

- 실습파일 : 일러스트레이터\03\우표배색.ai
- 완성파일 : 일러스트레이터\03\우표배색_완성.ai

일러스트레이터는 쉽고 빠른 배색을 위해 다양한 기능을 제공합니다. 그중 Color Guide 패널에서 추천하는 배색을 이용하여 간편하게 색을 적용해 봅니다.

01 일러스트레이터 → 03 폴더에서 '우표배색.ai' 파일을 불러옵니다. 흑백 이미지에 생동감 있는 색을 적용하겠습니다.
❶ 선택 도구(▶)로 우표의 배경을 선택하고 ❷ Swatches 패널(▦)에서 주 색상으로 '자주색'을 선택합니다.

02 Color Guide 패널(▦)을 표시하고 ❶ 팝업 아이콘(⌄)을 클릭하여 주 색상을 기준으로 추천 배색 목록이 나타나면 ❷ 원하는 배색을 선택합니다. 예제에서는 'High Contrast 4'를 선택했습니다.

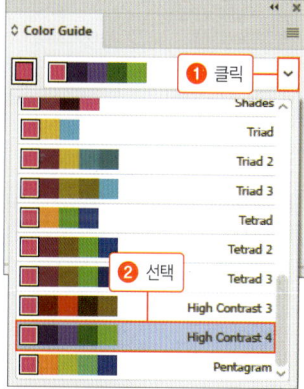

TIP
Color Guide 패널이 보이지 않으면 메뉴에서 (Window) → Color Guide를 실행합니다. Color Guide 패널에 명도 단계가 나타나지 않으면 패널 오른쪽 위 '패널 메뉴' 아이콘(≡)을 클릭한 다음 Show Options를 실행합니다.

TIP
Color Guide 패널(▦)에서는 색을 직관적으로 배합하여 다양한 배색을 선택하거나 저장해서 이용할 수 있습니다. 또한 포토샵에서 구현되는 다양한 색을 일러스트레이터에서도 이용할 수 있도록 합니다. 기본 색을 지정하고 Color Guide 패널을 표시하면 관련 배색이 나타나 편리하게 색을 지정할 수 있습니다.

❶ Limits the color group to colors in a swatch library : Color Guide 라이브러리를 불러옵니다.
❷ Edit or Apply Colors : Recolor Artwork 대화상자에서 라이브 색을 세부적으로 설정합니다.
❸ Save color group to Swatch panel : 스와치 라이브러리에 색을 추가합니다.

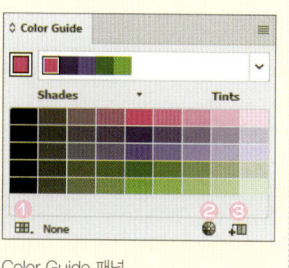

Color Guide 패널

03 선택한 배색과 함께 명도 단계가 나눠진 색상 그룹이 나타납니다. Swatches 패널(□)과 같은 방법으로 원하는 색을 선택해 오브젝트에 적용합니다.

04 Color Guide 패널에서 ❶ 팝업 아이콘(▽)을 클릭한 다음 ❷ 'Pentagram'을 선택합니다. ❸ 주 색상을 기준으로 다양한 배색을 적용해 봅니다.

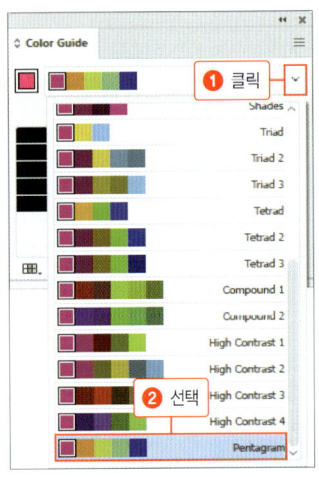

05 이번에는 Color Guide 패널에서 ❶ 'Triad 2'를 선택합니다. ❷ 주 색상을 기준으로 다양한 배색을 적용해 마무리합니다.

> **TIP**
> Color Guide 패널 오른쪽 아래의 'Save color group to Swatch panel' 아이콘(▥)을 클릭하면 선택한 색상 그룹이 Swatches 패널에 등록됩니다. 자주 이용하는 색상 그룹은 Swatches 패널에 등록해 이용하면 편리합니다.

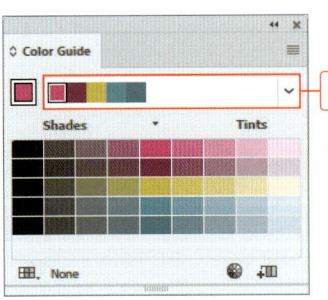

Quick 활용 | 원하는 색상 테마를 바로 적용하기

- **실습파일** : 일러스트레이터\03\autumn.ai
- **완성파일** : 일러스트레이터\03\autumn_완성.ai

배색이 고민된다면 Color Themes 패널에서 수많은 색상 테마를 검색하거나 직접 배색을 만들어 공유합니다. 다양한 색상 테마를 확인하면서 배색을 학습하고 색상 계획을 세워 보세요.

Before

After

01 일러스트레이터 → 03 폴더의 'autumn.ai' 파일을 불러옵니다. 불러온 문서에는 두 개의 일러스트가 있습니다.

02 ❶ 자전거를 타고 있는 인물 이미지를 선택하고 ❷ 메뉴에서 (Edit) → Edit Colors → Recolor Artwork를 실행합니다. Recolor Artwork 패널이 표시되면 ❸ 선택된 이미지의 색상이 색상환에 나타납니다.

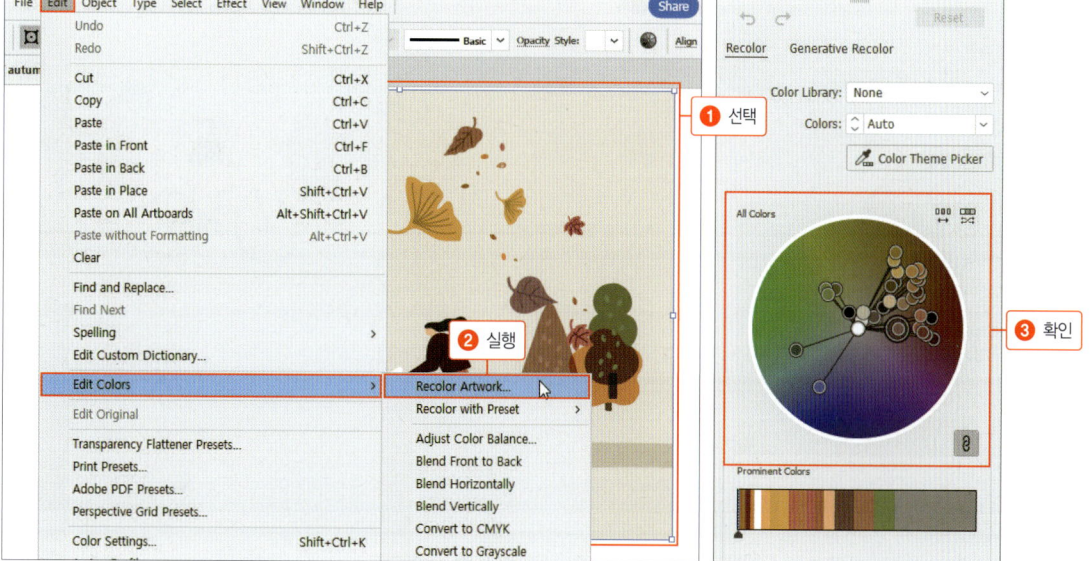

03 〈Color Theme Picker〉 버튼을 클릭하면 마우스 커서가 스포이트 형태로 변경됩니다.

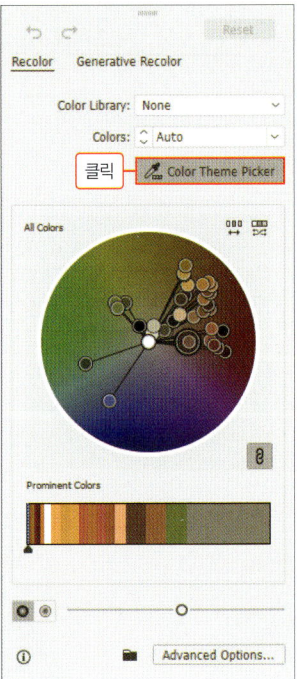

TIP ✦ Prominent Colors

Recolor Artwork 패널 아래쪽의 Prominent Colors 항목에서 일러스트 색상의 분포를 배색 띠 형태로 확인할 수 있습니다. Prominent Colors는 색상의 색조와 음영을 기준으로 분류됩니다. 일러스트에서 색상의 분포를 조절하려면 색상 패치의 가장자리를 잠시 누른 상태에서 드래그하면 색상 분포 넓이에 따라 색상이 변경됩니다.

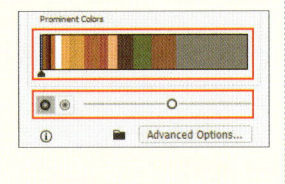

04 ❶ 사용하려는 색상 톤의 일러스트를 클릭합니다. 예제에서는 위쪽 이미지를 클릭했습니다. ❷ 아래쪽에 있는 가을 느낌 이미지가 위쪽에 있는 이미지 색상을 기준으로 색상 테마가 적용된 것을 확인할 수 있습니다.

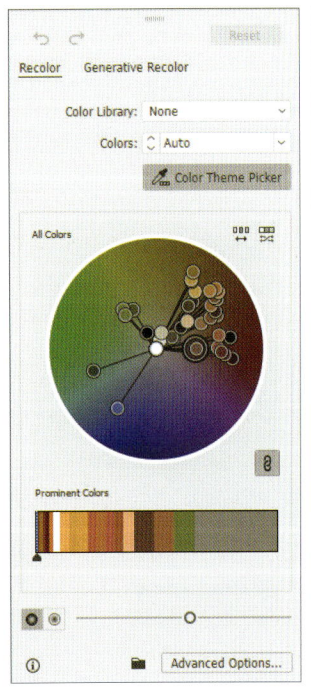

TIP ✦

Recolor Artwork 패널은 Control 패널에서 'Recolor Artwork' 아이콘(🎨)을 클릭하여 표시할 수도 있습니다.

❸ 입체적인 색, 그러데이션 적용하기

그러데이션은 색상이 점진적으로 변하는 효과를 제공하는 중요한 시각적 도구입니다. 이를 통해 하나의 색상에서 다른 색상으로 부드럽게 전환되며, 디자인에 깊이와 생동감을 더할 수 있습니다. 그러데이션은 디자인에서 다양한 부분에 사용되며, 예를 들어 배경, 아이콘, 텍스처, 3D 효과, 텍스트 강조, 버튼 및 UI 요소 등에 주로 활용합니다. 배경으로 사용할 때는 부드러운 색상 전환을 통해 공간에 깊이감을 더할 수 있으며, 텍스트나 아이콘에 적용하면 시각적 주목도를 높이는 데 효과적입니다. 또한, 그러데이션을 활용해 금속, 유리, 물방울 등과 같은 사실적인 텍스처를 표현하거나, 물체의 입체감과 그림자를 강조해 더욱 사실적인 그래픽을 만들 수 있습니다. Gradient 패널(■)에서 그러데이션 색이나 방향(원형 또는 선형), 적용 범위 등을 설정할 수 있고, 간단하게 색 변화와 입체감 등을 표현할 수 있습니다. 자연스러운 색 표현에 가장 많이 활용하지만 적용 방법에 한계가 있으므로 블렌드와 메시 기능을 함께 이용하는 것이 좋습니다.

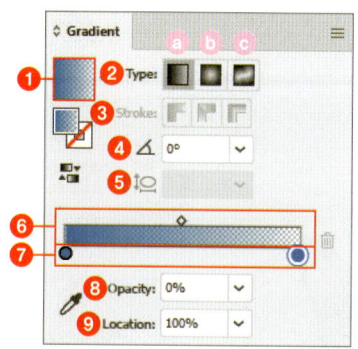 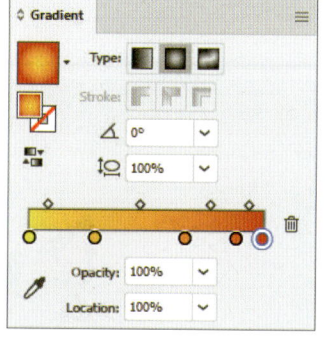 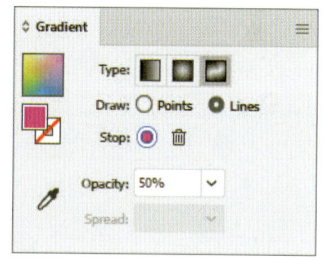

선형(Linear) 그러데이션   원형(Radial) 그러데이션   자유형(Freeform Gradient) 그러데이션

❶ **Gradient Fill(그레이디언트 색상 상자)** : 설정된 그러데이션을 미리 확인합니다.

❷ **Type** : 그러데이션 스타일을 지정합니다.

    ⓐ **Linear** : 선형 그러데이션을 만듭니다.

    ⓑ **Radial** : 원형 그러데이션을 만듭니다.

    ⓒ **Freeform Gradient** : 자연스러운 그러데이션을 만듭니다. 오브젝트 내부를 클릭해 색상을 추가하고, 색상 조절점을 더블클릭해서 새로운 색상을 선택합니다. 색상 조절점을 이동하거나 분산을 변경하여 원하는 그러데이션을 완성합니다.

❸ **Stroke** : 선이 꺾이는 부분의 그러데이션 형태를 지정합니다.

❹ **Angle** : 그러데이션 진행 각도를 설정합니다.

❺ **Aspect Ratio** : 그러데이션의 가로, 세로 비율을 설정합니다.

❻ **그레이디언트 스펙트럼** : 그러데이션 색을 조절합니다.

❼ **그레이디언트 조절점** : 그러데이션 색을 지정하며, 필요 없는 조절점을 삭제할 때는 조절점을 선택한 후 Gradient 패널 밖으로 드래그합니다.

❽ **Opacity** : 그러데이션에 불투명도를 적용합니다.

❾ **Location** : 그레이디언트 조절점의 위치를 지정합니다.

EASY 실습 그러데이션으로 입체감 표현하기

• 실습파일 : 일러스트레이터\03\cat.ai
• 완성파일 : 일러스트레이터\03\cat_완성.ai

일러스트레이터 CC 2025에서는 Swatches 패널에 등록된 색상을 중복 선택하여 그레이디언트 색상을 작성할 수 있습니다. 그레이디언트 도구와 Gradient 패널을 이용하여 자연스럽고 입체적인 그러데이션이 적용된 구슬을 만들어 봅니다.

Before

After

01 일러스트레이터 → 03 폴더에서 'cat.ai' 파일을 불러옵니다. ❶ 선택 도구(▶)로 ❷ 원형 구슬 이미지를 클릭하여 선택합니다. ❸ Swatches 패널에서 그림과 같이 빨간색과 주황색 계열 4개의 색상 견본을 Ctrl을 누른 채 클릭해 중복 선택합니다.

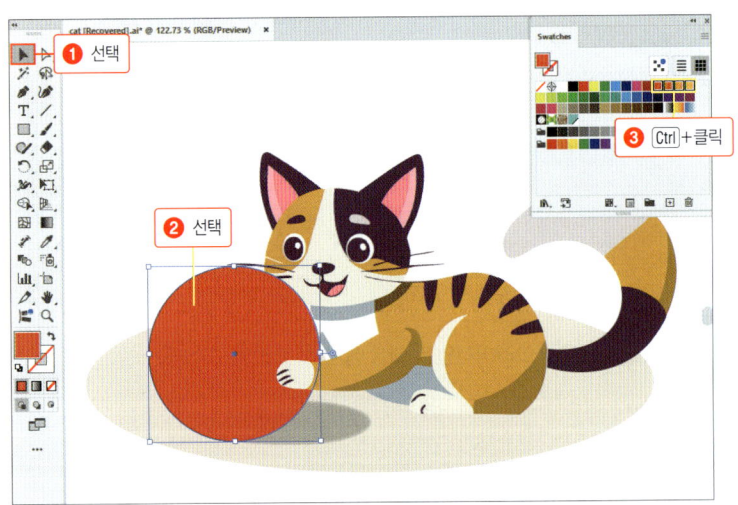

02 Swatches 패널에서 ❶ 오른쪽 위 '패널 메뉴' 아이콘(☰)을 클릭한 다음 ❷ Create Gradient를 실행합니다.

03 선택한 원형 오브젝트에 4가지 색상으로 만들어진 그레이디언트 색상이 적용됩니다. Gradient 패널에서 ❶ 'Radial Gradient' 아이콘(■)을 클릭해 방사형 그레이디언트로 지정한 다음 ❷ 'Reverse Gradient' 아이콘(■)을 클릭하여 안과 밖의 색상을 반전합니다.

04 그레이디언트 도구(■)를 선택한 다음 원형 오브젝트 왼쪽 위를 클릭하고 드래그하여 빛 방향이 왼쪽 위에서 비춘 것처럼 변경합니다.

TIP ✦
그레이디언트 슬라이더의 원형 색상 조절점을 선택한 다음 Delete 를 눌러 삭제하거나 슬라이더 아래에 커서를 위치하고 '+' 표시가 나타날 때 클릭하면 새로운 색상을 추가할 수 있습니다.

05 오브젝트에 그레이디언트 조절점이 나타납니다. ❶ 조절점에서 가장 오른쪽 색상을 더블클릭하고 ❷ 색상 관련 패널에서 색상을 'C:2%, M:66%, Y:68%, K:0%'로 지정해 원형 구슬의 반사광을 만들면 입체 효과가 강조됩니다.

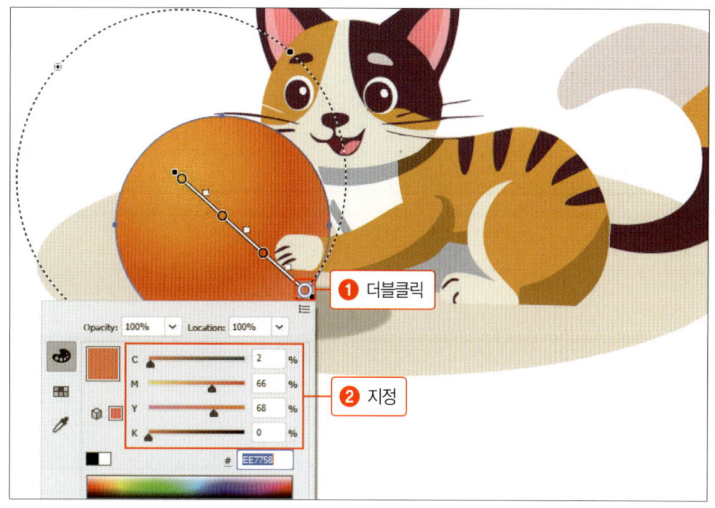

EASY 실습) 점과 선으로 그러데이션 적용하기

• 실습파일 : 일러스트레이터\03\자유형.ai
• 완성파일 : 일러스트레이터\03\자유형_완성.ai

오브젝트와 아트워크를 자연스럽게 나타내기 위해 메시 도구 대신 Gradient 패널의 Freeform Gradient 기능을 이용하여 복잡한 혼합 그러데이션을 만들고 적용해 봅니다.

01 일러스트레이터 → 03 폴더의 '자유형.ai' 파일을 불러옵니다. ❶ 오른쪽 원 형태를 선택하고 ❷ 그레이디언트 도구(□)를 선택합니다. ❸ Control 패널에서 Gradient Type의 'Freeform Gradient' 아이콘(□)을 클릭하면 조절점이 추가됩니다.

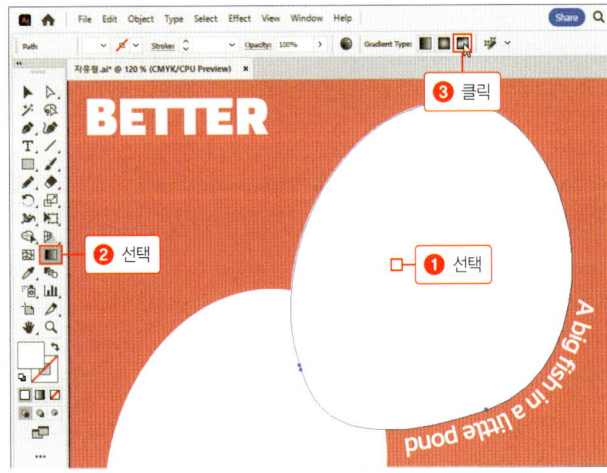

02 ❶ 조절점을 그림과 같이 드래그해 이동합니다. ❷ 조절점을 더블클릭하고 Color 패널에서 ❸ '스포이트' 아이콘(☒)을 클릭한 다음 ❹ 배경의 다홍색을 클릭해 색상을 지정합니다.

03 조약돌에 추가된 그러데이션 조절점에 마우스 커서를 가져가 점선으로 된 원형 조절점이 나타나면 크기를 조절하여 그러데이션 적용 범위를 조절합니다.

04 ❶ 그러데이션 조절점을 추가하고 더블클릭합니다. 색상 관련 패널이 표시되면 ❷ 'Swatches' 아이콘(▦)을 클릭한 다음 ❸ 'C:3%, M:59%, Y:9%, K:0%'를 선택해 색상을 지정합니다. ❹ 그림과 같이 8개의 조절점으로 그러데이션을 완성합니다.

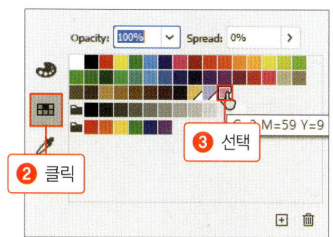
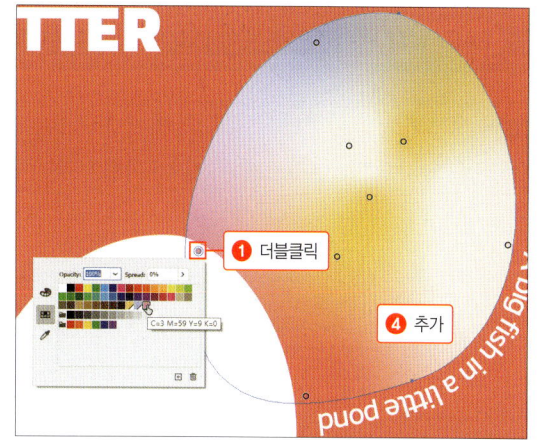

05 ❶ Ctrl을 누른 상태로 왼쪽 원을 클릭하여 선택합니다. Gradient 패널에서 ❷ Type의 'Freeform Gradient' 아이콘(▣)을 클릭한 다음 ❸ Draw의 'Lines'를 선택합니다. ❹ 왼쪽 조약돌에 클릭해 그러데이션 선을 추가합니다.

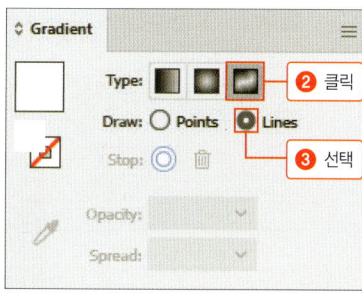
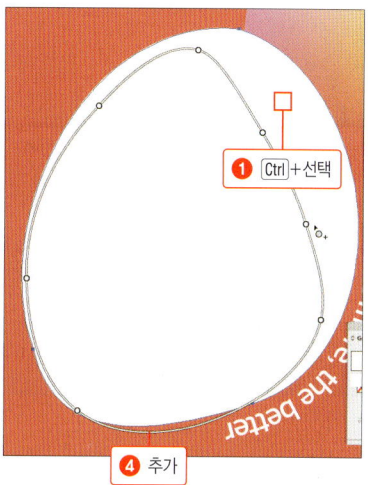

TIP
'Freeform Gradient' 아이콘을 클릭한 다음 자동으로 그러데이션 조절점이 추가되면 삭제하고 'Lines'를 선택한 다음 새롭게 그러데이션 조절점을 추가하여 선을 만듭니다.

06 ❶ 그러데이션 조절점을 각각 더블클릭해 색상을 지정합니다. ❷ 오른쪽 그러데이션 조절점을 그림과 같이 드래그해 위치를 이동해서 마무리합니다.

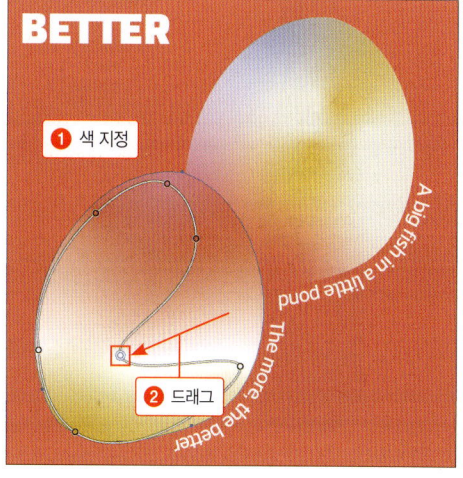

EASY 실습) 자연스러운 그레이디언트 적용하기

- 실습파일 : 일러스트레이터\03\아이언보틀.ai
- 완성파일 : 일러스트레이터\03\아이언보틀_완성.ai

평면 오브젝트에 다양한 방법으로 메시 효과를 적용해서 부드럽고 고급스러운 그러데이션을 완성해 봅니다.

Before

After

01 일러스트레이터 → 03 폴더에서 '아이언보틀.ai' 파일을 불러옵니다. 메시를 적용하기 위해 먼저 ❶ 선택 도구(▶)로 오른쪽 보틀 아래 그러데이션 오브젝트를 선택합니다. ❷ Ctrl+3을 눌러 일시적으로 오브젝트를 숨깁니다.

TIP ✦
숨기려는 오브젝트를 선택하고 메뉴에서 (Object) → Hide → Selection을 실행해도 됩니다.

02 ❶ 보틀을 선택합니다. ❷ 메뉴에서 (Object) → Create Gradient Mesh를 실행하여 메시를 적용합니다. Create Gradient Mesh 대화상자가 표시되면 ❸ Rows를 '1', Columns를 '3'으로 설정하고 ❹ 〈OK〉 버튼을 클릭합니다.

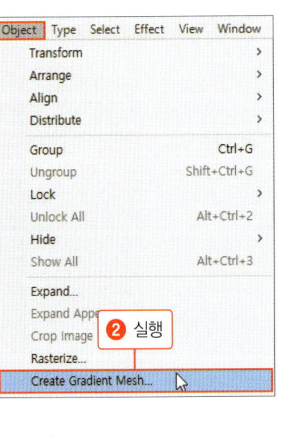
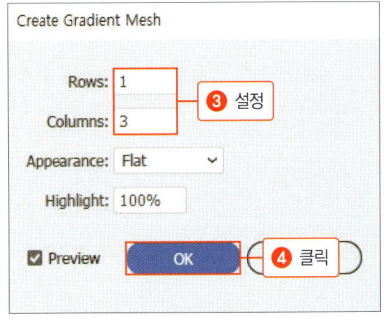

TIP ✦
Gradient Mesh 대화상자에서 그레이디언트 망의 행과 열 수, 하이라이트 표현 방식을 설정할 수 있습니다.

03 메시 도구(⌗)를 선택한 다음 오브젝트를 클릭하면 클릭한 지점을 기준으로 4분할되면서 그레이디언트 망이 추가됩니다.

04 스포이트 도구(✎)를 이용하여 왼쪽 원본 사진에서 색을 추출하여 적용합니다. 클릭한 지점이 포함된 영역 안에 자연스러운 그러데이션이 만들어집니다.

05 면 색이 지정된 상태에서 메시 그레이디언트 망의 세로 선을 클릭하면 같은 색이 적용되면서 메시 기준점이 추가됩니다.

06 ❶ 보틀의 밝은 부분을 클릭하여 메시 포인트를 추가합니다. ❷ 원본 사진의 하이라이트 색을 추출하여 적용합니다.

TIP ✦
메시 그레이디언트 망을 기준으로 밝거나 어둡게 표현할 부분을 클릭해 원본 사진과 같은 색을 추출해서 적용하면 점점 더 원본 이미지와 비슷하게 묘사할 수 있습니다.

07 좀 더 자연스러운 그러데이션이 표현되도록 메시 도구(🞑)와 직접 선택 도구(▷)를 이용하여 기준점을 이동하거나 방향선을 움직여서 그레이디언트 망을 수정합니다.

TIP ✦
잘못 지정된 메시 포인트는 메시 도구를 선택한 상태에서 Alt 를 누른 상태로 클릭하여 삭제할 수 있습니다.

08 같은 방법으로 뚜껑에도 메시 그레이디언트 망을 적용합니다. Alt + Ctrl + 3 을 눌러 숨겨진 보틀 아래쪽의 명암을 나타내어 완성합니다.

TIP ✦
메뉴에서 (Object) → Show All을 실행해도 숨겨진 오브젝트를 나타낼 수 있습니다.

LESSON 07 > 손쉬운 일러스트 작업을 위한 편리한 기능

❶ 작업 화면 설정 기능 알아보기

Ruler 명령으로 눈금자 표시하기

눈금자와 안내선, 격자를 이용하여 오브젝트나 문자를 알맞게 배치해서 정확한 레이아웃을 만들 수 있습니다. 스마트 가이드를 이용하여 안내선이나 오브젝트 위치를 실시간으로 확인하며 편리하게 작업할 수도 있습니다. 정확한 일러스트레이션을 만들기 위해 아트보드에 눈금자를 표시하려면 메뉴에서 (View) → Rulers → Show Rulers를 실행합니다. 눈금자 단위는 메뉴에서 (Edit) → Preferences → Units를 실행하여 표시되는 Preferences 대화상자의 Units 항목에서 설정할 수 있습니다.

❶ **Show/Hide Rulers(Ctrl+R)** : 아트보드에 눈금자를 나타내거나 숨깁니다.

❷ **Change to Artboard Rulers(Alt+Ctrl+R)** : 아트보드마다 고유의 기준점을 지정해 문서 전체를 기준으로 하는 눈금자를 나타낼 수 있습니다.

❸ **Show/Hide Video Rulers** : 아트보드에 비디오 형식의 눈금자를 나타낼 수 있습니다.

> **TIP**
> 스마트 가이드는 마우스 커서, 오브젝트 패스, 기준점 등의 정보를 나타내어 오브젝트를 정확하고 세밀하게 이동할 때 유용합니다. 오브젝트를 이동할 때 위치와 각도 등의 자세한 정보를 알려 주는 안내선이 나타나 오브젝트 위치를 정확하게 배치할 때도 편리합니다.

Guide 명령으로 안내선 만들기

정확한 레이아웃을 디자인하기 위해 눈금자를 드래그하거나 오브젝트 형태대로 만든 안내선은 인쇄하거나 이미지 데이터를 내보낼 때 표시되지 않아 매우 편리합니다. 아트보드에 가이드를 표시하려면 메뉴에서 [View] → Guides를 실행합니다.

안내선을 만들기 위해서는 눈금자를 아트보드로 드래그해 가로/세로 안내선을 만듭니다. 이때 선택 도구(▶)로 드래그하여 이동할 수 있으며, 안내선을 선택한 다음 Delete를 누르면 삭제할 수도 있습니다.

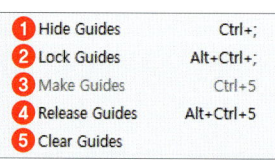

티셔츠 캐릭터에 맞춘 안내선

❶ **Show/Hide Guides**(Ctrl+;) : 안내선을 숨기거나 나타냅니다.

❷ **Lock Guides**(Alt+Ctrl+;) : 안내선을 잠그거나 잠금 설정을 해제합니다.

❸ **Make Guides**(Ctrl+5) : 선택된 오브젝트 형태대로 안내선을 만듭니다.

❹ **Release Guides**(Alt+Ctrl+5) : 안내선의 잠금 설정을 해제합니다.

❺ **Clear Guides** : 안내선을 삭제합니다.

Grid 명령으로 격자 나타내기

격자는 모눈종이 형태의 안내선을 말합니다. 메뉴에서 [View] → Show Grid(Ctrl+")를 실행하면 아트보드에 격자를 나타낼 수 있습니다. 메뉴에서 [View] → Snap to Grid(Shift+Ctrl+")를 실행하면 격자를 따라 오브젝트를 정확하게 그리거나 배치할 수 있습니다.

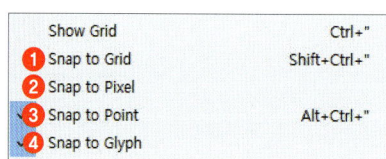

캐릭터 외부에 표시된 격자

❶ **Snap to Grid**(Shift+Ctrl+") : 안내선에 오브젝트가 자석처럼 딱 맞도록 배치합니다. 정확하게 오브젝트를 위치시킬 때 유용하며 그리드가 표시되지 않은 상태에서도 적용할 수 있습니다.

❷ **Snap to Pixel** : 오브젝트를 픽셀에 가깝게 배치합니다.

❸ **Snap to Point**(Alt+Ctrl+") : 오브젝트를 기준점에 가깝게 배치하는 기능이며 기본으로 지정되어 있습니다.

❹ **Snap to Glyph** : 오브젝트를 글리프(구두점, 괄호, 공백 등)에 가깝게 배치하는 기능이며 기본으로 지정되어 있습니다.

EASY 실습 눈금자와 안내선으로 정확하게 작업하기

• 실습파일 : 일러스트레이터\03\티셔츠가이드.ai
• 완성파일 : 일러스트레이터\03\티셔츠가이드_완성.ai

눈금자를 표시한 다음 안내선을 만들어 오브젝트나 문자의 정확한 위치 및 크기를 확인하고, 오브젝트에 안내선을 표시하여 정확한 레이아웃을 디자인합니다.

Before

After

01 일러스트레이터 → 03 폴더에서 '티셔츠가이드.ai' 파일을 불러옵니다. 눈금자를 표시하기 위해 메뉴에서 (View) → Rulers → Show Rulers(Ctrl+R)를 실행합니다.

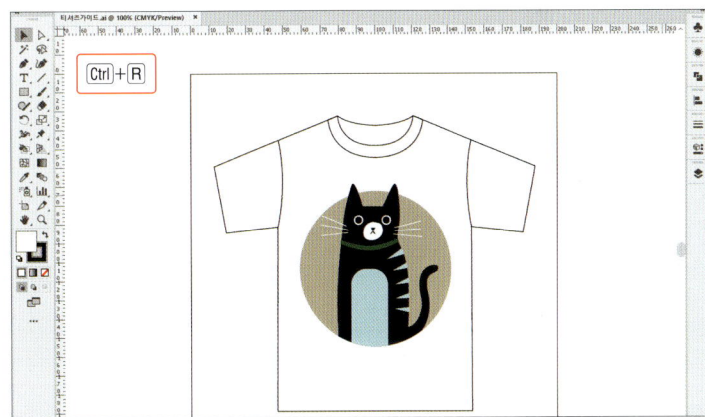

02 ❶ Ctrl+ + 를 여러 번 눌러 화면을 확대합니다. ❷, ❸ 왼쪽에 표시된 눈금자를 일러스트 가로 폭에 맞춰 오른쪽으로 드래그합니다. ❹, ❺ 위쪽에 표시된 눈금자는 일러스트 세로 폭에 맞춰 아래쪽으로 드래그하여 안내선을 만듭니다.

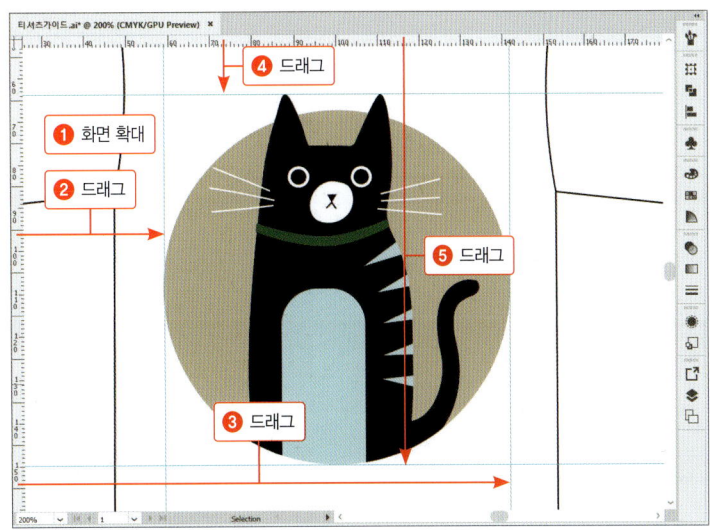

115

03 ❶ 눈금자의 왼쪽과 위쪽 시작점이 교차하는 기준점을 일러스트 왼쪽 위로 드래그해 눈금자의 시작점을 수정합니다. ❷ 위쪽 눈금자에서 마우스 오른쪽 버튼을 클릭한 다음 ❸ Centimeters를 실행하면 눈금자 단위가 변경되어 일러스트 크기를 바로 확인할 수 있습니다.

> **TIP** ✧
> 메뉴에서 (View) → Rulers → Change to Global Rulers를 실행해도 됩니다.

04 이번에는 오브젝트 형태대로 안내선을 만들기 위해 ❶ 선택 도구(▶)를 선택하고 ❷ 티셔츠를 선택한 다음 ❸ 메뉴에서 (View) → Guides → Make Guides(Ctrl+5)를 실행합니다.

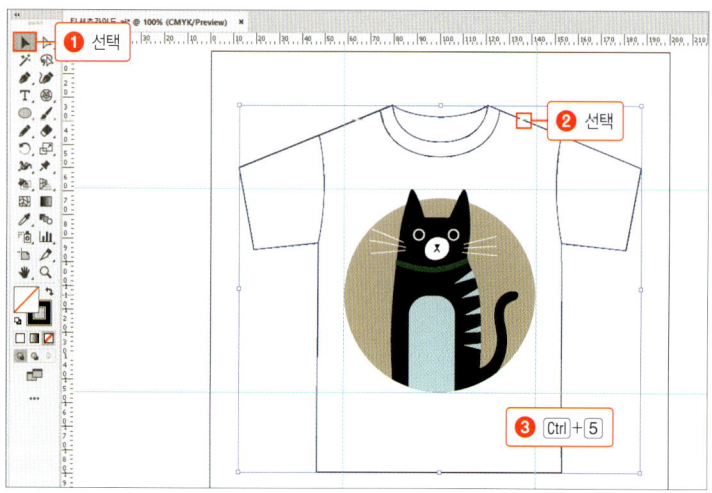

05 안내선으로 바뀐 오브젝트를 확인하고 Alt+Ctrl+;를 눌러 잠그면 더 이상 선택할 수 없습니다. 작업에 알맞은 안내선을 적용해서 더욱 편리하게 작업해 보세요.

> **TIP** ✧
> 잠금 설정을 해제하려면 다시 한번 Alt+Ctrl+;를 누르거나 메뉴에서 (View) → Guides → Lock Guides를 실행합니다.

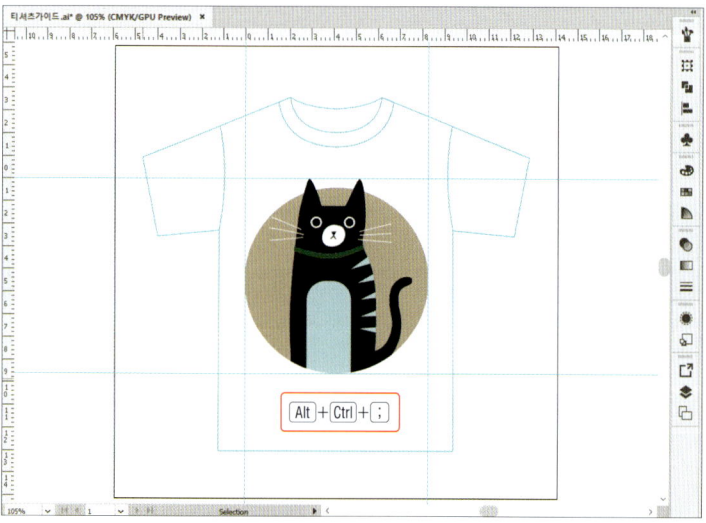

❷ 그룹 설정과 편집 모드 실행하기

(Object) 메뉴에는 오브젝트를 그룹으로 묶거나 잠그고 나누는 등 자유롭게 편집할 수 있는 기능이 있습니다.

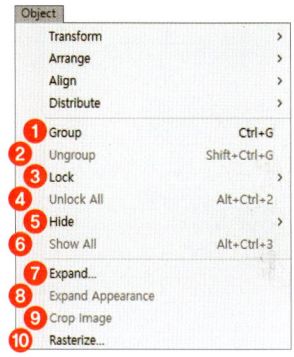

❶ **Group**(Ctrl+G) : 선택한 여러 개의 오브젝트들을 하나의 그룹으로 묶습니다.

❷ **Ungroup**(Shift+Ctrl+G) : 그룹으로 설정된 오브젝트를 해제해 각각의 오브젝트로 나눕니다.

❸ **Lock** : 선택한 오브젝트나 레이어를 편집할 수 없도록 잠급니다.

❹ **Unlock All**(Alt+Ctrl+2) : 오브젝트의 잠금 설정을 해제합니다.

❺ **Hide** : 선택한 오브젝트를 화면에서 숨깁니다.

❻ **Show All**(Alt+Ctrl+3) : 숨겨진 오브젝트들을 화면에 모두 표시합니다.

❼ **Expand** : 블렌드, 브러시, 문자, 그러데이션 등의 효과를 각각의 오브젝트로 변경합니다.

❽ **Expand Appearance** : Appearance 패널()에 등록된 블렌드, 브러시, 문자, 그러데이션뿐만 아니라 이펙트를 적용한 오브젝트들을 분리하여 비트맵 또는 벡터 이미지로 바꿉니다.

❾ **Crop Image** : 이미지를 자릅니다.

❿ **Rasterize** : 벡터 이미지를 비트맵 이미지로 바꿉니다.

(EASY 실습) 그룹 설정하고 편집 모드에서 수정하기

• 실습파일 : 일러스트레이터\03\그룹.ai
• 완성파일 : 일러스트레이터\03\그룹_완성.ai

여러 오브젝트를 묶어 그룹으로 설정하면 하나의 오브젝트처럼 다룰 수 있어 작업 효율을 높일 수 있습니다. 또한, 편집 모드에서는 편집 중인 오브젝트 외에는 비활성화되므로 편리하게 작업할 수 있습니다.

01 일러스트레이터 → 03 폴더에서 '그룹.ai' 파일을 불러옵니다. ❶ 선택 도구(▶)로 ❷ 배경을 선택하고 ❸ Shift를 누른 상태로 캐릭터 아래쪽 그림자를 선택합니다. 배경을 잠궈 고정하기 위해 ❹ 메뉴에서 (Object) → Lock → Selection(Ctrl+2)을 실행합니다.

> **TIP ✚**
> 메뉴의 (Edit) → Preferences → Selection & Anchor Display를 실행해 표시되는 Preferences 대화상자에서 'Select and Unlock objects on canvas'를 체크 표시하면 각각의 오브젝트 잠금 설정을 해제할 수 있습니다. 오브젝트를 클릭하면 잠금 아이콘이 표시되며, 오브젝트의 잠금 아이콘을 클릭하면 각각 잠금 설정을 해제할 수 있습니다.

02 ❶ Ctrl+A를 눌러 전체 오브젝트를 선택하면 배경과 그림자를 제외한 사슴만 선택됩니다. 선택된 오브젝트를 그룹으로 지정하기 위해 ❷ Ctrl+G를 누릅니다.

03 사슴 캐릭터가 그룹으로 지정되어 한번에 선택됩니다. 그룹 오브젝트를 수정하기 위해 사슴 캐릭터를 더블클릭해 편집 모드를 실행합니다.

04 ❶ 마술봉 도구(✦)를 선택하고 ❷ 몸의 갈색 부분을 클릭하여 같은 색을 모두 선택합니다. ❸ Swatches 패널(▦)에서 '연갈색'을 선택하면 해당 부분의 색이 변경됩니다. ❹ Esc를 눌러 편집 모드를 해제해서 작업을 마칩니다.

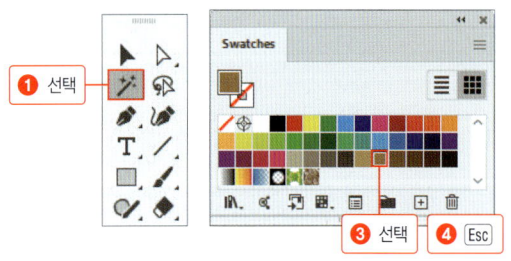

③ 오브젝트 관리를 위한 레이어 알아보기

레이어(Layer)는 '층'의 개념으로, 일러스트레이터에서 작업할 때 Layers 패널을 보면 하나의 오브젝트마다 하위 레이어가 자동으로 만들어지는 것을 확인할 수 있습니다. 오브젝트를 개별로 분리하여 관리할 수 있는 레이어를 이용하면 간편하게 복잡한 오브젝트를 편집하거나 드로잉할 수 있어 매우 편리합니다.

메뉴에서 [Window] → Layers([F7])를 실행하면 Layers 패널(◆)이 표시되며 여기에서 레이어와 관련된 다양한 설정을 할 수 있습니다.

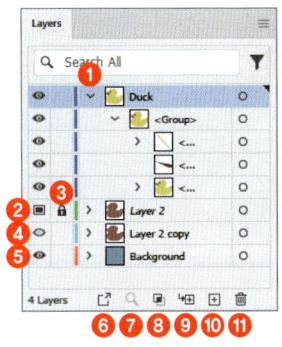  

일반 일러스트　　　　　　　　　　　　　　　[Ctrl]을 누른 상태로 눈 아이콘을 클릭해 패스 형태로 표시된 일러스트

❶ **상·하위 레이어** : Layers 패널에서는 레이어를 분류할 수 있어 오브젝트 관리에 대한 여러 가지 기능을 제공합니다.

❷ **Template Layer** : 밑그림 레이어로, 잠겨 있어 다른 작업을 하려면 잠금 설정을 해제해야 합니다.

❸ **Toggles Lock** : 해당 레이어를 잠그거나 잠금 설정을 해제할 수 있습니다.

❹ **Toggles Visibility** : [Ctrl]을 누른 상태로 클릭하면 선택한 레이어의 오브젝트들이 패스 형태로 보입니다.

❺ **Toggles Visibility(눈 아이콘)** : 해당 오브젝트를 나타내거나 감출 수 있습니다.

❻ **Collect For Export** : 선택한 오브젝트를 Asset Export 패널로 간편하게 내보낼 수 있습니다.

❼ **Locate Object** : 다른 레이어에서 선택했던 오브젝트가 적용된 레이어를 찾습니다.

❽ **Make/Release Clipping Mask** : 레이어 마스크를 적용하거나 해제합니다.

❾ **Create New Sublayer** : 선택한 레이어의 하위 레이어를 만듭니다.

❿ **Create New Layer** : 새로운 레이어를 만듭니다.

⓫ **Delete Selection** : 레이어를 삭제합니다.

> **TIP ✦**
> 포토샵과 일러스트레이터의 레이어 개념은 비슷하지만, 두 프로그램의 특성에 따라 사용 방식과 기능에 몇 가지 중요한 차이점이 있습니다.
> ❶ 포토샵에서는 레이어가 계층적으로 쌓이는 구조로, 이미지의 각 요소를 개별적으로 편집하고 조정할 수 있습니다. 레이어의 순서는 이미지의 위/아래 관계를 나타내며, 레이어 간의 블렌딩(혼합) 모드, 불투명도, 마스크 등을 활용해 복잡한 효과를 만들 수 있습니다.
> ❷ 일러스트레이터의 레이어는 좀 더 복잡한 구조입니다. 레이어 안에 여러 개의 서브 레이어와 오브젝트가 포함될 수 있으며, 각 오브젝트는 독립적으로 편집할 수 있습니다. 따라서 특정 오브젝트를 쉽게 선택하거나 잠글 수 있어 복잡한 벡터 작업에서 효율적으로 관리할 수 있습니다.

EASY 실습 | Layers 패널에서 레이어 관리하기

• 실습파일 : 일러스트레이터\03\레이어.ai
• 완성파일 : 일러스트레이터\03\레이어_완성.ai

무제한으로 지원되는 레이어를 이용하여 복잡한 아트워크를 묶어 간편하게 작업할 수 있습니다. 오브젝트를 쉽게 분류하고 편집할 수 있도록 레이어의 다양한 기능을 알아봅니다.

01 일러스트레이터 → 03 폴더의 '레이어.ai' 파일을 불러옵니다. 밤하늘과 함께 산이 표시됩니다.

02 Layers 패널(◆)에는 레이어 배열에 따라 오브젝트가 나타납니다. ❶ 'Layer 4' 레이어를 선택한 다음 ❷ 'Layer 3' 레이어 위로 드래그하여 이동합니다.

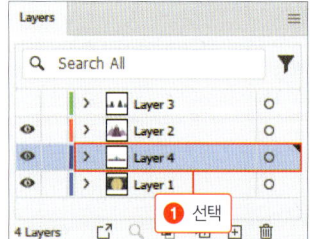
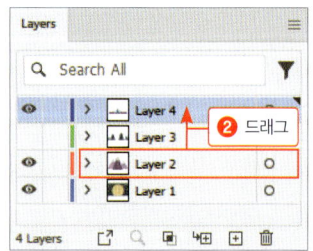

03 아트보드의 일러스트도 레이어 배열에 따라 산 앞에 텐트가 표시됩니다.

04 이번에는 가려졌던 'Layer 3' 레이어의 '눈' 아이콘(👁)을 클릭해 활성화해서 나무들을 나타냅니다.

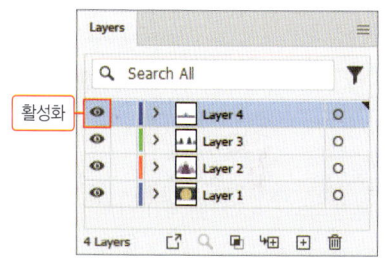

05 ❶ 'Layer 2' 레이어를 제외한 다른 레이어의 '잠금' 아이콘(🔒)을 클릭해 잠금 설정을 합니다. ❷ 선택 도구(▶)를 이용하여 아트보드를 드래그하면 산만 선택됩니다. ❸ 주변 오브젝트들의 방해 없이 자유롭게 오브젝트의 크기와 위치를 변경합니다.

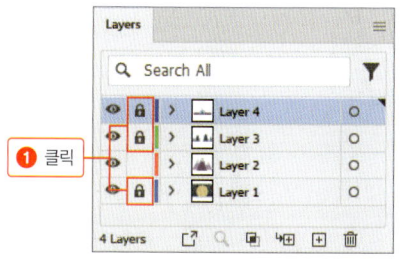

06 이처럼 Layers 패널(❖)을 제대로 활용하면 복잡한 오브젝트를 간편하게 편집하거나 드로잉할 수 있습니다.

❹ 오브젝트 배열 바꾸기

오브젝트를 선택한 상태에서 마우스 오른쪽 버튼을 클릭하거나 메뉴에서 [Object] → Arrange를 실행하여 배열을 지정할 수 있습니다.

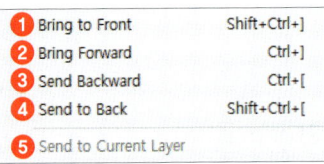

❶ **Bring to Front**(Shift+Ctrl+]) : 선택한 오브젝트를 맨 앞으로 배열합니다.
❷ **Bring Forward**(Ctrl+]) : 선택한 오브젝트를 한 단계 앞으로 배열합니다.
❸ **Send Backward**(Ctrl+[) : 선택한 오브젝트를 한 단계 뒤로 배열합니다.
❹ **Send to Back**(Shift+Ctrl+[) : 선택한 오브젝트를 맨 뒤로 배열합니다.
❺ **Send to Current Layer** : Layers 패널(◆)에서 이동하려는 레이어를 선택한 다음 Send to Current Layer 를 실행하면 오브젝트가 선택한 레이어로 이동합니다. 선택한 오브젝트가 포함된 레이어를 선택하면 메뉴가 비활성화됩니다.

EASY 실습 오브젝트 배열 자유자재로 바꾸기

• 실습파일 : 일러스트레이터\03\자전거풍경.ai
• 완성파일 : 일러스트레이터\03\자전거풍경_완성.ai

포토샵처럼 레이어를 이용하지 않아도 일러스트레이터에서 Arrange 명령과 단축키를 이용해 간편하게 오브젝트 배열 순서를 바꾸는 방법에 대해서 알아봅니다.

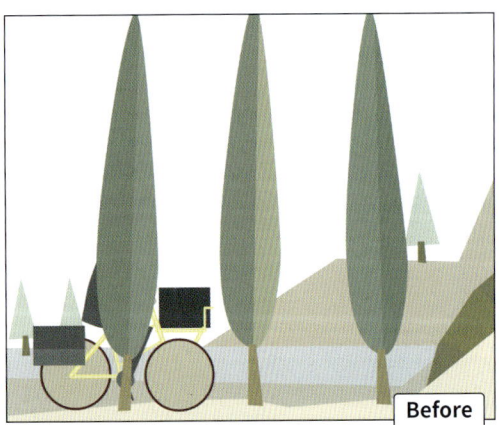
Before

After

01 일러스트레이터 → 03 폴더에서 '자전거풍경.ai' 파일을 불러옵니다. 선택 도구(▶)로 나무들을 선택합니다.

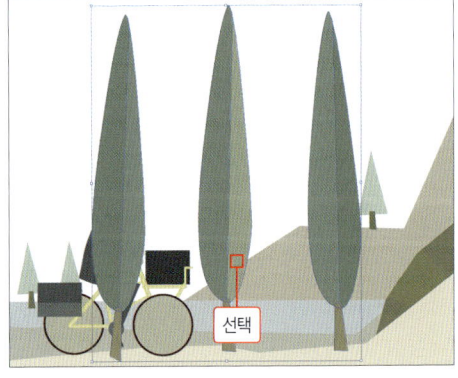
선택

02 나무들을 자전거를 탄 사람 뒤로 보내기 위해 메뉴에서 (Object) → Arrange → Send Backward(Ctrl+[)를 실행합니다.

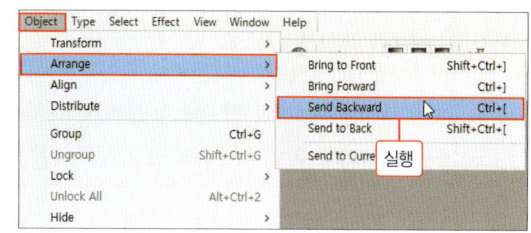

> **TIP ✧**
> 앞으로 가져오기 : Ctrl+] / 뒤로 보내기 : Ctrl+[/ 맨 앞으로 가져오기 : Shift+Ctrl+] / 맨 뒤로 보내기 : Shift+Ctrl+[

03 나무가 뒤로 가면서 자전거를 탄 사람이 나타납니다. 자전거의 노란색 철 프레임이 앞바퀴 앞으로 오도록 철 프레임과 손 오브젝트만 분리해서 맨 앞으로 배치해 보겠습니다. ❶ 사람을 선택합니다. 자전거 앞쪽 프레임과 손만 선택하기 위해 ❷ 마우스 오른쪽 버튼을 클릭하고 ❸ Ungroup(Shift+Ctrl+G)을 실행하여 그룹 설정을 해제합니다.

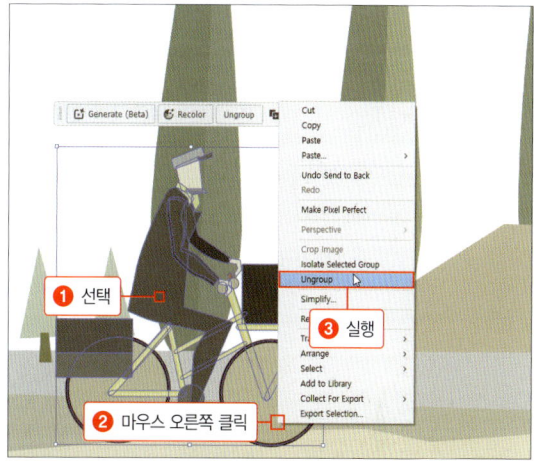

04 자전거 프레임과 손을 맨 앞으로 배치하기 위해 먼저 ❶ 자전거 앞바퀴 쪽 프레임과 손만 선택합니다. ❷ 마우스 오른쪽 버튼을 클릭한 다음 ❸ Arrange → Bring to Front(Shift+Ctrl+])를 실행합니다. 자전거를 타며 고즈넉한 길을 달리는 풍경이 연출되었습니다.

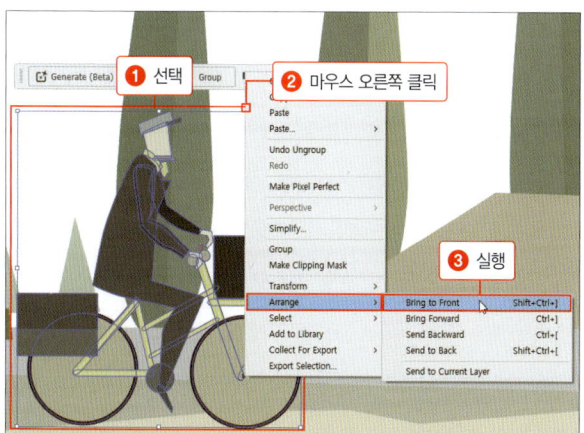

⑤ 오브젝트 정렬하기

두 개 이상의 오브젝트를 선택한 다음 메뉴에서 [Window] → Align([Shift]+[F7])을 실행하여 표시되는 Align 패널(▤)을 이용해서 오브젝트를 빠르고 정확하게 정렬할 수 있습니다. Align 패널에서 오른쪽 위 '패널 메뉴' 아이콘(☰)을 클릭하고 Show Options를 실행하면 Distribute Spacing과 Align To 항목을 표시할 수 있습니다.

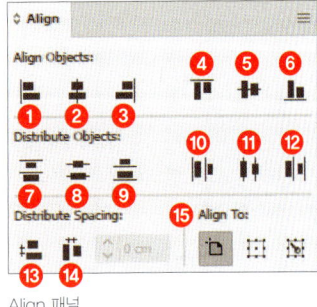
Align 패널

❶ **Horizontal Align Left(가로 왼쪽 정렬)** : 선택한 오브젝트 중 가장 왼쪽 오브젝트를 기준으로 다른 오브젝트들을 왼쪽 정렬합니다.

❷ **Horizontal Align Center(가로 가운데 정렬)** : 선택한 오브젝트들을 가로 방향 가운데에 있는 오브젝트를 기준으로 가운데 정렬합니다.

❸ **Horizontal Align Right(가로 오른쪽 정렬)** : 선택한 오브젝트 중 가장 오른쪽 오브젝트를 기준으로 다른 오브젝트들을 오른쪽 정렬합니다.

❹ **Vertical Align Top(세로 위쪽 정렬)** : 선택한 오브젝트 중 가장 위쪽에 있는 오브젝트를 기준으로 위쪽 정렬합니다.

❺ **Vertical Align Center(세로 가운데 정렬)** : 선택한 오브젝트들을 세로 방향 가운데에 있는 오브젝트를 기준으로 세로 가운데 정렬합니다.

❻ **Vertical Align Bottom(세로 아래쪽 정렬)** : 선택한 오브젝트 중 가장 아래쪽에 있는 오브젝트를 기준으로 아래쪽 정렬합니다.

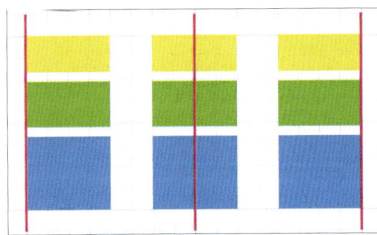
Horizontal Align Left/Center/Right

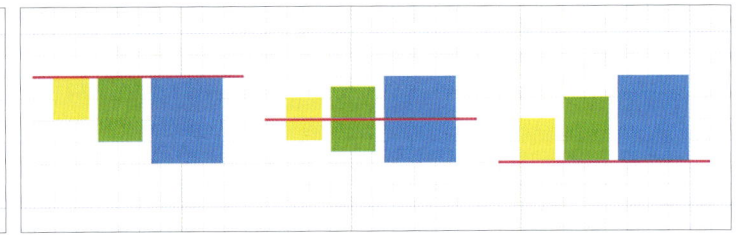
Vertical Align Top/Center/Bottom

❼ **Vertical Distribute Top(세로 위쪽 분배)** : 선택한 오브젝트 위쪽을 기준으로 세로 간격을 유지합니다.

❽ **Vertical Distribute Center(세로 가운데 분배)** : 선택한 오브젝트 가운데를 기준으로 세로 간격을 유지합니다.

❾ **Vertical Distribute Bottom(세로 아래쪽 분배)** : 선택한 오브젝트 아래쪽을 기준으로 세로 간격을 유지합니다.

❿ **Horizontal Distribute Left(가로 왼쪽 분배)** : 선택한 오브젝트 왼쪽 끝 선을 기준으로 가로 간격을 유지합니다.

⓫ **Horizontal Distribute Center(가로 가운데 분배)** : 선택한 오브젝트 가운데를 기준으로 가로 간격을 유지합니다.

⓬ **Horizontal Distribute Right(가로 오른쪽 분배)** : 선택한 오브젝트 오른쪽 끝 선을 기준으로 가로 간격을 유지합니다.

⓭ **Vertical Distribute Space(세로 간격 분배)** : 선택한 오브젝트 사이의 세로 간격을 같게 유지합니다.

⓮ **Horizontal Distribute Space(가로 간격 분배)** : 선택한 오브젝트 사이의 가로 간격을 같게 유지합니다.

⓯ **Align To** : 정렬 기준을 각각의 오브젝트나 하나의 오브젝트 또는 아트보드로 지정합니다.

EASY 실습 Align 패널을 이용하여 오브젝트 정렬하기

• 실습파일 : 일러스트레이터\03\swim.ai
• 완성파일 : 일러스트레이터\03\swim_완성.ai

여러 개의 오브젝트가 있는 복잡한 아트워크에서 오브젝트를 수직 또는 수평 정렬하기 위해서는 안내선이나 눈금자 등을 활용하기 힘듭니다. 이때 Align 패널을 이용하면 정확하고 쉽게 오브젝트를 정렬할 수 있습니다.

01 일러스트레이터 → 03 폴더에서 'swim.ai' 파일을 불러옵니다. ❶ 선택 도구(▶)로 ❷ 수영 선수 전체를 드래그해 선택합니다.

02 Align 패널에서 'Vertical Align Bottom' 아이콘(▙)을 클릭합니다. 선택한 오브젝트의 가장 아래쪽을 기준으로 일렬로 정렬됩니다.

03 수영 선수들이 선택된 채 Align 패널에서 'Holizontal Distribute Right' 아이콘(▐▌)을 클릭하면, 오른쪽 끝 선을 기준으로 동일한 간격으로 정렬되는 것을 확인할 수 있습니다.

⑥ 오브젝트 변형하기

Transform 명령을 이용해 오브젝트 변형하기

오브젝트를 선택하고 메뉴에서 [Object] → Transform을 실행하거나 마우스 오른쪽 버튼을 클릭하여 표시되는 메뉴에서 이동, 회전, 반전, 크기 조절, 기울이기 등 오브젝트 변형에 관한 명령을 실행할 수 있습니다.

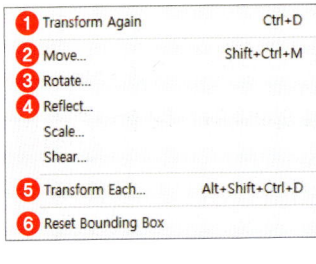

꽃잎을 반전시켜 완성한 꽃

❶ **Transform Again(Ctrl+D)** : 이전에 실행한 변형 명령을 다시 실행합니다. 단축키를 눌러 간편하게 반복 작업을 실행할 수도 있습니다.

❷ **Move(Shift+Ctrl+M)** : Move 대화상자가 표시되어 수치를 입력해서 오브젝트를 원하는 위치로 이동할 수 있습니다.

❸ **Rotate** : Rotate 대화상자에서 정확한 회전 각도를 입력할 수 있으며, 회전 도구(◯)와 기능이 같습니다. 회전 도구를 더블클릭해도 Rotate 대화상자가 표시됩니다.

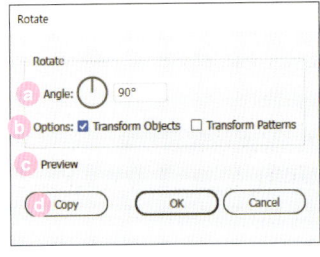
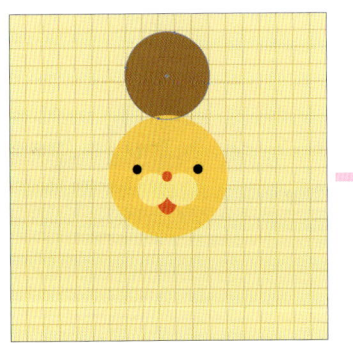

원을 회전 및 복제하여 완성한 캐릭터

ⓐ **Angle** : 회전 각도를 설정합니다. −(음수)를 설정하면 시계 방향으로 회전합니다.

ⓑ **Options** : 오브젝트나 패턴의 회전 여부를 지정합니다.

ⓒ **Preview** : 작업 화면에서 회전한 오브젝트를 미리 보여 줍니다.

ⓓ **Copy** : 회전한 다음 복제합니다. 일정한 각도로 복제하는 작업을 할 때 편리합니다.

❹ **Reflect** : 오브젝트를 일정한 각도만큼 반전하여 대칭합니다.

❺ **Transform Each(Alt+Shift+Ctrl+D)** : 오브젝트 크기 조절, 이동, 회전 등 여러 작업에 관한 수치를 한 번에 입력할 수 있는 Transform Each 대화상자가 표시됩니다.

❻ **Reset Bounding Box** : 오브젝트를 변형했을 때 함께 변형된 바운딩 박스를 다시 지정합니다.

Transform 패널 살펴보기

Transform 패널(▦)은 오브젝트나 경로를 정확하게 변형하고 배치하는 데 사용하는 중요한 도구입니다. 이 패널을 통해 선택한 오브젝트의 위치, 크기, 회전, 왜곡 등 다양한 변형 작업을 세밀하게 조정할 수 있습니다.

Transform 패널을 이용하면 수치 또는 수학적 계산을 활용하여 오브젝트를 변형할 수 있습니다. Control 패널의 'Transform'을 클릭해도 해당 패널을 표시할 수 있습니다.

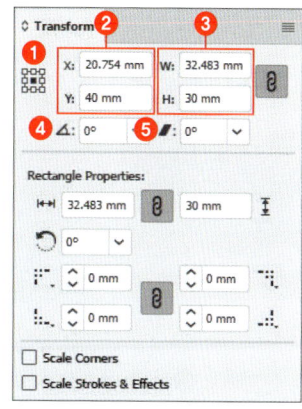

❶ **기준점** : 변형 작업을 위한 기준점을 지정합니다.

❷ **X, Y** : 오브젝트의 좌표를 표시하고 직접 좌표를 입력해 이동할 수 있습니다.

❸ **W, H** : 오브젝트의 크기를 표시하고 직접 크기를 입력해 확대/축소할 수 있습니다.

❹ **Rotate** : 각도에 따라 회전합니다.

❺ **Shear** : 각도에 따라 기울입니다.

> **TIP ✦**
> Transform 패널은 메뉴에서 (Window) → Transform(Shift+F8)을 실행하여 표시합니다. W/H 오른쪽 'Constrain Width and Height Proportions' 아이콘(🔗)을 클릭하면 비율대로 크기를 조절할 수 있습니다.

Scale 명령과 크기 조절 도구 알아보기

Scale 명령은 오브젝트 크기를 조절하며, 크기 조절 도구(▦)와 기능이 같습니다. 메뉴에서 (Object) → Transform → Scale을 실행하거나 크기 조절 도구를 더블클릭하면 수치를 입력해 정확하게 확대 또는 축소할 수 있는 Scale 대화상자가 표시됩니다.

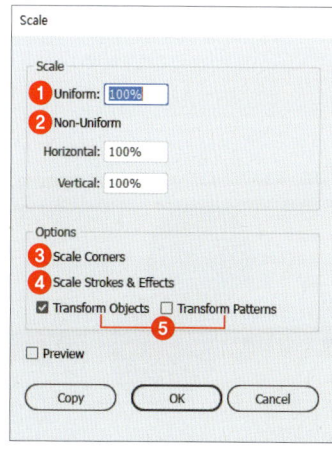

❶ **Uniform** : 오브젝트 가로/세로 비율을 일정하게 유지한 상태로 크기를 조절합니다.

❷ **Non-Uniform** : 오브젝트 가로/세로 비율을 다르게 설정한 상태로 크기를 조절합니다.

❸ **Scale Corners** : 모서리의 크기를 조절합니다.

❹ **Scale Strokes & Effects** : 크기가 확대 또는 축소될 때 선 굵기도 같은 비율로 조절됩니다.

❺ **Transform Objects/Patterns** : 오브젝트, 패턴 크기를 따로 또는 같이 조절합니다.

Quick 활용 | 회전, 복제, 이동 기능으로 캐릭터 만들기

• 실습파일 : 일러스트레이터\03\아기사자.ai
• 완성파일 : 일러스트레이터\03\아기사자_완성.ai

정확한 각도의 규칙적인 회전과 더불어 복제, 이동 기능을 활용하여 귀여운 아기 사자 캐릭터를 완성합니다.

Before

After

01 일러스트레이터 → 03 폴더의 '아기사자.ai' 파일을 불러옵니다. ❶ 선택 도구(▶)를 선택하고 ❷ 갈색 원 오브젝트를 선택한 다음 ❸ 회전 도구(⟳)를 선택합니다. 갈색 원에 나타난 회선축을 캐릭터 얼굴 가운데로 이동하기 위해 ❹ 코 부분을 클릭합니다. ❺ Shift를 누른 상태에서 갈색 원을 오른쪽으로 드래그합니다. 변경된 회전축을 기준으로 갈색 원이 45° 회전되어 이동합니다.

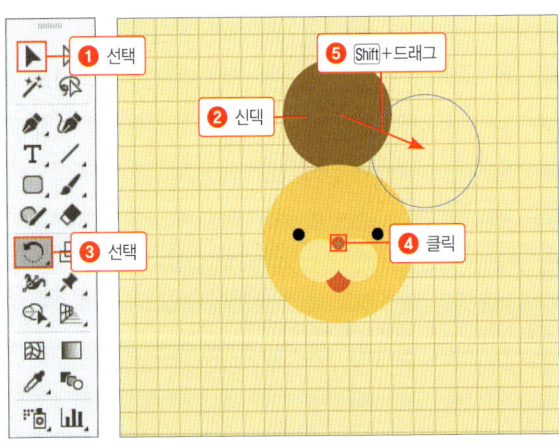

02 Shift + Alt 를 누른 상태에서 아래로 드래그합니다. 오브젝트가 복제되면서 45° 회전합니다.

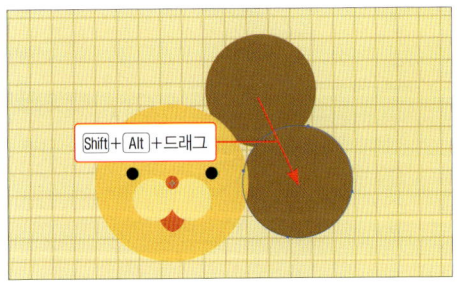

TIP ✧
Shift를 누른 상태로 드래그하면 45° 단위로 정확하게 회전할 수 있습니다. 이때 Alt 를 누른 상태로 드래그하면 오브젝트가 복제 및 회전합니다.

03 연속으로 Ctrl+D를 6번 누릅니다. 회전된 각도로 오브젝트가 6개 더 복제되어 아기 사자 캐릭터의 갈기가 표현됩니다.

TIP ✦
Ctrl+D를 누르면 이전에 실행한 복제나 이동 등의 간단한 작업이 반복됩니다. 이 단축키를 적절히 이용하면 규칙적인 패턴이나 그림을 만들 때 유용합니다.

04 ① 선택 도구( )로 캐릭터를 드래그하여 전체 선택합니다.
② Shift를 누른 상태로 사자 얼굴을 선택합니다. 사자 얼굴만 선택이 해제되면서 복제된 갈색 오브젝트들이 선택됩니다.

05 회전 도구( )를 더블클릭합니다. Rotate 대화상자가 표시되면 ① Angle을 '23°'로 설정한 다음 ② 〈OK〉 버튼을 클릭합니다. 아기 사자 캐릭터의 갈색 갈기 오브젝트들이 회전축을 기준으로 23° 회전합니다. 회전 도구를 이용하여 간단하게 아기 사자 캐릭터가 완성되었습니다.

TIP ✦
Rotate 대화상자에서 Angle의 수치를 설정할 때 '−'를 입력하면 시계 방향으로 회전하고, '+'를 입력하면 시계 반대 방향으로 회전합니다.

EASY 실습 수치대로 크기 조절하기

•실습파일 : 일러스트레이터\03\dog.ai

벡터 이미지는 확대 또는 축소해도 깨지지 않는 특성이 있습니다. Transform 패널, 크기 조절 도구, Scale 대화상자 등을 이용해서 다양한 방법으로 크기를 조절해 봅니다.

01 일러스트레이터 → 03 폴더에서 'dog.ai' 파일을 불러옵니다. ❶ 선택 도구(▶)로 강아지 캐릭터를 선택하고 ❷ 크기 조절 도구(⬚)를 더블클릭합니다.

02 Scale 대화상자가 표시되면 ❶ Uniform을 '70%'로 설정한 다음 ❷ 〈OK〉 버튼을 클릭합니다. 강아지 캐릭터가 입력한 수치의 비율만큼 축소됩니다.

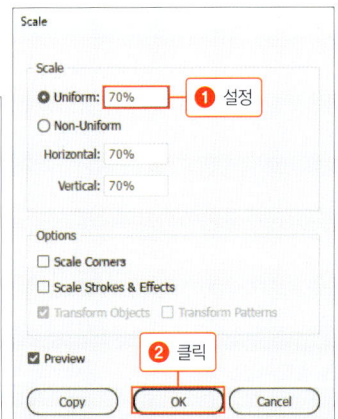

03 ❶ Transform 패널(⬚)의 'Constrain Width and Height Proportions' 아이콘(⬚)을 클릭하여 활성화해서 W(가로)와 H(세로) 비율을 고정합니다. ❷ W를 '600px'로 설정한 다음 ❸ Enter를 누릅니다. 강아지 캐릭터가 가로, 세로 비율을 유지하면서 확대되었습니다.

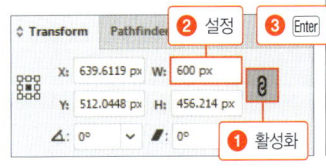

EASY 실습 오브젝트 기울이기

· 실습파일 : 일러스트레이터\03\space.ai
· 완성파일 : 일러스트레이터\03\space_완성.ai

기울이기 도구와 Transform 패널을 이용해 드래그 방식과 수치 입력 방법으로 우주선을 변형해 봅니다.

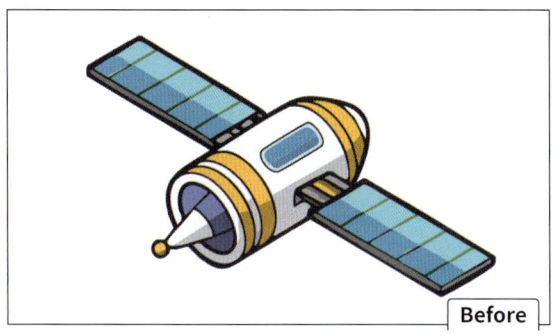
Before

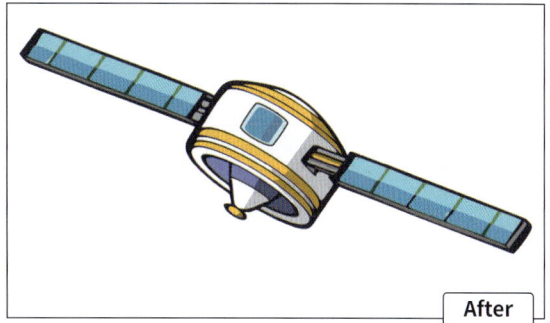
After

01 일러스트레이터 → 03 폴더에서 'space.ai' 파일을 불러옵니다. ❶ 오브젝트를 선택한 다음 ❷ 기울이기 도구(	)를 선택합니다. ❸ 오브젝트에 드래그하면 중심점에 고정된 상태로 기울어지는 것을 확인할 수 있습니다.

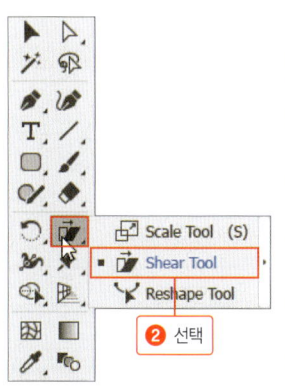
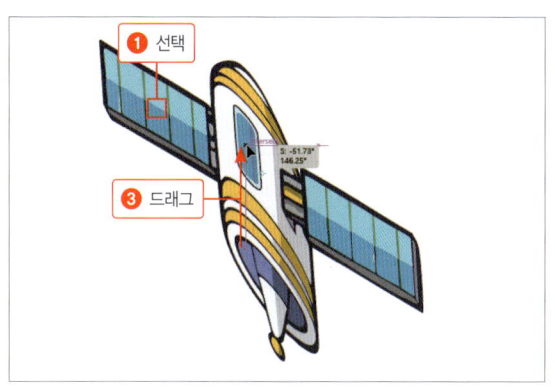

02 ❶ Ctrl+Z를 눌러 원래대로 되돌립니다. ❷ Transform 패널(	)에서 Shear(기울어지는 각도)를 '-45'로 설정합니다.

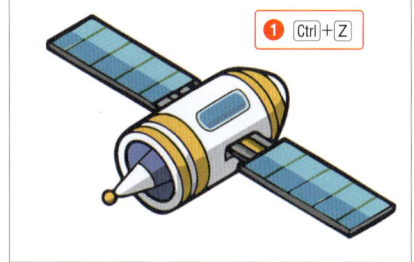
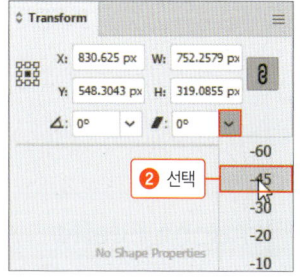

03 중심점을 기준으로 설정한 각도만큼 오브젝트가 기울어집니다.

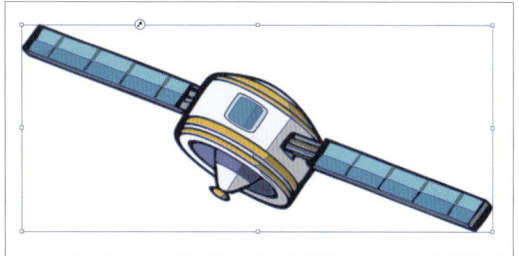

Part 04

문자 입력과 완성도를 높이는 테크닉 업그레이드

| Adobe Firefly 〈 20/25 〉

Character   Pathfinder   Clipping Mask

PHOTOSHOP
+ILLUSTRATOR CC 2025

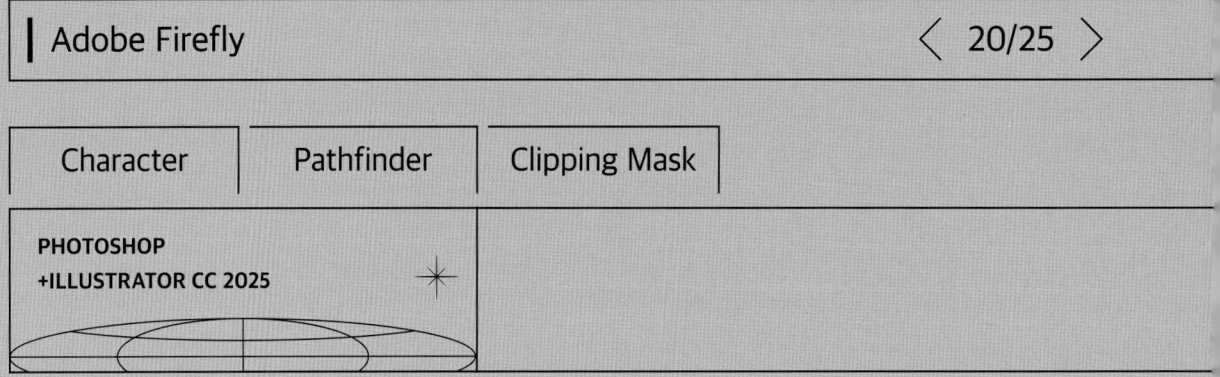

CC/25

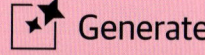 Generate

LESSON 08 · 직관적인 타이포그래피 디자인

> **EASY 실습** 문자 입력하기
> • 실습파일 : 일러스트레이터\04\메모지.ai
> • 완성파일 : 일러스트레이터\04\메모지_완성.ai

문자 도구를 선택하고 원하는 부분에 클릭하여 문자를 입력하거나 드래그해서 글상자를 만들어 문자를 입력해 봅니다.

01 일러스트레이터 → 04 폴더에서 '메모지.ai' 파일을 불러 옵니다. 메모지 배경이 나타납니다. ❶ T를 눌러 문자 도구(T)를 선택한 다음 ❷ 메모지에서 문자를 입력하고 싶은 부분에 클릭합니다. ❸ 문구를 입력하고 ❹ 선택합니다.

> **TIP**
> 문자 도구를 선택하고 아트보드를 클릭 또는 드래그하면 'Lorem ipsum'과 같은 임의의 문구가 표시됩니다. 문구가 블록으로 지정된 상태에서 문자를 입력하면 입력된 문구가 지워지면서 입력됩니다.

02 ❶ Control 패널에서 'Character'를 클릭합니다. ❷ Character 패널(A)이 표시되면 글꼴을 '여기어때 잘난체', ❸ 글자 크기를 '90pt'로 지정하여 확대합니다. ❹ 세로 비율을 '95%'로 지정하여 완성합니다.

> **TIP**
> ❶ 문자 도구(Type Tool, T) : 일반적인 가로형 문자를 입력할 때 이용합니다. 아트보드에 클릭해 문자를 입력할 수 있고 드래그해서 글상자를 만든 다음 문장을 입력할 수도 있습니다.
> ❷ 영역 문자 도구(Area Type Tool) : 영역 안에 문자를 입력할 때 이용합니다. 펜 도구나 도형 도구 등을 이용해 글상자 형태를 만든 다음 영역 문자 도구를 선택하고 오브젝트를 클릭하면 영역 안에 문자를 입력할 수 있습니다. 펜 도구나 연필 도구, 모양 도구 등을 이용하여 닫혀 있거나 열린 패스의 오브젝트를 만든 다음 영역 안에 가로로 문자를 입력할 수도 있습니다.
> ❸ 패스 문자 도구(Type on a Path Tool) : 패스선에 따라 문자를 입력할 수 있는 도구로, 자유로운 형태의 문자를 입력할 수 있습니다. 패스선 안과 바깥 중 자유롭게 위치를 지정해 문자를 입력할 수도 있습니다.
> ❹ 세로 문자 도구(Vertical Type Tool) : 세로 방향으로 문자를 입력할 수 있습니다. 세로 문자는 주로 일본 등의 아시아 지역에서 이용합니다.
> ❺ 세로 영역 문자 도구(Vertical Area Type Tool) : 영역 문자 도구와 마찬가지로 영역 안에 세로 문자를 입력할 때 이용합니다.
> ❻ 세로 패스 문자 도구(Vertical Type on a Path Tool) : 패스선을 따라 문자를 세로 방향으로 입력할 수 있습니다.

EASY 실습 | 오브젝트 형태대로 문자 입력하기

- 실습파일 : 일러스트레이터\04\노트.ai
- 완성파일 : 일러스트레이터\04\노트_완성.ai

패스 영역을 만들고 문자 영역 도구를 이용하여 영역 안에 문자를 입력해 봅니다.

01 일러스트레이터 → 04 폴더에서 '노트.ai' 파일을 불러옵니다. ❶ 펜 도구(✎)를 선택하고 ❷ 노트 안쪽에 클릭해 문자를 입력하려는 형태의 오브젝트를 그립니다.

TIP
오브젝트를 클릭해 문자 입력 형태로 변경하기 때문에 오브젝트의 면과 선 색은 상관없습니다.

02 ❶ 영역 문자 도구(▥)를 선택합니다. ❷ 직접 그린 오브젝트의 패스선을 클릭하여 문자를 입력할 수 있는 상태로 바꿉니다.

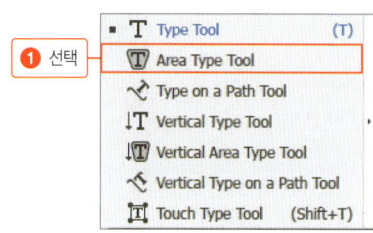

03 ❶ 작성하고 싶은 문장을 입력합니다. ❷ 문장을 선택하고 ❸ Character 패널(▤)에서 글꼴을 '배달의민족 주아', 글자 크기를 '42pt', 행간을 '60pt'로 지정하여 작업을 마칩니다.

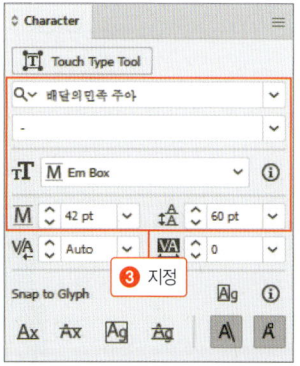

TIP
세로 영역 문자 도구도 영역 문자 도구와 마찬가지로 같은 방법으로 영역 안에 세로 문자를 입력할 수 있습니다.

EASY 실습 | 패스를 따라 흐르는 문자 입력하기

- **실습파일** : 일러스트레이터\04\rocket.ai
- **완성파일** : 일러스트레이터\04\rocket_완성.ai

펜 도구로 만든 패스선에 패스 문자 도구를 이용해서 자유로운 형태로 문자를 입력해 봅니다.

01 일러스트레이터 → 04 폴더에서 'rocket.ai' 파일을 불러옵니다. ❶ P를 눌러 펜 도구(✒)를 선택하고 ❷, ❸ 타원 형태를 따라 그림과 같이 패스를 그립니다.

02 ❶ 패스 문자 도구(⤴)를 선택하고 ❷ 패스 왼쪽을 클릭합니다. 그림과 같이 문자를 입력하면 패스 형태대로 문자가 흐르듯이 입력됩니다.

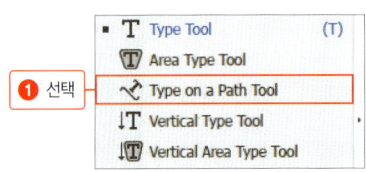

왜? ✦
문구가 모두 나타나지 않고 패스선 끝에 빨간색 + 표시가 나타나는 것은 문구가 패스선보다 길기 때문입니다. 이때 글자 크기를 줄이거나 글자 수를 줄여 조절할 수 있습니다.

03 ❶ 문자를 드래그해 블럭으로 지정한 다음 ❷ Character 패널(🅰)에서 글꼴을 'Ultra Regular', 글자 크기를 '60pt'로 지정합니다. 패스를 따라 흐르는 문자가 완성되었습니다.

EASY 실습 자유자재로 문자 흩트리기

• 실습파일 : 일러스트레이터\04\bowl.ai
• 완성파일 : 일러스트레이터\04\bowl_완성.ai

단어 또는 문장에서 원하는 문자를 하나씩 선택하여 위치 이동이나 회전, 크기 조절을 할 수 있습니다. 터치 문자 도구를 이용해 정렬된 문자를 흩트려 봅니다.

Before

After

01 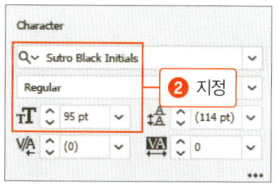 일러스트레이터 → 04 폴더의 'bowl.ai' 파일을 불러옵니다. ❶ 문자 도구(T)를 선택한 다음 ❷ Character 패널(A)에서 글꼴을 'Sutro Black initials', 글자 크기를 '95pt'로 지정하고 ❸ 'SUPER BOWL'을 입력합니다.

02 ❶ 터치 문자 도구를 선택한 다음 ❷ 'S' 자를 선택하고 위로 드래그하여 이동합니다.

TIP
Tools 패널에 터치 문자 도구가 없다면 Tools 패널의 'Edit Toolbar' 아이콘(⋯)을 클릭한 다음 터치 문자 도구를 선택하거나 Tools 패널로 드래그하여 사용합니다.

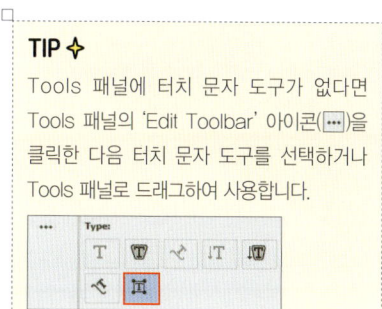

03 문자에서 'S' 자만 위로 이동된 것을 확인할 수 있습니다. 같은 방법으로 'B' 자를 아래로 드래그합니다.

04 'U' 자를 선택한 다음 문자 위의 기준점을 드래그하여 시계 방향으로 회전합니다.

TIP
드래그하는 정도에 따라 선택된 문자만 회전됩니다.

05 특정 문자만 드래그하는 방식으로 회전과 이동하여 정렬된 문자를 흩트려 문자 형태를 변경합니다.

(EASY 실습) **문자를 오브젝트로 변환해 편집하기**

· 실습파일 : 일러스트레이터\04\playing.ai
· 완성파일 : 일러스트레이터\04\playing_완성.ai

문자를 오브젝트로 변환하면 쉽게 변형할 수 있고, 문자에 패턴 또는 그러데이션을 채우거나 마스크를 적용할 수도 있습니다. 또한, 버전에 상관없으며 글꼴 유실 없이 작업물을 공유할 수 있어 매우 편리합니다. 문자에 Create Outlines 기능을 적용하여 벡터 오브젝트로 변환해서 자유롭게 편집해 봅니다.

01 일러스트레이터 → 04 폴더에서 'playing.ai' 파일을 불러옵니다. ① 네온사인처럼 표현하기 위해 형광색 계열로 'Electric Music'을 입력합니다. ② Character 패널(A1)에서 글꼴을 'Segoe Script', 글자 크기를 '120pt'로 지정합니다.

02 ① 문자를 선택한 상태로 마우스 오른쪽 버튼을 클릭한 다음 ② Create Outlines(Shift+Ctrl+O)를 실행하면 문자가 오브젝트로 변경됩니다. ③ 문자를 복사하기 위하여 Ctrl+C를 누릅니다.

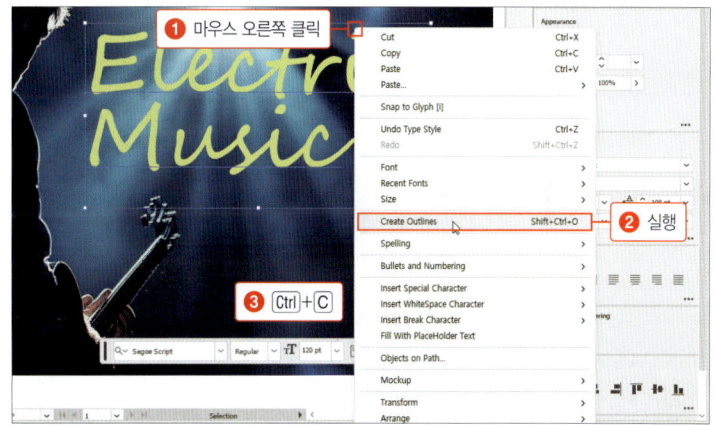

03 원본 문자를 선택하고 메뉴에서 (Effect) → Blur → Gaussian Blur를 실행합니다.

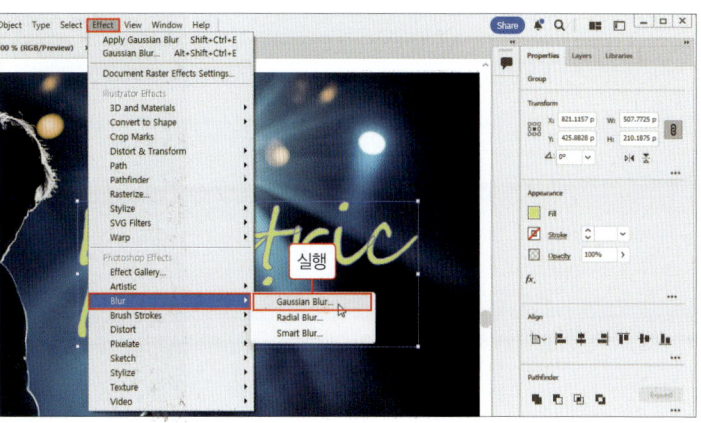

TIP ✦

Gaussian Blur는 포커스를 강조하기 위해, 특정 오브젝트나 텍스트를 돋보이게 만들 때 배경을 흐리게 할 수 있습니다. 빛의 퍼짐을 표현하거나, 조명이 들어오는 효과를 낼 때 활용하면 부드러운 빛의 효과를 줄 수 있습니다.

04 Gaussian Blur 대화상자가 표시되면 ❶ Radius를 '9pixels'로 설정하고 ❷ 〈OK〉 버튼을 클릭합니다.

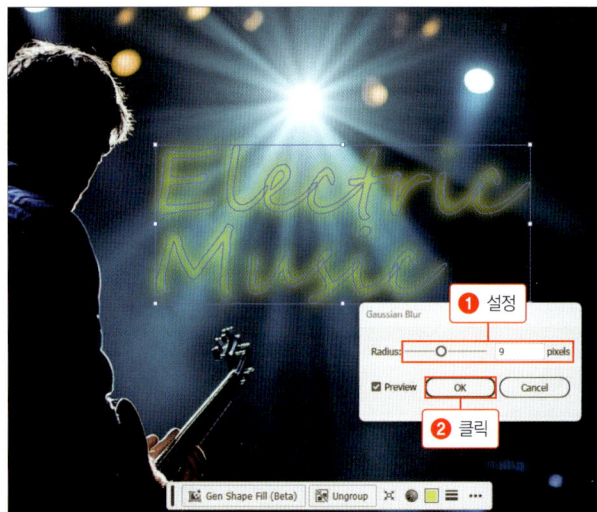

05 ❶ Ctrl+V를 눌러 복사했던 문자를 붙여넣고 ❷ 선택 도구(▶)로 복제된 문자를 블러가 적용된 문자 위로 이동합니다.

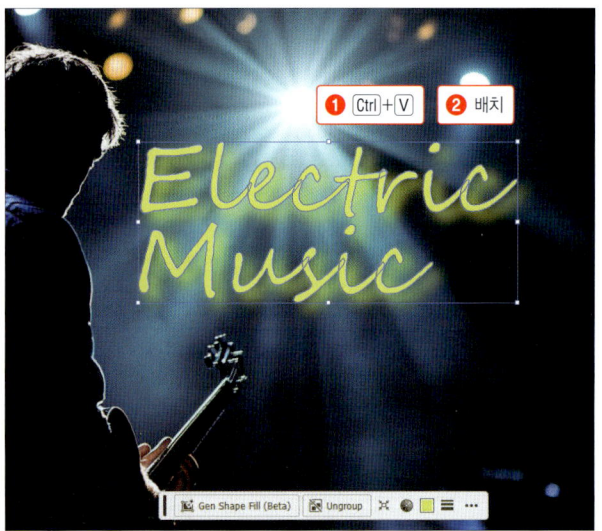

06 블러 효과가 적용된 문자 이미지가 완성되었습니다.

❶ 문자 스타일 설정하기

Character 패널(**Ai**)에서는 문자 속성을 세부적으로 설정할 수 있습니다. Character 패널을 표시하려면 메뉴에서 [Window] → Type → Character(Ctrl+T)를 실행하거나 문자 도구(T)가 선택된 상태로 Control 패널에서 'Character'를 클릭합니다.

❶ **Touch Type Tool** : 문자를 하나씩 개별 선택하여 편집할 수 있습니다.

❷ **글꼴(Font)** : 시스템에 설치된 글꼴을 지정할 수 있습니다. 또한 글꼴을 직접 입력하여 검색할 수 있습니다.

❸ **글꼴 스타일(Style)** : 스타일이 지원되는 글꼴에서 Light(얇은), Regular(보통), Italic(이탤릭), Bold(굵은) 등의 스타일을 지정할 수 있습니다.

❹ **글꼴 높이 변경(Set font height reference)** : 글꼴의 높이를 기준으로 문자의 크기나 위치를 조정할 때 사용합니다.

❺ **글자 크기(Font Size)** : 글자 크기를 조절합니다. 단위는 pt이며 글꼴마다 1pt당 크기가 서로 다릅니다.

❻ **행간(Leading)** : 문자 간의 줄 간격인 행간을 조절합니다. 보통 'Auto'로 지정되어 있지만, 수치를 설정할 수도 있습니다.

❼ **두 글자 사이 자간(Kerning)** : 두 개의 글자 사이 자간을 조절합니다. 보통 'Auto'로 지정되어 있으며, 조절하고 싶은 글자 사이를 클릭하여 수치를 입력할 수 있습니다. 특히 알파벳은 글자마다 자간이 고르지 않기 때문에 다르게 설정해야 가독성이 떨어지지 않습니다. 수치가 −(음수)면 자간이 가까워지고, +(양수)면 자간이 멀어집니다.

❽ **선택 글자 사이 자간(Tracking)** : 자간을 조절하고 싶은 글자 영역을 드래그하여 같은 수치로 자간을 설정할 수 있습니다. −(음수)면 자간이 가까워지고 +(양수)면 자간이 멀어집니다.

❾ **세로 비율(Vertical Scale)** : 문자의 세로 비율을 조절합니다. 수치가 클수록 문자의 높이가 길어지고, 작을수록 높이가 짧아집니다.

❿ **가로 비율(Horizontal Scale)** : 문자의 가로 비율을 조절합니다. 수치가 클수록 문자 폭이 넓어지고, 수치가 작을수록 폭이 좁아집니다.

⓫ **기준선(Baseline Shift)** : 원하는 글자를 드래그해 선택해서 기준선을 중심으로 가로쓰기일 때 +(양수)면 기준선 위쪽, −(음수)면 기준선 아래쪽에 글자가 위치합니다. 세로쓰기라면 양쪽으로 이동할 수 있습니다.

⓬ **문자 회전(Character Rotation)** : 원하는 글자를 드래그하여 선택한 다음 각도를 입력하여 문자를 회전할 수 있습니다.

⓭ **All Caps, Small Caps** : 모두 대문자 또는 소문자로 바꿀 수 있습니다.

⓮ **Superscript, Subscript** : 원하는 글자를 위 첨자 또는 아래 첨자로 표시합니다.

⓯ **Underline, Strikethrough** : 문자 아래나 중간에 줄을 그어 밑줄이나 취소선을 표시할 수 있습니다.

⓰ **Language** : 언어를 선택하며 문법이나 철자법 검사를 진행할 때 사전으로 이용할 수 있습니다.

⓱ **글리프에 물리기(Snap to Glyph)** : 문자를 깨뜨리지 않고도 오브젝트를 문자의 'Baseline', 'x-height', 'Glyph Bounds' 위치에 물리게 할 수 있습니다.

Quick 활용 | 문자가 있는 메뉴 디자인하기

• 실습파일 : 일러스트레이터\04\menu.ai
• 완성파일 : 일러스트레이터\04\menu_완성.ai

기본 문자에 글꼴이나 글자 크기, 글꼴, 글꼴 스타일, 색상 등을 적용해 원하는 스타일의 문자 디자인을 완성할 수 있습니다. 기본 글꼴 형태의 메뉴판을 수정하여 베이킹 카페 메뉴판으로 만들어 봅니다.

01 일러스트레이터 → 04 폴더에서 'menu.ai' 파일을 불러옵니다. 메뉴 글꼴을 수정하기 위해 ❶ 선택 도구(▶)로 ❷ Shift를 누른 상태에서 갈색 사각형 안의 흰색 문자 두 개를 선택합니다.

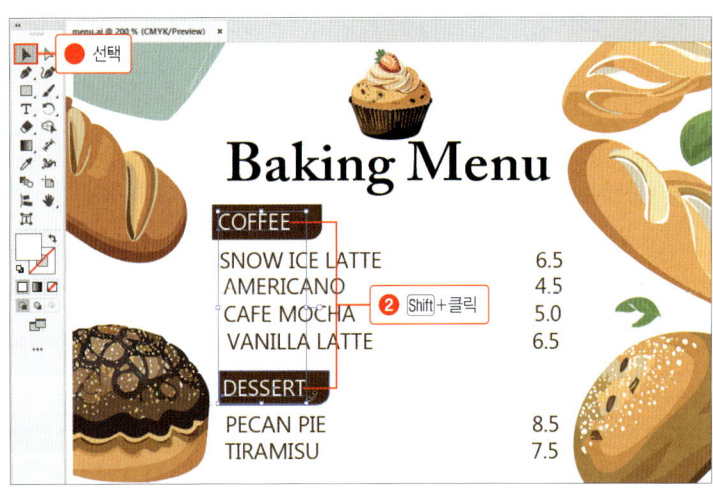

TIP ✦
예제에서는 문자 스타일 설정을 위해 문자를 오브젝트로 변경하지 않았습니다. 글꼴 유실 경고 메시지 창이 표시되더라도 신경 쓰지 말고 작업하세요.

02 Character 패널에서 글꼴과 글꼴 스타일을 지정한 다음 글자 크기를 '15pt'로 지정합니다. 예제에서는 글꼴을 'Adobe Caslon Pro', 글꼴 스타일을 'SemiBold'로 지정했습니다.

03 글자 색상을 적용하기 위해 Appearance 패널에서 ❶ Fill 색상 상자를 클릭한 다음 ❷ 글자 색상을 선택합니다. 예제에서는 '주황색(C=0, M=35, Y=85, K=0)'을 선택하였습니다.

04 ❶ 메뉴 항목들을 Shift를 누른 상태에서 선택한 다음 ❷ 글꼴을 지정합니다. 예제에서는 글꼴을 'Microsoft Tai Le', 글꼴 스타일을 'Regular' 글자 크기를 '15pt'로 지정하였습니다.

> **TIP ✦**
> Type 단위를 변경하기 위해서는 먼저 메뉴에서 (Edit) → Preferences → Units를 실행합니다. Preferences 대화상자가 표시되면 Type을 'Points'로 지정하여 예제에서 설명하는 'pt'로 변경할 수 있습니다.

05 메뉴가 손글씨 스타일의 글꼴로 변경된 것을 확인할 수 있습니다.

> **EASY 실습** 오브젝트와 문자를 정확하게 정렬하기
>
> · 실습파일 : 일러스트레이터\04\baking.ai
> · 완성파일 : 일러스트레이터\04\baking_완성.ai

문자를 입력하면 글상자와 실제 문자의 아래쪽 기준과는 차이가 발생하므로 정확하게 오브젝트와 문자를 정렬하는 방법에 대해 알아봅니다.

01 일러스트레이터 → 04 폴더에서 'baking.ai' 파일을 불러옵니다. Align 패널에서 ❶ '패널 메뉴' 아이콘(≡)을 클릭하고 ❷ Align to Glyph Bounds → Point Text를 실행합니다.

02 ❶ 컵케이크와 'BAKING' 문자를 선택한 다음 ❷ Align 패널에서 'Vertical Align Bottom' 아이콘(▙)을 클릭합니다.

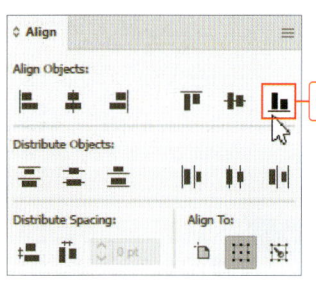

03 컵케이크가 문자의 바운딩 박스가 아닌 'BAKING' 문자 아래쪽과 정확히 일치하게 정렬되는 것을 확인할 수 있습니다.

Quick 활용 가변 글꼴로 문자를 더해 아이콘 완성하기

• 실습파일 : 일러스트레이터\04\배지.ai
• 완성파일 : 일러스트레이터\04\배지_완성.ai

타이포그래피 작업 중 문자 도구를 다시 선택하지 않고도 문자를 입력하거나 선택하거나 편집할 수 있습니다. OpenType 가변 글꼴을 이용해서 글꼴의 두께, 폭 및 다른 속성을 변경하여 고유한 스타일을 만들 수도 있습니다. 가변 글꼴을 활용하여 간편하게 아이콘에 문자를 추가해 봅니다.

Before

After

01 일러스트레이터 → 04 폴더의 '배지.ai' 파일을 불러옵니다. 아이콘이 나타나면 ❶ 문자 도구(T)를 선택하고 ❷ 말풍선 안에 그림과 같이 각각 'BIG', 'SALE'을 입력합니다.

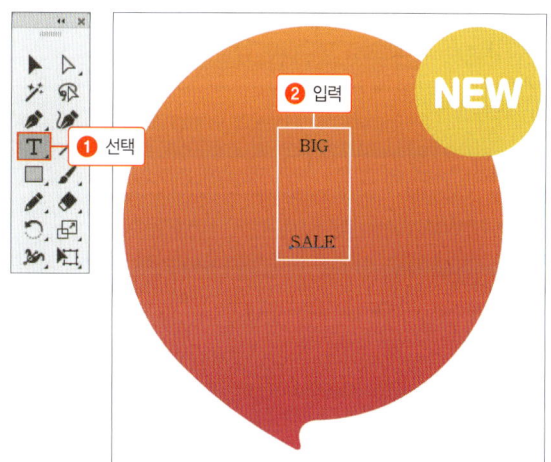

TIP ✦
Character 패널에서 '패널 메뉴' 아이콘(≡)을 클릭한 다음 Show Options를 실행하거나 패널 이름 부분을 더블클릭하면 패널이 확장되면서 문자 커닝, 기준선, 자간, 회전 등 다양한 세부 옵션을 설정할 수 있습니다.

02 ❶ 입력한 'BIG' 문자를 선택하고 ❷ Character 패널(A)에서 글자 크기를 '50pt'로 지정하여 확대합니다. ❸ 글꼴 스타일 오른쪽의 'Variable Font' 아이콘(🆃)을 클릭한 다음 ❹ Weight를 '700', Width를 '100'으로 지정합니다.

TIP ✦
예제에서 'BIG' 문자에 적용한 글꼴은 'Bahnschrift'입니다.

03 ❶ 문자 색상을 '노란색'으로 지정합니다. ❷ 'SALE' 문자를 선택한 다음 ❸ Character 패널(A)에서 글자 크기를 '100pt'로 지정하여 확대합니다. ❹ 'Variable Font' 아이콘(🆃)을 클릭하고 ❺ Weight를 '900'으로 지정합니다. ❻ 문자 색상을 '흰색'으로 지정하여 완성합니다.

TIP ✦
예제에서 'SALE' 문자에 적용한 글꼴은 'Source Code Variable'입니다.

TIP ✦ 문장에 스타일 적용하기
Character/Paragraph Styles 패널을 이용하여 문자와 단락 스타일을 지정하면 일관되고 빠르게 문서의 편집 디자인을 완성할 수 있습니다. 문자 스타일 관련 패널은 메뉴에서 (**Window**) → **Type** → **Character Styles** 또는 **Paragraph Styles**를 실행하여 표시할 수 있습니다.
❶ **Character Styles 패널** : 문자 스타일을 만들어 서식을 지정합니다.
❷ **Paragraph Styles 패널** : 단락 스타일을 만들어 문단의 글꼴을 통일감 있게 지정합니다.

❷ 문자 변형하기

Warp 기능은 오브젝트를 변형하여 다양한 스타일을 적용하고, 독특한 형태나 효과를 만들 수 있는 강력한 도구입니다. 이 기능은 오브젝트의 모양을 변형하는 데 사용하며, 텍스트, 도형, 이미지 등 다양한 요소에 적용할 수 있습니다. Warp 기능을 활용하면 곡선, 비틀기, 확대/축소 등 다양한 변형을 통해 창의적인 디자인을 쉽게 만들 수 있습니다. Warp Options 대화상자에서는 15가지 변형 스타일을 제공하며 왜곡 정도를 수치로 조절해 오브젝트 원형이 보존되어 편리하게 수정할 수 있습니다.

메뉴에서 [Object] → Envelope Distort → Make with Warp(Alt+Shift+Ctrl+W)를 실행하거나 메뉴에서 [Effect] → Warp의 하위 메뉴를 실행하면 변형 이펙트를 적용할 수 있는 Warp Options 대화상자가 표시됩니다.

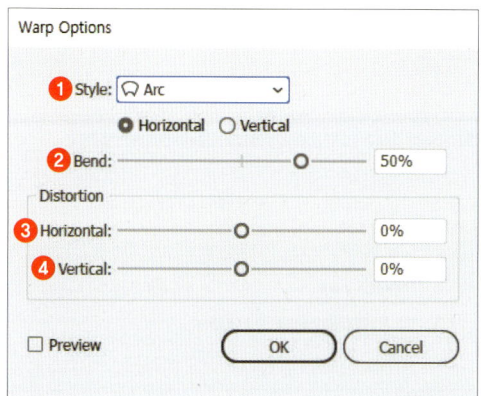

위에서부터 각각 Arch, Flag, Fisheye를 적용한 문자

❶ **Style** : 오브젝트를 가로 또는 세로의 15가지 형태로 변형할 수 있습니다.

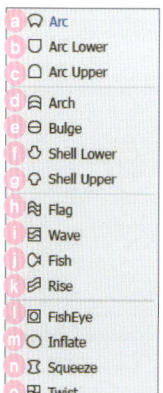

- ⓐ **Arc** : 둥글게 왜곡합니다.
- ⓑ **Arc Lower** : 아래만 둥글게 왜곡합니다.
- ⓒ **Arc Upper** : 위만 둥글게 왜곡합니다.
- ⓓ **Arch** : 아치형으로 왜곡합니다.
- ⓔ **Bulge** : 볼록하게 왜곡합니다.
- ⓕ **Shell Lower** : 아래쪽만 조개 모양으로 왜곡합니다.
- ⓖ **Shell Upper** : 위쪽만 조개 모양으로 왜곡합니다.
- ⓗ **Flag** : 펄럭이는 깃발처럼 왜곡합니다.
- ⓘ **Wave** : 안쪽으로 물결치듯 왜곡합니다.
- ⓙ **Fish** : 물고기 모양으로 왜곡합니다.
- ⓚ **Rise** : 한쪽이 더 위로 올라가게 왜곡합니다.
- ⓛ **FishEye** : 가운데를 크게 왜곡합니다.
- ⓜ **Inflate** : 부풀듯 왜곡합니다.
- ⓝ **Squeeze** : 쥐어짜듯 왜곡합니다.
- ⓞ **Twist** : 비틀어지듯 왜곡합니다.

❷ **Bend** : 오브젝트를 왜곡할 때 변형 정도를 -100~100% 수치로 표시하며, 0에 가까울수록 변형 정도가 약합니다.

❸ **Horizontal** : 선택한 오브젝트를 수평으로 왜곡합니다.

❹ **Vertical** : 선택한 오브젝트를 수직으로 왜곡합니다.

EASY 실습) Make with Warp 기능으로 문자 왜곡하기

- **실습파일** : 일러스트레이터\04\카페.ai
- **완성파일** : 일러스트레이터\04\카페_완성.ai

Envelope Distort의 Make with Warp 기능을 이용하여 문자를 다양한 스타일로 왜곡합니다.

01 일러스트레이터 → 04 폴더의 '카페.ai' 파일을 불러옵니다. ❶ 문자 도구(T)를 선택하고 면 색을 '갈색'으로 지정한 다음 아트보드에 클릭하고 'COFFEE CAFE'를 입력합니다. 문자가 선택된 상태로 ❷ 메뉴에서 (Object) → Envelope Distort → Make with Warp를 실행합니다.

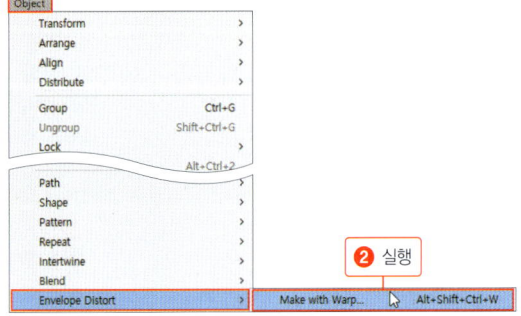

02 Warp Options 대화상자가 표시되면 ❶ Style을 'Arc'로 지정하고 ❷ 'Horizontal'을 선택합니다. ❸ Bend를 '30%'로 설정한 다음 ❹ 〈OK〉 버튼을 클릭합니다.

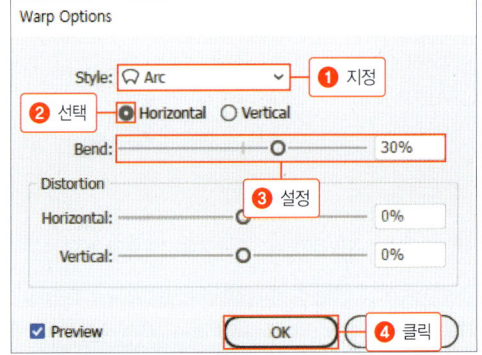

03 일러스트 위쪽에 둥글게 변형된 문자가 배치되었습니다.

> **TIP ✦**
> 예제에서 문자에 적용한 글꼴은 네이버에서 무료로 배포하는 '나눔고딕 ExtraBold'이며, 글자 크기는 '100pt'입니다.

LESSON 09 > 완성도를 높이는 일러스트의 재구성

❶ 오브젝트 더하고 나누기

Pathfinder 패널(▣)은 여러 오브젝트나 경로를 결합하거나 나누고, 복잡한 형태를 만들 때 사용하는 유용한 도구입니다. Pathfinder 패널을 이용하면 두 개 이상의 오브젝트를 간단하게 결합하거나 분리, 교차 및 삭제할 수 있습니다. 메뉴에서 [Window] → Pathfinder(Shift+Ctrl+F9)를 실행하여 Pathfinder 패널을 표시합니다.

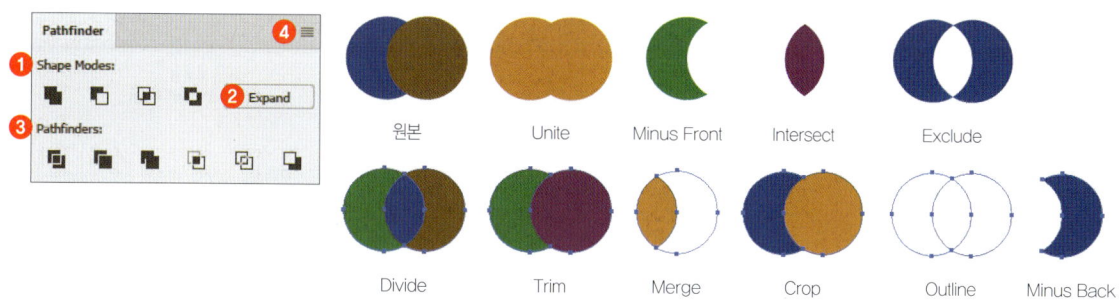

❶ **Shape Modes** : 여러 개의 오브젝트를 하나로 만듭니다. 재구성된 오브젝트는 맨 앞 오브젝트의 속성을 따릅니다. Alt 를 누른 상태로 Shape Modes의 아이콘을 클릭하면 〈Expand〉 버튼이 활성화되며 복합 오브젝트를 만들 수 있습니다.

　ⓐ **Unite** : 오브젝트 사이 겹친 부분을 합칩니다.
　ⓑ **Minus Front** : 오브젝트가 겹치면 앞부분을 삭제합니다.
　ⓒ **Intersect** : 오브젝트 사이 겹친 부분을 제외한 나머지 부분을 삭제합니다.
　ⓓ **Exclude** : 오브젝트 사이 겹친 부분만 삭제합니다.

❷ **Expand** : 패스파인더 기능으로 나눠진 안쪽 패스 속성까지 하나의 완전한 패스로 만듭니다. 버튼을 클릭하면 외곽선이 분리되어 더 이상 수정할 수 없습니다.

❸ **Pathfinders** : 선택한 오브젝트를 겹치는 패스를 이용하여 나눕니다. 이후 그룹을 해제하면 오브젝트별로 나뉘지며 선은 삭제되어 없어집니다.

　ⓐ **Divide** : 겹친 오브젝트 사이 패스를 기준으로 오브젝트를 나눕니다.
　ⓑ **Trim** : 뒤쪽 오브젝트에서 앞쪽 오브젝트와 겹치는 부분을 삭제하고 각각의 오브젝트로 나눕니다.
　ⓒ **Merge** : 뒤쪽 오브젝트에서 앞쪽 오브젝트와 겹치는 부분만큼 삭제하여 색이 같은 오브젝트는 하나로 합칩니다.
　ⓓ **Crop** : 겹치는 오브젝트 부분만 남기고 나머지는 삭제하며, 마스크 기능과 비슷합니다.
　ⓔ **Outline** : 겹친 오브젝트를 나누고 각각의 오브젝트를 패스로 만듭니다.
　ⓕ **Minus Back** : 앞쪽 오브젝트에서 뒤쪽 오브젝트 영역만큼 삭제합니다.

❹ **패널 메뉴** : 패스파인더 기능으로 더하거나 나눈 오브젝트의 세부적인 옵션을 설정합니다.

EASY 실습 Pathfinder 패널을 이용하여 일러스트 재구성하기

• 실습파일 : 일러스트레이터\04\등대.ai
• 완성파일 : 일러스트레이터\04\등대_완성.ai

Pathfinder 패널을 이용해 기존 일러스트를 전혀 다른 형태로 구성해 봅니다.

Before

After

01 일러스트레이터 → 04 폴더에서 '등대.ai' 파일을 불러옵니다. 오브젝트를 분리하기 위해 먼저 분할 기준선을 만들겠습니다. ❶ 선 도구(/)를 선택하고 ❷ 등대 위쪽에 가로로 드래그해 그림과 같이 선을 그립니다.

02 ❶ 선택 도구(▶)로 선을 선택한 다음 Shift + Alt 를 누른 상태에서 아래로 드래그하여 이동 및 복제합니다. 줄무늬처럼 만들기 위해 ❷ Ctrl + D 를 여러 번 눌러 선을 이동 및 복제합니다.

03 ❶ 등대와 선을 선택한 다음 ❷ Pathfinder 패널(▣)에서 'Divide' 아이콘(▣)을 클릭해 오브젝트를 선대로 분리합니다.

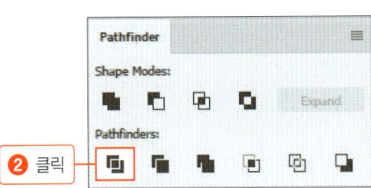
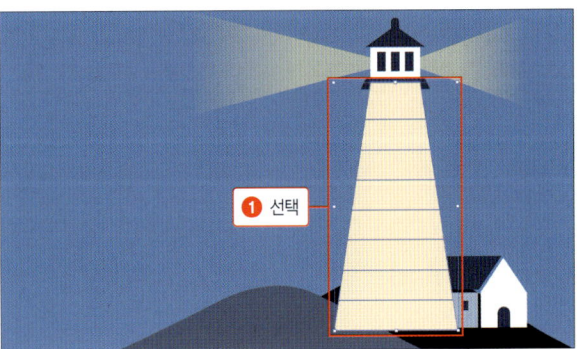

04 분리된 등대를 산 뒤에 배치하기 위해 ❶ 등대가 선택된 상태로 마우스 오른쪽 버튼을 클릭한 다음 ❷ Arrange → Send Backward(Ctrl+[)를 실행합니다. ❸ Ctrl+[를 눌러 뒤쪽에 배치합니다.

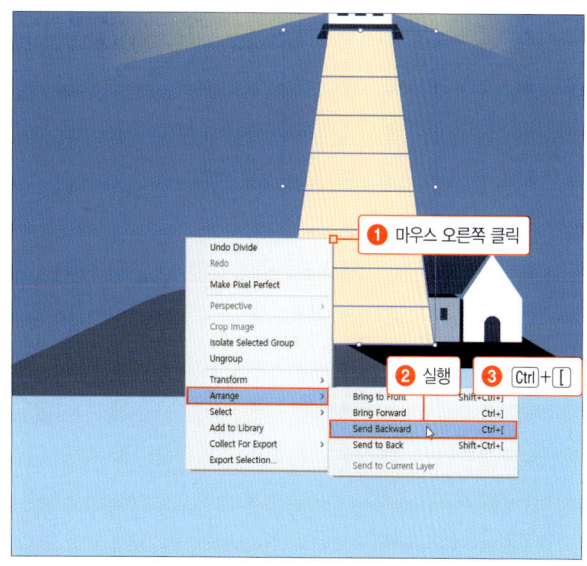

05 ❶ 직접 선택 도구(▷)를 선택한 다음 Shift를 누른 상태로 그림과 같이 색을 적용할 오브젝트를 선택합니다. ❷ Color 패널(◐)에서 면 색을 'C:0%, M:90%, Y:40%, K:0%'로 지정하여 줄무늬를 만듭니다.

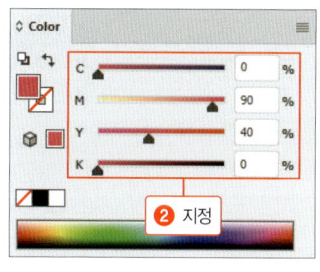

06 이번에는 기본 도형으로 오브젝트를 만들고 합쳐서 구름 모양을 만들어 봅니다. ❶ 원 도구(◯)를 선택하고 Shift를 누른 채 하늘에 드래그해 다양한 크기의 흰색 원을 만듭니다. 사각형 도구(▢)를 선택하고 아래쪽에 드래그해 그림과 같이 직사각형을 만듭니다. ❷ 오브젝트를 재구성하기 위해 먼저 선택 도구(▶)로 원과 사각형을 모두 선택합니다.

왜? ✦
원형과 사각형 도구를 이용하여 구름을 그리는 것은 펜 도구로 그리는 것보다 더욱 아기자기하고 귀엽게 그릴 수 있습니다.

07 Pathfinder 패널(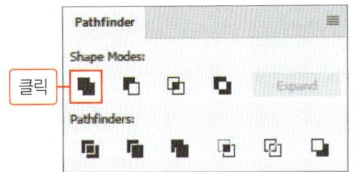)에서 'Unite' 아이콘( )을 클릭하여 오브젝트를 합쳐서 구름을 만듭니다.

08 ❶ Alt 를 누른 상태로 구름을 드래그해 복제합니다. ❷ Shift 를 누른 상태로 조절점을 드래그해 구름을 약간 확대합니다.

09 이번에는 여러 개의 오브젝트에서 겹친 부분을 간편하게 삭제해 파도를 만들겠습니다. ❶ 원 도구( )를 선택하고 Shift 를 누른 상태로 드래그하여 정원을 만듭니다. ❷ 선택 도구( )를 선택하고 Shift + Alt 를 누른 상태로 원을 위로 드래그하여 복제한 다음 ❸ 두 개의 원을 선택합니다.

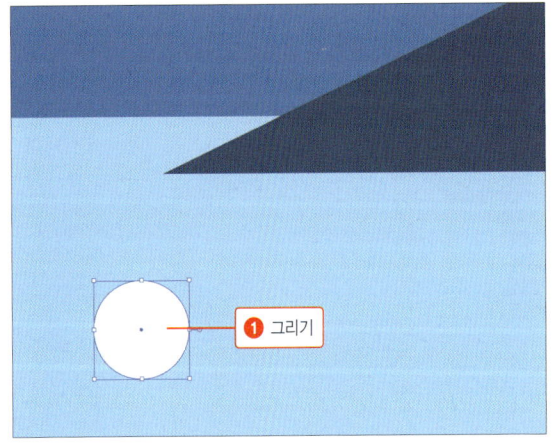 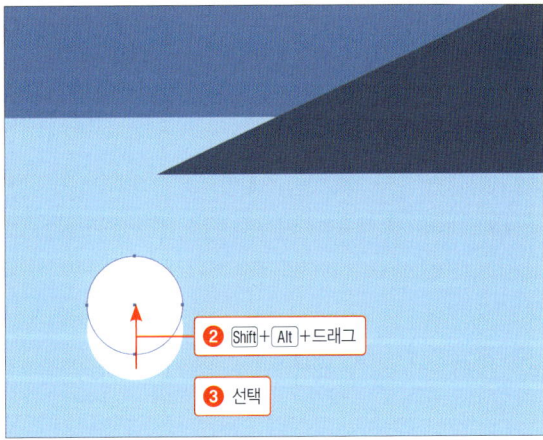

152 / **Part 4** · 문자 입력과 완성도를 높이는 테크닉 업그레이드

10 Pathfinder 패널(□)에서 'Minus Front' 아이콘
(□)을 클릭하여 겹친 위쪽 오브젝트를 삭제해서
달 모양을 만듭니다.

> **TIP**
> 도형 구성 도구를 이용하여 Pathfinder 패널의 일부 기능을 클릭 또는 드래그해서 간편하게 적용할 수도 있습니다.

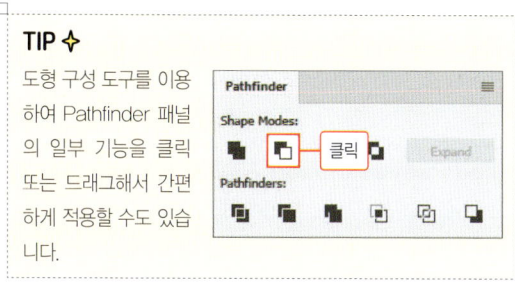

11 ❶ Shift + Alt 를 누른 상태로 오른쪽으로 드래그
해서 오브젝트를 복제합니다. ❷ 같은 방법으로
오브젝트를 하나 더 복제합니다. 바다에 넘실대는 파도가
만들어졌습니다.

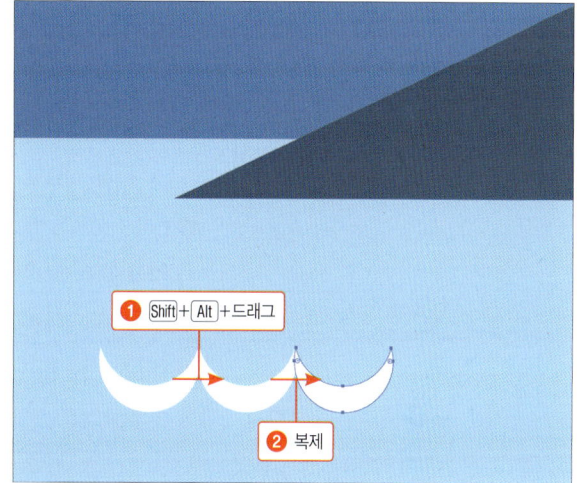

12 파도 오브젝트를 여러 개 복제해 크기를 조절하고
바다 위에 배치하면 등대가 있는 바다 풍경 일러
스트가 완성됩니다.

❷ 클릭, 드래그만으로 오브젝트 재구성하기

도형 구성 도구(🔍)는 간단한 오브젝트를 클릭 또는 드래그하여 합치거나 지울 수 있습니다. 도형 구성 도구를 더블클릭하면 표시되는 Shape Builder Tool Options 대화상자에서 색 및 강조 등 다양한 설정을 통하여 오브젝트를 재구성할 수 있습니다.

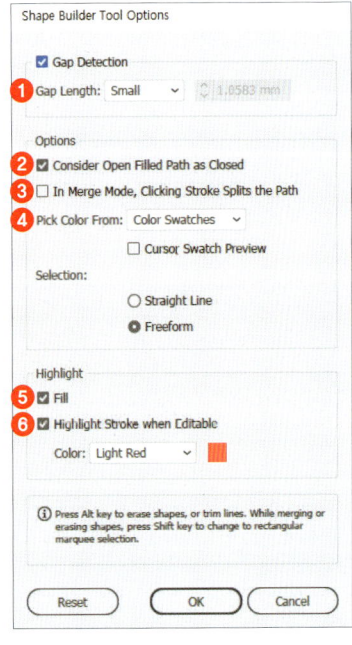

❶ **Gap Length** : 간격을 Small(3pt), Medium(6pt), Large(12pt) 중에서 지정할 수 있습니다.

❷ **Consider Open Filled Path as Closed** : 열린 패스에 표시되지 않는 가장자리가 만들어져 닫힌 패스를 만듭니다. 영역 안을 클릭하면 모양이 만들어집니다.

❸ **In Merge Mode, Clicking Stroke Splits the Path** : 위쪽 패스를 두 가지로 나눌 수 있습니다. 첫 번째 패스는 클릭하는 가장자리에 만들어지고, 두 번째 패스는 첫 번째 패스를 제외한 위쪽 패스의 남아 있는 부분입니다.

❹ **Pick Color From** : 색상 견본 또는 기존 아트보드에서 이용하는 색으로 오브젝트를 선택할 수 있습니다.

❺ **Fill** : 선택한 패스 위에 마우스 커서를 가져가면 병합할 수 있는 패스 또는 영역이 회색으로 강조됩니다. 체크 표시하지 않으면 선택 영역 또는 패스가 그대로 나타납니다.

❻ **Highlight Stroke when Editable** : 편집할 수 있는 선을 지정한 색으로 강조합니다.

EASY 실습 도형 구성 도구를 이용해 오브젝트 재구성하기

· 실습파일 : 일러스트레이터\04\도형구성.ai
· 완성파일 : 일러스트레이터\04\도형구성_완성.ai

도형 구성 도구를 이용하여 클릭 또는 드래그만으로 오브젝트를 합치거나 지우고, 나누는 등의 변경 기능으로 오브젝트를 새롭게 구성해 봅니다.

Before

After

01 일러스트레이터 → 04 폴더에서 '도형구성.ai' 파일을 불러옵니다. 같은 속성의 오브젝트를 간편하게 선택하기 위해 마술봉 도구( )를 더블클릭합니다. ❶ Magic Wand 패널( )이 표시되면 Fill Color의 Tolerance를 '5'로 설정합니다. ❷ 아트보드에서 흰색 오브젝트를 클릭해 같은 속성의 오브젝트들을 한번에 선택합니다.

02 ❶ Shift+M을 눌러 도형 구성 도구( )를 선택하고 ❷ 오브젝트가 겹친 부분을 드래그해 합칩니다.

> **TIP**
> 오브젝트를 합칠 때는 면 색이 적용되므로 미리 재구성한 오브젝트에 적용하려는 색을 지정하고 작업하면 편리합니다.

03 같은 방법으로 각각의 일러스트에서 겹친 부분을 찾아 드래그하여 그림과 같이 오브젝트를 합칩니다.

04 이번에는 오브젝트의 겹친 부분을 지우기 위해 먼저 ① 선택 도구(▶)로 왼쪽 뒤집개 일러스트를 드래그하여 선택합니다. ② 도형 구성 도구(◯)를 선택한 다음 [Alt]를 누른 상태로 마우스 커서에 '–'가 표시되면 회색 둥근 사각형 부분을 클릭합니다. 오브젝트의 회색 부분이 뚫립니다.

05 같은 방법으로 주방 도구 일러스트들을 각각 선택한 다음 도형 구성 도구(◯)로 [Alt]를 누른 상태에서 회색 오브젝트를 클릭해 불필요한 부분을 지웁니다.

06 와인 병 아래쪽은 겹친 상태입니다. 두 개 오브젝트를 분리하기 위해 ① 병의 몸체와 아래쪽 오브젝트를 선택하고 ② 회색 오브젝트를 클릭합니다.

TIP ✦
도형 구성 도구를 이용해 겹친 오브젝트를 분리할 때는 오브젝트를 모두 선택한 채 분리하려는 부분을 클릭합니다.

07 선택 도구(▶)로 분리된 아래쪽 오브젝트를 선택하고 Alt + Shift 를 누른 상태로 바운딩 박스의 모서리를 안쪽으로 살짝 드래그해 오브젝트 가운데를 중심으로, 정비례 크기로 약간 축소합니다.

08 같은 방법으로 ❶ 선택 도구(▶)를 이용하여 두 개의 체리를 선택하고 ❷ 도형 구성 도구(⊙)를 선택한 다음 왼쪽 체리를 선택합니다.

> **TIP**
> 왼쪽 체리만 선택하면 분리된 체리가 오른쪽 체리 뒤에 가려집니다. 이처럼 불필요한 오브젝트의 경우 도형 구성 도구를 이용하여 편집하는 것이 좋습니다.

09 ❶ 선택 도구(▶)를 이용해서 왼쪽 체리를 살짝 왼쪽으로 이동하여 오브젝트를 분리합니다.
❷ 편집된 오브젝트를 채색해 일러스트를 완성합니다.

❸ 오브젝트 중간 단계 만들기

블렌드(Blend)는 '섞다'라는 의미로, 일러스트레이터에서 두 개 이상의 오브젝트를 자동으로 연결해 중간 단계를 생성하는 기능입니다. 이 기능은 단순히 색상만 섞는 것이 아니라, 형태와 색상을 모두 변환해 자연스럽게 변화하는 그러데이션 효과를 만듭니다. 예를 들어, 모양이나 색상이 다른 두 오브젝트를 선택하면, 블렌드 기능을 통해 이 두 오브젝트 사이에 여러 중간 단계가 생성되며, 각 단계에서는 색상과 형태가 점진적으로 변형되어 연결됩니다.

이를 통해 부드럽고 연속적인 전환을 시각적으로 표현할 수 있어, 복잡한 그러데이션이나 형태 변화를 간편하게 구현할 수 있습니다. 블렌드는 색상 변화뿐만 아니라, 선의 굵기나 패턴의 변화, 그리고 오브젝트의 크기와 위치까지도 단계적으로 조정할 수 있어, 매우 다재다능한 도구로 활용합니다.

이때 오브젝트 사이에는 자동으로 계산되어 부드럽게 연결되는 여러 개의 오브젝트가 만들어집니다. 메뉴에서 [Object] → Blend → Make(Alt+Ctrl+B)를 실행하여 블렌드 기능을 적용할 수 있습니다.

메뉴에서 [Object] → Blend 하위 메뉴를 실행하여 블렌드를 만들거나 해제하고 편집할 수 있습니다. 블렌드 형태는 시작과 끝에 해당하는 오브젝트에서 어떤 기준점을 클릭하느냐에 따라 달라집니다.

블렌드 기능을 적용한 오브젝트

❶ **Make**(Alt+Ctrl+B) : 오브젝트의 중간 단계를 만들어 블렌드를 적용합니다.

❷ **Release**(Alt+Shift+Ctrl+B) : 블렌드를 해제합니다.

❸ **Blend Options** : 블렌드의 방향, 단계를 설정할 수 있는 Blend Options 대화상자를 표시합니다.

❹ **Expand** : 블렌드를 적용하여 만들어진 중간 단계의 가상 오브젝트를 각각의 오브젝트로 변환합니다.

❺ **Replace Spine** : 블렌드 패스 방향을 다른 형태나 패스로 만듭니다.

블렌드 오브젝트를 패스 형태대로 배열

❻ **Reverse Spine** : 블렌드 오브젝트의 순서를 바꿉니다.

❼ **Reverse Front to Back** : 블렌드가 적용된 상태에서 앞뒤에 위치한 오브젝트 순서를 바꿉니다.

Quick 활용 - 블렌드 기능으로 캐릭터 만들기

• 완성파일 : 일러스트레이터\04\애벌레_완성.ai

두 개 이상의 오브젝트 뒤에 투명한 패스선을 배치한 다음 블렌드를 적용하면 패스선을 따라 블렌드가 적용됩니다. 이러한 기능을 이용하여 좀 더 다양하고 역동적인 블렌드 형태를 만들 수 있습니다.

01 메뉴에서 (File) → New(Ctrl+N)를 실행하여 New Document 대화상자가 표시되면 'A4'를 선택한 다음 〈OK〉 버튼을 클릭해서 새 문서를 만듭니다.
❶ 펜 도구( )로 ❷ 기어가는 애벌레 형태를 생각하면서 그림과 같이 구불구불한 곡선을 그립니다.

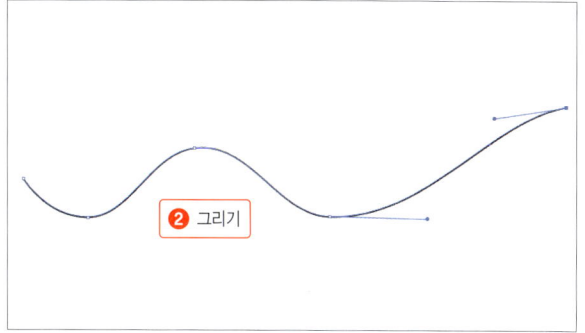

02 ❶ 면 색을 '초록색'으로 지정하고 원 도구( )를 이용해 패스선의 양끝과 볼록하게 튀어나온 부분에 ❷ 크기와 색이 다른 여러 개의 원을 그립니다.
❸ 색이 이어질 부분을 염두에 두고 초록색 명암 단계를 조절하여 그림과 같이 배치합니다.

> **TIP**
> 색은 Color 패널( )에서 원하는 색을 지정하거나 Swatches 패널 또는 Color Guide 패널에서 선택하면 편리합니다.

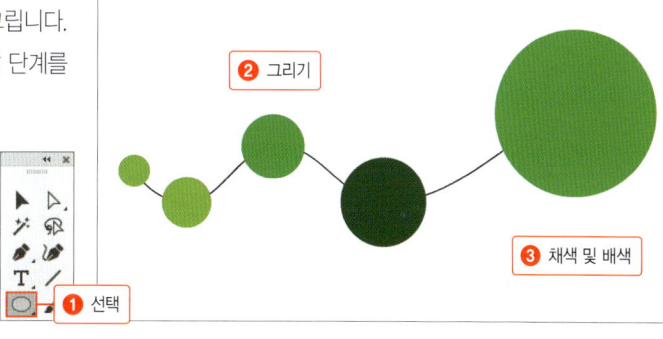

03 ❶ 선택 도구( )를 이용해 ❷ 선을 선택하고 선 색을 'None'으로 지정합니다. ❸ 드래그하여 선과 원을 모두 선택합니다.

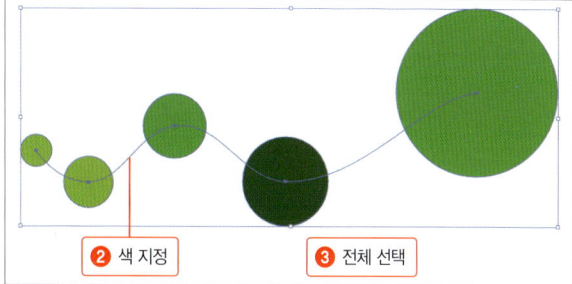

04 ❶ 블렌드 도구( )를 더블클릭하여 Blend Options 대화상자가 표시되면 ❷ Spacing을 'Specified Steps'로 지정하고 ❸ 수치를 '5'로 설정한 다음 ❹ 〈OK〉 버튼을 클릭합니다.

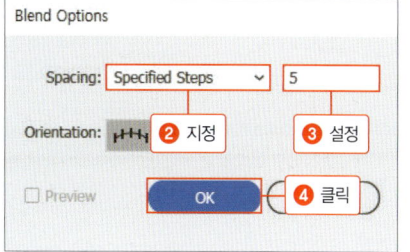

05 Ctrl+Alt+B를 누르면 블렌드 기능이 적용돼 투명한 패스선대로 원이 이어져 꾸물꾸물 기어가는 애벌레 형태가 됩니다.

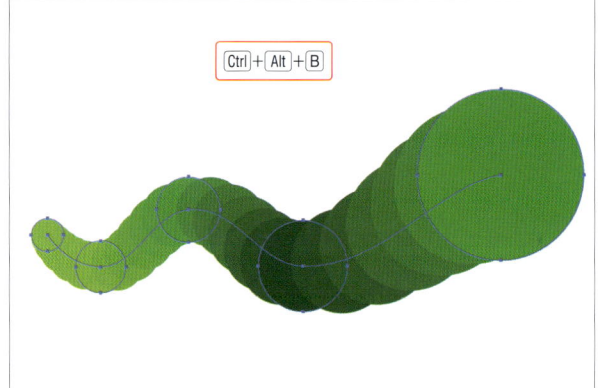

> **TIP** ✦
> 블렌드 기능의 단축키는 Alt+Ctrl+B입니다.

06 다양한 도형 도구를 이용하여 애벌레 캐릭터의 눈, 코, 입과 더듬이, 다리 등을 그리면 귀여운 애벌레가 완성됩니다.

> **TIP** ✦
> 선택 도구(▶)로 블렌드 오브젝트를 선택하고 메뉴에서 (Object) → Blend → Expand를 실행하면 블렌드 기능이 사라지고 일반 오브젝트로 변환됩니다. 블렌드 하나로 연결된 오브젝트들은 그룹으로 묶입니다.

❹ 색을 혼합하거나 일부분만 나타내기

Transparency 패널(●)에서는 블렌딩 모드와 함께 불투명도를 설정할 수 있습니다. 메뉴에서 [Window] → Transparency(Shift+Ctrl+F10)를 실행하여 표시되는 Transparency 패널에서는 오브젝트에 두 가지 이상의 색을 합성하는 블렌딩 모드와 오브젝트를 투명하게 나타낼 수 있는 불투명도, 특정 부분만 나타낼 수 있는 클리핑/불투명 마스크를 적용할 수 있습니다.

Transparency 패널은 색상 합성, 불투명도 조절, 마스크 적용 등 다양한 기능을 통합하여 디자인의 깊이와 세부 요소를 손쉽게 조정할 수 있도록 돕는 중요한 도구입니다. 디자이너는 이를 통해 복잡한 시각적 효과를 간단히 구현하며, 디자인의 완성도를 높일 수 있습니다.

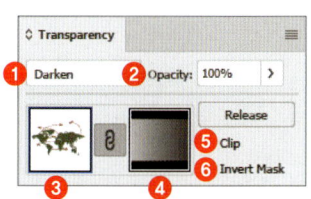

블렌딩 모드를 적용한 감각적인 일러스트

❶ **블렌딩 모드** : 오브젝트가 배경과 어떻게 상호작용하는지를 결정하는 기능입니다. 오브젝트의 색상과 배경이 겹칠 때 어떻게 섞일지를 지정할 수 있습니다. 두 개 이상의 오브젝트를 15가지 스타일로 합성할 수 있습니다.

❷ **Opacity** : 오브젝트의 불투명도를 조절할 수 있습니다. 기본적으로 불투명도는 100%로 설정되어 있어 오브젝트가 완전히 불투명하지만, 이 값을 낮추면 오브젝트가 점점 투명해져 배경이나 다른 오브젝트가 드러납니다. 이를 통해 이미지나 디자인에서 특정 요소를 부각하거나, 부드러운 레이어 효과를 줄 때 매우 유용합니다.

❸ **원본 미리 보기 창** : 작업 중인 오브젝트, 그룹, 레이어를 표시합니다.

❹ **마스크 미리 보기 창** : 적용 중인 불투명 마스크 형태를 표시합니다.

❺ **Clip** : 오브젝트와 마스크 사이 링크 여부를 표시합니다. 체크 표시하면 오브젝트와 마스크가 함께 이동하고, 체크 표시를 해제하면 각각 이동합니다.

❻ **Invert Mask** : 불투명 마스크를 반대로 적용합니다.

EASY 실습 블렌딩 모드로 오브젝트에 투명 효과 나타내기

• 실습파일 : 일러스트레이터\04\blend.ai
• 완성파일 : 일러스트레이터\04\blend_완성.ai

15가지 블렌딩 모드 중에서 몇 가지를 오브젝트에 적용하고, 불투명도를 조절하여 다양하게 표현해 봅니다.

Before

After

01 일러스트레이터 → 04 폴더에서 'blend.ai' 파일을 불러옵니다.

02 ❶ 선택 도구(▶)로 ❷ 흰곰의 선글라스 렌즈를 선택하고 ❸ Transparency 패널(◉)에서 블렌딩 모드를 'Multiply'로 지정한 다음 ❹ Opacity를 '60%'로 설정합니다. 셀로판지를 겹친 것처럼 오브젝트 색과 바탕색을 섞어 나타냅니다.

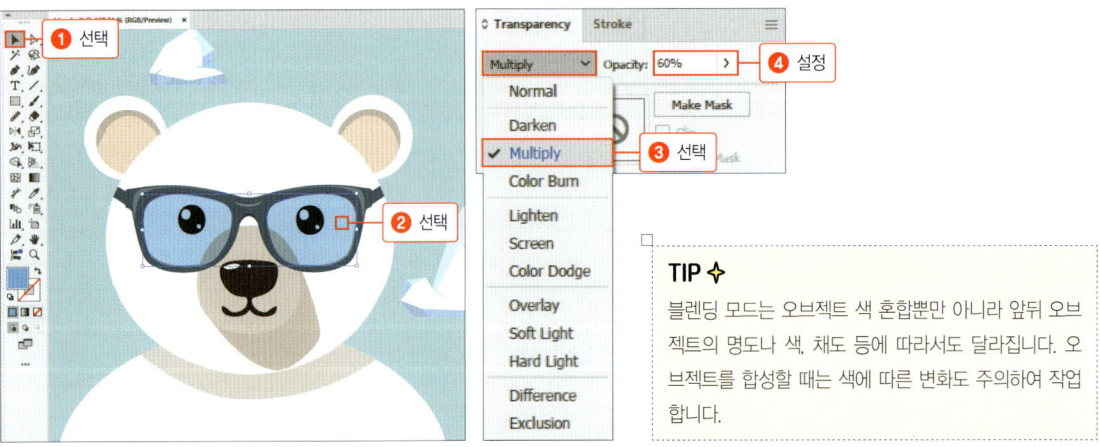

TIP ✦
블렌딩 모드는 오브젝트 색 혼합뿐만 아니라 앞뒤 오브젝트의 명도나 색, 채도 등에 따라서도 달라집니다. 오브젝트를 합성할 때는 색에 따른 변화도 주의하여 작업합니다.

03 이번에는 ❶ 얼음 조각을 선택한 다음 ❷ Transparency 패널(■)에서 블렌딩 모드를 'Hard Light'로 지정합니다. 선택한 오브젝트에 강한 조명을 비추는 효과가 적용되어 결과적으로 밝아지고 배경색과 혼합됩니다.

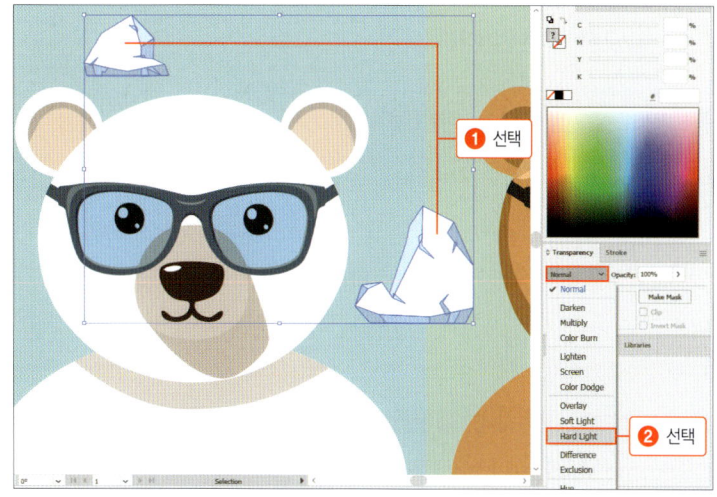

04 ❶ 오른쪽 곰의 선글라스 렌즈를 선택하고 ❷ Transparency 패널(■)에서 블렌딩 모드를 'Color Burn'으로 지정합니다. 겹친 오브젝트 중 앞 오브젝트가 흰색보다 어두운색을 어둡게 만들고 겹친 부분에 그을린 듯한 느낌을 더해 색 대비가 강해집니다.

05 블렌드 모드를 이용해 이미지에 다양한 효과를 적용하여 완성했습니다.

⑤ 필요한 부분만 나타내기

클리핑 마스크로 특정 부분만 나타내기

마스크는 이미지에서 감춰야 할 부분과 드러나야 할 부분을 구분할 때 이용하는 기능입니다. 일러스트레이터에서는 클리핑 마스크와 레이어 마스크, 불투명 마스크 기능을 제공합니다. 기본으로 작업 화면에서 나타내고 싶지 않은 부분을 가리는 기능이지만, 다양한 이미지 표현에 활용하므로 충분히 배워둡니다.

마스크는 여러 개의 오브젝트 중에서 맨 앞에 위치한 오브젝트에 마스크 효과를 적용해 다른 오브젝트 일부를 가리는 기능입니다. 클리핑 마스크(Clipping Mask)는 두 개 이상의 오브젝트에서 맨 앞에 배열된 오브젝트에 마스크를 적용하며, 일정한 형태 안에 원하는 모양이나 색을 적용할 수 있습니다. 메뉴에서 (Object) → Clipping Mask → Make를 실행하여 마스크를 적용하고, Release를 실행하여 마스크를 해제합니다.

Layers 패널(◆)에서 '패널 메뉴' 아이콘(≡)을 클릭한 다음 Make Clipping Mask를 실행하면 레이어 마스크를 적용할 수도 있습니다. 이때 같은 레이어에서 맨 앞의 오브젝트로 다른 오브젝트에 마스크를 적용해 원하는 부분만 나타냅니다. 마스크가 적용된 오브젝트에 마우스 커서를 위치시키면 원본 오브젝트 일부가 표시됩니다.

코끼리에 적용된 패턴 형태의 클리핑 마스크

불투명 마스크로 점점 흐리게 만들기

불투명 마스크는 마스크 외곽이 잘리는 부분을 보완하여 자연스럽게 불투명도를 나타냅니다. 주로 물에 비친 이미지 등을 나타낼 때 이용합니다.

작업 과정은 Transparency 패널(◉)에서 마스크를 지정한 다음 불투명도를 적용한 오브젝트를 만듭니다. 마스크가 적용된 오브젝트에 흑백 그러데이션을 적용하면 오브젝트에 드래그할 때마다 불투명도가 달라집니다. 그러데이션의 흑백 농도에 따라서 마스크 불투명도가 조절되며, 그러데이션 색이 흰색일수록 투명하고, 검은색일수록 불투명해집니다.

불투명 마스크가 적용된 일러스트

Quick 활용 | 클리핑 마스크를 이용하여 CI 디자인하기

• 실습파일 : 일러스트레이터\04\핸드메이드.ai
• 완성파일 : 일러스트레이터\04\핸드메이드_완성.ai

원하는 부분만 나타내는 클리핑 마스크 기능을 이용하여 깔끔하게 CI를 디자인해 봅니다.

Before

After

01 일러스트레이터 → 04 폴더에서 '핸드메이드.ai' 파일을 불러옵니다. 옷이 그려진 로고와 두 개의 패턴 이미지가 나타납니다.

02 옷 형태대로 패턴을 나타내기 위해 먼저 ① 사각형 도구(□)를 이용해 옷보다 큰 사각형을 그립니다. ② 스포이트 도구(⧸)를 이용해 아트보드 오른쪽 위 패턴을 클릭해서 적용하고 ③ 마우스 오른쪽 버튼을 클릭한 다음 ④ Arrange → Send to Back(Shift+Ctrl+[)을 실행하여 옷 뒤에 배치합니다.

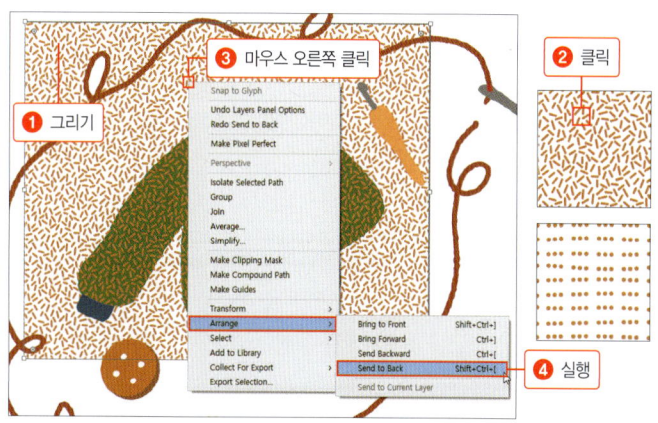

TIP ✧
일러스트레이터에서도 포토샵처럼 비트맵 이미지를 잘라내어 불필요한 부분을 없애고 파일 크기를 줄이며 성능을 향상할 수 있습니다. 비트맵 이미지를 클리핑 마스크 기능처럼 자르기 위해서는 먼저 이미지를 불러온 다음 Control 패널에서 〈Embed〉 버튼을 클릭합니다. 이미지에서 마우스 오른쪽 버튼을 클릭한 다음 **Crop Image**를 실행하거나 Control 패널에서 〈Crop Image〉 버튼을 클릭합니다. 자르기 영역을 조절하고 Control 패널에서 〈Apply〉 버튼을 클릭합니다.

03 마스크 기능을 적용하기 위해 ❶ 선택 도구(▶)로 옷의 초록색 부분을 선택한 다음 ❷ Ctrl+C를 누르고 ❸ Ctrl+F를 누릅니다. ❹ Shift를 누른 상태에서 패턴이 적용된 사각형과 옷을 선택합니다. ❺ 메뉴에서 (Object) → Clipping Mask → Make(Ctrl+7)를 실행합니다.

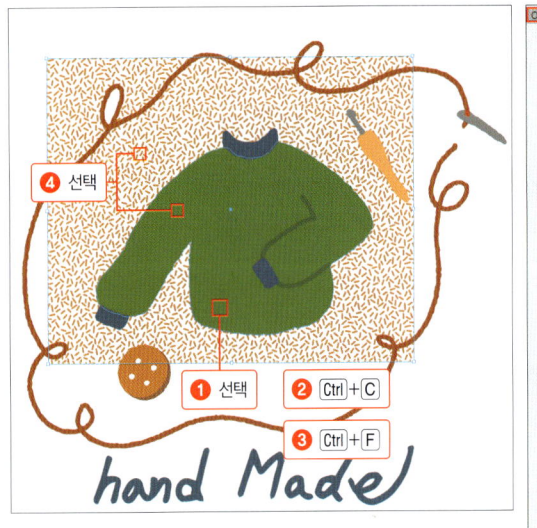
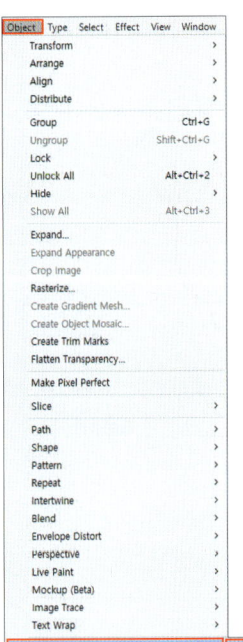

TIP
클리핑 마스크를 적용하려는 오브젝트들을 선택한 상태에서 마우스 오른쪽 버튼을 클릭하고 Make Clipping Mask를 실행해도 됩니다.

04 클리핑 마스크가 적용되어 옷 모양대로 패턴이 나타납니다.

TIP
클리핑 마스크는 오브젝트를 자르거나 지우는 것이 아니라 숨기므로 언제든지 전체를 표시하여 수정할 수 있어 편리합니다.

05 이번에는 클리핑 마스크를 편집하기 위해 옷이 선택된 상태로 ❶ 마우스 오른쪽 버튼을 클릭한 다음 ❷ Isolate Selected Clipping Mask를 실행합니다.

TIP
화면에 나타나지 않는 부분은 크기와 속성이 바뀌지 않고 지워지지 않은 상태로 숨겨져 보이지 않습니다.

06 편집 모드가 실행되면 ❶ 선택 도구(▶)를 선택하고 ❷ 숨겨진 사각형 오브젝트를 선택합니다.

07 ❶ 스포이트 도구(✎)를 선택하고 ❷ 아트보드 여백에 있는 두 번째 패턴을 클릭해 적용합니다. ❸ 선택 도구(▶)를 선택한 다음 ❹ 아트보드 여백을 더블클릭해 편집 모드를 해제합니다.

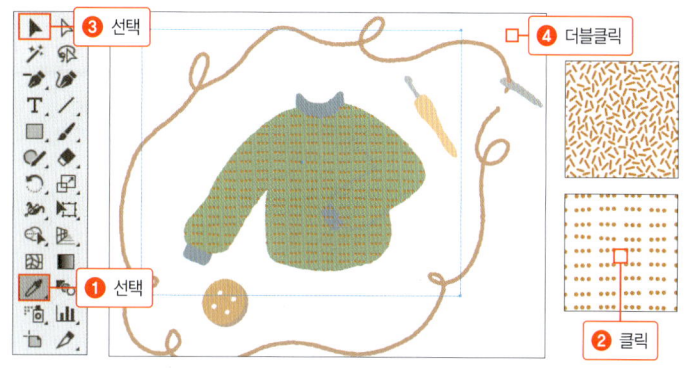

08 핸드메이드 옷 CI 디자인이 완성되었습니다.

> **TIP ✦**
> 클리핑 마스크를 해제하려면 마우스 오른쪽 버튼을 클릭하고 **Release Clipping Mask**를 실행합니다.

⓺ 사진을 일러스트로 바꾸기

Image Trace 기능은 일러스트레이터에서 사진이나 래스터 이미지(Raster Image)를 벡터 이미지(Vector Image)로 변환하는 강력한 도구입니다. 이 기능을 통해 사진을 일러스트 스타일로 바꿀 수 있으며, 이미지의 형태, 색상, 윤곽선 등을 벡터 형태로 추출하여 편집할 수 있습니다.

Image Trace 기능은 사진을 벡터화할 때 세부적으로 조정할 수 있으므로, 원하는 스타일에 맞게 설정하면 고유의 일러스트 느낌을 얻을 수 있습니다. 디자인 작업에서 간편하게 고유한 일러스트레이션을 제작할 수 있는 유용한 도구입니다.

메뉴에서 [File] → Place 또는 Open을 실행해 비트맵 이미지를 불러온 다음 Image Trace 기능으로 간단하게 벡터 이미지로 변환할 수 있습니다. 비트맵 이미지를 선택하고 Control 패널의 〈Image Trace〉 버튼 오른쪽 팝업 아이콘(▾)을 클릭해도 Image Trace 명령이 표시됩니다.

원본 이미지   벡터화한 이미지

❶ **High/Low Fidelity Photo** : 저품질과 고품질 이미지로 표현합니다.

❷ **3/6/16 Colors** : 3단계, 6단계, 16단계 색으로 나눠 표현합니다.

❸ **Shades of Gray** : 이미지를 흑백 명암으로 구분합니다.

❹ **Black and White Logo** : 검은색과 흰색 로고 스타일로 표현합니다.

❺ **Sketched Art** : 스케치 형태로 표현합니다.

❻ **Silhouettes** : 실루엣 형태로 표현합니다.

❼ **Line Art** : 명암의 경계를 선으로 표현합니다.

❽ **Technical Drawing** : 명암의 경계를 둘러싼 선으로 표현합니다.

> **TIP ✛**
> 일러스트레이터에서 Image Trace 기능을 이용하여 비트맵 이미지를 벡터로 변환할 수 있지만 자연스러운 느낌은 훼손될 수밖에 없습니다. 하지만 벡터 이미지로 변환하면 이미지의 색상, 형태 등을 자유롭게 변형해 일러스트 또는 팝아트와 같이 독특한 느낌의 이미지를 제작할 수 있습니다.

Quick 활용 — 이미지를 일러스트로 바꿔 광고 디자인하기

• 실습파일 : 일러스트레이터\04\필라테스.ai, 필라테스.jpg
• 완성파일 : 일러스트레이터\04\필라테스_완성.ai

일러스트레이터에서 작업할 수 있도록 손 그림이나 비트맵 이미지를 벡터 이미지로 변경해서 편집해 봅니다.

Before

Before

After

01 일러스트레이터 → 04 폴더에서 '필라테스.ai' 파일을 불러옵니다. 아트보드 여백에 일러스트레이터 → 04 폴더에서 '필라테스.jpg' 이미지도 불러옵니다.

02 이미지가 선택된 상태에서 ❶ Control 패널의 〈Image Trace〉 버튼 오른쪽 팝업 아이콘(▼)을 클릭하고 ❷ 'Silhouettes'로 지정합니다.

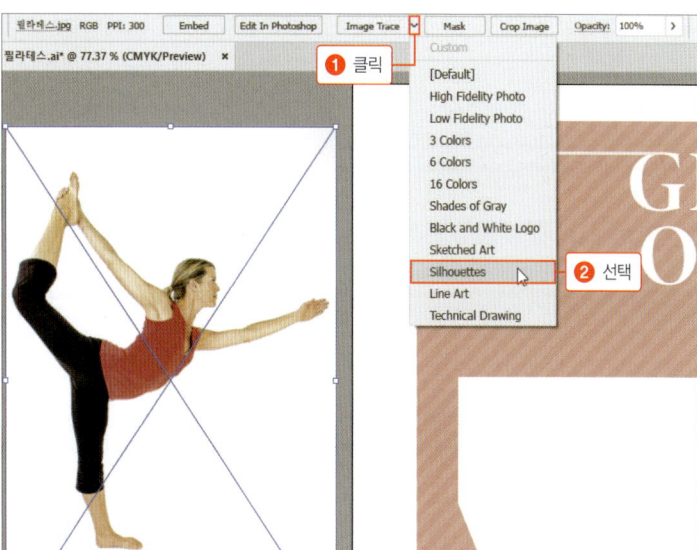

03 ❶ Control 패널에서 〈Expand〉 버튼을 클릭해 비트맵 이미지를 벡터 이미지로 변경합니다. ❷ 직접 선택 도구( )를 선택한 다음 ❸ 이미지 주변에 불필요한 요소가 있다면 Delete 를 눌러 삭제합니다.

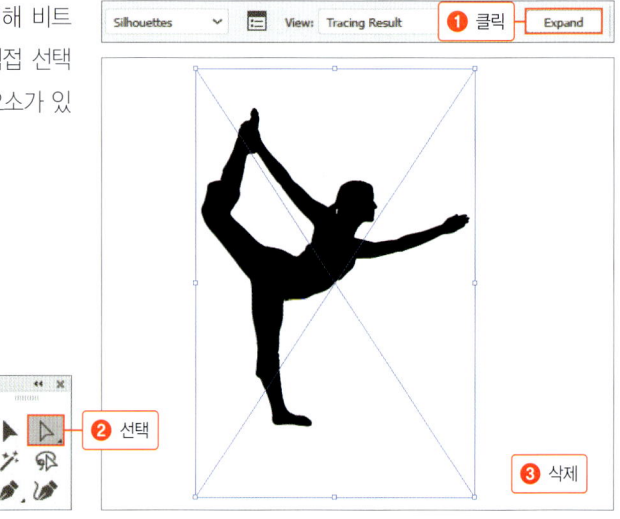

04 ❶ 실루엣 오브젝트를 왼쪽에 배치한 다음 ❷ 면 색을 '#EE706A'로 지정합니다.

05 필라테스에 관한 내용을 입력해 카드 뉴스 광고를 완성합니다.

TIP
예제에서는 'GRAND OPEN' 문자에 'Minion Variable Concept', '이벤트 기간' 문자에 '나눔스퀘어', '월 10만원' 문자에 '카페24 단정해', 이벤트 내용에 '카페24 단정해' 글꼴을 적용했습니다.

❼ 심볼 적용하기

Symbols 패널 이해하기

오브젝트를 심볼로 등록하면 많이 이용하더라도 파일 크기가 늘어나지 않아 쉽고 빠르게 작업할 수 있습니다. 일러스트레이터에서 작업한 모든 오브젝트는 Symbols 패널(♣)로 드래그하여 심볼로 저장할 수 있습니다. Symbols 패널은 메뉴의 [Window] → Symbols([Shift]+[Ctrl]+[F11])를 실행해 표시하거나 숨길 수 있습니다. 또한 메뉴에서 [Window] → Symbol Libraries를 실행해 일러스트레이터에서 제공하는 다양한 심볼들을 이용할 수 있습니다.

 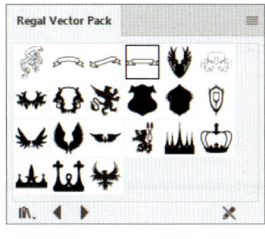 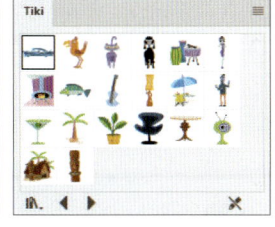 

Symbol Libraries의 다양한 심볼

❶ **Symbol Libraries Menu** : 일러스트레이터에서 제공하는 다양한 심볼 라이브러리를 표시합니다.
❷ **Place Symbol Instance** : Symbols 패널에 저장된 심볼을 화면에 표시합니다.
❸ **Break Link to Symbol** : 아트보드에 적용한 심볼 인스턴스 속성을 해제합니다.
❹ **Symbol Options** : Symbol Options 대화상자를 표시합니다.
❺ **New Symbol** : 아트보드에서 선택한 오브젝트를 새로운 심볼로 등록합니다.
❻ **Delete Symbol** : Symbols 패널에서 선택한 심볼을 삭제합니다.

다양한 심볼 도구 익히기

8가지 심볼 도구들을 이용하여 심볼의 크기, 간격, 각도, 색상, 불투명도, 스타일을 조절합니다.

❶ **심볼 스프레이어 도구(🗐)** : Symbols 패널에 등록된 심볼을 아트보드에 드래그하여 나타냅니다.
❷ **심볼 이동 도구(🗐)** : 심볼을 드래그하여 이동합니다.
❸ **심볼 스크런처 도구(🗐)** : 심볼을 드래그하여 안쪽으로 모읍니다. [Alt]를 누른 상태로 드래그하면 바깥쪽으로 흩어집니다.
❹ **심볼 크기 조절 도구(🗐)** : 심볼을 드래그하여 확대합니다. [Alt]를 누른 상태로 드래그하면 축소됩니다.
❺ **심볼 회전 도구(🗐)** : 심볼을 드래그하여 회전합니다.
❻ **심볼 색조 도구(🗐)** : 심볼을 드래그하여 색을 변경합니다.
❼ **심볼 불투명도 도구(🗐)** : 심볼을 드래그하여 불투명도를 조절합니다.
❽ **심볼 스타일 도구(🗐)** : 심볼을 드래그하여 Graphic Styles 패널(🗐)에 등록된 그래픽 스타일을 적용합니다.

EASY 실습 | 심볼 등록하고 편집하기

• 실습파일 : 일러스트레이터\04\캠핑장.ai
• 완성파일 : 일러스트레이터\04\캠핑장_완성.ai

하나의 문서에서 반복하여 이용하는 오브젝트를 심볼로 등록해 적용하는 효율적인 그래픽 작업 방법을 살펴봅니다.

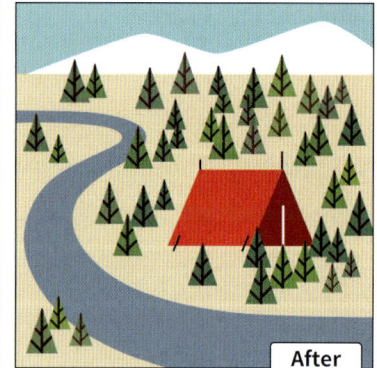

01 일러스트레이터 → 04 폴더에서 '캠핑장.ai' 파일을 불러옵니다.
① 선택 도구()를 선택한 다음 ② 왼쪽 나무를 선택하고 심볼로 등록하기 위해 ③ Symbols 패널(♣)로 드래그합니다.

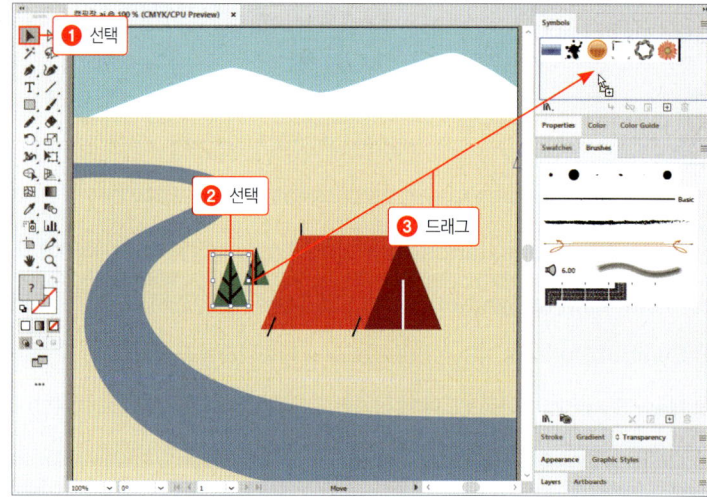

> **TIP** ✦
> Symbols 패널이 없으면 메뉴에서 (Window) → Symbols를 실행하여 표시합니다.

02 Symbol Options 대화상자가 표시되면 ① Name에 'Tree'를 입력해 심볼 이름을 지정한 다음 ② 〈OK〉 버튼을 클릭합니다.

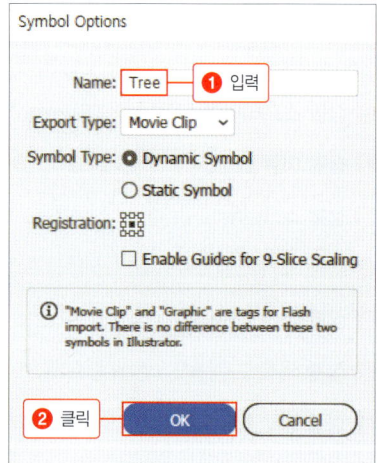

> **TIP** ✦
> Dynamic Symbol을 이용하면 아트보드에 적용한 심볼 인스턴스의 모양이나 속성을 변경해도 Symbols 패널에 등록된 마스터 심볼과 그대로 연결되므로 다양한 마스터 심볼 인스턴스를 만들 수 있습니다. 각각의 심볼 인스턴스에 적용한 수정 사항을 취소하지 않고도 마스터 심볼을 변경하면 자동으로 적용할 수 있어 유용합니다.

03 ❶ 심볼 스프레이어 도구()를 선택한 다음 ❷ 배경에 드래그하여 나무들을 배치합니다.

TIP ✦
심볼을 개별 편집하기 위해서는 먼저 심볼 오브젝트를 선택하고 메뉴에서 (Object) → Expand를 실행한 다음 그룹 설정을 해제합니다.

04 원하는 위치에 배치되지 않은 심볼은 Alt 를 누른 상태로 클릭해 삭제할 수 있습니다.

05 심볼을 분산하기 위해 ❶ 심볼 이동 도구()를 선택하고 ❷ 나무를 드래그하여 이동하려는 위치에 배치합니다.

06 이번에는 심볼 크기를 조절하기 위해 ❶ 심볼 크기 조절 도구( )를 선택합니다. ❷ 확대하고 싶은 나무를 클릭 또는 드래그합니다. 축소하고 싶은 나무는 Alt 를 누른 상태로 클릭 또는 드래그합니다.

07 이번에는 심볼 색을 간편하게 바꾸기 위해 먼저 ❶ 심볼 색조 도구( )를 선택합니다. ❷ Swatches 패널( )에서 원하는 색을 선택하고 나무 심볼을 클릭합니다. ❸ 클릭한 부분만 색이 변경됩니다.

08 ❶ 심볼 불투명도 도구( )를 선택한 다음 ❷ 심볼에 클릭하여 불투명도를 적용해서 심볼 디자인을 마무리합니다.

TIP
이 외에도 심볼을 회전하거나 모으고, 그래픽 스타일을 적용할 수 있는 심볼 도구를 이용해 다양한 형태로 변형할 수 있습니다.

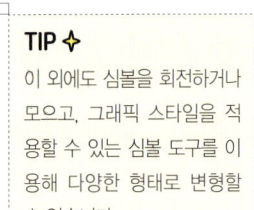 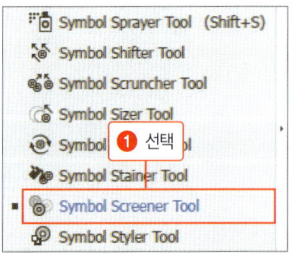

174 / Part 4 • 문자 입력과 완성도를 높이는 테크닉 업그레이드

EASY 실습 | 다양하게 오브젝트 왜곡하기

• 실습파일 : 일러스트레이터\04\삼총사.ai
• 완성파일 : 일러스트레이터\04\삼총사_완성.ai

왜곡 도구는 오브젝트를 비틀거나 구겨서 불규칙한 재미를 나타낼 수 있습니다. 여기서는 기본 도형을 이용한 캐릭터를 자유롭게 왜곡하여 다양한 헤어스타일을 만들어 봅니다.

Before

After

01 일러스트레이터 → 04 폴더에서 '삼총사.ai' 파일을 불러옵니다. ❶ 폭 도구(🖉)를 잠시 눌러 나타나는 도구모음에서 ❷ 비틀기 도구(🌀)를 선택한 다음 ❸ 더블클릭합니다. Twirl Tool Options 대화상자가 표시되면 Global Brush Dimensions 항목에서 ❹, ❺, ❻ Width, Height를 각각 '30px'로 설정하여 브러시 크기를 조절하고 ❼ 〈OK〉 버튼을 클릭합니다.

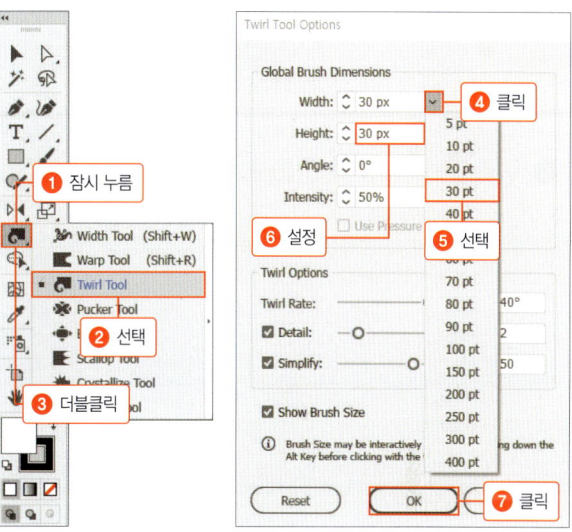

02 선택 도구(▶)로 첫 번째 캐릭터의 머리 부분을 선택한 다음 ❶ 비틀기 도구(🌀)를 선택하고 ❷ 오브젝트를 클릭합니다. 클릭한 부분을 중심으로 양 캐릭터의 헤어스타일이 소용돌이 모양으로 왜곡됩니다.

> **TIP**
> 다양한 도형이나 일러스트에서 왜곡 도구를 사용해 오브젝트의 형태를 자유자재로 변형할 수 있습니다. 예를 들어, 동물, 사람, 자연 등의 형태를 왜곡하여 새로운 형태를 만들 수 있습니다. 패턴을 만들 때 왜곡 도구를 사용해 디자인 요소를 변형하면 더 유연하고 다채로운 패턴을 만들 수 있습니다. 예를 들어, 기하학적 패턴을 왜곡하여 더 역동적이고 복잡한 패턴을 만들 수 있습니다.

03 화면을 확대하고 이번에는 ❶ 왜곡 도구(📧)를 선택한 다음 ❷ 양의 꼬리 끝부분을 원하는 방향으로 드래그합니다. 흔들리듯 왜곡됩니다.

04 ❶ 크리스털 도구(📧)를 선택하고 ❷ 더블클릭합니다. Crystallize Tool Options 대화상자가 표시되면 Global Brush Dimensions의 ❸, ❹, ❺ Width와 Height를 각각 '150px'로 설정해 브러시 크기를 조절한 다음 ❻ 〈OK〉 버튼을 클릭합니다.

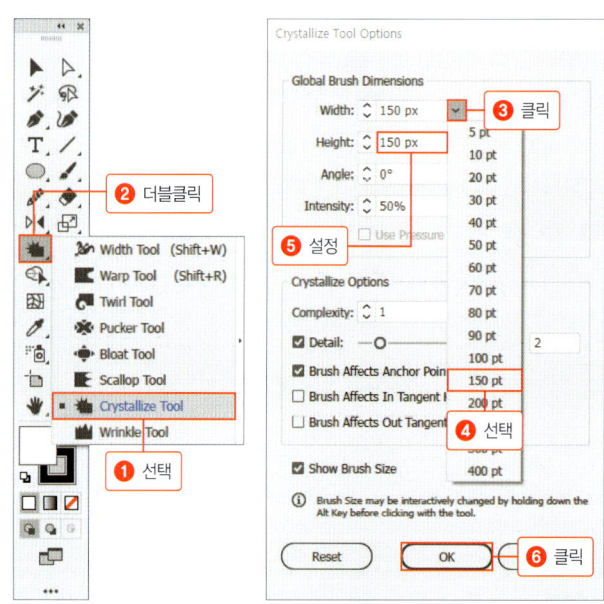

05 두 번째 사자 캐릭터의 머리 부분을 선택한 다음 ❶ 크리스털 도구(📧)로 ❷ 원의 중심에 맞춰 잠시 클릭하면 외곽선이 마우스 커서를 중심으로 바깥쪽으로 퍼지면서 뾰족한 곡선이 추가됩니다.

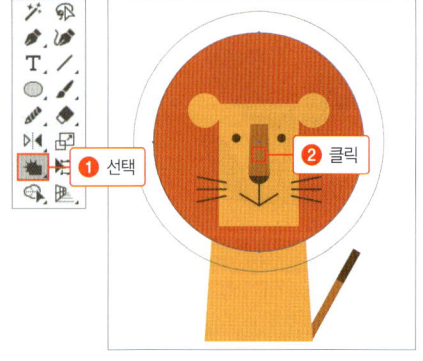

06 ❶ 폭 도구(☒)를 선택한 다음 ❷ 사자의 꼬리 끝 갈색 선 중간 지점을 클릭하고 바깥쪽으로 살짝 드래그하여 폭을 늘립니다. 끝이 뭉툭한 사자 꼬리가 만들어집니다.

07 ❶ 주름 도구(☒)를 선택하고 ❷ 더블클릭합니다. Wrinkle Tool Options 대화상자에서 Global Brush Dimensions의 ❸, ❹, ❺ Width, Height를 각각 '50px'로 설정해 브러시 크기를 조절한 다음 ❻ 〈OK〉 버튼을 클릭합니다.

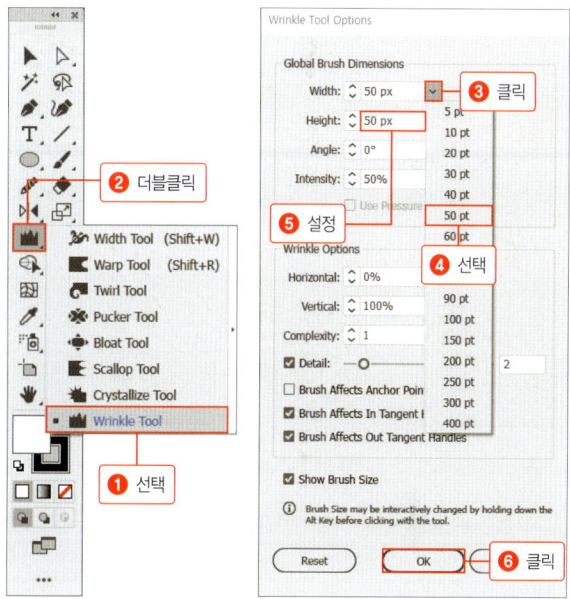

08 세 번째 고양이 캐릭터의 머리 부분을 선택한 다음 ❶ 주름 도구(☒)를 이용하여 ❷ 클릭하거나 드래그하면 외곽선에 주름과 같은 작은 곡선이 추가됩니다. 꼬리도 드래그하여 주름을 추가합니다. 작업 화면을 축소해 여러 가지 왜곡 도구들을 이용해서 각각 다르게 변형된 캐릭터들의 재미있는 헤어스타일을 확인합니다.

Quick 활용 — 캐릭터 내맘대로 움직이기

- **실습파일** : 일러스트레이터\04\퍼펫.ai
- **완성파일** : 일러스트레이터\04\퍼펫_완성.ai

퍼펫 뒤틀기 도구를 선택한 다음 일러스트에 핀을 추가하고 이동 및 회전하여 원하는 대로 동작이나 변형된 형태를 매끄럽게 나타내 봅니다.

Before

After

01 일러스트레이터 → 04 폴더에서 '퍼펫.ai' 파일을 불러옵니다. ❶ 선택 도구(▶)로 ❷ 변형할 일러스트를 선택합니다.

02 ❶ 퍼펫 뒤틀기 도구(★)를 선택합니다. ❷ 고정할 영역을 클릭해 핀을 생성한 다음 ❸ 이어서 변형할 영역을 클릭하여 핀을 추가합니다. ❹ 계속해서 핀을 추가할 부분을 클릭합니다.

> **TIP** ✦
> 오브젝트를 선택한 다음 퍼펫 뒤틀기 도구를 선택하면 자동으로 퍼펫 기준점이 추가됩니다. 자연스러운 동작을 만들기 위해서는 핀을 세 개 이상 만듭니다.

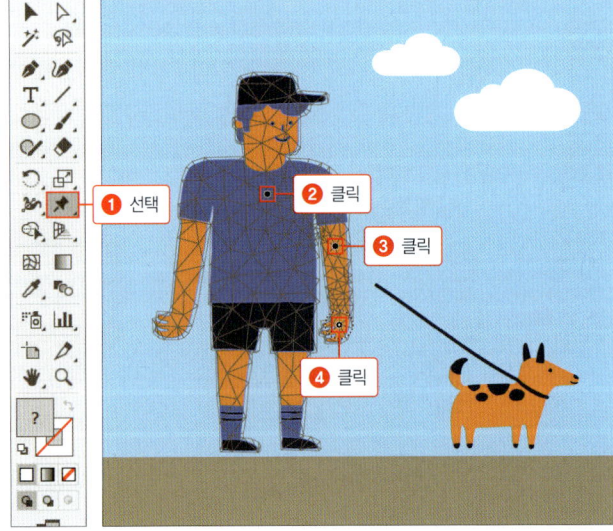

03 변형할 영역의 핀을 드래그하여 그림과 같이 이동합니다. 인접한 핀 영역은 그대로 유지합니다.

TIP ✦
일러스트가 자연스럽게 변형되는 그물망 형태인 메시는 불필요한 경우 비활성화할 수 있습니다. Properties 패널이나 Control 패널에서 'Show Mesh'의 체크 표시를 해제합니다. Expand Mesh를 설정하여 영향을 받는 영역을 늘리거나 줄일 수 있습니다.

04 캐릭터의 팔다리를 이동하기 위해 관절 위치에 핀을 추가하고 고정 영역을 만듭니다. 움직이는 부분에 핀을 추가한 다음 드래그하여 캐릭터 포즈를 변형합니다.

TIP ✦
여러 개의 핀을 선택하려면 Shift를 누른 상태로 해당 핀을 클릭하거나 Control 패널에서 〈Select All Pins〉 버튼을 클릭합니다. 선택한 핀을 제거하려면 Delete를 누릅니다. 선택한 핀 주위로 일러스트 변경을 제한하기 위해서는 Alt를 누른 상태로 드래그합니다.

Quick 활용 — 인포그래픽을 위한 그래프 디자인하기

· 실습파일 : 일러스트레이터\04\chess.ai
· 완성파일 : 일러스트레이터\04\chess_완성.ai

메뉴에서 (Object) → Graph → Design을 실행하면 독창적인 형태의 그래프를 만들 수 있습니다. 실무에서 그래프 활용도가 높아지는 가운데, 일러스트를 이용한 그래프를 만들어 봅니다.

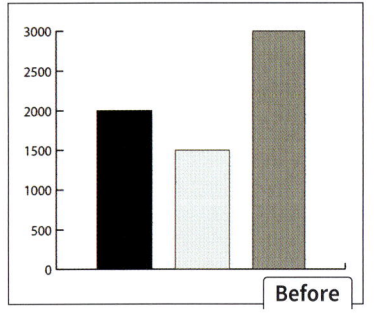
Before

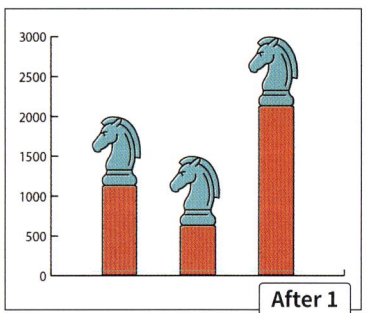
After 1

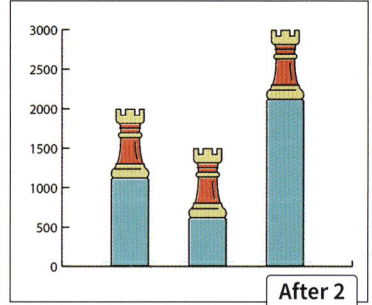
After 2

01 일러스트레이터 → 04 폴더에서 'chess.ai' 파일을 불러옵니다. ❶ 선 도구(▶)를 선택한 다음 ❷ 오른쪽 오브젝트 아래 받침 중간에 그림과 같이 드래그하여 수평선을 그립니다.

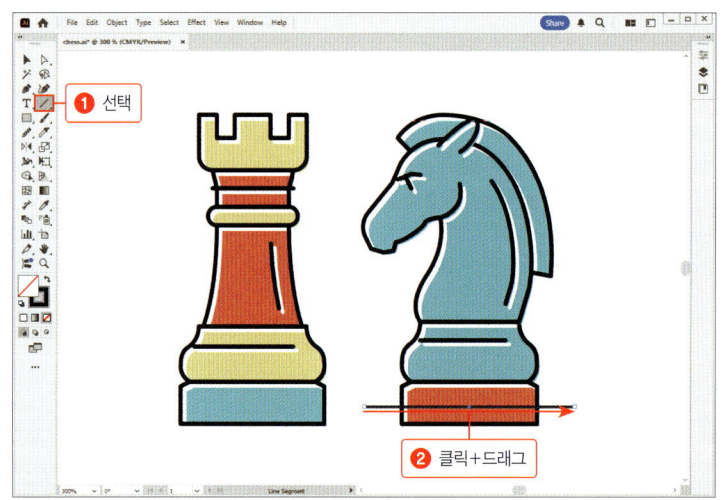

02 ❶ 왼쪽 오브젝트에도 같은 위치에 선을 복제합니다. ❷ 두 개의 선을 선택하고 ❸ 메뉴에서 (View) → Guides → Make → Guides를 실행하여 선을 안내선으로 바꿉니다.

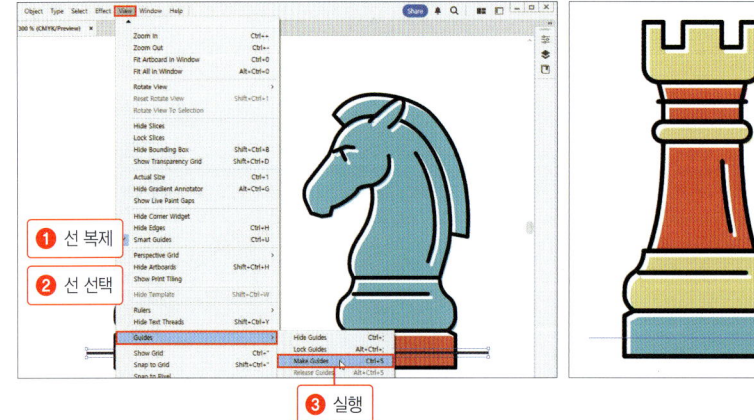

03 ❶ 선택 도구(▶)로 오른쪽 오브젝트를 드래그하여 선택합니다. ❷ 메뉴에서 (Object) → Graph → Design을 실행합니다. Graph Design 대화상자가 표시되면 ❸ 〈New Design〉 버튼을 클릭하여 선택한 오브젝트를 그래프 디자인으로 등록하고 ❹ 〈OK〉 버튼을 클릭합니다.

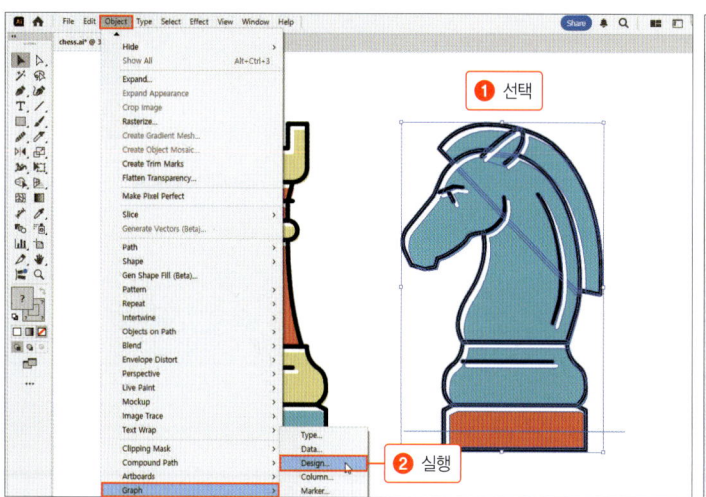
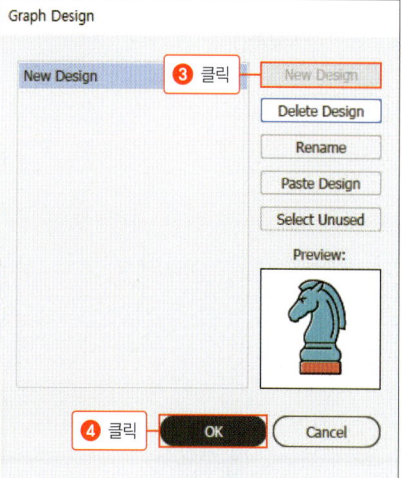

04 왼쪽 오브젝트를 선택하고 메뉴에서 (Object) → Graph → Design을 실행합니다. Graph Design 대화상자가 표시되면 ❶ 〈New Design〉 버튼을 클릭해 선택한 오브젝트를 그래프 디자인으로 등록하고 ❷ 〈OK〉 버튼을 클릭합니다.

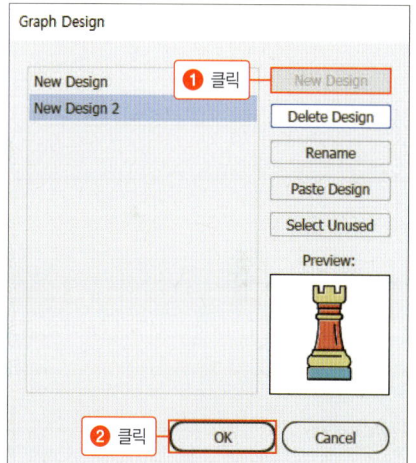

05 ❶ 선택 도구(▶)로 위쪽 그래프를 선택한 다음 ❷ 메뉴에서 (Object) → Graph → Column을 실행합니다.

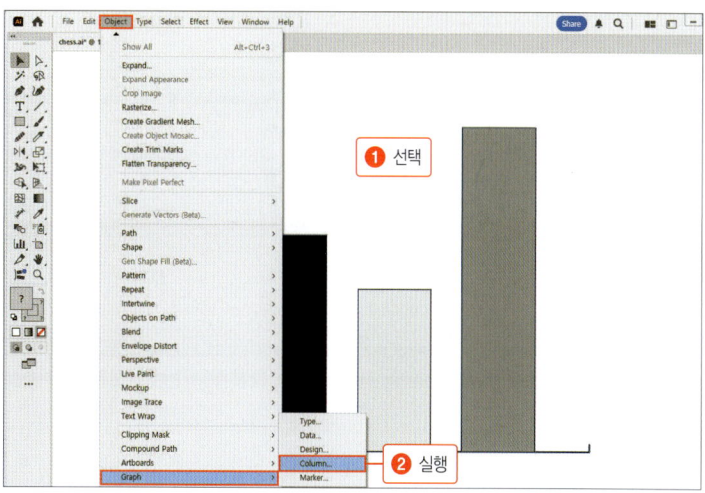

06 Graph Column 대화상자가 표시되면 ❶ Choose Column Design에서 'New Design'을 선택합니다. ❷ Column Type을 'Sliding'으로 지정한 다음 ❸ 〈OK〉 버튼을 클릭합니다.

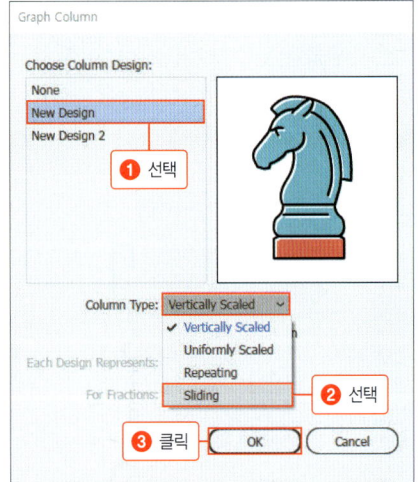

07 흑백 막대그래프가 체스 나이트 디자인으로 바뀝니다.

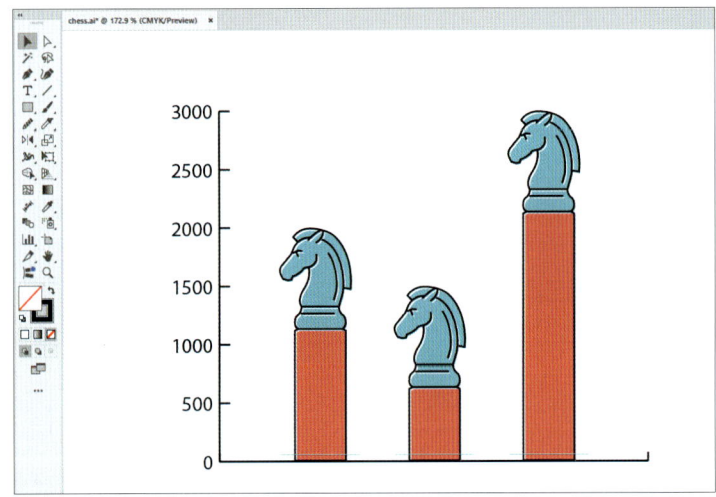

08 다른 그래프도 같은 방법으로 막대 모양을 체스 룩 모양으로 수정하여 완성합니다.

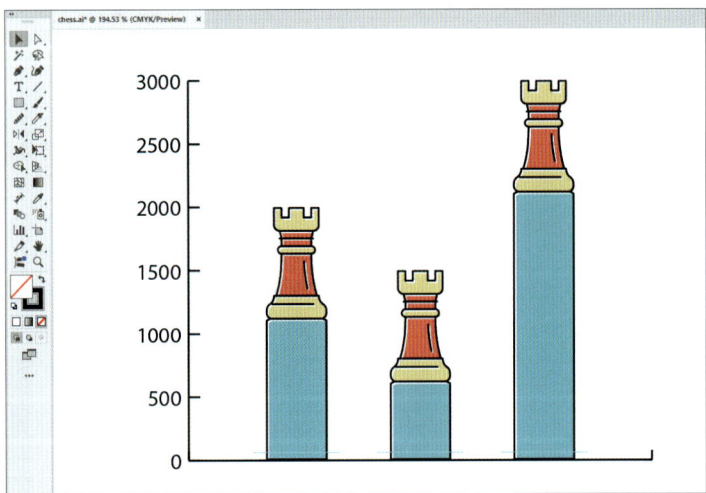

도형 도구로 캐릭터 일러스트 에코백 디자인하기

일러스트레이터에서 가장 기본이 되는 도형 도구와 Swatches 패널에서 제공하는 다양한 색상, 패턴을 활용하여 개성있는 캐릭터를 완성하고, 이를 활용해 직접 팬시 용품 디자인까지 도전해 봅니다.

#캐릭터 #일러스트 #에코백

이미지 크기: 210×297mm
완성 파일: 일러스트레이터\동영상\eco bag.ai, eco bag.jpg

#패턴 #사각형 도구 #별 도구 #원형 도구 #문자 도구

① 사각형 만들고 패턴 적용하기

② 사각형 도구를 이용하여 배경 만들기

③ 별 도구로 캐릭터 얼굴 만들기

④ 원형 도구로 캐릭터 눈과 볼터치 만들기

⑤ 사각형 도구로 캐릭터 다리와 신발 만들기

⑥ 반짝이 무늬를 배경에 복제하고 문자 입력하기

블렌드 기능으로 타이포그래피 폰케이스 디자인하기

일러스트레이터의 블렌드 기능은 두 개 이상 오브젝트의 중간 단계를 색 또는 형태로 자동으로 만드는 그러데이션 기능의 일종입니다. 블렌드 도구를 이용해 두 개의 문자 형태를 연결해서 입체적이고 감각적인 타이포그래피 디자인을 연출합니다.

#타이포그래피   #입체   #폰케이스

이미지 크기   120×180mm
완성 파일   일러스트레이터\동영상\phonecase.ai, phonecase.jpg

#Make Envelope - Wave   #블렌드   #별 도구

① 배경색 적용하고 문구 입력하기

② Make Envelope - Wave 기능으로 문자 왜곡 변형하기

③ 문자를 복제하고 기존 타이틀 아래쪽에 위치한 다음 크기, 컬러, 위치 조절하기

④ 블렌드 도구의 Specified Steps 기능을 이용하여 타이포그래피에 입체감 표현하기

⑤ 상단 메인 타이틀을 복제하고 컬러를 변경한 후 테두리를 만들어 눈에 잘 띄도록 수정하기

⑥ 별 도구로 별무늬 더하기

찾아보기

A

Actions 패널	050
Add Anchor Point Tool	070
Adobe Illustrator	062
Adobe PDF	062
Advanced	039
Advanced Options	054
AI Auto Layout	016
Align	070, 073
Align 패널	048
Align Stroke	073
Align To	124
All Caps/Small Caps	141
Anchor Point	069
Anchor Point Tool	070
Anchors	070
Angle	105, 126
Appearance 패널	047
Arc	147
Arch	147
Arc Lower	147
Arc Upper	147
Arrowheads	073
Artboard Options	057
Artboards	054
Artboards 패널	048
Aspect Ratio	105
Asset Export 패널	051

B

Back	038
Baseline Shift	141
Bend	147
Bevel Join	073
Black and White Logo	168
Bleed	054
Blend	158
Blend Options	158
Break Link to Symbol	171
Bring Forward	122
Bring to Front	122
Brushes	085
Brushes 패널	046
Brushes 패널 메뉴	085
Brush Libraries	085
Brush Libraries Menu	085
Bulge	147
Butt Cap	073

C

Cap	073
Centimeters	116
Change to Artboard Rulers	113
Character 패널	048
Character Rotation	141
Character Styles	146
Character Styles 패널	049
Clear Guides	114
Clip	161
Clipping Mask	164
CMYK	054
Collect For Export	119
Color	090
Color 패널	046
Color and Tone	013
Color Guide	101
Color Guide 패널	046
Color Picker	090
Color Preset	013
Color Table	063
Content type	013
Contextual Task Bar	037
Control	070
Control 패널	037, 039
Convert	070
Convert Layers to Objects	033
Copy	126
Copy Artwork with Artboard	057
Corner	070, 073
Create New Layer	119
Create New Sublayer	119
Crop	149
Crop Image	117

D

Dashed Line	073
Default	090
Delete Anchor Point Tool	070
Delete Artboard	057, 058
Delete Brush	085
Delete Selection	119
Delete Swatch	093
Delete Symbol	171
Direction Line	069
Direction Point	069
Divide	149
Duplicate this object	038

E

Edit or Apply Colors	101
Edit Path	038
Edit selected paths	080
Edit Tool	039
Edit Toolbar	045
Effects	013
Embed	034, 060, 061
Embed Image	034
Exclude	149
Expand	117, 149, 158
Expand Appearance	117
Export Artboard	033
Export As	063
Export for Screens	063
Export to	033
Eyedropper Color	063
Eyedropper Tool	063

F - G

Fidelity	080
Fill	090, 154
Fill new pencil strokes	080
Fish	147
FishEye	147
Flag	147
Flattener Preview 패널	049
Flatten Layers to a Single Image	033
Font	141
Font Size	141
Formats	033
Freeform Gradient	105
Gap Length	154
Generate	038
Generate Vectors	013
Gen Shape	018
Glyphs 패널	049
Gradient	090
Gradient 패널	047
Gradient Fill	105
Graphic Styles 패널	047
Group	117
Guide 명령	114

H

Handles	070
Hand Tool	063

Hide	117	Move Up/Down	057	Remove Brush Stroke	085
High/Low Fidelity Photo	168	Name	054, 057	Repeat	038
Horizontal	147	Navigator 패널	049	Replace Spine	158
Horizontal Align Center	124	New Artboard	057	Reset Bounding Box	126
Horizontal Align Left	124	New Brush	085	Retype	017
Horizontal Align Right	124	New Color Group	093	Reverse Spine	158
Horizontal Scale	141	New Document	056	RGB	054
		New file	054	Rise	147
		New Swatch	093	Rotate	126, 127
I		New Symbol	171	Round Cap	073
		None	090	Round Join	073
Icon	013	Non-Uniform	127	Ruler	113
Illustrator EPS	062				
Illustrator Template	062				
Image Size	063	**O**		**S**	
Image Trace	033				
Image Trace 패널	050	Only Web Colors	090	Save	062
Import Hidden Layers	033	Opacity	105, 161	Save a Copy	062
Inflate	147	Open 명령	060	Save As	056, 062
Info 패널	048	Optimized	063	Save as Template	062
In Merge Mode	154	Options	126	Save for Web	063
Intersect	149	Options of Selected Object	085	Save Selected Slices	062
Invert Mask	161	Orientation	054	Scale	073
Isolate Selected Object	070	Original	063	Scale Corners	127
		Outline	149	Scale Strokes & Effects	127
				Scene	013
K - L				Segment	069
		P		Select	033
Keep selected	080			Selection & Anchor Display	117
Kerning	141	Paragraph 패널	049	Select Preset	057
Language	141	Paragraph Styles 패널	049, 146	Send Backward	122
Layers 패널	047	Pathfinder 패널	048	Send to Back	122
Leading	141	Pathfinders	149	Send to Current Layer	122
Legacy	063	Pattern Options 패널	050	Set font height reference	141
Libraries 패널	046	Pen Tool	070	Shades of Gray	168
Libraries Panel	085	Pick Color From	154	Shape Modes	149
Limit	073	Pick Location	064	Shear	127
Linear	105	Place	060	Shell Lower	147
Line Art	168	Place Symbol Instance	171	Shell Upper	147
Link	034, 060	Portrait/Landscape	057	Show All	117
Links 패널	049	Preferences	117	Show Edges	066
Locate Object	119	Preset	063	Show/Hide Guides	114
Location	105	Preview	126	Show/Hide Rulers	113
Lock	117	Profile	073	Show/Hide Video Rulers	113
Lock Guides	114	Projecting Cap	073	Show Options	073, 145
Lock Object	038	Properties	034	Show Rulers	115
		Properties 패널	051	Silhouettes	168
				Sketched Art	168, 017, 168
M - N				Slice Select Tool	063
		R		Snap to Glyph	114, 141
Make	119, 158, 164			Snap to Grid	114
Make Guides	114, 116	Radial	105	Snap to Pixel	114
Merge	149	Rasterize	117	Snap to Point	114
Minus Back	149	Rearrange All	057	Squeeze	147
Minus Front	149	Reference Point	057	Stroke	090, 105
Miter Join	073	Reflect	126	Stroke 패널	047, 073
More options	038	Release	158	Style	141, 147
More Settings	054	Release Clipping Mask	119	Style picker	038
Move	057, 126	Release Guides	114		

Style Reference	013	**W - Z**		**ㄴ - ㄷ**	
Subject	013	Wave	147	나선 도구	040
Superscript/Subscript	141	Weight	073	나이프 도구	041
SVG	062	W/H	127	노이즈	050
SVG Compressed	062	Width/Height	054	다각형 도구	041
Swap Fill and Stroke	090	Within	080	다단 복제	066
Swatches 패널	046, 093	X/Y	127	단일 색	090
Swatch Libraries menu	093	Zoom Tool	063	닫힌 패스로 마무리	072
Swatch Options	093			도형 구성 도구	042
Symbol Libraries Menu	171			돋보기 도구	045, 045
Symbol Options	171			두 글자 사이 자간	141
Symbols 패널	046, 171			둥근 사각형 도구	041

T		**ㄱ**		**ㄹ - ㅁ**	
Tabs 패널	049	가독성	016	라이브 페인트 선택 도구	042
Technical Drawing	168	가로 가운데 분배	124	라이브 페인트 통 도구	042, 093
Template Layer	119	가로 가운데 정렬	124	래스터	016
Text to Vector Graphic	012	가로 간격 분배	124	레이더 그래프	044
Toggle Slices Visibility	063	가로 막대그래프 도구	044	레이어	117
Toggles Lock	119	가로 비율	141	로고	014
Toggles Visibility	119	가로 오른쪽 분배	124	마술봉 도구	039
Toolbars	039	가로 오른쪽 정렬	124	마스크 미리 보기 창	161
Tools 패널	037, 039	가로 왼쪽 분배	124	메뉴 표시줄	037
Touch Type Tool	141	가로 왼쪽 정렬	124	메시 도구	043
Tracking	141	가변 글꼴	145	면	090
Transform	070, 126, 127	가위 도구	041	면 색	090
Transform 패널	048	강모 브러시	046	면/선 색	045
Transform Again	126	격자	114	명도	018, 021, 023, 026, 028, 030
Transform Each	126	고대비	050	모드	050
Transform Objects/Patterns	127	곡률 도구	040, 069	모서리	050
Transparency 패널	047	구김 도구	042	모양 도구	041
Trim	149	균형	016	목업 기능	014
Twist	147	그러데이션	047, 093	문자 도구	040, 134
Type	105	그레이디언트	090	문자 스타일	141
		그레이디언트 도구	043	문자 회전	141
U - V		그레이디언트 색상 상자	105	물방울 브러시 도구	041
Underline/Strikethrough	141	그레이디언트 스펙트럼	105		
Ungroup	117	그레이디언트 조절점	105	**ㅂ**	
Uniform	127	그룹 선택 도구	039	반복 작업	016
Unite	149	그리기 모드	045	반전 도구	041
Units	054	글꼴	141	방향선	069, 070
Unlock All	117	글꼴 높이 변경	141	방향점	069
Variable Font	146	글꼴 스타일	141	배경 유지	017
Vertical	147	글꼴 크기	141	베지어 곡선	069
Vertical Align Bottom	124	글리프에 물리기	141	변형 도구	042
Vertical Align Center	124	기본 색	090	별 도구	041
Vertical Align Top	124	기울이기 도구	042	보기	050
Vertical Distribute Bottom	124	기준선	141	보기 모드	054
Vertical Distribute Center	124	기준점	032, 069, 070, 127	부채꼴 도구	042
Vertical Distribute Top	124	기준점 변환	072	분산	046
Vertical Scale	141	기준점 변환 도구	040, 069, 070	분산 그래프 도구	044
View	066	기준점 삭제	072	분할 가로 막대그래프 도구	044
		기준점 삭제 도구	040, 069, 070	분할 보기	063
		기준점 추가	072	분할 선택 도구	063
		기준점 추가 도구	040, 069, 070		

분할 세로 막대그래프 도구	044	**ㅇ**		**ㅍ**	
불투명 마스크	164	아이콘	024, 038	파이 그래프 도구	044
브러시 도구	041	아트	046	파일 내보내기	063
블렌드	158	아트보드	037, 048	파일 이름 탭	037
블렌드 도구	043	아트보드 도구	044	파일 저장	062
블렌딩 모드	161	안내선	114	팔레트	050
비틀기 도구	042	어도비 센세이	016	패널	037
		연필 도구	041	패널 메뉴	093, 149
ㅅ		영역 그래프 도구	044	패널 메뉴 아이콘	047
사각 그리드 도구	040	영역 문자 도구	040, 134	패스	050
사각형 도구	041	오브젝트	033	패스 구조	069
사전 설정	050	오브젝트 배열	122	패스 문자 도구	134
상태 표시줄	037	오브젝트 복제	066	패스 제작 도구	069
상·하위 레이어	119	오브젝트 선택	065	패스 지우개 도구	041
새 문서	054	오브젝트 이동	065	패키지	014
색상 교체	090	오브젝트 재구성	154	패턴	046, 093
색상 없음	090	오브젝트 채색하기	093	패턴 너비	050
색 속성	045	오브젝트 회전	066	패턴 배열	050
선 그래프 도구	044	올가미 도구	040	패턴 이름	050
선 도구	040	왜곡 도구	042	패턴 크기	095
선 두께	047, 073	원 그리드 도구	040	팽창 도구	042
선 색	090	원근 격자 도구	043	퍼펫 뒤틀기 도구	042
선택 글자 사이 자간	141	원근 선택 도구	043	페이지 도구	045
선택 도구	039	원 도구	041	펜 도구	040, 069, 070
세그먼트	032, 069	원본 미리 보기 창	161	펜 도구 작업 시작	072
세로 가운데 분배	124	웹 디자인	014	폭 도구	042
세로 가운데 정렬	124	윤곽선 텍스트	017	프롬프트 입력창	024, 038
세로 간격 분배	124	이미지 추적 기능	017	플레어 도구	041
세로 막대그래프 도구	044	인쇄 출력용	054		
세로 문자 도구	040, 134			**ㅎ**	
세로 비율	141	**ㅈ**		행간	048, 141
세로 아래쪽 분배	124	자간	048	호 도구	040
세로 아래쪽 정렬	124	자동 레이아웃	016	화면 모드	045
세로 영역 문자 도구	040	자유 변형 도구	042	화면 출력용	054
세로 위쪽 분배	124	장면	013	회전 도구	041
세로 위쪽 정렬	124	제품 디자인	014	회전 보기 도구	045
세로 패스 문자 도구	040	조인 도구	041		
손 도구	045, 063	좌표	070		
수직/수평 이동	065	주름 도구	042		
스무드 도구	041	주제	013		
스타일 참조	015	지우개 도구	041		
스포이트 도구	043, 063, 043	직접 선택 도구	039		
스포이트 색상	063				
슬라이스 도구	044	**ㅊ - ㅌ**			
슬라이스 선택 도구	044	참조 이미지	013		
심볼	046	추적 자동 그룹화	017		
심볼 라이브러리	046	캘리그래피	046		
심볼 불투명도 도구	044, 171	크기 조절	066		
심볼 색조 도구	044, 171	크기 조절 도구	042		
심볼 스크런처 도구	044, 171	크리스털 도구	042		
심볼 스타일 도구	044, 171	클리핑 마스크	164		
심볼 스프레이어 도구	044, 171	터치 문자 도구	040		
심볼 이동 도구	044, 171	텍스트 프롬프트	012		
심볼 적용	171	템플릿	014		
심볼 크기 조절 도구	044, 171				
심볼 회전 도구	044, 171				

포토샵 CC 단축키

PHOTOSHOP CC SHORTCUTS

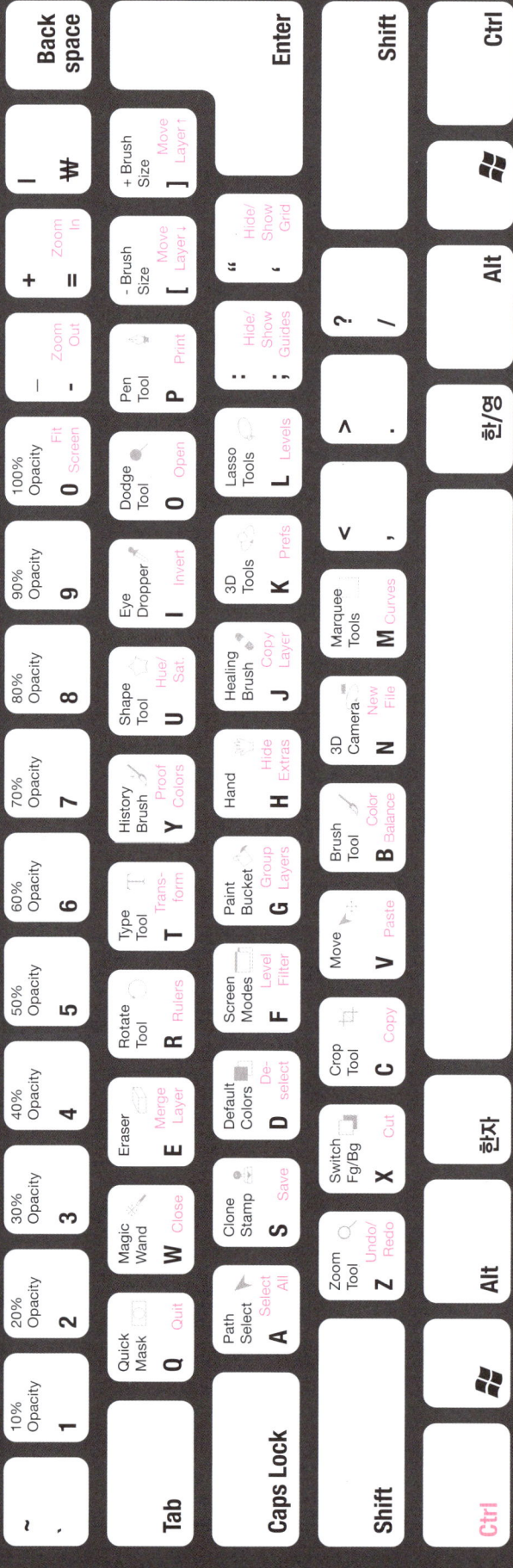